黄冈市人民代表大会志

《黄冈市人民代表大会志》编纂委员会　编

方志出版社
Publishing House of Local Records

图书在版编目(CIP)数据

黄冈市人民代表大会志 /《黄冈市人民代表大会志》编纂委员会编 .—北京：方志出版社，2022.12

ISBN 978-7-5144-5377-5

Ⅰ. ①黄…　Ⅱ. ①黄…　Ⅲ. ①地方各级人民代表大会—工作概况—黄冈　Ⅳ. ①D624.634

中国版本图书馆CIP数据核字(2022)第240088号

责任编辑：张健
责任校对：刘玉霞
责任印刷：梅中英
出 版 者：方志出版社
地　　址：北京市朝阳区潘家园东里9号（国家方志馆4层）
邮　　编：100021
网　　址：http：//www.zgfzcb.cn
发　　行：方志出版社图书营销中心（010-67110500）
印　　刷：武汉德福印务有限公司
开　　本：889毫米×1194毫米　1/16
印　　张：44
字　　数：824千字
版　　次：2022年12月第1版
印　　次：2022年12月第1次印刷
定　　价：580.00元

《黄冈市人民代表大会志》编纂委员会

顾　问：	张家胜	李军杰		
主　任：	张社教			
副主任：	詹旺民	陈少敏	黄强胤	屈凯军
	吴晓文	郭小野	黄智敏	
委　员：	丁永忠	王立果	方　实	石　玲
	冯　健	刘　斌	江晓明	江海松
	杜　军	李　文(英山)	李　文	杨仕英
	吴秀梅	吴晓鹏	何　山	何志春
	余能华	张治祥	陈卫东	陈念思
	欧阳水平	周祖胜	胡启旺	段　虎
	姜　彬	秦新平	徐　锐	唐志红
	涂杏华	商鹏程	蔡　军	蔡寿益
	熊清海	缪　丞		
总　纂：	王楚平			
副总纂：	史智鹏	陈太其	程建明	
主　编：	黄智敏			
副主编：	江晓明	王立果	汪小华	
编　辑：	王　文	王　婷	王建军	方茂森
	邓玲燕	卢连丰	朱小平	刘　刚
	严洪波	苏　玲	杨志文	沈向阳
	宋达朝	范长林	胡　博	祝海良
	徐向阳	殷义华	高海华	陶孝平
	彭志全	舒　丹	蔡传初	熊汝善
编　务：	曹甜胜	顾光明	刘　惠	

序言

《黄冈市人民代表大会志》对人民代表大会制度在黄冈的发展历程作了全面真实的记录，对黄冈发展全过程人民民主进行了客观系统的梳理。它的出版发行，是黄冈民主法治建设的一项重要成果，亦是黄冈地方政权建设史上的一大盛事，可喜可贺！谨向全体编纂人员，向一切为此书的编纂提供指导和帮助的各位专家、各界人士，表示真诚的感谢和敬意！

人民代表大会制度是我国的根本政治制度，是我们党把马克思主义国家学说同中国具体实际相结合的伟大创举，是中国共产党率领全国各族人民历经千难万险，战胜各种挑战，让一个积贫积弱的半封建半殖民地中国实现站起来、富起来到强起来非凡跨越的伟大成果。

从1954年人民代表大会制度建立到1996年黄冈建市，42年以来，黄冈所辖县市的制度实践证明人民代表大会制度是充满生机的。黄冈建市25年以来人民代表大会制度的创新发展也是全过程人民民主的生动实践。这一切归结起来，坚持和加强党的全面领导是根本保证；坚持以人民为中心是根本原则；坚持服务于党和国家的工作大局是根本任务；坚持与时俱进和不断创新是根本动力。

黄冈市人民代表大会及其常务委员会建立25年以来，在中共黄冈市委的正确领导下，认真履行宪法和法律赋予的神圣职责，一届又一届人大代表，充分发挥人民代表的主体作用，为黄冈民主法治建设和经济社会发展作出了不可磨灭的贡献；一代又一代人大工作者，不断开拓创新，为坚持和完善人民代表大会制度以及黄冈现代化建设作出了重要贡献。他们顽强而艰辛的努力，本身就为《黄冈市人民代表大会志》的编纂奠定了客观基础。

抚览志书，我深深地体会到：胜利成果来之不易，人民当家作主的权力来之不易，人民代表大会制度的创立和发展来之不易，今天的幸福生活来之不易。历史事实充分证明：人民代表大会制度是我们党和国家能够经得起各种风浪、克服各种困难，沿着中国特色社会主义道路不断前进的可靠制度保证，具有极大的优越性和强大的生命力。《黄冈市人民代表大会志》的出版，给从事人大工作的同志和关心人大工作的干部群众提供了一份比较系统的史料，并为开展爱国主义教育、社会主义民主和法治教育增添了生动鲜活的黄冈市情教材。我相信，志书对宣传人民代表大会制度，增强中国特色社会主义道路自信、理论自信、制度自信、文化自信，做好新时代人大工作，进一步发展全过程人民民主，具有积极推动作用。

盛世修志，惠政利民。一志在手，洞烛市情。借助《黄冈市人民代表大会志》的红色基因，让历史告诉未来，并将激发全市人民薪火相传，沿着中国共产党第二十次全国代表大会擘画的宏伟蓝图，把新时代的各项事业不断推向前进，为把黄冈建成区域性现代化的中心城市再谱华章。

中共黄冈市人大常委会党组书记
黄冈市人大常委会主任 张社教

2022年12月

凡　例

一、本志以马克思列宁主义、毛泽东思想、邓小平理论、“三个代表”重要思想、科学发展观、习近平新时代中国特色社会主义思想为指导，坚持辩证唯物主义和历史唯物主义的立场、观点和方法，实事求是地记述黄冈地区和黄冈市人民代表大会制度建设、民主法治建设和人大工作的发展历程。

二、本志记录黄冈市人民代表大会从成立以来走过的25年历程，下限至2022年3月黄冈市第六届人民代表大会第一次会议。

三、本志主要法律依据为《中华人民共和国宪法》《中华人民共和国地方各级人民代表大会和地方各级人民政府组织法》《中华人民共和国全国人民代表大会和地方各级人民代表大会选举法》。对于历史问题的记述，坚持辩证唯物主义和历史唯物主义观点，以中国共产党第十九届中央委员会第六次全体会议通过的《中共中央关于党的百年奋斗重大成就和历史经验的决议》为准绳。

四、坚持中国共产党的领导，是实行人民代表大会制度、充分发挥地方国家权力机关作用的根本保证。本志把党的领导融贯在有关章节之内，不另设专章。

五、本志结构采用章节体。章下设节，节下设目，以一、二、三及(一)、(二)、(三)标称。前设序言、概述、大事记，后分正文(九章及专记)、附录、后记，其余按篇目层层相辖。

六、本志体裁采用述、记、志、图、表、录等。概述总摄全书。大事记以编年体为主，辅以纪事本末体，记述发生在本市内和外地与本市人大工作有关的大事、要事和新事；凡到黄冈市考察人大工作情况的干部，一般只记副省(部)级以上领导干部。各章分类记事。附录收录重要文件、地方性法规和部分研究成果目录。

七、本志人物简介，遵循“生不立传”的原则，仅以“人物录”的形式收录出席全国人民代表大会代表，黄冈地区人大联络组(处)组长(主任)、副组长(副主任)及黄冈市历届人大常委会主任、副主任、秘书长等。其他入志人物一般用表的形式，以届次为序加以记载。

八、各历史时期的政府、官职、政府机关名称，均用当时习惯称谓和约定俗成的一些简称。“省”若无特别说明即指湖北省，“市”若无特别说明即指黄冈市，“市人大常委会”即“黄冈市人民代表大会常务委员会”，“X届X次会议”即“黄冈市第X届人民代表大会第X次会议”，“中共”即“中国共产党”，“一府一委两院”即“黄冈市人民政府、监察委员会、人民法院、人民检察院”。文中涉及的一些法律、法规名称除在第一次出现时使用全名，多采用简称，例如《中华人民共和国宪法》简称《宪法》，《中华人民共和国地方各级人民代表大会和地方各级人民政府组织法》简称《地方组织法》，《中华人民共和国全国人民代表大会和地方各级人民代表大会选举法》简称《选举法》，《中华人民共和国全国人民代表大会和地方各级人民代表大会代表法》简称《代表法》，《中华人民共和国立法法》简称《立法法》，《中华人民共和国监察法》简称《监察法》，以上未提及的法律名称使用时若非全名，则不使用书名号。人物除第一次出现时说明身份、述以职务职称外，一般直书其名。违纪官员或触犯法律的代表若在名单中则保留其姓名，若删除后导致事实缺失的则予以保留。地方一般使用现行标准地名，特殊情况使用历史地名并加注现地名。

九、本志纪年，清代及以前用朝代纪年，后加注公元纪年，朝代纪年用汉字，公元纪年用阿拉伯数字；中华民国纪年用阿拉伯数字，后加注公元纪年；中华人民共和国成立后用公元纪年。

十、本志计量单位书写，除个别使用当时计量名称外，均依照《中华人民共和国法定计量单位》的规定执行。

十一、本志所用资料，主要来自省、市人民代表大会公报及文件汇编、人大常委会会刊、市档案馆所藏人大工作档案；部分资料来自会议记录、老干部回忆、年终工作总结等，文中一般不再注明出处。

目 录

第二章　黄冈市人民代表大会会议

第三章　黄冈市人民代表大会常务委员会

第四章　黄冈市人大常委会主任会议

第五章　黄冈市人大及其常委会行使职权

第六章 黄冈市人大及其常委会机构和主要工作

第七章　黄冈市人大及其常委会制度建设

第八章　人物简介

第九章　县市区人民代表大会

专 记

附 录

概 述

一

黄冈，湖北省辖地级市，古称黄州，亦称鄂东。黄州之名始于北周大象元年(579)。隋开皇五年(585)分设黄州、蕲州总管府，本区域由两府并治。明代改路为府，洪武九年(1376)降蕲州府为州，归属黄州府。自此之后，蕲州和黄州地域合治为黄州一府。1949年5月上旬，鄂豫区第四、第五专署合并为黄冈区专员公署。其间两易其名，后改为黄冈地区行政公署。1995年12月，经国务院批准改黄冈地区行署为黄冈市，辖区至今未变。

黄冈是武汉城市圈的重要功能区，是大别山革命老区核心城市，是长江经济带重要节点城市，是中国中医药健康城，曾先后被评为全国双拥模范城、国家园林城市、国家卫生城市、中国十佳魅力城市、全国文明城市、全国宜居城市、全国著名教育之乡、中国名人之都、中国书法城、中国诗词之市。截至2022年，全市辖7个县(团风、红安、罗田、英山、浠水、蕲春、黄梅)，2个市(武穴、麻城)，3个区(黄州区、龙感湖管理区和黄冈国家级高新区)。版图面积1.74万平方米。2021年年末，黄冈户籍总人口633.3万人，2021年全市地区生产总值2541.31亿元。

黄冈区位得天独厚。地处“吴头楚尾”，位于大别山南麓、长江中游北岸。东连安徽安庆、六安，南与湖北鄂州、黄石和江西九江隔江相望，西邻武汉、孝感，北接河南信阳。一肩挑着武汉城市圈与庐山、天柱山、黄山旅游经济圈。黄冈依托一条黄金水道(长江)，临近3座机场(武汉天河机场、九江机场、鄂州机场)，8条铁路(京九铁路、合九铁路、沪汉蓉铁路、武麻铁路、武汉城际铁路、新港江北铁路、黄冈黄梅铁路、安庆九江铁路黄梅段)、7座长江大桥(黄冈长江大桥、鄂黄大桥、鄂东大桥、黄石大桥、武穴长江大桥、九江长江大桥、九江长江二桥)、8条高速公路(沪渝、福银、大广、武英、武麻、麻竹、黄鄂、麻阳高速)和7条国道纵横全境，具有“东连长三角、南接珠三角、西倚大三峡、北通大中原”的综合立体交通区位优势。

黄冈历史源远流长。早在旧石器时代，这里就有人类居住。黄梅焦墩遗址发掘出“卵石摆塑龙”，距今6000余年，是长江流域目前发现的时代最早、形体最大、形制最成熟的龙形图案，被考古专家称为“长江流域第一龙”。黄冈有2000多年的建置史，吴越文化、楚文化、巴蜀文化和中原商周文化在此交替演进，并留下大量的文化遗址遗迹。截至2021年，全市共有文物点5767处，属湖北省文物大市之首。其中，古建筑1210处，古遗址1446处，古墓葬1924处，古石刻170处，近现代遗址遗迹1017处。这些不可移动文物，是黄冈历史文明薪火相传的闪亮坐标。

黄冈山川钟灵毓秀。北依大别山，南临扬子江，地形北高南低，山区、丘陵、岗地、平原自北向南分布，境内七大山系耸立，1000米以上高峰94座，500米以上山峰556座，山连岭接，层峦逶迤，险峻雄奇；倒水、举水、巴水、浠水、蕲水及华阳河六大水系的“百派千支”自北向南汇入长江，114个湖泊和1230座水库点缀其中；26个国家级、省级自然湿地保护区和公园因势而建，111种国家级保护植物和207种省级以上重点保护动物构成华中地区完整的物种资源库；拥有91种国家地理标志产品，为全国地级市之冠。江、河、湖、库、山星罗棋布，形成黄冈奇特的自然生态景观。群峰林立之峻峭、高山流水之清秀、物种资源之丰富、江河湖库之莹润、平原沃野之壮阔、四季气候之分明，把黄冈打扮得美不胜收。

黄冈人文资源丰富。山水大别，人文独特，禅宗文化冠甲天下。中国佛教禅宗四祖道信、五祖弘忍、六祖慧能在此驻锡，开创了佛教中国化的先河，禅风浩然，穿越千年而香火旺盛。非遗文化积淀深厚。全市非物质文化遗产项目达129项，其中国家级10项、省级16项。黄梅戏、楚剧、汉剧、采茶戏、东腔花鼓戏、文曲戏、赶柳戏、皮影戏与民歌、舞蹈、曲艺和工艺美术竞相发展，异彩纷呈。健康文化闻名遐迩。大别山是丰富的中药材库，唐宋时蕲州是长江中下游中药材集散地。晋代王叔和，宋代庞安时，明代李时珍、万密斋，清代杨济泰等古代名医，著述甚丰，医术医德对后世影响极大，244位历代著名中医悬壶济世，形成了黄冈历久弥新的健康文化基因。教育文化繁荣昌盛。唐宋之际，官学、私塾大兴，崇文重教之风极盛。明清时期，教育鼎盛。隋唐开科举以来，先后有987人中文武进士。仅明、清两朝文武举人达3803人。文武状元有文质、刘子壮、陈沆，探花有胡明庶、帅承瀛、陈銮、程明超，榜眼有刘承禧、罗四维等。百年名校黄冈中学跻身全国百名重点中学行列，被树为全国基础教育的一面旗帜。名人文化声名远播。黄冈自古就有“唯楚有才，鄂东为最”之誉，列入历史典籍的文化名人达1600多位。他们之中，既有治国安邦的名臣，又有威震四方的将帅；既有开宗立派的鼻祖，又有杏林教坛的宗师；既有科技领域的巨擘,又有经济战线的精英。从一代禅宗弘忍、活字印刷术发明人毕昇到元末天完国政权领袖(皇帝)徐寿辉、医中之圣和世界文化名人李时珍,从新儒家学派创始人熊十力、章黄学派创立者黄侃到“七月派”诗歌领袖胡风,从“新月派”和新格律诗理论奠基者闻一多、“京派文学”鼻祖废名到地质力学创立者李四光、植物生理学理论开拓者汤佩松,从国学大师汤用彤和汤一介、“两弹一星元勋”彭桓武到《资本论》第一个中译者王亚南、世界发展经济学领军人张培刚,等等,他们为中华民族乃至世界历史发展作出了重要贡献。红色文化光辉中华。黄冈是鄂豫皖革命根据地的核心区,中国共产党的重要建党基地、人民军队的重要发源地、中国革命走向胜利的重要转折地、治党治国治军人才的重要培育地。在这里发生了一系列影响中国现代史的重大事件,44万黄冈儿女英勇牺牲。从这里先后走出董必武、陈潭秋、包惠僧3位中共一大代表,13位军事家,董必武、李先念2位国家主席,以及林彪、王树声、韩先楚、陈锡联、陈再道、秦基伟等101位开国将帅。

物华天宝,人杰地灵,千古风流数黄冈。

二

人民代表大会制度是国家的根本政治制度。这一根本政治制度,是以人民选举的人民代表大会为基础的整个政权体系和政治制度。《中华人民共和国宪法》(以下简称《宪法》)规定:“中华人民共和国的一切权力属于人民。人民行使国家权力的机关是全国人民代表大会和地方各级人民代表大会。”

从1924年起,中共鄂东党组织就开始探索建立农民协会、工人代表大会、工农兵代表大会和苏维埃政府等政权组织形式,在实践中探索建立人民代表大会制度。人民代表大会制度在黄冈地区和黄冈市经历初具雏形、过渡准备、确立探索、被迫停止、恢复完善、不断发展的过程,实践着全过程人民民主。

1949年10月至1954年7月,为黄冈地区各县向人民代表大会制度过渡准备时期。

1949年5月14日黄冈全境解放。1949年5月下旬,湖北省黄冈区专员公署(后改为湖北省黄冈专员公署)正式成立,系省政府派出机构,代表省政府督促、检查、指导各县政府的工作,负责办理省政府交办的事项。中共黄冈地委专门发出指示,要求各县要通过民主协商选好各界人民代表。1949年12月27日至1950年2月28日，黄冈地区所属各县（即浠水、蕲春、罗田、胜利、麻城、黄冈、广济、黄梅、英山、红安），根据《中国人民政治协商会议共同纲领》和中央人民政府制定的《县各界人民代表会议组织通则》的规定，各地采取推荐、特邀的协商方式，产生包括农民、工人、中国共产党党员、民主人士、工商界、少数民族等组成的各方面代表，依次分别召开各县第一届各界人民代表会议，先后选举产生出各县第一届各界人民代表会议常务委员会。至1954年8月底前，各县根据各自的实际情况，先后召开多届多次各界人民代表会议，如黄冈县共召开四届13次会议，红安县共召开三届9次会议，麻城县共召开七届12次会议，罗田县共召开五届5次会议，英山县共召开七届11次会议，浠水县共召开六届8次会议，蕲春县共召开五届14次会议，广济县共召开八届16次会议，黄梅县共召开五届6次会议。各县各界人民代表会议逐步代行人民代表大会的职权。各县各界人民代表会议的建立及其工作，具有临时性的过渡性质，为以后用普选方式选举人民代表、召开人民代表大会、全面实行人民代表大会制度准备了条件。

1954年7月至1966年5月，为黄冈地区各县人民代表大会制度建立和曲折发展时期。

遵照中央人民政府委员会1953年第二十次会议作出的由人民用普选方法产生乡、县、省（市）各级人民代表大会代表，在此基础上召开全国人民代表大会的决议精神和中央人民政府委员会颁布的《中华人民共和国全国人民代表大会及地方各级人民代表大会选举法》（以下简称《选举法》）的规定，中共黄冈地委专门发文并组织督导专班指导全地区选举工作。1954年2月至7月，黄冈地区各县分别成立了选举委员会，在全地区范围内第一次开展人民代表的普选工作。各县18周岁以上有选举权的选民95%以上的人参加选举。首先由选民直接选举产生乡镇人民代表大会代表；在此基础上，全区乡镇人民代表大会用等额选举的方式选举产生各县人民代表大会代表共2755名。1954年6月至7月，各县分别举行第一届人民代表大会第一次会议，宣告作为国家权力机关的各县人民代表大会正式建立。各县人民用普选的方式选出自己的代表，开会讨论和决定各县的大事，这是黄冈地区历史上的第一次。黄冈地区各县的民主政治建设从此翻开了新的历史篇章。各县人民代表大会分别听取县长的工作报告，通过有关决议，选举各县人民政府常务委员会，共选举出席湖北省第一届人民代表大会代表53名。1954年7月至1966年5月，各县人民代表大会召开的届次和时间不等，其中黄冈县召开六届10次、红安县五届7次、麻城县六届8次、罗田县五届5次、英山县六届8次、浠水县五届7次、蕲春县六届8次、广济县五届7次、黄梅县五届6次。黄冈地区各县人民代表大会建立后的最初三年，人大工作比较活跃，民主空气比较浓厚，听取和审议各县人民政府（人民委员会）的工作报告，选举各县人民政府（人民委员会）领导人员，提出了一大批建议和议案，发挥了应有的作用，促进了各项事业的发展。但是，受1957年反右派斗争扩大化的影响，人大工作开始走下坡路。各县人民代表大会由原来的每届二三次减少到每届仅开一次，人大工作基本上处于一种“徒有虚名，而无其实”的状态，人民代表大会也难以真正发挥作用。

1966年5月至1976年10月，为黄冈地区各县人民代表大会停止时期。

1966年5月16日《中国共产党中央委员会通知》（即五一六通知）下达后，“文化大革命”运动在全国范围兴起。1967年1月之后，黄冈地区党政机关普遍受到冲击，地委、专署各直属单位和全专区各县、区、农村人民公社党政机关及所属企事业单位已全部被群众组织“夺权”。各县人大及其人民委员会被“临时权力机构——革命委员会”所取代，人民代表大会活动和公、检、法机关工作完全停止，宪法所确立的国家政治体制遭到严重破坏。各县人民代表大会停止活动达13年之久。

1978年12月召开的党的十一届三中全会，总结历史的经验教训，特别是“文化大革命”的沉痛教训，在作出把党和国家工作重点转移到社会主义现代化建设上来的重大决策的同时，提出发展社会主义民主，健全社会主义法制，使民主制度化、法制化的任务，标志着党和国家进入一个新的历史发展时期，人民代表大会制度也从此逐步恢复、完善和发展。

1979年12月至1996年4月，为黄冈地区各县市区人民代表大会恢复完善时期。

根据1979年7月1日全国第五届人民代表大会第二次会议通过的《关于修正〈中华人民共和国宪法〉若干规定的决议》和《选举法》《中华人民共和国地方各级人民代表大会和地方各级人民政府组织法》（以下简称《地方组织法》）等有关法律规定，决定在县级设立人大常委会。1979年12月以后，黄冈地区所属各县陆续召开人民代表大会并设立县人大常委会及其办事机构。为沟通省与县人大常委会之间的联系，湖北省人大常委会决定先行在黄冈地区和孝感地区设立人大工作联络员，并由地区配备几名专职干部，负责上下联系。湖北这一做法得到全国人大常委会办公厅肯定。到1982年2月，全省各地区都设立人大工作联络员。1984年4月12日，中共湖北省委办公厅发出《关于黄冈地区设立湖北省人大常委会联络处的通知》，至1988年12月黄冈地区由县处级升格为地厅级机构。1992年5月30日，省人大常委会决定将省人大常委会各地区人大联络处改称为省人大常委会各地区联络组。1993年9月，省人大常委会黄冈地区联络组开始工作，至1996年4月黄冈市人大常委会筹备组成立时省人大常委会黄冈地区联络组撤销。

按照湖北省人大常委会对各地区联络处、联络组规定的主要任务，作为省人大常委会派出机构的黄冈地区人大联络处、联络组，在省人大常委会直接指导和中共黄冈地委的领导下，在积极完成全国人大常委会和省人大常委会交办的立法草案征求意见，支持指导县市人大常委会依法履职行权、密切联系和积极服务各级人大代表、组织指导开展执法检查工作、加强对人民代表大会制度的研究和宣传、完成原地委交办的各项中心工作任务等方面做了大量卓有成效的工作，为各县市人民代表大会恢复完善和黄冈经济社会发展做出了重要贡献。

1996年4月至2022年1月，为黄冈市人民代表大会建立和不断发展时期。

根据国务院函〔1995〕30号文件批复，1996年3月26日湖北省人民政府下发《关于撤销黄冈地区设立地级黄冈市的通知》（鄂政发〔1996〕25号）。4月28日，中共黄冈市委根据中共湖北省委（鄂发干〔1996〕）38号文件精神，成立黄冈市人民代表大会常务委员会筹备组和市人民政府、市中级人民法院、市人民检察院筹备组。市人大常委会筹备组拟定《黄冈市第一届人民代表大会第一次会议筹备工作方案》《黄冈市第一届人民代表大会代表名额分配、代表构成和提名推荐候选人方案》《黄冈市人民代表大会及其常委会工作和办事机构设置、人员编制方案》，报经省人大常委会和中共黄冈市委批准后实施。经过各县市区人民代表大会或人大常委会选举出黄冈市第一届人民代表大会代表505名。1996年12月9日至13日，黄冈市第一届人民代表大会第一次会议在黄州举行。大会听取和审查市人大常委会筹备组、市人民政府筹备组、市中级人民法院筹备组、市人民检察院筹备组的工作报告，依法选举产生黄冈市第一届人大常委会主任、副主任和委员、市人民政府市长和副市长、市中级人民法院院长、市人民检察院检察长。

从新民主主义时期中共鄂东党组织在根据地创建人民政权肇始，到黄冈市人民代表大会正式建立之前，人民代表大会制度在黄冈地区历经72年的艰难探索和长期准备，为建立新型政治制度积累了丰富的实践经验。从1996年12月黄冈市第一届人民代表大会第一次会议依法选举产生市人民代表大会常务委员会开始，标志着黄冈民主政治建设和人大工作在新的历史起点上迈入新的征程，从此开启了不断发展的新时期。

三

省设区的市人大及其常委会的职权，是由《宪法》和《地方组织法》所规定的。在不同的时间阶段，其职权分别作了修改和完善。对省辖设区的市人大及其常委会的职权分别予以调整、重新规范和确立，主要职权有4项，即立法权、决定权、监督权和选举任免权。

（一）市级人民代表大会的主要职权

（1）根据本市的具体情况和实际需要，在不同宪法、法律、行政法规和本省的地方性法规相抵触的前提下，可以对城乡建设与管理、环境保护、历史文化保护等方面的事项制定地方性法规，法律对设区的市制定地方性法规的事项另有规定的，从其规定。设区的市的地方性法规，须报省人民代表大会常务委员会批准后施行。（2）在本行政区域内，保证宪法、法律、行政法规和上级人民代表大会及其常务委员会决议的遵守和执行，保证国家计划和国家预算的执行。（3）审查和批准本行政区域内的国民经济和社会发展计划、预算以及它们执行情况的报告。（4）讨论、决定本行政区域内的政治、经济、教育、科学、文化、卫生、环境和资源保护、民政、民族等工作的重大事项。（5）选举本级人民代表大会常务委员会的组成人员。（6）选举市长、副市长。（7）选举本级监察委员会主任。（8）选举人民法院院长和人民检察院检察长；选出的人民检察院检察长，须报经上一级人民检察长提请该级人民代表大会常务委员会批准。（9）选举出席上一级人民代表大会代表。（10）听取和审查本级人民代表大会常务委员会的工作报告。（11）听取和审查本级人民政府和人民法院、人民检察院的工作报告。（12）听取和审议本级监察委员会的专项工作报告，组织执法检查。市人大及其常委会举行会议时，人民代表大会代表或常务委员会组成人员可以依照法律规定的程序，就监察工作中的有关问题提出询问或者质询。（13）改变或者撤销本级人民代表大会常务委员会的不适当的决议。(14)撤销本级人民政府的不适当的决定和命令。(15)保护社会主义的全民所有的财产和劳动群众集体所有的财产,保护公民私人所有的合法财产,维护社会秩序,保障公民的人身权利、民主权利和其他权力。(16)保护各种经济组织的合法权益。(17)保护少数民族的权利。(18)保障宪法和法律赋予妇女的男女平等、同工同酬和婚姻自由等各项权利,等等。

(二)市级人民代表大会常务委员会的主要职权

(1)根据本市的具体情况和实际需要,在不与《宪法》、法律、行政法规和本省的地方性法规相抵触的前提下,可以对城乡建设与管理、环境保护、历史文化保护等方面的事项制定地方性法规,法律对设区的市制定地方性法规的事项另有规定的,从其规定。设区的市的地方性法规须报省人民代表大会常务委员会批准后施行。(2)在本行政区域内,保证宪法、法律、行政法规和上级人民代表大会及其常务委员会决议的遵守和执行。(3)领导或主持本级人民代表大会代表的选举。(4)召集本级人民代表大会会议。(5)讨论、决定本行政区域内的政治、经济、教育、科学、文化、卫生、环境和资源保护、民政、民族等工作的重大事项。(6)根据本级人民政府的建议,决定对本行政区域内的国民经济和社会发展计划、预算的部分变更。(7)监督本级人民政府、监察委员会、人民法院和人民检察院的工作,联系本级人民代表大会代表,受理人民群众对上述机关和国家工作人员的申诉和意见。(8)撤销下一级人民代表大会及其常务委员会的不适当的决议。(9)撤销本级人民政府的不适当的决定和命令。(10)在本级人民代表大会闭会期间,决定副市长的个别任免;在市长和人民法院院长、人民检察院检察长因故不能担任职务的时候,从本级人民政府、人民法院、人民检察院副职领导人员中决定代理的人选;决定代理检察长,须报上一级人民检察院和人民代表大会常务委员会备案。(11)根据市长的提名,决定本级人民政府秘书长、委员会主任、局长的任免。(12)根据本级监察委员会主任提名,决定副主任、委员的任免。(13)按照人民法院组织法和人民检察院组织法的规定,任命人民法院副院长、庭长、副庭长、审判委员会委员、审判员,任命人民检察院副检察长、检察委员会委员、检察员,批准任免下一级人民检察院检察长。(14)在本级人民代表大会闭会期间,决定撤销个别副市长的职务;决定撤销由它任命的本级人民政府其他组成人员和人民法院副院长、庭长、副庭长、审判委员会委员、审判员,人民检察院副检察长、检察委员会委员、检察员,中级人民法院院长,人民检察院分院检察长的职务。(15)在本级人民代表大会闭会期间,补选上一级人民代表大会出缺的代表和罢免个别代表,等等。

四

经过中共鄂东党组织在根据地创建人民政权、黄冈地区各县各界人民代表会议、各县(市)人民代表大会的积极准备和曲折探索72年之后,黄冈市人民代表大会及其常委会于1996年12月正式成立,到2022年1月,已经走过25年的历程。25年来,市人民代表大会及其常委会坚持以马克思列宁主义、毛泽东思想、邓小平理论、"三个代表"重要思想、科学发展观、习近平新时代中国特色社会主义思想为指导,以宪法和法律为依据,坚持党的领导、人民当家作主、依法治国的有机统一,在中共黄冈市委的领导下,坚持和完善人民代表大会制度,认真履行宪法和法律赋予的职权,发扬民主,勤勉尽责,开拓进取,较好地完成了市各届人大历次会议确定的目标任务,为加强社会主义法治建设,促进黄冈改革开放和社会主义现代化建设事业,作出了重要贡献。

(一)地方立法工作开创新局

在没有赋予黄冈市制定地方性法规立法权之前,市人大常委会认真配合全国人大常委会和省人大常委会开展立法调研活动,较好地完成200多部法律法规的征求意见工作。依法赋予设区的市的地方立法权,在中国立法史上具有里程碑的意义。2015年3月第十二届全国人民代表大会第三次会议修正《中华人民共和国立法法》(以下简称《立法法》,赋予设区的市在"城乡建设与管理、环境保护、历史文化保护"等领域行使地方立法权。根据湖北省人大常委会决定,黄冈市自2016年1月1日起开始行使地方立法权。市人大常委会高度重视地方性实体性法规的制定工作,多次专题向市委常委会汇报,多次组织召开市政府及相关部门的协调会议。市委、市政府在立法选题、人员调配、办公场所等方面给予大力支持。积极筹建市人大法制委员会和市人大常委会法制工作委员会,起草审议通过立法条例,制定立法计划编制、立法技术规范、立法调研论证、法规草案起草、基层立法联系点工作规定等系列制度,组建立法咨询专家库、组织一系列业务培训等工作,为地方立法打牢基础。在立法过程中,严格遵循党委领导、人大主导、政府依托、各方参与的立法工作格局，始终坚持以人民为中心、突出质量第一、注重地方特色、维护国家法制统一、科学和民主的立法原则，经过起步探索，第一部地方实体性法规《黄冈市饮用水水源地保护条例》草案经过20余次修改完善，由市第四届人民代表大会第三十七次常委会三审通过后，2016年12月1日由湖北省第十二届人民代表大会常务委员会第二十五次会议批准并对外公告实施。立法工作取得阶段性成果，得到省人大常委会的充分肯定。在此基础上，严格按照法定程序和规范要求，发扬“工匠精神”，先后制定《黄冈市革命遗址遗迹保护条例》等9部地方实体性法规，其中市五届人大及其常委会制定7部地方性法规。全市地方立法工作朝着科学立法、民主立法、依法立法的方向开创新的局面。地方性法规实施工作经验在全省人大会议上交流推广。

（二）监督工作力度不断加大

法律法规实施中的难点、经济社会发展的重点和人民群众普遍关注的热点，一直是各级人大及其常委会监督工作的着力点。25年来，市人大及其常委会紧紧围绕事关全市改革开放和现代化建设的中心任务以及民生方面的突出问题，一年一个专题，一年一个重点，有的是一个专题多年作为重点，积极开展监督工作，稳步拓展监督范围，不断完善监督方式。从单纯听取和审议“一府两院”工作报告到通过依法开展工作报告审议、执法检查、视察调查，从审议监督到开展工作评议、述职评议和专题询问监督，从工作监督到执法责任制方面的法律监督，监督力度不断加大，监督效果日益明显。市第一届人大及其常委会成立以来，共听取和审议“一府两院”工作报告和法律执行情况的报告1005个。25年来共作出决议决定498项，其中第五届人大及其常委会作出决议决定105项，占28.7%；组织对143件法律法规和决定的执行情况进行检查，而且第五届人大常委会开展执法检查次数占25年总数的53%，力度超过任何一届；受理人民群众来信来访18355件次，对重点信访案件做好交办和督办督查；对26名“一府两院”工作人员开展述职评议，对68个单位进行工作评议。组织特别问题调查委员会查处和纠正黄州建材物资工业公司申诉的司法不公的案件。专题连续询问遗爱湖环境整治、中心城区水域保护和脱贫攻坚等情况。围绕项目建设、招商引资、“三农”工作、文化旅游、绿满黄冈、交通建设、城区教育布局调整、城市管理工作开展一系列专项监督，并有针对性地提出意见建议。如遗爱湖环境整治从第一届人民代表大会第四次会议作出议案后，连续5届多次人大会议对其治污排污、环湖规划建设、投融资、生态修复、景区管理等进行跟踪执法监督。不断加大对政府全口径预算决算和审计结果审查监督的力度，对预算编制审查、批准和执行实行全过程跟踪监督。对司法人员执法不公和金融行业经营管理中的突出问题，开展连续性的执法检查。通过加强工作监督和法律监督，保障《宪法》和法律在黄冈市的实施，有力地促进了市"一府两院"依法行政和公正司法，更好地维护社会公平正义。

（三）重大事项决定权得到有效行使

讨论决定本行政区域内的重大事项，是宪法和法律赋予地方人大及其常委会的重要职权，也是人民依法管理国家事务、管理经济和文化事业、管理社会事务的重要形式。结合各个时期形势发展的需要，先后修订和完善人大及其常委会讨论决定重大事项的规定，建立完善清单报备机制、议题提出机制、工作落实机制和跟踪督办机制，使重大事项决定权的行使走上规范化、制度化和法制化的轨道。25年来，市人大及其常委会除了每年的市人代会作出关于市人大常委会、"一府两院"工作报告以及计划、财政报告的决议外，还紧紧围绕市委中心工作，抓大事，议大事，行使决定权，先后审议批准了全市"九五""十五""十一五""十二五""十三五""十四五"计划（规划）纲要和2030年远景目标，审查批准城市总体规划、土地利用规划和功能区控制性规划修编，为黄冈市区扩容发展提供了重要保障。就紧扣推动城市发展这一主题，为动员广大市民积极参与"四城同创"（国家卫生城、国家园林城市、全国文明城市、全国"双拥"模范城市），先后作出38个决议决定。市人大及其常委会在提高讨论决定重大事项的针对性、系统性和实效性的同时，还注重综合运用听审报告、集中视察、跟踪调研、专题询问等多种形式，进一步推动决议决定的落实见效。这些重大事项的决议决定，及时有效地把党委的重大决策转变为国家意志，既支持和推动"一府两院"依法行政，又维护人民群众的根本利益。

（四）选举任免工作依法有序

人民代表大会的民主选举制度是中国特色社会主义政治制度的重要组成部分，是实现人民当家作主的重要途径，也是人民群众基本民主政治权利之一。自市人大及其常委会成立以来，依照《地方组织法》和《选举法》的规定进行6次市人大选举换届，并指导督促县市区历届人大换届选举工作，总结一些地方的经验和做法，不断增强人民群众的民主意识和行使民主权利的能力，选民参选积极性不断提高，直接选举的参选率达90%以上。同时，加强选举工作指导和监督，确保换届风清气正。新当选的代表结构进一步优化，素质进一步提高。在人事任免工作中，市人大常委会认真贯彻党管干部和依法任免相统一的原则，坚持充分发扬民主，严格依法办事，不断健全任职资格审查、任前法律考试、拟任职发言、民主审议票决等任免程序，确保省委、市委人事安排依法实现，确保本级国家机关正常有效运转。25年来，先后选举任免、批准任免2365人次。其中：市人民代表大会选举国家机关组成人员625人次，选举省人大代表315人次；市人大常委会决定任免、批准国家机关工作人员1740人次，还依法撤销6名“一府两院”成员。积极探索加强任后监督的有效途径，对新命任人员提出任职要求，督促政府工作组成人员和“两院”负责人每年向市人大常委会提交年度述职报告。从2016年年初开始，全面落实全国人大关于宪法宣誓的决定，实行宪法宣誓制度，激励和教育国家工作人员忠于宪法，遵守宪法，维护宪法。

（五）代表工作持续扎实推进

人大代表是国家权力机关的组成人员，是人大工作的主体。加强与代表的联系，是做好人大及其常委会工作的重要基础。市人大常委会坚持把代表工作作为人大工作的主体来抓，认真贯彻实施《代表法》，不断总结经验，建立和完善代表学习培训制度、代表工作制度、代表活动制度，并组织代表扎实开展一系列活动。自2000年开始，建立邀请代表列席市人大常委会会议制度，人大常委会每次例会邀请市人大代表列席人大常委会会议，重要情况及时向代表通报，自觉接受代表对人大常委会工作的监督。每年还专门组织全国和省两级人大代表，对市县一些重点热点工作开展专题视察。在全市建立选民联系点、代表之家、代表活动室或代表活动中心，组织开展代表评议、代表述职、评选优秀人大代表、先进代表小组、优秀代表议案建议、开办“代表风采”专栏“聚力脱贫攻坚、人大代表在行动”等活动，增强代表履行职责的使命感和自觉性。建立代表联系选民、人大常委会委员联系代表的“双联”制度，代表与选区、选民的联系更加密切。人大代表不负人民重托，认真履行职责，倾听群众意见，反映人民意愿。25年来，共提交议案12件，建议、批评、意见3617件。市人大及其常委会高度重视办理代表议案、建议、批评、意见的工作，采取主任会议专题研究，落实工作机构，交办、督办、“三见面”、征求代表对办理工作意见、表彰与通报批评相结合等办法，做到件件有落实、事事有回音，代表满意，人民群众满意。省人大常委会连续多年推广黄冈代表工作的经验。

（六）自身建设逐步得到加强

加强市人大常委会自身建设，提高工作质效，是人大常委会依法履职的重要保证。市人大常委会设立25年来,坚持把加强自身的思想、作风、组织、制度等各项制度建设摆在突出位置,针对不同时期存在的不同问题,常抓不懈。在思想政治建设上,扎实开展“三讲”(讲学习、讲政治、讲正气)教育、“三个代表”重要思想学习教育、保持共产党员先进性教育、学习实践科学发展观、党的群众路线教育实践、“三严三实”专题教育、“两学一做”学习教育、党史学习教育等主题活动,深入学习党的新理论、新精神,进一步坚定中国特色社会主义道路自信、理论自信、制度自信、文化自信,不断增强政治意识、大局意识、核心意识、看齐意识,始终在思想上政治上行动上与党中央保持高度一致,把人大立法、监督、决定、任免、代表等各项工作纳入市委的制度安排之中,通过人大法定工作保证党的主张和部署有效落实。严格执行中央八项规定及省委、市委实施细则,严格落实全面从严治党的主体责任和监督责任,深入推进党风廉政建设和反腐败斗争,严守党的政治纪律和政治规矩。在机关制度建设上,不断总结过去经验,制定和完善市人大常委会党组制度、常委会机关党组制度、机关管理制度、“文明委室”评选制度、“党员之星、履职之星”等“四星”创建评选制度、老干部和群团工作制度等27项制度,为推进人大常委会及机关工作和管理规范化、制度化提供了重要保证。在组织制度建设上,逐步建立健全了相应的工作机构和办事机构,先后设立了法制、监察和司法、财政经济、预算、教育科学文化卫生、农村、城建与环境资源保护、民族宗教侨务外事、社会建设、选举任免人事代表等10个工作委员会和办公室、研究室、法工室等机构。办公条件相继改善,人员结构逐步改善,履职能力不断提高。市人大常委会机关的党建工作、社会治安、文明创建、扶贫、档案和老干部工作连续多年被评为市直先进单位和优秀服务单位。以“四评”(干部评星、质效评估、工作评特、考核评优)推进“四个机关”建设,被省人大常委会评为全省人大系统“十大创新工作”,老干部工作获评全省先进,人大常委会机关被评为全国节约型机关,普法工作荣获全国先进单位。

(七)研究宣传和对外交往活跃

为适应人大建设和人大工作需要,市人大常委会高度重视和加强人大制度研究、宣传和对外交往工作。每届次人代会、常委会、主任会议和常委会组织的各项视察和执法检查活动,精心策划,及时做好宣传报道工作。常委会每年都要召开全市人大宣传工作会议,开展好新闻评选活动,组织新闻单位联合进行“环保世纪行”活动,加强舆论监督。通过多次参加南方十三省市人大制度理论研究、办好《黄冈人大》刊物、组织开展人大知识竞赛、公仆访谈、人大代表风采和出版《向人民汇报》

书籍等多种活动，发挥人大门户网站、微信公众号融媒体作用，广泛宣传人大制度和人大工作，讲好新时代黄冈人大故事，提高全社会民主法治意识，其中多项工作受到省人大常委会的充分肯定。通过每年召开县市区人大常委会主任座谈会和人大工作现场推进会等多种形式，交流工作经验，上下联动，整体推进全市人大工作同步发展。还与一些省设区的市人大常委会以及一些国外城市议会，开展多层次多领域的友好往来，进一步推进相互之间的交流与合作，不断扩大黄冈对外的影响力。

人民代表大会制度，是中国特色社会主义制度的政权组织形式，是中国人民在人类政治制度上的伟大创造。人民代表大会的发展历程，就是发展全过程人民民主，让人民当家作主的伟大实践。从党在新民主主义时期根据地创建人民政权肇始，到全国人民代表大会制度建立，尤其是黄冈市人民代表大会建立以来，留下了丰富而宝贵的历史启示。

第一，坚持党的领导，是做好人大工作的根本保证。中国共产党是中国特色社会主义事业的领导核心。坚持党的领导，是实行人民代表大会制度的内在要求、重要特色和优势所在，也是做好人大工作的根本保证。市人大及其常委会在履职行权的过程中，始终坚持把党的领导贯彻于人大工作各方面和全过程，坚决维护市委总揽全局、协调各方的核心地位，把市委的工作重心作为人大的工作中心；人大工作中的重大问题、重要事项，包括召开重要会议、作出重要决定、开展重要活动以及立法和监督工作中的难点问题等，都及时向市委请示报告，再将市委的主张通过法定程序转变为国家意志，实现党的意志与人民意志的高度统一。实践证明，坚持党对人大工作的领导，是工作中必须坚持的根本政治原则。只有这样，才能确保人大工作坚持正确的政治方向。

第二，坚持以人民为中心，是做好人大工作的根本原则。人民代表大会制度是根植于人民的国家根本政治制度。保持与人民群众的密切联系，坚持一切从人民的根本利益出发，是人大正确代表和反映人民意愿的重要保证。几十年来，市人大及其常委会坚持执政为民，紧密联系和依靠人民代表，把维护和实现好广大人民群众根本利益贯穿人大工作的始终，围绕人民群众普遍关注的重大事项和涉及切身利益的热点、难点问题开展监督，并且融支持于监督之中，正确处理监督与支持“一府一委两院”工作的关系，不断推动解决好人民群众最关心、最直接、最现实的利益问题，凝聚广大人民群众的智慧和力量。只有坚持以人民为中心，反映民意，集中民智，为民办事，人大及其常委会才能真正代表人民行使地方国家权力。

第三，坚持服务大局，是做好人大工作的根本任务。经济发展和社会进步是党和国家的中心任务，也是人大工作必须紧紧围绕的大局。市人大及其常委会始终深刻认识大局、自觉服从大局、主动服务大局，依据人大工作特点和定位，找准依法履职与服务大局的最佳结合点，切实做到全市工作中心在哪里，人大工作就跟进到哪里，力量就汇聚到哪里，作用就发挥到哪里。通过充分发挥立法的引领和推动作用，为地方改革发展提供法治保证。通过审议决定经济社会发展中的重大事项，加强计划和预算审查监督，促进地方经济社会高质量发展。通过工作监督和法律监督，推动地方经济社会难点问题有效解决。实践证明，市人大常委会只有把促进全市经济社会发展作为中心，坚持服务大局，才能开创人大工作新局面。

第四，坚持与时俱进，是做好人大工作的根本动力。坚持和完善人民代表大会这一根本政治制度，是前无古人的伟大创新。市人大及其常委会既要严格依法行使职权，又要面对中国特色社会主义建设中出现的新情况、新问题、新要求，不断探索和积累人大工作新经验，学习和借鉴新的工作方式方法，求实创新增活力。多年来，市人大常委会在实践中不断采取的一些成功做法，如建立落实审议意见制度、常委会会议议题质量评估办法、特色工作评选制度、人大代表“双联”制度、地方立法工作规范化等，使人大工作更加体现民意、反映民声，富有成效。实践证明，人大常委会在依法履职行权过程中，只有坚持与时俱进，求实创新，才能使人大工作不断适应新形势，创新新经验，取得新成绩。

鄂东革命根据地人民政权初创和黄冈地区、黄冈市人大工作的丰富实践，为全市留下了宝贵的精神财富。这是黄冈人民和历届人大代表、人大工作者共同奋斗的结果。人民代表大会制度是符合中国国情、得到人民群众广泛支持拥护的根本政治制度，是实现党的领导、人民当家作主和依法治国的有机统一的最佳组织形式。在新的历史时期，市人大及其常委会要增强“四个意识”(政治意识、大局意识、核心意识、看齐意识)、坚定“四个自信”(中国特色社会主义道路自信、理论自信、制度自信、文化自信)、做到“两个维护”(坚持维护习近平同志党中央的核心、全党的核心地位，坚持维护党中央权威和集中统一领导)，不断提高政治判断力、政治领悟力、政治执行力，进一步发展全过程人民民主，全面持续地加强自身建设，自觉成为坚持中国共产党领导的政治机关、保证人民当家作主的权力机关、全面担负宪法法律赋予的各项职责的工作机关、始终同人民群众保持密切联系的代表机关。坚持和完善人民代表大会制度，服务人民，尊崇法治，发扬民主，勤勉尽责，不断开创人大工作新局面，促进社会主义经济建设、政治建设、文化建设、社会建设和生态文明建设，为把黄冈建成区域性现代化的中心城市做出新的更大贡献。

大 事 记

1949年

10月1日，中华人民共和国中央人民政府在北京成立。

12月27日至30日，黄冈地区浠水县按照中央人民政府通过的《县各界人民代表会议组织通则》规定，召开浠水县第一届各界人民代表会议。

1950年

1月，废除保、甲，县以下设区、镇，建立行政村。

是月，蕲春、罗田、麻城、黄冈、广济、黄梅、英山、红安等县先后召开各县第一届人民代表会议，代行人民代表大会职权，选举产生各界人民代表大会常务委员会，兼起人民政协作用，民主讨论决定人民政府的一切重要工作。

1951年

是年，黄冈地区各县分别召开各界人民代表会议。

1952年

是年，黄冈地区各县分别召开各界人民代表会议。

1953年

1月至3月，各县分别召开各界人民代表会议，讨论各县第一个五年计划（1953—1957年）草案等。

1954年

2月至6月，全地区各县分别成立以县委书记挂帅的选举委员会，在全地区范围内第一次开展普选工作。在直接选举乡镇人大代表的基础上，以等额选举方式，选举产生各县人民代表大会代表共2775名。

6月至7月，各县分别召开第一届人民代表大会第一次会议，审议各县政府工作报告，通过有关决议，并分别选举出席湖北省第一届人民代表大会代表共53名。

1955年

是年，黄冈地区各县分别召开第一届人民代表大会第二次会议。

1956年

1月至2月，各县依照1954年9月公布的《中华人民共和国宪法》，分别召开县人民代表大会，将县人民政府改名为县人民委员会，选举产生各县人民委员会组成人员。

1957年

是年，红安、浠水、英山、罗田、麻城、蕲春、黄梅、广济等县先后召开县第二届人民代表大会第一次会议。选举产生新一届县人民委员会组成人员及人民法院院长。

1958年

3月至8月，黄冈地区各县分别召开第三届人民代表大会第一或第二次会议。

1962年

1月至2月，红安、黄冈、英山县分别召开县人民代表大会。

1月至3月，除麻城而外，各县分别召开第四届人民代表大会第一次会议。

1963年

6月，各县分别召开第五届人民代表大会第一次会议，麻城县召开第四届人民代表大会第一次会议。

1966年

1月6日至9日，麻城县召开县人民代表大会。之后，各县人民代表大会没有按期召开。

1978年

4月，各县相继召开县人民代表大会。

11月14日，黄冈地区行政公署成立。

1980年

10月，各县进行县乡两级人大代表直接差额选举。

11月30日，黄冈县第八届人民代表大会闭幕。此次会议实行差额选举。之后，各县先后召开县人民代表大会，始设县人大常委会，重建人民检察院。

1981年

1月，各县相继召开县人民代表大会。

3月1日，湖北省第五届人大第三次会议补选刘敏为省人大常委会委员。刘敏作为黄冈地区人大工作联络员，负责省人大常委会与黄冈地区之间的人大联络工作。

1984年

4月21日，中共湖北省委办公厅发出《关于黄冈地区设立湖北省人民代表大会常务委员会联络处的通知》。

5月19日至23日，省人大常委会副主任李夫全一行到黄冈地区黄冈县调研人大工作。

11月，县乡两级直接选举结束，共选出县人大代表2809名、乡人大代表33715名。

12月下旬，全国人大常委会副委员长王任重视察黄冈。

是年，各县分别召开县人民代表大会。

1986年

10月8日至9日，黄冈地区联络处召开全区人大工作座谈会，各县人大常委会主任参加。

10月，黄冈地区机构编制委员会发文明确黄冈地区人大联络处办公室为县(处)机构。

1987年

3月1日，全区县乡两级换届选举工作会议在黄州召开。黄冈地区人大联络处主任原世泽出席并讲话。

3月10日至20日，地区人大联络处举办县市人大干部培训班。

7月30日，地区人大联络处《人大工作》简报转发《广济县人大常委会关于县乡两级换届选举实施方案》。

至11月28日，各区各县市乡两级换届选举工作结束，共选出出席湖北省第七届人民代表大会的代表71名。

1988年

12月，新的省人大常委会黄冈联络处成立，主任原世泽，副主任方道南。

是年，各县市分别召开县市人民代表大会。代表共提出建议、批评和意见1882条。

1989年

12月4日至10日，全国人大常委会湖北视察组一行6人，先后到罗田、英山视察《中华人民共和国森林法》贯彻执行情况。

是年，各县市相继召开县市人民代表大会。

1990年

3月，地区人大联络处组织开展贯彻《湖北省各级人大常委会监督工作条例》情况督查。

7月14日，地区人大联络处《人大工作》简报转发浠水县人大常委会加强计划和预算管理监督工作的经验。

10月7日至8日，省人大常委会副主任王汉章率领执法检查视察团，到蕲春、浠水两县开展视察执法大检查工作。

1991年

1月至11月，地区人大联络处《人大工作》简报分期刊发各县市委书记重视和加强人大工作的体会文章。

12月，地区人大联络处《人大工作》简报刊发全区各县市人大常委会开展对义务教育法、标准化法、计量法、会计法、《湖北省人大常委会关于抗灾救灾的决议》的执法检查情况以及对公安“三所”（看守所、拘留所、戒毒所）的执法检查情况。

1992年

5月25日，地区人大联络处召开主任会议，研究确定全区人大工作的10个调研选题，并下发到县市人大常委会。

5月30日，湖北省第七届人大常委会第二十七次会议决定，将省人大常委会各地区人大联络处改称为省人大常委会各地区联络组。

7月，省人大常委会副主任石川、肖全涛一行到蕲春县调研。

10月，中共中央政治局常委乔石到罗田县考察。

是年，各县市相继召开人民代表大会和人大常委会会议。

1993年

7月12日，地区人大联络组《人大工作》简报转发《英山县人民政府关于制定执法责任制的实施方案》。

11月6日，省人大常委会邮电执法组到黄冈检查指导邮电执法工作。组长周维新、副组长郑建军陪同。

是年，在全区各县市县乡人大换届选举工作中，地区联络组按省人大及其常委会和地委的要求，加强指导，保证换届选举工作圆满完成，得到省换届选举领导小组的充分肯定。

1994年

10月20日，地区人大联络组《人大工作》简报推荐武穴市人大常委会编著并由中国民主法制出版社出版的《县乡人大工作研究》一书。全国人大常委会副委员长程思远为该书题词，著名法学家许崇德作序。

1995年

5月18日，地区人大联络组《人大工作》简报刊发蕲春县人大常委会在县级国家机关工作人员中开展争当“人民好公仆”活动的经验。

6月15日，地区人大联络组在副县级以上干部中开展“学理论、学知识、学英模”活动的动员。

10月9日至11日，省人大常委会副主任谢培栋率领“二五”普法视察验收团，到黄冈视察“二五”普法工作。市领导蔡伦祥、周维新、宛宗祥、郑建军等陪同。

1996年

3月12日，全国人大常委会副委员长倪志福一行，在省人大常委会副主任郝国道陪同下，考察黄州科教经济开发区。

3月26日，湖北省政府根据国务院函〔1995〕30号文件精神，批准撤销黄冈地区，设立地级黄冈市。同时撤销黄州市，设立黄州区和团风县。实行市管县体制。

4月28日，中共湖北省委通知，成立黄冈市人民代表大会常务委员会筹备组。组长贾天增，副组长周维新。筹备组随即开展工作，拟出《黄冈市第一届人民代表大会第一次会议筹备工作方案》《黄冈市第一届人民代表大会代表名额分配、代表构成和提名推荐候选人方案》和《黄冈市人民代表大会及其常委会工作和办事机构设置、人员编制方案》，报省人大常委会和中共黄冈市委批准后实施。

5月20日，全国人大常委会副委员长费孝通、雷洁琼、王光英、程思远、吴阶平和全国政协副主席王兆国、钱伟长、万国权等到麻城市考察老区开发建设情况，举行支援红安、麻城老区建设项目签字仪式。省、市主要领导陪同考察。

7月26日，省人大常委会副主任肖全涛、郝国道到黄州、团风、浠水等视察人大工作和抗洪救灾。

9月，黄冈人大联络组获省人大常委会办公厅授予的“全省人大宣传工作先进单位”。

11月，各县市区分别召开人民代表大会或人大常委会选举出席黄冈市第一届人民代表大会代表505名。

12月9日至13日，黄冈市第一届人民代表大会第一次会议在黄州举行。大会听取和审查市人大常委会筹备组、市人民政府筹备组、市中级人民法院筹备组、市人民检察院筹备组的工作报告，依法选举产生黄冈市第一届人大常委会主任贾天增，副主任徐华荣、宛宗祥、贺仕文、汪慧英、方景忠和秘书长杨兴鸿及常委会组成人员25名；选举产生市人民政府市长刘友凡，副市长戴凌翔、鲁季平、陈定国、吕文涛、冯木香；选举产生市中级人民法院院长程坤波、市人民检察院检察长高作火。会议审查批准《黄冈市国民经济和社会发展“九五”计划及2010年远景目标纲要》，作出《关于质询案的若干规定》，通过成立市人大各专门委员会并批准其组成人员。

12月14日，市第一届人大常委会举行第一次会议，确定主任会议组成人员分工。

1997年

2月24日至26日，市第一届人大常委会举行第二次会议。审议通过任免国家机关工作人员暂行办法、人大常委会主任会议议事规则、人大常委会议事规则、人大常委会组成人员守则和代表资格审查委员会组成人员人选等,作出关于切实加强减轻农民负担的决议,听取关于组织当前工业生产的报告。任命市级国家机关部分组成人员。

3月17日至20日,省人大常委会副主任朱纯宣率省人大常委会6名委员和民族宗教侨务外事委员会有关人员14人,赴黄冈市区和黄梅、武穴等县市区视察民族宗教侨务外事工作。

4月15日至17日,省人大常委会副主任谢培栋一行5人,到蕲春县视察司法监督工作。

4月17日至21日,市第一届人民代表大会举行第二次会议,审查和批准市人民政府工作报告、全市1997年国民经济和社会发展计划及市级财政预算;听取和审查市人大常委会、市中级人民法院、市人民检察院的工作报告,并作出相应的决议。

5月6日至11日,市人大常委会检查团分两组,分赴红安、麻城、罗田、英山、浠水等县市,开展贯彻对森林法、野生动物保护法的执法检查活动。

5月6日至10日,市人大常委会视察团35人,分2个组对全市7个县市贯彻执行森林法和义务植树造林的情况进行视察。

6月4日至17日,由市人大常委会主任会议成员带队,组织80人视察团,分5个组对10个县市区和市直公、检、法机关1996年1月以来的执法情况进行视察。

6月23日至25日,市第一届人大常委会举行第四次会议。听取和审议全市公检法机关执法情况、林业执法情况视察和市一届人大一次会议代表建议批评和意见办理情况的报告。通过市人大常委会监督工作办法(试行)、联系市人大代表办法、市人大代表持证视察办法等。

8月25日至27日,市第一届人大常委会举行第五次会议。听取和审议贯彻实施《中华人民共和国烟草专卖法》《湖北省计划生育条例》情况、"三五"普法工作和民族宗教外事侨务工作情况的报告。

9月1日,省人大常委会主任关广富主持召开主任会议,专门听取黄冈市人大常委会在6月至8月开展的对公检法机关执法视察情况的汇报。会议认为:"黄冈市人大常委会这次执法视察动真格,见实效,不走过场,解决实际问题,这一精神和做法值得全省推广。"省人大常委会副主任郑云飞、王之卓、林金铭和秘书长刘学伦、省人大法制委员会主任委员王洁清等出席会议并讲话。市人大常委会副主任徐华荣、宛宗祥、贺仕文、汪慧英等参加汇报。

9月11日至15日，市人大常委会主任会议成员带队，分5个组，对10个县市区1997年1月以来减轻农民负担的工作情况进行检查。同时还邀请各级人大代表368人，重点随机调查30个乡镇、60个村的240户农户，调查问卷160份，查阅信访件190份。

9月，黄冈市人大常委会获湖北省人大常委会研究室授予的“全省人大宣传工作先进单位”。

10月7日至15日，省人大常委会副主任徐晓春一行20人，到黄冈市开展农业法等“一法四条例”贯彻实施情况的执法检查。

10月27日至29日，市第一届人大常委会举行第六次会议。听取和审议贯彻实施教育法、扶贫开发、市区规划与建设管理、减轻农民负担情况的报告等，并分别作出审议意见。

10月，黄冈市人大常委会获湖北环保世纪行组委会颁发的“97年湖北环保世纪行组织奖”。

11月30日至12月17日，市人大常委会组成国防军事法律法规执法检查组，分别对5个县市区和市直8个单位执行国防军事法律法规的情况进行检查。

12月15日至17日，市第一届人大常委会举行第七次会议，作出依法治市的决定。

12月18日至20日，市第一届人民代表大会举行第三次会议，选举黄冈市出席湖北省第九届人民代表大会代表64名。

1998年

2月8日，市委书记贾天增主持市委常委会会议，专题听取和研究人大工作，对市人大常委会工作给予充分肯定，并重点研究人大工作中需要解决的重要问题。

2月25日至27日，市第一届人大常委会举行第八次会议。审议通过召开市第一届人民代表大会第四次会议的决定和市人大常委会1998年工作要点、贯彻实施《国家公务员暂行条例》、引进外资、水利工作、经济体制改革工作情况的报告等。

3月17日至20日，省人大常委会副主任朱纯宣率省人大民族宗教侨务外事委员会一行，到黄冈市考察侨务工作。

4月2日，市第一届人大常委会举行第九次会议。审议市第一届人民代表大会第四次会议议程、日程、选举办法等相关草案，审议并通过贾天增因工作调动辞去市人大常委会主任职务请求的决定。

4月14日至18日，市第一届人民代表大会举行第四次会议，选举蔡伦祥为市人大常委会主任，首次作出治理遗爱湖环境污染议案的决议。

4月19日至20日，全市的县市区人大常委会主任会议在黄州召开。市委副书记、人大常委会主任蔡伦祥主持会议。

5月18日，省人大常委会副主任章治文一行12人，到浠水县检查水法、水土保持法和防洪法的贯彻落实情况。

5月25日至28日，市人大常委会组成60余人的视察团，分成3个组对市直城建、邮电、教育部门进行为期4天的视察检查。重点检查这3个部门1997年以来行政执法中的收费、集资、罚款情况，并提出存在问题及整改措施。

6月3日至5日，市第一届人大常委会举行第十次会议。听取和审议市人民政府、市中级人民法院、市人民检察院贯彻市人大常委会依法治市决定的情况和各自制定实施方案的报告。

6月7日，市委书记刘友凡主持市委常委会，专题听取市人大常委会党组对全市金融执法视察情况的报告，肯定市人大常委会组织80余人开展10天的执法视察很有成效，提出进一步严格金融执法，防范和化解金融风险。

6月15日至25日，由市人大常委会主任会议成员牵头，组织46人，分成11个组，到县市区和市直60多个宗教活动场所进行视察检查。

6月16日至17日，省人大常委会副主任郝国道在黄州召开鄂东片人大代表工作座谈会。省人大代工委和武汉、黄石、黄冈、鄂州市人大常委会及咸宁地区人大联络组负责同志参加座谈。市领导刘友凡、蔡伦祥等参加会议。

7月6日，市第一届人大常委会举行第十一次会议。审议通过接受刘友凡辞去黄冈市人民政府市长职务的决定，决定任命段远明为黄冈市人民政府副市长，并决定其为代理市长。

7月29日，省人大常委会主任关广富、副主任刘荣礼、秘书长刘青岭一行到黄冈市视察防洪救灾工作。市领导刘友凡、段远明、蔡伦祥等陪同。

9月21日至23日，市第一届人大常委会举行第十二次会议。听取和审议市人民政府关于1998年防汛防洪及抗灾救灾情况的报告，作出深入开展抗灾救灾工作的决议。

9月，市人大常委会获省人大常委会办公厅、研究室表彰的“全省人大宣传工作先进单位”称号。

10月10日，省人大常委会副主任徐晓春率农业执法检查团，先后到红安、麻城、罗田、英山等县市检查，历时9天。

10月20日至23日，市人大常委会主任会议成员带领60名人大代表，对黄冈市区规划、建设、管理和市场进行视察。

11月9日至11日，市第一届人大常委会举行第十三次会议。听取和审议市人民政府关于市第一届人民代表大会第四次会议治理遗爱湖环境污染议案和代表建议、批评和意见办理情况的报告等。

12月22日至23日，市第一届人大常委会举行第十四次会议，听取和审议市人民政府关于扶贫工作、贯彻实施义务教育法、1997年市级财政决算情况的报告等。

1999年

1月15日，市第一届人大常委会举行第十五次会议，审议所提请的市第一届人民代表大会第五次会议议程、日程等相关草案，审议通过市人大常委会1999年工作要点、审议议题安排等。

1月20日至25日，市第一届人民代表大会举行第五次会议，审议和批准市人民政府工作报告、全市1999年国民经济和社会发展计划及市级财政预算；听取和审议市人大常委会、市中级人民法院、市人民检察院工作报告以及市人民政府办理治理遗爱湖环境污染议案的报告等。选举段远明为黄冈市人民政府市长、易茂先为市人大常委会副主任。

3月17日至19日，市第一届人大常委会举行第十六次会议，听取和审议市人民政府贯彻实施森林法、预算法、律师法、劳动法情况的报告，作出深入贯彻预算法、加强财政预算管理的决议。

4月6日至5月14日，市人大常委会组织常委会组成人员和市人大代表96人，分成9个组，到市区127家党政机关和408家企事业单位，开展市区经济发展环境的执法检查。

5月26日至28日，市第一届人大常委会举行第十七次会议，听取和审议市人民政府贯彻实施防洪法、建筑法情况的报告，作出《依法治理黄冈市区经济发展环境的决议》和《市人民政府组成人员、市中级人民法院、市人民检察院负责人向市人大常委会述职、接受评议的决定》。

8月4日至6日，市一届人大常委会举行第十八次会议，听取和审议市人民政府关于市区社会治安治理情况和贯彻实施土地管理法情况的报告等，审查通过黄冈市城市总体规划修编的报告。

9月5日至8日，由市人大常委会主任会议成员带领常委会组成人员和机关干部30人分成5个专班，开展对市区经济发展环境交办问题和个案督办。5个工作专班先后对交办的163个问题和个案进行现场整改督查。

10月13日至15日，市第一届人大常委会举行第十九次会议，听取和审议市人民政府贯彻实施会计法、义务教育法、教师法、食品卫生法、药品管理法、乡镇企业法和旅游工作情况的报告等。

11月9日至13日，省人大常委会党组副书记、副主任刘荣礼一行，到团风县、黄州开发区、蕲春县、武穴市等地走访部分省人大代表，对经济发展环境执法问题提出要求。市人大常委会副主任宛宗祥等陪同。

9月，黄冈市人大常委会获湖北省人大常委会办公厅、研究室表彰的“全省人大宣传工作先进单位”称号。

11月14日至22日，由市人大常委会主任会议成员带队，分5个组对10个县市区和市直贯彻实施义务教育法和教师法情况进行视察检查。

12月15日至17日，市第一届人大常委会举行第二十次会议，听取和审议市人民政府1999年城区10件实事进展和市直行政执法部门建立执法责任制和冤、假、错案责任追究制工作情况的报告，作出进一步贯彻实施义务教育法和教师法的决议。

2000年

1月4日至5日，市第一届人大常委会举行第二十一次会议，审议召开黄冈市第一届人民代表大会第六次会议的决定及相关草案，听取市中级人民法院、市人民检察院、公安局、监察局对经济环境执法检查交办的问题和个案办理落实情况的报告。

1月10日至14日，市第一届人民代表大会举行第六次会议，听取和审议市人民政府、市人大常委会、市中级人民法院、市人民检察院的工作报告，作出调整黄冈市国民经济和社会发展第九个五年计划的决议。

3月7日至8日，省人大常委会副主任郝国道一行，到黄州区、团风县调研人大工作。市人大常委会副主任徐华荣、汪慧英、易茂先等陪同。

3月14日至16日，市一届人大常委会举行第二十二次会议，听取和审议市人民政府关于全市农业和农村经济结构战略性调整情况等5个报告，作出《关于大力推进黄冈市农业和农村经济结构调整的决议》。

5月15日至17日，市一届人大常委会举行第二十三次会议，听取和审议市人民政府贯彻实施农业技术推广法、科技进步法、审计法情况的报告，作出《关于进一步贯彻农业技术推广工作的决议》，审议通过《黄冈市人大常委会对本级司法机关办理案件实行监督的工作程序》，作出撤销胡金朝市人防办主任职务的决定。

6月5日，市委召开全市人大工作会议，市委、市人大常委会、市政府、市政协领导和县市区委书记、人大常委会主任参加。市委书记刘友凡出席并讲话，市委副书记、市人大常委会主任蔡伦祥和市委副书记刘光彩分别主持会议。

6月27日至30日，省人大常委会副主任鲍隆清带领省人大义务教育法执法检查组，对黄冈市贯彻义务教育法的情况进行检查。

7月26日至28日，市第一届人大常委会举行第二十四次会议，审议并通过对市政府部分组成人员和法院、检察院主要负责人进行述职评议的实施方案，作出成立特别问题调查委员会对黄州区工业建材物资公司有关申诉案件进行调查的决定。

9月3日至7日，省人大常委会副主任张忠俭率执法视察团到武穴、浠水、黄州等地检查土地管理法执法工作情况。

9月9日至19日，按照市人大常委会主任会议安排，市人大常委会两位副主任带领财政经济委员会，对市直机关1999年1月至2000年8月贯彻实施税收征管法的情况进行检查。

10月12日至13日，市第一届人大常委会举行第二十五次会议，听取和审议市人民政府贯彻实施税收征管法、土地管理法、村民委员会组织法、《国务院宗教活动场所管理条例》情况的报告，作出《进一步加强税收征收管理工作的决议》。

11月6日，市第一届人大常委会举行第二十六次会议，决定任命万桃元为黄冈市人民政府副市长。

11月28日至12月1日，市第一届人大常委会举行第二十七次会议，决定对市法院、市检察院、市计委、市经贸委、市水利局、市广播局6个单位主要负责人进行述职评议。

2001年

1月9日至10日，市第一届人大常委会举行第二十八次会议，决定召开市第一届人民代表大会第七次会议，审议提请此次会议通过的议程、日程等相关草案，决定许可检察机关对市人大代表王龙朝实行逮捕。

2月23日至28日，市第一届人民代表大会举行第七次会议，听取和审查《关于黄冈市国民经济和社会发展第十个五年计划纲要》的报告，决定接受蔡伦祥辞去人大常委会主任职务和徐华荣、宛宗祥因到退休年龄辞去人大常委会副主任职务，选举刘友凡为人大常委会主任，刘光彩、金鹤年、张用长、吴闻章为人大常委会副主任。

3月28日至29日，市第一届人大常委会举行第二十九次会议，听取和审议市人民政府关于黄冈市区工业、农业、商贸发展以及贯彻实施森林法、价格法情况的报告。

4月16日，省人大常委会主任关广富到英山县召集20名人大代表座谈，要求英山在建设全国名茶县中发挥人大代表作用，彰显人大工作特色。

5月28日至29日，市第一届人大常委会举行第三十次会议。听取和审议市人民政府贯彻实施行政监察法、产品质量法情况的报告，审议通过《关于组织人大代表对市直部分垂直管理部门进行评议的实施方案》和《关于开展评选表彰市第一届人大优秀代表暨全市人大工作先进集体、先进工作者活动的实施方案》。

7月24日至25日，市第一届人大常委会举行第三十一次会议，听取和审议市人民政府关于2001年上半年国民经济和社会发展计划执行情况和关于开展“严打”整治斗争情况的报告，决定免去万桃元黄冈市人民政府副市长职务。

9月12日，全国人大常委会副委员长邹家华、全国人大常委会委员贾志杰到黄冈视察水资源环境保护工作。省人大常委会副主任张洪祥、市委书记刘友凡、市人大常委会常务副主任刘光彩等陪同。

9月13日至14日，市第一届人大常委会举行第三十二次会议，听取和审议市人民政府贯彻实施乡镇企业法、工会法情况的报告，决定许可检察机关对市人大代表周承献依法采取强制措施。

9月26日，市第一届人大常委会举行第三十三次会议，决定黄冈市第二届人民代表大会召开时间，决定任命夏润祥为黄冈市人民政府副市长，免去鲁季平、王顺华黄冈市人民政府副市长。

11月29日，市委常委会研究贯彻落实省委人大工作会议精神，并发出〔2001〕19号专题会议纪要。

2002

1月19日，市第一届人大常委会举行第三十五次会议，听取和审议提请市第二届人民代表大会第一次会议通过的议程、日程、选举办法草案。

3月26日，市第一届人大常委会举行第三十六次会议，听取代表资格审查委员会关于市第二届人民代表大会代表资格审查报告。根据湖北省第八届人大常委会第三十次会议的决定，黄冈市第二届人民代表大会代表533名。全市11个选举单位选出代表521名，选举符合法律规定，代表资格有效。

4月6日至11日，市第二届人民代表大会举行第一次会议，听取和审议各项报告，并分别作出决议；选举刘友凡为市人大常委会主任，陈定国、易茂先、金鹤年、张用长、陈鼎常、包玉兰、张永斌为副主任，杨兴鸿为秘书长及24名委员；选举段远明为市人民政府市长，夏润祥、吕文涛、杨道洲、刘树生、操尚银为副市长；选举占云发为市中级人民法院院长、高作火为市检察院检察长（提请省人大常委会批准）。大会作出《关于加快黄冈大别山旅游开发的决议》。

5月4日，中共中央政治局常委、全国人大常委会委员长李鹏一行到红安、麻城视察，省领导俞正声、杨永良、邓国政和市领导刘友凡、蔡伦祥、陈定国等陪同考察。

5月21日至22日，市第二届人大常委会举行第一次会议，审议并通过黄冈市人大常委会议事规则、主任会议议事规则、常委会组成人员守则、任免地方国家机关工作人员办法等。

6月10日至11日，市第二届人大常委会举行第二次会议，听取市人民政府关于全市旅游发展总体规划编制和市区城市规划工作情况的报告，任命市人民政府组成人员。

7月29日至30日，市第二届人大常委会举行第三次会议，听取和审议市人民政府扶贫工作情况的报告，作出《关于做好新阶段扶贫开发工作的决议》。

9月11日，省人大常委会副主任纪玲芝一行督查黄冈市治理整顿土地市场秩序问题，市领导张用长等陪同。

9月23日至24日，市第二届人大常委会举行第四次会议。听取和审议市人民政府贯彻落实义务教育法、教师法、城市房地产管理法和《湖北省宗教事务管理条例》的报告，并分别作出审议意见。

10月29日至30日，市第二届人大常委会举行第五次会议，听取和审议对市区两级法院、检察院、公安局、司法局工作视察情况的报告，分别作出审议意见，审议通过《关于根据评议结果确定重点整改单位的暂行办法》。

11月29日至12月1日，市第二届人大常委会举行第六次会议，决定召开市第二届人民代表大会第二次会议，分别作出全市减轻农民负担、加快大别山旅游开发和代表建议、批评、意见办理的审议意见，决定接受段远明辞去黄冈市人民政府市长职务。

12月2日至4日，省人大常委会副主任朱纯宣率领全国人大和省人大代表20多人到黄冈视察农民增收情况。市领导段远明、蔡伦祥等陪同。

12月23日至24日，市第二届人大常委会举行第七次会议，审议提请市第二届人民代表大会通过的议程、日程、选举办法等相关草案，确定市直部门重点评议对象，决定接受刘友凡因工作调省辞去黄冈市人大常委会主任职务，任命梅香雪为黄冈市人民政府副市长。

2003年

1月1日至5日，市第二届人民代表大会举行第二次会议，听取和审议相关的报告，选举黄冈市人大常委会主任、黄冈市人民政府市长，选举丁凤英等62名出席省第十届人民代表大会的代表。

1月14日，中共中央政治局委员、湖北省委书记、省人大常委会主任俞正声，专程看望出席省第十届人代会的黄冈团代表。

4月23日至25日，市第二届人大常委会举行第九次会议，听取和审议市人民政府贯彻实施公路法、水法、《台湾同胞投资保护法》的情况和关于市直被评议部门工作情况的报告，作出《关于加强市级财政预算审查监督的决定》。

5月8日至9日，全市县市区人大常委会主任座谈会在黄州召开。市委书记、市人大常委会主任段远明讲话，市人大常委会组成人员出席。

6月9日至11日，市第二届人大常委会举行第十次会议，通过《关于市人民政府、市中级人民法院、市人民检察院执行决议决定和办理落实审议意见的试行规定》，作出《关于进一步做好招商引资工作的决议》。

7月28日至30日，市第二届人大常委会举行第十一次会议，听取和审议市人民政府贯彻实施农村土地承包法、《国务院信访条例》情况的报告。作出《关于做好信访工作，维护群众利益，维护社会秩序的决议》和《关于在“一府两院”及有关部门中开展评优评先评议后进活动的决定》，通过《关于公民旁听市人大常委会会议制度的实施办法》。任命李格非为黄冈市人民政府副市长。

8月5日，全省加强乡镇民主政治建设座谈会在黄冈召开。省委副书记、省人大常委会主任杨永良，省委常委、组织部部长宋育英出席会议。市领导段远明、蔡伦祥、杨元寿列席会议。

9月13日至15日，市第二届人大常委会举行第十二次会议，听取和审议市中级人民法院关于行政审判工作和市人民检察院关于开展刑事审判监督工作情况的报告,听取和审议市人民政府贯彻实施药品管理法和市总工会贯彻实施工会法情况的报告。决定接受杨兴鸿因到退休年龄辞去市人大常委会秘书长职务。

9月21日至24日,市人大常委会组织部分委员和人大代表,以市县两级人大常委会联动的方式,开展土地管理法和行政许可法实施情况的执法检查。

9月26日,中共黄冈市委和市人大常委会举行人民代表大会制度建立50周年庆祝大会。市委书记、市人大常委会主任段远明出席并讲话。市委、市人大、市政府、市政协等领导同志出席。

10月9日,北京市人大常委会副主任范远谋一行到黄冈考察人大工作。

10月20日,市人大常委会首次举行评议市政府部分组成人员动员大会。

11月10日至12日,市第二届人大常委会举行第十三次会议,听取和审议市人民政府关于全市旅游工作和贯彻实施水污染防治法、《湖北省城市建设监察条例》情况的报告,并作出相关审议意见,通过《关于接待处理人民群众来信来访的暂行办法》,决定撤销方长江的黄冈市中级人民法院副院长、审判委员会委员、审判员职务。

12月12日至13日,市第二届人大常委会举行第十四次会议,听取和审议市人民政府关于市第二届人大第二次会议代表建议、批评和意见办理情况的报告,并作出审议意见,作出《关于加快依法治市进程,建设法治黄冈的决议》和《关于治理黄冈市区化工污染的决议》,通过《市人大常委会关于聘请法律顾问的暂行规定》。

2004年

1月11日,市第二届人大常委会举行第十五次会议,决定召开市第三届人民代表大会第三次会议,确认增补的董卫民等8名市人大代表资格有效,第二届人民代表大会代表实有526名,尚缺7名。

2月12日,市第二届人大常委会举行第十六次会议。

2月15日至20日,市第二届人民代表大会举行第三次会议,听取和审议市人民政府、市人大常委会、市中级人民法院、市人民检察院的工作报告等,并分别作出决议,选举梅启生为市人大常委会秘书长。

3月26日,市第二届人大常委会举行第十七次会议,评选“人民群众满意单位”10个,确定“重点评议单位”的评议办法。

5月28日,市第二届人大常委会举行第十八次会议,听取和审议市人民政府关于开展农民增收工作情况的报告,作出《关于进一步做好农民增收工作的决议》。

7月20日至22日，市第二届人大常委会举行第十九次会议，作出《关于大力推进黄冈市新型工业化的决议》《关于在市人民政府组成人员中开展述职评议的决定》《关于加强龙感湖管理区人大联络组工作的意见》等。

8月31日，市人大常委会召开县市区人大工作座谈会。县市区人大常委会分别交流各自工作经验。市人大常委会主任会议组成人员出席会议。

10月10日，市二届人大常委会举行第二十次会议，听取和审议市人民政府贯彻执行《市人大常委会关于治理黄冈市区化工污染的决议》情况的报告，并作出审议意见，通过《关于市中级人民法院、市人民检察院、公安局实施执法责任制、评议考核制和错案责任追究制的监督办法》，决定接受高作火因到退休年龄辞去黄冈市人民检察院检察长职务，决定黄六洲为黄冈市人民检察院代理检察长。

11月5日，按照市人大常委会《关于加大监督力度、促进市区两级司法机关依法行政、公正执法的意见》，市人大常委会召开市区人大监督工作联席会议第一次会议。

11月20日，经鄂黄冈内图字〔2004〕第3号文件批准，《黄冈人大》双月刊杂志创刊，以宣传研究交流人大工作为主旨。

12月2日至4日，省人大常委会副主任朱纯宣率全国、湖北省人大代表20多人到黄冈视察农民减负工作情况。

12月7日至8日，市第二届人大常委会举行第二十一次会议，决定召开市第二届人民代表大会第四次会议，听取市人民政府部分组成人员述职报告，并进行票决测评等，听取和审议市中级人民法院、市人民检察院、市公安局关于市第二届人大第三次会议代表建议、批评、意见和市人大常委会交办个案办理情况的报告。

2005年

1月5日，市第二届人大常委会举行第二十二次会议，审议提请市第二届人民代表大会第四次会议通过的议程、日程等相关草案，免去夏润祥市人民政府副市长职务，任命卢焱群为黄冈市人民政府副市长。

2月22日，市第二届人大常委会举行第二十三次会议，确认增补的张国秀等11名代表资格有效，决定接受金鹤年因到退休年龄辞去市人大常委会副主任职务、占云发因工作调动辞去黄冈市中级人民法院院长职务，任命蒋国平为黄冈市人民政府副市长，任命吕小武为黄冈市中级人民法院副院长，并决定其为代理院长。

2月24日至3月1日，市第二届人民代表大会举行第四次会议。会议听取和审议各项报告，作出关于市人大常委会、市人民政府、市中级人民法院、市人民检察工作报告的决议，选举王建明为市人大常委会副主任、吕小武为市中级人民法院院长。

3月28日至30日，市第二届人大常委会举行第二十四次会议。听取和审议市人民政府贯彻实施城市绿化条例、科技进步法情况的报告等，通过市人大常委会《关于讨论决定重大事项的实施办法》《关于开展法官述职评议和警官执法评议的实施方案》《关于审判和检察人员任前公示办法》，作出《关于对“一府两院”报告工作实行票决制的决定》《关于对市人民政府组成人员进行述职评议的决定》《关于对被命任国家机关工作人员实行供职发言的决定》等。

4月13日，省人大常委会党组书记、常务副主任邓道坤和秘书长张牢生一行，到黄冈视察并听取人大工作汇报。

4月26日，市人大常委会主任会议组成人员一行到白莲河抽水蓄能电站视察工程建设情况。

5月25日至27日，市第二届人大常委会举行第二十五次会议，听取和审议市人民政府《关于全市扶贫工作情况的报告》，此报告未获通过。会议通过允许有关机关对严重违法的市人大代表龙其保、陈锋、童文卿、王锋采取强制措施，通过《市人大常委会组成人员联系本级人大代表办法》。

7月14日至15日，市第二届人大常委会举行第二十六次会议，听取和审议市人民政府关于机构编制工作和市中级人民法院基层法院和市人民检察院县市区检察院建设情况的报告。

9月26日至29日，市第二届人大常委会举行第二十七次会议，听取和审议2004年市级预算执行和其他财政收支的审计工作报告，听取10名法官、检察官、警官述职评议的报告，确定3名副市长和5名政府组成人员为述职评议对象，作出市人民政府贯彻实施《中华人民共和国行政许可法》等7个报告的审议意见。

9月19日至21日，省人大常委会组织鄂东片全国人大代表到黄冈专题调研新型农村合作医疗制度建设试点工作情况，市领导张永斌、梅香雪等陪同。

10月9日至12日，省人大常委会副主任高瑞科带领执法检查组，对罗田、英山贯彻村民委员会组织法及湖北省实施办法开展执法检查。

11月17日，全国人大常委会委员、内务司法委员会副主任委员陶驷驹一行，到黄冈调研消防法贯彻实施情况。

11月21日至23日，市第二届人大常委会举行第二十八次会议，听取市人民政府3名副市长和5名政府组成人员的述职，并进行票决评议。

12月14日至16日，市人大常委会组织5个视察组，对市人民政府承诺市区“八件实事”完成情况进行视察。

12月6日，中共黄冈市委召开市委人大工作会议，市委、市人大常委会、市政府、市政协领导和县市区委书记、人大常委会主任参加会议。市委发出《关于进一步加强人大工作的意见》（黄发〔2005〕17号）的文件。

2006年

1月4日至5日，市第二届人大常委会举行第二十九次会议，听取和审议市人民政府承诺市区“八件实事”完成情况和市中级人民法院、市人民检察院、市公安局实施执法责任制、评议考核制、错案责任追究制情况以及市人大各专门机构、常委会各办事机构、龙感湖管理区人大联络组工作情况的报告。

2月15日，市第二届人大常委会举行第三十次会议，审议确认市人大代表变动情况和补选3名代表的代表资格。

2月22日至23日，省人大常委会副主任韩忠学带领省人大民族宗教侨务外事委员会一行，赴黄梅县检查《宗教事务条例》执行情况。市人大常委会副主任包玉兰等陪同。

2月25日，市第二届人民代表大会举行第五次会议，听取和审议市人民政府、市人大常委会、市中级人民法院、市人民检察院等各项工作报告并分别作出决议，审查和批准《黄冈市国民经济和社会发展第十一个五年规划纲要》。

4月29日至30日，市第二届人大常委会举行第三十一次会议，听取和审议市人民政府贯彻实施药品监督法、体育法、动物防疫法、矿产资源法情况的报告。

4月，市人大常委会获中共湖北省委宣传部等单位联合表彰的“全省婚育新风进万家活动先进单位”称号。

5月29日至30日，市第二届人大常委会举行第三十二次会议，听取和审议市人民政府贯彻实施税收征管法、治安管理处罚法和安全生产法情况的报告，并分别作出审议意见。

7月24日至26日，市第二届人大常委会举行第三十三次会议，听取和审议市直部分检察官述职评议等报告，免去李格非黄冈市人民政府副市长，任命刘大洪为黄冈市人民政府副市长，许可对市人大代表范桂峰采取强制措施。

8月17日，市第二届人大常委会举行第三十四次会议，决定任命刘雪荣为黄冈市人民政府副市长，并决定其为代理市长。

9月11日至12日，市人大常委会执法组对全市近几年执行城市规划法进行执法检查，对存在的问题进行严厉批评并提出审议意见。

9月28日至29日，市第二届人大常委会举行三十五次会议，听取和审议市人民政府关于2005年市级财政决算情况的报告等。

11月7日至8日，市第二届人大常委会举行第三十六次会议，听取和审议市人民检察院开展人民监督员工作情况的报告，听取和审议并作出《关于将市级领导机关迁出老城区（在东方广场）建设黄冈市行政服务综合大楼的决议》，决定免去蒋国平的黄冈市人民政府副市长职务，任命杨智为黄冈市人民政府副市长。

12月20日至22日，全国人大常委会委员贾志杰、蒋祝平一行到黄冈视察，省人大常委会常务副主任邓道坤和市领导刘雪荣、陈定国、易茂先等陪同。

2007年

1月11日，市第二届人大常委会举行第三十七次会议，决定第三届市人民代表大会第一次会议召开时间，并审议提请此次会议通过的相关草案。

1月16日至21日，市第三届人民代表大会举行第一次会议，听取和审议市人民政府、市人大常委会、市中级人民法院、市人民检察院工作报告等，并分别作出决议；选举产生市人大常委会主任，副主任张永斌、陈鼎常、包玉兰、王建明、王楚平、黄奏球、王定华，秘书长梅启生和委员32名；选举产生市人民政府市长刘雪荣，副市长卢焱群、龙福清、梅香雪、杨智、蔡德坤；选举产生市中级人民法院院长吕小武、市人民检察院检察长黄六洲。

2月12日，市第三届人大常委会举行第一次会议，听取审议市人大常委会2007年工作要点等。

3月20日至21日，省人大常委会副主任高端科带领省人大内务司法委和省妇联负责同志一行，到黄冈就《湖北省实施〈妇女权益保障法〉办法》修订草案座谈调研。市领导刘雪荣、任振鹤、张永斌、王建明等参加调研座谈。

3月30日至31日，市第三届人大常委会举行第二次会议，听取和审议市人民政府有关工作报告，审议并通过《市人大常委会任命国家机关工作人员任前法律知识考试暂行办法》和《规范性文件备案审查的暂行办法》。

4月24日，全市学习各级人大常委会监督法知识讲座在市职工活动中心举行。市人大常委会组成人员、机关干部、市直机关的市人大代表、各县市区人大常委会负责人以及市直和黄州区、团风县公安、法院、检察院副科级以上干部参加。

5月28日至29日，市第三届人大常委会举行第三次会议，听取和审议市人民政府贯彻实施工会法、消费者权益保护法和全市旅游工作情况的报告，审议通过《关于市级预算审查监督的暂行规定》，票决市政府组成部门评议对象，撤销市中级人民法院刑事审判庭陈振华的第一庭副庭长、审判员职务。

7月9日至11日，市人大常委会组成3个执法检查组，到6个县市区对贯彻实施国务院《宗教事务条例》情况进行检查。

7月26日至27日，市第二届人大常委会举行第四次会议，听取和审议市人民政府贯彻实施《宗教事务条例》情况的报告，并作出审议意见。

8月22日至23日，全市人大常委会主任暨人大代表工作座谈会在罗田县召开。市人大常委会主任会议成员和委室主任、县市区人大常委会主任及分管代表工作副主任参加会议。会间参观罗田县代表小组建设情况，听取经验介绍，各县市区相互交流工作。人大常委会主任会议组成人员出席会议。

8月，市人大常委会获湖北省语言文字工作委员会、教育厅表彰的“湖北省语言文字工作先进单位”荣誉。

10月8日至10日，市第二届人大常委会举行第五次会议，作出《对2006年市级预算执行和其他财政支出审计出问题进行整改的决议》和《建立城市专项资金的决议》，听取和审议市人民政府关于遗爱湖保护治理工作进展情况的报告。

10月，市人大常委会获湖北环保世纪行组委会表彰的“湖北环保世纪行优秀组织奖”。

11月16日至18日，南方部分城市人大制度理论研讨会第九次会议在黄州召开。会议就贯彻实施各级人大常委会监督法，提高人大监督工作实效等问题进行交流和探讨。市委书记，市人大常委会主任、副主任参加会议。

11月29日至12月1日，市第二届人大常委会举行第六次会议，听取和审议市直机关被评议单位工作情况的报告，并对整改情况进行表决。

12月15日至16日，全国人大常委会副委员长路甬祥一行到黄州参加“全国基础教育·黄冈论坛”。

12月17日至19日，市第三届人民代表大会举行第二次会议，选举黄冈市出席湖北省第十一届人大代表61名。

2008年

1月21日，市第三届人大常委会举行第七次会议，听取和审议召开市第三届人民代表大会第三次会议的有关事项(草案)等。

2月23日至27日,市第三届人民代表大会举行第三次会议,听取和审议市人民政府、市人大常委会、市中级人民法院、市人民检察院工作报告等,并分别作出决议。

3月14日至20日,市人大常委会主任会议成员率5个调查组,分别到县市区了解各地抗击冰雪灾害及灾后重建工作。

3月31日,市第三届人大常委会举行第八次会议,听取和审议市人民政府关于抗击冰雪灾害及灾后重建工作、贯彻实施《道路交通安全法》《黄冈市城市总体规划(2005—2020)》修编工作进展情况等,并作出审议意见。

5月15日,市人大常委会机关举行向四川汶川地震灾区捐赠仪式。市人大常委会副主任张永斌、包玉兰、王建明、王楚平和机关干部分别捐款。

5月19日至20日,市第三届人大常委会举行第九次会议,听取和审议市人民政府贯彻实施水法、职业教育法情况的报告,票决确定对市直4个部门进行工作评议,决定免去卢焱群黄冈市人民政府副市长职务。

6月4日至5日,全市人大宣传工作会议在蕲春召开。会议总结和布置全市人大宣传工作,表彰5个先进单位和27位先进作者。

6月20日,省人大常委会党组书记、常务副主任周坚卫到黄冈就农民工工资清欠及劳动合同法实施情况进行专题调研。

6月30日,市第三届人大常委会举行第十次会议,决定免去杨智黄冈市人民政府副市长职务,任命王静平、黄祥国为黄冈市人民政府副市长。

6月,市人大常委会全市财政收支实时监督网络系统于月底开通,实现了预算执行监督由书面性向实时实质性监督转变。

7月11日,全国人大常委会委员杨永良、省人大常委会副主任周洪宇到黄冈就国家宽带发展战略进行专题调研。

7月28日至29日,市第三届人大常委会举行第十一次会议,听取和审议市人民政府关于全市旅游规划和重点景区项目建设情况的报告,此报告未获得通过,并责成整改,60日内,市人民政府向市人大常委会重新报告整改工作。

8月12日至13日,省人大常委会副主任罗辉率调研组到罗田、英山县就集体林权制度及国有林场改革情况进行调研。

9月25日至27日,市第三届人大常委会举行第十二次会议。听取和审议市人民政府关于《黄冈市城市建设总体规划(2008—2020)》修编工作情况的报告,并作出决议。听取和审议市直4个被评议单位的工作报告，分别提出评议意见。

10月28日，市人大常委会主任会议成员率执法调研组到市区视察公安局看守所、拘留所，并对存在的问题提出整改意见。

11月25日，国家南水北调办公室主任张基尧一行到黄冈考察南水北调中线一期工程移民安置试点工作。省人大常委会副主任刘友凡和市领导刘雪荣、张永斌等陪同。

11月27日至28日，市第三届人大常委会举行第十三次会议，听取和审议市人民政府关于全市城镇集中式饮用水水源地保护和城市污水处理项目建设、全市文化建设、旅游规划和重点景区项目情况的报告，并分别作出审议意见。许可团风县公安局对市人大代表陈卫国采取刑事拘留的强制措施。

12月9日，省人大常委会副主任蒋大国带领调研组到黄冈市专题调研人大工作。市领导张永斌、包玉兰、王建明、王楚平和秘书长梅启生参加汇报会。

2009年

1月4日至5日，市第三届人大常委会举行第十四次会议，审议通过黄冈市人大常委会组成人员守则、议事规则、审议意见处理办法和主任会议规则，决定召开黄冈市第三届人民代表大会第四次会议。

2月6日，市第三届人大常委会举行第十五次会议，听取和审议黄冈市人大常委会2008年工作要点和审议议题安排，任命王浩鸣为黄冈市人民政府副市长，免去刘大洪、蔡德坤的黄冈市人民政府副市长职务。

2月12日至17日，市第三届人民代表大会举行第四次会议，听取和审议市人民政府、市人大常委会、市中级人民法院、市人民检察院工作报告，并分别作出决议，作出关于加大车辆超限超载治理工作力度议案的决议和关于加强农村建房规划和用地管理议案的决议。

3月6日，省人大常委会副主任刘友凡一行到黄冈市调研高产农田建设情况，并督办规范性文件备案管理工作。

3月15日至20日，市人大常委会主任会议成员带队，分5个调查组，到各县（市、区）调查抗击冰雪灾害及灾后重建工作，了解各地人大工作现状及存在的主要问题。

3月20日至21日，《湖北省实施〈代表法〉办法》修订调研会在黄冈召开。省人大常委会代工委负责同志及武汉、黄石、鄂州、咸宁、孝感等市人大常委会代表机构负责人参加会议。

3月26日,市人大常委会机关召开深入学习实践科学发展观活动动员大会。

3月30日至31日,市第三届人大常委会举行第十六次会议,听取和审议市人民政府关于武汉城市圈"两型"社会综合配套改革试验实施方案及重点项目建设情况的报告,作出《关于建立听取和审议法院检察院公安局办案质量检查情况报告制度的决定》,任命徐向农为黄冈市人民政府副市长。

4月15日,陕西省人大常委会副主任刘癸楚一行到黄冈考察人大代表工作。

5月10日,江苏省苏州市人大常委会副主任周福元一行到黄冈考察述职评议工作。

5月18日至19日,市人大常委会主任会议成员率2个视察组,对全市15个旅游重点景区和建设项目情况开展视察。

5月25日至26日,市第三届人大常委会举行第十七次会议,听取和审议市人民政府关于"十一五"规划实施情况中期评估的报告、市区社会发展重点建设项目议案的报告,并分别作出决议。票决确定对市直4个部门开展工作评议。

6月17日至18日,省人大常委会副主任蒋大国一行,对黄冈人民法院民事执行工作进行调研。

6月23日至24日,仙桃市和恩施州人大常委会负责同志到黄冈考察代表工作。

7月7日至9日,市人大常委会主任会议成员分别率3个执法检查组,到市区和县市开展城乡规划实施情况的检查。

7月22日,全国人大常委会副委员长华建敏一行到黄冈视察,省人大常委会常务副主任周坚卫和市领导刘雪荣等陪同。

7月30日至31日,市第三届人大常委会举行第十八次会议,听取市人大常委会执法检查组关于城乡规划实施情况的报告并作出决议,任命应红为黄冈市人民政府副市长。

8月20日,省委书记、省人大常委会主任罗清泉和省人大常委会党组书记、常务副主任周坚卫一行到黄冈召开省委人大工作会议准备工作调研座谈会。黄冈、孝感、武汉等市人大常委会主要负责人参加座谈。

9月21日至22日,市第三届人大常委会举行第十九次会议,听取和审议市直机关4个被评议单位工作报告,并分别作出审议意见;任命李安宁为黄冈市人民政府副市长。

11月30日至12月1日,市第三届人大常委会举行第二十次会议,听取和审议市人民政府贯彻实施中小企业促进法情况的报告，并作出审议意见。此次常委会会议实行全程网络直播。

2010年

1月22日至23日，市第三届人大常委会举行第二十一次会议，审议市人民政府关于黄冈长江大桥、武汉至黄冈城际铁路及黄鄂高速公路建设有关问题议案并作出决议，决定召开市第三届人民代表大会第五次会议，审议提请大会通过的议程、日程等相关草案，决定接受包玉兰因到退休年龄辞去市人大常委会副主任职务和梅启生因到退休年龄辞去市人大常委会秘书长职务。

1月30日，省第十一届人大三次会议主席团表决通过代表联名提出的议案处理意见的报告，决定对其中4件议案立案。黄冈代表团梅香雪等12名代表联名提出的"关于制定《湖北省医疗纠纷预防与处置条例》的议案"列入其中。这是黄冈代表团首次在省人代会上获得立案的代表议案。

2月22日至25日，市第三届人民代表大会举行第五次会议，听取和审议市人民政府、市人大常委会、市中级人民法院、市人民检察院的工作报告，并分别作出决议。大会还作出《关于进一步加强我市社区建设议案的决议》，选举龙福清为市人大常委会副主任、段高敏为秘书长。

3月10日，中共黄冈市委作出《关于进一步加强和改进人大工作的决定》(黄发〔2010〕4号)。

3月16日至18日，省人大常委会副主任蒋大国一行到黄冈检查妇女权益保障法贯彻实施情况。

3月25日至26日，市第三届人大常委会举行第二十二次会议，听取和审议市人民政府关于黄冈市市区公共卫生建设、贯彻实施农民专业合作社法和市区城市建设项目预算情况的报告，并分别作出审议意见。

4月10日至16日，根据市人大常委会主任会议安排，市人大常委会副主任王楚平率市人大常委会城环委、预算委和市规划局、财政局一行赴江苏扬州、张家港、昆山市和浙江宁波、舟山、绍兴等市考察城市规划与历史文化名城建设。

5月5日至12日，市人大常委会主任会议成员率4个检查组，分赴县市区对全市法院、检察院、公安局的办案质量进行专项检查。

5月31日至6月1日，市第三届人大常委会举行第二十三次会议，听取和审议市中级人民法院、市人民检察院、市公安局贯彻实施市人大常委会关于办案质量检查情况的报告,并分别作出审议意见。票决市直3个单位为工作评议对象。

7月28日至29日,市第三届人大常委会举行第二十四次会议,听取和审议市人民政府关于全市城镇医疗保险工作情况的报告,并作出审议意见。

8月24日至25日,全市人大宣传工作会议在浠水县召开。会议评出全市人大宣传工作先进单位、先进工作者和宣传人民代表大会制度的好新闻。2008—2010年"黄冈环保行好新闻"同时评选揭晓颁奖。

8月25日至27日,全省人大内务司法工作座谈会在麻城举行。省人大常委会副主任蒋大国出席并讲话。市领导王建明等出席会议。

9月20日,受省人大常委会委托,市人大常委会主任会议成员带领市直省人大代表视察市区重点建设项目。

9月27日至28日,市第三届人大常委会举行第二十五次会议,听取和审议市直3个被评议单位工作评议的报告,市外事侨务局因满意票没有超过常委会组成人员的半数未获通过,责成积极整改,以迎接再次评议,作出《关于加快黄冈城东新区规划建设的决议》,决定接受应红因工作调动辞去黄冈市人民政府副市长职务。

10月下旬至11月上旬,市人大常委会主任会议成员率6个调研组到5个县市区和市直40多个部门,对全市"十二五"规划编制工作进行调研。

10月,市人大常委会获湖北环保世纪行组委会表彰的"湖北环保世纪行优秀组织奖"荣誉。

11月10日至13日,市人大常委会两位副主任带队在市区和罗田、蕲春、武穴、黄梅等地,实地调研非物质文化遗产传承、保护和利用情况。

11月22日至23日,市第三届人大常委会举行第二十六次会议,听取和审议市人民政府关于"十二五"规划编制工作、非物质文化遗产保护工作情况的报告,并分别作出决议,决定任命熊长江为黄冈市人民政府副市长。

12月27日,市委常委会召开129次会议,专题听取市人大常委会工作情况汇报,要求5个没有召开党委人大工作会议的县市委迅速贯彻落实省市委人大工作会议精神。市人大常委会主任会议成员列席会议。

2011年

1月10日至11日,市第三届人大常委会举行第二十七次会议,审议提请市第三届人民代表大会第六次会议决定的各项草案,审议通过各项审议意见办理情况的报告,决定接受李安宁因工作调动辞去黄冈市人民政府副市长职务。

2月11日至14日，市第三届人民代表大会举行第六次会议，听取和审议市人民政府、市人大常委会、市中级人民法院、市人民检察院的工作报告和进一步加强黄冈市社区建设议案情况的报告，并分别作出决议，还作出《关于黄冈市国民经济和社会发展第十二个五年纲要的决议》，提出调整黄冈市区中小学布局、优化教育资源配置的议案。

3月15日，市人大常委会主任会议集体向市人民政府、市中级人民法院、市人民检察院交办市第三届人民代表大会第六次会议代表所提的92件建议、批评和意见。

3月20日，全国人大常委会副委员长、民进中央主席严隽琪一行到红安县考察经济社会发展情况及民进黄冈市筹备委员会工作。省人大常委会副主任周洪宇、黄冈市市长刘雪荣等陪同。

3月29日至30日，市第三届人大常委会举行第二十八次会议，听取和审议市人民政府关于市区五大社会事业项目建设、南湖工业园建设、市城投公司运营和物价监管工作的报告，并分别作出审议意见，票决确定市直4个部门作为工作评议对象，决定命任罗微为黄冈市人民政府副市长。

5月5日，省委书记、省人大常委会主任李鸿忠一行到麻城考察，强调在建设“四个大别山”中，要充分发挥人大代表的主体作用。

5月9日至13日，市人大常委会主任会议成员带队，分成6个执法检查组到市直机关8个单位和各县市区开展食品安全法执法检查活动。

5月30日至31日，市第三届人大常委会举行第二十九次会议，听取和审议市人民检察院关于法律监督工作、市公安局关于“扫黑除恶”专项治理情况的报告和市人大常委会关于食品安全执法检查情况的报告并分别作出决议，决定免去梅香雪市人民政府副市长。

6月20日，全市乡镇人大换届工作会议在黄州召开。市人大常委会、市委组织部主要负责人出席会议并讲话。

7月11日至12日，市人大常委会调研组一行20人，先后走访市区15所学校，督办调整市区中小学布局议案的落实情况。

7月25日至26日，市第三届人大常委会举行第三十次会议，听取和审议市人民政府《关于调整黄冈市区中小学布局优化教育资源配置工作情况的报告》。此报告未获通过。

7月，市人大常委会获中共湖北省委、湖北省人民政府表彰的“全省万名干部进万村入万户活动先进工作组”荣誉。

8月3日至4日，全国人大财经委副主任委员尹中卿一行，到黄冈调研企业科技创新情况以及中小企业发展环境问题。

8月9日，省人大常委会副主任林志慧一行，就省人大代表重点建议办理工作和黄冈保障性住房建设情况开展调研。

8月30日，市人民政府市长刘雪荣率市督办组到白莲河水库对市人大代表提出的理顺白莲河水库管理体制的建议进行现场督办。

8月31日，省人大常委会副主任任世茂一行，就黄冈市贯彻实施食品安全法及湖北省实施办法开展执法检查。

9月26日至27日，市第三届人大常委会举行第三十一次会议，听取和审议市直4个被评议单位工作情况的报告，并进行满意度测评，决定许可对市人大代表王厚春因违法犯罪采取强制措施。

9月，市人大常委会获《中国人大》杂志社表彰的“2011年宣传《中国人大》突出贡献奖”。

11月16日至17日，省人大常委会党组书记、常务副主任苏晓云一行10人，到黄冈调研扫黑除恶工作。

11月21日至22日，市第三届人大常委会举行第三十三次会议，听取和审议市人民政府关于城东新区规划编制和建设启动情况的报告，并作出审议意见，决定接受吕小武因工作调动辞去市中级人民法院院长职务。

11月23日，全国人大常委会副委员长、民革中央主席周铁农一行到黄冈视察，出席浙商与黄冈经济发展高峰论坛，并宣布论坛开幕。省人大常委会常务副主任周坚卫出席论坛。市长刘雪荣主持论坛。

12月5日至6日，省人大常委会副主任罗辉一行到黄冈，就修订《湖北省扶持老区建设条例》和《湖北省农村扶贫条例》进行调研。

12月，市人大常委会获湖北环保世纪行组委会表彰的“湖北环保世纪行优秀组织奖”。

2012年

1月2日至7日，市第四届人民代表大会举行第一次会议，听取和审议市人民政府、市人大常委会、市中级人民法院、市人民检察院的工作报告，并分别作出决议；选举产生市人大常委会主任龙福清，副主任王建明、王楚平、黄奏球、何东英、罗刚，秘书长段高敏和34名委员；选举产生市人民政府市长刘雪荣，副市长崔永辉、黄祥国、王浩鸣、张社教、詹旺民、陈少敏；选举产生市中级人民法院院长贾石松、市人民检察院检察长冯新华。

2月2日，市第四届人大常委会举行第一次会议，审议通过市人大常委会2012年工作要点，审议人事任免案。

3月5日至6日，市第四届人大常委会举行第二次会议，听取和审议市人民政府关于大别山革命老区经济社会发展试验区规划及建设情况和东坡外滩开发情况的报告，票决市直4个单位作为工作评议对象。

4月24日至26日，市人大常委会主任会议成员分别带领6个视察组到沿江7个县市区，视察以农村环境连片整治为主要内容的黄冈长江生态文明示范带建设工作。

5月21日，全国人大环境与资源保护委员会副主任罗清泉一行到英山县调研新农村建设情况。

5月30日至31日，市第四届人大常委会举行第三次会议，听取市人大常委会视察组关于黄冈长江生态文明示范带建设情况的报告和市中级人民法院、市人民检察院、市公安局2011年度办案质量检查情况的报告，决定许可市公安局对市人大代表陶学超采取强制措施。

6月6日，全国人大常委会副委员长、农工党中央主席、中国工程院院士桑国卫率调研组到黄冈调研县级公立医院改革发展情况。市长刘雪荣等陪同。

6月12日至22日，市人大常委会主任会议成员和部分市人大代表一行40人，赴全国人大北戴河培训基地参加2012年第七期地方人大代表和干部培训班。

7月16日，全国人大常委会法制工作委员会副主任李飞一行，到武穴、黄州、团风等地调研基层立法联系点工作情况。

7月25日至27日，第三届人大常委会举行第四次会议，听取和审议市人民政府关于黄冈市中心城区水域保护工作的报告，开展黄冈市中心城区水域保护工作专题询问，并进行满意度测评。

8月，市人大常委会获省人大常委会办公厅表彰的“全省促进民族地区法制宣传鄂西行活动奖”。

9月5日至7日，市人大常委会组织在黄冈的全国和部分省人大代表，就大别山经济社会发展试验区建设情况开展专题调研。

9月25日至26日，市第四届人大常委会举行第五次会议，听取和审议市人民政府关于长江岸线资源开发与管理工作情况的报告，并作出审议意见，作出对财政收支审计出问题整改监督的决定，听取市直4个被评议单位工作的报告并分别作出评议意见。

10月8日，全国人大常委会委员、内务司法委员会副主任委员、民进中央副主席辜胜阻应邀到黄冈作题为《"十二五"国家经济转型与黄冈经济社会发展战略》的讲座，市"四大家"领导和市直机关副县级以上干部参加。

11月20日至21日，市第四届人大常委会举行第六次会议，听取和审议市人民政府关于黄冈名人文化建设规划实施情况的报告，审议并通过市人大常委会关于对市政府组成部门开展工作满意度测评的暂行办法，决定任命李俊为黄冈市人民政府副市长。

11月24日，各县市区人大常委会主任参加全市领导干部学习贯彻党的十八大精神轮训班第一期学习。

12月18日至19日，市第四届人大常委会举行第七次会议，听取和审议市人民政府办理市四届一次会议代表建议情况和市中级人民法院、市人民检察院、市公安局办理市人大常委会交办案件办理情况的报告。审议提请市第四届人民代表大会第二次会议决定的相关草案。

是年，市人大常委会获省档案局表彰的"档案工作目标管理省一级"称号。

2013年

1月4日至9日，市第四届人民代表大会举行第二次会议。

3月26日至27日，市第四届人大常委会举行第九次会议，听取和审议市人民政府贯彻实施行政许可法和2012年财政收支审计出问题整改情况的报告，审议通过市人大常委会2013年市直单位年度工作评议和专题询问工作方案，决定接受刘雪荣因工作调动辞去黄冈市人民政府市长职务，决定任命陈安丽为黄冈市人民政府副市长并决定其为代理市长。

4月16日，市第四届人大常委会举行第十次会议，决定召开市第四届人民代表大会第三次会议。

4月25日至26日，市第四届人民代表大会举行第三次会议，选举陈安丽为黄冈市人民政府市长。

4月28日，省人大常委会副主任赵斌率省人大民宗侨外委员会等一行13人，到黄梅对贯彻实施《宗教事务条例》情况开展执法检查。

5月9日至15日，市人大常委会主任会议成员带队，分别到11个县市区的41个村、62个林场,进行林业生态建设情况的视察。

5月21日至22日,市第四届人大常委会举行第十一次会议,听取和审议市人民政府关于林业生态建设和贯彻实施台湾同胞投资保护法情况的报告,审议通过《关于许可对黄冈市人大代表采取限制人身自由措施的暂行办法》。

6月13日,市第四届人大常委会举行第十二次会议,审议并通过《关于开展"绿满黄冈"行动的决议》,决定任命杜耘为黄冈市人民政府副市长。

6月20日,省人大常委会副主任王建鸣一行到黄冈,就规范性文件备案和立法工作进行调研。

7月3日,省人大常委会副主任王玲一行到黄冈,征求对《湖北省水污染防治条例(草案)》的修改意见。

7月30日至31日,市第四届人大常委会举行第十三次会议,听取和审议市人民政府关于黄冈城区土地收储情况的报告,并作出审议意见。

8月6日至7日,全市人大常委会办公室主任及宣传工作会议在武穴市召开。

8月13日至14日,省人大常委会党组书记、常务副主任李春明带领执法组,就贯彻实施《湖北省优化经济发展环境条例》情况进行检查。

8月19日至20日,全市人大代表工作经验交流会在团风县召开。

9月11日,市人大常委会在黄州召开全市人大常委会主任座谈会。市人大常委会主任会议组成人员出席会议。

9月25日至27日,市第四届人大常委会举行第十四次会议,听取和审议市人民政府采取融资租赁模式进行市场化融资的议案和全市"十二五"规划纲要中期评估情况的报告。通过市人大常委会《关于围绕中心加快推进"双强双兴"战略的决定》。

10月26日,省人大常委会副主任田承忠一行,出席中国湖北第23届李时珍中药材交易会。刘雪荣、王楚平等陪同。

11月27日至29日,市第四届人大常委会举行第十五次会议,听取市人民政府关于将黄冈市遗爱湖生态修复工程项目资本金及委托代建资金列入市财政预算议案的说明,通过相关决议,听取和审议市人民政府关于黄冈市中心城区水域保护工作进展情况的报告,并开展专题询问及满意度测评。

12月,市人大常委会获湖北环保世纪行组委会表彰的"环保世纪行优秀组织奖"。

2014年

1月7日至8日，市第四届人大常委会举行第十七次会议，审议提请第四届人民代表大会第四次会议决定的相关草案，对市政府组成部门开展年度工作满意度测评。

1月18日，省委书记、人大常委会主任李鸿忠专程看望参加省十二届人大二次会议的黄冈代表团全体代表，并要求黄冈要发扬老区精神，走出革命老区发展的新路子。

2月16日至20日，市第四届人民代表大会举行第四次会议。

3月26日至27日，市第四届人大常委会举行第十八次会议，听取和审议市人民政府关于市区经济发展环境行政监督工作的报告并作出审议意见。

4月11日，全国人大常委会原副委员长、民革中央原主席周铁农一行到团风县调研罗霍洲开发情况。省人大常委会副主任罗辉等陪同。

4月17日至18日，全国人大常委会副委员长、全国妇联主席沈跃跃一行到红安、英山县调研妇女工作。省领导张岱梨和市领导刘雪荣、陈安丽参加调研座谈。

5月22日至23日，市第四届人大常委会举行第十九次会议，听取和审议市人民政府重点中心镇建设和贯彻实施律师法情况的报告并分别作出审议意见，决定接受黄奏球因到退休年龄辞去市人大常委会副主任职务。

7月12日至14日，省人大常委会副主任田承忠和省人大常委会委员、省军区政委刘建新等一行16人，到黄州、团风等地调研五级代表履职情况。

7月21日至24日，市人大常委会主任会议成员带队，分5个执法检查组，分别到11个县(市、区)开展农产品质量安全法实施情况的执法检查。

7月30日至31日，市四届人大常委会举行第二十次会议。听取和审议市人大常委会执法检查组关于检查农产品质量安全法实施情况的报告。

8月9日，省人大常委会党组书记，常务副主任李春明，副主任田承忠、赵斌、周洪宇、王玲、王建鸣率全省各地市州人大常委会主任到黄冈市城区考察。市领导刘雪荣、陈安丽等陪同。

8月16日至18日，市人大常委会主任会议研究决定，组织开展黄州禹王城遗址保护调研活动，召开遗址保护利用专家座谈会并由王楚平、何东英组织考察组到武汉黄陂盘龙城遗址考察其保护利用经验。考察结束后，形成黄州禹王城保护利用9个问题的建议。

9月24日至25日，市第四届人大常委会举行第二十一次会议，审议批准2013年市本级财决算的决议，通过《关于加强黄州禹王城遗址保护与利用的决定》和《关于加强农产品质量安全工作的决定》。

10月28日，市人大常委会组织170余名省市人大代表视察"一府两院"工作。

10月29日上午，市人大常委会召开市第四届人大第二次会议代表建议办理工作会议。市领导崔永辉、王楚平、何东英、罗刚和市中级人民法院院长贾石松出席会议。14名人大代表对办理工作先后发言。会议对134件代表建议办理工作进行满意度测评，对其中5件不满意的提出了整改要求。

10月29日至30日，全市人大常委会主任座谈会在黄州召开。会议传达学习习近平总书记在庆祝全国人民代表大会成立60周年大会上的重要讲话精神，听取各县市区人大工作情况和做好新一年人大工作的建议和意见。

11月1日，最高人民法院院长周强一行到黄冈调研。刘雪荣、贾石松等陪同。

11月17日，省人大常委会副主任田承忠一行调研市县区人大及其常委会工作，为开好省委人大工作会议做前期准备。市人大常委会主任会议成员参加调研座谈。

11月27日至28日，市第四届人大常委会举行二十二次会议，听取和审议市人民政府关于大别山区域医疗中心暨市中心医院整体搬迁项目进展情况的报告并进行表决。决定接受王建明、王楚平因到退休年龄分别辞去市人大常委会副主任职务。

12月31日，市第四届人大常委会举行第二十三次会议，决定召开市第四届人民代表大会第五次会议并审议相关草案，开展2014年度市政府组成部门工作满意度测评，首次举行新任命国家机关工作人员向宪法宣誓仪式。

12月，市人大常委会获湖北环保世纪行组委会表彰的"环保世纪行优秀组织奖"。

2015年

1月17日至22日，市第四届人民代表大会会举行第五次会议，听取和审议各项报告，作出《关于加强市区居民小区物业管理议案的决议》和《关于加强饮用水水源地保护议案的决议》等，选举袁金鹏、梅咏成为市人大常委会副主任。

1月18日至19日，在市人代会期间，来自全市10个县市区代表团边审议报告边开展代表询问，这在全国地方人大尚属首次。询问以各代表团为单位进行，代表团团长担任主持人，市政府各位副市长和有关职能部门主要负责人参加应询。40多位代表分别就重点难点热点问题提出了询问，18个政府职能部门的主要负责人一一作答，并就需要改进的工作作出承诺。

3月26日至27日，市第四届人大常委会举行第二十四次会议，决定罢免龙福清的市第四届人民代表大会代表职务和湖北省第十二届人民代表大会代表职务，撤销其黄冈市人大常委会主任职务，决定副主任罗刚为市四届人大常委会代理主任。

4月1日，市第四届人大常委会举行第二十五次会议，确认3名补选的市人大代表的代表资格，决定任命李历、万义军为黄冈市人民政府副市长。

5月28日至29日，市第四届人大常委会举行第二十六次会议，听取和审议市人民政府关于2015年度黄冈市区建设项目预算收支计划方案议案的说明，作出《关于加快推进法治黄冈建设的决议》，罢免陈远亮的黄冈市第四届人民代表大会代表职务。

7月13日至15日，市人大常委会主任会议成员率5个检查组，分别到10个县、市、区对贯彻实施《湖北省促进革命老区发展条例》工作进行检查。

7月23日至24日，市第四届人大常委会举行第二十七次会议，听取和审议市人大常委会执法检查组检查旅游法、《湖北省促进革命老区发展条例》实施情况的报告，决定接受李俊因工作调动辞去黄冈市人民政府副市长职务。

9月17日至18日，市第四届人大常委会举行第二十八次会议，听取和审议市人民政府关于全市义务教育均衡发展情况和促进中小企业发展工作情况的报告，任命刘仁举为黄冈市人民政府副市长，免去黄祥国的黄冈市人民政府副市长职务。

11月19日至20日，市第四届人大常委会举行第二十九次会议，听取和审议市人民政府贯彻实施《湖北省企业国有资产监管条例》、市中级人民法院贯彻实施行政诉讼法、市人民检察院规范司法行为和行政执法监督工作情况的报告，分别作出审议意见，通过罢免鲁志宏湖北省第十二届人民代表大会代表职务的决定。

11月24日，中共黄冈市委召开市委人大工作会议。市委书记刘雪荣主持会议并讲话，市委还作出《关于进一步加强人大工作和建设的决定》。

11月25日，全市人大常委会主任座谈会在黄州召开。市人大常委会党组副书记、代理主任罗刚讲话，各县市区人大常委会汇报交流工作情况。

12月29日至30日，市第四届人大常委会举行第三十次会议，听取和审议市人民政府办理市第四届人大第五次会议代表建议情况，以及在黄冈市城区全面禁止燃放烟花爆竹的决议草案的报告，并分别作出审议意见和决议，审议《黄冈市人民代表大会及其常务委员会立法条例(草案)》,决定接受张树林辞去湖北省第十二届人民代表大会代表职务,增补胡菊萍、孙璜清、田洪光为湖北省第十二届人民代表大会代表,免去周佳念的黄冈市人民政府副市长职务。

12月,市人大常委会获湖北环保世纪行组委会表彰的“环保世纪行优秀组织奖”。

2016年

1月17日至22日,市第四届人民代表大会举行第六次会议,听取和审议各项报告并作出决议,审议批准《黄冈市国民经济和社会发展第十三个五年计划纲要》,决定增设市四届人民代表大会法制委员会,通过《黄冈市人民代表大会议事规则》和《黄冈市人民代表大会及其常务委员会立法条例》,选举刘雪荣为黄冈市人大常委会主任,孙璜清为副主任,通过法制委员会组成人员名单,袁金鹏兼主任委员。

3月7日至8日,市人大常委会党组书记、常务副主任孙璜清率人大调研组到红安县,专题调研贯彻中央和省市委人大工作会议精神贯彻落实情况以及立法工作。

3月24日至25日,市第四届人大常委会举行第三十二次会议,听取和审议市人大及其常委会规范性文件清理情况的报告,作出《关于市人大及其常委会部分规范性文件废止和失效的决定》。

4月27日,省人大常委会党组书记、常务副主任李春明率督查调研组,重点督查省委人大工作会议和《中共湖北省委关于加强人大工作和建设的决定》(鄂发〔2015〕16号)文件精神贯彻落实情况、市领导刘雪荣、陈安丽和市人大常委会党组书记、常务副主任孙璜清、副主任何东英、袁金鹏、梅咏成及各县市区人大常委会主任参加座谈。

4月30日,全国人大常委会委员、司务司法委员会副主任委员陈秀榕率调研组,到黄冈市调研司法体制改革问题。

5月26日至27日,市第四届人大常委会举行第三十三次会议,审议并通过《黄冈市人民代表大会代表建议、批评和意见办理的规定》及“千企百校”工作情况的报告,并作出审议意见,决定免去李历的黄冈市人民政府副市长职务。

6月22日,市第四届人大常委会举行第三十四次会议,决定接受陈安丽因工作调省辞去黄冈市人民政府市长职务,决定任命肖伏清为黄冈市人民政府副市长并决定其为代理市长。

8月19日,市第四届人大常委会举行第三十六次会议,决定召开市第四届人民代表大会第七次会议，决定罢免王静平、黄迎春、陈郭银、段小平的黄冈市第四届人民代表大会代表职务。

8月28日至29日，市第四届人民代表大会举行第七次会议，选举肖伏清为黄冈市人民政府市长。

9月29日，市第四届人大常委会举行第三十七次会议。审议《黄冈市饮用水水源地保护条例(草案三审稿)》和2015年度市级预算执行和其他财政收支审计工作的报告。

11月10日，全国人大常委会预算工作委员会副主任委员姚胜一行，到黄冈调研预算法宣传贯彻实施情况，市领导罗刚等陪同调研。

11月24日至25日，市第四届人大常委会举行第三十八次会议，听取和审议市人民政府关于精准扶贫精准脱贫工作情况的报告并通过决议，增补蒋超良为湖北省第十二届人民代表大会代表，许可对市人大代表胡波采取强制措施。

12月21日，市第四届人大常委会举行第三十九次会议，审议召开市第五届人民代表大会第一次会议的决定及大会有关准备事项，补选肖伏清、罗刚为湖北省第十二届人民代表大会代表，免去崔永辉的黄冈市人民政府副市长职务，任命陈家伟为黄冈市人民政府副市长，决定接受贾石松辞去市中级人民法院院长职务，决定任命肖笛为黄冈市中级人民法院副院长并决定其为代理院长。

12月22日，市人大常委会在红安县召开全市乡镇人大规范化建设现场会，作出《关于推进乡镇人大规范化建设的意见》。市人大常委会主任会议组成人员、机关各委室负责人和县市区人大常委会主任及相关负责人参加会议。

2017年

1月6日至11日，市第五届人民代表大会举行第一次会议，听取和审议市人民政府、市人大常委会、市中级人民法院、市人民检察院的工作报告并分别作出决议；通过设立第五届人民代表大会各专门委员会的决定；选举产生市人大常委会主任刘雪荣，副主任罗刚、何东英、詹旺民、袁金鹏、梅咏成等，秘书长王万福和33名委员；选举产生市人民政府市长肖伏清，副市长张社教、陈少敏、陈家伟、周勇士、余友斌；选举肖笛为黄冈市中级人民法院院长、冯新华为黄冈市人民检察院检察长。

2月27日至28日，市第五届人大常委会举行第一次会议，审议市人大常委会2017年工作要点和立法、监督、决定重大事项及代表培训计划。

4月25日至26日，市第五届人大常委会举行第二次会议。听取和审议市人民政府贯彻实施食品安全法、普法工作、全域旅游工作、《湖北省扶贫条例》情况的报告并分别作出决议，审议《黄冈市革命遗址遗迹保护条例（草案）》，作出《关于开展第七个五年法治宣传教育的决议》。

5月5日，市第五届人大常委会举行第三次会议，决定接受肖伏清因工作调省辞去黄冈市人民政府市长职务，决定任命刘美频为黄冈市人民政府副市长并决定其为代理市长，决定召开黄冈市第五届人民代表大会第二次会议。

5月8日至9日，市第五届人民代表大会举行第三次会议，选举刘美频为黄冈市人民政府市长。

6月21日，市人大常委会召开全市“聚力脱贫攻坚、人大代表在行动”活动现场推进会，同时还制定出开展这项活动的实施方案和有关机制的意见。市委及时转发《市人大常委会党组关于成立“聚力脱贫攻坚、人大代表在行动”活动领导小组的通知》和联席会议制度。

7月5日至7日，市第五届人大常委会举行第四次会议，审议《黄冈市革命遗址遗迹保护条例（草案二审稿）》，听取和审议市人民政府贯彻实施安全生产法、城乡规划法、全市宗教工作、开展“雷霆行动”、打击网络犯罪等工作情况的报告。

8月24日至25日，市第五届人大常委会举行第五次会议，审议并通过《黄冈市人大常委会关于加快建设区域性增长极的决议》，审议并通过其他有关报告和人事任免事项。

10月13日，市第五届人大常委会举行第六次会议，决定任命邱丽新为黄冈市人民政府副市长、并决定其为代理市长，免去刘仁举的黄冈市人民政府副市长职务。

10月24日至25日，市第五届人大常委会举行第七次会议，听取和审议市人民政府贯彻实施《大别山革命老区振兴发展规划》、行政复议法和文化小康工作情况的报告，审议通过《黄冈市违法建设治理条例》《开展审计查出问题整改情况的报告满意度测评办法》、市人大代表约见国家机关负责人实施办法等。

12月4日至5日，市第五届人大常委会举行第八次会议，审议召开市第五届人民代表大会的决议及大会有关准备事项，通过市人大常委会《关于讨论决定重大事项的实施细则》，开展精准扶贫精准脱贫整改情况专题询问和满意度测评等。

10月19日，省人大常委会党组书记、常务副主任傅德辉和秘书长朱毅一行，赴黄冈就贯彻全省乡镇人大建设工作会议精神进行专题调研。代理市长邱丽新、市人大常委会党组书记、常务副主任罗刚等陪同。

10月27日，全市加强县乡人大建设工作会议在黄州召开。会议重点研究贯彻落实中央和省委加强县乡人大建设工作。市委书记、人大常委会主任刘雪荣出席并讲话。中共黄冈市委作出《关于进一步加强人大工作和建设的决定》。市人大常委会主任会议成员和各县市区人大常委会主任参加会议。

2018年

1月3日至8日，市第五届人民代表大会举行第三次会议，听取和审议市人民政府、市人大常委会、市中级人民法院、市人民检察院工作报告并作出决议，通过《关于进一步加强农村垃圾治理工作的决议》，选举邱丽新为黄冈市人民政府市长，选举胡爱民为黄冈市监察委员会主任。

1月8日，市第五届人大常委会举行第十次会议，审议并通过人事议案。

3月6日至7日，市第五届人大常委会举行第十一次会议，审议《黄冈市城市市容和环境卫生管理条例（草案二审稿）》，通过市人大常委会《关于加快黄冈革命老区振兴崛起的决议》。

3月中下旬，市人大常委会执法检查组分6个小组在主任会议成员带领下，采取听取汇报、座谈走访、实地查看、网上问卷调查等方式，对全市贯彻实施道路交通安全法情况开展检查。

4月1日，《黄冈市违法建设治理条例》颁布实施启动仪式在市遗爱湖公园东坡广场举行。

4月24日至25日，市第五届人大常委会举行第十二次会议，听取和审议市政府《关于全市基层医疗卫生服务体系建设情况的报告》，此报告未获通过。会议审议并通过《关于市人大常委会任命的政府工作部门负责人报告履职情况的暂行办法》，审议市人大常委会执法检查组检查道路交通安全法实施情况和市政府2017年度环境状况和环境保护目标完成情况的报告并分别作出审议意见。

5月3日，省委书记、省人大常委会主任蒋超良到红安县调研脱贫攻坚、生态环境保护工作。市领导刘雪荣、邱丽新、罗刚等陪同。

5月30日至6月2日，全国人大常委会委员、民族宗教侨务外事委员会副主任委员苏晓云率调查组到团风县、麻城市调研精准扶贫工作。市人大常委会党组副书记、副主任詹旺民等陪同。

6月20日，市人大常委会在前期组织80多名人大常委会委员和市区两级人大代表广泛调研的基础上，围绕医、食、住、行、保险等民生问题，首次组织代表约见市级国家机关负责人。市常委会组成人员和区人大常委会主任会议成员同代表一起参加约见。市政府副市长余友斌和相关10个部门负责人认真回应代表提出的11个民生方面的问题,并提出具体解决方案。

6月26日至27日,市第四届人大常委会举行第十三次会议,听取和审议全市基层医疗卫生服务体系建设、服务企业行动、产业扶贫、健康扶贫、乡村旅游发展等工作情况的报告并分别作出审议意见。

7月24日,省委书记、省人大常委会主任蒋超良到英山县孔家坊乡参加代表小组"聚力扶贫攻坚、人大代表在行动"活动。省领导梁伟年、王玲和市领导刘雪荣、邱丽新、罗刚等参加活动。

8月22日至23日,市第五届人大常委会举行第十四次会议,听取和审议市人民政府全市扫黑除恶专项斗争、市人民检察院司法责任制落实情况的报告并分别作出审议意见。

8月24日,省委副书记、省长王晓东到罗田三里畈镇参加第一代表小组"聚力脱贫攻坚、人大代表在行动"活动。

9月3日至4日,省人大常委会党组书记、常务副主任王玲一行到黄冈督办"代表行动"、省级代表建议办理情况和代表活动开展情况。

10月10日,省人大常委会"聚力脱贫攻坚、人大代表在行动"现场推进会在罗田县召开。省人大常委会党组书记、常务副主任王玲、副主任刘晓鸣以及市领导刘雪荣、邱丽新、罗刚出席。

10月24日至26日,市第五届人大常委会举行第十五次会议,审议批准并作出《黄冈市创建省级生态文明建设示范市(2018—2022年)的决议》,听取和审议市人民政府贯彻实施职业教育法工作情况的报告,作出审议意见。会议还围绕市五届人大第三次会议代表建设办理情况,开展专题询问,任命上官福令为黄冈市人民政府副市长。

12月18日,市第五届人大常委会举行第十六次会议,审议《黄冈市白莲河库区水环境保护条例(草案二审稿)》和《黄冈市国民经济和社会发展第十三个五年规划纲要》实施中期评估报告并作出审议意见。市人大常委会作出《关于撤销相关规范性文件的决定》。

2019年

1月11日,市第五届人大常委会举行第十七次会议,决定调整市第五届人民代表大会第四次会议召开的时间,决定接受冯新华辞去黄冈市人民检察院检察长职务,任命官书云为黄冈市人民检察院副检察长并决定其为代理检察长。

1月14日，省委书记、省人大常委会主任蒋超良参加省第十三届人大二次会议黄冈代表团讨论，要求要在推动高质量发展中力争上游，加快黄冈革命老区振兴发展。

1月20日至25日，市第五届人民代表大会举行第四次会议，听取和审议市人民政府、市人大常委会、市中级人民法院、市人民检察院的工作报告并分别作出决议，选举官书云为市人民检察院检察长。

2月26日至27日，市第五届人大常委会举行第十八次会议，审议《黄冈市白莲河水库水环境保护条例(草案三审稿)》，作出关于推动黄冈高质量发展的决定，开展财政收支审计查出问题整改等四项工作满意度测评。

3月1日，市人大常委会召开与“一府两院”负责人联系会，集中交办市第五届人民代表大会第四次会议期间人大代表提出的意见建议，征求和听取“一府两院”对人大工作的意见，互通情况，互换意见，增进共识。市人大常委会主任会议成员和“一府两院”主要负责人参加会议。

3月22日，市第五届人大常委会举行第十九次会议。根据机构改革后市直机构合并撤的情况，重新任命政府组成人员。

4月24日至26日，市第五届人大常委会举行第二十次会议，听取和审议市人民政府促进民营企业发展、环境状况和环境保护目标完成情况、全市文物资源管理和国有企业管理情况的报告并分别作出审议意见。

6月12日，全国人大常委会副委员长郝明金一行到黄冈调研督办监察体制改革和监察法实施情况。市领导刘雪荣、罗刚、胡爱民等陪同。

6月24日至26日，市第五届人大常委会举行第二十一次会议，听取和审议市公安、市中级人民法院、市人民检察院贯彻省人大常委会《关于深入开展扫黑除恶专项斗争的决定》工作情况的报告并分别作出审议意见。

7月30日，市人大常委会在蕲春县召开“聚力脱贫攻坚、人大代表在行动”现场推进会。市人大常委会主任会议成员和县市区人大常委会主任参加。

8月29日至30日，市第五届人大常委会举行第二十二次会议，传达学习习近平总书记对地方人大及其常委会工作的重要指示，审议《黄冈市城市公共交通条例(草案三审稿)》，决定接受罗刚因到退休年龄辞去市人大常委会副主任职务。

8月22日至9月2日，市人大常委会主任会议成员带队赴各县市区，通过实地查看、查阅资料、听取汇报等形式，对各地贯彻实施《湖北省乡镇人民代表大会工作条例》情况进行检查督促。

9月10日至11日，省人大常委会党组书记、常务副主任王玲一行到黄冈开展《湖北省乡镇人民代表大会工作条例》执法检查。市领导刘雪荣、詹旺民、梅咏成等陪同。

9月18日，市委和市人大常委会在黄州举行地方人大设立40周年庆祝大会。市委、市人大常委会、市政府、市政协领导易先荣、赵斌、何东英、詹旺民、袁金鹏、梅咏成等出席。市委书记、市人大常委会主任刘雪荣出席并讲话。

10月28日至30日，市第五届人大常委会举行第二十三次会议，组织常委会组成人员视察黄冈临空经济起步区建设和代表建议办理情况。听取和审议市人民政府实施乡村振兴战略情况和深化"互联网+政务服务"，推进政务服务"一网一门一次"改革情况的报告并分别作出审议意见，审议并批准《黄冈临空经济起步区开发建设议案》。

11月11日，市第五届人大常委会举行第二十四次会议，任命刘忠诚为黄冈市人民政府副市长，决定接受袁金鹏因到退休年龄辞去市人大常委会副主任职务。

11月20日，全市乡镇人大主席培训班在市委党校举行。省人大常委会副主任、黄冈市委书记、市人大常委会主任刘雪荣出席会议并作辅导报告，市人大常委会党组书记张社教主持。

12月16日，市第五届人大常委会举行第二十五次会议，审议通过《黄冈市城市公共交通条例》，审议代表资格审查委员会关于部分代表的代表资格的报告。

12月29日，市第五届人大常委会举行第二十六次会议，补选张社教为湖北省第十三届人民代表大会代表。

2020年

1月3日至7日，市第五届人民代表大会举行第五次会议，听取和审议市人民政府、市人大常委会、市中级人民法院、市人民检察院的工作报告并分别作出决议，决定设立和更名市第五届人大有关专门委员会，决定接受刘雪荣因工作调动辞去市人大常委会主任职务，接受王万福因工作变动辞去市人大常委会秘书长职务，选举产生市人大常委会主任张社教、副主任汪柏坤、李玲、王万福和秘书长方荣，通过第五届人民代表大会有关专门委员会组成人员。

3月30日，市第五届人大常委会举行第二十七次会议，传达学习习近平总书记在湖北省考察新冠肺炎疫情防控工作时的重要讲话精神，听取和审议《黄冈市文明行为促进条例(草案)》。审议并通过有关人事任免议案。

3月31日，市人大常委会党组中心组集体学习疫情防控有关法律法规。市人大常委会党组书记、主任张社教主持集体学习。副主任詹旺民、何东英、梅咏成、王万福、秘书长方荣和常委会机关党组成员、各委室负责人参加学习。

4月2日，省委书记应勇到罗田、英山县调研脱贫攻坚工作，听取基层意见。省人大常委会副主任、市委书记刘雪荣、副省长万勇、市长邱丽新参加调研。

4月11日，省人大常委会党组书记、常务副主任王玲一行到罗田县调研2020年度“代表行动”工作。省人大常委会副主任、黄冈市委书记刘雪荣和市人大常委会党组书记、主任张社教等陪同调研。

4月28日，市第五届人大常委会举行第二十八次会议，听取和审议市人民政府贯彻实施《全国人民代表大会常务委员会关于全面禁止非法野生动物交易、革除滥食野生动物陋习、切实保障人民群众生命健康安全的决定》情况的报告，补选王贺胜为湖北省第十三届人民代表大会代表。

5月，市和县市区人大常委会联动，开展《宗教事务条例》实施情况专项执法检查。

6月9日，省人大常委会副主任周洪宇率队赴扶贫联系点罗田县骆驼坳镇调研，并就支持项目做了具体对接。

6月28日至29日，市第五届人大常委会举行第二十九次会议，听取和审议市人民政府贯彻实施传染病防治法及其实施办法工作情况、全面推行行政执法“三项制度”工作情况、全市“能人回乡创业千人计划”实施情况的报告，任命董波为黄冈市人民政府副市长。

8月27日至28日，市第五届人大常委会举行三十次会议，听取和审议市人民政府全市促进就业、全市县域医共体建设情况和市人大常委会执法检查组检查《黄冈市城市市容和环境卫生管理条例》实施情况的报告。

10月22日至23日，市第五届人大常委会举行第三十一次会议，传达学习9月17日习近平总书记在基层代表座谈会上的重要讲话精神，审议《黄冈市养老服务促进条例(草案)》。市人大常委会作出《关于优化营商环境、激发市场活力的决定》。

10月27日，黄冈市地方性法规知识竞赛活动结束。活动期间，11.8万人次通过手机和网络平台参与竞赛活动。这是黄冈市地方性法规实施工作的具体举措，为湖北省首创。

11月10日至11日，受省人大常委会委托，黄冈市人大常委会组织部分驻黄冈的全国和省人大代表，到浠水县、团风县、黄州区开展“十四五”规划编制工作专题调研。市领导刘雪荣、邱丽新、张社教、何东英、王万福参加调研。

11月18日至19日，省人大常委会党组副书记、副主任王建鸣率省人大财经委和预算工委一行，对黄冈重点建设项目和省预算内固定资产投资计划执行情况进行视察调研。市领导刘雪荣、张社教、易先荣、王万福和人大常委会秘书长方荣等陪同。

11月，市人大常委会获全国人大常委会办公厅和《中国人大》杂志社表彰的“2020年度《中国人大》宣传发行工作三等奖”。

12月7日，市委人大工作会议在黄州召开。省人大常委会副主任、黄冈市委书记刘雪荣出席并讲话。市委副书记、市长邱丽新主持会议。市人大常委会主任张社教、市政协主席洪再林等出席会议。会议上，市委出台《中共黄冈市委关于加强新时代人大工作和建设的实施意见》。

12月28日，市第五届人大常委会举行第三十二次会议，听取和审议《黄冈市人大常委会规范性文件备案审查工作办法(草案)》，决定召开市第五届人民代表大会第六次会议的时间。

2021年

1月12日，市第五届人大常委会举行第三十三次会议，审议市第五届人民代表大会第六次会议的相关事项等，决定接受冯新华因工作调动辞去湖北省第十三届人民代表大会代表职务，决定接受梅咏成因到退休年龄辞去市人大常委会副主任职务，免去余友斌、张加强的黄冈市人民政府副市长职务，任命王玺玮为黄冈市人民副市长。

1月16日至20日，市第五届人民代表大会举行第六次会议，听取和审议市人民政府、市人大常委会、市中级人民法院、市人民检察院工作报告并分别作出决议，审查通过《黄冈市国民经济和社会发展第十四个五年规划及二〇三五年远景目标纲要》，选举黄强胤为黄冈市人大常委会副主任。

1月，市人大常委会老干部支部获中共湖北省委组织部、老干部工作局表彰的“全省离退休干部示范党支部”荣誉。

2月24日，市第五届人大常委会举行第三十四次会议，听取市人大常委会法制工作委员会关于2020年备案审查工作情况的报告和市人民政府关于2019年度市级预算执行和其他财政收支审查出问题整改情况的报告。

3月中下旬，市人大常委会组成执法组，重点围绕工会法宣传贯彻、基层工会建设、职工参与民主管理、合法权益维护和困难职工帮扶等方面情况进行检查。

4月20日，市人大常委会召开座谈会，商议与科大讯飞合作开展“智慧人大”建设相关工作，重点研究双方合作，依靠科大讯飞科技支撑搭建人大代表和人大常委会机关履职平台。市人大常委党组书记、主任张社教，副主任詹旺民和秘书长方荣等参加座谈。

4月21日，市委书记张家胜到市人大常委会机关调研。在听取市人大常委会党组书记、主任张社教的工作汇报后，张家胜对发挥市人大及其常委会职能作用提出要求。

4月22日至23日，市第五届人大常委会举行第三十五次会议，听取市人大常委会执法组检查工会法实施情况和市人民政府的台湾事务工作汇报，审议“七五”普法工作情况的报告，审议通过《黄冈市养老服务促进条例(草案三审稿)》。

4月30日，省人大常委会副主任万勇率省人大财经委、预算工委负责一行到黄冈市区和罗田县，就修订《湖北省实施预算法办法》征求意见。

5月18日，市人大常委会开展固体废物污染环境防治法执法检查。市人大常委会党组书记、主任、执法检查组组长张社教、副主任何东英等参加检查，并召开市区相关职能部门、基层干部、企业代表座谈会，推进法律全面贯彻实施。

6月10日，市第五届人大常委会举行第三十七次会议，决定接受邱丽新因工作调省辞去黄冈市人民政府市长职务，决定任命李军杰为黄冈市人民政府副市长并决定其为代理市长。

6月23日至24日，市第五届人大常委会举行第三十八次会议，听取和审议市人民政府关于黄冈市市树市花的议案，并作出批准榉树、银杏为市树，梅花、映山红为市花的决定，免去上官福令的黄冈市人民政府副市长、公安局局长职务，决定许可对市人大代表张增春采取强制措施。

6月24日至25日，省人大常委会党组书记、常务副主任王玲带领省人大常委会调研组赴黄梅县、团风县就贯彻落实省委人大工作会议精神情况和聚焦优化营商环境的代表行动情况开展调研。市领导张家胜、张社教、李玲参加调研。

6月25日至26日，市第五届人民代表大会举行第七次会议，选举李军杰为黄冈人民政府市长，举行宪法宣誓仪式。

8月15日至16日，全国人大常委会副委员长陈竺率中国红十字总会调研组到英山县调研定点扶贫工作。中国红十字总会副会长兼秘书长王平通报定点帮扶英山县工作情况，国务院扶贫办公室社会扶贫司负责人、上海红十字会党组书记及常务副会长张浩亮、省红十字会党组书记及常务副会长宋悦明和省人大常委会副主任、市委书记刘雪荣等参加调研。

8月25日至26日，市第五届人大常委会举行第三十九次会议，审议并通过《黄冈市人大常委会关于贯彻落实“干在实处、加快振兴、谱写新篇”总体要求，推动新时代黄冈高质量发展的决定》和《黄冈市人大常委会关于集中修改部分地方性法规的决定》等，任命荣先国、潘国林、王文忠为黄冈市人民政府副市长，免去易先荣、周勇士的黄冈市人民政府副市长职务。

8月26日至27日、9月15日至16日，市人大常委会执法检查组先后分别到沿江5个县市区，对全市贯彻实施《湖北省人大常委会关于长江汉江湖北段实施禁捕的决定》的情况开展执法检查。

8月至10月，市人大常委会执法检查组分别到市区和县市区的工地现场和企业，对贯彻实施建筑法的情况进行执法检查。

10月26日至27日，市第五届人大常委会举行第四十次会议，审议并通过《黄冈市荣誉市民称号授予办法》《黄冈市人大常委会关于讨论决定重大事项的实施细则》《黄冈市人大常委会执法检查工作的规程》等，听取市人民政府贯彻落实《黄冈市人大常委会关于优化营商环境、激发市场活力的决定》情况的报告并开展专题询问和满意度测评，决定接受官书云因工作变动辞去黄冈市人民检察院检察长职务的请求，决定任命万强为黄冈市人民检察院副检察长并决定其为代理检察长。

11月19日，省人大常委会党组副书记、副主任梁伟年带领调研组到团风县，调研辅警队伍建设，督办信访件办理工作，市领导张家胜、张社教、黄强胤、王文忠等参加调研。

12月21日，市第五届人大常委会举行第四十一次会议，审议并通过《黄冈市人大常委会关于全面开展反电信网络诈骗工作的决定》和《关于市第六届人民代表大会代表的代表资格的审查报告》等。

12月27日，市第五届人大常委会举行第四十二次会议，补选李军杰为湖北省第十三届人民代表大会代表。

12月31日，市第五届人大常委会举行第四十三次会议，传达学习中央农村工作会议精神，决定接受蔡绪安因工作变动辞去湖北第十三届人民代表大会代表职务。

12月，市人大常委会荣获中央宣传部、司法部、全国普法办公室表彰的2016—2020年“全国普法先进单位”称号。

12月，市人大常委会“以‘四评’扎实推进‘四个机关’建设”被省人大常委会评选为全省人大系统“十大创新工作”。

2022年

1月5日至9日，市第六届人民代表大会举行第一次会议，听取和审议市人民政府、市人大常委会、市中级人民法院、市人民检察院的工作报告并分别作出决议；选举产生市人大常委会主任张社教，副主任詹旺民、陈少敏、黄强胤、屈凯军、吴晓文、郭小野、秘书长黄智敏和33位委员；选举产生市人民政府市长李军杰，副市长刘忠诚、王玺玮、肖红娟、荣先国、潘国林、王文忠、马艳舟；选举产生胡爱民为市监察委员会主任、肖笛为市中级人民法院院长、万强为市人民检察院检察长；表决通过市第六届人大各专门委员会组成人员。会议还举行宪法宣誓仪式。

第一章　黄冈市人民代表大会代表

中华人民共和国年满十八周岁的公民，不分民族、种族、性别、职业、家庭出身、宗教信仰、教育程度、财产状况和居住期限，都有选举权和被选举权。由人民代表大会依照法律规定选举产生的人大代表，是地方国家权力机关组成人员，代表人民的利益和意志，依照宪法和法律赋予的各项职权，参加行使国家权力。代表享有宪法和法律赋予的各项权利，履行宪法和法律规定的义务。

从1996年至2021年，黄冈市产生了一至六届人民代表大会代表，共计3131名。其中，第一届505名，第二届521名，第三届522名，第四届526名，第五届529名，第六届528名。

第一节　人大代表的产生和构成

1996年黄冈市人民代表大会成立后，由黄冈市的11个选举单位选举产生黄冈市人民代表大会代表，代表由工人、农民、干部、知识分子、民主党派和无党派爱国人士、部队军人、归侨侨眷等按照比例构成，在代表总数中，非中共党员、少数民族、妇女代表各有适当比例，体现代表性。

一、第一届人大代表产生及构成

黄冈市人大常委会筹备组根据《选举法》有关规定，以1995年全市年报人口数为基数，经过测算，拟定代表名额分配方案（草案）。在市委确定12月上旬召开人大会议后，向省人大常委会请示黄冈市首届人大代表名额、人大常委会组成人员职数以及代表资格审查等问题，省人大常委会以鄂常文〔1996〕47号文件，批复黄冈市第一届人民代表大会代表名额为520人。接到省人大常委会批复后，市人大常委会筹备组向市委报送《关于黄冈市第一届人民代表大会代表名额分配和提名推荐候选人方案》，市委以黄发〔1996〕30号文件，将报告批转各县市区委和市直党组织实施。10月中旬，市委召开由各县市区党委、人大、组织部和统战部等方面的负责同志参加的会议，对人大会议的筹备尤其是做好代表的提名推荐工作，进行布置安排，提出明确的要求，在代表构成上，分别对中共党员、非中共党员、干部、知识分子，妇女、少数民族等按比例提出要求，并逐项安排到县市区。在代表素质上，强调代表的广泛性、代表性和先进性。会后，筹备组加强与县市区人大常委会的联系，确保选举顺利进行。各选举单位充分发扬民主，严格依法办事，精心组织代表选举工作，在各县市区党委和人大常委会的精心组织下，代表选举工作按期完成。

黄冈市第一届人民代表大会代表依法由全市11个选举单位分别选出，经市人大常委会筹备组审查，确认各选举单位分别选出的505名代表的资格有效。其中，中共党员代表386人，占76.4%；非中共党员代表120人，占23.7%；干部代表191人，占37.8%；妇女代表107人，占21.2%。

二、第二届人大代表产生及构成

根据湖北省第八届人大常委会第三十次会议决定，黄冈市第二届人民代表大会代表名额为533名。黄州区、团风县、红安县、麻城市、罗田县、英山县、浠水县、蕲春县、武穴市、黄梅县、解放军黄冈驻军共11个选举单位，依照《选举法》《中华人民共和国人民解放军选举全国人民代表大会和地方各级人民代表大会代表的办法》，对选举市二届人大代表严格依法办事，做了大量的工作。第一，各党派、人民团体在反复酝酿、充分协商基础上，提名推荐代表候选人。第二，对各党派、人民团体提出的推荐代表候选人和代表十人以上联名提出的推荐代表候选人，根据较多数代表的意见，确定其中的正式代表候选人。第三，大会主席团对正式代表候选人的简历进行介绍，使选举人对候选人有更多的了解。第四，各选举单位正式候选人的名额，都多于应选名额五分之一以上、差额在法定范围之内。第五，全市11个选举单位全部实行无记名投票办法，严格按照法定票数确定当选代表。

全市各选举单位共提名推荐市二届人大代表候选人672名。其中党派、人民团体提名推荐代表候选人649名。确定为正式代表候选人的649名，当选代表509名。十人以上代表联合提名推荐代表候选人23名，确定为正式代表候选人的23名，当选代表12名。全市11个选举单位选举产生黄冈市第二届人民代表大会代表521名。

代表资格审查委员会对521名代表的资格进行审查，审查结果认为，521名代表的选举符合法律程序，其代表资格有效，在2002年3月26日市一届人大常委会第三十六次会议上通过。

黄冈市第二届人民代表大会的521名代表中，工人代表72名，占代表总数的13.8%；农民代表97名，占代表总数的18.6%；干部代表222名，占代表总数的42.6%；解放军黄冈驻军代表15名，占代表总数的2.9%；妇女代表101名，占代表总数的19.4%；非中共党员代表111名，占代表总数的21.3%。代表中具有中等文化程度以上的521名，占代表总数的100%，其中具有大专以上文化程度的414名，占代表总数的79.5%。

黄冈市第二届人民代表大会第一次会议于2002年4月6日至11日在黄州召开。

三、第三届人大代表产生及构成

根据湖北省人民代表大会常务委员会第八届第三十次会议通过的《关于省辖市、自治州、直管市、神农架林区、县（市、市辖区）、自治县人民代表大会代表名额的决定》，黄冈市第三届人民代表大会代表名额为533名。黄州区、团风县、红安县、麻城市、罗田县、英山县、浠水县、蕲春县、武穴市、黄梅县、解放军黄冈驻军共11个选举单位，依照《选举法》《中国人民解放军选举全国人民代表大会和地方各级人民代表大会代表的办法》和黄冈市委转发的《市人大常委会党组关于黄冈市第三届人大代表名额分配和提名推荐候选人方案》，充分发扬民主、严格依法办事。第一，各党派、人民团体推荐代表候选人，是在反复酝酿、充分协商的基础上提出的。第二，各党派、人民团体推荐的代表候选人和代表十人以上联名提出的推荐代表候选人，是根据较多数代表的意见，确定为正式代表候选人的。第三，全市11个选举单位分别召开人民代表大会或军人代表大会，进行选举，选举全部实行了无记名投票办法，并严格按照法定票数确定当选代表。第四，各县市区人民代表大会主席团和军人委员会对代表候选人的简历进行介绍，使选举人对候选人有更多的了解。

全市11个选举单位共选出黄冈市第三届人民代表大会代表522名。市人大常委会代表资格审查委员会对522名代表的资格进行了审查。审查结果认为，522名代表的选举符合法律规定，代表资格有效，在2007年1月11日市第二届人大常委会第三十七次会议上通过。

选出的522名代表中，工农代表59名，占代表总数的11.3%；公务员代表295名，占代表总数的56.5%；国有企业负责人代表18名，占代表总数的3.4%；非国有企业负责人代表49名，占代表总数的9.4%；解放军和武警代表15名，占代表总数的2.9%；妇女代表83名，占代表总数的15.9%；非中共党员代表85名，占代表总数的16.3%。

在代表的知识结构和年龄结构上，代表中具有大专以上文化程度的477名，占代表总数的91.4%。代表中35岁以下的46名，占代表总数的8.8%；36岁至55岁的466名，占代表总数的89.3%：56岁以上的10名，占代表总数的1.9%。

四、第四届人大代表产生及构成

根据《湖北省人民代表大会常务委员会关于省辖市、自治州、直管市、神农架林区、县(市、市辖区)、自治县人民代表大会代表名额的决定》，黄冈市人民代表大会代表名额为533名。黄州区、团风县、红安县、麻城市、罗田县、英山县、浠水县、蕲春县、武穴市、黄梅县、解放军黄冈驻军共11个选举单位，依照《选举法》《中国人民解放军选举全国人民代表大会和地方各级人民代表大会代表的办法》，选举产生了黄冈市第四届人民代表大会代表527名。

黄冈市三届人大常委会代表资格审查委员会对527名代表的代表资格进行审查，526名代表的代表资格有效。1名代表涉嫌受贿犯罪，代表资格不予确认。黄冈市第四届人民代表大会代表共有526名，在2011年12月19日市第三届人大常委会第三十四次会议上通过。

黄冈市第四届人大代表526名，比上届增加4名，其中工农代表123名，比上届增加65名，占代表总数的23.4%；干部代表242名，比上届减少53名，占代表总数的46%；专业技术人员代表129名，占代表总数的24.5%；解放军和武警消防部队代表16名，占代表总数的3%；少数民族代表3人，占代表总数的0.6%；妇女代表94名，比上届增加11名，占代表总数的17.9%；非中共党员代表90名，比上届增加5名，占代表总数的17.1%。

在代表的知识结构和年龄结构上，526名代表中，具有研究生及以上学历的代表94人，占代表总数的17.9%；大学本科学历的代表302人，占代表总数的57.4%；大专文化程度的代表88人，占代表总数的16.7%；高中学历的代表38人，占代表总数的7.2%；初中及以下学历的代表4人，占代表总数的0.8%。35岁以下的代表42名，占代表总数的8%；36岁至55岁的代表461名，占代表总数的87.6%；56岁以上的代表23名，占代表总数的4.4%。市四届人大526名代表的结构比例达到了中共中央提出的“两升一降一保证”的要求。

五、第五届人大代表产生及构成

黄州区、团风县、红安县、麻城市、罗田县、英山县、浠水县、蕲春县、武穴市、黄梅县和解放军驻黄部队11个选举单位，根据《选举法》《中国人民解放军选举全国人民代表大会和县级以上地方各级人民代表大会代表的办法》和《湖北省人民代表大会常务委员会关于省辖市、自治州、直管市、神农架林区、县(市、市辖区)、自治县人民代表大会代表名额的决定》,于2016年12月30日前分别选举产生黄冈市第五届人民代表大会代表529名。

2017年1月3日,黄冈市第四届人大常委会代表资格审查委员会对当选代表的代表资格进行了审查。审查结果认为,黄冈市第五届人民代表大会代表的选举符合法律规定,529名代表的代表资格有效。在2017年1月4日市第四届人大常委会第40次会议上通过。

在这次换届选举中,各选举单位坚持党的领导、人民当家作主和依法治国的有机统一,注重代表候选人的政治素质和履职能力,注重优化代表结构。10个县(市、区)分别召开人民代表大会会议,解放军驻黄冈部队召开了军人代表大会会议,依法选举产生市第五届人民代表大会代表。各选举单位在选举过程中的工作环节、选举程序和确定的正式代表候选人差额比例均符合法律规定。

在选举产生的529名代表中,工人农民代表79名,占代表总数的14.9%;专业技术人员代表107名,占代表总数的20.2%;党政领导干部代表158名,占代表总数的29.9%;解放军代表15人,占代表总数的2.8%;妇女代表186名,占代表总数的35.2%;少数民族代表5名,占代表总数的0.9%;非中共党员代表187名,占代表总数的35.3%。具有研究生及以上学历的代表100人,占代表总数的18.9%;大学本科学历的代表281人,占代表总数的53.1%;35岁以下的代表31名,占代表总数的5.9%;36岁至55岁的代表431名,占代表总数的81.5%;56岁以上的代表67名,占代表总数的12.7%;连任代表164名,占代表总数的31%。

六、第六届人大代表产生及构成

黄州区、团风县、红安县、麻城市、罗田县、英山县、浠水县、蕲春县、武穴市、黄梅县和解放军驻黄部队11个选举单位,根据《选举法》《中国人民解放军选举全国人民代表大会和县级以上地方各级人民代表大会代表的办法》和《湖北省人民代表大会常务委员会关于省辖市、自治州、直管市、神农架林区、县(市、市辖区)、自治县人民代表大会代表名额的决定》,实际选举产生黄冈市第六届人民代表大会代表528名。

在换届选举中,各选举单位在市委的领导下,认真贯彻执行宪法和有关法律,注重代表候选人的政治素质和履职能力,注重优化代表结构。10个县(市、区)分别召开人民代表大会会议,解放军驻黄部队召开军人代表大会会议,依法选举产生市第六届人民代表大会代表。各选举单位在选举过程中的工作环节、选举程序和确定的正式代表候选人差额比例均符合法律规定。

在选举产生的528名代表中，工人农民代表82名，占代表总数的15.5%；专业技术人员代表113名，占代表总数的21.4%；党政领导干部代表153名，占代表总数的29.0%；解放军代表15名，占代表总数的2.8%；妇女代表194名，占代表总数的36.7%；少数民族代表10名，占代表总数的1.9%；非中共党员代表193名，占代表总数的36.6%。具有大专及以上学历的代表464名，占代表总数的87.9%，其中研究生及以上学历的代表90名，占代表总数的17%。35岁以下的代表55名，占代表总数的10.4%；36岁至55岁的代表433名，占代表总数的82%；56岁以上的代表40名，占代表总数的7.6%。连任代表203名，占代表总数的38.4%。

2021年12月17日，市第五届人大常委会代表资格审查委员会第十九次会议对当选代表的代表资格进行了审查。审查结果认为，黄冈市第六届人民代表大会代表的选举符合法律规定，528名代表的代表资格有效，在2021年12月21日市五届人大常委会第四十一次会议上通过。

第二节　人大代表名单及变动

从1996年至2022年，黄冈市经历六届人大，共产生代表3131名。因代表离开本区域导致代表资格中止等各种原因，或在每届中因需要而增加代表等原因，每届代表的具体数量有增减，具体人员有变动。

一、第一届人大代表名单及变动

黄冈市第一届人大代表共505名，经市人大常委会筹备组于1996年11月27日审查确认后公告。

（一）第一届人大代表名单

黄州区（45人）：

丁文南	丁华成	王海湖	王海新	丰火元
叶胜利	占才红	申五一	刘传寿	孙晓兵
杜建新	杨有旺	杨光树	杨宗文	肖述生
吴友如	吴春姣（女）	吴焱明	吴闻章	邱建国
汪月东	汪慧英（女）	张自安	张佑智（女）	张诗淦

张胜利	张冠英	陈少林	陈正文	陈幼安
陈光明	陈秀泓	陈焱清	易建设	胡连三
赵少莲(女)	贺仕文	徐长松	高水楠	曹衍清
蒋国平	谭可章	熊传衔	熊彩兰(女)	樊汉明

团风县(24人):

王后雄	朱　武	华旭东	刘光彩	刘桂田
杨国华	肖建军	闵建华	汪子龙	张永斌
陈刚林	林树柏	金鹏飞	侯米清	袁桂珍(女)
高作火	陶汝生	黄　萍(女)	曹文斌(女)	彭小平(女)
程礼才	程红才	童吉和	鄢神华	

红安县(47人):

马楷民	王静平	毛佑斌	尹继红(女)	石怀全
帅行道	叶华仁	占东光	占晓霞(女)	包正利
许顺清	阮登权	杜章南	李丛新	李杏连(女)
李秀贞(女)	李明波	李　俊	李桂娥	李葆良
吴怀安	吴　棘	余继波	余跃耀	余新谱
邹武翼	张克汝	张艳红(女)	张家国	陈美华(女)
林全华	郑乃新	胡光秀	饶必良	姚自力
徐金华(女)	梅晓莲(女)	黄宝珍(女)	黄建军	韩先华
彭定国	董成香(女)	程建生	蔡爱国	阚如辉
翟燕萍(女)	熊大旺			

麻城市(73人):

丁仲勋(女)	万桃元	王成浩	王国友	王标轴
王美珍(女)	王楚平	王耀斌	方景忠	石维朗
石　萍	占启宝	冯其菊(女)	冯福贤	成昌平
吕中强	朱建良	刘明礼	刘雨虹(女)	刘祖元
刘淑萍(女)	刘德才	孙红霞(女)	李友霞(女)	李俊芳
李德柱	严志峤	吴如启	吴国勋	何光咏
汪先启	汪鲁进	张可宏	张石明	张　良
张忠元	张和佑	陈定国	陈瑾文(女)	罗爱德
周芍芳(女)	周承猷	郑佑信	段应福	娄永欢

姚青枝(女)　秦遵信　袁仕芝　袁志辉　夏秋莲(女)
夏健存　徐在席　徐声音　高明俊　陶忠佳
梅建和　梁守本　董诗斌　程玉冰(女)　程金良
程珍菊(女)　温世超　曾凡禄　雷丽芬(女)　雷际明
鲍帮林　蔡伦祥　蔡家华　漆菊娥(女)　熊　芬(女)
熊　英(女)　熊咏珍(女)　戴福生

罗田县(37人)：

王立宪　王亚平(女)　王仲群　王信初　毛官锋
方云华　方国权　尹国平　叶桂芳　华立汉
刘细波　李汉生　李国斌　李锡明　肖志鹏
肖新洲　余克培　余高化　邹静林　陈丽丹(女)
陈树国　易茂先　周小英(女)　周丽亚(女)　周金寿
周维新　郑惠岩　胡祖建　胡荃蓉(女)　秦怀清
涂普生　黄奏球　黄爱平(女)　阎桂银(女)　彭艳枝(女)
傅定松　熊传海

英山县(24人)：

万光宇　王龙潮　王金初(女)　王　强　刘小英(女)
余　江　何秀丽(女)　汪淦民　沈正德　沈法辉
陈守东　陈晓元　陈艳华(女)　金得义　胡胜利
贾天增　郭国庆　高向峰　黄龙秀　黄际中
程世定　熊承家　潘雪银(女)　操尚银

浠水县(64人)：

万福生　王小林(女)　王中钦　王体全　王劲松(女)
王　玲(女)　王敏中　毛冬年　艾杏荣(女)　龙福清
冯卫华(女)　邢良才　毕佑奇　朱自明　刘正祥
刘　爱(女)　汤焱春　杨鹏志　李　献　李元卿
李秋元　李政国　李德民　李儒志　何秋悦
何艳庭　邱玉林　谷燕兵(女)　张华中　张映平
张彩兰(女)　陈云林(女)　陈火香　陈早田　陈松林
陈金元　陈金能　罗荷花(女)　周开心　周秋梅(女)
周凝敞　孟志峰　胡仕桥　胡会容　洪增协

姜兰香(女)　姚红妮(女)　柴春香(女)　徐维平　郭太源
郭继成　高仲平　陶又清　黄旭学(女)　黄桂林(女)
彭少容(女)　曾桂珍(女)　詹丽云(女)　詹金生　蔡克海
蔡奇艳　潘呈名　戴述初　戴凌翔

蕲春县(63人):

王有宗　王华英(女)　王泳生　王振远　丰国东
方东霞(女)　石海清　叶又华　叶汉英　冯木香(女)
吕卫军(女)　刘友凡　刘元喜　刘行敏　江林涛(女)
许俊良　孙保华　贡干生　李世生　李　韧
李呈祥　李贵雄　吴爱国　汪永明　宋　杰
张水平　张秋容(女)　张继东　张常启　张常河
陈顶云　陈学林　陈盛喜　范春华(女)　易汉雄
周康启　胡宏峰　胡明河　洪　峰　骆中卫
晏盛权　徐舟济　徐国生　徐勉真　徐桂生
徐桂姣(女)　高新福(女)　唐春峰　梅文艳(女)　黄　俊
黄美坤(女)　龚和平　董法金　董毓中　景宗志
程克超　程坤波　程晓琴(女)　童楚春　蔡新宁
管振君　熊桂生　潘天启

武穴市(51人):

王义祥　王利承　王校兰(女)　王陵筑　叶心鹏
司秀敏(女)　吕文涛　吕承彪　吕界文　朱葆和
向才厚　向永新　刘继胜　杨兴鸿　李至平
李君荟(女)　李庭凡　吴天义　吴有明　吴新泉
张元喜　张巨文　张发喜　张南钰(女)　张　静(女)
陈水金　陈东旺　陈洪岩　陈爱武　周淑华(女)
郑勇平　宛宗祥　胡荣希　夏灿明　夏启国
夏润祥　柴迎超(女)　徐持贞　郭保华　郭雪娥(女)
郭静芳(女)　董庆云(女)　程　文(女)　程乐荣　傅恒胜
鲁季平　谢万友　蔡　军(女)　蔡绪银　戴友志
魏炎生

黄梅县(62人)：

马卫国	王记松	王江汉	王江峰	王有珠(女)
王妙水	王　维	王登舟	王慧君(女)	尤立华(女)
毛焕林	龙金龙	叶国政	朱子明	向志坚
刘细珍(女)	刘树生	许忠平	孙维荣	杨瑞宽
李　进	李奇志	李敦铭	严立华	释坚光
吴宜友	吴振中	吴晓良	余珍桥(女)	张泽元
张茂松	张建政	张鹏程	陈六纯	陈水国
陈石平	陈仙花(女)	陈圣斌	陈学明	陈金桥
林道应	范定生	宛文桥(女)	赵晓荣(女)	姚成功
聂树新	夏保民	晏绍元	钱树先	徐申菊(女)
徐华荣	梅建新	黄正林	黄世金	黄志超
黄国候	黄素萍(女)	黄耀雄	盛继国	商登柱
廖翠兰(女)	潘序虹(女)			

解放军(15人)：

王东华	王红专	吕六荣	刘定华	吴长林
张正安	张　绘	陈建潮	赵恒金	段建国
秦立建	郭酉候	程克元	谢方兵	翟季林

(二)第一届人大代表的变动

市一届人大一次会议后，麻城市代表秦遵信、解放军代表陈建潮调离黄冈市，其代表资格终止。

市一届人大二次会议后，浠水县代表戴凌翔、黄州区代表丁华成调离黄冈市，其代表资格终止。1997年6月，市第一届人大常委会第4次会议同意黄梅县代表张润德、胡幼平为市第一届人大代表。

市一届人大三次会议后，红安县代表李明波、英山县代表贾天增调离黄冈市，其代表资格中止。1998年4月2日，市第一届人大常委会第九次会议同意，团风县代表王定华、陈裕勇，红安县代表王顺华、王佑才、秦永高，麻城市代表刘志田、张怀艳，罗田县代表陶宏、傅本台，英山县代表聂利军、童彦文、戴汉定，蕲春黄永文、李胜、吴汉桥，武穴市代表陈楚珍、姜旺生为市第一届人大代表。

市一届人大四次会议后，黄梅县代表陈水国、解数军代表吕六荣调离黄冈市，武穴市代表傅恒胜依法被罢免，以上人员的代表资格终止。

1999年1月15日,市第一届人大常委会第十五次会议同意,红安县代表阮英梓、杜章均,麻城市代表卢焱群、柴敦善,英山县代表段远明、段福元,蕲春县代表邓新华,黄梅县代表夏德明、李水先、吕炳传,黄州区代表杨优秀、高迎涛,浠水县代表吴良想,武穴市代表周光鹏,解放军代表姚俊、沈小芳为市第一届人大代表。

市一届人大五次会议后,黄梅县代表王登舟、蕲春县代表刘元喜去世,其代表资格终止。

市一届人大六次会议后,黄州区代表贺仕文、麻城市代表王成浩、蕲春县代表丰国东代表先后去世,其代表资格终止;团风县代表王后雄、罗田县代表陶宏、解放军代表瞿季林、沈小芳调离黄冈市,以上人员的代表资格终止。

2001年1月10日,市第一届人大常委会第二十八次会议同意,黄州区代表张用长,蕲春县代表金鹤年,解放军代表万幼清、涂学生为市第一届人大代表。

二、第二届人大代表名单及变动

(一)第二届人大代表名单

黄冈市第二届人大代表共521名,2002年3月26日黄冈市人民代表大会常务委员会公告。

黄州区(45名):

王　芹(女)	王胜言	包火林	吕建平	任继舟
刘　刚	刘照兵	许云辉	许春梅(女)	杜建新
杨有旺	杨金花(女)	李平安	吴汉桥	吴学军
余少雄	汪月东	张发喜	张怀艳	张金安
陈汉生	陈秋明	陈春梅(女)	陈焱清	陈鼎常
林丛武	易淑梅(女)	周克彦	胡桂甫	赵立均
洪建国	娄永欢	夏铁舟	倪敬东	高迎涛
董梅梅(女)	蒋国平	程水清	程先志	童文卿
詹建国	熊美林(女)	樊汉明	樊忠传	樊金明

团风县(24名):

马秋良	马浩鸣	王定华	王建学	王厚春
王顺华	方幼明	刘光彩	杨飞鹏	李莲花(女)
肖建军	余爱国	汪子龙	汪早平	张永斌
邵同元	易以姣(女)	周佑章	秦海棠	高作火

黄　萍(女)	程理财	谢崇斌	漆秋红(女)	

红安县(46名)：

王保山	王辉权	方金香(女)	方思全	方思意
叶妮平(女)	刘小平	刘俊东	刘桥凤(女)	刘继乐
阮和平	阮英梓	杜章均	杨俊苹(女)	李丛新
李　驰	李汝才	李葆良	来秋元	来继安
余继波	张用长	张胜利	张俊初	陈再新
陈金桃(女)	陈敦学	林全华	林美安	周明星
周常发	郑泽武	秦永高	秦禄波	耿纪谦
徐建国	徐秋元	梅祖怀	黄玉琴(女)	黄宏文
韩先华	韩德书	彭家善	简华斌	蔡长庆
熊璞来				

麻城市(80名)：

丁月红(女)	丁周炎	万喜钰(女)	方景忠	王广平
王日辉	王国友	王标轴	王胜华(女)	毛丽娟(女)
叶国政	邓新生	付艳开	占云发	占建设
冯　向	冯　明	冯明祥	兰　姣(女)	刘志田
刘名茶(女)	刘静宜(女)	向前宏	朱经久	毕丽花(女)
池丽萍(女)	李自龙	李焱才	李晓明	李福喜
张可宏	张安蒂(女)	张家国	何奇志	汪宗德
汪慧英(女)	宋　翔	肖裕明	余保东	余渭芳
范从政	陈　玉	陈水林	陈定国	陈智化
周星天	邹世和	杨元寿	杨汉华	杨兴鸿
杨来凡	杨祖力	林靖珍(女)	胡中人	赵远征(女)
郑启定	郑立新	项行政	侯建平	徐允凤(女)
夏玉郎	唐质斌	柴敦善	袁仕芝	袁志辉
袁晓霞(女)	梅基金	董　进(女)	韩敏(女)	程亚平
程建喜	程临英	漆菊娥(女)	熊　芬(女)	熊　磊(女)
熊家峰(女)	蔡伦祥	蔡家华	詹光源	瞿则涛

罗田县(37名)：

王仲群	冯大平	刘细波	江　洪	阮接芝

孙大桥　李汉生　李新莉(女)　吴闻章　吴博文
余高化　邹静林　汪汉兴　陈云生　陈少秋
陈世功　范桂锋　罗　刚　罗玉春(女)　易继荣
周小丽(女)　周卫烈　周丽娅(女)　胡荃蓉(女)　段远明
秦怀清　黄　冈　黄奏球　黄爱平(女)　晏建国
阎桂芳(女)　阎桂洲　阎　常(女)　曹志辉　童伟民
傅本台　潘丽玲(女)

英山县(26名)：

王金初(女)　王静平　叶俊甫　包善林　冯木香(女)
伍　惠(女)　刘方远　刘会理　江名贵　杨道洲
李晓乐　吴义煌　陈志珍(女)　陈晓元　易建新
郑道良　柯昌荣　段丽芬(女)　段福元　洪星朗
袁宇民　袁锡平　聂利军　郭应虎　黄普生
程金水

浠水县(66名)：

王　峰　王风华　王友平　方向明　方海芳(女)
龙其保　龙福清　叶福利　占克俭(女)　田中玉
田晓明　包玉兰(女)　乐水英(女)　冯继安　朱裕来
刘正祥　孙璜清　孙楚明　杨　玲(女)　杨先旺
杨旺春　杨金球　李儒志　李秋明　李学章
吴良想　谷燕兵(女)　汪祝华　张　昭　张自胜
张华中　张润德　陈　静(女)　陈出新　陈全友
陈艳华　尚　钢　罗锦艳(女)　金桂芳(女)　金鹤年
周新象　郑晓春　胡志容(女)　胡学元　胡普明
南登林　南金辉　侯盛贵　段学之(女)　闻　梦(女)
洪　林　洪增协　袁秋明(女)　夏洪涛　徐章付
郭富秋　郭新志　陶　新　梅香雪(女)　章新华
谢　寒　谢　雄　蔡其焱　熊　熊　潘菊生
瞿　俊

蕲春县(64名)：

丁礼萍(女)　丁保琪　文福生　王则明　王建华(女)

王振远	邓卫国	邓新华	卢仕奇	卢焱群
叶　茂	叶春香(女)	田祥喜	伍齐华(女)	成东立
齐　力(女)	何　琼	吴盛美	张　均	张　勰
张国民	张明华(女)	张栉勤	张常和	张霞芬
李　丹(女)	李　胜	李世生	李屹青(女)	李远华
陈　红	陈大柱	陈中华	陈文进	陈明华
周迪生	周康启	易茂先	郑阳宏	郑璋贵
姚　俊	姜宏贵	胡文中	骆中艮	骆敬泽
唐春峰	夏　玲(女)	徐国生	高新福(女)	梅协春
黄业义	黄永文	黄德贵	彭文斌	曾　镔
程　德	谢先法	韩　丹(女)	韩幸荣	熊长江
熊和生	蔡佑新	操尚银	魏运香(女)	

武穴市(54名)：

卜洪友	王　斌	王水桃	王汉保	王校兰(女)
王楚平	甘纪雄	卢水斌	兰智超	吕文涛
吕巨斌	吕界文	朱凤娥(女)	朱炎清	向　博
刘中桃	李至平	李金桃	吴正春	吴建新
吴维民	何　谧	宋国盛	张元春	张在全
张忠元	张晓芳(女)	张曙红(女)	陈　平	陈　锋
陈先华	陈思军(女)	陈楚珍	周　云(女)	周光鹏
周淑华(女)	胡华文	查树义	姜旺生	夏进军(女)
夏桂芬(女)	郭毛贵	郭永清	郭春桢(女)	郭雪娥(女)
曹衍清	曹跃先	龚珍平	彭金安	程乐荣
程红才	程坤波	蔡　军(女)	戴汉定	

黄梅县(66名)：

万亚平	王江汉	王记松	王慧君(女)	毛官送
邓九阳(女)	邓再全	帅之威	吕淦源	伏　虹(女)
向少华	刘友凡	刘水金	刘国丰	刘树生
刘细珍(女)	刘耀军	孙楚强	杨新桥	李水先
李援民	李绫琦(女)	严立华	肖国营	吴长林
吴黄专	吴光雄	何向鹏	余昌志	汪锦峰

张记良	张育华	张翠华(女)	张鹏程	陈圣斌
陈是荣	陈裕勇	周汉敏	周德江	郑　青
胡雪云	赵晓荣(女)	洪雪桂(女)	袁新舟	夏　禹
夏润祥	夏德明	殷平山	殷海华	高玉兰(女)
高国良	陶先林	黄正林	黄义德	曹义元
彭　刚	喻长友	程尚严	释坚光	詹汉彬
蔡　茂	蔡艳如	熊　玲(女)	黎耀成	颜晓东
戴茂荣(女)				

解放军(13名):

万幼清	卫才林	叶鲁信	冯理强	陈杨超
罗　健	段建国	涂学生	徐世国	高　健
程　平	滕增贵	潘和新		

(二)第二届人大代表的变动

市二届人大一次会议后,英山县代表聂利军、武穴市代表曹衍清、黄梅县代表刘友凡代表调离黄冈市,蕲春县代表吴盛美、武穴市代表程坤波被依法罢免,以上人员的代表资格终止。

2002年12月23日,市第二届人大常委会第七次会议同意,黄梅县代表1人,蕲春县代表王浩鸣、胡红旗等3人为市第二届人大代表。

2003年6月9日,市第二届人大常委会第十次会议同意,武穴市代表黄柏林、王远鹤,团风县代表毛佑斌,浠水县代表王敏中等4人为市第二届人大代表。

市二届人大常委会第十次会议后,黄州区代表张怀艳、红安县代表林全华、蕲春县代表姚俊、黄梅县代表严立华、解放军代表万幼清已调离黄冈市,以上人员的代表资格终止。

2004年1月11日,市第二届人大常委会第十五次会议同意,黄梅县代表陈新武,解放军代表韦兴元,红安县代表张鹤桥、董卫民,罗田县代表蔡德坤、王万福,浠水县代表周勇,武穴市代表张社教等8名同志为市第二届人大代表。

市第二届人大常委会第十五次会议后,解放军代表潘和新调离黄冈市,其代表资格终止。

2004年2月12日,市第二届人大常委会第十六次会议同意,黄州区代表梅启生同志为市第二届人大代表。

市第二届人大三次会议后,黄州区代表杨有旺,红安县代表杨俊苹,麻城市代表占云发，解放军代表罗健、腾增贵，调离黄冈市，以上人员的代表资格终止。团风县代表秦海棠，英山县代表杨道洲，武穴市代表郭永清，被依法罢免，以上人员的代表资格终止。

2005年2月22日，市第二届人大常委会第二十三次会议同意，黄州区代表张国秀、团风县代表沈景艳、红安县代表王旺林、麻城市代表王建明、英山县代表黄六洲、解放军代表卢伟、刘再辉，麻城市代表方友娥、浠水县代表詹金生、蕲春县代表甘才志、吕小武等11位同志为市第二届人大代表。

市第二届人大第二十三次会议后，黄州区代表许云辉代表迁出黄冈市，浠水县代表龙其保、武穴市代表陈锋被浠水县、武穴市人大常委会依法罢免，以上人员的代表资格终止。

2005年9月29日，市第二届人大常委会第二十七次会议同意，黄梅县代表方成、许振球等2人为市第二届人大代表。

市第二届人大常委会第二十七次会议后，麻城市代表刘志田，红安县代表董卫民，罗田县代表吴博文，黄梅县代表陈新武，解放军代表陈杨超，调离黄冈市，其代表资格终止。蕲春县代表梅协春，武穴市代表张元春被依法罢免，其代表资格终止。黄州区代表杨金花、陈焱清，解放军代表高健去世，以上人员的代表资格终止。

2006年2月14日，市第二届人大常委会第三十次会议同意，武穴市代表张斌，黄州区代表耿促进，解放军代表王庆新等3人为市第二届人大代表。

2006年5月30日，市第二届人大常委会第三十二次会议同意，英山县代表张爱华为市第二届人大代表。

三、第三届人大代表名单及变动

黄冈市第三届人大代表共522名，2007年1月11日市第二届人大常委会第三十七次会议通过。

（一）第三届人大代表名单

黄州区（46名）：

王建学	王胜言	王爱玲（女）	尹珊红（女）	石东海
左志学	龙玉生	田　伟	朱经久	任洪凤（女）
刘民华	江忠民	许立伟	许春梅（女）	许楚云
孙金舟	杜泉源	杨元寿	李平安	李成林
李再波	余友斌	宋兰萍（女）	张双勤	张楚华

陈少林　陈华南　陈秋明　林少波　范从政
易大安　岳　平　周超良　柳长纯　柳现青
胡国正　洪建国　徐三喜　徐述舟　殷义华
黄爱武(女)　程贤炳　谢泽林　詹旺民　樊汉明
樊忠传

团风县(24名):

王　萍(女)　王厚春　王继华　孙璜清　杨幼波
肖伯勋　余爱国　汪早平　汪彩虹(女)　沈景艳
张龙飞　张永斌　陈卫国　陈建友　易淑泉
郑洪林　官木喜　钟志清　洪再林(女)　徐冬梅(女)
涂　军　涂佑章　彭正元　程理财

红安县(45名):

万　文　王远鹤　王闰光　王映辉　方思全
石崇敬　占才红　刘　斌　刘小平　刘建凤
刘春霞(女)　刘雪荣　刘辉坦　祁远波　杨金安
李　琴(女)　李长余　来小芳(女)　来继安　吴光德
吴怀明　余美群　余福康　汪全智　张凤珍(女)
张治祥　陈少敏(女)　陈鼎常　林建华　周　谨(女)
胡益民(女)　赵俊锋　姚福祥　骆丽娟(女)　秦训鹏
秦禄波　顾兴胜　夏冬华　徐　盛　陶　鸿
黄建军　崔启荣　彭学文　彭学海　熊良霄

麻城市(80名):

丁周炎　方银旺　王　军　王　普　王礼柏
王仲群　王国友　王建明　王标轴　王章利
邓九阳(女)　邓新生　邓新华　冯　向　占光源
占杏仪(女)　占建设　卢焱群　叶礼英(女)　宁大勇
刘文兵　朱伯儒　汪德玉　池丽萍(女,满族)
余高良　张　健(女)　张心玲　李　明　李开寿
李尧东　李自龙　李建红　李柱阳　李桂凤(女)
李道楷　杨仕英(女)　杨汉华　杨祖力　汪宗德
陈　玉　陈水林　陈远亮　周　磊(女)　周迎春

周建英(女)　周星天　易大庆　郑先启　郑宏刚
金　谋　祝汉蛟　胡　广　胡宗龙　赵鸿雁(女)
凌建平　唐质斌　夏丽萍(女)　夏志东　徐世前
徐复元　徐海英(女)　涂学亚(女)　涂新年　陶代金
陶孝德　商远明　崔利新　黄立文　黄国元
喻少清　彭继良　曾祥超　程长春　程胜利
童德昭　董建良　鲍晨辉　蔡伦祥　颜建国
操尚银

罗田县(37名)：

王晓虎　毛佑斌　方新启　尹国平　龙福清
朱凤娥(女)　朱亚琼(女)　闫　常(女)　闫桂洲　阮接芝
孙大桥　李汉生　杨　磊(女)　杨建军(女)　肖学民
肖燕梅(女)　余　勇　汪月东　汪应平　陈少秋
易孝猛　罗　刚　胡　昊　胡启旺　胡荃蓉(女)
胡祖建　姚文正　秦新平　夏洪涛　晏哲锋
徐迟跃　黄　冈　黄爱平(女)　童伟民　蔡德坤
熊敬珍(女)　潘丽玲(女)

英山县(26名)：

王　刚　王定华　王浩鸣　王静平　方振华
付旭东　卢　峰　叶　卉(女)　伍　惠(女)　刘方远
刘会理　江　勇　吴炳先　张树林　李　勇
杨良锋　汪校玲　易建新　胡　春　胡向京
徐　飞　袁　干　郭国庆　高传明　董小满(女)
谭　俊

浠水县(67名)：

丁　晗　丁爱萍　万东明(女)　王　烈　王丰华
王旺林　王锦文　方　琼(女)　方嗣兴　甘世保
包玉兰(女)　华文彬　刘　爱(女)　刘玉霞(女)　汤焱春
杨局成　杨志祥　杨金球　李小桂　李必辉(彝族)
李如意　吴　烨　邱艳奎　谷燕兵(女，白族)
汪　峰　张　昭　陈　武　陈出新　陈旭之

陈建兰(女)　陈定国　金桂芳(女)　周　勇　周　清
周丽娅(女)　郑　宁　郑晓春　柳红梅(女)　胡　炜
胡志红(女)　胡建文　胡泽灏　南松明　南登林
赵　勇　段传阳　姚咏松　饶水林　骆进明
夏　玲(女)　夏卫兵　夏志坚　夏绍友　夏润祥
徐亩松　郭丛嵘(女)　郭桂林　陶　新　梅香雪(女)
黄玉琴(女)　黄智敏　喻艳如　谢　雄　蔡仲国
熊承松　熊晓明　潘呈全

蕲春县(64名):

丁礼萍(女)　丁纳新　丁保琪　尤爱凤(女)　王　君(女)
王光辉　王国喜　王基家　王楚平　邓志豪
卢绍良　叶　茂　甘才志　甘应涛　田志强
田建军　田祥生　皮怀宇　刘卫平　刘尚进
刘树生　吕小武　许俊良　何朝阳　余定金
余绍华　吴礼林　吴佑元　宋吉海　张　冠
张志东　李　冰(女)　李　胜　李敢创　杨　阳
贡小兰(女)　陈　虎　陈小青　陈友明　陈菊珍(女)
周振东　易茂先　范成意　郑维全　姜小燕(女)
段悦兰(女,土家族)　胡　杰　胡文中　胡宏峰
骆敬泽　徐和木　顾兴周　梅启生　梅咏成
黄六洲　彭金安　韩　丹(女)　廖明芳　熊长江
熊和生　管青松　管振君　裴志明　黎旺云

武穴市(54名):

卜洪友　马培福　文　辉　王　斌　王水桃
冯汉武　任振鹤(土家族)　刘汉江　刘定华
刘堂军　吕文涛　何　谧　何太平　吴建新
吴美景　张　莉(女)　张　斌　张用长　张记良
张在全　张在刚　张社教　张国秀(女)　张烈智
李治先　李焕荣　杨　智　杨冬春(女)　杨艳红(女)
肖　波　苏玉峰　陈先华　陈兴国　陈连旺
陈建新　周卿超　周淑华(女)　郑菊松　胡均兴

饶耀庭　夏建刚　徐平权　郭春祯(女)　陶君健
梅志新　龚珍平　曾耀光　舒　琼(女)　董学敏
虞凤仪(女)　廖雄军　熊　建　蔡　军(女)　潘积华

黄梅县(龙感湖)(66名):

王　琳(女)　王松林　王河水　王浩洪　邓再全
石长江　伏　虹(女)　刘　新　刘六荣　刘任桃(女)
刘善桥　许习平　许继军　杨　戬　杨立峰
李　磲　李亚军　李金成　李金城　严宜红
肖国营　吴国政　吴海涛　吴爱华(女)　何向鹏
余学武　余建堂　张良俊　张育华　张建政
陈　维　陈念思　陈朝启　陈新发　罗　军
周　丹　周水桥　周玉林　周柳红(女)　於锦銮
柯新民　柳　萍(女)　柳国良　查　俊　洪克文
袁　雄　袁新舟　聂和栋　夏　禹　梅正杰
梅国雄　梅新阳　梅慧君　黄奏球　黄柏林
龚戴国　盛继国　韩　冰　彭　刚　彭志伟
程吉良　程尚严　傅本台　释坚光　熊　军
魏国华

解放军(13名):

卫才林　万幼斌　韦兴元　王碧池　冯理强
李毕文　余述刚　杨海涛　范友桥　周德刚
涂阳生　彭明星　熊宝林

(二)第三届人大代表的变动

市三届人大一次会议后,黄州区代表柳现青,罗田县代表夏洪涛,解放军代表卫才林、杨海涛,调离黄冈市,黄州区代表陈秋明代表被依法终止代表资格,麻城市代表蔡伦祥病逝,以上人员的代表资格终止。

2007年11月29日,市第三届人大常委会第六次会议同意,黄州区代表何汉斌、罗田县代表刘志勇等2人为市第三届人大代表。

市三届人大二次会议后,解放军代表万幼斌调离黄冈市,其代表资格终止。

2008年1月21日,市第三届人大常委会第七次会议同意,麻城市代表喻耀华,解放军代表李凤标、韩松、邹宏等4人为市第三届人大代表。

市三届人大三次会议后，黄州区代表徐述舟、任洪凤，红安县代表王远鹤，麻城市代表卢焱群，武穴市代表任振鹤等5名代表调离黄冈市；麻城市代表操尚银辞去代表职务，蕲春县代表甘应涛代表职务被罢免，浠水县代表李必辉、武穴市代表潘积华逝世，以上人员的代表资格终止。

2009年1月4日，市第三届人大常委会第十四次会议同意，黄州区代表王克刚、周济、徐方国，红安县代表李涛、陈良秀，麻城市代表黄祥国、潘咏华，蕲春县代表刘安武，武穴市代表吴昌发等10人为市第三届人大代表。

市第三届人大五次会议后，红安县代表余福康、秦训鹏，浠水县代表华文彬，武穴市代表张国秀，解放军代表涂学生、宋吉海、王碧池等7位代表调离黄冈市；浠水县代表郑晓春辞去代表职务，麻城市人大常委会已罢免王璋利的代表职务。以上人员的代表资格终止。

市第三届人大五次会议后，根据市第三届人大代表的出缺情况，市委提名刘松青、高汉锐、雷邦贵、朱冬明、蔡家华、韩进、叶芃、胡安元、马萍等9人为市第三届人大代表候选人。红安县、麻城市、浠水县、蕲春县、武穴市人大常委会分别召开会议，依法增补刘松青等9人为市第三届人大代表，经市人大常委会代表资格审查委员会审查，五县市人大常委会选举程序合法，刘松青等9人代表资格有效。

2011年1月10日，市第三届人大常委会第二十七次会议上，市人大常委会代表资格审查委员会副主任委员黄柏林报告称："根据工作需要，市委拟提名石磊、陈旭、李照全等三位同志为市第三届人大代表候选人，等待解放军代表团依法选举。由于市第三届人大六次会议召开在即，建议常委会授权代表资格审查委员会在本次会议闭会后，市第三届人大六次会议召开前，根据各位候选人的当选情况，及时对其代表资格进行审查并将审查情况报大会备案"。

2011年11月22日，市第三届人大常委会第三十三次会议同意，韩进、沈景艳、梅香雪、陶代金4人已调离黄冈市，其代表资格终止。

四、第四届人大代表名单及变动

黄冈市第四届人大代表共526名，2011年12月19日在市第三届人大常委会第三十四次会议上通过。

（一）第四届人大代表名单

黄州区（36人）：

王芳能　王爱玲（女）　方婷婷（女）　尹珊红（女）　左志学

龙玉生	冯元成	刘金先(女)	刘海军	刘恩锋
许楚云	阮旭东(女)	孙金舟	杜俊冰	杨天舒
余友斌	宋兰萍(女)	张劲松	张梦寅	张楚华
陈念思	易孝猛	周宏彬	周超良	洪建国
袁善祥	倪志文	殷义华	梅建新	黄祥国
雷生明	詹才红	詹旺民	管正兵	漆永平
樊汉明				

团风县(28人)：

丁会国	凡　婷(女)	王静平	王珊琳(女)	皮怀宇
刘应文	李津川	肖建军	吴汉桥	余仕友
汪　峰	汪彩虹(女)	汪湘云(女)	张永斌	陈　琴(女)
陈建友	郑丰成	查文胜	洪　再(女)	赵久富
徐秋菊(女)	崔永辉	梅玉荣(女)	董晓燕(女)	程理财
鲁登华	漆正武	戴　辉		

红安县(47名)：

王闰光	王胜和	王敬海	方天元	方丽琴(女)
邓良涛	石胜芳	卢忠安	白明军	毕　锋
朱红林	刘春霞(女)	刘善桥	阮元兵	李成林
李学良	肖新祥	吴文杰	吴怀明	吴海涛
吴浏海	余学武	汪全智	汪保权	宋中明
张发喜	张志鹏	张治祥	张俊初	陈少敏(女)
陈剑锋	陈浩特	陈德生	罗卫国	周冬平
郑　港	孟　青	秦基厚	徐河水	徐绪忠
高红英(女)	陶从瑞	黄　鹏	黄明律	商　林
韩　琼(女)	阙裕成			

麻城市(79名)：

丁　升	丁茂林	王义阶	王浩鸣	王福海
龙福清	叶礼英(女)	叶秀荣(女)	冯新华	吕　岚
朱冬明	刘胜坤	池丽萍(女，满族)		孙谋安
李立明	李成新	李尧东	李光敏	李楷锋(女)
杨　俊	杨　遥	杨中林	杨辉勇	吴　铭

余仲华	余佳平	闵海波	汪宗德	张心玲
张晓兰(女)	陈远亮	范成华	林晓英(女)	周迎春
郑新红(女)	屈凯军	项双能	柳长青	段二民
段高敏	祝汉蛟	袁志辉	夏　菁(女)	夏焰玉
柴　茂	柴晓锋	徐　浩	徐久高	徐学平
徐锦元	高继红(女)	郭显恩	陶　勇	阊中乐
黄正林	黄建军	曹　斌(女)	曹战利	彭　林
彭正元	彭寿喜	彭宏诚	董伟虹(女)	董昌玉
喻耀华	程　伟(女)	程　兵	程亚军	程光辉
程建明	童德昭	曾祥超	曾新文	鲍　斌
蔡绪安	熊长江	熊双燕	熊孟元	戴红果(女)

罗田县(41人):

丁　剑(女)	王　勇	方银旺	尹国平	卢国良
朱小平	朱贤林	向　东	刘　海	刘锦秀(女)
闫桂芳(女)	肖燕梅(女)	余　勇	闵鹏飞	汪应平
沈向阳	张　军	张　涌	张进飞	陈少秋
陈志敏	欧阳畅贤	罗　刚	郑金荣	胡华兵
姜立勇	祝长江	姚文正	姚霞林	夏建筑
徐光辉	郭　腾	陶学超	龚建英(女)	龚顺文
董成钢	程金鹏	童仕彬	雷邦贵	詹红运
熊进军				

英山县(29人):

丁爱萍	马　萍(女,回族)		石学奎	叶芝放
付旭东	兰建安	朱建平	伍　惠(女)	刘　祥
李长啸	朱胜利	杜艳红(女)	吴　翔	何　洲(女)
张树林	陈　君(女)	陈龙义	陈连佳	陈武斌
陈海波	郑　刚	周素梅(女)	胡　明	胡歌进
饶　铁	闻　刚	段卫昌	段丽芬(女)	董　昌

浠水县(66人):

马继春	王习潮	王兴作	王旺林	王和清
丰　峰	毛关怀	邓爱萍(女)	卢雪梅(女)	吕再明

任美玲(女)	刘友恩	刘玉霞(女)	刘匆(女)	刘贤明
闫　吉	孙璜清	严洪波	李如意	李　荣
李葆良	李　蔚	杨优秀	杨佑禅	杨金球
吴　烨	岑春华(女)	余朝鹏	汪　敏	张佑来
陈出新	陈旭文	陈昭升	周本金	周立威
周克俭	周金红	周　勇	胡　波	胡福东
饶水林	洪汉宽	骆进明	夏　玲(女)	夏　清
钱晓东	徐来红(女)	徐菊莲(女)	郭金维(女)	郭桂林
黄金安	梅贵如	董　伦(女)	喻艳如	程冬云
程金春	程桂君(女)	程海斌	程朝义	程德明
曾文平	谢海英(女)	蔡奇炎	熊卫红(女)	熊　谷
黎旺云				

蕲春县(64人)：

丁珍桃(女)	王　升(女)	王成香(女)	王建军	王建明
王轶男(女)	王楚平	乐有才	叶　芃	叶　林
叶　茂	田柏枝	石　英(女)	石巧珍(女)	石童文
伊立汉	刘卫平	刘琪琳	江　勇	许俊良
李　芳(女)	李　胜	李文斌	李晓初	李小林
李链稳	杨　智	杨振武	杨海燕(女)	吴天长
吴礼林	吴启华	何贻信	汪超美	张　亚
张　军	张　冠	张寿松	张根凤(女)	陈　青
陈启明	陈跃新	陈敦银	周少华	周华荣
罗汉涛	罗擎云	南策志	姚　涛	姜小燕(女)
赵少莲(女)	赵延平	徐和木	徐建煌	徐焱明
袁晓玲(女)	陶立群	高永友	高佳明	梅国雄
黄凤金(女)	黄迎春	谢学中	潘咏华	

武穴市(55人)：

干继红(女)	王　娜(女)	王　超	王　斌	王水桃
王永忠	王建军	朱锦斌	刘汉江	刘松青
刘定华	刘堂军	苏　玲(女)	李　娟(女)	李自平
李均成	李基年	杨石明	杨仕英(女)	吴加兵

吴美景	何祥国	汪国兵	张社教	张烈松
张竞平	陈年友	陈先华	陈建新	周　峰
周清军	周淑华(女)	郑勇平	赵想林	郝胜勇
胡电铃	胡华文	胡宏伟	袁　干	袁广文
贾小东	贾石松	夏建刚	徐　楷	徐正平
徐亚荣	徐思国	郭春桢(女)	董　良	程翠华(女)
舒振东	虞艳发	管慧芳(女)	廖雄军	熊　刚

黄梅县、龙感湖管理区(65人):

马　聪	马艳舟	王　婷(女)	王小恒	王旭光
王浩洪	邓国柱	石水仙	朱凤娥(女)	朱文君
刘任桃(女)	刘志标	刘菊英(女)	刘雪荣	许建宏
许俊军	李小骞	李永强	杨立峰	杨金树
杨赛凤(女)	肖　波	吴建浩	何东英(女)	何永红
何向兵	余仕荣	余宏波	余建堂	汪金松
汪宝剑	汪稳雄	沈茂宏	张良俊	陈新发
陈燎原	罗　军	周玉林	周柳红(女)	周振羽
於小平(女)	胡启旺	胡劲松	段悦兰(女,土家族)	
姜象阳	桂季朗	夏润祥	徐旭文	郭茂兰(女)
郭昆鹏	陶有刚	黄奏球	黄新国	梅新阳
曹　鹏	彭志伟	蒋国舟	韩　冰	释坚光
鲁　峰	雷云龙	蔡　茂	霍武强	潘郭华
熊仲钢				

解放军(16人):

巴贻悦	石　磊	田启斌	吕德军	伍雄军
刘龙刚	李凤标	张玉成	陈　旭	陈卫东
陈爱华	范友桥	罗　毅	周建明	胡新志
韩　松				

(二)第四届人大代表的变动

市第四届人大一次会议后,团风县代表鲁登华,红安县代表郑港、吴海涛、陶从瑞,罗田县代表陈金鹏,浠水县代表周勇、周立威,解放军代表李凤标、罗毅等9位代表调离黄冈市,罗田县人大常委会已接受陶学超辞去代表职务,解放军代表团军人代表大会已接受陈卫东辞去代表职务。以上11人的代表资格终止。

2012年12月18日，市人大常委会代表资格审查委员会副主任委员孙金舟报告称：

最近，市第四届人大代表宋兰萍已向黄州区人大常委会书面申请辞去市第四届人大代表职务，解放军代表石磊已向市人大常委会书面申请辞去市第四届人大常委会委员职务。分别等待黄州区人大常委会和市人大常委会依法接受他们的辞职。

根据工作需要和市第四届人大代表的出缺情况，市委提名吴晓文、蔡志军、骆志勇、黄文虎、符建国、于辉、张国平等8位同志为市第四届人大代表候选人，等待红安县、团风县、黄州区、浠水县人大常委会和解放军代表团分别召开会议依法选举。

由于市第四届人大二次会议召开在即，建议常委会授权代表资格审查委员会在本次会议闭会后、市第四届人大二次会议召开前，根据各位候选人的当选情况，及时对当选代表资格进行审查并将审查情况及代表变动情况依法公告。

四届人大二次会议后，浠水县代表谭培义调离了本行政区域；黄梅县人大常委会接受陈新发辞去代表职务；罗田县人大常委会已接受徐光辉辞去代表职务；武穴市代表团代表陈先华因病去世。

2013年4月16日，市第四届人大常委会第十次会议同意，红安县代表陈安丽为市第四届人大代表。

市第四届人大三次会议后，英山代表马萍(女)、蕲春县代表杨智、红安县代表毕锋、武穴市代表赵想林均已调离黄冈市，以上人员的代表资格终止。

2013年7月30日，市第四届人大常委会第十三次会议同意，英山县代表田洪光为市第四届人大代表。

市第四届人大四次会议后，麻城市代表杨中林，蕲春县代表叶芃、姚涛调离本行政区域；英山县人大常委会已接受陈龙义辞去代表职务，黄梅县人大常委会已接受王旭光辞去代表职务，以上5人的代表资格终止。

2014年11月27日，市第四届人大常委会第二十二次会议同意，英山县代表程华、黄梅县代表欧阳水平、蕲春县代表方明、解放军代表俞福军等4人为市第四届人大代表。

2015年3月26日，市第四届人大常委会第二十四次会议同意，麻城市第八届人大常委会第二十四次会议依法罢免龙福清的市第四届人大代表职务，龙福清的代表资格中止。

2015年4月1日，市第四届人大常委会第二十五次会议同意，黄州区代表陈仁才、戴元林及红安县代表刘堂军3人为市第四届人大代表。

2015年5月28日，市第四届人大常委会第二十六次会议同意，麻城市第八届人大常委会第二十五次会议依法罢免陈远亮的市第四届人大代表职务，其代表资格中止。

2015年9月17日，市第四届人大常委会第二十八次会议同意，黄州区代表黄祥国已调离黄冈市，浠水县第十六届人民代表大会常务委员会第二十四次会议依法接受汪敏辞去黄冈市第四届人民代表大会代表职务，黄梅县第十五届人民代表大会常务委员会第二十二次会议依法罢免余建堂的黄冈市第四届人民代表大会代表职务。以上3人的代表资格终止。

2015年11月19日，市第四届人大常委会第二十九次会议同意，麻城市代表喻耀华已调离黄冈市，罗田县第十六届人民代表大会常务委员会第二十八次会议，依法接受尹国平辞去黄冈市第四届人民代表大会代表职务，蕲春县第十六届人民代表大会常务委员会第三十次会议，依法罢免了徐和木的黄冈市第四届人民代表大会代表职务；黄梅县第十五届人民代表大会常务委员会第二十三次会议，依法接受黄奏球辞去市第四届人民代表大会代表职务。以上人员的代表资格终止。同意罗田县代表汪柏坤为黄冈市第四届人民代表大会代表。

2015年12月29日，市第四届人大常委会第三十次会议同意，黄梅县(龙感湖管理区)代表李学良，已调离黄冈市，英山县第十七届人民代表大会常务委员会第二十六次、二十九次会议，分别依法接受胡明、闻刚、张树林辞去黄冈市第四届人民代表大会代表职务，蕲春县第十六届人民代表大会常务委员会第三十二次会议，依法接受梅国雄、方明辞去黄冈市第四届人民代表大会代表职务。以上人员的代表资格终止。

2016年1月14日，市第四届人大常委会第三十一次会议同意，罗田县代表雷邦贵已调离黄冈市，解放军代表团军人代表大会已接受黄冈市第四届人民代表大会代表漆陆安、赵刚、俞福军、范友桥辞去代表职务，以上人员的代表资格终止。同意黄州区代表吴光辉，红安县代表陈红，麻城市代表朱萍、李晓刚，罗田县代表赵斌，英山县代表陈德峰、胡永跃，蕲春县代表郭刚成，黄梅县代表夏新华、朱新航，解放军代表贾政合、陈建林、段小平等13人为市第四届人民代表大会代表。

2016年5月26日，市第四届人大常委会第三十三次会议同意，黄州区第四届人大常委会第三十三次会议接受周宏彬辞去市第四届人民代表大会代表职务，周宏彬的代表资格终止。

2016年7月26日，市第四届人大常委会第三十五次会议同意，英山县代表刘祥、红安县代表陈安丽已调离黄冈市，刘祥、陈安丽的代表资格终止。同意蕲春县代表王建军为市第四届人民代表大会代表。

2016年8月16日，市第四届人大常委会第三十六次会议同意，蕲春县第十六届人民代表大会常务委员会第三十五次会议接受市第四届人民代表大会代表黄迎春、陈敦银辞去代表职务，团风县第四届人民代表大会常务委员会第三十一次会议罢免黄冈市第四届人民代表大会代表王静平代表职务，解放军代表段小平已调离黄冈舰，以上人员的代表资格终止。同意红安县代表肖伏清，英山县代表陈继平、梅守福，黄州区代表周勇士，浠水县代表王基家，武穴市代表李新桥为黄冈市第四届人民代表大会代表。

五、第五届人大代表名单及变动

(一)第五届人大代表名单

黄冈市第五届人大代表共529名，2017年1月4日的市第四届人大常委会第三十一次会议上通过并公告。

黄州区(36人)：

万小勇	王　建	王方能	王爱玲(女)	方婷婷(女)
左志学	冯新华	兰建安	吕兆云(女)	孙璜清
李佑珍(女)	吴　敏(女)	余友斌	张　燕(女)	张仁舟
张正林	陈　艳(女)	陈新利	易孝猛	罗志宏
周剑清	胡　凯	胡椿兰(女)	柳红梅(女)	闻武斌
骆志勇	殷义华	涂　寅(女)	傅明山	释崇谛(满族)
童文军	曾秋凤(女)	曾爱平	雷生明	管正兵
漆永平				

团风县(31人)：

王　杰(女)	王福洲	石　玲(女)	刘珍德	孙胜华
杜泉源	李　玲(女)	杨幼波	肖　笛	肖建军
吴秀梅(女)	何永红	余小辉	余仕友	汪治怀
张　敏(女)	张社教	张明菊(女、土家族)		陈　琴(女)
陈卫东	陈红莲(女)	陈建友	袁　雷	徐友明

高小玲(女)　曹红生　商晓波　彭伶俐(女)　董晓燕(女)
樊保东　戴　辉

红安县(48人):

王开伟　王永红(女)　王保华(女)　王海鹰(女)　方丽琴(女)
方思意　方锋刚　邓红能(女)　石卫国　卢忠安
叶章夭　田胜辉　白明军　刘　珊(女)　刘少先
刘君峰　刘春霞(女)　刘雪荣　李建涛　李锦山
余学武　邹　璞　宋　萍(女)　张小平　张友娥(女)
张建国　张俊初　陈　杨(女)　陈少敏(女)　陈方彦
陈浩特　金成平　柯　翔　柳永清　钟冬生
钟丽华(女)　祝文娟(女)　贺　勇　秦　曦(女)　秦觉飞
夏勇刚　唐　莉(女)　梅咏成　商　林　程桂红(女)
释正孝同(女)　詹志峰　熊清海

麻城市(78人):

丁　升　丁茂林　万春平　王　婷(女)　王四林
占海英(女)　叶光宗　史　芬(女)　付红英(女)　冯改荣(女)
朱贤花(女)　伊立恒　向前宏　刘一林(女、回族)
刘华强　刘美频　江　丽(女)　江晓明　李龙才
李尧东　李红娟(女)　李楚雄　杨　遥　杨希杰
杨咏梅(女)　杨辉勇　吴　罡(女)　吴恒斌　何　彬
余佳平　邹　健　汪先启　汪艳祥　张　艳(女)
张柏林　陈　卉(女)　陈　苗(女)　陈孔齐　陈利民
陈余顺　陈金凤(女)　陈建林　范小曼(女)　周迎春
赵　涛　胡文燕(女)　柳长青　姜荣琳　洪　英(女)
秦永高　夏　菁(女)　夏子栋　夏梅花(女)　夏清平
徐　浩　徐　斌　徐金良　徐学平　徐柳枝(女)
高治国　谈翠丽(女)　龚俊文(女)　商　娟(女)　彭　林
彭正元　彭宏诚　董伟虹(女)　董传金　童吉根
童保红　曾美玲(女)　曾祥超　鲍爱霞(女)　蔡志军
蔡绪安　谭则玉(女)　潘敬秋　戴红果(女)

罗田县(41人)：

王成辉　方　勇　方创新　尹国平　田　华(女)
伊青松　刘　胜　刘晓娟(女)　刘堂军　刘锦秀(女)
杨仕英(女)　吴　鹏(女)　何志怀(女)　汪柏坤　张　涌
张卫兵　陈　静(女)　罗　刚　周　玲(女)　周丽娅(女)
周勇士　周祥武(女)　郑　耿　宛璐露(女)　赵　斌
郝爱芳(女)　胡　晶　胡福东　闻　静(女)　姜　迪
洪少雄　姚文正　贺俊丽(女)　郭建明　涂新年
黄　晶(女)　黄十全　龚建英(女)　喻艳如　裴雪燕(女)
漆兰英(女)

英山县(30人)：

丁建怀　王立兵　王峰林　占　涛　田洪光
朱　萍(女)　伍　惠(女)　刘小敏(女)　杜艳红(女)　肖政权
何青松　余　峰　汪　峰　汪格非　沈丽萍(女)
陈武斌　范红莉(女)　周素梅(女)　郑　怀　胡永跃
胡歌进　段　鹏　段卫昌　段丽芬(女)　饶　铁
高　梅(女)　涂梦佳(女)　黄　蕊(女)　梅守福　谭　俊

浠水县(66人)：

干少华　马　雪(女、锡伯族)　王　峰　王旺林
王和青　孔勇仿(女)　邓爱萍(女)　龙和平　申琼龙
田　勇　付　宇　吕再明　朱小平　朱凤华(女)
任美玲(女)　刘　敏　刘贤明　刘维芳(女)　汤定超
孙　林　李　蔚　李建忠　李葆良　杨卫兵
杨秋连(女)　杨晓祥　吴　浩　怀　敏(女)　张久宜(女)
陈　静(女)　陈出新　陈松陵　范得迟　欧阳霞(女)
易先荣　周宏春(女)　周晓丽(女)　郑　俊　孟冬芹(女)
胡均喜　胡细梅(女)　胡海燕(女)　查新德(女)　钟　俊
段学枝(女)　袁　干　袁　健　聂　寅(女)　夏　平
夏　林(女)　夏　清　徐来红(女)　徐晓东　殷怀中
涂杏华(女)　陶金荣(女)　黄玉琴(女)　黄强胤　童仕彬
曾　婷(女)　谢海英(女)　詹旺民　綦小贞(女)　熊一明

熊卫兵	熊汉平			

蕲春县(64人)：

丁小兰(女)	仇春山	方　敏(女)	方文妃(女)	邓鑫智
叶洪生	田　原(女)	田柏枝	田祥森	朱文刚
伊立汉	伊斯玉(女)	刘　海	刘振坤	刘琪林
江　勇	江炳青	江满春(女)	许林英(女)	孙利伟
李　胜	李文斌	李保国	李晓初	李链稳
杨海燕(女)	肖红军	吴美景	吴晓文	何亚龙
何贻信	邹志红(女)	张　亚	张　蕾(女)	张水红(女)
张迪畅(女)	陈　红	陈永中	陈兴荣	陈明珠(女)
陈家伟	罗汉涛	周　甜(女)	周朝铭	周锦平
赵万平	赵少莲(女)	胡本善	南策志	柯昌荣
洪再林(女)	徐超群(女)	郭晶晶(女)	黄文虎	董　娟(女)
董桂芳(女)	程　娟(女)	傅正锋	鲁和生	童柳莺(女)
曾　镔	詹才红	蔡　宁	廖新安	

武穴市(56人)：

丁爱萍	干继红(女)	干彩虹(女)	王　亮	王　超
王　斌	王万福	王建军	叶　丹(女)	田慧敏(女)
付海强	刘丽娟(女)	刘松青	刘和国	刘新华
江元元(女)	苏　玲(女)	李　娟(女)	李　曙	李毕致
李自平	李学谦	李新桥	吴愿明	库文俊
库志绍(女)	库锋冈	汪西华	张国芬(女)	张定雄
张增春	陈红卫(女)	陈爱华	陈继平	林向宏
罗艳霞(女)	郑勇平	赵小虎	郝胜勇	胡华文
胡利霞(女)	袁胜良	桂季朗	徐亚荣	徐美琴(女)
黄亚东	黄美华(女)	龚道夷	彭新伟	董　炜
程巧春(女)	程志良	程翠华(女)	雷勉雄	黎辉斌
戴汉定				

黄梅县(龙感湖)(64人)：

马艳舟	王友珠(女)	王立果	王先国	向　博
刘任桃(女)	刘菊英(女)	汤　聪(女)	许建红	李得志

李登华(女)　杨立峰　杨赛凤(女)　肖　波　肖伏清
何东英(女)　何兰田　余　耘(女)　汪小萌(女)　汪国兵
汪金松　汪柳阳(女)　张文华(女、土家族)　陈　志
陈　敬　陈柳珍(女)　陈燎原　范　丽(女)　周江顺
周振羽　周银华　宛　涛(女)　宛茜茜(女)　屈凯军
赵珊娟(女)　胡启旺　姜　伟　姜安心　姚荣进
袁金鹏　桂江兵　夏新华　殷　秀(女)　郭俊超
郭稳霞(女)　陶有刚　黄六军(女)　黄智敏　黄新国
梅正杰　梅慧君　龚戴国　蒋学平　韩　冰
释明基　湛志龙　温秀娟(女)　廖庆九　廖波英(女)
熊良霄　熊建平(女)　黎胜国　潘　琪　潘满锋(女)

解放军代表团(15人)：

万里光　王雄兵　邓定佳　冯理强　刘龙钢
华宏武　刘继明　吴怀高　张　亚　林国兵
莫世明　徐应东　高　景　符建国　彭志才

(二)第五届人大代表的变动

2017年4月25日，市第五届人大常委会第二次会议同意，武穴市代表陈爱华已调离黄冈市，其代表资格终止。

2017年5月5日，市第五届人大常委会第二次会议同意，黄梅县代表肖伏清已调离黄冈市，其代表资格终止。

2017年12月4日，市第五届人大常委会第八次会议同意，麻城市代表刘美频、武穴市代表龚道夷，已调离黄冈；解放军代表符建国、刘龙钢退休并调离黄冈，徐应东、莫世明已转业并调离黄冈，以上6人的代表资格终止。

黄梅县代表邱丽新为黄冈市第五届人民代表大会代表。

2017年12月27日，市第五届人大常委会第九次会议同意，解放军代表团已接受王雄兵辞去黄冈市第五届人民代表大会代表职务，其代表资格终止。

同意武穴市代表胡爱民、解放军代表雷军为黄冈市第五届人民代表大会代表。

2018年3月6日，市第五届人大常委会第十一次会议同意，武穴市代表李毕致已调离黄冈，其代表资格终止。

2018年6月26日，市第五届人大常委会第十三次会议同意，黄州区五届人大常委会已接受雷生明辞职，其代表资格终止。

2018年8月22日，市第五届人大常委会第十四次会议同意，团风县五届人民代表大会常委会第十三次会议接受汪治怀辞职，其代表资格终止。

2018年10月24日，市第五届人大常委会第十五次会议同意，蕲春县第十七届人民代表大会常委会第十二次会议已依法罢免黄文虎的市第五届人民代表大会代表职务，其代表资格终止。

2019年1月11日，市第五届人大常委会第十七次会议同意，黄州区代表冯新华已调离黄冈；黄州区第五届人大常委会第十四次会议接受柳红梅辞职，团风县第五届人大常委会第十六次会议接受张敏辞职；红安县代表金成平已调离黄冈；红安县第十七届人大常委会第十四次会议已接受商林辞职。蕲春县代表陈兴荣已调离黄冈；武穴市第八届人大常委会第十五次会议已接受刘松青辞职；武穴市第八届人大常委会第十六次会议已接受丁爱萍辞职；黄梅县代表周银华、范丽已调离黄冈；黄梅县第十六届人大常委会第十四次会议已接受殷秀辞职；黄梅县代表湛志龙因病去世；解放军代表万里光、邓定佳、高景、冯理强已调离黄冈，华宏武、林国兵因转业。以上冯新华等18人的代表资格终止。

同意黄州区代表雷洪、官书云，团风县代表裴永波，红安县肖志飞，麻城市代表上官福令，英山县代表周建航，武穴市代表江海松、安靖，黄梅县代表李均成，解放军代表胡德同、李方振、尹智昌、范佳喜、程礼堂、贺志东、康敬磊、张庚晨、陈小元、张任南等19人为市第五届人民代表大会代表。

2019年4月25日，市第五届人大常委会第二十次会议同意，黄梅县代表蓝耀春为黄冈市第五届人民代表大会代表。罗田县第十七届人代会第十七次会议已接受姜迪辞职，其代表资格终止。

2019年8月29日，市第五届人大常委会第二十二次会议同意，团风县第五届人民代表大会常务委员会第18次会议已接受肖建军辞职，红安县第十七届人民代表大会常务委员会第十九次会议已接受田胜辉辞职。肖建军、田胜辉的代表资格终止。

2019年10月29日，市第五届人大常委会第二十三次会议同意，蕲春县第十七届人大常委会第十九次会议已接受赵万平辞职，蕲春县第十七届人大常委会第二十次会议已接受吴美景辞职。武穴市代表陈继平、郝胜勇已调离黄冈，浠水县代表申琼龙已调离黄冈。以上人员的代表资格终止。

2019年12月16日，市第五届人大常委会第二十五次会议同意，红安县第十七届人大常委会第二十一次会议决定接受刘君峰、释正孝同辞职。麻城市第九届人大常委会第二十次会议决定接受童吉根、吴恒斌、杨希杰、徐学平、伊立恒辞职；麻城市代表蔡志军已调离黄冈，罗田县第十七届人大常委会第二十二次会议已接受刘堂军辞职，英山县第十八届人大常委会第二十二次会议已接受胡歌进、周素梅、涂梦佳辞职，浠水县第十七届人大常委会第二十一次会议决定接受殷怀中、陈松陵、袁健辞职。蕲春县第十七届人大常委会第二十一次会议已接受柯昌荣、吴晓文辞职，黄梅县第十六届人大常委会第二十一次会议已接受周振羽辞职，黄梅县第十六届人大常委会第二十二次会议已接受黄智敏、王先国、胡启旺、陶有刚辞职，解放军驻黄部队代表团已接受吴怀高、陈小元、康敬磊、张庚晨辞职，解放军驻黄部队代表刘继明已调离黄冈。以上27人的代表资格终止。

同意团风县代表刘忠诚、丁晗，红安县代表刘堂军、高伟、赵有纲，麻城市的邓玲燕(女)、叶旭、霍兵，罗田县代表叶俊甫、胡盼，英山县代表姚水林，浠水县代表李初敏，蕲春县代表瞿伟、胡安元、石巧珍、王炼、桂勇军、王松林，武穴市代表方荣、陈风，黄梅县代表刘欲晓、冯健、程华、涂宝峰，解放军驻黄部队代表武昭、周文、曹广库、韩冰、余团结等29人为市第五届人民代表大会代表。

2019年12月30日，市第五届人大常委会第二十六次会议同意，浠水县第十七届人大常委会第二十二次会议已接受田勇辞职，解放军驻黄部队代表团已接受彭志才辞职，田勇、彭志才的代表资格终止。

同意解放军驻黄部队代表赵建新为市第五届人民代表大会代表。

2021年1月12日，市第五届人大常委会第三十三次会议同意，黄州区第五届人大常委会第二十三次会议已接受骆志勇、万小勇辞职，第二十六次会议已接受易孝猛、张仁舟辞职，团风县第五届人大常委会第二十九次会议已接受张明菊、杜泉源、裴永波辞职。红安县第十七届人大常委会第二十八次会议已接受贺勇辞职，红安县代表唐莉已调离黄冈，麻城市第九届人大常委会第二十六次会议已接受汪先启、向前宏辞职，麻城市代表鲍爱霞已调离黄冈，罗田县第十七届人大常委会第二十八次会议已接受喻艳如辞职，浠水县第十七届人大常委会第二十九次会议已接受李葆良辞职。蕲春县第十七届人大常委会第三十次会议已接受肖红军辞职，蕲春县代表陈家伟已调离黄冈，武穴市第八届人大常委会第三十四次会议已接受吴愿明、赵小虎辞职，黄梅县第十六届人大常委会第二十九次会议已接受肖波、潘琪辞职。解放军驻黄部队代表团已接受程礼堂辞职，解放军代表张亚、陈建林已调离黄冈，以上23人的代表资格终止。

同意黄州区代表夏志东、何志春、王秋华，团风县代表丁永忠、张章，麻城市代表何飞、王玺玮、夏又春、高家红，罗田县代表汪辉，英山县代表杨霞，浠水县代表周祖胜、童国锋、袁广文、万利、庞道坤，蕲春县代表阮利红、彭丽红，武穴市代表李文、王光华，黄梅县代表饶志东、孙丽、徐树乔，解放军驻黄部队代表陈萌、范文彬、刘峰等26人为市第五届人民代表大会代表。

2021年6月23日，市第五届人大常委会第三十八次会议同意，红安县代表刘雪荣、余学武、张小平、张俊初，麻城市代表上官福令，武穴市代表李新桥、安靖，黄梅县代表邱丽新，已调离黄冈，以上代表资格终止。英山县第十八届人大常委会第三十七次会议已接受段丽芬辞职，代表资格终止。

同意红安县代表张家胜，英山县代表郑光文、李文，武穴市代表胡昊，黄梅县代表李军杰等5人为黄冈市第五届人民代表大会代表。

2021年8月25日，市第五届人大常委会第三十九次会议同意，麻城市第九届人大常委会第二十八会议已接受杨辉勇辞职，麻城市代表杨遥，罗田县代表赵斌、周勇士，英山县代表陈武斌，浠水县代表易先荣等已调离黄冈市，以上人员的代表资格终止。

六、第六届人大代表名单

第六届人大代表共528名，2021年12月21日在市第五届人大常委会第四十一次会议上通过。

黄州区（36人）：

万　强　方　杰（女）　方婷婷（女）　左志学　龙玉生
吕迎红　向阿勇　刘　佩　刘艳莉（女）　江海松
阮利红　杨小晖（女）　肖红娟（女）　吴　敏（女）　何志春
邹春林（女）　汪明望　沈剑虹（女）　张　鄂（土家族）
张　播（土家族）　张　燕（女）　张正林　陈　风
陈　艳（女）　陈念思　陈新利　欧运英（女）　金　鑫
胡首东　夏志东　郭　薇（女）　涂　寅（女）　彭正元
程　华（女）　释崇谛（满族）　樊汉明

团风县（28人）：

丁永忠　马智玉（女）　王　杰（女）　王火明　王建鹏
权　利　伍源圆（女）　杜　军　李　玲（女）　肖　笛
吴　刚　何永红　余仕友　宋淑娟（女）　张　亚

张　毅	张　蕾(女)	林先斌	易　瑶(女)	周建航
荣先国	胡　凯	姚红刚	徐友明	高小玲(女)
郭　萍(女)	曹　婷(女)	董爱英(女)		

红安县(48人):

丁红波	丁鸿鸣	马光书	王闰光	王海鹰(女)
王雄国	尹章勇	邓红能(女)	占　涛	任德华
刘　珊(女)	刘少先	刘定齐	刘春霞(女)	刘堂军
吴　边(女)	吴晓鹏	余天兵	余宏波	余俊峰
余能华	汪　静(女)	汪秋怀	宋　萍(女)	张　庆(女)
张友娥(女)	张宏志	张治祥	张家胜	陈　杨(女)
陈业西	周从贵(女)	屈凯军	胡　广	胡　彬
胡香娥(女)	钟丽华(女)	骆柏韬	秦　曦(女)	郭学敏
黄红星	黄建军	梅　真(女)	曹保松	熊　谷
熊清海	潘国林	戴　鹏		

麻城市(78人):

王　琳(女)	王礼河	王西华	王显教	石　燕(女)
石卫国	叶光宗	田　英(女)	史　芬(女)	白明军
冯旭辉	邢　燕(女)	吕　林(回族)		刘一林(女,回族)
闫水秀(女)	江晓明	农春燕(女,壮族)		孙正球
杜承扬	李　斌	李　霞(女)	李尧东	李恒章
李涛文	李道刚	杨志雄	杨咏梅(女)	肖志飞
吴　罡(女)	吴宏文	何　静(女)	余友斌	余高良
汪国兵	汪政权	张　平	张　艳(女)	张冬枝(女)
张社教	张柏林	陈　卉(女)	陈向军	陈利民
陈余顺	罗　萍(女)	罗振生	胡文燕(女)	胡庚红
段　虎	姜荣琳	祝霞英(女)	姚　旭	夏先锋
夏颖锋	徐　斌	徐柳枝(女)	凌卫华	高　瞻
唐志红(女)	谈翠丽(女)	黄慧英(女)	曹学兰	商　娟(女)
彭　丹(女)	彭伍亚	董传金	蒋俊坡	喻　芳(女)
童保红	曾美玲(女)	游　伟	鲍　斌	鲍五洲
蔡绪安	裴永波	潘　琪	霍　兵	戴红果(女)

罗田县(41人):

方　荣(女)	方　勇	方国栋	尹　峰	尹　聃
田　华(女)	伊青松	刘锦秀(女)	杨　柳(女)	杨　芬(女)
肖绪贤	吴　鹏(女)	何　飞	何大平	汪　辉
张志刚	陆续中	陈　静(女)	陈少敏(女)	邵成俊(女)
周　玲(女)	周　黎	项晓鹏	郝爱芳(女)	胡　静(女)
胡　鸿(女)	胡华胜	段炎涛	饶喻航	姜安心
洪再林(女)	秦新平	徐　赤	高秀川	郭　侨
郭慧琴(女)	黄　晶(女)	裴雪燕(女)	漆兰英(女)	滕岳青
瞿　伟				

英山县(30人):

马志猛	王立果	王玺玮	王海霞(女)	叶文青
付琼燕(女)	刘小敏(女)	江　成	杜艳红(女)	李　文
杨　霞(女)	吴　青(女)	吴秀梅(女)	汪格非	沈丽萍(女)
张浩波	陈小红(女)	武运鑫	范红莉(女)	周　锋
郑　怀	郑光文	段　鹏	段卫昌	饶桂芳(女)
徐卫国	高　梅(女)	黄　蕊(女)	程水清	童　威

浠水县(67人):

马　雪(女,锡伯族)		王　静(女)	孔勇仿(女)	卢　明
付　宇	毕德胜	朱小平	华　娟(女)	华　骏
刘维芳(女)	安　健	许　波	孙胜华	李　蔚
李初敏	李建忠	李前进	杨秋莲(女)	肖　艳(女)
吴志坚	汪荣勇(女)	怀　敏(女)	张　林	张　雄
张飞雄	陈　文	陈　涛	陈　静(女)	陈正红
陈海斌	陈新中	范　婷(女)	范胜喜	范得迟
林晓英(女)	罗志宏	周志鹏(女)	周宏春(女)	周祖胜
庞道坤	胡　欢(女)	胡小慧(女)	胡细梅(女)	柳红梅(女)
钟　俊	段学枝(女)	饶　彬	聂　寅(女)	夏　林(女)
夏又春	徐　好(女)	徐亩松	徐洪斌	郭　慧(女)
郭小野	唐来根	涂杏华(女)	黄强胤	梁琴琴(女)
董喜亮	程　旭	程海宴(女)	詹旺民	潘年衍

潘雅芬(女)　潘新星　戴汉奇

蕲春县(63人):

王　婷(女)　王志勇　王松林　毛红志　方文妃(女)
甘志兵　田海清　刘忠诚　江军旗　许林英(女)
孙　乔(女)　孙　宴(女)　孙利伟　李　文　李　曙
李文斌　李保国　李晓初　杨景涛　吴礼林
何建平　邹志红(女)　汪　瑛(女)　汪彩虹(女)　宋　林
张　敏(女)　张迪畅(女)　张源泉　陈　丹(女)　陈　亚
陈　红　陈　建　陈卫东　陈永中　陈明珠(女)
周　甜(女)　周朝铭　周锦平　赵　秀(女,土家族)
胡本善　胡安元　骆少明　袁荣杰(女)　顾　政
徐　俊　徐　蕾(女)　殷义华　高　银　高传华
高志清　郭文利　郭晶晶(女)　陶孝平　黄　智(女)
彭丽红(女)　董桂芳(女)　程　娟(女)　曾恩学　詹生明
鲍晨辉　蔡寿益　裴　玲(女)　缪　丞

武穴市(56人):

王文忠　王建军　叶　丹(女)　田　斌　兰汉刚
朱凤娥(女)　刘　扬(女)　刘　敏　刘亚奇　刘志启
刘丽娟(女)　江元元(女)　阮晓东　苏　玲(女)　李　亮
李均成　李学勇　杨志刚　杨愉锐　肖其磊
吴　通　吴志新　吴晓文　库志绍(女)　张　峰
张　维(女)　张奇钢　张国芬(女)　张朝霞(女)　张锦军
陈　平(女)　陈正年　陈苓苓(女)　周晓云(女)　孟志丹(女)
胡　昊　胡华文　胡利霞(女)　胡启旺　胡爱民
查　俊　姜　彬　徐利平　徐美琴(女)　陶亚群(女)
陶治平　陶淑芳(女)　黄亚东　黄美华(女)　梅银国
彭新伟　董晓燕(女)　舒　丹(女)　曾小洁(女)　蔡　军(女)
黎辉斌

黄梅县(龙感湖)(66人):

万　康　万新焰　马　梁　马　琴(女)　马艳舟
王　波　王　巍　王胜华　邓宏志　吕景斌

刘　花(女)	刘君峰	刘菊英(女)	刘欲晓	汤　聪(女)
许建红	李军杰	李佩玉(女)	李得志	杨　燕(女)
杨仕英(女)	吴程君(女)	何　山	何兰田	汪柳阳(女)
宋德友	张文华(女,土家族)		张丽芳(女)	张勤学
陈　元(女)	陈孔齐	陈克焱	陈建新	陈燎原
欧阳水平	周江顺	周志炎	於春明	宛茜茜(女)
项志芳	赵水贵	胡　霞(女)	柯志袁	饶志东
洪　利(女)	洪　英(女)	骆明正	袁　乾	格桑措姆(女,藏族)
夏新华	钱　燕(女)	徐　锐	高维鹏	郭　鹰
黄智敏	梅冠南(女)	蒋　良	释明基	温秀娟(女)
蓝耀春	雷　楠	詹丽君(女)	廖波英(女)	谭金山
熊　美(女)	黎海峰			

驻黄冈部队(15人):

王连山	王建强	王德春	许艳阳	李方振
余团结	陈　萌	武　昭	范文彬	赵建新
赵湘伟	徐迎春	涂　薇(女)	康敬磊	韩　冰

第三节　人大代表建议　议案

一、建　议

从1996年12月黄冈市第一届人民代表大会第一次会议至2022年1月黄冈市第六届人民代表大会第一次会议,市人大代表提出建议、批评和意见3617件,其中第一届726件;第二届998件;第三届607件;第四届630件;第五届516件;第六届(截至第一次会议)140件。这些建议、批评和意见,涉及政治、经济、教育、科学、文化、卫生等多个方面,以及人民群众反映和关注的热点难点问题。

上述建议、批评和意见,每届每次人大会议闭会后,由市人大常委会有关办事机构交由有关机关和组织研究办理,并在规定期限内负责答复人大代表。市人大及其常委会加强代表建议、批评和意见办理工作统筹协调,通过主任会议组成人员领衔督办、相关专委会对口督办、推进代表建议信息化平台建设、定期组织人大代表专题视察和召开办理情况见面会,听取和审议办理情况报告、开展优秀代表建议评选等多种形式，一大批代表建议办理成效明显，人大代表比较满意，为加快黄冈经济和社会发展献计出力。

表 1-1　市一至六届一次人民代表大会代表议案、建议批评意见统计表

项目 届别	总数	批评建议件数	议案件数	代表10人联名提出的议案分类							
				定为议案	农业农村	财政经济	科教文卫	城建交通	内务司法	旅游外侨	其他
一届	726	570	154	2	40	66	11	21	10	0	4
二届	998	829	169	1	35	85	12	8	16	11	1
三届	607	494	113	4	18	46	16	14	9	6	0
四届	630	508	106	2	15	45	11	16	10	7	0
五届	516	466	49	3	9	21	8	5	2	1	0
六届一次	140	130	10	0	1	6	2	1	0	0	0
合计	**3617**	**2997**	**601**	**12**	**118**	**269**	**60**	**65**	**47**	**25**	**5**

二、议　案

从1996年12月市第一届人民代表大会第一次会议至2022年1月黄冈市第六届人民代表大会第一次会议，市人民代表大会有关专门委员会、有关代表团或十人以上代表联名提出并经代表大会主席团确定的议案12件。其中第一届2件；第二届1件；第三届4件；第四届2件；第五届3件；第六届（截至一次会议）无。

表 1-2　市一至六届（一次会议）人民代表大会议案统计表

会议名称	会议时间	议案名称
一届二次会议	1997年3月28日	《关于依法治市的议案》
一届四次会议	1998年4月18日	《关于治理遗爱湖环境污染的议案》
二届一次会议	2002年4月10日	《关于举全市之力，加快大别山旅游开发的议案》
三届四次会议	2009年2月17日	《关于加大车辆超限超载治理工作力度的议案》

续表1–2

会议名称	会议时间	议案名称
三届四次会议	2009年2月17日	《关于加强农村建房规划及用地管理的议案》
三届五次会议	2010年2月26日	《关于进一步加强黄冈市社区建设的议案》
三届六次会议	2011年2月15日	《关于调整黄冈市区中小学布局优化教育资源配置的议案》
四届五次会议	2015年1月22日	《关于加强饮用水水源地保护的议案》
四届五次会议	2015年1月22日	《关于加强市区居民小区物业管理的议案》
五届三次会议	2018年1月8日	《关于推进黄冈市区义务教育优质均衡发展的议案》
五届三次会议	2018年1月8日	《关于进一步加强农村垃圾治理工作的议案》
五届六次会议	2021年1月20日	《关于加强农村村民建房管理推进乡村建设行动的议案》

《关于依法治市的议案》办理后，市人民政府通过并印发《黄冈市依法治市实施方案》，确定依法治市的基本目标，提出开展法制宣传教育、依法制定规范性文件、加大行政执法监督力度、建立行政执法责任制和冤假错案责任制度、加强行政执法队伍建设、加强综合治理和基层法治建设等六项主要任务，明确全市依法治市分三个阶段实施。同年年底，10个县（市、区）、193个乡镇政府、461家市县（市、区）两级部办委局都制定出实施方案。

《关于治理遗爱湖环境污染的议案》提出后，市政府迅速批转给环保职能部门认真研究办理。1998年7月10日至11日上午，市政府召开市长办公会，听取和研究该议案办理情况。会议确定：此议案由分管副市长牵头组织专班调研，然后专题研究办理落实。8月7日上午，市政府分管的副市长召集市政府办、黄州区、市环保局、市建委、市计委、市经贸委、开发区管委会、市规划局、市财政局、市水产局、赤壁风景区管理处等单位负责人，专门研究遗爱湖污染治理问题，会议提出 “依法治理，标本兼治，统一规划，分步实施，因地制宜，科学治理和边治理边开发”的工作思路。落实治理中的有关责任：确定治理工程可研报告的编制及前期工作由市环保局负责，工程立项由市计委负责，湖面垃圾清理由市水产局负责，向湖中倾倒固体垃圾监察由市容环卫局负责，工业企业污染物达标排放由市经贸委和黄州区负责，生活污水治理由市建委负责。会后，市政府发出《研究遗爱湖污染治理问题的专题会议纪要》，并将遗爱湖污染治理列入创建文明卫生城市的重要组成部分。市环保局集中技术力量，组成工作专班，在遗爱湖3000亩水域，设置14个监测点，采样分析化学耗氧量、溶解氧、总磷、总氮等污染11个指标。调查结果表明：湖区周边有西湖二路等5个主要排污口，整个黄州城约70%的废水排入遗爱湖，年排入遗爱湖废水量约为1200万吨。遗爱湖整个水域为四类水域，主要污染因子为化学耗氧量、生化需氧量和氨氮。通过广泛深入的调研工作，系统地掌握了水体污染源的一手资料，为制订最佳治理方案提供了依据。编制可研，申报立项。经市政府同意，市环保局委托湖北省环境工程设计院、承担此项目建议书调研报告的编制工作。根据专家调研意见，采取地埋式无动力生活污水净化装置（含综合生物塘法）对遗爱湖进行综合治理，其中，遗爱湖污水处理工程包括建设日处理6万吨污水处理厂（含800亩生物养化塘）及遗爱湖西侧污水收集系统工程，总投资估算为5797万元。

位于市郊的遗爱湖，占地面积5.03平方公里，水面2.94平方公里，环湖岸线29公里。曾一度被人们称为“死湖”“臭湖”。1998年市一届人大第四次会议通过《关于治理遗爱湖环境污染的议案》，并作出保护、开发和永续利用遗爱湖的决议。经过12年久久为功，将遗爱湖建设成为一个集生态保护、休闲娱乐、文化传承于一体的东坡文化主题公园和城市大客厅。2014年被评为湖北省十大最美湖泊。2018年被评为国家AAAA级旅游景区。

《关于举全市之力，加快大别山旅游开发的议案》办理后，全市修建旅游公路500多公里，可供接待游客的景区（点）达到123家，新修完善景区停车场20个，旅游厕所50座，兴建农家旅馆500多家，建设移动通信基站20个。2006年，全市接待国内外游客460万人次，创旅游综合收入20亿元，分别比上年增长12.5%和14.6%。

《关于加大车辆超限超载治理工作力度的议案》办理后，超限超载得到有效治理。全市查处超限车辆16186台，卸载超限车辆9972台，卸载货物3.9万吨，强制拆除非法改（加）装墙板的超限车辆382例，车辆超限超载率由9.2%降到5.3%。道路安全得到有效保障。由于超限超载行为的大幅减少，由超限超载行为引发的交通事故发生率明显降低。道路交通事故次数、伤亡人数分别同比下降23%、14%。全市未发生由超限超载引发的重大堵车现象和恶性交通事故。运输环境得到有效改善。全市大吨位（55吨以上）超限超载货运车辆基本上得到根治，公路交通不畅状况明显缓解，公路桥梁、涵洞等重要基础设施得到有效保护，干支线公路大面积、非正常损坏明显减少，道路通行环境明显改善。运输秩序得到有效规范。通过加强对砂场、砂站等货物源头的管理，规范和整治非法改装拼装车辆、“大吨小标”　车辆，有效遏制了不正当竞争行为，使运输企业和合法业主的正当权益得到有效保护。市政府先后两次在全省作典型发言。

《关于加强农村建房规划及用地管理的议案》办理后，全市采取多种形式开展宣传教育，累计发放《致全市农民一封公开信》100多万份，印发《农村建房法规知识100问》10多万册，在各类新闻媒体和政府网站开辟专栏、专版宣传农村建房规划和用地管理法律法规、重大意义、工作进展和正反典型。全面认真地开展清理工作，彻底摸清2002年税改以来农村建房中一户多基、占用基本农田、超面积建设、非法转让农村宅基地、非法占用林地，严重违反规划法律法规和2008年个人建房清理以来顶风违规建房基本情况。清理出违法用地105919户，违法用地面积20667亩。组织国土、建委、规划等部门，在英山、黄梅、黄州区办好加强农村建房规划和用地管理试点。同时，督促各县（市、区）政府结合实际，办好两个以上试点，有条件的县（市、区）要办好一个城中公寓式的新村试点，每个乡镇要办好一个工作试点。通过办点示范，有针对性地解决一些关键环节和共性问题，积累经验，探索农村建房和用地管理的新机制和新办法，走出一条政府主导、部门联动、依靠群众、社会监督、齐抓共管、综合整治新路子。市政府明确要求2009年要完成100个村的建设规划，五年全覆盖，从规划上指导和引导农民依法依规科学合理建房，集约节约用地。全市还拆除违法建房250户，制止各类违法违规行为20608起，补办用地手续25912户。严肃追究相关人员的法律和行政责任，拘留11人，行政撤职7人，全市农村建房和用地管理更加规范化、制度化、常态化。

《关于进一步加强黄冈市社区建设的议案》办理后，36名市级领导每人挂点帮扶一个社区，加强社区建设管理具体指导。形成党政齐抓共管，部门各尽其责氛围。全市按照统一图纸设计，统一建设面积，统一功能设置、统一色彩标识、统一建设施工 “五统一”要求推进社区建设，按照每个社区不低于300平方米的标准，建设社区办公和服务用房，两年内全部达到“九个一”标准，即，一个“一门式”社区服务大厅、一个党员群众服务中心、一个多功能居民学校、一个社区图书室、一个社区文化娱乐室、一个社区警务室、一个社区医疗卫生服务点、一个公共休闲健身场所、一间社区组织办公用房。当年投入社区基础设施建设资金9200万元，其中政府筹措5000万元，社会和社区筹措4200万元，并实行财政专户管理。当年开工新建和改扩建社区119个，完成主体工程69个，新增社区服务用房1.8万平方米。全市291个社区，当年建成达标98个，一大批社区彻底结束靠租房服务、借屋办公历史。此外，社区工作人员工资和办公经费由市区按1:1比例分别由市区财政予以追加，并正式纳入财政预算。黄州城区40个社区财政年度投入办公经费114万元，各县市根据市政府要求，也按社区干部年人均工资1.2万元至1.4万元，每个社区年办公经费2万至2.5万元保障标准，落实社区干部工资和办公经费1560万元。社区硬件建设得到极大改善，取得阶段性成果。

《关于调整黄冈市区中小学布局优化教育资源配置的议案》办理后，学校面貌明显改观。2011年以来，市区已完成改扩建学校8所，新建学校5所，一批新学校成为城市亮点。近三年，市区小学一年级招生分别较上年增加200人、400人、837人；七年级招生分别较上年增加140人、287人、386人，学校供给持续增加。从2018年新生入学情况看，市区小学阶段优质资源覆盖率73.1%；初中阶段优质资源覆盖率93.8%，优质资源供给不断扩大。2018年在目标任务上，印发《黄冈市人民政府关于统筹推进县域内城乡义务教育一体化改革发展的实施意见》；出台《黄冈市中心城区教育设施专项规划(2018—2020)》；确立政府主要出资、民办参与、小区配套的责任体系以及明确近期学校建设任务；出台《中共黄冈市委黄冈市人民政府关于全面深化新时代教师队伍建设改革的实施意见》；印发质量评估方案等，体制机制保障明显加强。

《关于加强饮用水水源地保护的议案》办理后，按照国家《饮用水水源保护区划分技术规范》要求，在现场踏勘、分析信息、科学论证的基础上，划定或调整集中式饮用水水源保护区。全市19个县以上集中式饮用水水源地保护区，有17个保护区已划定，并逐级上报省人民政府批准实施。浠水县白莲河水库集中式饮用水水源地正编制划分技术方案；龙感湖管理区集中式饮用水水源地位于长江黄梅县小池镇段，正在与黄梅县协调保护区划定事宜。全市136个乡镇级集中式饮用水水源地保护区已划定，并打捆上报省环保厅。市政府安排专项资金完成城区二、三水厂水源保护区界碑、护栏、警示标志设置工作；拆除一、二级保护区内与供水无关的房屋、地窖、棚屋；取缔保护区内鱼池、垃圾临时堆放场、菜地及其他地面附着物，并植树增绿。各县(市、区)也先后取缔威胁水源安全的娱乐场所，关停畜禽养殖场和违法排污企业，依法查处一批非法开采等污染水体的人和事。全市19个县以上集中式饮用水水源地保护区均设立了监测点位，建立月监测制度，监测结果逐级上报至环保部。每年还要开展一次基础情况调查与评估，对每个饮用水水源地保护状况年际变化进行调查、分析、总结、评价，对存在的问题和隐患及时进行整改。农业面源污染防治、畜禽水产污染防治、污水处理厂建设、城乡垃圾统筹治理等工作有条不紊开展，有效减缓了对饮用水水源地污染。全市主要河流水质总体良好。水质符合二至三类标准的断面共计10个，占总监测断面100%；水质符合功能区类别断面比例为100%。主要水库水质良好。全市纳入考核8座主要水库中，水质为二至三类的占100%，功能区水质达标率为87.5%。县以上集中式饮用水水源地水质良好。按《地表水环境质量标准》(3838—2002)三类标准评价全市县以上集中式饮用水水源地水质达标率为100%。全市未发生较大以上污染饮用水水源突发环境事件。

《关于加强市区居民小区物业管理的议案》提出后，市政府第66次常务会听取专题汇报，审议通过《加强市区居民小区物业管理工作方案》，成立领导小组，明确总体目标、工作任务、时间安排、保障措施，首次提出将物业管理纳入市城管会战考评体系。6月14日后，副市长张社教对市区物业管理专题调研督办；7月10日召开了居民小区物业管理工作动员大会。市区居民小区物业管理领导小组印发《黄冈市区老旧小区整治试点工作方案》《黄冈市区物业标准化小区创建试点工作方案》；市直有关部门也相应出台一系列文件，为规范市区物业管理工作及议案办理提供有力保障。建立"市区居民小区物业管理工作实行属地管理，分级负责，区级人民政府为第一责任人"的工作体制。建立物业管理议案办理考评机制，每月对办理情况进行督办检查并予以通报。市房管局牵头推进，市直有关部门积极支持配合，以区为主，齐抓共管，三级监管，四级联动的物业管理的新体制逐步建立。通过电视、报纸、网络及小区公告栏等平台广泛宣传物业管理议案办理工作。印发《物业工作动态》简报，及时通报议案办理进度和成果。11月上旬，市房管局组织开展了市区物业管理宣传月活动，协同市物业管理协会制作宣传展板12块、宣传手册1.5万份，到各小区轮流展出，积极营造"业主自治有为，物业服务规范，政府监管到位，多方互动共进"氛围。市政府确定市委、市政府大院、翡翠一品、金家上城等十个居民小区作为物业管理标准化示范小区创建试点，每一试点小区明确一名县级领导挂点包保。市政府分管副市长、秘书长定期督办创建进展情况。截至10月底，翡翠一品、金家上城、江山如画3个小区基本完成创建任务。进一步加强老旧小区工程整治，2015年安排专项资金500万元，改造老旧小区12个，改造面积近30万平方米，惠及4000户近万人。市区居民小区物业监管体制进一步完善，新组建业委会15个，强化业主自治意识；规范专业物业服务行为，物业覆盖率由46%提高到64.1%。居民小区环境得到有效整治，小区秩序得到有效改善，各类违规行为得到有效遏制，物业服务水平明显提升，年度目标任务基本完成。

《关于推进黄冈市区义务教育优质均衡发展的议案》办理后，遵循"就近入学、均衡发展”的原则，在老城区、中心城区、城东新区科学布点学校，重点解决老城区、学校布点过密、交通拥堵和学校发展不均衡的问题。根据国家有关政策和市区学校发展空间以及教育资源实际，确定高中50人、初中45人、小学40人、幼儿园30人标准班额，合理设置班数，适度控制学校规模，重点解决“大班额”教学和交通拥堵问题。高中原则上单设，可以设置九年一贯制义务阶段学校。按国家规定办学标准，充分利用现有教育资源，老城区部分学校实行迁建，在中心城区、城东新区选址新建部分学校，不达标要保留学校进行改扩建。结合校舍安全工程和标准化学校建设，启动实验中学综合实验楼、市实验二小运动场建设、黄州区东门学校和运动场、区实验二小维修改造，先后投入资金1200多万元。组建黄冈教育集团，规范理顺启黄中学、黄冈外校的办学体制，实行以区为主的教育管理体制。按照“规划一步到位，工程逐步实施”的原则，布局调整和建设任务十年内完成，分阶段、分年度、分步骤实施，力争“十二五”期间完成。此外，市政府在增加教育投入、教育用地、教师定编和调配、学校建设费用减免、扶持民办教育发展等方面，实行政策性支持。

2011年2月，市第三届人大第六次会议通过此议案，由于涉及的方面多，情况复杂，未能按时完成办理任务，市第四届人大常委会坚持不懈地督办，并积极参与大量问题协调落实，市人民政府、黄州区采取有力举措，市区相关部门及工作专班认真负责，到2013年年底，黄州中学新校区的主体工程已基本完成，东坡小学和三台河小学改扩建工程顺利开工。

《关于进一步加强农村垃圾治理工作的议案》办理后， 2020年，黄冈城区日均产生垃圾1893吨，无害化处理率达98.1%（国家、省规定不低于95%）；农村日均产生垃圾1567吨，无害化处理率达85%（国家、省规定不低于70%），建成一座垃圾焚烧发电厂，在建2座，谋划选址3座。餐厨垃圾资源化利用项目建成1座，开建4座，建筑垃圾处理项目建成5座。全市129个乡镇开展了垃圾分类试点工作，生活垃圾回收利用率达35%，形成可复制、可推广的生活垃圾分类模式。全市录入住建部系统45个非正规垃圾堆放点全部完成整改销号。拆除敞口垃圾池11680个，取缔非正规垃圾堆放点1113个。坚持全面动员、全域清扫，以城市带农村，以机关带基层，以干部带群众，形成强大合力，对沟边、路边、屋边、湾边、塘边存量垃圾开展清理，三年清理农村存量垃圾110万吨。2020年全省城乡垃圾治理暗访考核中，黄冈市位列全省第三位（仅次于神农架和宜昌），住建部还派出专班总结黄冈经验，城乡垃圾治理工作得到住建部和省住建厅充分肯定。

《关于加强农村村民建房管理推进乡村建设行动的议案》提出后，市政府常务会议进行研究部署，成立了由分管领导任组长，市直8个单位为成员的议案办理工作领导小组，办公室设在市农业农村局。市政府还主持制定并印发《关于加强农村村民建房管理推进乡村建设行动的议案办理工作方案的通知》，明确了议案办理的指导思想、目标任务、重点工作及组织保障等内容；出台《黄冈市农村村民建房管理暂行办法》，就农村村民建房管理职责分工、建设管理标准、风貌管控等提出明确要求；还将其纳入“三农”考核内容。市农业农村局组织县乡村干部入户调查摸底，填报《宅基地需求统计表》。经调查摸底，分类汇总，2021年全市农村建房需求23455户，建房需求人数84079人，拟使用宅基地用地461.5亩，拟使用增减挂钩指标380.4亩，新增宅基地用地2490.9亩。县（市、区）政府普遍建立完善农村村民建房农民申请、村组审核、人民政府审批等流程，到年底，全市实际审批农村村民建房用地1462宗，面积295.9亩。新增的24起违建问题全部整改到位。在此基础上，全市已编制完成“多规合一”实用性村庄规划425个。全市争取危房改造补助资金2224万元，对鉴定为D级危房5324栋开展整治，实施农村危房改造441户，整治率达85.1%。全市所有乡镇设立联审联办窗口，建立宅基地和农民建房，由农业农村、自然资源和规划、城乡建设等单位联审联办审批机制，既持续规范农村村民建房管理，又满足农民建房需求。

第四节　人大代表工作

人大代表是人大工作的主体，充分发挥人大代表主体作用，是坚持和完善人民代表大会制度的要求，也是做好人大常委会工作的基础和保证。市人大常委会自成立以来，不断加强和改进代表工作，健全代表组织，加强代表培训，组织代表履职，使代表作用得到有效发挥。

一、健全代表组织

代表小组是组织代表开展活动的基本单位。宪法和法律明确规定人大代表应当与原选区选民或者原选举单位和人民群众保持密切联系，听取和反映他们的意见和要求，向人民代表大会及其常委会提出建议、批评、意见。这些法定的义务和职责，大多是需要在代表大会闭会期间完成的。因此，代表在闭会期间的活动次数、时间、质量和效果，在很大程度上取决于代表小组的组织工作。市人大及其常委会从1997年起，以优化服务为保障，搭建工作平台，千方百计做好人大代表服务保障工作，努力保障代表的知情权、参与权、表达权、监督权。搭建服务平台，建立邀请人大代表列席常委会会议制度。给代表订阅报刊、寄送资料、还开通人大微博、开发黄冈人大客户端，及时向人大代表发布人大工作信息。2000年开始，每次常委会邀请1至2名人大代表列席常委会会议，以后逐年增加。还先后组织人大代表近3000人参加执法检查、述职评议、代表评议、行风评议、专题视察和调研活动，拓宽代表知情知政渠道，不仅在立法、监督等工作中，广泛听取各级人大代表意见建议，还为代表提出议案建议，提高代表大会和常委会会议审议质量创造条件。完善相关机制，建立代表小组。先后制定并出台常委会组成人员联系市人大代表和市人大代表联系人民群众办法、许可对市人大代表采取限制人身自由措施的暂行办法、完善国家机关向代表通报情况，征求意见制度等。在此基础上，按照《地方组织法》规定，便于组织开展活动原则，按行政区域或按战线将人大代表进行编组，确定组长、副组长，组建35个市人大代表小组。2007年以来，常委会在总结历届代表工作经验基础上，开展以常委会组成人员联系代表、代表联系选民和代表立足履职创优秀、立足本职创佳绩为主要内容的“双联双创”活动。进一步健全代表小组，市县两级划分成484个代表小组，代表小组基本做到了有组织、有阵地、每季有活动，活动有记录，活动经常化，活动内容更加丰富。2017年后，又将全市1.2万名五级人大代表统筹编入831个代表小组，探索设立专业代表小组，先后聚焦打好疫后重振的民生保卫战、经济发展战、社会稳定战、组织各级人大代表“五进五访”，实现活动全动员、代表全编组、县乡全覆盖。省人大连续3年推介黄冈市人大工作经验。树立先进典型，激发工作活力。2000年，人大常委会召开全市代表工作会议，总结交流各地人大代表工作经验。2000年年底，又召开全市代表工作经验交流会。继1998年市第一届人大常委会第三十六次会议作出表彰人大优秀代表、人大工作先进集体、人大先进工作者决定后，2022年1月六届人大一次会议，又有38件代表建议、3件议案获表彰。

在全国人大成立60周年之际，常委会相关机构与黄冈人民广播电台联合，采取现场访谈形式，对黄冈市五级人大代表进行宣传，同时，精选其中60位优秀代表事迹结集成册，出版了《向人民汇报一黄冈市五级人大代表先进事迹访谈录》，激发了代表履职创业的积极性，传递了正能量。

二、加强代表培训

市人大及其常委会，认真贯彻落实《代表法》，始终把加强代表培训、提高代表素质作为一项基础性工作来抓，认真做好代表初任培训、履职培训和专题培训，实现代表培训全覆盖，切实提高了代表履职能力。2002年开始，就制定系统的代表培训计划，做到有计划、有重点、分层次组织代表开展学习培训。自那之后，每逢换届，就组织新一届人大代表、各县（市、区）人大常委会主任会议组成人员、机关委室负责同志进行一次轮训。培训学习主要内容以宪法、地方组织法、选举法、代表法、各级人大常委会监督法、行政许可法、习近平总书记关于坚持和完善人民代表大会制度的重要思想以及党中央、省委、市委重大方针政策等为主。主要形式是集中培训、法制讲座、以会代训、请法学专家授课、人大常委会机关领导和干部自己上台讲课、组织常委会组成人员到外地参观学习等，并把学习培训与视察调查、接受革命传统教育有机地结合起来。2012年，组织新任市第四届人大代表到全国人大北戴河培训基地学习培训；2013年，组织省人大代表到省参加集中学习培训；2014年，组织工商企业代表到上海浦东干部学院开展专业培训；2015年，组织农民代表到青岛人大代表培训中心学习培训，组织县乡基层干部代表到全国人大北戴河培训基地学习培训；组织部分市人大代表、县市两级人大常委会负责人和人大机关干部集中在市委党校开展新预算法专题培训；2016年，举办了县乡换届工作人员培训，组织常委会组成人员、县市区人大常委会负责人赴安徽安庆、六安、河南信阳等地考察学习。通过学习培训，起到交流思想，开阔眼界，增长见识，提升了能力和素质的作用。2021年5月6日至12日，组织常委会组成人员、县（市、区）人大常委会干部及部分人大代表66人，赴厦门大学和古田会议旧址开展履职能力培训。

三、发挥代表作用

有效发挥代表作用，是代表依法行使管理地方国家事务权利的具体体现。市人大及其常委会始终尊重代表、依靠代表，把实现人民当家作主落实到全社会。建立代表履职档案，依法组织代表参加执法检查、专题视察调研。2002年，常委会对城区治安、瓶装煤气以及医疗广告等问题开展专题调查，部分人大代表依据《代表法》规定联名约见市政府分管副市长及相关部门负责人，与他们进行面对面沟通和询问，提出解决问题建议，维护人民群众的利益。2014年，首次组织170多名人大代表视察市政府主要工作、重大工程建设及“两院”工作情况，为代表更好审议报告增加感性认识；市四届人大五次会议上，开全国地方人代会之先河，在部分团审议政府工作报告时开展代表询问活动，得到全国人大重点推介。采取多种方式，认真办理代表议案、建议。自市一届人大一次会议以来，人大代表提出了12件议案、3617

件建议、批评和意见，这是代表行使管理地方国家事务权利的具体体现，凝聚了代表们的智慧和辛劳。常委会及时出台代表议案建议办理规定，还及时将议案和建议目录、承办单位、督办单位及承办督办分管领导，在黄冈日报等媒体上公示，提高社会关注度，强化承办单位责任，保证这些议案和建议得到有效落实。与此同时，通过召开议案建议办理工作经验交流会和办理情况见面会等措施，不断加大议案建议督办力度。2010年，常委会首次召开代表建议办理情况见面会，承办单位和代表面对面交流，现场对办理满意度进行了测评，会后对满意度排名靠后办理单位进行重点督办。围绕中心工作，凝聚代表力量。市人大及其常委会围绕每个时期的中心工作，抓住事关经济、社会发展和人民群众切身利益的重要法律、重点问题、关键环节，在广泛听取各方面意见，尤其是人大代表意见。如2002年至2016年，不仅邀请80多名人大代表列席市人大常委会会议，还邀请2000多名人大代表参加执法检查、述职评议、代表评议调查、行风评议、“三评一促创五好”、市政府承诺的实事落实以及代表议案建议办理情况调查等活动。此外，每年还组织全国、省和市三级人大代表开展市区建设情况、市区重点骨干企业经营发展情况以及一些社会热点问题专题视察。代表们通过参与各种活动，积极参与管理经济、社会、文化、教育等各方面大事，为其献计出力。市二届人大五次会议期间，代表们认真审议黄冈市“十一五”规划，提出修改意见建议79条，使“十一五”规划更符合黄冈实际。又如，2017年至2021年5年间，市人大常委会连续4年把全市1.2万名五级人大代表统筹编入831个代表小组，探索设立专业代表小组，开展“聚力脱贫攻坚，人大代表在行动”活动，采取进村入户调查、走访选民、专题调研、交叉视察等方式，督促脱真贫，真脱贫。活动中，提出意见建议1.5万件，推动农村贫困群众基本医疗保障、饮水安全、道路交通、易地搬迁等一批突出问题得到有效解决。全省“聚力脱贫攻坚人大代表在行动”现场会在黄冈召开。再如，2020年新冠肺炎疫情发生后，市人大常委会坚决贯彻落实党中央决策部署和省、市委工作要求，第一时间向各级人大和人大代表发出公开信，迅速吹响战“疫”集结号，全市人大代表和机关干部积极响应，参与联防联控、志愿服务、捐款捐物。加强疫情防控有关法律法规宣传，认真开展全国人大常委会相关决定、传染病防治法和野生动物保护法实施情况检查，听取审议动物防疫法贯彻实施、县域医共体建设情况报告，推动疫情防控形势持续向好，生产生活秩序加快恢复，使全市取得疫情防控和经济社会发展“双胜利”。《人民日报》《新华每日电讯》等中央、省级媒体多次报道黄冈各级人大及人大代表战疫事迹。

第五节　黄冈出席全国全省人民代表大会代表名单

一、黄冈地区和黄冈市出席全国历届人民代表大会代表名单

黄冈地区出席全国第一届人民代表大会代表（1954.8.4—1958.12.3）

吴德峰　　饶兴礼

黄冈地区出席全国第二届人民代表大会代表（1958.12.3—1964.9.5）

饶兴礼

黄冈地区出席全国第三届人民代表大会代表（1964.9.5—1975.1.5）

傅兴贵　　饶兴礼

黄冈地区出席全国第四届人民代表大会代表（1975.1.5—1978.1.5）

丁凤英（女）　漆福英（女）

黄冈地区出席全国第五届人民代表大会代表（1978.1.5—1983.4.5）

邱宏祁　　高玉田

黄冈地区出席全国第六届人民代表大会代表（1983.4.5—1988.1.5）

朱邦俊

黄冈地区出席全国第七届人民代表大会代表（1988.1.5—1993.3.5）

朱同炳　　周郎溪　　郑美云　　漆　林　　华旭东

黄冈地区出席全国第八届人民代表大会代表（1993.3.5—1998.3.5）

田洪先　　田震亚　　吕炳传　　贾天增　　缪合林

冯　杰　　以体珍（女）

黄冈市出席全国第九届人民代表大会代表（1998.3.5—2003.3.5）

刘友凡　　许立伟　　龚霞玲（女）　童惠娟（女）　游安才

陶武成

黄冈市出席全国第十届人民代表大会代表（2003.3.5—2008.3.5）

刘善桥　陈鼎常　龚霞玲（女）　游安才　戴茂荣（女）

黄冈市出席全国第十一届人民代表大会代表（2008.3.5—2013.3.5）

刘雪荣　王金初（女）　肖红娟（女）　陈鼎常　程理财
戴茂荣（女）

黄冈市出席全国第十二届人民代表大会代表（2013.3.5—2018.3.5）

刘雪荣　王金初（女）　刘　祥　刘锦秀（女）　程理财

黄冈市出席全国第十三届人民代表大会代表（2018.3.5—　）

张家胜　邱丽新（女）　刘锦秀（女）　何兰田　张　辉
陈燎原　夏恒建

二、黄冈地区和黄冈市选举的出席湖北省历届人民代表大会代表名单

（一）1950年10月，湖北省第一届各界人民代表会议在武昌举行，有代表682名，其中，黄冈专区代表62名，名单如下。

宛思演　闻修纯　张善夫　卢焘华　郝润章
林学安　刘锦荣　文正芳　姚俊廷　萧咏之
商建中　蔡天民　姜祖吕　汤少屏　李华白
林棣青　王延龄　王梵东　陈东儒　谢绍贵
傅守明　陈涤中　鲍明德　萧登福　蔡立民
王定远　余端山　袁知亮　沈家全　黄焰松
张毅芳　董国启　蔡淑芳　高八姑　漆福英
姜美玉　王兆麟　刘本国　张国兴　林少怀
于宝成　白宪文　何　启　杨天明　居文焕
董靖远　王玉轩　吴仲介　李式之　邹一清
高　山　许世宝　卢明仙　黎　生　漆少川
戳永煜（未到）魏汉雄　吕忠镜　吴柏枝　罗亚全
唐希驻　柳奉先

（二）1951年11月23日至12月1日，湖北省第二届各界人民代表会议在武昌举行，有代表638名，其中，黄冈专区代表63名，此中，工会代表14名，农协代表35名，工商代表6名，文教卫生代表7名，合作社代表1名。因代表分配只分类别，不分地域，故黄冈专区具体代表名单不详，但大多数是出席第一次会议的代表。

（三）根据中共中央规定，从1953年4月开始，在湖北全省范围内进行基层选举，各市、县于1954年6月前后分别召开了首次人民代表大会会议，选举产生了湖北省一届人大代表485名（含武汉市代表），其中，黄冈地区各县选举产生代表79名。名单如下。

英山县（4名）：

王海山　周朗溪　段水生　简佐国

红安县（5名）：

马友才　李先念　张祥典　郑位三　董必武

浠水县（7名）：

何金秀（女）　吴仲介　桑毅修　饶兴礼　程　坦

程　鹏　魏子良

麻城县（7名）：

吴伯厚　林宪章　陈化民　杨子明　黄志明（女）

彭思汉　彭华庭

黄冈县（6名）：

王玉珍　李艾全　李式之　李西屏　祁迪先

胡伊默

黄梅县（6名）：

李健侯　吴岭寒　纪火荣　严亚楚　张厚君

聂洪钧

鄂城县（7名）：

江汉卿　李文明　李世清　刘迪泉　夏瑞麟

郭高鸣　熊晋槐

胜利县（3名）：

叶雅各　张景田　萧俱明

阳新县（5名）：

刘树维　陈国钊　夏世厚　梁利山　钱远铎

新洲县(8名):

方火应　田裕如　朱华成　邱　平(女)　吴荷蓉(女)

张体学　陶述曾　梅建明

广济县(5名):

朱中云　刘　儁　陈志胜　陈明福　陆鸣秋

罗田县(4名):

汪立波　徐云普　陈少荣　黄宏儒

蕲春县(6名):

汤少屏　何定华　周大姑(女)　邵自修　范叔衡

高荫余

大冶县(6名):

皮娥芝　李夫全　宋自修　卢同泰　卢智泉

熊仙坤(女)

(四)1958年12月,湖北省第二届人民代表大会在武昌召开,代表500人,其中,黄冈地区各县选举产生代表71名。名单如下。

黄冈县(6名):

赵辛初　漆福英(女)　赵子英　祁迪先　李西屏

王焕文

英山县(4名):

王海山　鲁　峰　段柱卿　沈翠芳(女)

罗田县(6名):

金　灿　林淑英(女)　蒋敷德　金良普　黄宏儒

李寿季

新洲县(8名):

阎作干　陈淑珍(女)　吴荷容(女)　胡家吉　张体学

田裕如　任鹤宾　陶述曾

黄梅县(6名):

吴岭寒　王荣琴(女)　单泽远　方志国　李健候

叶　峤

大冶县(6名):

黄俊元(女)　冯元章　郑自金　刘镜明　卢智泉

鲍寿山

麻城县(8名):

杨子明　　胡伊默　　林宪章　　罗先花(女)　傅兴贵
叶雅各　　陈化民　　吴伯厚

浠水县(7名):

王少彬　　杨仿仙　　饶兴礼　　易淑英(女)　漆少川
桑毅修　　康　朴

广济县(5名):

陈开先　　朱菊娥(女)　刘　劲　　王祥麟　　陈明福

红安县(7名):

董必武　　李先念　　郑位三　　马友才　　徐正修(女)
来显森　　卞　彭

鄂城县(7名):

李文明　　张　奎(女)　萧敬满　　王力丁　　孟繁昌
唐祖庆　　杨春波

蕲春县(6名):

简佐国　　范叔衡　　邵自修　　汤少屏　　方运才
魏顺枝(女)

阳新县(5名):

梁松旺　　吴冬梅(女)　夏世厚　　钱远铎　　罗贵民

(五)1964年9月,湖北省第三届人民代表大会第一次会议在武昌召开,代表650人,其中,黄冈地区各县选举产生代表93名。名单如下。

黄冈县(8名):

王焕文　　祁迪先　　周腊梅(女)　洪月轩　　赵子英
高秀峰　　漆少川　　漆福英(女)

英山县(7名):

王海山　　李文衡　　金通尹　　丁诗健(女)　张翰吾
沈翠芳(女)　胡维宗

罗田县(7名):

杨子明　　李寿季　　金　灿　　蒋敷德　　林淑英(女)
萧显成　　陈良木

新洲县(9名,所列缺1名):

田裕如　余世芳(女)　苏世英　张体学　张淑景(女)
张剑南　陶述曾　黄三玉(女)

黄梅县(7名):

赵辛初　张绍良　方志国　叶　峤　桂桃花(女)
张竟成　廖居仁

麻城县(9名):

张旺午　胡伊默　叶雅各　陈化民　吴伯厚
傅兴贵　李桃英(女)　胡衡甫　梅基文(女)

浠水县(8名):

李建安　张如屏　黄凤姣(女)　潘锦云(女)　高宇昭
顾惜年(女)　杨仿仙　张修龙

广济县(7名):

王祥麟　刘　劲　朱砌天　陈开先　陈明福
高桃英(女)　饶迎春

红安县(9名):

董必武　李先念　郑位三　王兼文　卞　彭
叶绍先　夏滋甫　方和明　秦遵伦(女)

鄂城县(8名):

王崇道　张　奎(女)　萧敬满　姚　康　杨春波
徐介眉　王力丁　高伟先

蕲春县(7名):

简佐国　徐锡光　刘石逸　韩大纲　汤少屏
魏顺枝(女)　吕先应

阳新县(7名):

夏世厚　钱远铎　黄宏儒　石季竹　邵自修
周美珍(女)　罗贵民

(六)1965年3月召开的湖北省三届人大二次会议后,因“文化大革命”的影响,省三届人大三次会议未能召开,省第四届人大次会议没有如期产生。

(七)1977年10月,中共湖北省委遵照《中共中央关于召开第五届人大的通知》的精神,根据1975年《中华人民共和国宪法》有关规定,决定于1977年12月召开湖北省五届人大一次会议。省五届人大代表共1132名，其中，黄冈地区代表76名，名单如下。

方汉清	谢幼山	陈克元	李汉珍（女）	张普序
叶成厚	明双齐	李普元	钱方红	李　兴
董来双	徐汉清	於耀山	刘选明（女）	何明山
朱香廷	邹佑清	程福宏	吴爱枚（女）	赵学长
祝永凤	郭盛华（女）	张廷海	郑全程	萧子华
萧志国	殷桂荣（女）	谢正友	邱宏祁	胡修六
张克难	黄凤珍（女）	张墩成	林淑英（女）	张伯常
王贤可	刘守祥	陈昌健	朱玉珍（女）	高玉田
张治权	洪继友	商树华	赵保琪	王金凤（女）
胡三女	张东来	徐美云	杜爱莲（女）	王生群
屈文彬	陈汉萍（女）	周宏钧	陈春梅（女）	萧秀丽（女）
贾振华	董复汉	顾万才	刘　敏	朱帮俊
项能文	吴全坤	周汝恒	王定远	陈少荣
李文衢	席书文	石蔡树	赵文志	李学祥
郭　勇	刘道中（女）	徐界眉（回族）		郭寿山
卿启奎	黎绍基			

（八）湖北省第六届人大会议于1983年4月在武昌召开，共有会议代表976名，其中，黄冈地区代表94名。具体名单如下。

王力丁	王先堂	王宗福（女）	王柏英（女）	王树荣（女）
王淑华（女）	王敬华（女）	毛下莲（女）	文明荒	邓本泽
石　川	以体珍（女）	田晋祥（女）	毕久荣	吕继林
朱邦俊	刘　敏	刘从艳	刘兰秋（女）	关汝松
江裕华	孙治平	许襄中（女）	阮宝洲	李丕义
李协池	李继芳（女）	李道嘉	杨土奎	杨世奇
杨发贵	吴小阳	吴学勤	吴宗铭	吴德志
何　进	何月平（女）	余少连	汪云洋	汪玉枝（女）
汪春琦	汪盛根	张才志	张文畅	张居贤
张建发	张润德	张继陵	陈少荣	陈玉书
陈汉萍（女）	范友梅（女）	林少南（女）	林克楠	罗珍云（女）

周开明	周笔翰	郑美云	易　鹏	易世珍(女)
易保华	胡美芳(女)	饶兴礼	饶秀兴	洪炉青
祝朝道	钟庆生	钟　伟	姜三万	秦　忠
顾万才	徐品超	席书文	陶述曾	陶德佑
陶德咏	黄业斗	黄炎生	章永菊	梁子宏
商树华	蒋爱娟(女)	程金香(女)	傅云山	曾广泰
谢幼山	虞安松	蔡有恒	熊凤琴(女)	廖金子(女)
黎泽英(女)	黎绍基	戴重申		

(九)湖北省第七届人大会议于1988年4月25日至5月15日在武昌召开,共有会议代表859名,其中,黄冈地区代表68名。具体名单如下。

丁文南	马绍夫	马跃进	王林林	王木松
王利滨	王国佐	王树荣(女)	王晓枝(女)	王彩兰(女)
王淑华(女)	王敬华(女)	文明荒	方原超(女)	方廷光
以体珍(女,回族)		田晋祥(女)	冯　静	冯洗尘
华旭东	刘雨初	刘堂明	朱经才	孙国权
肖全涛	余　良	余昭华	余雪明	李凡如
李志华	李协池	吴定富	邱慧轩	汪小芬(女)
汪云洋	汪保书	张　芃	张文畅	张映平
陈光远	陈孟初	陈映宜	陈焱清	林少南(女)
杨　超	杨世骥	范友梅(女)	易保华	周汝垣
郑仕柳	郑美云	姜　一	姜碧玉(女)	洪　鹏
洪炉青	祝玉华(女)	袁平让	耿协楠	夏健存
原世泽	顾鸣岐(女)	徐华荣	黄　镜	商树华
陶德佑	董毓中	蔡肖兵	曾俐玲(女,土家族)	

(十)湖北省第八届人大会议于1993年4月28日至5月5日在武昌召开,共有会议代表868名,其中,黄冈地区代表74名。具体名单如下。

丁凤英(女)	马绍夫	王柏英(女)	王校春(女)	王陵筑
王新堂	文明荒	卢　凯	田震亚	吕中英(女)
吕承彪	朱红英(女)	朱信诚(土家族)		刘荣礼
汤　易	许力伟	孙天德	李君荟(女)	李国安
李明波	李建程	李春芳(女)	杨国华	杨　俊(女)

肖全涛	肖顺松	吴良想	吴　恕	余建国
汪东书	宋启华	张国馨(女)	张基香(女)	陈友文
陈友朋	陈水明	陈希贤	陈言生	陈明珠
陈金生	陈映宜	陈振光	郑建军	郑淑兰(女)
宛彩霞(女)	赵恬熙(女)	胡和平	胡细桃(女)	姜风娥(女)
姜利国	秦怀清	袁平让	徐丙宗	徐华荣
徐春林	徐　亮	徐美兰(女)	徐振华	郭兴志
黄永川	黄远志	黄明春(女)	黄荫厚	龚守记
商丽华(女)	喻兰霞(女)	程坤波	程学军	鲁季平
童文辉	游安才	蔡伦祥	漆　林	樊健初

(十一)湖北省第九届人大会议于1998年1月13日至22日在武昌召开,共有会议代表710名,其中,黄冈市代表64名。具体名单如下。

丁凤英	刘荣礼	曹启佑	倪德新	汤　涛
宋启华	李春芳	陈振光	贾天增	刘友凡
蔡伦祥	杨有旺	徐华荣	鲁季平	童吉山
李惠君	刘敦辉	蒋国平	卢焱群	林幼槐
许力伟	马芳萍	林全华	李仁慧	彭武达
祁存胜	成昌平	刘志田	黄永川	陈焕文
宋星光	王定华	王后雄	聂利军	樊建初
王体全	詹金生	徐丙宗	梅香雪	胡红娟
刘淑萍	陶　宏	秦怀清	阎桂洲	游安才
尤爱凤	陈楚珍	田洪先	陈洪岩	赵　磊
郭新志	黄　俊	周康启	张友启	吴　恕
吕炳传	刘定华	冯京候	张基香	刘树生
何成焱	王　玲	汪七良	陈水明	

(十二)湖北省第十届人大会议于2003年1月15日至23日在武昌召开,共有会议代表729名,其中,黄冈市代表62名。具体名单如下。

丁凤英(女)	万亚平	马福生(回族)		王　玲(女)
王定华	王浩鸣	尤爱凤(女)	毛成丽(女)	毛佑斌
邓新生	邓新华	冯京侯	伍　惠(女)	任继舟
刘友凡	刘正祥	刘细珍(女)	刘善桥	杜旺琼(女)

李海权	李儒志	杨元寿	杨永良	何成焱
肖万祥	汪七良	汪月东	汪立丰	宋新光
张友平(女)	张牢生	张明华(女)	陈汉生	陈定国
陈焕文	陈敦学	陈楚珍	尚　钢	罗　刚
金桂芳(女)	赵　勇	胡华文	段远明	贾天增
夏德明	倪德新	高迎涛	郭茂兰(女)	黄义德
黄绪建	曹启佑	董卫民	董汉卿	董来国
程理财	舒　怀	曾美玲(女)	游安才	谢　寒
詹金生	蔡伦祥	熊敬珍(女)		

(十三)湖北省第十一届人大会议于2008年1月25日至2月2日在武昌召开,共有会议代表722名,其中,黄冈市代表61名。具体名单如下。

丁凤英(女)	马惠军	马福生(回族)		王旺林
王　玲(女)	毛成丽(女)	方　正	方和平	方战先
左志学	卢焱群	叶秀荣(女)	吕小武	吕东升
伍　惠(女)	刘细珍(女)	刘雪荣	刘善桥	杜旺琼(女)
李开寿	杨占秋	杨永良	杨良锋	杨　松
肖燕梅(女)	吴美景	吴　烨	余友斌	余学武
余建堂	余景然	汪月东	汪龙溪	沈景艳
宋兰萍(女)	宋吉海(土家族)		张友平(女)	张永斌
张成清	张曙红(女)	陈建国	陈顺银(女)	陈鼎常
岳　平	郑立新	郑晓春	赵　军	段远明
洪再林(女)	秦小平	徐和木	郭春桢(女)	黄六洲
黄忠凯	黄得贵	梅香雪(女)	董来国	谢　寒
詹汉彬	熊良霄	熊敬珍(女)		

(十四)湖北省第十二届人民代表大会于2013年1月22日至29日在武昌召开,共有会议代表731名,其中,黄冈市代表64名。具体名单如下。

马艳舟	王旺林	方　正	尹国平	左志学
龙福清	田祥森	田慧敏(女)	冯新华	吕东升
朱凤华(女)	刘友凡	刘任桃(女)	刘兆麟	刘应文
刘晓娟(女)	刘雪荣	刘善桥	池丽萍(满族,女)	
杜旺琼(女)	杨　光	杨　松	李志祥	李学良

肖胜军	肖菊华(女)	何东英(女)	何向鹏	余　觅(女)
余　翔	余学武	余景然	张成清	张树林
张梦寅	张楚华	陈少敏(女)	陈顺银(女)	陈菊珍(女)
罗汉涛	周迎春	郑立新	郝胜勇	赵　秀(满族,女)
赵　斌	赵久富	赵少莲(女)	赵全意	段卫昌
骆志勇	秦小平	贾石松	郭应虎	郭春桢(女)
梅正杰	黄　泓(女)	黄凤金(女)	黄文虎	商晓波
鲁志宏	谢　寒	詹红运	蔡绪安	管正兵

(十五)湖北省第十三届人民代表大会于2018年1月24日至30日在武昌召开,共有会议代表732名,其中,黄冈市代表64名。具体名单如下。

干少华	于海平	王立山	尹国平	左志学
田　群	田胜辉	田洪光	付　宇	冯新华
邢锦辉(女)	刘传铁	刘秀红(女)	刘晓娟(女)	刘雪荣
李新桥	杨立峰	杨作柱	杨金叶(女)	肖　笛
吴晓文	邱丽新(女,满族)		何东英(女)	何永红
何登明	余　翔	汪　琳	汪国兵	张　云
张小平	张成清	张安岚(女)	陈少敏(女)	陈顺银(女)
罗志宏	罗建忠	罗婧琳(女)	周　颖(女)	周叶中
周亚民	周定刚	屈凯军	赵秀(女,土家族)	
郝爱芳(女)	胡　凯	胡爱民	段卫昌	段丽芬(女)
饶志国	秦紫依(女)	徐志新	唐志红(女)	海　娜(女,回族)
董振兴	蒋超良	程友花(女)	程金波	程春峰
雷勉雄	詹才红	蔡绪安	管正兵	戴　辉
瞿亚雅(女)				

三、黄冈市选举的出席湖北省历届人民代表大会代表变动情况

2002年1月19日,市第一届人大常委会第三十五次会议通过,罢免鲁季平湖北省第九届人大代表职务。

2011年1月11日,市第三届人大常委会第二十七次会议通过,接受郑晓春辞去湖北省第十一届人大代表职务。

2011年12月19日,市第三届人大常委会第三十四次会议通过,补选郭玉军、龙

福清为湖北省第十一届人大代表。

2013年12月27日，市第四届人大常委会第十六次会议通过，补选陈安丽、王光萍为湖北省第十二届人大代表。

2014年9月25日，市第四届人大常委会第二十一次会议通过，接受肖正军辞去湖北省第十二届人大代表职务。

2015年3月27日，市第四届人大常委会第二十四次会议通过，罢免龙福清的湖北省第十二届人民代表大会代表职务。

2015年11月20日，市第四届人大常委会第二十九次会议通过，罢免鲁志宏的湖北省第十二届人大代表职务。

2015年12月29日，市第四届人大常委会第三十次会议通过，接受张树林辞去湖北省第十二届人大代表职务。补选胡菊萍(女)、孙璜清、田洪光为湖北省第十二届人大代表。

2016年7月27日，市第四届人大常委会第三十五次会议通过，接受余景然辞去湖北省第十二届人民代表大会代表职务。

2016年11月25日，市第四届人大常委会第三十八次会议通过，补选蒋超良为湖北省第十二届人大代表。

2016年12月21日，市第四届人大常委会第三十九次会议通过，补选肖伏清、罗刚为湖北省第十二届人大代表。接受吕东升辞去湖北省第十二届人大代表职务。

2019年8月29日，市第五届人大常委会第二十二次会议通过，接受田胜辉辞去湖北省第十三届人大代表职务。

2020年8月28日，市第五届人大常委会第三十次会议通过，接受刘传铁辞去湖北省第十三届人民代表大会代表职务。

2021年1月12日，市第五届人大常委会第三十三次会议通过，接受冯新华辞去湖北省第十三届人代会代表职务。

2021年5月28日，市第五届人大常委会第三十六次会议通过，补选侯淅珉为湖北省第十三届人代会代表。

2021年12月27日，市第五届人大常委会第四十二次会议通过，补选李军杰为湖北省第十三届人代会代表。

2021年12月31日，市第五届人大常委会第四十三次会议通过，接受蔡绪安辞去湖北省第十三届人代会代表职务。

第二章　黄冈市人民代表大会会议

《宪法》规定:“中华人民共和国的一切权力属于人民。人民行使权力的机关是全国人民代表大会和地方各级人民代表大会。”地方各级人民代表大会是地方国家权力机关,每届任期五年,依据《地方组织法》,各行政区域每年至少召开一次人大会议,根据《宪法》赋予的职权,行使各项权利。

1996年12月至2022年1月,黄冈市人民代表大会历经六届,共召开人民代表会议31次,听取和审议报告181个,作出决议、决定241个,任命国家机关工作人员625人次,选举出席湖北省第九届至第十三届人民代表大会代表315人。

第一节　第一届人民代表大会

黄冈市第一届人大任期内(1996年12月至2002年4月),召开市人民代表大会7次,听取和审议报告42个,作出决议、决定52个,任命国家机关工作人员75人次,选举出席湖北省第九届人民代表大会代表64人。

一、第一次会议

黄冈市第一届人民代表大会第一次会议于1996年12月9日至13日在黄州举行,出席会议代表504人,列席人员117人,邀请人员14人。

本次会议议程是:听取和审议市人民政府筹备组组长刘友凡的市人民政府筹备组工作报告;审查和批准市国民经济和社会发展“九五”计划及2010年远景目标纲要;听取和审查市计划委员会筹备组组长林丛武的市1996年国民经济和社会发展计划草案及执行情况报告,审查和批准市1996年国民经济和社会发展计划;听取和审查市财政局筹备组组长高明俊的市1996年财政预算草案及1至10月财政预算执行情况报告;审查和批准市1997年财政预算;听取和审查市人大常委会筹备组组长贾天增的市人大常委会筹备组工作报告;听取和审查市中级人民法院筹备组组长贺仕文的市中级人民法院筹备组工作报告;听取和审查市人民检察院筹备组副组长陈树国的市人民检察院筹备组工作报告；选举市第一届人民代表大会常务委员会组成人员；选举黄冈市市长、副市长；选举黄冈市中级人民法院院长；选举黄冈市人民检察院检察长；审议通过关于设立市第一届人民代表大会各专门委员会的决议及其组成人员人选。

本次会议听取和审议报告10个，作出决议、决定10个，任命国家机关工作人员58人次。

（一）会议内容

预备会议。1996年12月9日，举行市一届一次会议预备会议，通过大会议程，选举产生大会主席团组成人员和秘书长，通过设立议案审查委员会、计划预算审查委员会及其组成人员名单。

主席团会议。市一届人大一次会议共举行3次主席团会议。主要议程是：推定主席团常务主席；通过各次会议执行主席分组名单；决定大会副秘书长；审议推定大会日程；审议议案审查委员会关于代表所提议案的审查报告；听取各代表团审议报告情况汇报；通过计划预算审查委员会的1996年国民经济和社会发展计划草案及执行情况的审查报告。通过市1996年财政预算草案及1—10月财政预算执行情况的审查报告；通过关于二十人以上代表提名候选人截止时间的决定；审议通过设立市人大各专门委员会的决议（草案）、听取各项选举候选人情况的说明并通过候选人建议名单（草案）、听取关于酝酿候选人名单及代表联合提出的候选人名单的情况汇报；确定各项正式候选人名单，确定监票人、总监票人名单（草案），提请大会选举或通过；听取关于选举结果的报告；审议通过关于议案的审查报告，通过各项决议（草案），提请大会表决。

听取和审议政府筹备组工作报告及“九五”计划和远景目标纲要决议。1996年12月10日，会议听取市政府筹备组组长刘友凡的政府工作报告，报告的第一部分为历史的回顾和当前的形势。中华人民共和国成立以来，历届地委、行署带领黄冈人民，积极投入社会主义改造和社会主义建设，逐步建立比较稳定的农业基础和初具规模的工业体系，老区贫穷落后面貌不断改变，社会生产力不断发展。改革开放以后，黄冈国民经济和社会发展步伐加快，全市提前6年实现翻两番的战略目标。“八五”期间，黄冈国内生产总值、财政收入、农民人均纯收入等主要经济指标，高于全国、全省平均增长水平，在全省的比重和位次明显上升，实现由地区到地级市的历史性跨越。第二部分为首届市政府的奋斗目标和主要任务。

《黄冈市国民经济和社会发展“九五”计划和远景目标纲要》回顾了“八五”时期

（1991—1995）黄冈经济发展情况，一是经济实力增强，到1995年，全市国民生产总值达到141.69亿元（1990年不变价），“八五”时期新增固定资产投入103亿元，工业基本形成六大支柱行业和19户亿元企业及一批优势产品，乡镇企业年均增长速度达到60%，已成为国民经济的重要支柱，各类市场网络基本形成，商业网点比“七五”末增加2.87倍。二是经济结构优化，1995年，国内生产总值中一、二、三产业的比重由“七五”末的59∶22∶19调整为33∶45∶22，在工农业总产值中，工业产值的比重由“七五”末的53.6%上升到80.1%，在农业产值中，多种经营产值达到60%。三是基础设施建设加快，全市基本形成“三纵七横”的公路网络框架，公路总长达到8001.18公里，实现乡乡镇镇通公路，所有县市区开通程控电话和移动电话，已建和在建的11万伏输变电站17座、22万伏输变电站4座，1995年供电量达到16.69亿千瓦时，基本能适应生产生活需要。四是城镇化水平提高，到1995年年底，全市共有中小城镇92个，城镇人口112万人，占全市总人口的比重由1990年的8.76%上升到16%，市区的中等城市框架基本形成。五是外向型经济比重扩大，到1995年年底，全市共兴办“三资”企业177家，利用外资总额达到3816万美元，黄州、小池，黄金桥三个省级科技经济开发区吸引外商投资成倍增长，一批经济小区崛起。六是各项社会事业进一步发展，1995年，农民的人年平均纯收入达到1329元，城镇职工的人年平均工资收入达到3587元。

会议审查和批准市国民经济和社会发展“九五”计划及2010年远景目标纲要。

审查国民经济和社会发展计划草案及执行情况的报告。1996年12月10日，会议听取市计划委员会筹备组的市1996年国民经济和社会发展计划草案及执行情况报告，报告指出，1996年是“九五”计划的第一年，又是撤地建市的第一年，全市以“三高两低两确保”为目标，以强化农业基础、搞活国有企业、控制物价涨幅、提高城乡居民生活水平，扩大对外开放和实施科教兴市战略为重点，积极推进“两个根本性转变”，大力发展龙头经济、铁路经济和山区经济，推动全市国民经济持续、快速、健康发展和社会事业全面进步。根据上述基本任务，安排1996年全市国民经济和社会发展的9项主要计划指标。报告指出，1996年，全市生产总值完成180亿元（1990年不变价），增长33.3%，全市主要经济指标均完成较好，基本实现“三高两低两确保”的奋斗目标和“一抗三保”的任务。

会议经过审查，批准市1997年国民经济和社会发展计划，批准市1996年国民经济和社会发展计划草案及执行情况报告。

审查财政预算草案及1—10月财政预算执行情况的报告。1996年12月10日，会议听取市财政局筹备组的1996年财政预算草案及1—10月财政预算执行情况报告，报告显示，到10月底止，全市共计完成预算收入90206万元，完成预算支出71256万元。综观前10个月预算执行情况，呈现出3个特点：一是预算收入在大灾之年稳步增长；二是预算支出在供需矛盾加剧的状态下平稳运行；三是预算平衡在减收增支压力下形势严峻。

会议经过审查，于12月12日批准1996年财政本级预算和1996年财政预算草案及1—10月财政预算执行情况的报告。

听取和审议市人大常委会筹备组的工作报告。1996年12月12日，会议听取市人大常委会筹备组组长贾天增的《黄冈市人大常委会筹备组工作报告》，报告在回顾人大联络组工作时指出，1984年成立黄冈地区人大联络处以来，特别是1993年成立人大联络组以来，历任地区人大联络组（处）领导，在省人大常委会的指导和地委的领导下，依照有关法规，联系本行政区域内全国和省人大代表，联系与指导县、市人大及其常委会工作，完成人大常委会和地委交办的其他工作任务的职责，卓有成效地开展工作，为推进黄冈的改革、稳定和发展作出了贡献，也为首届人代会的召开和今后人大工作的开展打下良好基础。报告了首届人代会会议筹备工作情况。

会议经过审议，于1996年12月13日通过《黄冈市人大常委会筹备组工作报告的决议》。

听取和审议市中级人民法院筹备组工作报告。1996年12月12日，会议听取市中级人民法院筹备组组长贺仕文的市中级人民法院筹备组工作报告，报告对“八五”以来的工作进行回顾，一是强化专政职能，严厉打击刑事犯罪和严重经济犯罪，全力维护社会稳定；二是发挥调节职能，保护公民、法人和其他社会组织的合法权益，为经济建设服务；三是不断加强法院自身改革和建设，努力提高司法水平。部署了1997年和今后一个时期7个方面的主要任务。

会议经过审议，于1996年12月13日通过《黄冈市中级人民法院筹备组工作报告的决议》，批准市中级人民法院筹备组的工作报告。

听取和审议市检察院筹备组工作报告。1996年12月12日，会议听取市人民检察院筹备组副组长陈树国的市人民检察院筹备组的工作报告。一是坚决查办贪污贿赂等大案要案，共受理贪污贿赂等经济犯罪案件1047件，经初审决定立案244件285人，依法起诉各类经济案犯79件99人，为国家、集体追回赃款682.86万元，挽回经济损失2800余万元。二是强化“严打”斗争，维护社会稳定，1—10月，共受理公安机关提请批捕人犯1687人，经审查决定批准逮捕1397人，受理公安机关移送审查起诉和免予起诉案犯1658人，决定提起公诉1353人，决定免予起诉135人。三是加强执法监督，认真履行法律赋予的法律监督职责，加强执法监督工作，努力维护国家法律的统一和尊严。

会议经过审议，于1996年12月13日通过《市人民检察院筹备组工作报告的决议》，批准市人民检察院筹备组的工作报告。

会议审议通过《关于质询案的若干规定》。大会秘书长徐华荣在1996年12月9日的市第一届人代会第一次会议主席团第一次会议上作《关于质询案的若干规定(草案)》的说明，会议通过《关于质询案的若干规定》。

会议选举和决定。1996年12月13日，大会选举贾天增为黄冈市人大常委会主任，徐华荣、宛宗祥、贺仕文、汪慧英(女)、方景忠为副主任，杨兴鸿为秘书长。

选举刘友凡为黄冈市人民政府市长，戴凌翔、鲁季平、陈定国、吕文涛、冯木香(女)为副市长。

选举程坤波为黄冈市中级人民法院院长，高作火为黄冈市人民检察院检察长(须报省人大常委会批准)。

代表议案、建议、批评和意见。大会收到代表10人以上联名向大会提出议案31件，建议、批评和意见106件，共137件，由市人大常委会有关办事机构交有关机关和组织研究办理，并负责答复代表。

(二)会议机构及人员

1.市第一届人大第一次会议主席团组成人员和秘书长

主席团(共67名，1996年12月12日黄冈市第一届人民代表大会第一次会议通过)：

万桃元	万福生	王海新	王楚平	王静平
王耀斌	丰国东	毛佑斌	方景忠	龙福清
叶国政	叶桂芳	冯木香(女)	吕文涛	向志坚
刘元喜	刘友凡	刘光彩	刘行敏	刘定华
刘桂田	许忠平	孙晓兵	杨有旺	杨兴鸿
李明波	释坚光	肖述生	吴闻章	汪慧英(女)
张正安	张石明	张自安	张胜利	张冠英
陈水国	陈幼安	陈秀泓	陈定国	陈焱清
范定生	易茂先	罗爱德	周维新	周凝敞
宛宗祥	胡荃蓉(女)	赵恒金	姜兰香(女)	贺仕文

贾天增　夏启国　徐华荣　高向峰　高作火
涂普生　曹衍清　彭定国　程坤波　鲁季平
童吉和　童楚春　蔡伦祥　熊承家　潘天启
戴述初　戴凌翔

秘书长:徐华荣

2.市第一届人大第一次会议主席团常务主席(1996年12月9日黄冈市第一届人民代表大会第一次会议主席团第一次会议推定)

贾天增　刘友凡　蔡伦祥　李明波　刘光彩
周维新　徐华荣　宛宗祥　贺仕文　汪慧英(女)
方景忠

3.市第一届人民代表大会第一次会议大会执行主席分组名单(1996年12月9日黄冈市第一届人民代表大会第一次会议主席团第一次会议推定)

开幕式由大会主席团常务主席主持;闭幕式由新当选的市一届人大常委会主任、副主任主持。

第二次大会执行主席(8人):

刘友凡　徐华荣　贺仕文　高作火　陈水国
龙福清　万桃元　熊承家

第三次大会执行主席(9人):

蔡伦祥　宛宗祥　汪慧英(女)　吕文涛　程坤波
王静平　张冠英　易茂先　方景忠

3.市第一届人大第一次会议副秘书长(1996年12月9日黄冈市第一届人民代表大会第一次会议主席团第一次会议推定)

杨兴鸿　黄良章　丁永淮　王海新　袁金鹏
胡幼平　王仲群　黄正林

4.市第一届人大第一次会议议案审查委员会组成人员(1996年12月9日黄冈市第一届人民代表大会第一次会议预备会议通过)

主任委员:汪慧英(女)

副主任委员:徐长松

委　　员:吕承彪　沈正德　周康启　秦怀清
景宗志　傅恒胜

5.市第一届人大第一次会议计划预算审查委员会组成人员(1996年12月9日

黄冈市第一届人民代表大会第一次会议预备会议通过）

主 任 委 员：宛宗祥

副主任委员：董毓中

委　　　员：叶国政　　成昌平　　吴宜友　　夏灿明　　童楚春

二、第二次会议

黄冈市第一届人民代表大会第二次会议于1997年4月17日至21日在黄州举行。出席会议代表482人，列席人员138人，邀请人员15人。

本次会议听取和审议报告6个，作出决议、决定8个。

（一）会议内容

预备会议。主席团会议。听取和审议市长刘友凡的市政府工作报告。听取和审查市计划委员会主任林丛武的市1996年国民经济和社会发展计划执行情况及1997年计划草案报告，审查和批准1996年国民经济和社会发展计划执行情况及1997年计划。听取和审查市财政局筹备组副组长余爱东的1996年财政预算执行情况及1997年财政预算草案报告，审查和批准1996年市级财政预算执行情况及1997年财政预算。听取和审议市人大常委会副主任徐华荣关于市人大常委会工作报告。听取和审查市中级人民法院院长程坤波的市中级人民法院工作报告。听取和审查市人民检察院检察长高作火的市人民检察院工作报告。

大会代表10人以上联名向大会提出议案31件，其中“关于依法治市的提案”列入大会议程，另外30件议案转为建议、批评和意见处理，连同代表们提出的建议、批评和意见104件，共134件，由市人大常委会有关办事机构交有关机关和组织研究办理，并负责答复代表。

（二）会议机构及人员名单

1.市第一届人大第二次会议主席团组成人员和秘书长

主席团（共49名）：

万桃元　　万福生　　王海新　　王静平　　王耀斌

毛佑斌　　方景忠　　龙福清　　帅行道　　叶国政

刘元喜　　刘光彩　　刘行敏　　刘定华　　许忠平

孙晓兵　　杨有旺　　杨兴鸿　　李明波　　释坚光

吴闻章　　汪慧英（女）　　张永斌　　张正安　　张冠英

陈水国　　陈秀泓　　陈焱清　　范定生　　易茂先

罗爱德	周维新	宛宗祥	胡荃蓉(女)	赵恒金
姜兰香(女)	贺仕文	贾天增	夏润祥	徐华荣
高向峰	秦怀清	涂普生	黄　俊	曹衍清
詹金生	蔡伦祥	熊承家	戴述初	

秘书长:宛宗祥

2.市第一届人大第二次会议主席团常务主席、执行主席

常务主席:

贾天增	蔡伦祥	徐华荣	宛宗祥	贺仕文
汪慧英(女)	方景忠	杨有旺		

开幕、闭幕的两次全体大会由主席团常务主席担任执行主席。

第二次全体大会执行主席:

宛宗祥	张正安	陈水国	龙福清	王静平
张冠英	万桃元	易茂先	黄　俊	夏润祥
熊承家	张永斌			

3.市第一届人大第二次会议副秘书长

杨兴鸿	张用长	涂普生	王海新	王仲群
姜旺生	黄正林	胡幼平	程柏松	

三、第三次会议

黄冈市第一届人民代表大会第三次会议于1997年12月18日至20日举行,出席会议代表428人,邀请人员11人。

会议作出决定1个,选举出席省第九届人大代表64名。

(一)会议内容

选举产生丁凤英(女)、刘荣礼等64人为本市出席湖北省第九届人民代表大会代表。

(二)会议机构及人员名单

1.市第一届人大第三次会议主席团组成人员和秘书长

主席团(共56人):

万桃元	万福生	王中钦	王海新	王静平
王耀斌	毛佑斌	方景忠	龙福清	叶国政
刘元喜	刘光彩	刘行敏	刘定华	许忠平

孙晓兵	杨有旺	杨兴鸿	杨光树	李明波
释坚光	吴闻章	汪慧英(女)	张水斌	张正安
张冠英	张润德	陈水国	陈秀泓	陈焱清
范定生	易茂先	罗爱德	周维新	周康启
宛宗祥	胡荃蓉(女)	胡荣希	赵恒金	姜兰香(女)
贺仕文	贾天增	夏润祥	徐华荣	徐长松
高向峰	高明俊	秦怀清	涂普生	黄　俊
曹衍清	董毓中	詹金生	蔡伦祥	熊承家
戴述初				

秘书长:宛宗祥

2.市第一届人大第三次会议主席团常务主席、执行主席

常务主席:

贾天增	蔡伦祥	徐华荣	宛宗祥	贺仕文
汪慧英(女)	方景忠	杨有旺		

执行主席:

贾天增	蔡伦祥	徐华荣	宛宗祥	贺仕文
汪慧英(女)	方景忠	杨有旺		

3.市第一届人大第三次会议副秘书长

杨兴鸿	张用长	吴闻章	王海新	王仲群
姜旺生	黄正林	胡幼平	沈国汉	

四、第四次会议

黄冈市第一届人民代表大会第四次全体会议于1998年4月14日至18日在黄州举行。出席会议代表458人,列席人员111人,邀请人员15人。

本次会议听取和审议报告6个,作出决议、决定8个,任命国家机关工作人员6人。

(一)会议内容

预备会议。主席团会议。听取和审议市长刘友凡的市政府工作报告。听取和审查市计划委员会主任林丛武的1997年国民经济和社会发展计划执行情况与1998年计划草案报告。审查和批准1997年国民经济和社会发展计划执行情况报告与1998年国民经济和社会发展计划。听取和审查市财政局副局长余爱东的1997年财

政预算执行情况和1998年财政预算草案报告，审查1997年财政总预算执行情况报告和1998年财政总预算。批准市1997年市本级财政预算执行情况报告和1998年市本级财政预算。听取和审查市人大常委会副主任徐华荣关于市人大常委会工作的报告。听取和审查市中级人民法院院长程坤波的市中级人民法院工作报告。听取和审查市人民检察院检察长高作火的市人民检察院工作报告。选举、通过市第一届人民代表大会各专门委员会副主任委员人选。

大会代表10人以上联名及有关提案机关向大会提出议案17件。其中“关于治理遗爱湖环境污染的议案”列入大会议程，提请大会表决，其他16件议案转为建议、批评和意见。连同代表提出的建议、批评和意见82件，共98件，由市人大常委会有关办事机构交有关机关和组织研究办理，并负责答复代表。

大会选举蔡伦祥为黄冈市人民代表大会常务委员会主任。

（二）会议机构及人员

1.市第一届人大第四次会议主席团、秘书长（共55人）：

万桃元	万福生	王中钦	王海新	王静平
王耀斌	毛佑斌	方景忠	龙福清	叶国政
刘友凡	刘元喜	刘光彩	刘行敏	刘定华
许忠平	孙晓兵	杨有旺	杨兴鸿	杨光树
释坚光	吴闻章	汪慧英（女）	张永斌	张正安
张冠英	张润德	陈水国	陈秀泓	陈焱清
易茂先	罗爱德	周维新	周康启	宛宗祥
胡荃蓉（女）	胡荣希	赵恒金	姜兰香（女）	贺仕文
夏润祥	徐华荣	徐长松	高向峰	高明俊
秦怀清	涂普生	黄永文	曹衍清	鲁季平
董毓中	詹金生	蔡伦祥	熊承家	戴述初

秘书长：宛宗祥

2.市第一届人大第四次会议主席团常务主席、执行主席

常务主席：

刘友凡	蔡伦祥	杨有旺	徐华荣	宛宗祥
贺仕文	汪慧英（女）	方景忠		

开幕式、闭幕式两次大会由主席团常务主席担任执行主席。第二次、第三次大会执行主席分组如下。

第二次大会执行主席(10人):

刘友凡　宛宗祥　贺仕文　方景忠　张正安
张冠英　张永斌　王静平　万桃元　易茂先

第三次大会执行主席(9人):

蔡伦祥　杨有旺　徐华荣　汪慧英(女)　熊承家
龙福清　黄永文　陈水国　夏润祥

3.市第一届人大第四次会议副秘书长

杨兴鸿　张用长　吴闻章　王海新　王仲群
姜旺生　黄正林　沈国汉

五、第五次会议

黄冈市第一届人民代表大会第五次全体会议于1999年1月20日至25日在黄州举行。出席会议代表510人,列席人员127人,邀请人员15人。

本次会议听取和审议报告7个,作出决议、决定9个,任命国家机关工作人员6人。

(一)会议内容

预备会议。主席团会议。听取和审议代市长段远明的市政府工作报告。听取和审查市计划委员会主任林丛武的1998年国民经济和社会发展计划执行情况与1999年计划草案报告。审查和批准1998年国民经济和社会发展计划执行情况报告与1999年国民经济和社会发展计划。听取和审查市财政局局长余爱东的1998年财政总预算执行情况和1999年财政总预算草案报告。审查和批准1998年市级财政预算执行情况报告和1999年市级财政预算。听取和审查市人大常委会副主任徐华荣的市人大常委会工作报告。听取和审查市中级人民法院院长程坤波的市中级人民法院工作报告。听取和审查市人民检察院检察长高作火的市人民检察院工作报告。听取和审议市政府办理市一届人大四次会议关于治理遗爱湖环境污染议案情况的报告。选举。

大会收到代表10人以上联名提出的议案20件。全部转作建议、批评和意见处理。连同代表们提出的建议、批评和意见86件,共106件,由市人大常委会有关办事机构交有关机关和组织研究办理,并负责答复代表。

选举段远明为黄冈市人民政府市长。

选举易茂先为黄冈市第一届人民代表大会常务委员会副主任。

(二)会议机构及人员名单

1.市第一届人大第五次会议主席团和秘书长

主席团(共56人):

万桃元	万福生	王中钦	王海新	王楚平
王静平	方景忠	龙福清	叶国政	刘友凡
刘元喜	刘光彩	刘行敏	刘树生	阮英梓
孙晓兵	杜章均	李水先	杨有旺	杨兴鸿
杨光树	释坚光	吴闻章	汪慧英(女)	张永斌
张正安	张润德	陈焱清	林树柏	易茂先
周维新	周康启	宛宗祥	赵恒金	胡荃蓉(女)
胡荣希	段远明	姜兰香(女)	贺仕文	夏润祥
徐华荣	徐长松	高向峰	高明俊	秦怀清
涂普生	陶　宏	黄永文	曹衍清	蒋国平
鲁季平	董毓中	蔡伦祥	熊传衔	熊承家
戴述初				

秘书长:宛宗祥

2.市第一届人大第五次会议主席团常务主席、大会执行主席

常务主席:

刘友凡	蔡伦祥	徐华荣	宛宗祥	贺仕文
汪慧英(女)	方景忠	阮英梓		

开幕式、闭幕式两次大会由主席团常务主席担任执行主席。第二次、第三次大会执行主席分组如下。

第二次大会执行主席(10人):

刘友凡	宛宗祥	贺仕文	方景忠	阮英梓
蒋国平	张永斌	王静平	万桃元	陶　宏

第三次大会执行主席(9人):

蔡伦祥	徐华荣	汪慧英(女)	张正安	熊承家
龙福清	黄永文	王楚平	刘树生	

3.市第一届人大第五次会议副秘书长

杨兴鸿	张用长	王海新	吴闻章	王仲群
姜旺生	黄正林	沈国汉		

六、第六次会议

黄冈市第一届人民代表大会第六次会议于2000年1月10日至14日在黄州召开。出席会议代表459人,列席人员127人,邀请人员15人。

本次会议听取和审议报告7个,作出决议、决定8个。

(一)会议内容

预备会议。主席团会议。听取和审议市长段远明的市政府工作报告。审查和批准市国民经济和社会发展第九个五年计划调整方案。听取和审查市计划委员会主任林丛武的1999年国民经济和社会发展执行情况与2000年计划草案报告。审查和批准1999年国民经济和社会发展计划执行情况报告与2000年国民经济和社会发展计划。听取和审查市财政局局长余爱东的1999年财政预算执行情况和2000年财政预算草案报告,审查和批准1999年市级财政预算执行情况报告和2000年市级财政预算。听取和审查市人民代表大会常务委员会副主任徐华荣的市人民代表大会常务委员会工作报告。听取和审查市中级人民法院院长程坤波的市中级人民法院工作报告。听取和审查市人民检察院检察长高作火的市人民检察院工作报告。

大会收到代表10人以上联名提出的议案24件,由市人大常委会有关办事机构交有关机关和组织研究办理,并负责答复代表。

(二)会议机构及人员名单

1.市第一届人大第六次会议主席团和秘书长

主席团(共55人):

万桃元	王中钦	王海新	王楚平	王静平
方景忠	龙福清	叶国政	刘友凡	刘光彩
刘行敏	刘树生	阮英梓	孙晓兵	杜章均
李水先	杨有旺	杨光树	杨兴鸿	释坚光
吴闻章	何秋悦	汪慧英(女)	张正安	张永斌
张润德	陈圣斌	陈焱清	易茂先	周光鹏
周康启	周维新	宛宗祥	赵恒金	胡荃蓉(女)
胡荣希	段远明	姜兰香(女)	姜旺生	贺仕文
夏润祥	徐华荣	高向峰	高明俊	秦怀清
柴敦善	涂普生	黄永文	黄奏球	蒋国平

童吉和	鲁季平	蔡伦祥	熊承家	戴述初

秘书长：宛宗祥

2.市第一届人大第六次会议主席团常务主席、执行主席名单

常务主席：

刘友凡	蔡伦祥	徐华荣	宛宗祥	贺仕文
汪慧英(女)	方景忠	易茂先	阮英梓	

开幕式、闭幕式两次大会由主席团常务主席担任执行主席。第一、二次大会执行主席如下。

刘友凡	蔡伦祥	徐华荣	宛宗祥	贺仕文
汪慧英(女)	方景忠	易茂先	阮英梓	张正安
蒋国平	张永斌	王静平	万桃元	熊承家
龙福清	黄永文	王楚平	刘树生	黄奏球

3.市第一届人大第六次会议副秘书长

杨兴鸿	张用长	余　江	吴闻章	王仲群
姜旺生	黄正林	沈国汉		

七、第七次会议

黄冈市第一届人民代表大会第七次会议于2001年2月24日至28日在黄州召开。出席会议代表526人，列席人员132人，邀请人员13人。

本次会议听取和审议报告6个，作出决议、决定8个，任命国家机关工作人员5人次。

（一）会议内容

预备会议。主席团会议。听取和审议市长段远明的市国民经济和社会发展第十个五年计划纲要报告，审查和批准市国民经济和社会发展第十个五年计划纲要。听取和审查市计划委员会主任林丛武的2000年国民经济和社会发展计划执行情况与2001年计划草案报告，审查和批准2000年国民经济和社会发展计划执行情况和报告与2001年国民经济和社会发展计划。听取和审查市财政局局长余爱东的2000年财政预算执行情况和2001年财政预算草案报告，审查和批准2000年财政预算执行情况报告和2001年市本级财政预算。听取和审查市人大常委会主任蔡伦祥的市人大常委会工作的报告。听取和审查市中级人民法院院长程坤波的市中级人民法

院工作报告。听取和审查市人民检察院检察长高作火的市人民检察院工作报告。

选举刘友凡为市第一届人民代表大会常务委员会主任，刘光彩为常务副主任，金鹤年、张用长、吴闻章为副主任。

大会收到代表10人以上联名提出的议案12件，由市人大常委会有关办事机构交有关机关和组织研究办理，并负责答复代表。

(二)会议机构及人员名单

1.市第一届人大第七次会议主席团和秘书长

主席团(共53人)：

万幼清	王楚平	王静平	王中钦	王海新
方景忠	龙福清	卢焱群	叶国政	吕炳传
刘志田	刘树生	刘友凡	刘光彩	刘行敏
阮英梓	李水先	杨有旺	杨光树	杨兴鸿
释坚光	吴闻章	吴良想	何秋悦	汪慧英(女)
张正安	张永斌	张润德	陈焱清	陈圣斌
林全华	易茂先	周维新	宛宗祥	胡荃蓉(女)
段远明	段福元	姜旺生	姜兰香(女)	夏润祥
徐华荣	高明俊	高向峰	秦怀清	涂普生
黄奏球	黄永文	蒋国平	童吉和	鲁季平
蔡伦祥	熊承家	戴述初		

秘书长：汪慧英(女)

2.市第一届人大第七次会议主席团常务主席、执行主席

常务主席：

刘友凡	蔡伦祥	徐华荣	宛宗祥	汪慧英(女)
方景忠	易茂先	阮英梓		

开幕式、闭幕式两次大会由主席团常务主席担任执行主席。

第二次大会执行主席(10人)：

刘友凡	徐华荣	汪慧英(女)	方景忠	阮英梓
蒋国平	张永斌	林全华	刘志田	黄奏球

第三次大会执行主席(9人)：

蔡伦祥	宛宗祥	易茂先	万幼清	熊承家
龙福清	黄永文	王楚平	刘树生	

3.市第一届人大第七次会议副秘书长

杨兴鸿　　张用长　　余　江　　吴闻章　　王仲群

姜旺生　　黄正林　　程柏松

第二节　第二届人民代表大会

市第二届人大任期内(2002年4月至2007年1月),共召开5次市人民代表大会,听取和审议报告33个,作出决议、决定44个,任命国家机关工作人员81人次,选举出席湖北省第十届人民代表大会代表62人。

一、第一次会议

黄冈市第二届人民代表大会第一次会议于2002年4月6日至11日在黄州举行,出席会议代表521人,列席人员149人。

本次会议共举行4次全体会议,会议议程是:听取和审议市长段远明的市政府工作报告;听取和审查市计划委员会主任林丛武的2001年国民经济和社会发展计划执行情况与2002年计划草案报告;审查和批准2001年国民经济和社会发展计划执行情况与2002年国民经济和社会发展计划;听取和审查市财政局副局长周常发的2001年财政预算执行情况和2002年财政预算草案报告;审查和批准2001年财政预算执行情况报告和2002年市本级财政预算;听取和审议市人大常委会常务副主任刘光彩的市人大常委会工作报告;听取和审查市中级人民法院院长程坤波的市中级人民法院工作报告;听取和审查市人民检察院检察长高作火的市人民检察院工作报告;选举市第二届人民代表大会常务委员会组成人员;选举黄冈市人民政府市长、副市长;选举黄冈市中级人民法院院长;选举黄冈市人民检察院检察长;通过关于设立黄冈市第二届人民代表大会各专门委员会的决议及各专门委员会主任委员、副主任委员和委员人选。

本次会议听取和审议报告6个,作出决议、决定10个,任命国家机关工作人员69人。

(一)会议内容

预备会议。2002年4月6日,举行市二届人大一次会议预备会议,选举产生大会主席团和秘书长名单(草案),通过本次大会议程(草案),表决通过大会计划预算审查委员会和议案审查委员会主任委员、副主任委员、委员建议名单(草案)。

主席团会议。市二届人大一次会议共举行4次主席团会议。主要内容是:推选主席团常务主席,通过执行主席分组名单,决定大会副秘书长;通过会议日程;通过代表联名提出议案、质询案的截止日期的决定;通过大会选举办法(草案);通过关于设立市二届人大专门委员会的决议(草案);通过会议议案、决议及各专门委员会组成人员人选名单表决办法(草案),听取代表审议大会选举办法、设立市二届人大各专门委员会的决议和通过议案、决议和各专门委员会主任委员、副主任委员、委员名单表决办法(草案),会议选举办法(草案),审议通过各项候选人建议名单(草案),审议通过联名提名候选人截止日期的决定,审议通过设立各专门委员会的决议(草案),审议通过会议议案。听取各代表团酝酿各项候选人名单情况,确定各项正式候选人名单,审议通过总监票人、监票人名单(草案),审议通过市第二届人大各专门委员会组成人员人选建议名单(草案),通过市政府工作报告的决议,通过关于计划预算委员会的市2001年国民经济和社会发展执行情况与2002年计划草案的审查报告的决议(草案),通过市2001年国民经济和社会发展计划执行情况与2002年计划的决议(草案),通过计划预算委员会的市2001年财政预算执行情况与2002年财政预算草案的审查报告的决议(草案),通过市2001年财政预算执行情况与2002年财政预算草案的决议,通过市人大常委会工作报告的决议(草案),通过市中级人民法院工作报告的决议(草案),通过市人民检察院工作报告的决议(草案),通过关于代表联名提出议案处理意见的报告(草案),审议关于加快黄冈大别山旅游开发的决议(草案),审议关于治理黄州城区化工污染的决议(草案),审议关于村级保障工程,切实减轻农民负担的决议(草案),听取大会选举结果的报告,通过大会公告,通过市第二届人大各专门委员会主任委员、副主任委员、委员名单(草案)。

听取和审议政府工作的报告。2002年4月7日,会议听取市长段远明的政府工作报告。报告对过去五年政府工作进行回顾,五年来,全市综合经济实力显著增强,国内生产总值由219亿元增加到343亿元,年均递增9.4%,人均GDP由3100元提高到4750元。财政收入由12.1亿元增加到21.8亿元,年均递增12.1%,市域特色经济格局初步形成。农村双层经营体制不断完善,土地延包工作如期完成,土地流转面积达80多万亩。全市企业改制面达到91%,国有企业三年改革脱困目标基本实现。城乡面貌发生变化,五年累计完成固定资产投资371亿元,是中华人民共和国成立以来前47年投资的两倍多。各项社会事业全面发展。民主法治建设得到加强。人民生活水平不断提高。今后五年的政府工作,以全面建设小康社会、加速实现富民强市为主题,以调整优化结构,壮大特色经济为主线,以体制创新、科技创新和开放引进为动力，坚持稳中求进、优中求快，坚持依法行政、从严治政，全面完成“十五”计划，全面推进农业产业化、工业化、城市化、信息化和基础设施网络化，努力建设充满经济活力、富有文化特色、城乡协调发展、人民安居乐业的新黄冈。

会议经过审议，于4月11日通过《关于政府工作报告的决议》，决定批准这个报告。

听取和审查国民经济和社会发展计划执行情况与2002年计划草案的报告。2002年4月7日，会议听取市计划委员会主任林丛武的2001年国民经济和社会发展计划执行情况与2002年计划草案报告。2001年，全市战胜特大旱灾，保持了国民经济和各项社会事业稳定发展，全年完成国内生产总值343亿元，比上年增长6.9%，其中第一产业增加值81.8亿元，第二产业增加值159.9亿元，第三产业增加值101.3亿元。全市农业结构调整力度进一步加大，工业运行质效进一步提升，固定资产投资规模进一步扩大，重点建设进一步加强，消费需求进一步转旺，开放型经济进一步发展。财政金融运行平稳，居民收入逐步攀升，科技教育等各项社会事业全面发展。报告了2002年全市国民经济和社会发展计划的主要预期目标，提出完成2002年各项计划任务的主要措施。

会议经过审议，于2002年4月10日通过2001年国民经济和社会发展计划执行情况的报告与2002年国民经济和社会发展计划的决议，批准市政府提出的2002年国民经济和社会发展计划，批准2001年国民经济和社会发展计划执行情况报告与2002年国民经济和社会发展计划报告。

审查财政预算执行情况和预算草案的报告。2002年4月7日，会议听取市财政局副局长周常发的2001年财政预算执行情况和2002年财政预算草案报告。2001年预算收支执行情况基本正常，全市共计完成财政收入218134万元，完成财政支出263140万元，市本级预算执行情况中，财政收入完成19231.2万元，市本级财政支出完成20092.7万元。全市各级政府围绕年度预算任务，重点抓了4个方面的工作：一是继续推进财源建设，积极培植新的经济增长点；二是千方百计组织财政收入，努力完成预算任务；三是坚持深化财政改革，不断提高理财水平；四是狠抓干部教师工资兑现，创新社会保障管理机制。报告提出2002年财政预算草案和完成2002年预算收支的主要措施。

会议经过审查，于2002年4月11日通过2001年财政预算执行情况和2002年财政预算草案的决议，决定批准市2001年财政预算执行情况报告和2002年市本级财政预算。

听取和审议市人大常委会工作的报告。2002年4月9日，会议听取市人大常委会常务副主任刘光彩的市人大常委会工作报告。报告指出，本届常委会任期五年来，围绕经济建设中心，大力开展工作监督，突出工作重点，认真开展法律监督，先后开展司法、金融、统计、教育、市区经济环境、市区建设市场、司法执法环境等多项执法检查活动，督促执法部门解决一批群众关心的热点、难点问题。坚持党管干部和人大依法任免干部原则，认真行使任免权，任免人大及"一府两院"工作人员457次，提请任免未通过7人次，撤销职务1人次，批准撤销职务1人次。加强与人大代表的联系，充分发挥代表的作用。发挥各专门委员会和各类工作机构的作用，做好人大的各项工作。加强常委会自身建设，不断提高工作水平。

会议经过审议，于2002年4月11日通过《市人大常委会工作报告的决议》，决定批准市人大常委会工作报告。

听取和审议市中级人民法院工作报告。2002年4月9日，会议听取市中级人民法院院长程坤波的市中级人民法院工作报告。报告指出，全市法院五年来，共受理各类刑事犯罪案件7432件9660人，审结7350件9551人，在生效判决中，判处五年以上有期徒刑、无期徒刑、死刑(包括死缓刑)共1552人；不满五年有期徒刑、拘役、管制、免予刑事处分等4729人；宣告无罪76人。其中，2001年全市法院受案1696件2249人，审结1614件2140人；市中级人民法院受案66件112人，审结64件101人。依法严厉打击杀人、抢劫等严重刑事犯罪活动。依法惩办贪污、贿赂、挪用公款等严重经济活动，积极参与社会治安综合治理。积极开展经济、民事、行政审判和执行工作，五年来，法院直接受理案件182024件，审结180846件，标的总额为19.6亿元：受理执行案件87685件，执结85094件，执行标的额为10.9亿元。

会议经过审议，于2002年4月11日通过《市中级人民法院工作报告的决议》，决定批准《黄冈市中级人民法院工作报告》。

听取和审议市中级人民检察院工作的报告。2002年4月9日，会议听取市人民检察院检察长高作火的市人民检察院工作报告。报告指出，全市检察院五年来，依法严厉打击严重刑事犯罪，维护社会稳定，共受理公安机关提请批捕案件5589件9167人，经审查批准逮捕4693件7481人：受理公安机关移送起诉案件6352件8272人，经审查提起公诉4964件6860人。突出查办贪污贿赂、渎职等职务犯罪，1997年以来，共立案侦查贪污贿赂等经济犯罪案件986件，立案侦查渎职侵权职务犯罪案件121件。

会议经过审议，于2002年4月11日通过《市人民检察院工作报告的决议》，决定批准市人民检察院工作报告。

代表议案、建议、批评和意见。大会收到代表10人以上联名提出的议案50件，其中关于举全市之力加快黄冈大别山旅游开发的议案列为本次大会议案，其余49件议案转作建议、批评和意见，共99件，由市人大常委会有关办事机构交有关机关和组织研究办理，并负责答复代表。

会议选举和决定。2002年4月9日，会议选举刘友凡为黄冈市第二届人民代表大会常务委员会主任，陈定国、易茂先、金鹤年、张用长、陈鼎常、包玉兰（女）、张永斌为副主任，杨兴鸿为秘书长。

会议选举段远明为黄冈市人民政府市长，夏润祥、吕文涛、杨道洲、刘树生、操尚银为副市长。

会议选举占云发为黄冈市中级人民法院院长。选举高作火为黄冈市人民检察院检察长（须报省人民检察院检察长提请省人大常委会批准）。

（二）会议机构及人员名单

1.市第二届人大第一次会议主席团和秘书长名单

主席团（共有60人）：

万幼清	王仲群	王顺华	王楚平	王静平
方景忠	龙福清	占云发	卢焱群	叶国政
包玉兰（女）	冯木香（女）	吕文涛	任继舟	刘友凡
刘光彩	刘志田	刘树生	阮英梓	李水先
杨元寿	杨有旺	杨兴鸿	杨俊苹（女）	杨道洲
释坚光	吴义煌	吴闻章	汪月东	汪慧英（女）
张用长	张永斌	张金安	张栉勤	张润德
陈定国	陈圣斌	陈鼎常	林全华	尚　钢
易茂先	金鹤年	胡荃蓉（女）	段远明	姜旺生
秦永高	夏润祥	柴敦善	高作火	涂学生
黄正林	黄永文	黄奏球	蒋国平	程水清
程坤波	傅本台	蔡伦祥	蔡佑新	操尚银

秘书长：刘光彩

2.市第二届人大第一次会议主席团常务主席、执行主席

常务主席：

刘友凡	段远明	蔡伦祥	刘光彩	杨有旺
张润德	阮英梓	杨元寿	汪慧英（女）	方景忠

易茂先　　金鹤年　　张用长　　吴闻章

开幕式（第一次大会）由大会主席团常务主席主持；闭幕式（第四次大会）由新当选的市二届人大常委会主任、副主任主持。

第二次大会执行主席（13人）：

刘友凡　　段远明　　刘光彩　　杨有旺　　阮英梓
方景忠　　金鹤年　　蒋国平　　张永斌　　林全华
刘志田　　黄奏球　　吴义煌

第三次大会执行主席（14人）：

刘友凡　　蔡伦祥　　张润德　　万幼清　　杨元寿
汪慧英（女）　易茂先　　张用长　　吴闻章　　龙福清
黄永文　　王楚平　　刘树生　　李水先

3.市第二届人大第一次会议副秘书长

杨兴鸿　　梅咏成　　余　江　　曹文斌（女）　王仲群
姜旺生　　黄正林　　李根生

4.市第二届人大第一次会议计划预算审查委员会主任委员、副主任委员、委员

主 任 委 员：易茂先

副主任委员：黄正林

委　　　员：马秋良　　叶国政　　杜章均　　吴良想
陈圣斌　　周光鹏　　周康启　　胡桂甫
段福元　　娄永欢　　秦怀清　　柴敦善
傅本台

5.市第二届人大第一次会议议案审查委员会主任委员、副主任委员、委员

主 任 委 员：张用长

副主任委员：姜旺生

委　　　员：朱经久　　李　胜　　汪月东　　吴汉桥
陈裕勇　　秦永高　　唐质斌　　蔡佑新
戴汉定

二、第二次会议

黄冈市第二届人民代表大会第二次会议于2002年12月31日至2003年1月5日在黄州举行，出席会议代表519人，列席代表175人。

本次会议听取和审议报告6个,作出决议、决定8个,任命国家机关工作人员4人,选举出席湖北省第十届人民代表大会代表62人。

(一)会议内容

预备会议。主席团会议。听取和审议市人民政府工作报告。听取和审查市发展计划委员会主任毛佑斌的2002年国民经济和社会发展计划执行情况与2003年计划草案报告,审查和批准2002年国民经济和社会发展计划执行情况报告与2003年国民经济和社会发展计划。听取和审查市财政局局长王远鹤的2002年财政预算执行情况和2003年财政预算草案报告,审查和批准2002年财政预算执行情况报告和2003年市级财政预算。听取和审议市人大常委会常务副主任陈定国的市人大常委会工作报告。听取和审查市中级人民法院院长占云发的市中级人民法院工作报告。听取和审查市人民检察院检察长高作火的市人民检察院工作报告。

大会收到代表10人以上联名提出的议案29件,全部转作建议、批评和意见办理,收到代表提出的建议、批评和意见54件,共82件,由市人大常委会有关办事机构交有关机关和组织研究办理,并负责答复代表。

大会选举段远明为黄冈市人大常委会主任。

会议选举黄冈市出席湖北省第十届人民代表大会的62名代表。

(二)会议机构及人员

1.市第二届人大第二次会议主席团和秘书长

主席团(共54人):

万幼清	王仲群	王顺华	王定华	王楚平
王静平	龙福清	占云发	卢焱群	叶国政
包玉兰(女)	任继舟	刘志田	刘善桥	阮英梓
李水先	杨元寿	杨有旺	杨兴鸿	杨俊苹(女)
释坚光	吴义煌	吴良想	汪月东	张用长
张永斌	张金安	张栉勤	张润德	陈定国
陈鼎常	林全华	尚　钢	易茂先	金鹤年
周康启	胡荃蓉(女)	段远明	段福元	姜旺生
秦怀清	夏润祥	夏德明	高迎涛	高作火
涂学生	黄正林	黄永文	黄奏球	程水清
傅本台	蔡伦祥	蔡佑新	熊　熊	

秘书长:陈定国

2.市第二届人大第二次会议主席团常务主席、大会执行主席

常务主席：

段远明	蔡伦祥	陈定国	杨元寿	易茂先
金鹤年	张用长	陈鼎常	包玉兰(女)	张永斌
杨兴鸿				

开幕式、闭幕式两次大会由大会主席团常务主席担任执行主席。

第二次大会执行主席(12人)：

段远明	陈定国	万幼清	金鹤年	陈鼎常
张永斌	王定华	林全华	刘志田	黄奏球
吴义煌	高迎涛			

第三次大会执行主席(11人)：

蔡伦祥	杨元寿	易茂先	张用长	包玉兰(女)
杨兴鸿	龙福清	黄永文	王楚平	夏德明
李水先				

3.市第二届人大第二次会议副秘书长

杨兴鸿	王仲群	姜旺生	黄正林	余　江
梅咏成	曹文斌(女)	李根生		

三、第三次会议

黄冈市第二届人民代表大会第三次会议于2004年2月15日至20日在黄州举行，出席会议代表528人，列席人员172人。

本次会议听取和审议报告6个，作出决议、决定8个，任命国家机关工作人员3人。

(一)会议内容

预备会议。主席团会议。听取和审议市人民政府工作报告。听取和审查市发展计划委员会主任毛佑斌的2003年国民经济和社会发展计划执行情况与2004年计划草案报告，审查和批准2003年国民经济和社会发展计划执行情况报告与2004年国民经济和社会发展计划。听取和审查市财政局局长王远鹤的2003年财政预算执行情况和2004年财政预算草案的报告，审查和批准2003年财政预算执行情况的报告和2004年市级财政预算。听取和审议市人大常委会常务副主任陈定国的市人大常委会工作报告。听取和审查市中级人民法院院长占云发的市中级人民法院工

作报告。听取和审查市人民检察院检察长高作火的市人民检察院工作报告。

大会收到代表10人以上联名提出的议案32件，全部转作建议、批评和意见，由市人大常委会有关办事机构交有关机关和组织研究办理，并负责答复代表。

选举梅启生为黄冈市人大常委会秘书长。

(二)会议机构及人员名单

1.市第二届人大第三次会议主席团和秘书长

主席团(共56人)：

万亚平　马秋良　王万福　王仲群　王定华
王顺华　王楚平　王静平　韦兴元　邓新华
龙福清　占云发　卢焱群　叶国政　包玉兰(女)
任继舟　刘志田　刘善桥　阮英梓　杜章均
李儒志　杨元寿　杨有旺　杨俊苹(女)　释坚光
汪月东　张用长　张永斌　张金安　张润德
张鹤桥　陈出新　陈定国　陈裕勇　陈鼎常
陈楚珍　尚　钢　易茂先　金鹤年　胡荃蓉(女)
胡桂甫　段远明　姜旺生　夏润祥　高作火
涂学生　梅启生　黄奏球　黄柏林　蒋国平
程水清　傅本台　蔡伦祥　蔡佑新　蔡德坤
熊　熊

秘书长：陈定国

2.市第二届人大第三次会议主席团常务主席、大会执行主席

常务主席：

段远明　蔡伦祥　陈定国　杨元寿　易茂先
金鹤年　张用长　陈鼎常　包玉兰(女)　张永斌

开幕式、闭幕式两次大会由大会主席团常务主席担任执行主席。

第二次大会执行主席(11人)：

段远明　陈定国　韦兴元　金鹤年　陈鼎常
张永斌　蒋国平　王定华　张鹤桥　刘志田
蔡德坤

第三次大会执行主席(11人)：

蔡伦祥　杨元寿　易茂先　张用长　包玉兰(女)

邓新华	王楚平	李儒志	陈楚珍	黄奏球
万亚平				

3. 市第二届人大第三次会议副秘书长

王仲群	姜旺生	黄柏林	余　江	梅咏成
曹文斌(女)	李根生			

四、第四次会议

黄冈市第二届人民代表大会第四次会议于2005年2月24日至3月1日在黄州举行,出席会议代表529人,列席人员175人。

本次会议听取和审议报告7个,作出决议、决定9个,任命国家机关工作人员5人。

(一)会议内容

预备会议。主席团会议。听取和审议通过市人民政府工作报告。审查和批准2004年国民经济和社会发展计划执行情况报告与2005年国民社会发展计划。审查2004年财政预算执行情况和2005年财政预算草案的报告,批准2004年财政预算执行情况报告和2005年市级财政预算。听取和审议市人大常委会常务副主任陈定国的市人民代表大会常务委员会工作报告。听取和审议市政府副市长卢焱群的市二届人大三次会议代表建议、批评和意见办理落实情况的报告。听取和审查市中级人民法院代理院长吕小武的市中级人民法院工作报告。听取和审查市人民检察院代理检察长黄六洲的市人民检察院工作报告。

大会收到代表10人以上联名提出议案36件,全部转作建议、批评和意见,由市人大常委会有关办事机构交有关机关和组织研究办理,并负责答复代表。

选举王建明为黄冈市人大常委会副主任。

选举吕小武为黄冈市中级人民法院院长。选举黄六洲为黄冈市人民检察院检察长(待报湖北省人民检察院检察长提请湖北省人民代表大会常务委员会批准后公布)。

(二)会议机构及人员名单

1. 市第二届人大第四次会议主席团和秘书长

主席团(共50人):

王仲群	王定华	王顺华	王楚平	王静平
韦兴元	方友娥(女)	邓新华	龙福清	卢焱群

叶国政	甘才志	包玉兰(女)	刘志田	刘善桥
阮英梓	李儒志	杨元寿	释坚光	汪月东
沈景艳	张用长	张永斌	张国秀(女)	张金安
张鹤桥	陈出新	陈定国	陈裕勇	陈鼎常
陈楚珍	尚　钢	易茂先	金鹤年	胡荃蓉(女)
段远明	姜旺生	夏润祥	高迎涛	涂学生
梅启生	黄奏球	黄柏林	程水清	傅本台
詹金生	蔡伦祥	蔡佑新	蔡德坤	熊　熊

秘书长：陈定国

2.市第二届人大第四次会议主席团常务主席、大会执行主席

常务主席：

段远明	蔡伦祥	陈定国	沈景艳	易茂先
张用长	陈鼎常	包玉兰(女)	张永斌	梅启生

开幕式、闭幕式两次大会由大会主席团常务主席担任执行主席。

第二次全体大会执行主席(11人)：

段远明	陈定国	韦兴元	刘志田	张用长
包玉兰(女)	王定华	张鹤桥	蔡德坤	邓新华
高迎涛				

第三次全体大会执行主席(10人)：

蔡伦祥	沈景艳	易茂先	陈鼎常	张永斌
梅启生	王楚平	李儒志	陈楚珍	黄奏球

3.市第二届人大第四次会议副秘书长

梅启生	王仲群	黄柏林	徐和木	梅咏成
曹文斌(女)	李根生			

五、第五次会议

黄冈市第二届人民代表大会第五次会议于2006年2月25日至3月1日在黄州举行，出席会议代表521人，列席人员177人。

本次会议听取和审议报告8个，作出决议、决定9个。

(一)会议内容

预备会议。主席团会议。听取和审议市人民政府工作报告。审查和批准市经

济和社会发展第十一个五年规划纲要。审查和批准2005年国民经济和社会发展计划执行情况报告与2006年国民经济和社会发展计划。审查2005年财政预算执行情况和2006年财政预算草案的报告,批准2005年市级财政预算执行情况的报告和2006年市级财政预算。听取和审议市人大常委会常务副主任陈定国的市人大常委会工作报告。审议市人民政府的市二届人大四次会议代表建议、批评和意见办理落实情况的报告。听取和审议市中级人民法院院长吕小武的市中级人民法院工作报告。听取和审议市人民检察院检察长黄六洲的市人民检察院工作报告。

大会收到代表10人以上联名提出的议案21件,全部转作建议、批评和意见,由市人大常委会有关办事机构交有关机关和组织研究办理,并负责答复代表。

(二)会议机构及人员名单

1.市第二届人大第五次会议主席团和秘书长

主席团(共54人):

马秋良	王万福	王仲群	王定华	王顺华
王建明	王楚平	王静平	韦兴元	方　成(女)
邓新生	邓新华	龙福清	卢焱群	叶国政
包玉兰(女)	刘善桥	许振球	阮英梓	李儒志
杜章均	杨元寿	释坚光	汪月东	沈景艳
张　斌	张用长	张永斌	张国秀(女)	张金安
张鹤桥	陈出新	陈定国	陈裕勇	陈鼎常
陈楚珍	尚　钢	易茂先	胡荃蓉(女)	胡桂甫
段远明	姜旺生	夏润祥	高迎涛	涂学生
梅启生	黄奏球	黄柏林	程水清	傅本台
蔡伦祥	蔡佑新	蔡德坤	熊　熊	

秘书长:陈定国

2.市第二届人大第五次会议主席团常务主席、大会执行主席

常务主席:

段远明	蔡伦祥	陈定国	沈景艳	易茂先
张用长	陈鼎常	包玉兰(女)	张永斌	王建明
梅启生				

开幕式执行主席(15人):

段远明	蔡伦祥	陈定国	韦兴元	沈景艳

易茂先	张用长	陈鼎常	包玉兰(女)	张永斌
王建明	梅启生	高迎涛	王定华	张鹤桥

第二次全体会议执行主席(15人)：

段远明	蔡伦祥	陈定国	沈景艳	易茂先
张用长	陈鼎常	包玉兰(女)	张永斌	王建明
梅启生	蔡德坤	邓新华	王楚平	邓新生

闭幕式执行主席(15人)：

段远明	蔡伦祥	陈定国	沈景艳	易茂先
张用长	陈鼎常	包玉兰(女)	张永斌	王建明
梅启生	李儒志	陈楚珍	黄奏球	方　成(女)

3.市第二届人大第五次会议大会副秘书长：

梅启生	万亚平	王仲群	黄柏林	梅咏成
曹文斌(女)	李根生			

第三节　第三届人民代表大会

第三届人大任期内(2007年1月至2012年1月)，召开6次市人民代表大会，听取和审议报告34个，作出决议、决定44个，任命国家机关工作人员91人次，选举出席湖北省第十一届人民代表大会代表61人。

一、第一次会议

黄冈市第三届人民代表大会第一次会议于2007年1月17日至21日在黄州举行，出席会议代表522名，列席人员182人。

本次会议共举行4次全体会议。会议的议程是：听取和审议通过代市长刘雪荣的市人民政府工作报告；审查和批准2006年国民经济和社会发展计划执行情况报告与2007年国民经济和社会发展计划；审查市2006年财政预算执行情况和2007年财政预算草案报告；批准2006年市级财政预算执行情况报告和2007年市级财政预算；审议和批准市人民政府的市二届人大五次会议代表建议、批评和意见办理落实情况的报告；听取和审议市人大常委会常务副主任陈定国的市人民代表大会常务委员会工作报告；听取和审查市中级人民法院院长吕小武的市中级人民法院工作报告；听取和审查市人民检察院检察长黄六洲的市人民检察院工作报告；选举黄冈市第三届人民代表大会常务委员会组成人员；选举黄冈市人民政府市长、副市长；选举黄冈市中级人民法院院长；选举黄冈市人民检察院检察长；通过关于设立黄冈市第三届人民代表大会各专门委员会的决议及各专门委员会主任委员、副主任委员和委员人选。

本次会议听取和审议报告7个，作出决议、决定10个，任命国家机关工作人员87人次。

（一）会议内容

预备会议。2007年1月16日，举行市第三届人大一次会议预备会议，选举产生大会主席团和秘书长名单（草案），通过本次大会议程（草案），表决通过大会计划预算审查委员会和议案审查委员会主任委员、副主任委员、委员建议名单（草案）。

主席团会议。市第三届人大一次会议共举行4次主席团会议。主要内容是：推选主席团常务主席，通过执行主席分组名单，决定大会副秘书长；审议通过会议日程；审议通过关于议案、质询案截止日期的决定；审议通过大会选举办法（草案）；审议通过关于设立市第三届人大专门委员会的决议（草案）和会议议案、决议及各专门委员会组成人员人选名单表决办法（草案），审议大会选举办法（草案）（修改稿）；审议通过各项候选人建议名单（草案）；审议通过设立市第三届人大各专门委员会的决议；审议通过议案、决议和各专门委员会主任委员、副主任委员、委员名单表决办法（草案）；听取代表酝酿讨论候选人名单情况的汇报；确定正式候选人名单；审议通过总监票人、监票人名单（草案）；审议通过第三届人大各专门委员会组成人员人选建议名单（草案）；审议通过市政府工作报告的决议（草案）；审议通过关于计划预算委员会的2006年国民经济和社会发展计划执行情况与2007年计划草案的审查报告（草案）；审议通过2006年国民经济和社会发展计划执行情况与2007年计划的决议（草案）；审议通过计划预算委员会的2006年财政预算执行情况与2007年财政预算草案的审查报告（草案）；审议通过2006年财政预算执行情况与2007年财政预算的决议；审议通过市政府办理落实市第二届人大五次会议代表建议批评意见情况的决议（草案）；审议通过市人大常委会工作报告的决议（草案）；审议通过市中级人民法院工作报告的决议（草案）；审议通过市人民检察院工作报告的决议（草案）；审议通过关于代表提出议案处理意见的报告；听取大会选举结果的报告；审议通过大会公告；审议通过市第三届人大各专门委员会主任委员、副主任委员、委员名单（草案），提请大会表决。

听取和审议市政府工作报告。2007年1月17日，大会听取代市长刘雪荣的市人民政府工作报告。报告对过去5年工作的回顾，一是国民经济持续增长。地区生产总值由279.8亿元增加到380亿元，年均增长8.4%。三次产业比重由33.1∶31∶35.9调整为31.1∶32.1∶36.8。财政收入由21.8亿元增加到34.5亿元，年均增长9%。粮食总产达到28.35亿公斤，比2001年增产4亿公斤。规模以上工业增加值达到58.7亿元，年均增长16.8%。新增规模以上工业企业136家、产值过亿元的企业34家、年纳税过千万元的企业14家，第三产业增加值达到140.2亿元，年均增长9.4%。全社会消费品零售总额184.5亿元，年均增长10.7%。二是发展后劲增强，固定资产投资年均增长15.6%，5年累计完成682亿元，境内国省主干线全部达到二级以上公路标准，完成农网和城网改造工程，重点整险加固了长江干堤和20座大中型水库，长期困扰黄冈市的防汛问题有效缓解，退耕还林50.2万亩，森林覆盖率提高到43.8%，县域规模以上工业增加值年均增长19.8%，个体私营企业近10万户，民营经济增加值达到45亿元。三是改革开放深入推进，农村综合改革、国有农场管理体制改革以及粮食流通、农村卫生、血防等体制改革全面展开，稳步推进财政体制改革，全市招商引资项目3800个，其中亿元以上项目77个。四是人民生活不断改善，完善社会保障体系，社会保险参保人数每年新增2万人以上。五是社会事业长足进步。六是民主法治得到加强。提出今后5年全市经济社会发展的奋斗目标：经济实力有新跨越，生态环境有新改善，改革开放有新突破，城乡面貌有新变化，人民生活有新提高，社会和谐有新进展。报告对2007年的各项工作进行了具体部署。

会议经过审议，于2007年1月21日通过《关于政府工作报告的决议》。

审查2006年国民经济和社会发展计划执行情况。2007年1月21日，会议审查2006年国民经济和社会发展计划执行情况报告与2007年国民经济和社会发展计划。报告第一部分为2006年全市国民经济和社会发展计划执行情况，全年实现生产总值380亿元，同比增长10%，全年粮食总产284.39万吨，棉花6.11万吨，茶叶1.93万吨，水产品33.88万吨，生猪出栏298万头。规模以上工业企业工业增加值58.68亿元，食品饮料、纺织服装、医药化工、建筑建材、机械电子等五大支柱产业完成产值116.7亿元，完成固定资产投资191亿元，社会消费品零售总额184.47亿元，伊利牛奶、乾龙精机等一批知名企业和品牌相继进入黄冈市。报告阐述了2007年全市经济和社会发展的主要目标和措施建议。

会议经过审查，于2007年1月21日决定批准2007年国民经济和社会发展计划，批准2006年国民经济和社会发展计划执行情况与2007年计划草案报告。

审查财政预算执行情况和财政预算草案的报告。2007年1月17日，会议审查市财政局受市人民政府委托，向大会书面报告的2006年财政预算执行情况和2007年财政预算草案。2006年全口径财政收入完成34.4857亿元，市本级全口径财政收入完成5.2637亿元，市本级财政支出完成6.6188亿元。全市加强招商引资力度，市域经济较快发展，加大财政收入的落实力度，做大财政经济蛋糕，加大构建公共财政框架力度，提高财政保障水平，加大惠农投入，加大制度创新力度，深化财政各项改革。报告了2007年财政预算草案和2007年预算收支任务。

会议经过审议，于2007年1月21日通过《2006年财政预算执行情况和2007年财政预算的决议》，批准市人民政府提出的2007年市级财政预算，批准2006年财政预算执行情况和2007年财政预算草案报告。

听取和审议市人大常委会工作报告。2007年1月21日，会议听取市人大常委会常务副主任陈定国的市人民代表大会常务委员会工作报告。报告指出，本届常委会5年来切实履行宪法和法律赋予的职责，不断创新人大工作的思路和方法，坚持以改革开放的眼光看待“一府两院”的工作，寓支持于监督之中，努力做到工作有特色、有创新、有规范、有质效，积极探索，行使重大事项决定权有新进步，狠抓落实，工作监督不断深化，突出重点，法律监督力度加大，开展评议，加强任后监督有新成效，强化服务，代表工作更趋活跃，协调配合，机关整体效能得到进一步发挥，转变作风，自身建设日益加强。各方面工作取得了新的成绩。

会议经过审议，于2007年1月21日通过《市人民代表大会常务委员会工作报告的决议》，决定批准市人民代表大会常务委员会工作报告。

听取和审议市中级人民法院工作报告。2007年1月19日会议听取市中级人民法院院长吕小武的市中级人民法院工作报告。报告指出，五年来，全市法院共受理各类案件122016件，审执结117327件，其中，市中级人民法院受案6680件，审执结6381件。全市法院共审结一审刑事案件5828件8111人，判处五年以上有期徒刑、无期徒刑、死刑(含死缓)1138人。审结故意杀人、故意伤害等侵犯公民人身财产权利的犯罪案件2374件3076人，审结商业贿赂案件18件23人。共受理各类民事案件67956件，审结66256件，诉讼标的额29.95亿元。调处乡邻纠纷案件567件，审理抚养、扶养、赡养纠纷案件311件，共有17095件婚姻家庭、继承纠纷被依法化解。审理人身损害管等侵权纠纷案件515件，审结劳动争议纠纷案件467件。受理各类行政诉讼案件3064件，审结2998件，审查办理非诉行政案件12670件。其中，市中级人民法院受案784件，审结771件。复查各类申诉申请再审案件1241件。受理执行案件40502件，执部分执行8753件，执行标的额9.84亿元。

会议经过审议，于2007年1月21日通过《关于中级人民法院工作报告的决议》，决定批准这个报告。

听取和审议市人民检察院工作报告。2007年1月19日会议听取市人民检察院检察长黄六洲的市人民检察院工作报告。报告指出，五年来，全市检察机关共批准逮捕刑事犯罪嫌疑人7089人，提起公诉6178人。共批捕此类犯罪嫌疑人5354人，起诉4974人。共批捕此类犯罪嫌疑人187人，起诉115人。依法决定不批准逮捕383人，不起诉435人。立案侦查贪污贿赂犯罪案件562件620人，立案侦查渎职侵权犯罪案件97件113人，通过办案，为国家挽回经济损失近1.5亿元。查办商业贿赂犯罪案件62件65人。依法监督立案或撤案306件；依法决定追捕93人，追诉57人；提出抗诉28件。共发出《纠正违法通知书》91份，发出《检察建议书》99份。依法提出抗诉4件，提出检察建议64件。立案复查刑事申诉案件76件，决定给予刑事赔偿13件。

会议经过审议，于2007年1月20日通过《市人民检察院工作报告的决议》，决定批准这个报告。

会议选举和决定。2007年1月21日，会议选举产生黄冈市第三届人民代表大会常务委员会主任，张永斌、陈鼎常、包玉兰（女）、王建明、王楚平、黄奏球、王定华为副主任，梅启生为秘书长。

选举刘雪荣为黄冈市人民政府市长，卢焱群、龙福清、梅香雪（女）、杨智、蔡德坤为副市长。

选举吕小武为黄冈市中级人民法院院长，黄六洲为黄冈市人民检察院检察长（须报经湖北省人民检察院检察长提请湖北省人民代表大会常务委员会批准）。

代表建议办理情况。2007年1月17日，会议审查市政府《市二届人民代表大会以来代表建议、批评和意见办理情况的报告》。2002年市二届人大一次会议以来，省、市人大代表提出交由市政府组织办理的议案2件、建议709件，占建议总数的99%以上。这些建议按内容划分：经济工作方面的42件，占承办总数的60.1%；社会发展方面的200件，占承办总数的28.2%；政法、人事、劳动、民族宗教等方面的83件，占承办总数的11.7%，议案、建议已经基本按期办理完毕。2002年市第二届人大第一次会议上提出的《举全市之力，加快大别山旅游发展的议案》和2003年市第二届人大常委会第十四次会议通过的《关于治理市区化工污染的决议》两个议案办理良好。

会议经过审议，于2007年1月21日决定批准市第二届人大以来代表建议、批评和意见办理落实情况报告的决议。

(二)会议机构及人员名单

1.市第三届人大第一次会议主席团和秘书长

主席团(共有61人):

万幼斌	王仲群	王远鹤	王定华	王建明
王旺林	王浩鸣	王楚平	王静平	邓九阳(女)
邓新生	邓新华	韦兴元	包玉兰(女)	卢焱群
左志学	龙福清	朱经久	任振鹤(土家族)	
刘定华	刘树生	刘雪荣	刘善桥	吕小武
吕文涛	孙璜清	吴海涛	张永斌	张用长
张社教	张国秀(女)	杨　智	杨元寿	汪月东
沈景艳	陈出新	陈定国	陈鼎常	周　勇
易茂先	罗　刚	胡荃蓉(女)	唐质斌	夏　玲(女)
夏润祥	梅启生	梅香雪(女)	黄六洲	黄奏球
黄柏林	傅本台	彭　刚	彭志伟	曾耀光
释坚光	詹旺民	熊长江	蔡伦祥	蔡德坤
操尚银	魏国华			

秘书长:陈定国

2.市第三届人大第一次会议主席团常务主席、大会执行主席

常务主席:

刘善桥	刘雪荣	任振鹤	杨元寿	陈定国
沈景艳	易茂先	张用长	陈鼎常	包玉兰(女)
张永斌	王建明	梅启生		

开幕式(第一次全体大会)由大会主席团常务主席主持。

第二次全体大会执行主席(14人):

刘善桥	刘雪荣	杨元寿	陈定国	韦兴元
王远鹤	张用长	包玉兰(女)	王建明	詹旺民
罗　刚	周　勇	张社教	彭志伟	

第三次全体大会执行主席(13人):

刘善桥	任振鹤	陈定国	沈景艳	易茂先
陈鼎常	张永斌	梅启生	孙璜清	邓新生
王浩鸣	熊长江	吴海涛		

闭幕式(第四次全体大会)由新当选的市三届人大常委会主任会议组成人员主持。

3.市第三届人大第一次会议大会副秘书长

梅启生　喻少清　黄柏林　梅咏成　彭　刚

汪金元　方　成(女)

4.市第三届人大第一次会议议案审查委员会组成人员

主任委员:张永斌

副主任委员:黄柏林

委　员:江忠民　吴怀明　李成林　李　胜

汪月东　柳现青　饶水林　陶代金

彭学海

5.市第三届人大第一次会议计划预算委员会组成人员

主任委员:易茂先

副主任委员:傅本台

委　员:王仲群　王旺林　许立伟　周　丹

周水桥　范丛政　唐质斌　徐述舟

彭　刚

二、第二次会议

黄冈市第三届人民代表大会第二次会议于2007年12月17日至19日在黄州举行,出席会议的代表518人。

本次会议作出决定1个,任命国家机关工作人员1人。

(一)会议内容

预备会议。主席团会议。选举产生黄冈市出席湖北省第十一届人民代表大会的61位代表。

(二)会议机构及人员

1.市第三届人大第二次会议主席团和秘书长

主席团(共有60人):

万幼斌　方银旺　王仲群　王远鹤　王定华

王建明　王旺林　王浩鸣　王浩洪　王楚平

王静平　邓九阳(女)　邓新生　邓新华　韦兴元

包玉兰(女)　卢焱群　左志学　龙福清　朱经久
任振鹤(土家族)　刘定华　刘树生　刘雪荣
刘善桥　吕小武　孙璜清　李焕荣　吴海涛
张永斌　张用长　张社教　张国秀(女)　杨　智
杨元寿　汪月东　沈景艳　陈出新　陈定国
陈鼎常　周　勇　易茂先　罗　刚　唐质斌
夏　玲(女)　夏润祥　梅启生　梅香雪(女)　黄六洲
黄奏球　黄柏林　傅本台　彭志伟　曾耀光
释坚光　詹旺民　熊长江　蔡德坤　操尚银
魏国华

秘书长:张永斌

2.市第三届人大第二次会议主席团常务主席、大会执行主席

常务主席:

刘善桥　刘雪荣　任振鹤　杨元寿　沈景艳
张永斌　陈鼎常　包玉兰(女)　王建明　王楚平
黄奏球　王定华　梅启生

第一次全体大会(开幕式)执行主席(13人):

刘善桥　刘雪荣　任振鹤　杨元寿　沈景艳
张永斌　陈鼎常　包玉兰(女)　王建明　王楚平
黄奏球　王定华　梅启生

第二次全体大会执行主席(13人):

刘善桥　刘雪荣　任振鹤　杨元寿　沈景艳
张永斌　陈鼎常　包玉兰(女)　王建明　王楚平
黄奏球　王定华　梅启生

第三次全体大会(闭幕式)执行主席(13人):

刘善桥　刘雪荣　任振鹤　杨元寿　沈景艳
张永斌　陈鼎常　包玉兰(女)　王建明　王楚平
黄奏球　王定华　梅启生

3.市第三届人大第二次会议大会副秘书长

梅启生　喻少清　何汉斌　黄柏林　梅咏成
汪金元　张新佳

三、第三次会议

黄冈市第三届人民代表大会第三次会议于2008年2月23日至27日在黄州举行，出席会议的代表521人，列席人员170人。

本次会议听取和审议报告6个，作出决议、决定7个。

（一）会议内容

预备会议。主席团会议。听取和审议市长刘雪荣的市政府工作报告。审查和批准2007年国民经济和社会发展计划执行情况的报告与2008年国民经济和社会发展计划。审查2007年财政预算执行情况和2008年财政预算草案报告，批准2007年市级财政预算执行情况报告和2008年市级财政预算。听取和审议市人大常委会副主任张永斌的市人民代表大会常务委员会工作报告。听取和审查市中级人民法院院长吕小武的市中级人民法院工作报告。听取和审查市人民检察院检察长黄六洲的市人民检察院工作报告。

大会共收到代表10人以上联名提出的议案35件，将35份议案作为建议处理。会议还收到了代表提出的建议、批评和意见67件。由市人大常委会有关办事机构交有关机关和组织研究办理，并负责答复代表。

（二）会议机构及人员

1.市第三届人大第三次会议主席团和秘书长

主席团（共有61人）：

方银旺	王仲群	王远鹤	王定华	王建明
王旺林	王浩鸣	王浩洪	王楚平	王静平
邓九阳（女）	邓新生	邓新华	韦兴元	包玉兰（女）
卢焱群	左志学	龙福清	朱经久	任振鹤（土家族）
刘定华	刘树生	刘雪荣	刘善桥	吕小武
孙璜清	李凤标	李焕荣	何汉斌	吴海涛
张永斌	张用长	张社教	张国秀（女）	杨　智
杨元寿	汪月东	沈景艳	陈出新	陈定国
陈鼎常	周　勇	易茂先	罗　刚	唐质斌
夏　玲（女）	夏润祥	梅启生	梅香雪（女）	黄六洲
黄奏球	黄柏林	傅本台	彭志伟	曾耀光
释坚光	詹旺民	熊长江	蔡德坤	操尚银

魏国华

秘书长：张永斌

2.市第三届人大第三次会议主席团常务主席、大会执行主席

常务主席：

刘善桥	刘雪荣	任振鹤	杨元寿	沈景艳
张永斌	陈鼎常	包玉兰(女)	王建明	王楚平
黄奏球	王定华	梅启生		

第一次全体大会(开幕式)执行主席(13人)：

刘善桥	刘雪荣	任振鹤	杨元寿	沈景艳
张永斌	陈鼎常	包玉兰(女)	王建明	王楚平
黄奏球	王定华	梅启生		

第二次全体大会执行主席(14人)：

刘善桥	任振鹤	王远鹤	李凤标	詹旺民
孙璜清	邓新生	罗　刚	王浩鸣	周　勇
熊长江	张社教	吴海涛	彭志伟	

第三次全体大会(闭幕式)执行主席(13人)：

刘善桥	刘雪荣	任振鹤	杨元寿	沈景艳
张永斌	陈鼎常	包玉兰(女)	王建明	王楚平
黄奏球	王定华	梅启生		

3.市第三届人大第三次会议副秘书长

梅启生	喻少清	何汉斌	黄柏林	陈出新
方　成(女)	梅咏成	汪金元		

四、第四次会议

黄冈市第三届人民代表大会第四次会议于2009年2月12日至17日在黄州举行，出席会议代表521人，列席人员202人，邀请人员30人。

本次会议听取和审议报告6个，作出决议、决定8个，任命人员1人。

(一)会议内容

预备会议。主席团会议。听取和审议市长刘雪荣的政府工作报告。审查和批准2008年国民经济和社会发展计划执行情况的报告与2009年国民经济和社会发展计划。审查2008年财政预算执行情况和2009年财政预算草案的报告，批准2008

年市级财政预算执行情况的报告和2009年市级财政预算。听取和审议市人大常委会副主任张永斌的市人民代表大会常务委员会工作报告。听取和审查市中级人民法院院长吕小武的市中级人民法院工作报告。听取和审查市人民检察院检察长黄六洲的市人民检察院工作报告。通过关于加大车辆超载治理工作力度议案的决议。通过关于加强农村建房规划和用地管理议案的决议。

大会共收到10人以上联名提出的议案32件。其中《关于加大车辆超限超载治理工作力度的议案》《关于整治农村无序建房的议案》《关于着力打造东坡赤壁文化品牌、重塑黄冈历史文化名城的议案》提请大会主席团决定，提交代表大会审议，另外的29件转作建议，由市人大常委会有关办事机构交有关机关和组织研究办理，并负责答复代表。

(二)会议机构及人员名单

1.市第三届人大第四次会议主席团和秘书长

主席团(共有63人)：

方银旺	王仲群	王定华	王建明	王旺林
王浩鸣	王浩洪	王楚平	王静平	邓九阳(女)
邓新生	邓新华	韦兴元	包玉兰(女)	左志学
龙福清	朱经久	付旭东	刘定华	刘树生
刘雪荣	刘善桥	吕小武	孙璜清	李凤标
李焕荣	何汉斌	吴海涛	张永斌	张用长
张社教	张国秀(女)	杨　智	杨元寿	汪月东
沈景艳	陈出新	陈定国	陈鼎常	周　勇
易茂先	罗　刚	费仁平	段悦兰(女，土家族)	
饶水林	唐质斌	夏　玲(女)	夏润祥	梅启生
梅香雪(女)	黄六洲	黄奏球	黄柏林	黄祥国
傅本台	彭志伟	曾耀光	释坚光	詹旺民
熊长江	熊良霄	蔡德坤	魏国华	

秘书长：张永斌

2.市第三届人大第四次会议主席团常务主席、大会执行主席

常务主席：

刘善桥	刘雪荣	杨元寿	沈景艳	张永斌
陈鼎常	包玉兰(女)	王建明	王楚平	黄奏球

王定华　　　梅启生

第一次全体大会(开幕式)执行主席(12人):

刘善桥　　　刘雪荣　　　杨元寿　　　沈景艳　　　张永斌
陈鼎常　　　包玉兰(女)　王建明　　　王楚平　　　黄奏球
王定华　　　梅启生

第二次全体大会执行主席(12人):

刘善桥　　　沈景艳　　　邓新生　　　孙璜清　　　张永斌
包玉兰(女)　王建明　　　黄奏球　　　梅启生　　　李凤标
詹旺民　　　熊良霄

第三次全体大会执行主席(12人):

刘雪荣　　　杨元寿　　　陈鼎常　　　王楚平　　　王定华
王浩鸣　　　罗　刚　　　周　勇　　　熊长江　　　张社教
吴海涛　　　彭志伟

第四次全体大会(闭幕式)执行主席(12人):

刘善桥　　　刘雪荣　　　杨元寿　　　沈景艳　　　张永斌
陈鼎常　　　包玉兰(女)　王建明　　　王楚平　　　黄奏球
王定华　　　梅启生

3.市第三届人大第四次会议副秘书长

梅启生　　　喻少清　　　何汉斌　　　黄柏林　　　陈出新
方　成(女)　梅咏成　　　汪金元

五、第五次会议

黄冈市第三届人民代表大会第五次会议于2010年2月22日至26日在黄州举行,出席会议的代表525人,列席人员209人,邀请人员29人。

本次会议听取和审议报告7个,作出决议、决定9个,任命人员2人。

(一)会议内容

预备会议。主席团会议。听取和审议市人民政府市长刘雪荣的市人民政府工作报告。审议市人民政府关于办理市第三届人民代表大会第四次会议加大车辆超限超载治理工作力度和加强农村建房规划及用地管理两个议案情况的报告。审查和批准2009年国民经济和社会发展计划执行情况报告与2010年国民经济和社会发展计划。审查2009年财政预算执行情况和2010年财政预算草案的报告,批准

2009年市级财政预算执行情况的报告和2010年市级财政预算。听取和审议市人大常委会副主任张永斌的市人民代表大会常务委员会工作报告。听取和审查市中级人民法院院长吕小武的市中级人民法院工作报告。听取和审查市人民检察院检察长黄六洲的市人民检察院工作报告;会议通过关于进一步加强社区建设议案的决议。

大会收到代表10人以上提出的议案24件,其中《关于进一步加强黄冈市社区建设的议案》提交代表大会审议,其他23件转作建议、批评和意见,由市人大常委会有关办事机构交有关机关和组织研究办理,并负责答复代表。

选举龙福清为黄冈市第三届人民代表大会常务委员会副主任,段高敏为秘书长。

(二)会议机构及人员名单

1.市第三届人大第五次会议主席团和秘书长

主席团(共有64人):

方银旺　王仲群　王定华　王建明　王旺林
王浩鸣　王浩洪　王楚平　王静平　邓九阳(女)
邓新华　韦兴元　包玉兰(女)　左志学　龙福清
朱经久　付旭东　刘定华　刘树生　刘雪荣
刘善桥　吕小武　孙璜清　李开寿　李凤标
李焕荣　何汉斌　吴海涛　张永斌　张用长
张社教　张国秀(女)　杨　智　汪月东　沈景艳
陈出新　陈定国　陈鼎常　杨良峰　周　勇
易茂先　罗　刚　洪再林(女)　费仁平　段悦兰(女,土家族)
饶水林　唐质斌　夏　玲(女)　夏润祥　梅启生
梅香雪(女)　黄六洲　黄奏球　黄柏林　黄祥国
傅本台　彭志伟　曾耀光　释坚光　詹旺民
熊长江　熊良霄　蔡德坤　魏国华

秘书长:张永斌

2.市第三届人大第五次会议主席团常务主席、执行主席

常务主席:

刘善桥　刘雪荣　沈景艳　张永斌　陈鼎常
王建明　王楚平　黄奏球　王定华

第一次全体大会(开幕式)执行主席(9人):

刘善桥　刘雪荣　沈景艳　张永斌　陈鼎常

王建明　　王楚平　　黄奏球　　王定华

第二次全体大会执行主席(10人)：

刘善桥　　沈景艳　　张永斌　　陈鼎常　　王建明

王楚平　　李凤标　　詹旺民　　洪再林(女)　　熊良霄

第三次全体大会执行主席(11人)：

刘雪荣　　黄奏球　　王定华　　罗　刚　　李开寿

杨良峰　　周　勇　　熊长江　　张社教　　吴海涛

彭志伟

第四次全体大会(闭幕式)执行主席(9人)：

刘善桥　　刘雪荣　　沈景艳　　张永斌　　陈鼎常

王建明　　王楚平　　黄奏球　　王定华

3.市第三届人大第五次会议副秘书长名单

梅启生　　喻少清　　何汉斌　　黄柏林　　陈出新

方　成(女)　　梅咏成　　汪金元　　骆效崇

六、第六次会议

黄冈市第三届人民代表大会第六次会议于2011年2月11日至15日在黄州举行，出席会议代表525人，列席人员216人。

本次会议听取和审议报告8个，作出决议、决定9个。

(一)会议内容

预备会议。主席团会议。听取和审议市人民政府市长刘雪荣的政府工作报告。审查和批准市国民经济和社会发展第十二个五年规划纲要。审查和批准2010年国民经济和社会发展计划执行情况与2011年国民经济和社会发展计划草案的报告，批准2011年国民经济和社会发展计划。审查和批准2010年财政预算执行情况和2011年财政预算草案报告，批准2011年市级财政预算。审议市人民政府关于办理黄冈市第三届人民代表大会第五次会议《关于进一步加强黄冈市社区建设议案》情况的报告。审议并批准市人大常委会副主任龙福清的市人大常委会工作报告。审议并批准市中级人民法院院长吕小武的市中级人民法院工作报告。审议并批准市人民检察院检察长黄六洲的市人民检察院工作报告。通过《关于调整黄冈市区中小学布局优化教育资源配置的议案》。

大会收到代表10人以上联名提出的议案18件。其中《关于调整黄冈市区中小学布局优化教育资源配置的议案》列入本次会议议案，其他17件代表联名提出的议案转作建议，由市人大常委会有关办事机构交有关机关和组织研究办理，并负责答复代表。

(二)会议机构及人员名单

1.市第三届人大第六次会议主席团和秘书长

主席团(68名)：

马萍(女，回族)		方银旺	王仲群	王定华
王建明	王旺林	王浩鸣	王浩洪	王楚平
王静平	邓九阳(女)	邓新华	石　磊	包玉兰(女)
左志学	龙福清	朱经久	付旭东	刘定华
刘树生	刘雪荣	刘善桥	吕小武	孙璜清
李开寿	李凤标	李焕荣	何汉斌	余建堂
吴海涛	张永斌	张用长	张社教	杨　智
杨良锋	汪月东	沈景艳	陈出新	陈定国
陈鼎常	周　勇	易茂先	罗　刚	洪再林(女)
费仁平	段高敏	段悦兰(女，土家族)		饶水林
唐质斌	夏　玲(女)	夏润祥	徐和木	梅启生
梅香雪(女)	黄六洲	黄奏球	黄柏林	黄祥国
韩　进	傅本台	彭志伟	曾耀光	释坚光
雷邦贵	詹旺民	熊长江	蔡德坤	魏国华

秘书长：龙福清

2.市第三届人大第六次会议主席团常务主席、执行主席

常务主席：

刘善桥	刘雪荣	韩　进	沈景艳	龙福清
雷邦贵	张永斌	陈鼎常	王建明	王楚平
黄奏球	王定华	段高敏		

第一次全体会议(开幕式)执行主席(13人)：

刘善桥	刘雪荣	韩　进	沈景艳	龙福清
雷邦贵	张永斌	陈鼎常	王建明	王楚平
黄奏球	王定华	段高敏		

第二次全体会议执行主席(14人):

刘善桥	龙福清	李凤标	罗　刚	詹旺民
洪再林(女)	吴海涛	李开寿	杨良锋	周　勇
徐和木	张社教	余建堂	彭志伟	

第三次全体会议(闭幕式)执行主席(13人):

刘善桥	刘雪荣	韩　进	沈景艳	龙福清
雷邦贵	张永斌	陈鼎常	王建明	王楚平
黄奏球	王定华	段高敏		

3.市第三届人大第六次会议副秘书长

段高敏	喻少清	何汉斌	黄柏林	陈出新
方　成(女)	梅咏成	汪金元	骆效崇	

第四节　第四届人民代表大会

第四届人大任期内(2012年1月至2017年1月),召开市人民代表大会7次,听取和审议报告35个,作出决议、决定46个,任命国家机关工作人员113人次,选举出席湖北省第十二届人民代表大会代表64人。

一、第一次会议

黄冈市第四届人民代表大会第一次会议于2012年1月2日至7日在黄州举行,出席会议的代表526人,列席人员236人。

本次会议共举行4次全会。会议议程是:审议并批准市长刘雪荣的市政府工作报告;审查和批准2011年国民经济和社会发展计划执行情况报告与2012年国民经济和社会发展计划;审查和批准2011年财政预算执行情况和2012年财政预算草案报告;批准2011年市级预算执行情况报告和2012年市级预算;审议和批准市人民政府关于办理落实市第三届人民代表大会第六次会议代表议案以及建议、批评和意见情况的报告;听取和审议市人大常委会常务副主任龙福清的市第三届人民代表大会常务委员会工作报告;听取和审查市中级人民法院代理院长贾石松的市中级人民法院工作报告;听取和审查市人民检察院副检察长冯新华的市人民检察院工作报告;选举市第四届人民代表大会常务委员会组成人员;选举市人民政府市长、副市长;选举市中级人民法院院长;选举市人民检察院检察长;通过关于设立市第四届人民代表大会专门委员会的决定及其组成人员。

本次会议听取和审议报告7个，作出决议、决定10个，任命国家机关工作人员99人次。

(一)会议内容

预备会议。2012年1月2日，举行市第四届人大一次会议预备会议，选举大会主席团和秘书长名单(草案)；通过本次大会议程(草案)；通过大会议案、计划和预算三个审查委员会主任委员、副主任委员、委员建议名单(草案)；进行换届风气测评。

主席团会议。市四届人大一次会议共举行4次主席团会议。主要内容是：通过主席团常务主席，大会执行主席分组、大会副秘书长名单(草案)；通过会议日程(草案)；通过关于议案和质询案截止日期的决定；通过大会选举办法(草案)；通过关于设立市第四届人大专门委员会的决定(草案)；通过各专门委员会组成人员表决办法(草案)；通过议案、决议和决定表决办法(草案)；听取代表审议大会选举办法(草案)、关于设立市第四届人大专门委员会的决定(草案)；各专门委员会组成人员人选名单表决办法(草案)；大会议案、决议和决定表决办法(草案)；审议通过大会选举办法(草案修改稿)；审议通过各项候选人建议名单(草案)；审议通过关于设立市第四届人大专门委员会的决定(草案修改稿)；审议通过各专门委员会组成人员表决办法(草修改稿)；审议通过各专门委员会组成人员(草案)；审议通过关于20人以上代表联名提名候选人截止时间的决定(草案)；审议通过大会议案、决议和决定表决办法(草案修改稿)；听取于市政府工作报告修改的说明；审议通过市政府工作报告决议(草案)；审议通过关于计划预算委员会的市2011年国民经济和社会发展计划执行情况与2012年计划审查报告(草案)；审议通过市2011年国民经济和社会发展计划执行情况与2012年计划的决议(草案)；审议通过计划预算委员会的市2011年财政预算执行情况与2012年财政预算草案的审查报告(草案)；审议通过市2011年财政预算执行情况与2012年财政预算的决议(草案)；审议通过市政府办理落实市第三届人大六次会议代表建议批评意见情况的决议(草案)；审议通过市第三届人大常委会工作报告的决议(草案)；审议通过市中级人民法院工作报告的决议(草案)；审议通过市人民检察院工作报告的决议(草案)；听取各代表团酝酿讨论各项候选人名单(草案)情况的汇报；确定正式候选人名单(草案)；表决市第四届人大各专门委员会组成人员名单(草案)；审议通过总监票人、监票人名单(草案)；审议通过关于代表提出议案处理意见的报告；听取大会选举情况的报告；通过大会公告。

听取和审议市政府工作报告。2012年1月3日，会议听取市长刘雪荣的市政府工作报告。报告指出，五年来，全市紧紧抓住建设武汉城市圈"两型社会"综合配套改革试验区、大别山革命老区经济社会发展试验区等机遇，有效应对国际金融危机的巨大冲击，战胜了旱涝雨雪冰冻严重自然灾害，经济实力明显提升。2011年全市地区生产总值达到1012亿元，年均增长14.5%。全社会固定资产投资821亿元，年均增长34%。规模以上工业增加值240亿元，年均增长32.7%。社会消费品零售总额477亿元，年均增长211%。全口径财政收入133.3亿元，年均增长31.1%，金融机构存贷款余额分别达到1158亿元和465亿元，年均增长21.1%和15.6%。建成各类开发区和工业园区34个，引进项目4577个，其中亿元以上项目349个，粮食达到327亿公斤，油料、畜禽、水产、板栗、茶叶等主要农产品全面增长，农机化综合水平达到58%，获得国家地理标志保护产品24个，建成AAAA级旅游景区8个，年接待游客近1000万人次。商贸、物流、金融、保险、通信、石油、烟草、房地产等行业快速兴起。6个县市区生产总值过100亿元，6个县市财政收入过10亿元。城乡面貌明显改观，五年累计完成投资2739.8亿元，年均增长37.5%。新增通车里程7765公里，其中高速公路新增336公里，大别山红色旅游公路全线通车，水利建设整险加固长江回水堤防57公里、大中型水库106座、小(1)型水库119座，治理水土流失面积1170平方公里。大别山电厂、白莲河抽水蓄能电站、鄂东500千伏环网和天然气工程建成投产，农村清洁能源入户28.3万户。森林覆盖率达到43%。个体工商户发展到21.3万户，私营企业发展到1.4万户。2011年城镇居民人均可支配收入14659元，年均增长16%；农民人均纯收入5375元，年均增长13.3%。城乡居民养老保险基本实现了全覆盖，城镇住房公积金制度建设加强，各项社会事业明显进步。精神文明和民主法治建设明显加强。

会议经过审查，于2012年1月7日通过《市政府工作报告的决议》，决定批准这个报告。

审查和批准国民经济和社会发展计划执行情况报告与国民经济和社会发展计划。2012年1月3日会议审查市发展和改革委员会书面报告的2011年国民经济和社会发展计划执行情况与2012年国民经济和社会发展计划草案报告，报告指出，2011年，全市积极应对外部环境复杂、物价持续上涨、旱涝灾害并发等严峻挑战，抢抓机遇，扎实苦干，统筹做好稳增长、控物价、调结构、促改革、惠民生等各项工作，经济社会实现平稳较快发展，经济较快增长，产业结构调整加快。内外需求继续扩大，经济质效稳步提升，改革试验扎实推进，社会事业发展加快，民生福祉继续改善。提出了2012年全市经济和社会发展的主要目标和措施建议。

会议经过审议，于2012年1月7日通过2011年国民经济和社会发展计划执行情况的报告与2012年国民经济和社会发展计划的决议，决定批准市政府提出的2011年国民经济和社会发展计划，批准2011年国民经济和社会发展计划执行情况与2012年国民经济和社会发展计划草案报告。

审查和批准财政预算执行情况和财政预算草案的报告。2012年1月3日会议审查市财政局受市政府委托作的市2011年预算执行情况和2012年财政预算草案报告。2011年，全市全口径财政收入预计完成133.3亿元，比上年增长33.7%，其中地方一般预算收入51.9亿元，比上年增长17.8%。全市财政支出175亿元（不含省拨专款支出），比上年增长22%。市本级全口径财政收入预计完成28.1713亿元，市本级财政支出3.1319亿元（不含省拨专款支出），分项执行情况是：一般公共服务支出2.9994亿元，国土资源气象等事务支出2594万元，公共安全支出1.8195亿元，教育支出1.6559亿元，科学技术支出2845万元，文化体育与传媒支出4647万元，社会保障和就业支出2.1731亿元，住房保障支出2767万元，医疗卫生支出6430万元，节能环保支出716万元，城乡社区事务支出5006万元，农林水事务支出6709万元，交通运输支出3.6806亿元，资源勘探电力信息等事务支出3352万元，商业服务业等事务支出1524万元，粮油物资管理事务支出840万元，储备事务支出48万元，金融监管等事务支出230万元，国债还本付息支出489万元，其他支出277万元，基金支出15.1560亿元。

会议经过审查，于2012年1月7日批准2011年预算执行情况和2012年财政预算草案报告，决定批准2012年本级财政预算。

审查和批准落实代表议案的报告。2012年1月3日，会议审查市政府《关于办理落实市三届人民代表大会第六次会议代表议案情况的报告》，一年来，市政府切实把议案办理工作摆上重要议事日程，通过强化领导，出台了科学规划，理顺体制，加强建设，努力满足人民群众的教育需求，市区中小学布局调整和资源优化配置工作在起步之年取得了阶段性成果。

会议经过审查，于2012年1月7日通过市人民政府办理落实市第三届人民代表大会第六次会议代表议案情况报告的决议，决定批准这个报告。

听取和审议市人大常委会工作报告。2012年1月5日，会议听取市人大常委会常务副主任龙福清的市第三届人民代表大会常务委员会工作报告。报告指出，五年来，市第三届人大常委会认真履行宪法和法律赋予的职责，共召开常委会会议34次，主任会议96次，听取和审议“一府两院”工作报告159项，开展执法检查和视察30次，依法讨论决定重大事项并作出决议决定40个，依法任免国家机关工作人员321人次。围绕全市中心工作和群众关心的热点难点问题，依法履职，有效发挥地方国家权力机关的职能作用，人大各项工作取得新进展，为促进黄冈市跨越式发展、实现社会和谐稳定作出了积极贡献。

会议经过审查，于2012年1月7日通过《市人民代表大会常务委员会工作报告的决议》，决定批准这个报告。

听取和审议法院工作报告。2012年1月5日，会议听取市中级人民法院代理院长贾石松的市中级人民法院工作报告。报告指出，五年来，全市法院共受理各类案件113569件，审执结111475件。其中，市中院受理案件7951件，审执结7733件。共审结一审刑事案件7244件，判处罪犯10795人，其中判处五年以上有期徒刑、无期徒刑、死刑（含死缓）1439人。市中院一审审结重大刑事案件281件，判处罪犯695人，其中判处有期徒刑十年以上刑罚278人。全市法院共受理各类民商事案件69341件，审结67802件，涉及标的额34.8亿元。其中市中院审结5230件。受理行政诉讼案件2904件，审结2839件，受理执行案件31973件，执件，执行到位金额14.6亿元。共审结权属侵权案件20141件，婚姻家庭案件21639件，合同纠纷案件2602件。五年来，民商事案件调解结案和经调解当事人撤诉共36907件，占民商事案件结案总数的54.4%。

会议经过审查，于2012年1月7日通过《市中级人民法院工作报告的决议》，决定批准这个报告。

听取和审议检察院工作报告。2012年1月5日，会议听取市人民检察院副检察长冯新华的市人民检察院工作报告。报告指出，市三届人大一次会议以来的五年里，全市检察系统依法打击金融诈骗、逃税骗税、非法经营、非法传销、非法吸收公众存款等危害经济安全、扰乱经济秩序的犯罪活动，共批捕此类犯罪嫌疑人167人，起诉143人。查办国家投资领域职务犯罪31人，工程建设领域45人。严惩制售假冒伪劣食品、农资等严重危害人民生命财产安全的犯罪活动，共批捕此类犯罪嫌疑人37人，起诉11人。针对药价虚高问题，在医疗卫生系统查办贪污贿赂案件25件25人；针对新农村建设中群众利益被侵害的问题，查办涉农案件96件118人；针对重大责任事故背后隐藏的渎职问题，查办职务犯罪案件10件10人；针对破坏资源和生态环境问题，查办玩忽职守等渎职案件12件12人。共查办民生领域贪污贿赂案件226件287人，渎职侵权案件29件29人。批准逮捕各类刑事犯罪嫌疑人9628人，批准逮捕故意杀人、放火、强奸、绑架等严重暴力犯罪嫌疑人提起公诉371人，批准逮捕"黑恶"势力犯罪73件363人，起诉66件294人。共立办职务犯罪案件634件752人，立办贪污贿赂案件491件572人，其中大案387人，县处级以上要案28人。立办渎职侵权案件143件180人，其中县处级干部4人，科级干部39人。依法监督公安机关应当立案而不立案197件，纠正公安机关不应当立案而立案198件；督促行政机关移送涉嫌刑事案件86件160人，追加逮捕94人，追加起诉230人，发出检察建议240件。受理民事行政申诉案件787件，经审查决定提请省院抗诉82件，直接提出抗诉146件。

会议经过审查，于2012年1月7日通过《市人民检察院工作报告的决议》，决定批准这个报告。

代表议案、建议、批评和意见。大会收到代表10人以上联名提出的议案38件，全部转作建议，由市人大常委会有关办事机构交有关机关和组织研究办理，并负责答复代表。

会议选举和决定。2012年1月5日，会议选举龙福清为黄冈市第四届人民代表大会常务委员会主任，王建明、王楚平、黄奏球、何东英、罗刚为副主任，段高敏为秘书长。

选举刘雪荣为黄冈市人民政府市长，崔永辉、黄祥国、王浩鸣、张社教、詹旺民、陈少敏为副市长。

选举贾石松为黄冈市中级人民法院院长，冯新华为市人民检察院检察长(须报经湖北省人民检察院检察长提请湖北省人民代表大会常务委员会批准)。

(二)会议机构及人员名单

1.市第四届人大第一次会议主席团和秘书长

主席团(59人)：

丁爱萍	马萍(女，回族)		王　升(女)	王建明
王旺林	王浩鸣	王楚平	王静平	左志学
石　磊	龙福清	冯新华	朱建平	刘海军
刘雪荣	刘善桥	孙金舟	孙璜清	杨　智
杨　遥	李凤标	李立明	李　胜	李　蔚
肖燕梅(女)	吴汉桥	吴美景	吴海涛	何东英(女)
余建堂	张永斌	张社教	张烈松	陈少敏(女)
陈出新	陈武斌	罗　刚	周　勇	屈凯军

段高敏　段悦兰(女,土家族)　洪再林(女)　贾石松
夏　菁(女)　夏润祥　徐和木　黄正林　黄奏球
黄祥国　崔永辉　彭志伟　程建明　释坚光
童仕彬　谢学中　雷邦贵　詹才红　詹旺民
熊长江

秘书长:龙福清

2.市第四届人大第一次会议主席团常务主席、大会执行主席

常务主席:

刘雪荣　杨　智　龙福清　雷邦贵　张永斌
王建明　王楚平　黄奏球　段高敏

开幕式(第一次全体大会)由大会主席团常务主席担任执行主席;闭幕式(第四次全体大会)由大会主席团部分常务主席和新当选的市四届人大常委会主任、副主任、秘书长担任执行主席。

第二次全体大会执行主席(10人):

刘善桥　龙福清　张永斌　王建明　石　磊
詹旺民　洪再林(女)　吴海涛　杨　遥　肖燕梅(女)

第三次全体大会执行主席(10人):

刘雪荣　王楚平　黄奏球　段高敏　陈武斌
周　勇　徐和木　吴美景　余建堂　彭志伟

3.市第四届人大第一次会议副秘书长

段高敏　喻少清　黄柏林　陈出新　方　成(女)
梅咏成　汪金元　骆效崇

4.市第四届人大第一次会议议案审查委员会

主任委员:黄奏球

副主任委员:段高敏　孙金舟

委　　员:丁爱萍　朱建平　杨仕英(女)　李　胜
吴汉桥　张烈松　陈出新　程建明
谢学中

5.市第四届人大第一次会议计划审查委员会

主任委员:黄奏球

副主任委员:谢学中

委　　员：苏　玲（女）　郑　港　屈凯军　赵想林
喻耀华　詹才红

6.市第四届人大第一次会议预算审查委员会

主任委员：黄奏球

副主任委员：程建明

委　　员：王旺林　杨中林　李自平　张俊初
饶水林　姚　涛　黄新国

二、第二次会议

市第四届人民代表大会第二次会议于2013年1月4日至9日在黄州举行，出席会议的代表526人，列席人员205人。

听取和审议报告6个，作出决议、决定7个，任命国家机关工作人员2人，选举出席省第十二届人大会代表64名。

（一）会议内容

预备会议。主席团会议。听取和审议市长刘雪荣的市人民政府工作报告。审查和批准2012年国民经济和社会发展计划执行情况报告与2013年国民经济和社会发展计划。审查2012年财政预算执行情况和2013年财政预算草案报告，批准2012年市级预算执行情况的报告和2013年市级预算。审议并批准市人大常委会主任龙福清的市人民代表大会常务委员会工作报告。审议并批准市中级人民法院院长贾石松的市中级人民法院工作报告。审议并批准市人民检察院检察长冯新华的市人民检察院工作报告。

大会收到代表10人以上联名提出的议案27件，全部转作建议，由市人大常委会有关办事机构交有关机关和组织研究办理，并负责答复代表。

选举产生黄冈市出席湖北省第十二届人民代表大会代表64名。

（二）会议机构及人员名单

1.市第四届人大第二次会议主席团和秘书长

主席团（73人）：

丁爱萍　马　萍（女，回族）　王　升（女）　王　斌
王旺林　王建明　王爱玲（女）　王浩鸣　王楚平
王静平　石　磊　石巧珍（女）　左志学　龙福清
卢雪梅（女）　冯新华　毕　锋　朱建平　刘　祥

刘海军　刘雪荣　刘善桥　刘锦秀(女)　许楚云
孙金舟　孙璜清　杨　智　杨　遥　李　胜
李　蔚　李立明　肖燕梅(女)　吴　烨　吴汉桥
吴美景　何东英(女)　余友斌　余学武　余建堂
汪治怀　张永斌　张社教　张烈松　陈少敏(女)
陈出新　陈志敏　陈浩特　陈武斌　罗　刚
罗汉涛　屈凯军　段高敏　段悦兰(女,土家族)
洪再林(女)　贾石松　夏　玲(女)　夏　菁(女)　夏润祥
徐和木　黄正林　黄奏球　黄祥国　崔永辉
符建国　彭志伟　程建明　释坚光　童仕彬
谢学中　雷邦贵　詹才红　詹旺民　熊长江

秘书长:王建明

2.市第四届人大第二次会议主席团常务主席、大会执行主席

常务主席:

刘善桥　刘雪荣　杨　智　龙福清　雷邦贵
王建明　王楚平　黄奏球　何东英(女)　罗　刚
段高敏

第一次全体大会(开幕式)执行主席(11人):

刘善桥　刘雪荣　杨　智　龙福清　雷邦贵
王建明　王楚平　黄奏球　何东英(女)　罗　刚
段高敏

第二次全体大会执行主席(10人):

刘善桥　龙福清　王建明　王楚平　余友斌
洪再林(女)　余学武　杨　遥　肖燕梅(女)　陈武斌

第三次全体大会执行主席(10人):

刘雪荣　杨　智　黄奏球　段高敏　石　磊
吴　烨　徐和木　吴美景　余建堂　彭志伟

第四次全体大会(闭幕式)执行主席(11人):

刘善桥　刘雪荣　杨　智　龙福清　雷邦贵
王建明　王楚平　黄奏球　何东英(女)　罗　刚
段高敏

3.市第四届人大第二次会议大会副秘书长

段高敏	张际伟	孙金舟	陈出新	方　成(女)
梅咏成	汪金元	骆效崇		

三、第三次会议

市第四届人民代表大会第三次会议于2013年4月25日至26日在黄州举行,出席会议的代表522人。

本次会议作出决定1个,选举陈安丽为市长。

(一)会议内容

预备会议。主席团会议。选举陈安丽为黄冈市人民政府市长。

(二)会议机构及人员名单

1.市第四届人大第三次会议主席团和秘书长

主席团(72人):

丁爱萍	王　升(女)	王　斌	王旺林	王建明
王爱玲(女)	王浩鸣	王楚平	王静平	石　磊
石巧珍(女)	左志学	龙福清	卢雪梅(女)	冯新华
毕　锋	朱建平	刘　祥	刘海军	刘雪荣
刘锦秀(女)	许楚云	孙金舟	孙璜清	杨　遥
李　胜	李　蔚	李立明	肖燕梅(女)	吴　烨
吴汉桥	吴美景	何东英(女)	余友斌	余学武
余建堂	汪治怀	张永斌	张社教	张烈松
陈少敏(女)	陈出新	陈安丽(女)	陈志敏	陈浩特
陈武斌	罗　刚	罗汉涛	屈凯军	段高敏
段悦兰(女,土家族)		洪再林(女)	贾石松	夏　玲(女)
夏　菁(女)	夏润祥	徐和木	黄正林	黄奏球
黄祥国	崔永辉	符建国	彭志伟	程建明
释坚光	童仕彬	谢学中	詹才红	詹旺民
雷邦贵	熊长江	蔡志军		

秘书长:王建明

2.市第四届人大第三次会议主席团常务主席、大会执行主席常务主席

刘雪荣	陈安丽(女)	龙福清	雷邦贵	王建明

王楚平　　黄奏球　　何东英(女)　罗　刚　　段高敏

第一次全体大会(开幕式)执行主席(11人):

刘雪荣　　陈安丽(女)　龙福清　　雷邦贵　　王建明

王楚平　　黄奏球　　何东英(女)　罗　刚　　段高敏

第二次全体大会执行主席(10人):

刘雪荣　　陈安丽(女)　龙福清　　雷邦贵　　王建明

王楚平　　黄奏球　　何东英(女)　罗　刚　　段高敏

第三次全体大会(闭幕式)执行主席(10人):

刘雪荣　　陈安丽(女)　龙福清　　雷邦贵　　王建明

王楚平　　黄奏球　　何东英(女)　罗　刚　　段高敏

3.市第四届人大第三次会议大会副秘书长

段高敏　　张际伟　　孙金舟　　陈出新　　方　成(女)

梅咏成　　汪金元　　骆效崇

四、第四次会议

市第四届人民代表大会第四次会议于2014年2月16日至20日在黄州举行,出席会议代表527人,列席人员215人。

本次会议听取和审议报告6个,作出决议、决定8个,任命国家机关工作人员2人次。

(一)会议内容

预备会议。主席团会议。听取和审议市长陈安丽的市人民政府工作报告。审查和批准2013年国民经济和社会发展计划执行情况报告与2014年国民经济和社会发展计划。审查2013年财政预算执行情况和2014年财政预算草案报告,批准2013年市级预算执行情况的报告和2014年市级预算。听取和审查市人大常委会主任龙福清的市人民代表大会常务委员会工作报告。听取和审查市中级人民法院院长贾石松的市中级人民法院工作报告。听取和审查市人民检察院检察长冯新华的市人民检察院工作报告。

选举张树林、程中良为第四届人民代表大会常务委员会委员。

大会收到代表10人以上联名提出的议案15件,全部转作建议,由市人大常委会有关办事机构交有关机关和组织研究办理,并负责答复代表。

(二)会议机构及人员名单

1.市第四届人大第四次会议主席团和秘书长

主席团(53人):

丁爱萍　王　升(女)　王　斌　王立兵　王建明
王旺林　王爱玲(女)　王楚平　王静平　付旭东
左志学　石巧珍(女)　龙福清　刘应文　刘海军
刘雪荣　孙金舟　孙璜清　朱建平　何东英(女)
余友斌　余学武　余建堂　吴　烨　吴汉桥
吴美景　张永斌　张树林　张烈松　李　胜
杨　遥　肖燕梅(女)　陈出新　陈安丽(女)　陈武斌
罗　刚　段悦兰(女,土家族)　段高敏　洪再林(女)
徐和木　崔永辉　符建国　黄正林　黄智敏
黄奏球　黄祥国　黄新国　彭志才　程建明
谢学中　释坚光　雷邦贵　熊长江

秘书长:王建明

2.市第四届人大第四次会议主席团常务主席、大会执行主席

常务主席:

刘雪荣　陈安丽(女)　龙福清　孙璜清　雷邦贵
王建明　王楚平　黄奏球　何东英(女)　罗　刚
段高敏

第一次全体大会(开幕式)执行主席(11人):

刘雪荣　陈安丽(女)　龙福清　孙璜清　雷邦贵
王建明　王楚平　黄奏球　何东英(女)　罗　刚
段高敏

第二次全体大会执行主席(11人):

刘雪荣　龙福清　王建明　王楚平　何东英(女)
余友斌　刘应文　余学武　杨　遥　肖燕梅(女)
陈武斌

第三次全体大会执行主席(11人):

陈安丽(女)　孙璜清　雷邦贵　黄奏球　罗　刚
段高敏　吴　烨　徐和木　吴美景　余建堂

黄智敏

第四次全体大会(闭幕式)执行主席(11人):

刘雪荣	陈安丽(女)	龙福清	孙璜清	雷邦贵
王建明	王楚平	黄奏球	何东英(女)	罗　刚
段高敏				

3. 市第四届人大第四次会议大会副秘书长

孙金舟	张际伟	张树林	段高敏	闻武斌
骆效崇	黄新国	梅咏成	雷　电	

五、第五次会议

市第四届人民代表大会第五次会议于2015年1月17日至22日在黄州举行,出席会议的代表528人,列席人员255人。

本次会议听取和审议报告6个,作出决议、决定10个,任命国家机关工作人员4人。

(一)会议内容

预备会议。主席团会议。听取和审议市长陈安丽的市人民政府工作报告。审查和批准2014年国民经济和社会发展计划执行情况报告与2015年国民经济和社会发展计划。审查2014年财政预算执行情况和2015年财政预算草案报告,批准2014年市级预算执行情况的报告和2015年市级预算。听取和审查市人大常委会主任龙福清的市人民代表大会常务委员会工作报告。听取和审查市中级人民法院院长贾石松的市中级人民法院工作报告。听取和审查市人民检察院检察长冯新华的市人民检察院工作报告。

大会共收到代表10人以上联名提出的议案12件,其中《关于加强市区居民小区物业管理的议案》和《市县联动以县为主加强饮用水水源地保护的议案》提请大会主席团审议决定,其他10件转作建议,由市人大常委会有关办事机构交有关机关和组织研究办理,并负责答复代表。

选举袁金鹏、梅咏成为第四届人民代表大会常务委员会副主任。

(二)会议机构及人员名单

1. 市第四届人大第五次会议主席团和秘书长

主席团(53人):

丁爱萍	王立兵	王静平	龙福清	朱建平

刘　祥	刘应文	刘海军	刘雪荣	刘锦秀(女)
许楚云	孙金舟	孙璜清	李　胜	李　蔚
杨　遥	肖燕梅(女)	吴　烨	吴汉桥	吴美景
何东英(女)	余友斌	余学武	余建堂	张永斌
张树林	张烈松	张楚华	陈出新	陈安丽(女)
陈志敏	陈武斌	陈浩特	罗　刚	段高敏
段悦兰(女,土家族)		袁金鹏	洪再林(女)	夏　菁(女)
徐和木	黄正林	黄祥国	黄智敏	黄新国
梅咏成	崔永辉	符建国	彭志才	程建明
释坚光	谢学中	雷邦贵	熊长江	

秘书长:罗　刚

2.市第四届人大第五次会议主席团常务主席、大会执行主席

常务主席:

刘雪荣	陈安丽(女)	龙福清	孙璜清	雷邦贵
何东英(女)	罗　刚	段高敏		

第一次全体大会(开幕式)执行主席(8人):

刘雪荣	陈安丽(女)	龙福清	孙璜清	雷邦贵
何东英(女)	罗　刚	段高敏		

第二次全体大会执行主席(10人):

刘雪荣	龙福清	余学武	何东英(女)	余友斌
刘应文	杨　遥	肖燕梅(女)	陈武斌	彭志才

第三次全体大会执行主席(10人):

陈安丽(女)	孙璜清	雷邦贵	罗　刚	段高敏
吴　烨	徐和木	吴美景	余建堂	黄智敏

第四次全体大会(闭幕式)执行主席(8人):

刘雪荣	陈安丽(女)	龙福清	孙璜清	雷邦贵
何东英(女)	罗　刚	段高敏		

3.市第四届人大第五次会议大会副秘书长

孙金舟	李新桥	余红志	张树林	段高敏
闻武斌	黄正林	黄新国	雷　电	

六、第六次会议

市第四届人民代表大会第六次会议于2016年1月17日至22日在黄州举行，出席会议的代表525人，列席人员204人。

本次会议听取和审议报告10个，作出决议、决定9个，任命国家机关工作人员4人次。

(一)会议内容

预备会议。主席团会议。听取和审议市长陈安丽的市人民政府工作报告。审查和批准2015年国民经济和社会发展计划执行情况报告与2016年国民经济和社会发展计划。审查2015年预算执行情况和2016年预算草案报告，批准2015年市级预算执行情况报告和2016年市级预算。审查和批准市国民经济和社会发展第十三个五年规划纲要。听取和审查市人大常委会代理主任罗刚的市人民代表大会常务委员会工作报告。听取和审查市中级人民法院院长贾石松的市中级人民法院工作报告。听取和审查市人民检察院检察长冯新华的市人民检察院工作报告。审议和通过市第四届人民代表大会增设法制委员会的决定，通过市第四届人民代表大会法制委员会组成人员名单。审议市人民代表大会及其常务委员会立法条例。审议市人民代表大会议事规则。

大会共收到代表10人以上联名提出的议案12件，全部转作建议，由市人大常委会有关办事机构交有关机关和组织研究办理，并负责答复代表。

选举刘雪荣为黄冈市第四届人民代表大会常务委员会主任，孙璜清为副主任。

(二)会议机构及人员名单

1.市第四届人大第六次会议主席团和秘书长

主席团(53人)：

丁爱萍	马艳舟	王　升(女)	王立兵	王静平
左志学	朱建平	刘应文	刘海军	刘雪荣
孙金舟	孙璜清	杜俊冰	李　胜	杨　遥
肖燕梅(女)	吴　烨	吴汉桥	吴美景	何东英(女)
余学武	汪柏坤	张烈松	陈出新	陈安丽(女)
陈武斌	罗　刚	罗汉涛	赵　斌	赵久富
赵少莲(女)	郝胜勇	胡歌进	段高敏	段悦兰(女，土家族)
洪再林(女)	袁金鹏	夏　玲(女)	夏　菁(女)	黄正林
黄智敏	黄新国	梅咏成	崔永辉	符建国

彭志才　　程中良　　程建明　　释坚光　　童仕彬
谢学中　　蔡志军　　熊长江

秘书长：罗　刚

2.市第四届人大第六次会议主席团常务主席、大会执行主席

常务主席：

刘雪荣　　陈安丽（女）　孙璜清　　赵　斌　　罗　刚
何东英（女）　袁金鹏　　吴美景　　梅咏成　　段高敏

第一次全体大会（开幕式）执行主席（10人）：

刘雪荣　　陈安丽（女）　孙璜清　　赵　斌　　罗　刚
何东英（女）　袁金鹏　　吴美景　　梅咏成　　段高敏

第二次全体大会执行主席（11人）：

刘雪荣　　孙璜清　　余学武　　何东英（女）　吴美景
彭志才　　肖燕梅（女）　刘应文　　杨　遥　　汪柏坤
陈武斌

第三次全体大会执行主席（11人）：

陈安丽（女）　赵　斌　　罗　刚　　袁金鹏　　梅咏成
段高敏　　吴　烨　　赵少莲（女）　郝胜勇　　马艳舟
黄智敏

第四次全体大会（闭幕式）执行主席（10人）：

刘雪荣　　陈安丽（女）　孙璜清　　赵　斌　　罗　刚
何东英（女）　袁金鹏　　吴美景　　梅咏成　　段高敏

3.市第四届人大第六次会议大会副秘书长

段高敏　　余红志　　胡歌进　　胡锦华（女）　叶章夭
雷　电　　黄新国　　孙金舟　　王自力

七、第七次会议

市第四届人民代表大会第七次会议于2016年8月28日至29日在黄州举行，出席会议的代表505人。

作出决定1个，选举肖伏清为市长。

（一）会议内容

预备会议。主席团会议。选举肖伏清为黄冈市人民政府市长。

(二)会议机构及人员名单

1.市第四届人大第七次会议主席团和秘书长

主席团(53人):

丁爱萍	马艳舟	王　升	王立兵	王基家
左志学	朱建平	刘应文	刘海军	刘雪荣
孙金舟	孙璜清	杜俊冰	李　胜	杨　遥
肖伏清	吴　烨	吴汉桥	吴美景	何东英
余学武	汪柏坤	张烈松	陈出新	陈武斌
陈继平	罗　刚	罗汉涛	赵　斌	赵久富
赵少莲	郝胜勇	胡歌进	段悦兰(女,土家族)	
洪再林	骆志勇	袁金鹏	夏　玲	夏　菁
黄正林	黄智敏	黄新国	梅守福	梅咏成
崔永辉	符建国	彭志才	程建明	释坚光
童仕彬	谢学中	蔡志军	熊长江	

秘书长:孙璜清

2.市第四届人大第七次会议主席团常务主席、大会执行主席

常务主席:

刘雪荣	肖伏清	孙璜清	刘海军	赵　斌
罗　刚	何东英(女)	袁金鹏	吴美景	梅咏成
胡歌进				

第一、二、三次大会执行主席均由主席团常务主席担任,名单如下:

刘雪荣	肖伏清	孙璜清	刘海军	赵　斌
罗　刚	何东英(女)	袁金鹏	吴美景	梅咏成
胡歌进				

3.市第四届人大第七次会议大会副秘书长

胡歌进	熊良霄	王基家	雷　电	柯昌荣
涂新年	黄玉琴(女)	江晓明	梅守福	孙金舟
黄新国	胡锦华	上官福令		

第五节　第五届人民代表大会

黄冈市第五届人大任期内(2017年1月至2022年1月),召开市人民代表大会6次,听取和审议报告31个,作出决议、决定47个,任命国家机关工作人员136人次,选举出席湖北省第十三届人民代表大会代表64人。

一、第一次会议

市第五届人民代表大会第一次会议于2017年1月6日至11日在黄州举行,出席会议的代表529人,列席人员216人。

本次会议共举行4次全体会议,会议议程是:听取和审议市长肖伏清的市人民政府工作报告;审查和批准市2016年国民经济和社会发展计划执行情况报告与2017年国民经济和社会发展计划;审查市2016年预算执行情况和2017年预算草案的报告;批准2016年市级预算执行情况的报告和2017年市级预算;听取和审查市第四届人民代表大会常务委员会工作报告;听取和审查市中级人民法院工作报告;听取和审查市人民检察院工作报告;选举市第五届人民代表大会常务委员会组成人员;选举市人民政府市长、副市长;选举市中级人民法院院长;选举市人民检察院检察长;通过关于设立市第五届人民代表大会专门委员会的决定及其组成人员名单。

本次会议听取和审议报告6个,作出决议、决定9个,任命国家机关工作人员107人次。

(一)会议内容

预备会议。2017年1月6日,举行市五届人大一次会议预备会议,选举大会主席团和秘书长名单(草案);通过本次大会议程(草案);通过大会议案审查、计划审查和预算审查三个委员会主任委员、副主任委员、委员建议名单(草案)。

主席团会议。市五届人大一次会议共举行4次主席团会议。主要内容是:通过主席团常务主席、大会执行主席分组、大会副秘书长名单(草案);通过会议日程(草案);通过大会选举办法(草案);通过关于设立市第五届人大专门委员会的决定(草案);通过各专门委员会组成人员名单通过办法(草案);通过议案、决议和决定表决办法(草案);通过关于代表联名提出议案和质询案截止日期的决定;听取大会选举办法(草案)、关于设立市第五届人大专门委员会的决定(草案);各专门委员会组成人员人选名单通过办法(草案);审议通过各项候选人建议名单(草案);审议通过关于代表联名提名候选人截止时间的决定(草案);通过市第五届人大各专门委员会组成人员名单(草案);听取各代表团酝酿讨论各项候选人名单(草案)情况的汇报;通过各项正式候选人名单和市第五届人大专门委员会组成人员名单(草案);审议通过总监票人、监票人名单(草案);通过市人民政府工作报告的决议(草案);审议通过关于计划预算委员会关于2016年国民经济和社会发展计划执行情况与2017年计划草案的审查报告(草案);审议通过2016年国民经济和社会发展计划执行情况与2017年计划的决议(草案);审议通过计划预算委员会的市2016年财政预算执行情况与2017年财政预算草案的审查报告(草案);审议通过市2016年财政预算执行情况与2017年财政预算的决议(草案);审议通过市人大常委会工作报告决议(草案);审议通过市中级人民法院工作报告决议(草案);审议通过市人民检察院工作报告的决议(草案);审议通过关于代表提出议案处理意见的报告;听取总监票人报告各项候选人得票情况;确认大会选举结果。

听取和审议市人民政府工作报告。2017年1月7日,会议听取市长肖伏清的《黄冈市人民政府工作报告》。报告指出,本届政府任期五年来,全市经济总量稳步提升,2016年实现地区生产总值1720亿元,年均增长9.4%;固定资产投资2050亿元,年均增长21%;规模以上工业增加值年均增长11.5%;一般公共预算收入119.5亿元,年均增长17.4%;社会消费品零售总额达到969亿元,年均增长12.8%;外贸出口总额64500万美元,年均增长20.3%;金融机构存贷款余额分别达到2700亿元和1171亿元,年均增长18%、20%。麻城、武穴、浠水、蕲春、黄州等5个县市区生产总值过200亿元,武穴、麻城、红安、蕲春、黄梅等5个县市一般公共预算收入过10亿元。产业结构持续优化,三次产业比由2011年的27.75∶38.92∶33.33调整为22.75∶38.67∶38.58。基础设施不断完善。交通建设投入465亿元,黄冈长江大桥、武冈城际铁路、黄鄂高速、麻阳高速、大别山红色旅游公路及支线、黄冈大道等重大交通项目建成通车,高速公路里程突破700公里,公路总里程达到2.87万公里,实现县县通高速、乡乡通省道、村村通客车。水利建设投入162.1亿元,完成39条中小河流综合治理、782座水库和57公里回水堤防整险加固。电网建设投资69.8亿元。城乡面貌明显改观。城镇化率达到44.52%。市区面积由28平方公里扩大到50平方公里,遗爱湖公园成功创建国家湿地公园,红安"一河两岸"、麻城孝感乡文化公园、黄梅滨河新区等成为城市风景。建成黄冈老年大学、博物馆、黄梅戏大剧院、职教园、体育中心等民生工程。成功创建中华诗词之市、中国书法城、中国东坡美食文化之乡。

会议经过审议，于2017年1月11日通过《市人民政府工作报告的决议》，批准政府工作报告。

审查和批准国民经济和社会发展计划执行情况与2017年计划。2017年1月7日，市发展和改革委员会受市政府委托作《关于2016年黄冈市国民经济和社会发展计划执行情况与2017年计划草案的报告》。报告指出，2016年，全市实现生产总值1720亿元，增长7.6%，新增规上工业企业63家，总数达到1497家，全市规上工业企业总产值达到1892亿元，规上工业增加值增速达到8.5%，完成社会消费品零售总额969亿元，增长10%，城镇常住居民人均可支配收入24650元，增长9%，农村常住居民人均可支配收入11150元，增长8.8%。市级以上农业产业化龙头企业达到318家，产值过亿元企业达到154家，食品饮料、纺织服装、医药化工、建筑建材、机械电子等五大主导产业共实现产值1165亿元。

会议经过审查，2017年1月10日通过《关于2016年黄冈市国民经济和社会发展计划执行情况与2017年计划草案的审查报告》。批准市2016年国民经济和社会发展计划执行情况与2017年计划草案的报告，批准市2017年国民经济和社会发展计划。

审查2016年预算执行情况和2017年预算。2017年1月7日黄冈市财政局受市政府委托，向大会报告市2016年预算执行情况和2017年预算草案。2016年，全市全口径财政收入完成283.88亿元，同比增长5%，其中：一般公共预算收入完成119.53亿元，上划中央收入完成53.08亿元，上划省级收入完成0.08亿元，基金收入完成110.7亿元。全市财政支出585亿元(不含省拨专款支出)，比上年增长25%，主要是落实民生政策、加大社会事业投入、防汛救灾及灾后恢复重建投入、政府债券资金列支等增加的支出。通过体制结算，全市财政实现预算收支平衡。市本级一般公共预算总收入来源45.9491亿元，一般公共预算总支出45.9486亿元，市本级政府性基金收入总来源40.2156亿元，市本级政府性基金总支出40.2156亿元，市本级国有资本经营收入1300万元，预算收支相抵，实现平衡。市本级社会保险基金收入完成8.9293亿元，支出完成8.3663亿元，市本级地方政府债务余额为64.5亿元，债务风险在可控的范围之内。

会议经过审查，2017年1月10日通过《黄冈市2016年预算执行情况和2017年预算草案的审查报告》，决定批准市2016年预算执行情况和2017年预算草案报告，批准2017年市本级预算。

审议市人大常委会工作报告。2017年1月9日会议，市人大常委会副主任孙璜清作《黄冈市第四届人民代表大会常务委员会工作报告》。报告指出，市第四届人大常委会任期五年来，认真履行宪法和法律赋予的职责，共召开常委会会议40次，主任会议100次，听取和审议“一府两院”工作报告164项，开展执法检查和视察48次，依法讨论决定重大事项并作出决议决定40个，共任免国家机关工作人员306人次，有效发挥了地方国家权力机关的职能作用。市第四届人大常委会始终围绕核心、服务中心，把坚持党的领导贯穿到全过程，确保人大工作正确方向，始终依法履职、依法监督，把推进依法治国拓展到全方位，促进“一府两院”工作，始终尊重代表、依靠代表，把实现人民当家作主落实到全社会，注重发挥代表作用，始终严实作风、严格制度，把加强自身建设覆盖到全系统，努力形成工作合力。

大会经过审议，2017年1月11日通过《市人民代表大会常务委员会工作报告的决议》，决定批准这个报告。

听取和审查市中级人民法院工作报告。2017年1月9日会议听取市中级人民法院代院长肖笛的市中级人民法院工作报告。报告对过去五年作工作回顾，五年来，全市法院共受理各类案件185241件，审执结170514件，同比上升63.1%和52.9%。其中，市中院受理各类案件15824件，审执结13825件，同比上升99%和78.8%。共审结各类刑事案件11168件，判处罪犯12804人。审结贪污、贿赂、渎职等案件777件1006人，其中县处级以上29人。共受理各类民商事案件123687件，审结117289件，其中调解、撤诉50219件，调撤率42.8%。妥善审理涉及就业、保险、医疗、婚姻家庭和“三农”等案件36770件，审理经济结构调整、新型城镇化建设中的各类纠纷案件29800件，标的额111.43亿元，保障重点项目顺利推进。审结民间借贷、金融借款等案件14905件，妥善处理房屋买卖、租赁等纠纷案件1673件。受理行政案件3294件，审结3036件。共执结案件28516件，标的额136.98亿元。开展巡回审判12897次。

会议经过审议，2017年1月11日通过《市中级人民法院工作报告的决议》，同意报告提出的今后五年的工作安排，决定批准这个报告。

审查市人民检察院工作报告。2017年1月9日，会议听取市人民检察院检察长冯新华的市人民检察院工作报告。市四届人大一次会议以来的五年间，依法打击危害经济安全、扰乱经济秩序犯罪，批捕此类犯罪嫌疑人2697人，起诉3123人；依法惩治强迫交易、敲诈勒索、盗抢生产设施设备等恶势力犯罪，批捕此类犯罪嫌疑人193人，起诉207人；立案查办利用职权对企业索贿受贿、滥用职权等职务犯罪139人；依法打击侵害企业权益犯罪，批捕贪污、职务侵占、挪用资金的犯罪嫌疑人261人，起诉257人；依法妥善办理涉企案件，对涉嫌犯罪的企业“四类人员”，依法不批捕53人，不起诉47人。批捕金融诈骗、假冒商标、非法吸收公众存款等危害社会诚信的犯罪嫌疑人179人，起诉187人；立案查办资源出让、工程建设、国家投资等领域商业贿赂犯罪304人；提供行贿犯罪档案查询3.1万余次；依法打击各类刑事犯罪，批捕犯罪嫌疑人9963人，起诉14118人；批捕放火、爆炸、故意杀人、强奸、抢劫等严重暴力犯罪嫌疑人794人，起诉926人；批捕聚众斗殴、寻衅滋事、暴力讨债等犯罪嫌疑人1134人，起诉1379人，打击损害人民群众权益违法犯罪，批捕此类犯罪嫌疑人1327人，起诉1409人，查办其背后的职务犯罪104人；依法开展惩治破坏生态环境资源、危害食品药品安全、制售"假冒伪劣"产品等专项检察，监督有关行政执法机关移送涉嫌犯罪案件137件，批捕刑事犯罪嫌疑人473人，起诉487人，查办其背后的行贿受贿、乱作为、不作为以及充当"保护伞"的职务犯罪56人。在严惩严重刑事犯罪的同时，对轻微犯罪依法从宽处理，依法决定不批捕1719人、不起诉752人；完善刑事和解、检调对接等机制，对符合"当事人和解"法定条件的案件，促进和解并进行监督397件。

大会经过审议，2017年1月11日通过《市人民检察院工作报告的决议》，同意报告提出的今后五年的工作安排，决定批准这个报告。

2017年1月11日，会议选举刘雪荣为黄冈市第五届人民代表大会常务委员会主任，选举罗刚、何东英（女）、詹旺民、袁金鹏、梅咏成为副主任，选举王万福为秘书长。

会议选举肖伏清为黄冈市人民政府市长，张社教、陈少敏、陈家伟、周勇士、余友斌为副市长。

会议选举肖笛为黄冈市人民法院院长，冯新华为市人民检察院检察长（须报经湖北省人民检察院检察长提请湖北省人民代表大会常务委员会批准）。

大会收到代表10人以上联名提出的议案21件，全部转作建议，由市人大常委会有关办事机构交有关机关和组织研究办理，并负责答复代表。

（二）会议机构及人员

1.市第五届人大第一次会议主席团和秘书长

主席团（56人）：

丁爱萍	马艳舟	王万福	王立兵	左志学
叶章夭	田祥森	冯新华	刘珍德	刘美频
刘雪荣	刘锦秀（女）	江炳青	江晓明	孙璜清
李　玲（女）	李　胜	杨　遥	杨仕英（女）	肖　笛
肖伏清	吴美景	何东英（女）	何兰田	余友斌

余学武	汪治怀	汪柏坤	张社教	张明菊(女,土家族)
陈少敏(女)	陈出新	陈武斌	陈家伟	陈继平
易先荣	罗　刚	周勇士	赵　斌	赵少莲(女)
郝胜勇	洪再林(女)	骆志勇	袁金鹏	夏　菁(女)
黄智敏	黄强胤	黄新国	梅守福	梅咏成
符建国	彭志才	释明基	詹旺民	黎胜国
戴汉定				

秘书长:孙璜清

2.市第五届人大第一次会议主席团常务主席、大会执行主席

常务主席:

刘雪荣	肖伏清	刘美频	孙璜清	赵　斌
罗　刚	何东英(女)	袁金鹏	吴美景	梅咏成
王万福				

开幕式(第一次全体会议)由大会主席团常务主席担任执行主席,闭幕式(第四次全体会议)主席团部分常务主席和新当选的市五届人大常委会主任、副主任、秘书长担任执行主席。

第二次全体会议执行主席(11人):

刘雪荣	孙璜清	余学武	罗　刚	吴美景
彭志才	骆志勇	李　玲(女)	杨　遥	汪柏坤
陈武斌				

第三次全体会议执行主席(12人):

肖伏清	刘美频	赵　斌	赵少莲(女)	何东英(女)
袁金鹏	梅咏成	王万福	黄强胤	郝胜勇
马艳舟	黄智敏			

3.市第五届人大第一次会议大会副秘书长

王万福	王自力	王基家	刘珍德	杨希杰
吴恒斌	胡歌进	柯昌荣	闻武斌	涂新年
黄玉琴(女)	黄新国	梅守福	雷　电	熊良霄
熊清海				

4.市第五届人大第一次会议议案审查委员会

主任委员:吴美景

副主任委员：黄玉琴（女）

委　　员：丁爱萍　刘珍德　江炳青　江晓明

李　胜　杨仕英（女）　黄新国　梅守福

黎胜国　戴汉定

5.市第五届人大第一次会议计划审查委员会

主任委员：吴美景

副主任委员：江炳青

委　　员：苏　玲（女）　吴秀梅（女）　周银华　赵　涛

陶金荣（女）　黄文虎

6.市第五届人大第一次会议预算审查委员会

主任委员：吴美景

副主任委员：黎胜国

委　　员：汤定超　李自平　张仁舟　周锦平

漆兰英（女）

二、第二次会议

黄冈市第五届人民代表大会第二次会议于2017年5月8日至9日在黄州举行，出席会议的代表527人，列席人员209人。

本次会议作出决定1个，选举刘美频为市长。

（一）会议内容

预备会议。主席团会议。选举刘美频为黄冈市人民政府市长。

（二）会议机构及人员名单

1.市第五届人大第二次会议主席团和秘书长

主席团（53人）：

丁爱萍	马艳舟	王　斌	王万福	王立兵
王方能	方锋钢	叶章夭	刘珍德	刘美频
刘雪荣	刘锦秀（女）	江炳青	江晓明	李　玲（女）
李　胜	李毕致	李保国	杨　遥	杨仕英（女）
吴　罡	吴美景	何东英（女）	余学武	汪柏坤
张社教	张明菊（女，土家族）		陈出新	陈武斌
陈继平	易先荣	罗　刚	赵　斌	赵少莲（女）

郝胜勇	洪再林(女)	姚荣进	骆志勇	袁金鹏
涂新年	黄玉琴(女)	黄智敏	黄强胤	黄新国
梅守福	梅咏成	符建国	彭志才	释明基
童保红	詹旺民	黎胜国	戴汉定	

秘书长:罗　刚

2.市第五届人大第二次会议主席团常务主席、大会执行主席

常务主席:

刘雪荣	刘美频	罗　刚	赵　斌	何东英(女)
詹旺明	袁金鹏	吴美景	梅咏成	王万福

执行主席:

刘雪荣	刘美频	罗　刚	赵　斌	何东英(女)
詹旺明	袁金鹏	吴美景	梅咏成	王万福

3.市第五届人大第二次会议大会副秘书长

王万福	王自力	王基家	刘珍德	杨希杰
吴恒斌	余　凡	胡歌进	柯昌荣	闻武斌
涂新年	黄玉琴(女)	黄新国	梅守福	雷　电
熊良霄	熊清海			

三、第三次会议

黄冈市第五届人民代表大会第三次会议于2018年1月3日至8日在黄州举行,出席会议的代表523人,列席人员208人。

本次会议听取和审议报告6个,作出决议、决定10个,任命国家机关工作人员2人,选举出席湖北省第十三届人民代表大会代表64人。

(一)会议内容

预备会议。主席团会议。听取和审议代理市长邱丽新的市人民政府工作报告。审查和批准2017年国民经济和社会发展计划执行情况与2018年国民经济和社会发展计划草案报告,批准2018年国民经济和社会发展计划。审查和批准2017年预算执行情况和2018年预算草案报告,批准2018年市级预算。听取和审查市人大常委会副主任罗刚的市人民代表大会常务委员会工作报告。听取和审查市中级人民法院院长肖笛的市中级人民法院工作报告。听取和审查市人民检察院检察长冯新华的市人民检察院工作报告。通过《关于推进黄冈市区义务教育优质均衡发

展的议案》《关于进一步加强农村垃圾治理工作的议案》的决议。

大会收到议案12件,其中《关于推进黄冈市区义务教育优质均衡发展的议案》和《关于进一步加强农村垃圾治理工作的议案》提请大会主席团审议决定,其他10件代表联名提出的议案转作建议,由市人大常委会有关办事机构交有关机关和组织研究办理,并负责答复代表。

选举邱丽新为黄冈市人民政府市长。

选举胡爱民为黄冈市监察委员会主任。

(二)会议机构及人员名单

1.市第五届人大第三次会议主席团和秘书长

主席团(53人):

马艳舟	王　斌	王万福	方锋刚	叶章天
刘珍德	刘雪荣	刘锦秀(女)	江炳青	江晓明
李　玲(女)	李　胜	杨　遥	杨仕英(女)	吴　罡(女)
吴美景	邱丽新(女)	何东英(女)	余学武	汪柏坤
张社教	张明菊(女)	陈出新	陈武斌	陈浩特
陈继平	易先荣	罗　刚	周丽娅(女)	赵　斌
赵少莲(女)	郝胜勇	胡爱民	段　鹏	姜　迪
洪再林(女)	姚荣进	骆志勇	袁金鹏	涂新年
黄玉琴(女)	黄智敏	黄强胤	黄新国	梅守福
梅咏成	彭志才	释明基	童仕彬	雷　军
詹旺民	黎胜国	戴汉定		

秘书长:罗　刚

2.市第五届人大第三次会议主席团常务主席、大会执行主席

常务主席:

刘雪荣	邱丽新(女)	张社教	罗　刚	赵　斌
何东英(女)	詹旺民	袁金鹏	吴美景	梅咏成
王万福				

本次会议的第一次全体会议(开幕式)、第四次全体会议(闭幕式)由大会主席团常务主席担任执行主席;第二、第三次全体会议由常务主席和代表团团长轮流担任执行主席。

第二次全体会议执行主席(11人):

刘雪荣	罗　刚	余学武	詹旺民	吴美景
彭志才	骆志勇	李　玲(女)	杨　遥	汪柏坤
陈武斌				

第三次全体会议执行主席(12人):

邱丽新(女,满族)		张社教	赵　斌	赵少莲(女)
何东英(女)	袁金鹏	梅咏成	王万福	黄强胤
郝胜勇	马艳舟	黄智敏		

3.市第五届人大第三次会议副秘书长

王万福	王自力	王基家	刘珍德	杨希杰
吴恒斌	余　凡	胡歌进	柯昌荣	闻武斌
涂新年	黄玉琴(女)	黄新国	梅守福	雷　电
熊良霄	熊清海			

四、第四次会议

黄冈市第五届人民代表大会第四次会议于2019年1月19日至25日在黄州举行,出席会议的代表521人,列席人员214人。

本次会议听取和审议报告6个,作出决议、决定7个,任命国家机关工作人员3人。

(一)会议内容

预备会议。主席团会议。听取和审议市长邱丽新的市人民政府工作报告。审查和批准2018年国民经济和社会发展计划执行情况与2019年国民经济和社会发展计划草案报告,批准2019年国民经济和社会发展计划。审查和批准2018年预算执行情况和2019年预算草案报告,批准2019年市级预算。听取和审查市人民代表大会常务委员会副主任罗刚的市人民代表大会常务委员会工作报告。听取和审查市中级人民法院院长肖笛的市中级人民法院工作报告。听取和审查市人民检察院代理检察长官书云的市人民检察院工作报告。

大会收到议案5件,全部转作建议,由市人大常委会有关办事机构交有关机关和组织研究办理,并负责答复代表。

选举官书云为黄冈市人民检察院检察长(须报经湖北省人民检察院检察长提请湖北省人民代表大会常务委员会批准)。

(二)会议机构及人员名单

1.市第五届人大第四次会议主席团和秘书长

主席团(53人):

马艳舟	王　斌	王万福	方锋刚	左志学
叶章夭	刘珍德	刘雪荣	刘锦秀(女)	江炳青
江晓明	江海松	李　玲(女)	李　胜	李保国
杨　遥	余学武	汪柏坤	张社教	张明菊(女,土家族)
陈出新	陈武斌	陈继平	易先荣	罗　刚
周丽娅(女)	赵　斌	赵少莲(女)	郝胜勇	胡爱民
洪再林(女)	姚荣进	骆志勇	袁金鹏	涂新年
黄玉琴(女)	黄智敏	黄强胤	黄新国	梅守福
梅咏成	彭志才	释正孝同(女)		童仕彬
雷　军	詹旺民	黎胜国	戴汉定	

秘书长:罗　刚

2.市第五届人大第四次会议主席团常务主席、大会执行主席

常务主席:

刘雪荣	邱丽新(女,满族)		张社教	罗　刚
赵　斌	何东英(女)	詹旺民	袁金鹏	吴美景
梅咏成	王万福			

会议的第一次全体会议(开幕式)、第四次全体会议(闭幕式)由大会主席团常务主席担任执行主席;第二、第三次全体会议由常务主席和代表团团长轮流担任执行主席。

第二次全体会议执行主席(11人):

刘雪荣	罗　刚	余学武	詹旺民	吴美景
彭志才	骆志勇	李　玲(女)	杨　遥	汪柏坤
陈武斌				

第三次全体会议执行主席(12人):

邱丽新(女,满族)		张社教	赵　斌	赵少莲(女)
何东英(女)	袁金鹏	梅咏成	王万福	黄强胤
郝胜勇	马艳舟	黄智敏		

3.市第五届人大第四次会议副秘书长

王万福	王基家	刘珍德	江海松	杨希杰
吴恒斌	余　凡	闻武斌	涂新年	黄玉琴(女)
梅守福	童　巍	雷　电	熊良霄	熊清海

五、第五次会议

黄冈市第五届人民代表大会第五次会议于2020年1月3日至7日在黄州举行，出席会议的代表515人，列席人员200人。

本次会议听取和审议报告6个，作出决议、决定10个，任命国家机关工作人员21人。

(一)会议内容

预备会议。主席团会议。听取和审议市长邱丽新的市人民政府工作报告。审查和批准2019年国民经济和社会发展计划执行情况报告与2020年国民经济和社会发展计划。审查2019年预算执行情况和2020年预算草案报告，批准2019年市级预算执行情况报告和2020年市级预算。听取和审查市人大常委会副主任詹旺民的市人民代表大会常务委员会工作报告。听取和审查市中级人民法院院长肖笛的市中级人民法院工作报告；听取和审查市人民检察院检察长官书云的市人民检察院工作报告。

选举张社教为黄冈市人大常委会主任，汪柏坤、李玲(女)、王万福为副主任，方荣为秘书长。

通过关于设立和更名黄冈市第五届人民代表大会有关专门委员会的决定草案，设立社会建设委员会；内务司法委员会更名为市人大监察和司法委员会。

接受刘雪荣辞去黄冈市第五届人民代表大会常委会主任职务。

接受王万福辞去黄冈市第五届人民代表大会常委会秘书长职务。

大会收到议案3件，均转作建议，由市人大常委会有关办事机构交有关机关和组织研究办理，并负责答复代表。

(二)会议机构及人员名单

1.市第五届人大第五次会议主席团和秘书长

主席团(53人)：

马艳舟	王　斌	王万福	方　荣	方锋刚
叶俊甫	叶章夭	刘珍德	刘雪荣	刘锦秀(女)

江炳青	江晓明	江海松	李　玲(女)	李　胜
李初敏	李新桥	杨　遥	杨仕英(女)	吴　罡(女)
何东英(女)	何兰田	余学武	汪国兵	汪柏坤
张社教	张明菊(女,土家族)		陈出新	陈武斌
陈浩特	陈家伟	周丽娅(女)	赵　斌	赵少莲(女)
赵建新	胡爱民	段　鹏	洪再林(女)	姚荣进
骆志勇	夏　菁(女)	涂新年	黄玉琴(女)	黄强胤
黄新国	梅守福	梅咏成	释明基	童仕彬
雷　军	詹旺民	黎胜国	戴汉定	

秘书长:张社教

2.市第五届人大第五次会议主席团常务主席、会议执行主席

常务主席:

刘雪荣	张社教	赵　斌	詹旺民	何东英(女)
梅咏成	王万福			

本次会议的第一次全体会议(开幕式)、第四次全体会议(闭幕式)由大会主席团常务主席担任执行主席;第二、第三次全体会议由常务主席和代表团团长轮流担任执行主席。

第二次全体会议执行主席(10人):

刘雪荣	张社教	余学武	詹旺民	杨　遥
陈武斌	汪柏坤	李　玲(女)	王万福	骆志勇

第三次全体会议执行主席(9人):

赵　斌	赵少莲(女)	何东英(女)	梅咏成	赵建新
黄强胤	李新桥	马艳舟	汪国兵	

3.市第五届人大第五次会议副秘书长

王万福	王秋华	方　荣	叶章夭	刘珍德
江海松	肖燕梅(女)	余　凡	南策志	闻武斌
黄玉琴(女)	梅守福	童　巍	蔡志勇	熊清海

六、第六次会议

黄冈市第五届人民代表大会第六次会议于2021年1月16日至20日在黄州举行,出席会议代表518人,列席会议187人。

本次会议听取和审议报告7个，作出决议、决定9个，任命国家机关工作人员1人。

（一）会议内容

预备会议。主席团会议。听取和审议市长邱丽新的市人民政府工作报告。审查和批准市国民经济和社会发展第十四个五年规划和二〇三五年远景目标纲要草案。审查和批准市2020年国民经济和社会发展计划执行情况报告与2021年国民经济和社会发展计划。审查2020年预算执行情况和2021年预算草案报告，批准2020年市级预算执行情况报告和2021年市级预算。听取和审查市人大常委会主任张社教的市人民代表大会常务委员会工作报告。听取和审查市中级人民法院院长肖笛的市中级人民法院工作报告；听取和审查市人民检察院检察长官书云的市人民检察院工作报告。通过《关于加强农村村民建房管理推进乡村建设行动的议案》。

大会收到代表提出的议案5件，将其中《关于加强农村村民建房管理推进乡村建设行动的议案》列入大会议程，其他4件转作建议，由市人大常委会有关办事机构交有关机关和组织研究办理，并负责答复代表。

选举黄强胤为市人大常委会副主任。

（二）会议机构及人员名单

1.市第五届人大第六次会议主席团和秘书长

主席团（53人）：

马艳舟　王　斌　王万福　方　荣　方锋刚
叶俊甫　叶章夭　刘珍德　刘雪荣　刘锦秀（女）
江炳青　江晓明　江海松　李　玲（女）　李　胜
李初敏　李新桥　杨　遥　杨仕英（女）　吴　罡（女）
何　飞　何东英（女）　何兰田　余友斌　余学武
汪国兵　汪柏坤　张文华（女，土家族）　张社教
陈出新　陈武斌　周丽娅（女）　赵　斌　赵少莲（女）
赵建新　胡爱民　洪再林（女）　姚荣进　夏志东
涂杏华（女）　涂新年　黄玉琴（女）　黄强胤　黄新国
梅守福　释明基　童仕彬　童保红　雷　军
詹旺民　熊清海　黎胜国　戴汉定

秘书长：张社教

2.市第五届人大第六次会议主席团常务主席、会议执行主席

常务主席：

刘雪荣	张社教	赵　斌	何　飞	詹旺民
何东英(女)	汪柏坤	李　玲(女)	王万福	方　荣

执行主席：

本次会议的第一次全体会议(开幕式)、第四次全体会议(闭幕式)由大会主席团常务主席担任执行主席;第二、第三次全体会议由常务主席和代表团团长轮流担任执行主席。

第二次全体会议执行主席(10人)：

刘雪荣	张社教	余学武	詹旺民	汪柏坤
李　玲(女)	杨　遥	陈武斌	赵建新	黄强胤

第三次全体会议执行主席(10人)：

赵　斌	赵少莲(女)	何　飞	何东英(女)	王万福
方　荣	夏志东	李新桥	马艳舟	汪国兵

3.市第五届人大第六次会议副秘书长(15人)

王秋华	方　荣	叶章夭	刘珍德	江海松
肖燕梅(女)	吴元西	余　凡	南策志	涂杏华(女)
黄玉琴(女)	梅守福	童　巍	蔡志勇	熊清海

七、第七次会议

黄冈市第五届人民代表大会第七次会议于2021年6月25日至26日在黄州举行,出席会议的代表514人。

本次会议作出决定1个,选举李军杰为市长。

(一)会议内容

预备会议。主席团会议。选举李军杰为黄冈市人民政府市长。举行宪法宣誓。

(二)会议机构及人员名单

1.市第五届人大第七次会议主席团和秘书长

主席团(53人)：

王万福	方　荣	方锋刚	叶俊甫	叶章夭
付　宇	刘珍德	刘堂军	刘欲晓	刘锦秀(女)
江炳青	江晓明	江海松	李　玲(女)	李　胜

李初敏　杨仕英(女)　吴　罡(女)　何　飞　何东英(女)
何兰田　何永红　余友斌　汪国兵　汪柏坤
张文华(女、土家族)　张社教　张家胜　陈出新
周丽娅(女)　郑光文　赵少莲(女)　赵建新　郝爱芳(女)
胡　昊　胡安元　胡爱民　洪再林(女)　姚荣进
夏志东　涂杏华(女)　涂新年　黄玉琴(女)　黄强胤
黄新国　梅守福　释明基　童仕彬　雷　军
詹旺民　熊清海　黎胜国　戴汉定

秘书长：张社教

2.市第五届人大第七次会议主席团常务主席、会议执行主席

常务主席：

张家胜　张社教　何　飞　詹旺民　何东英(女)
汪柏坤　李　玲(女)　王万福　黄强胤　方　荣

执行主席：

本次会议的第一次全体会议(开幕式)、第四次全体会议(闭幕式)由大会主席团常务主席担任执行主席；第二、第三次全体会议由常务主席和代表团团长轮流担任执行主席。

3.市第五届人大第七次会议副秘书长

方　荣　肖燕梅(女)　段焱山　余　凡　叶章夭
蔡志勇　梅守福　黄玉琴(女)　王秋华　刘珍德
南策志　吴元西　童　巍　廖保安

第六节　第六届人民代表大会第一次会议

黄冈市第六届人民代表大会第一次会议于2022年1月5日至9日在黄州举行，出席会议的代表528人，列席人员187人。

会议议程为：听取和审查市人民政府工作报告；审查和批准2021年国民经济和社会发展计划执行情况报告与2022年国民经济和社会发展计划；审查2021年预算执行情况和2022年预算草案报告，批准2021年预算执行情况报告和2022年市级预算；听取和审查市人民代表大会常务委员会工作报告；听取和审查市中级人民法院工作报告；听取和审查市人民检察院工作报告；选举黄冈市第六届人民代表大会常

务委员会组成人员；选举黄冈市人民政府市长、副市长；选举黄冈市监察委员会主任；选举黄冈市中级人民法院院长；选举黄冈市人民检察院检察长；通过关于设立黄冈市第六届人民代表大会专门委员会的决定及其组成人员名单。

本次会议听取和审议报告6个，作出决议、决定8个，任命国家机关工作人员129人次。

一、会议内容

预备会议。2022年1月5日，举行市六届人大一次会议预备会议，通过本次大会议程，选举产生大会主席团和秘书长，表决大会计划、预算审查委员会主任委员、副主任委员、委员名单（草案）。

主席团会议。市六届人大一次会议共举行4次主席团会议。主要内容是：推选主席团常务主席，通过执行主席分组名单，决定大会副秘书长；通过会议日程，通过大会选举办法（草案），通过关于设立市六届人大专门委员会的决定（草案），通过市六届人大专门委员会组成人员人选通过办法（草案），宣读大会宪法宣誓方案，通过大会表决议案办法，通过代表联名提出议案、质询案的截止时间。通过各项候选人建议名单（草案），通过市六届人大各专门委员会组成人员人选建议名单（草案），通过各项正式候选人名单，通过监票人、总监票人名单（草案），通过市六届人大各专门委员会组成人员人选名单（草案），通过市政府工作报告的决议（草案），通过关于计划的审查报告的决议（草案），通过关于预算的审查报告的决议（草案），通过市人大常委会工作报告的决议（草案），通过市人民法院工作报告的决议（草案），通过市人民检察院工作报告的决议（草案），通过关于代表联名提出议案处理意见的报告，听取大会选举结果的报告。

听取和审议市政府工作报告。2022年1月6日，大会听取市长李军杰的政府工作报告。报告回顾了过去五年工作，全市2021年实现地区生产总值2550亿元，比2016年增长35.2%，人均GDP突破4万元。规上工业增加值比2016年增长39%，社会消费品零售总额增长26.4%，进出口总额增长86.9%。地方一般公共预算收入增长18%，税收占比提升10.4个百分点。金融机构存贷比提高13.5个百分点。产值过10亿元的企业达到39家。6个贫困县全部摘帽，892个贫困村全部出列，102.8万贫困人口全部脱贫。建成高标准农田346万亩，粮食产量连年保持在25亿公斤以上。蕲艾、大别山黑山羊入选全国特色农产品区域公用品牌百强，麻城福白菊、黄梅挑花、英山云雾茶入选中欧地标互认名单。落实惠企纾困政策，累计减税降费

108.1亿元。市场主体增至62.5万户。城镇化率达到48.7%，提高4个百分点。成功创建国家园林城市、国家卫生城市。安九高铁、武穴长江大桥、棋盘洲大桥、麻竹高速黄冈段、蕲太高速西段建成通车，治理水土流失708平方公里，“三湖”湖堤加固、蕲水灌区新建扩建、土司港闸站等项目顺利实施。612万人参加城乡医保，129万人次困难群众享受城乡低保，33万人次农村五保对象得到供养，71万人次残疾人获得两项补贴，1.6万困难家庭解决保障性住房，110万农村居民饮水安全巩固提升。打赢战“疫”战洪硬仗，持续提升经济治理能力，初步扭转经济发展被动局面。

会议经过审议，于2022年1月9日通过《关于政府工作报告的决议》，决定批准该报告。

审查和批准市经济和社会发展计划执行情况与国民经济和社会发展计划。2022年1月6日，市发展和改革委员会受市人民政府委托，作2021年国民经济和社会发展计划执行情况与2022年国民经济和社会发展计划草案报告。2021年，全市全年地区生产总值达到2550亿元，规上工业增加值同比增长18%左右，社会消费品零售总额同比增长18%左右；完成一般公共预算收入141亿元，同比增长35.6%；外贸进出口总额同比增长41.2%，武穴长江大桥、棋盘洲长江大桥、蕲太高速西段、沪蓉高速龟峰山支线、安九高铁建成通车，黄黄高铁、武汉新港江北铁路、麻安东高速基本建成。全市国家级农业产业化龙头企业增至4家、省级88家，国家地标产品达到92个，净增规上工业企业31家。改革创新活力彰显，区域发展更趋协调，生态环境不断改善，民生保障有力有效。

会议经过审议，于2022年1月9日通过《市2021年国民经济和社会发展计划执行情况的报告与2022年国民经济和社会发展计划的决议》，决定批准2021年国民经济和社会发展计划，批准市2021年国民经济和社会发展计划执行情况与2022年国民经济和社会发展计划草案的报告。

审查和批准预算执行情况和市级预算报告。2022年1月6日大会，市财政局受市人民政府委托，作2021年预算执行情况和2022年预算草案报告。2021年全市全口径财政收入完成531.9亿元，其中：一般公共预算收入完成141亿元，上划中央收入完成86.7亿元，国有资本经营预算收入完成6.7亿元，基金收入完成297.5亿元。全市财政总支出完成903.2亿元，其中：一般公共预算支出完成539.8亿元，国有资本经营预算支出1.9亿元，基金支出308.7亿元，债务还本支出52.8亿元，财政支出重点是落实民生保障政策，安排社会事业、乡村振兴、污染防治投入，补齐公共卫生、交通水利基础设施建设短板等方面的支出。通过体制结算，全市财政实现预算收支平衡。

会议经过审查，于2022年1月9日批准《市2021年预算执行情况和2022年财政预算草案的报告》，决定批准2022年本级财政预算。

会议选举和决定。2022年1月9日，大会选举张社教为黄冈市第六届人民代表大会常务委员会主任，詹旺民、陈少敏、黄强胤、屈凯军、吴晓文、郭小野为副主任，黄智敏为秘书长。

选举李军杰为黄冈市人民政府市长，刘忠诚、王玺玮、肖红娟、荣先国、潘国林、王文忠、马艳舟为副市长。

选举胡爱民为黄冈市监察委员会主任。

选举肖笛为黄冈市中级人民法院院长，万强为黄冈市人民检察院检察长（依照法定程序报请湖北省人民检察院检察长提请湖北省人大常委会批准任命）。

大会共收到议案10件，全部转为建议，由市人大常委会有关办事机构交有关机关和组织研究办理，并负责答复代表。

二、会议机构及人员名单

（一）市第六届人大第一次会议主席团和秘书长

主席团（56人）：

万　强	马艳舟	王文忠	王建强	王玺玮
付　宇	朱凤娥（女）	刘　扬（女）	刘忠诚	刘堂军
刘欲晓	刘锦秀（女）	江海松	李　玲（女）	李军杰
李初敏	杨仕英（女）	肖　笛	肖红娟（女）	吴秀梅（女）
吴晓文	何　山	何　飞	何永红	余友斌
余能华	汪国兵	张　鄂（土家族）		张　敏（女）
张社教	张家胜	陈卫东	陈少敏（女）	金　鑫
郑光文	屈凯军	赵建新	郝爱芳（女）	荣先国
胡　昊	胡安元	胡爱民	洪再林（女）	夏志东
徐　锐	高维鹏	郭小野	唐志红（女）	涂杏华（女）
黄智敏	黄强胤	释明基	詹旺民	熊清海
缪　丞	潘国林			

秘书长：张社教

（二）市第六届人大第一次会议主席团常务主席、大会执行主席

常务主席：

张家胜	李军杰	张社教	金　鑫	胡爱民
何　飞	詹旺民	陈少敏（女）	黄强胤	屈凯军
吴晓文	郭小野	黄智敏		

开幕会（第一次大会）、闭幕会（第四次大会）由大会主席团常务主席担任执行主席。

第二次大会执行主席（12人）：

张家胜	金　鑫	胡爱民	詹旺民	黄强胤
吴晓文	黄智敏	夏志东	何永红	刘堂军
汪国兵	郝爱芳（女）			

第三次大会执行主席（12人）：

李军杰	张社教	何　飞	陈少敏（女）	屈凯军
郭小野	郑光文	付　宇	胡安元	胡　昊
刘欲晓	高维鹏			

（三）市第六届人大第一次会议大会副秘书长

黄智敏	蔡绪安	肖燕梅（女）	段焱山	尹胜利
叶章夭	蔡志勇	陈念思	江晓明	李　文
吴晓鹏	杜　军	姜　彬	童　巍	李　刚

（四）市第六届人大会一次会议计划、预算审查委员会

主任委员：黄强胤

副主任委员：缪　丞　余能华

委　员：

王　琳（女）	左志学	周锦平	段学枝（女）
殷义华	郭　鹰	蓝耀春	樊汉明
瞿　伟			

第三章　黄冈市人民代表大会常务委员会

1996年12月，黄冈市人民代表大会设立常设机关——人民代表大会常务委员会（简称人大常委会），组成人员由市人民代表大会在市人大代表中依法选举产生。人大常委会依法履行法律赋予的权利和职责。

自1996年12月至2022年1月，黄冈市人大常委会共历六届，召开常委会会议191次，听取和审议"一府两院"工作报告824次，作出决议、决定257项，依法任免国家机关工作人员1740人次，还向"一府两院"发出审议意见，开展执法检查和视察，开展专题询问、专题询问、专项视察和专题调研，制定地方性法规。

第一节　第一届人大常委会

黄冈市第一届人民代表大会常务委员会任期内（1996年12月至2002年4月），共召开常委会会议36次，听取和审议"一府两院"工作报告174个，作出决议、决定33个，向"一府两院"发出审议意见102件，依法任免国家机关工作人员456人次。

一、人大常委会组成人员

黄冈市第一届人大第一次会议选举产生第一届人大常委会成立于1996年12月13日，组成人员为主任1人，副主任5人，秘书长1人，委员25人，共32人。

第一届人大常委会组成人员名单（1996年12月13日至2002年4月11日）

主　任：

贾天增（1996.12.13—1998.4.18）

蔡伦祥（1998.4.18—2001.2.26）

刘友凡（2001.2.26—2002.4.11）

副主任：

徐华荣（1996.12.13—2001.2.26）

宛宗祥（1996.12.13—2001.2.26）

贺仕文（1996.12.13—2002.4.11）

汪慧英（女，1996.12.13—2002.4.11）

方景忠（1996.12.13—2002.4.11）

易茂先（1999.1.25—2002.4.11，1999.1.25补选）

刘光彩（2001.2.26—2002.4.11，2001.2.26选举为常务副主任）

金鹤年（2001.2.26—2002.4.11，2001.2.26补选）

张用长（2001.2.26—2002.4.11，2001.2.26补选）

吴闻章（2001.2.26—2002.4.11，2001.2.26补选）

秘书长：杨兴鸿

委　员（原选25人，后辞职1人）：

王仲钦	叶国政	刘正祥	刘行敏	刘定华
孙晓兵	释坚光	杨光树	杨瑞宽	吴闻章
何秋悦	汪月东	张正安	张忠元	张茂松
张诗淦	陈圣斌	胡荣希	姜兰香（女）	秦怀清
徐长松	高明俊	曹衍清（1999.1.25辞职）		董毓中
程红才				

二、人大常委会会议

第一次会议　于1996年12月14日至15日在黄州召开。会议学习中共中央总书记江泽民关于坚持和完善人民代表大会制度的讲话，学习全国人大常委会委员长乔石在八届全国人大常委会第一次会议上的讲话，学习《宪法》《地方组织法》。邀请湖北省人大常委会原副秘书长彭岚作关于人大工作的辅导讲座，学习人大及其常委会工作方法。

第二次会议　于1997年2月24日至26日在黄州召开。会议审议并通过《黄冈市人民代表大会常务委员会议事规则》《黄冈市人民代表大会常务委员会主任会议议事规则》《黄冈市人民代表大会常务委员会任免国家机关工作人员暂行办法》《黄冈市人民代表大会常务委员会组成人员守则（试行）》和《黄冈市人大常委会1997年度工作要点》。听取和审议市人民政府关于组织当前工业生产情况的报告、关于贯彻实施森林法及当前林业生产情况的报告和关于贯彻实施《湖北省农民负担管理条例》及减轻农民负担工作情况的报告，作出《黄冈市人民代表大会常务委员会关于切实做好减轻农民负担工作的决议》。通过市一届人大常委会代表资格审查委员会组成人员名单。决定市第一届人大第二次会议于1997年4月上旬在黄州召开。

会议表决人事议案，通过有关人事任免，并颁发了任命书。

第三次会议　于1997年4月12日至13日在黄州召开。会议确认市一届人民代表大会议程具体事项，审议并通过市人大工作报告（讨论稿）、第二次会议主席团和秘书长名单（草案）、第二次会议议程（草案）、第二次会议日程（草案），听取市一届人民代表大会代表变动情况的报告，审议一届人大二次会议列席人员名单（草案）。

会议表决人事议案，通过有关人事任免，并颁发了任命书。

第四次会议　于1997年6月23日至25日在黄州召开。会议听取和审议市人民政府关于1996年度全市本级预算执行和其他财政收支的审计工作报告、市财政局关于预算外资金管理工作情况的报告；听取和审议市人大常委会关于对全市公检法机关执法情况视察的报告、关于林业执法情况视察的报告；听取和审议市人民政府关于市第一届人大一次会议代表建议、批评和意见办理情况的报告；听取和审议关于补选代表的代表资格的审查报告，审议通过市人大常委会联系市人大代表办法、市人大代表持证视察办法、市人大常委会监督工作办法等有关工作制度。

通过任命王顺华为市人民政府副市长的决定。

会议表决人事议案，通过有关人事任免。

第五次会议　于1997年8月25日至27日在黄州召开。会议听取和审议市人民政府关于1997年上半年国民经济和社会发展计划执行情况的报告、关于1997年1月至6月财政预算执行情况的报告、关于贯彻实施烟草专卖法和《湖北省实施〈烟草专卖法〉办法》情况的报告、市人民政府关于“三五”普法工作情况的报告、关于贯彻实施《湖北省计划生育条例》情况的报告、关于民族宗教工作情况的报告、关于侨务外事工作情况的报告。

会议表决人事议案，通过有关人事任免。

第六次会议　于1997年10月27日至29日在黄州召开。会议听取和审议市人民政府关于贯彻实施教育法情况的报告、关于扶贫开发工作情况的报告、关于市区规划建设和管理情况的报告、关于1996年市级财政决算情况的报告；听取市人大常委会“减负”视察团关于对全市减轻农民负担工作视察情况的报告；听取和审议市人民政府关于市一届人大一次、二次会议代表建议批评和意见办理情况的报告。

通过免去戴凌翔的市人民政府副市长职务的决定。

会议表决人事议案，通过有关人事任免。

第七次会议 于1997年12月15日至17日在黄州召开。会议决定市第一届人民代表大会第三次会议于1997年12月18日在黄州召开，审议一届人大三次会议的相关会议材料，审议并通过人代会主要文件（草案）。听取和审议市人民政府关于社会治安情况的报告、关于反腐倡廉工作情况的报告、关于贯彻实施金融法律法规情况的报告、关于贯彻实施兵役法和《湖北省征兵工作条例》情况的报告；听取市人大常委会执法检查组关于国防军事法律法规执法检查情况的报告；审议通过市人民代表大会常务委员会关于依法治市的决议。

第八次会议 于1998年2月25日至27日在黄州召开。会议决定市一届人大四次会议于1998年3月底或4月上旬在黄州召开。审议并通过市人大常委会1998年工作要点；听取和审议市人民政府关于引进外资工作情况的报告、关于贯彻实施《国家公务员暂行条例》情况的报告、关于水利工作情况的报告、关于经济体制改革工作情况的报告，审议市人民政府关于市区规划管理办法（草案）的议案。

通过任命卢焱群为市人民政府副市长的决定。

会议表决人事议案，通过有关人事任免。

第九次会议 于1998年4月2日在黄州召开。会议审议市人大常委会工作报告（讨论稿）、审议并通过市一届人大四次会议的主要文件草案，听取市一届人民代表大会代表变动情况和代表资格审查的报告。审议关于开展对全市金融和市直城建、教育、邮电等部门执法情况检查的议案，作出关于开展全市金融和市直城建、教育、邮电等部门执法情况检查的决定；审议关于表彰市一届人大一、二次会议议案、建议、批评和意见办理工作先进单位的议案，作出《关于表彰市一届人大一、二次会议代表议案、建议、批评和意见办理工作先进单位的决定》。

决定接受贾天增辞去市人大常委会主任职务，报市一届人大四次会议备案。

会议表决人事议案，通过有关人事任免。

第十次会议 于1998年6月3日至5日在黄州召开。会议听取和审议市人民政府关于贯彻市人大常委会依法治市决议实施方案的报告；听取和审议市中级人民法院和市人民检察院关于贯彻市人大常委会依法治市决议实施方案和制定执法责任制及错案责任追究制实施方案的报告；听取和审议市人大常委会金融执法检查组关于对全市金融执法情况视察检查的报告，作出关于加强金融执法整治金融秩序的决议；听取和审议市人大常委会执法检查组关于对市直城建、教育、邮电部门执法情况视察检查的报告；听取市人民政府关于黄冈市城市总体规划修编情况的报告；审议《市人民政府关于黄冈市城市规划管理办法（草案）（修改稿）》。

会议表决人事议案，通过有关人事任免。

第十一次会议　于1998年7月6日在黄州召开。会议决定接受刘友凡辞去黄冈市人民政府市长职务，并报黄冈市第一届人民代表大会第五次会议备案。

会议通过任命段远明为黄冈市人民政府副市长，代理市长的决定。

第十二次会议　于1998年9月21日至23日在黄州召开。会议听取和审议市人民政府关于1998年防洪及抗灾救灾情况的报告，作出关于深入开展抗灾救灾工作的决议；听取和审议市人民政府关于1998年上半年国民经济和社会发展计划执行情况的报告、关于1998年1月至8月财政预算执行情况的报告、关于1997年度财政预算执行和其他财政收支的审计报告、关于贯彻实施《湖北省文化市场管理暂行条例》情况的报告；听取和审议市人大民族宗教侨务外事委员会关于全市宗教执法视察情况的报告。

第十三次会议　于1998年11月9日至11日在黄州召开。会议分别听取和审议市人民政府、市人民检察院、市中级人民法院关于贯彻实施人民警察法、法官法、检察官法情况的报告。听取和审议市人民政府关于市一届人大四次会议代表建议批评和意见办理情况的报告、关于1998年市区10件实事工作情况的报告、关于治理遗爱湖环境污染议案办理情况的报告。

会议表决人事议案，通过有关人事任免。

第十四次会议　于1998年12月22日至23日在黄州召开。会议听取和审议市人民政府关于扶贫工作情况的报告、关于1997年市级财政决算情况的报告、关于贯彻实施义务教育法情况的报告；听取市人大财政经济委员会关于1997年市级财政决算的审查报告，作出关于批准1997年市级财政决算的决议；听取和审议市人大法制委员会关于贯彻实施《湖北省各级人大常委会对司法机关办理案件实行监督的规定》情况的报告；听取市人大常委会主任会议关于同意对市人大代表魏炎森涉嫌贪污立案侦查时采取限制人身自由措施的报告。决定市一届人民代表大会第五次会议于1999年1月20日左右在黄州召开。

会议表决人事议案，通过有关人事任免。

第十五次会议　于1999年1月15日在黄州召开。会议决定市一届人大五次会议于1999年1月20日至25日在黄州召开。审议市人大常委会工作报告（讨论稿），听取和审议市人大常委会代表资格审查委员会关于黄冈市第一届人民代表大会代表变动情况和代表资格的审查报告，审议黄冈市第一届人民代表大会第五次会议主席团和秘书长名单(草案),审议市一届人大五次会议主席团常务主席、大会执行主席分组、副秘书长名单(草案),审议黄冈市一届人大五次会议议程(草案),审议黄冈市一届人大五次会议日程(草案),审议黄冈市一届人大五次会议选举办法(草案),通过市一届人大五次会议列席人员名单。

第十六次会议 于1999年3月17日至19日在黄州召开。会议听取和审议市人民政府关于减轻农民负担工作情况的报告、关于贯彻实施森林法情况的报告、关于贯彻实施预算法情况的报告、关于贯彻实施律师法情况的报告、关于贯彻实施劳动法和市直国有企业下岗职工基本生活保障和再就业情况的报告。作出关于深入贯彻预算法加强财政预算管理的决议。

会议表决人事议案,通过有关人事任免。

第十七次会议 于1999年5月26日至28日在黄州召开。会议听取和审议市人民政府关于贯彻实施防洪法情况的报告、关于贯彻实施建筑法和《湖北省建筑市场管理条例》情况的报告、关于市区个体私营经济发展情况的报告;听取和审议市人大常委会执法检查组关于市区经济发展环境执法检查情况的报告,作出市人大常委会关于依法治理黄冈市区经济发展环境的决议;审议通过市人大常委会关于市人民政府组成人员、市中级人民法院、市人民检察院负责人向市人大常委会述职、接受评议的决定。

会议表决人事议案,通过有关人事任免。

第十八次会议 于1999年8月4日至6日在黄州召开。会议听取和审议市人民政府关于1999年上半年国民经济和社会发展计划执行情况的报告、关于1999年上半年财政预算执行情况的报告、关于1998年市级财政决算情况的报告、关于市区社会治安治理情况的报告、关于贯彻实施土地管理法情况的报告;听取和审议关于1998年市级财政预算执行和其他财政收支审计工作的报告,审议黄冈市城市总体规划。批准1998年市级财政决算的决议。

第十九次会议 于1999年10月13日至15日在黄州召开。会议听取和审议市人民政府关于代表建议、批评和意见及治理遗爱湖环境污染议案办理情况的报告、关于贯彻实施会计法及委派会计制度落实情况的报告、关于贯彻实施义务教育法和教师法情况的报告、关于贯彻实施食品卫生法和药品管理法情况的报告、市人民政府关于旅游工作情况的报告、关于贯彻实施乡镇企业法情况的报告;听取和审议市人大常委会执法检查组关于市区经济环境执法检查交办的问题和个案办理落实情况的报告。

会议表决人事议案，通过有关人事任免。

第二十次会议　于1999年12月15日至17日在黄州召开。会议听取和审议市人大法制委员会关于贯彻实施《湖北省各级人大常委会对司法机关办理案件实行监督的规定》情况的报告；听取和审议市人民检察院关于查办贪污、贿赂、渎职等职务犯罪工作情况的报告；听取和审议市人民政府关于1999年城区10件实事进展情况的报告、关于黄冈市区贯彻实施环境保护法情况的报告、关于市直行政执法部门开展行政执法责任制和行政执法违法及过错责任追究制工作的报告；听取和审议市人大常委会执法检查组关于全市贯彻实施义务教育法和教师法视察检查情况的报告。作出关于进一步贯彻实施义务教育法和教师法的决议。

决定接受曹衍清辞去市一届人大常委会委员职务。

会议表决人事议案，通过有关人事任免。

第二十一次会议　于2000年1月4日至5日在黄州召开。会议决定黄冈市第一届人民代表大会第六次会议于2000年1月11日在黄州召开。听取市人大常委会代表资格审查委员会关于黄冈市第一届人民代表大会代表变动情况的报告；审议市人大常委会工作报告（讨论稿），审议市人大常委会2000年工作要点（草案）、市一届人大六次会议主席团和秘书长名单、市一届人大六次会议主席团常务主席大会执行主席分组副秘书长名单（草案）、市一届人大六次会议议程（草案）、市一届人大六次会议日程（草案）；审议决定市一届人大六次会议列席人员名单。听取和审议市中级人民法院、市人民检察院、市公安局、市监察局关于市人大经济环境执法检查交办的问题和个案办理落实情况的报告。

第二十二次会议　于2000年3月14日至16日在黄州召开。会议听取和审议市人民政府关于市直经济（工业、农业、商贸、财税等）发展情况的报告、全市农业农村经济结构战略性调整情况的报告、关于环境保护"一控双达标"工作情况的报告、关于贯彻实施《治安管理处罚条例》工作情况出的报告、关于贯彻落实市人大常委会关于深入贯彻预算法加强财政预算管理的决议情况报告；审议市人大常委会对本级司法机关办理案件实行监督的工作程序（草案）；作出关于大力推进黄冈市农业和农村经济结构调整的决议。

会议表决人事议案，通过有关人事任免。

第二十三次会议　于2000年5月15日至17日在黄州召开。会议听取和审议市人民政府关于贯彻实施农村技术推广法情况的报告、关于贯彻实施科学技术进步法情况的报告、关于纠正行业不正之风工作情况的报告、关于贯彻实施审计法情况的报告,审议通过市人大常委会对本级司法机关办理案件实行监督的工作程序;作出关于进一步贯彻农业技术推广法加强农业技术推广工作的决议,通过撤销胡金朝的市人民防空办公室主任职务的决定。

第二十四次会议 于2000年7月26日至28日在黄州召开。听取和审议市人民政府关于市2000年上半年国民经济和社会发展计划执行情况的报告、关于2000年1月至6月财政预算执行和1999年市级财政决算情况的报告、关于1999年市级预算执行和其他财政收支情况的审计工作报告、关于整顿黄州城区建筑市场治安秩序情况的报告,审议通过关于对政府部分组成人员和市"两院"主要负责人进行述职评议的实施方案;听取市人大法制委员会关于黄州城区工业建材物资公司申诉案有关情况的说明。作出批准1999年市级财政决算的决议,批准进一步整顿黄州城区建筑市场治安秩序的决议,批准成立特定问题调查委员会对黄州区工业建材物资公司有关申诉案进行调查的决定,通过成立特定问题调查委员会对黄州区工业建材物资公司有关申诉案进行调查。

会议表决人事议案,通过有关人事任免。

第二十五次会议 于2000年10月12日至13日在黄州召开。会议听取和审议市人民政府关于贯彻实施土地管理法执法情况的报告、关于贯彻实施村民委员会组织法情况的报告、关于贯彻实施《国务院宗教活动场所管理条例》情况的报告,听取和审议市人大财政经济委员会关于市直贯彻实施税收征管法执法检查情况的报告,作出认真贯彻实施税收征收管理法进一步加强税收征收管理工作的决议。

会议表决人事议案,通过有关人事任免。

第二十六次会议 于2000年11月6日在黄州召开,会议决定任命万桃元为黄冈市人民政府副市长。

通过免去卢燚群黄冈市人民政府副市长职务的决定。

第二十七次会议 于2000年11月28日至12月1日在黄州召开。会议对市中级人民法院院长陈坤波、市人民检察院检察长高作火、市计委主任林丛武、市经贸委主任陈汉生、市水利局局长许明怀、市广播电视局局长周兴元进行述职评议,常委会组成人员和部分市人大代表对以上6个单位的负责人进行民主测评。

第二十八次会议 于2001年1月9日至10日在黄州召开。会议决定市第一届人民代表大会第七次会议于2002年2月24日在黄州召开;审议市人大七次会议相关文件材料,审议通过黄冈市人大常委会工作报告(讨论稿)、市人大常委会2001年工作要点。听取和审议市第一届人民代表大会资格变动情况的报告,审议通过市人民政府关于市一届人大六次会议代表提出的建议、批评和意见办理情况的报告，市人大常委会关于市一届人大六次会议代表建议批评和意见办理情况的报告、市人民政府关于贯彻落实市一届人大常委会关于进一步贯彻实施义务教育法和教师法的决议情况的报告、市人民检察院关于法纪检察工作情况的报告。通过许可逮捕市人大代表王龙朝的决定。

第二十九次会议　于2001年3月28日在黄州召开。会议听取、审议、通过市人民政府关于2000年市直工业、农业和商贸业发展情况的报告、关于贯彻实施价格法情况的报告、关于贯彻实施森林法情况的报告。

第三十次会议　于2001年5月28日至29日在黄州召开。会议听取、审议、通过市人民政府贯彻实施市第一届人民代表大会常务委员会关于进一步贯彻农业技术推广法加强农业技术推广工作的决议情况的报告、贯彻实施行政监察法情况的报告、贯彻实施产品质量法情况的报告，审议通过关于组织人大代表对市垂直管理部门进行评议的实施方案，作出关于组织人大代表对市垂直管理部门进行评议的决定；通过《开展评选、表彰市一届人大优秀代表暨全市人大工作先进集体、先进工作者活动的决定》。

第三十一次会议　于2001年7月24日至25日在黄州召开。会议听取、审议、通过市人民政府关于2001年上半年国民经济和社会发展计划执行情况的报告、关于2001年1月至6月财政预算执行和2000年市级财政决算情况的报告、关于2000年市级预算执行和其他财政收支情况的审计工作报告、关于开展"严打"整治斗争情况的报告，批准2000年市级财政决算的决议。审议通过2000年市级财政决算的审查报告。通过接受童吉和、王中钦辞职的决定。

通过任命杨道洲为黄冈市人民政府副市长的决定。

通过免去万桃元的黄冈市人民政府副市长职务的决定。

会议表决人事议案，通过有关人事任免。

第三十二次会议　于2001年9月13日至14日在黄州召开。会议听取、审议、通过市人民政府关于贯彻实施乡镇企业法情况的报告；听取、审议、通过市总工会关于贯彻实施工会法情况的报告；听取、审议、通过市人民检察院关于民事行政检察工作的报告。审议通过《许可对市人大代表周承献采取强制措施的决定》。

会议表决人事议案，通过有关人事任免。

第三十三次会议　于2001年9月26日在黄州召开。会议听取、审议、通过关于黄冈市第二届人民代表大会代表选举时间的决定（草案）。

通过任命夏润祥为黄冈市人民政府副市长的决定。

通过免去鲁季平的黄冈市人民政府副市长职务的决定。

通过免去王顺华的黄冈市人民政府副市长职务的决定。

第三十四次会议 于2001年12月3日至4日在黄州召开。会议审议、通过关于召开市第二届人民代表大会第一次会议的决定；审议通过关于市第二届人民代表大会代表名额分配方案的报告；审议通过市中级人民法院、检察院、公安局关于办理市人大常委会交办案件情况的报告，作出关于司法机关进一步做好市人大常委会交办案件办理工作的决议；审议通过市人大常委会特定问题调查委员会关于黄州区工业建材物资公司申诉案的调查报告，作出表彰市一届优秀人大代表、先进人大工作集体和先进人大工作者的决定，通过关于提请补选市一届人大常委会代表资格审查委员会成员的议案，通过关于批准撤销余加贵武穴市人民法院院长职务的决定。

第三十五次会议 于2002年1月19日在黄州召开。会议听取、审议市第二届人民代表大会第一次会议相关文件材料，审议通过市人大常委会工作报告（讨论稿）、市人大常委会2002年工作要点、市二届人大一次会议议程（草案）和会议日程（草案），审议通过市第二届人民代表大会第一次会议选举办法（草案）。

通过罢免鲁季平湖北省第九届人大代表职务的决议。

第三十六次会议 于2002年3月26日在黄州召开。会议审议召开市第二届人民代表大会第一次会议的决定，审议市第二届人民代表大会第一次会议主席团和秘书长名单（草案）；审议市第二届人民代表大会第一次会议主席团常务主席名单（草案）、大会执行主席分组名单（草案）；副秘书长名单（草案），审议市第二届人民代表大会的代表资格审查报告，审议决定会议列席人员名单；听取、审议市第二届人民代表大会第一次会议计划预算审查委员会主任委员、副主任委员、委员建议名单（草案），议案审查委员会主任委员、副主任委员、委员建议名单（草案），提请市第二届人民代表大会第一次会议预备会议通过；审议市第二届人民代表大会第一次会议关于设立市第二届人民代表大会专门委员会的决议（草案），提请市第二届人民代表大会第一次会议主席团会议审议；审议通过邀请出席市第二届人民代表大会第一次会议开幕式闭幕式人员名单。表彰市一届优秀人大代表、先进人大工作集体、先进人大工作者。

第二节　第二届人大常委会

市第二届人大常委会任期内（2002年4月至2007年1月），共召开常委会会议37次，听取和审议“一府两院”工作报告189个，作出决议、决定39个，向“一府两院”发出审议意见161件，依法任免国家机关工作人员235人次。

一、人大常委会组成人员

2002年4月11日，市第二届人大一次会议选举产生第二届人大常委会，由主任1人，副主任6人，秘书长1人，委员24人，共32人组成。

市二届人大常委会主任分别为刘友凡（2003年1月5日辞职），段远明（2003年1月5日任职）。

市二届人大常委会副主任分别为陈定国、易茂先、金鹤年、陈鼎常、包玉兰（女）、张永斌、王建明（2005年3月1日补选）。

市二届人大常委会秘书长分别为杨兴鸿（2004年2月20日辞职）、梅启生（2004年2月20日补选）。

市二届人大常委会委员分别为马秋良、王仲群、邓九阳（女）、叶国政、朱经久、刘正祥、来秋元、汪月东、张忠元、张金安、周光鹏（2004年2月12日辞职）、胡桂甫、姜旺生、秦永高、夏玲（女）、唐质斌、涂学生、黄正林、程红才、傅本台、释坚光、詹汉彬、蔡佑新、熊熊，陈裕勇（2003年1月5日补选），黄柏林（2004年2月20日补选）、陈出新（2004年2月20日补选）、王旺林（2005年3月1日补选）、倪敬东（2005年3月1日补选）。

第二届人大常委会组成人员名单（2002年4月11日至2007年1月21日）

主　任：

刘友凡（2002.4.11—2003.1.5，2003.1.5辞职）

段远明（2003.1.5—2007.1.21）

副主任：

陈定国（2002.4.11—2007.1.21）

易茂先（2002.4.11—2007.1.21）

金鹤年（2002.4.11—2007.1.21）

陈鼎常(2002.4.11—2007.1.21)

包玉兰(女,2002.4.11—2007.1.21)

张永斌(2002.4.11—2007.1.21)

王建明　(2005.3.1—2007.1.21,2005.3.1补选)

秘书长:

杨兴鸿(2002.4.11—2004.2.20,2004.2.20辞职)

梅启生(2004.2.20—2007.1.21,2004.2.20补选)

委　员(原选24名,后补选5人):

马秋良	王仲群	邓九阳(女)	叶国政	朱经久
刘正祥	来秋元	汪月东	张忠元	张金安
周光鹏	胡桂甫	姜旺生	秦永高	夏　玲(女)
唐质斌	涂学生	黄正林	程红才	傅本台
释坚光	詹汉彬	蔡佑新	熊　熊	

陈裕勇(2003.1.5补选)　黄柏林(2004.2.20补选)

陈出新(2004.2.20补选)　王旺林(2005.3.1补选)

倪敬东(2005.3.1补选)

二、人大常委会会议

第一次会议　于2002年5月21日至22日在黄州召开。会议审议市第二届人大常委会代表资格审查委员会主任委员、副主任委员、委员名单及说明;审议市人大常委会2002年工作要点;审议市人民代表大会常务委员会议事规则、主任会议议事规则、组成人员守则、议事规则(草案)、主任会议议事规则(草案),听取《常委会组成人员守则(草案)》修订情况的说明,审议任免地方国家机关工作人员办法及其说明。听取和审议市人民政府关于整治经济环境工作情况的报告。

会议表决人事议案,通过有关人事任免。

第二次会议　于2002年6月10日至11日在黄州召开。会议听取、审议市人民政府关于旅游业发展总体规划编制情况的报告、关于市区城市规划工作情况的报告,听取、审议市人民检察院关于开展刑事立案监督工作情况的报告。

会议表决人事议案,通过有关人事任免。

第三次会议　于2002年7月29日至31日在黄州召开。会议听取、审议市人民政府关于2002年上半年国民经济和社会发展计划执行情况的报告、关于2002年1

月至6月财政预算执行和2001年市级财政决算情况的报告、关于2001年度市级预算执行和其他财政收支的审计工作报告、关于全市扶贫开发工作情况的报告、关于民营经济发展情况的报告，听取、审议、通过市人大财政经济委员会关于2001年市级财政决算的审查报告，作出批准2001年市级财政预算的决议、关于做好新阶段扶贫开发工作的决议。

会议表决人事议案，通过有关人事任免。

第四次会议 于2002年9月23日至24日在黄州召开。会议听取审议市人民政府关于市直2001年预算外资金收支管理和2002年预算外资金收支计划以及1月至8月份计划执行情况的报告，通过关于市直2001年预算外资金收支管理和2002年预算外资金收支计划及1月至8月计划执行情况的审议意见。听取审议和通过市人民政府关于贯彻落实市人民代表大会常务委员会关于进一步贯彻实施义务教育法和教师法的决议情况的报告、关于贯彻实施城市房地产管理法情况的报告、关于贯彻实施《湖北省宗教事务管理条例》情况的报告、关于人大代表视察市行政服务中心工作情况的报告。

会议表决人事议案，通过有关人事任免。

第五次会议 于2002年10月29日至30日在黄州召开。会议听取、审议、通过市人大常委会主任会议关于市区法院、检察院、公安局、司法局工作视察情况的报告。听取和评议市中级人民法院、检察院、公安局、司法局的工作报告，并进行评议表决，听取并通过关于根据评议结果确定重点整改单位的暂行办法。

第六次会议 于2002年11月29日至12月1日在黄州召开。会议决定市第二届人民代表大会第二次会议定于2003年1月1日在黄州召开。听取、审议、通过市人大常委会视察组关于全市减轻农民负担工作视察情况的报告，通过关于全市减轻农民负担工作视察情况报告的审议意见，听取、审议市人民政府关于市二届人大一次会议关于加快黄冈市大别山旅游开发议案和代表建议、批评、意见办理情况的报告。

通过接受段远明同志辞去黄冈市市长职务的决定。

通过任命黄冈市人民政府副市长、代理市长的决定。

会议表决人事议案，通过有关人事任免。

第七次会议 于2002年12月23日至24日在黄州召开。会议审议黄冈市人大常委会工作报告（讨论稿），提请黄冈市第二届人民代表大会第二次会议审议；审议黄冈市第二届人民代表大会第二次会议主席团和秘书长名单（草案），提请黄冈市第二届人民代表大会第二次会议预备会议选举；审议黄冈市第二届人民代表大会第二次会议议程（草案），提请黄冈市第二届人民代表大会第二次会议预备会议审议；审议黄冈市第二届人民代表大会第二次会议日程（草案），提请黄冈市第二届人民代表大会第二次会议主席团决定；审议黄冈市第二届人民代表大会第二次会议主席团常务主席、大会执行主席分组、大会副秘书长名单（草案），提请黄冈市第二届人民代表大会第二次会议主席团推定或决定；听取和审议黄冈市人大常委会代表资格审查委员会关于黄冈市第二届人民代表大会代表变动情况和补选3名代表的代表资格审查报告；审议黄冈市第二届人民代表大会第二次会议选举办法（草案），提请黄冈市第二届人民代表大会第二次会议主席团审议；审议决定黄冈市第二届人民代表大会第二次会议列席人员名单；审议通过邀请出席市二届人大二次会议开幕式、闭幕式人员名单；审议市人大常委会2003年工作要点（草案）。听取关于评议28个市人民政府组成部门和34个市直部门问卷调查情况的报告，根据表决结果确定重点评议对象的暂行办法，确定3个市人民政府组成部门和3个市直部门为重点评议对象。

通过接受刘友凡辞去黄冈市第二届人民代表大会常务委员会主任职务的决定，并报请市人民代表大会备案。

通过任命梅香雪为黄冈市人民政府副市长的决定。

第八次会议 于2003年2月17日至18日在黄州召开。会议听取、评议、通过市环境保护局、市劳动和社会保障局、市对外经济贸易局、市药品监督管理局、湖北省电信公司黄冈市分公司、湖北移动通信有限责任公司黄冈分公司等6家单位的工作汇报。

会议表决人事议案，通过有关人事任免。

第九次会议 于2003年4月23日至25日在黄州召开。会议听取、审议、通过市人民政府关于贯彻实施台湾同胞投资保护法情况的报告、贯彻水法情况的报告、关于市人民政府贯彻实施《医疗机构管理条例》情况的报告，通过上述报告的审议意见，听取、审议、通过市人大财政经济委员会《关于市人大常委会加强市级预算审查监督的决定（草案）》及说明，作出《关于加强市级预算审查监督的决定》。听取、评议市环境保护局、市劳动和社会保障局、市对外经济贸易合作局、市药品监督管理局、湖北省电信公司黄冈分公司、湖北移动通信有限责任公司黄冈分公司6家重点评议单位整改工作情况的报告，并进行表决，均为整改合格单位。

会议表决人事议案，通过有关人事任免。

第十次会议　于2003年6月9日至11日在黄州召开。会议听取、审议、通过市人民政府关于招商引资工作情况的报告、关于贯彻实施国防法、国防教育法情况的报告、关于贯彻实施种子法情况的报告、关于贯彻实施归侨侨眷权益保护法、《湖北省侨属企业条例》情况的报告；通过关于市直2002年预算外资金收支管理和2003年预算外资金收支计划的审议意见；作出关于进一步做好招商引资工作的决议。听取、审议、通过《关于市人民政府、法院、检察院执行决议决定和办理落实审议意见的试行规定》及市人大常委会所作的说明；听取市二届人大代表的代表资格审查报告。

会议表决人事议案，通过有关人事任免。

第十一次会议　于2003年7月28日至30日在黄州召开。会议听取、审议通过市人民政府关于2003年上半年国民经济和社会发展计划执行情况的报告、关于2003年上半年财政预算执行情况的报告、关于贯彻实施农村土地承包法情况的报告、关于贯彻实施国务院《信访工作条例》情况的报告，通过关于2003年1月至6月财政预算执行情况的审议意见，审议、通过市人大常委会关于做好信访工作保护群众利益维护社会秩序的决议及说明；审议通过市人大常委会关于在“一府两院”及有关部门中开展评优评先评议后进活动的实施办法、作出在“一府两院”及有关部门中开展评优评先评议后进活动的决定，审议通过市人大常委会关于公民旁听市人大常委会会议制度的实施办法及说明。

通过任命李格非为黄冈市人民政府副市长的决定。

第十二次会议　于2003年9月13日至15日在黄州召开。会议听取、审议、通过市中级人民法院、市人民检察院关于行政审判工作情况的报告，听取、审议、通过市总工会贯彻实施工会法情况的报告；听取、审议、通过市人民政府关于2002年市级财政预算情况的报告；听取、审议、通过2002年市级财政决算的审查报告，通过2002年市级财政预算的决议；听取、审议、通过市人民政府关于2002年市级预算执行和其他财政收支情况的审计工作报告、关于贯彻实施药品管理法情况的报告。

通过接受杨兴鸿辞去市人大常委会秘书长职务的决定，并报市人民代表大会备案。

会议表决人事议案，通过有关人事任免。

第十三次会议　于2003年11月10日至12日在黄州召开。会议听取和审议市人民政府关于社会保障体系建立及实施工作情况、全市旅游工作情况、贯彻实施水污染防治法和《湖北省城市建设监察条例》情况的报告，听取市人大各专门委员会和常委会办事机构关于1月至10月工作情况的报告，审议通过《市人大常委会关于接待处理人民群众来信来访的暂行办法》。常委会组成人员对各项报告进行了执法认真审议。会议作出关于撤销方长江职务的决定。

会议表决人事议案，通过有关人事任免。

第十四次会议 于2003年12月12日至13日在黄州召开。会议听取和审议市人民政府关于办理市二届人大二次会议代表建议、批评、意见情况和关于2003年市级财政预算调整情况的报告，市中级人民法院、市人民检察院和市公安局关于办理市人大常委会交办案件情况的报告，通过市人大常委会关于批准2003年市级预算调整方案的决议、关于加快依法治市进程建设法治黄冈的决议、关于治理市区化工污染的决议和关于聘请法律顾问的暂行规定，讨论市人大常委会关于在市"一府两院"及有关部门中开展"评优评先评议后进"活动的安排意见和关于部分常委会组成人员联系专门委员会工作的意见。

第十五次会议 于2004年1月11日在黄州召开。会议决定市第二届人民代表大会第三次会议于2月16日至20日在黄州召开；听取、审议和通过市第二届人民代表大会第三次会议议程（草案）；提请市第二届人民代表大会第三次会议审议；听取、审议和通过市第二届人民代表大会第三次会议日程（草案），提请市第二届人民代表大会第三次会议审议；听取、审议和通过《黄冈市第二届人民代表大会第三次会议选举办法（草案）》，提请市第二届人民代表大会第三次会议审议。会议听取、审议、通过《黄冈市第二届人民代表大会第三次会议主席团和秘书长名单（草案）》及市人大常委会副主任所作的说明，提请市第二届人民代表大会第三次会议预备会议通过；听取、审议、通过《黄冈市第二届人民代表大会第三次会议主席团常务主席名单（草案）》《黄冈市第二届人民代表大会第三次会议大会执行主席分组名单（草案）》《黄冈市第二届人民代表大会第三次会议副秘书长名单（草案）》及市人大常委会副主任所作的说明；提请市第二届人民代表大会第三次会议主席团第一次会议推定或决定。听取、审议、通过市人大常委会副主任张用长所作的《关于黄冈市第二届人民代表大会代表变动情况和补选、另行选举8名代表的资格审查报告》；审议、通过《黄冈市第二届人民代表大会常务委员会公告》；听取、审议、通过黄冈市第二届人民代表大会第三次会议列席人员名单及人大常委会副主任张用长所作的说明；听取、审议、通过市第二届人民代表大会第三次会议开幕式、闭幕式特邀人员名单及市人大常委会副主任陈鼎常所作的说明。听取、审议市人大常委会代表人事工作室《黄冈市人大常委会关于在市人民政府、市中级人民法院、市人民检察院及有关部门开展评议问卷调查情况的报告》。审议市人民代表大会常务委员会工作报告（讨论稿），提请市第二届人民代表大会第三次会议审议；审议、通过市人大常委会2004年工作要点。

第十六次会议　于2004年2月12日召开。会议听取、审议市第二届人民代表大会代表变动情况和补选梅启生同志为市二届人大代表的代表资格审查报告。

通过接受周光鹏辞去市人大常委会委员职务的决定。

会议表决人事议案，通过有关人事任免。

第十七次会议　于2004年3月26日召开。会议听取、审议、通过市人民政府关于市直2003年预算外资金收支管理和2004年预算外资金收支计划情况的报告。评议市人大常委会主任会议列为"人民群众满意单位"初步名单的18个单位的工作报告，审议通过关于票决确定"人民群众满意单位"和"重点评议单位"的具体办法。票决确定10个"人民群众满意单位"和6个"重点评议单位"名单。

第十八次会议　于2004年5月26日召开。会议听取和审议市人民政府关于农民增收工作情况、关于贯彻实施人口与计划生育法和环境保护法情况以及关于"四五"普法工作情况等四个报告，作出关于进一步做好农民增收工作的决议；听取市人大常委会"两法"执法检查组关于在全市开展"两法"贯实施情况的执法检查报告。

会议表决人事议案，通过有关人事任免。

第十九次会议　于7月20日至2日召开。会议听取和审议市人民政府关于2004年上半年国民经济和社会发展计划执行情况、2004年1月至6月财政预算执行情况、2003年市级财政预算执行和其他财政收支审计工作、2003年市级财政决算情况、贯彻实施行政监察法和推进新型工业化情况的报告，作出关于大力推进黄冈市新型工业化的决议；审议并通过市人大常委会关于在市人民政府组成人员中开展述职评议的决定及实施意见，关于对市区两级行政机关依法行政、司法机关公正司法加强监督的意见，关于加强龙感湖管理区人大联络组工作的意见，听取、审议和通过调整后的市第二届人民代表大会常务委员会代表资格审查委员会主任委员、副主任委员名单。

会议表决人事议案，通过有关人事任免。

第二十次会议　于2004年10月8日至10日召开。会议听取和审议市人民政府关于贯彻实施土地管理法、行政许可法、《黄冈市人大常委会关于治理黄冈市区化工污染的决议》以及全市农村教育工作和宗教工作情况的报告，听取和审议市中级人民法院关于执行工作情况、市人民检察院关于刑罚执行监督工作情况以及市人大常委会执法检查组关于开展土地管理法和行政许可法执法检查情况的报告，审议并通过市人大常委会《关于在市人民政府组成人员中开展述职评议的实施意见》《关于在市人民政府组成人员中推荐常委会述职评议对象的暂行办法》以及《关于市法院、检察院、公安局实施执法责任制、评议考核制和错案责任追究制的监督办法》。票决确定了6名述职评议对象，通过有关人事任免事项。

通过接受高作火辞去黄冈市人民检察院检察长职务的决定，并报上一级人民检察院提请同级人民代表大会常务委员会批准。

通过任命黄六洲为黄冈市人民检察院代理检察长的决定（报省人大常委会备案）。

第二十一次会议 于2004年12月8日至10日召开。决定市第二届人民代表大会第四次会议于2005年2月25日至3月2日召开。审议6家机关单位负责人的述职报告，作出评议意见。听取、审议、通过市人大常委会各专门委员会、常委会办事机构和龙感湖管理区人大联络组2004年工作情况，并进行测评表决，听取、审议、通过市中级人民法院、市人民检察院、市公安局关于市二届人大三次会议代表建议批评意见和市人大常委会交办个案办理情况的报告。

会议表决人事议案，通过有关人事任免。

第二十二次会议 于2005年1月5日召开。会议审议市人大常委会工作报告（草案），提请市第二届人民代表大会第四次会议审议；审议市人大常委会工作要点（草案），提请市第二届人民代表大会第四次会议审议；审议市第二届人民代表大会第四次会议议程（草案），提请市第二届人民代表大会第四次会议审议；审议市第二届人民代表大会第四次会议日程（草案），提请市第二届人民代表大会第四次会议审议。

通过免去夏润祥的市人民政府副市长职务的决定。

通过任命卢焱群为市人民政府副市长的决定。

会议表决人事议案，通过有关人事任免。

第二十三次会议 2005年2月22日召开。会议听取、审议人大代表变动情况和代表资格审查报告；审议主席团和秘书长名单（草案）、常务主席和大会执行主席分组、大会副秘书长名单（草案）、选举办法（草案）、会议列席人员名单、会议开幕式闭幕式邀请出席人员名单、会议议程（草案）、日程（草案）调整情况的说明。

通过接受金鹤年辞去黄冈市第二届人民代表大会常务委员会副主任职务的

决定。

通过接受占云发辞去黄冈市中级人民法院院长职务的决定。

通过任命蒋国平为市人民政府副市长的决定。

通过免去杨道洲市人民政府副市长职务的决定。

通过任命吕小武为黄冈市中级人民法院代理院长的决定。

第二十四次会议　2005年3月28日至30日召开。会议听取和审议市人民政府关于农业产业结构调整情况、贯彻实施城市绿化条例和科技进步法情况的报告，通过三个报告的审议意见。作出市人大常委会关于对市人民政府组成人员进行述职评议的决定，通过对市直法官述职评议、警官执法评议的实施方案。通过《市人大常委会关于讨论决定重大事项的实施办法》《对被任命国家机关工作人员实行就职发言的决定》《审判人员和检察人员任前公示办法》《对"一府两院"报告工作实行票决制的决定》4个工作制度。通过市人大常委会关于表彰市二届人大优秀代表暨全市先进人大工作集体、先进人大工作者的实施方案。

第二十五次会议　于2005年5月25日至27日召开。会议听取和审议市人民政府关于2004年预算外资金收支管理情况和2005年预算外资金收支计划情况、市直推行部门预算工作情况、全市旅游工作情况和扶贫工作情况等4个报告；审议通过市人大常委会组成人员联系本级人大代表的办法，票决确定市直法官述职评议和警官执法评议的对象名单，听取关于龙其保等4名市二届人大代表被有关机关采取强制措施情况的说明；举办有关财政预算监督问题的法制讲座。

会议表决人事议案，通过有关人事任免。

第二十六次会议　于2005年7月14日至15日召开。会议听取、审议、通过市人民政府关于2005年上半年国民经济和社会发展计划执行情况的报告、关于2005年1月至6月财政预算执行情况的报告、关于农村义务教育工作情况的报告、关于机构编制工作情况、市中级人民法院关于全市人民法庭建设情况的报告等6个报告，票决通过前5个报告及其审议意见。

会议表决人事议案，通过有关人事任免。

第二十七次会议　于2005年9月26日至29日召开。会议听取和审议市人民政府关于贯彻实施行政许可法情况的报告、关于审计机关对2004年财政预算执行和其他财政收支的审计工作报告以及2004年市级财政决算情况的报告、贯彻执行市人大常委会关于大力推进黄冈市新型工业化物决议和关于进一步做好招商引资工作的决议2个报告，首次对10名法官、警官进行了述职或执法评议。票决确定

2005年政府组成部门人员述职评议对象。

会议表决人事议案，通过有关人事任免。

第二十八次会议 于2005年11月21日至23日在黄州召开。会议分别听取评议市人民政府副市长吕文涛、刘树生、梅香雪和市人民政府秘书长王体全、市科学技术局(知识产权局)局长姜永满、市卫生局局长桂凤英、市民政局局长夏德明、市劳动和社会保障局局长熊成全等8名述职评议对象所作的述职报告，进行评议表决，听取、审议并通过市人民政府关于2005年市级财政预算调整方案的报告，听取、审议市人民检察院关于全市基层检察院建设情况的报告。

第二十九次会议 于2006年1月4日至5日在黄州召开。会议决定黄冈市第二届人民代表大会第五次会议定于2006年2月19日至23日在黄州召开。听取审议通过市人大常委会关于市人民政府2005年承诺八件实事完成情况的视察报告，听取和审议市中级人民法院、市人民检察院、市公安局关于办理市二届人大四次会议代表建议批评意见、市人大常委会交办个案和实施执法责任制、评议考核制、错案责任追究制情况的报告。听取和审议市人大各专门委员会、常委会办事机构和龙感湖管理区人大联络组2005年工作情况的报告。

第三十次会议 于2006年2月14日在黄州召开。会议决定市二届人民代表大会第五次会议召开时间变更为2006年2月26日至3月2日。听取和审议会议议程(草案)、会议日程(草案)、市人大工作报告(草案)和2006年工作要点(草案)，通过代表大会代表变动情况和代表资格审查报告、主席团和秘书长名单(草案)、常务主席大会执行主席分组、大会副秘书长名单(草案)，审议市第二届人民代表大会第五次会议列席人员名单和议开幕式、闭幕式邀请出席人员名单。

会议表决人事议案，通过有关人事任免。

第三十一次会议 于2006年3月29日至30日在黄州召开。会议审议了市人民政府关于贯彻实施药品管理法情况的报告、贯彻实施体育法情况的报告、贯彻实施动物防疫法情况的报告、贯彻实施矿产资源法情况的报告，通过4个报告的审议意见，通过市人大常委会对市人民检察院部分检察官进行述职评议的实施方案，票决确定评议对象名单。

决定接受熊熊辞去市人大常委会委员、市人大民族宗教侨务外事委员会主任委员职务。

第三十二次会议 于2006年5月29日至30日在黄州召开。会议听取和审议市人大常委会执法检查组关于开展税收征收管理法执法检查情况的报告，市人民政府关于贯彻实施治安管理处罚法情况的报告、贯彻实施税收征收管理法情况的报告、关于贯彻实施安全生产法情况的报告。听取市人大常委会代表资格审查委员会关于代表资格审查报告和邹静林等2名市人大代表被有关机关采取强制措施情况的说明。

第三十三次会议　于2006年7月24日至25日在黄州召开。会议听取和审议市人民政府关于2006年上半年国民经济和社会发展计划执行情况的报告、2006年1月至6月财政预算执行情况的报告,对市直4名检察官进行述职评议,通过对市人民检察院部分检察官履职情况的评议意见。听取许可检察机关对市二届人大代表程水清采取强制措施和提请许可公安机关对市二届人大代表范桂峰采取强制措施的说明,通过许可对市二届人大代表范桂峰采取强制措施的决定。

通过任命刘大洪为黄冈市人民政府副市长的决定。

通过免去李格非的黄冈市人民政府副市长职务的决定。

会议表决人事议案,通过有关人事任免。

第三十四次会议　于2006年8月17日在黄州召开,会议通过接受黄冈市人民政府市长辞去职务的决定。

通过任命刘雪荣为黄冈市人民政府副市长、代理市长的决定。

第三十五次会议　于2006年9月28日至29日在黄州召开。会议听取市人民政府关于贯彻实施城市规划法情况的报告和市人大执法检查组关于检查全市贯彻实施城市规划法情况的报告。听取审议市人民政府关于2005年度市本级预算执行和其他财政收支的审计工作报告、关于2005年市级财政决算的报告,贯彻实施城市规划法情况的报告,审议市中级人民法院关于实施人民陪审员制度情况的报告,通过市中级人民法院实施人民陪审员制度情况报告的审议意见。

会议表决人事议案,通过有关人事任免。

第三十六次会议　于2006年11月7日至8日在黄州召开。会议听取审议市人民政府关于社会主义新农村建设情况的报告、关于2006年市级财政预算调整方案的报告,审议通过市人大常委会关于批准2006年市级财政预算调整方案的决议,听取审议市人民检察院关于全市开展人民监督员工作情况的报告,听取和审议市人大各专门委员会、常委会办事机构和龙感湖管理区人大联络组2006年工作情况报告的审议意见。审议并通过将市级领导机关迁出老城区建设黄冈市行政服务综合大楼的议案。

通过任命杨智为黄冈市人民政府副市长。

通过免去蒋国平的黄冈市人民政府副市长职务。

会议表决人事议案，通过有关人事任免。

第三十七次会议 于2007年1月11日在黄州召开。会议审议市人大常委会关于黄冈市第三届人民代表大会第一次会议召开时间的决定(草案)、市人大常委会工作报告(讨论稿)、会议议程(草案)、会议日程(草案)、主席团和秘书长名单(草案)、常务主席和大会执行主席分组、大会副秘书长名单(草案)、代表资格审查报告，审议决定市第三届人民代表大会第一次会议列席人员名单、议案审查委员会和计划预算审查委员会组成人员名单(草案)，通过市第三届人民代表大会第一次会议开幕会、闭幕会邀请出席人员名单；审议黄冈市第三届人民代表大会第一次会议选举办法(草案)。

会议表决人事议案，通过有关人事任免。

第三节 第三届常务委员会

市第三届人大常委会任期内(2007年1月至2012年1月)，共召开市人大常委会会议34次，听取和审议“一府两院”工作报告159项，开展执法检查和视察30次，依法讨论决定重大事项并作出决议、决定40个，依法任免国家机关工作人员321人次。

一、人大常委会组成人员

2007年1月21日，市第三届人大一次会议选举产生第三届人大常委会，由主任1人，副主任7人，秘书长1人，委员32人，共41人组成。

第三届人大常委会组成人员名单(2007年1月21日至2012年1月7日)

副主任：

张永斌(2007.1.21—2012.1.7)

陈鼎常(2007.1.21—2012.1.7)

包玉兰(女，2007.1.21—2012.1.7)

王建明(2007.1.21—2012.1.7)

王楚平(2007.1.21—2012.1.7)

黄奏球(2007.1.21—2012.1.7)

王定华(2007.1.21—2011.11.22,2011.11.22辞职)

龙福清(2010.2.26—2012.1.7,2010.2.26补选)

秘书长:

梅启生(2007.1.21—2010.2.26,2010.2.26辞职)

段高敏(2010.2.26—2012.1.7,2010.2.26补选)

委　员(原32人,后补选2人):

万东明(女)　万幼斌　方银旺　王仲群　王旺林

王浩洪　王爱玲(女)　邓九阳(女)　左志学　刘文兵

朱经久　许立伟　李焕荣　汪月东　陈出新

周水桥　段悦兰(女,土家族)　胡益民(女)　饶水林

唐质斌　夏　玲(女)　涂佑章　陶代金　梅咏成

黄柏林　傅本台　彭　刚(2007.12.1辞职)

曾耀光　程贤炳　董小满(女)　释坚光　魏国华

何汉斌(2007.12.19补选)　李凤标(2009.2.17补选)

二、人大常委会会议

第一次会议　于2007年2月12日在黄州召开。会议听取和审议市人大常委会2007年工作要点(草案)。

会议表决人事议案,通过有关人事任免。

第二次会议　于2007年3月30日至31日在黄州召开。会议听取和审议市人民政府关于全市种子肥料农药市场管理情况的报告、关于全市开发区(工业园)规划环境影响评价工作情况的报告、关于全市新型农村合作医疗试点工作情况的报告;听取和审议市人民代表大会常务委员会视察组关于全市种子肥料农药市场管理视察情况的报告;审议《市人民代表大会常务委员会任命国家机关工作人员任前法律知识考试暂行办法》《关于规范性文件备案审查的暂行办法》;审议市第三届人民代表大会常务委员会代表资格审查委员会主任委员、副主任委员、委员名单。通过关于市人民政府专项工作报告的审议意见、关于全市种子肥料农药市场管理情况报告的审议意见。

第三次会议　于2007年5月28日至29日在黄州召开。会议听取和审议市人大常委会执法检查组关于贯彻实施工会法执法检查情况的报告、关于贯彻实施消费者权益保护法情况的报告、关于全市旅游工作情况的报告;审议通过市人大常委

会《关于市级预算审查监督的暂行规定(草案)》、关于对市直部门(单位)进行工作评议的实施方案(草案)。会议通过相关报告的审议意见:一是关于市人民政府贯彻实施消费者权益保护法情况报告的审议意见;二是关于全市旅游工作情况报告的审议意见。同时通过市人民代表大会常务委员会关于市级预算审查监督的暂行规定,票决确定市建设委员会、市广播电视局、市公安局、市国土资源局、市质量技术监督局、市住房公积金管理中心6家为2007年工作评议对象。通过撤销陈振华的市中级人民法院副庭长、审判员职务的决定。

第四次会议 于2007年7月26日至27日在黄州召开。会议听取和审议市人民政府关于2007年上半年国民经济和社会发展计划执行情况的报告、关于2007年1月至6月财政预算执行情况的报告、关于贯彻实施《宗教事务条例》情况的报告、关于社会治安工作情况的报告。听取和审议市人大常委会执法检查组关于贯彻实施《宗教事务条例》执法检查情况的报告。听取和审议市人民检察院关于全市人民检察院反贪污贿赂工作情况的报告。会议通过有关报告的审议意见:一是关于市人民政府2007年上半年国民经济和社会发展计划执行情况报告的审议意见;二是关于市人民政府2007年1至6月财政预算执行情况报告的审议意见;三是关于贯彻实施《宗教事务条例》情况报告的审议意见;四是关于市人民政府社会治安工作情况报告的审议意见;五是关于市人民检察院反贪污贿赂工作情况报告的审议意见。

会议表决人事议案,通过有关人事任免。

第五次会议 于2007年10月8日至10日在黄州召开。会议听取和审议市人民政府关于2006年市级财政决算情况的报告、关于2006年财政预算执行和其他财政收支情况的审计工作报告、关于建立城市建设专项资金的报告、关于遗爱湖保护治理工作进展情况的报告;听取市建设委员会等6家被评议单位的工作报告和市人大常委会视察调查组对市建设委员会等6家被评议单位的视察调查报告。通过相关决议和审议意见及评议意见,即:关于批准2006年市级财政决算的决议;关于对2006年度市本级预算执行和其他财政收支审计查出问题进行整改的决议;关于同意建立城市建设专项资金的决议;关于遗爱湖保护治理工作进展情况报告的审议意见;关于市建设委员会、市广播电视局、市公安局、市国土资源局、市质量技术监督局、市住房公积金管理中心的工作评议意见。

第六次会议 于2007年11月29日至12月1日在黄州召开。会议听取和审议市人民政府关于全市招商引资工作情况的报告、关于2006年度市级预算执行和其他财政收支审计查出问题整改情况的报告、关于黄州城区贯彻实施义务教育法情况的报告、关于2007年市级财政预算调整方案的报告；听取和审议市人大常委会调查组关于农村转移支付有关惠农专项资金管理使用情况的调查报告；听取和审议市中级人民法院关于全市法院审判监督工作情况的报告；听取和审议市直6家被评议单位落实人大常委会工作评议意见情况的报告并对整改情况进行表决；会议通过以上报告的审议意见，审议召开黄冈市第三届人民代表大会第二次会议的有关事项。

通过接受彭刚辞去市人大常委会委员职务的决定。

会议表决人事议案，通过有关人事任免。

第七次会议　于2008年1月21日至22日在黄州召开。会议听取、审议和通过市人民政府关于办理市三届人大一次会议代表建议批评和意见情况的报告、关于2007年“八件实事”落实情况的报告，听取和审议市中级人民法院、市人民检察院关于市人大常委会交办案件和代表建议、批评、意见办理情况的报告，审议市人大常委会工作报告和2008年工作要点（草案）；审议市人大各专门委员会、常委会各办事机构和龙感湖管理区人大联络组工作情况的报告。决定市第三届人民代表大会第三次会议于2008年2月24日召开，通过关于市第三届人民代表大会代表变动情况和代表资格审查报告。

第八次会议　于2008年3月31日至4月2日在黄州召开。会议听取和审议市人民政府关于抗冰雪灾害及灾后重建工作情况的报告、贯彻实施道路交通安全法情况报告、《黄冈市城市总体规划（2005—2020）》修编工作进展情况报告。通过上述报告的审议意见。举办法制讲座。

会议表决人事议案，通过有关人事任免。

第九次会议　于2008年5月19日至20日在黄州召开，会议听取、审议和通过市人民政府关于贯彻实施水法和《湖北省实施〈水法〉办法》情况的报告、关于贯彻实施职业教育法情况的报告、关于2008年度市区城市建设项目安排及资金筹措方案的报告；听取和审议市中级人民法院关于民事审判工作情况的报告；审议通过市人大常委会关于对市直部门进行工作评议的实施方案，票决确定4家被评议单位。通过关于人民政府2008年度市区城市建设项目安排及资金筹措方案报告的决议。会议通过相关报告的审议意见。

通过任命黄冈市人民政府副市长的决定。

通过免除卢焱群黄冈市人民政府副市长职务的决定。

第十次会议　于2008年5月19日至20日在黄州召开，会议决定任命王静平为黄冈市人民政府副市长。

通过任命黄祥国为黄冈市人民政府副市长的决定。

通过免去杨智黄冈市人民政府副市长职务的决定。

会议表决人事议案,通过有关人事任免。

第十一次会议 于2008年7月28日至29日在黄州召开,会议听取和审议市人民政府关于2008年上半年国民经济和社会发展计划执行情况的报告、关于产品质量和食品安全工作情况的报告、关于全市旅游规划和重点景区(项目)建设情况的报告、2008年上半年国民经济和社会发展计划执行情况报告的审议意见、关于产品质量和食品安全工作情况报告的审议意见。

会议表决人事议案,通过有关人事任免。

第十二次会议 于2008年9月25日至27日在黄州召开。会议听取和审议市人民政府关于2007年市级财政决算及2008年1月至8月预算执行情况的报告、关于2007年市级财政预算执行和其他财政收支的审计工作报告、关于城市总体规划(2008—2020)(修编)情况的报告,并作出相应的决议;听取和审议市劳动和社会保障局、市园林局、市农村信用合作社联合社、国家税务总局黄冈市税务局等四个被评议单位的工作报告;听取市人大常委会视察调查组对四个被评议单位的视察调查报告。会议通过关于批准2007市年市级财政决算的决议、关于黄冈市城市总体规划(2008一2020)(修编)的决议,通过相关报告的审议意见。

会议表决人事议案,通过有关人事任免。

第十三次会议 于2008年11月26日至28日在黄州召开。会议听取和审议市人民政府关于全市集体林权制度改革工作情况的报告、关于城市集中饮水水源保护和污水处理厂建设情况的报告、关于全市文化建设情况的报告;再次听取和审议市人民政府关于旅游规划和重点景区项目建设情况的报告的审议意见。通过批准2008年市级财政预算调整方案的决议。审议了对市三届人大代表陈卫国采取强制措施情况的说明。

第十四次会议 于2009年1月4日至5日在黄州召开。会议决定市三届人大四次会议于2009年2月13日至17日在黄州召开。听取和审议市人民政府关于办理市三届人大三次会议代表建议、批评和意见情况的报告;听取和审议市中级人民法院关于市人大常委会交办案件和办理代表建议、批评、意见情况的报告;审议通过市人大常委会组成人员守则(草案);审议通过市人大常委会审议意见处理办法(草案);审议通过市人大常委会主任会议议事规则(草案);审议通过市人大常委会议事规则(草案);听取和审议市人大常委会关于召开市三届人大四次会议的有关事项(草案)。

第十五次会议　于2009年2月6日在黄州召开,会议听取和审议市人大常委会2009年工作要点。

通过任命王浩鸣为黄冈市人民政府副市长职务的决定。

通过免去刘大洪的黄冈市人民政府副市长职务的决定。

通过免去邓新华的黄冈市人民政府副市长职务的决定。

通过免去蔡德坤的黄冈市人民政府副市长职务的决定。

第十六次会议　于2009年3月30日至31日在黄州召开。会议听取和审议市人民政府关于武汉城市圈“两型社会”综合配套改革试验实施方案及重点项目建设情况的报告、关于2009年度市区城市建设项目安排及资金筹措方案的报告;听取和审议市人大常委会《关于建立听取和审议法院检察院公安局办案质量检查情况报告制度的决定(草案)》。通过批准2009年度市区城市建设项目安排及资金筹措方案的决议,通过《关于建立听取和审议法院检察院公安局办案质量检查情况报告制度的决定》。

通过任命陈向农为黄冈市人民政府副市长的决定。

会议表决人事议案,通过有关人事任免。

第十七次会议　于2009年5月25日至26日在黄州召开。会议听取和审议市人民政府关于“十一五”规划实施情况中期评估的报告、关于市区社会发展重点建设项目的议案、关于全市土地利用总体规划修编情况的报告、关于全市科技工作及科技项目立项与实施情况的报告、关于2009年市级财政预算调整方案的报告,听取市人大常委会关于全市旅游重点景区项目建设情况的视察报告;审议通过市人大常委会关于在市直部门开展工作评议的实施方案(草案),通过市区社会发展重点建设项目的决议、关于全市土地利用总体规划(2006—2020)(修编)的决议、关于批准2009年市级财政预算调整方案的决议、关于在市直部门开展工作评议的实施方案。票决确定市人口和计划生育委员会、市规划局、人民银行、市供电公司为2009年度市直工作评议单位。

第十八次会议　于2009年7月30日至31日在黄州召开,会议听取和审议市人民政府关于上半年国民经济和社会发展计划执行情况的报告、关于办理市第三届人民代表大会第四次会议两项议案工作情况的报告,听取和审议市人大常委会执法检查组关于城乡规划法执法检查情况的报告并作出相关决议;听取和审议市中级人民法院关于民事执行工作情况的报告。通过关于加强城乡规划工作的决议。

通过任命应红(女)为黄冈市人民政府副市长的决定。

第十九次会议 于2009年9月21日至22日在黄州召开。会议听取和审议市人民政府关于2008年市级财政决算及2009年1月至8月预算执行情况的报告、2008年市级财政预算执行和财政收支情况审计工作的报告;听取和审议市人口和计划生育委员会、市规划局、人民银行市中心支行、市供电公司四个被评议单位的工作报告;听取市人大常委会视察调查组对四个被评议单位工作情况的视察调查报告;听取和审议市人民政府关于遗爱湖生态修复工程项目有关情况的议案、关于陈策楼新村示范建设项目有关情况的议案。通过2008年市级财政预算的决议、通过市人口和计划生育委员会、市规划局、人民银行市中心支行、市供电公司工作的审议意见,通过批准市人民政府将遗爱湖生态修复工程贷款本息列入财政预算的决议,批准市人民政府将陈策楼新村示范建设项目贷款本息列入财政预算的决议,

通过任命李安宁为黄冈市人民政府副市长的决定。

会议表决人事议案,通过有关人事任免。

第二十次会议 于2009年11月30日至12月1日在黄州召开。会议听取和审议市人民政府关于全市社会主义新农村建设情况的报告、关于城区控制性详规编制情况的报告、关于台湾事务工作情况的报告、关于贯彻实施中小企业促进法情况的报告、关于2009年市级预算调整方案的报告。通过全市社会主义新农村建设情况的报告、关于城区控制性详规编制情况的报告、关于台湾事务工作情况的报告、关于贯彻实施中小企业促进法情况报告的审议意见,通过批准2009年市级预算调整方案的决议。

会议表决人事议案,通过有关人事任免。

第二十一次会议 于2010年1月22日至23日在黄州召开。会议听取和审议市人民政府关于办理市三届人大四次会议代表建议、批评和意见情况的报告,市人民政府关于提请审议黄冈长江大桥、武汉至黄冈城际铁路暨黄鄂高速公路建设有关事项的议案,市中级人民法院关于市人大常委会交办案件办理情况的报告,市人大常委会工作报告(讨论稿)和2010年工作要点(讨论稿)、市人大常委会关于召开市三届人大五次会议的有关事项(草案)。会议通过市人大常委会关于黄冈长江大桥、武汉至黄冈城际铁路暨黄鄂高速公路建设有关事项的决议,关于召开市第三届人民代表大会第五次会议的决定。

通过接受包玉兰辞去市第三届人民代表大会常务委员会副主任职务的决定,

并报市第三届人民代表大会备案。

通过接受梅启生辞去市第三届人民代表大会常务委员会秘书长职务的决定，并报市第三届人民代表大会备案。

第二十二次会议　于2010年3月25日至26日在黄州召开，会议听取和审议市人民政府关于2007年至2008年度市级财政预算执行和其他财政收支审计整改落实情况的报告、关于市区公共卫生建设情况的报告、关于农民专业合作社法和《湖北省实施〈农民专业合作社法〉办法》实施情况的报告、关于2009年市区城市建设项目预算执行情况2010年市区城市建设项目安排及资金筹措方案的报告。通过以上报告的审议意见，通过批准市人民政府关于2010年市区城市建设项目安排及资金筹措方案的决议。

会议表决人事议案，通过有关人事任免。

第二十三次会议　于2010年5月31日至6月1日在黄州召开。会议听取和审议市中级人民法院、市人民检察院、市公安局贯彻办案质量检查情况报告制度和2009年度办案质量检查情况的报告，市人大常委会办案质量检查组关于公检法三机关办案质量检查情况的报告，市人民政府关于全市重点旅游景区创A升级工作情况的报告。审议通过市人大常委会关于在市直部门开展工作评议的实施方案。通过关于市中级人民法院、市公安局贯彻办案质量检查决定和2009年度办案质量检查情况的报告的审议意见，通过全市重点旅游景区创A升级工作情况报告的审议意见，通过在市直部门开展工作评议的实施方案。票决确定市外事侨务局、市交通运输局、市地税局3家单位为2010年度市直评议单位。

会议表决人事议案，通过有关人事任免。

第二十四次会议　于2010年7月28日至29日在黄州召开。会议听取和审议通过市人民政府关于2010年上半年国民经济和社会发展计划执行情况的报告、关于全市城镇医疗保险工作情况的报告、关于2010年市级财政预算调整方案的报告。

第二十五次会议　于2010年9月27日至28日在黄州召开。会议听取和审议通过市人民政府关于2009年度市本级财政决算和2010年1月至8月份预算执行情况的报告、关于2009年度市级财政预算执行和其他财政收支审计工作情况的报告；审议通过市人大常委会关于加快黄冈城东新区规划建设的决议、关于批准2009年市本级财政决算的决议；评议市外事侨务局、市交通运输局和市地方税务局的工作，票决通过市交通运输局和市地方税务局的工作评议，市外事侨务局未获通过。

通过接受应红辞去市人民政府副市长职务的决定。

会议表决人事议案,通过有关人事任免。

第二十六次会议 于2010年11月22日至23日在黄州召开。会议听取和审议通过市人民政府关于"十二五"规划编制工作情况的报告、关于全市农村安全饮水工程建设情况的报告;听取和审议市人民政府关于非物质文化遗产保护情况听报告,并作出相关决议;听取市人大常委会视察组关于农村安全饮水工程建设情况的视察报告;听取和审议通过市外事侨务局关于市人大工作评议的整改报告;审查和批准市人民政府关于2010年市本级财政预算调整方案的报告。

通过任命熊长江为黄冈市人民政府副市长的决定。

第二十七次会议 于2011年1月10日至11日在黄州召开。会议决定于2月12日在黄州召开市三届人大六次会议。听取和审议市人民政府关于办理市三届人大五次会议代表建议和部分审议意见办理和落实情况的报告、市中院关于市人大交办案件和专题报告审议意见办理情况的报告、市人民检察院关于审议意见办理和落实情况的报告、市人大常委会工作报告(草案)和2011年工作要点(草案)以及关于召开市三届人大六次会议的有关事项(草案)。

通过免去李安宁的黄冈市人民政府副市长职务的决定。

决定接受郑晓春辞去湖北省第十一届人大代表职务。

会议表决人事议案,通过有关人事任免。

第二十八次会议 于2011年3月29日至30日在黄州召开。会议听取、审议通过市人民政府关于市区五大社会事业发展项目建设情况的报告、关于南湖工业园和黄冈化工产业园建设情况的报告、关于2011年度市区城市建设项目安排与资金筹措方案的报告、关于市城投公司运营情况的报告、关于物价监管工作情况的报告,作出批准2011年度市区城市建设项目安排与资金筹措方案的决议。审议通过市人大常委会关于在市直部门开展工作评议的实施方案,票决确定市民政局、市商务局、市环境保护局、市工商行政管理局为2011年市直被评议单位。

通过任命罗微为黄冈市人民政府副市长的决定。

会议表决人事议案,通过有关人事任免。

第二十九次会议 于2011年5月30日至31日在黄州召开。会议听取、审议并通过市人大常委会执法检查组关于食品安全法执法检查情况的报告,听取、审议市人民检察院关于法律监督工作情况的报告听取、审议并通过市公安局关于"扫黑除恶"专项治理情况的报告。会议作出关于加强检察机关法律监督工作的决议。

通过任命梅香雪为黄冈市人民政府副市长的决定。

表决人事议案，通过有关人事任免。

第三十次会议　于2011年7月25日至26日在黄州召开。会议听取、审议并通过市人民政府关于2011年上半年国民经济和社会发展计划执行情况的报告、关于贯彻实施湖北省宗教事务条例情况的报告、关于落实市人大常委会关于市旅游重点景区达标升级工作情况报告。市教育局关于调整市区中小学校布局优化教育资源配置工作情况的报告未获通过。

第三十一次会议　于2011年9月26日至27日在黄州召开。会议听取、审议市人民政府关于2011年市本级财政预算调整方案的报告、关于2010年市本级财政决算和2011年1月至8月份预算执行情况的报告、关于2010年市级预算执行和其他财政收支的审计工作报告。审议并通过关于批准2011年市本级财政预算调整方案的决议、批准2010年市本级财政决算的决议和关于许可对市三届人大代表王厚春采取强制措施的决定。对市民政局、市商务局、市环保局和市工商局的工作进行评议，对其满意度进行票决并获得通过。通过许可对市三届人大代表王厚春采取强制措施的决定。

第三十二次会议　于2011年11月2日在黄州召开。会议听取、审议市人民检察院关于对王定华采取强制措施的议案，通过许可对市三届人大代表王定华采取强制措施的决定。

第三十三次会议　于2011年11月21日至22日在黄州召开。会议听取、审议通过市人民政府关于城东新区规划编制和建设启动情况的报告、关于全市农业产业化发展情况的报告、关于调整市区中小学校布局优化教育资源配置工作情况的报告。审议并通过关于批准2011年市本级财政预算调整方案的决议。邀请市委组织部通报县乡换届有关人事安排情况。

通过接受王定华辞去市三届人大常委会副主任职务的决定，报市三届人民代表大会备案。

通过接受吕小武辞去市中级人民法院职务的决定，报市三届人民代表大会备案。

表决人事议案，通过有关人事任免。

第三十四次会议　于2011年12月19日至20日在黄州召开。会议决定于2012年1月3日至7日在黄州召开市四届人大一次会议。听取、审议并通过关于召开市四届人大一次会议的决定、市人民政府关于办理市三届人大六次会议代表建议、批评、意见情况的报告和市法院关于市人大常委会交办案件办理情况的报告。审议市三届人大常委会工作报告(讨论稿)、市三届人大各专门委员会工作总结和市四届人大一次会议有关名单及办法(草案),决定提请市四届人大一次会议审议。通过市四届人大代表资格审查,补选2名省人大代表。

通过任命赵飞为黄冈市人民政府副市长的决定。

通过免去费仁平的黄冈市人民政府副市长职务的决定。

会议表决人事议案,通过有关人事任免。

第四节　第四届常务委员会

市第四届人大常委会任期内(2012年1月至2017年1月),共召开常委会会议40次,听取和审议“一府两院”工作报告164项,开展执法检查和视察48次,依法讨论决定重大事项并作出决议、决定40个,依法任免国家机关工作人员306人次。

一、人大常委会组成人员

2012年1月7日,市第四届人大一次会议选举产生第四届人大常委会,由主任1人,副主任5人,秘书长1人,委员34人,共41人组成。

第四届人大常委会组成人员名单(2012年1月7日至2017年1月11日)

主　任:

龙福清(2012.1.7—2015.3.26,2015.3.26撤职)

刘雪荣(2016.1.22—2017.1.11,2016.1.22当选　)

副主任:

王建明(2012.1.7—2017.1.11)

王楚平(2012.1.7—2017.1.11)

黄奏球(2012.1.7—2017.1.11)

何东英(女,2012.1.7—2017.1.11)

罗　刚(2012.1.7—2017.1.11,2015.3.26—2016.1.22为代理主任)

袁金鹏(2015.1.22—2017.1.11,2015.1.22补选)

吴美景(2015.1.22—2017.1.11,2015.1.22补选)

梅咏成(2015.1.22—2017.1.11,2015.1.22补选)

孙璜清(2016.1.22—2017.1.11,2016.1.22当选副主任)

秘书长:段高敏(2012.1.7—2016.7.27)

代理秘书长：胡歌进（2016.7.27—2017.1.11）

委　　员（原34人，后补选6人）：

丁爱萍　王　升（女）　王　斌　王旺林　王爱玲（女）

左志学　石　磊（2012.12辞职）　石巧珍（女，2015.5辞职）

卢雪梅（女）　毕　锋　朱建平　刘　祥（辞职）刘锦秀（女）

许楚云　孙金舟　李　胜　李　蔚　吴汉桥

张烈松　陈出新　陈志敏　陈浩特　罗汉涛

屈凯军（2015.5.29辞职）　段悦兰（女，土家族）　夏　玲（女）

夏　菁（女）　黄正林（2016.5辞职）　程建明　释坚光

鲁登华　童仕彬　谢学中　詹才红(2015.5辞职)

符建国（2013.1.9补选）　张树林（2014.2.20补选，2015.4.1辞职）

程中良（2014.2.20补选）　彭志才（2015.1.22补选）

胡歌进（2016.1.22补选）　黄新国（2016.1.22补选）

二、人大常委会会议

第一次会议　于2012年2月2日在黄州召开。会议审议并通过市人大常委会2012年工作要点（草案）；分组学习市人大常委会议事规则和常委会组成人员守则。

会议表决人事议案，通过有关人事任免。

第二次会议　于2012年3月5日至6日在黄州召开。会议听取、审议并表决通过市人民政府关于大别山革命老区经济社会发展试验区规划和建设情况报告、关于重大农田水利项目建设情况报告；听取和审议市人民政府关于东坡外滩开发建设情况报告。审议通过市人大常委会关于在市直部门开展工作评议实施方案；票决确定市物价局、市城市管理执法局、市银监局、中国石油黄冈分公司为2012年市直被评议单位。

会议表决人事议案，通过有关人事任免。

第三次会议　于2012年5月30日至31日在黄州召开。会议听取和审议市人大常委会视察组关于黄冈长江生态文明示范带建设情况视察报告；听取、审议并通过市中级人民法院、市人民检察院、市公安局关于全市2011年度办案质量检查情况报告，市人民政府关于宗教活动场所建设管理工作情况报告；听取、审议并通过市人民政府将市级领导机关迁至城东新区建设黄冈市政务中心议案。听取关于许可对市四人大代表陶学超采取强制措施的报告。

会议表决人事议案，通过有关人事任免。

第四次会议 于2012年7月25日至27日在黄州召开。会议审议通过市人民政府关于2012年上半年国民经济和社会发展计划执行情况报告、关于城市总体规划修改和城东新区规划编制情况报告、关于残疾人保障法贯彻执行情况报告；听取对市中心城区水域保护工作开展专题调研；对各应询单位进行满意度测评；通过市人民政府关于市中心城区水域保护情况报告，开展关于市中心城区水域保护工作专题询问，作出关于加强市中心城区水域保护工作的决议。听取市四届人大常委会代表资格审查报告。

第五次会议 于2012年9月25日至26日在黄州召开。会议审议并通过市人民政府关于2011年市本级财政决算及2012年1月至8月预算执行情况报告、关于市本级财政预算调整方案报告、关于2011年市级财政预算执行和其他财政收支审计工作报告、关于长江岸线资源开发与管理工作情况报告、关于"五五"普法依法治理工作和2011年至2015年法治建设暨"六五"法制宣传教育工作情况报告、关于2012年度市区城市建设项目安排及资金筹措方案议案；审议并通过市人大常委会关于对审计查出问题整改监督的决定，并对相关报告作出决议；票决通过年初确定的市物价局、市城管执法局、黄冈银监分局、中国石油黄冈分公司四个被评议部门2011年以来的工作。

第六次会议 于2012年11月20日至21日在黄州召开。会议听取、审议并通过市人民政府关于城东新区建设进展情况报告、关于治安工作情况报告、关于黄冈名人文化建设规划实施情况报告；听取和审议市人民代表大会预算委员会关于2012年市本级财政预算调整方案的审查报告；审议通过市人民代表大会常务委员会关于批准2012年市本级财政预算调整方案的决议；审议通过市人大常委会关于对市人民政府工作部门开展工作满意度测评实施办法。

通过任命李俊为黄冈市人民政府副市长的决定。

会议表决人事议案，通过有关人事任免。

第七次会议 于2012年12月18日至19日在黄州召开。会议决定于2013年1月5日在黄州召开市四届人大二次会议；审议通过召开市四届人大二次会议有关事项（草案）。听取关于市第四届人民代表大会代表、常委会组成人员变动情况和补选代表资格审查报告；审议通过市人民政府关于办理市四届人大一次会议代表建议情况报告；审议通过市中级人民法院、市人民检察院、市公安局关于市人大常委会交办案件办理情况报告；审议通过市人大常委会2012年工作报告和工作要点（草案）。

决定接受石磊辞去市四届人大常委会委员职务，报市四届人大二次会议备案。

会议表决人事议案，通过有关人事任免。

第八次会议　于2013年1月30日在黄州召开。会议对市人民政府组成部门开展工作满意度测评。

会议决定免去赵飞的黄冈市人民政府副市长职务。

会议表决人事议案，通过有关人事任免。

第九次会议　于2013年3月26日至27日在黄州召开。会议听取和审议市人民政府关于贯彻实施行政许可法和市行政服务中心效能建设情况的报告、关于2013年度市区建设项目安排及资金筹措方案情况的议案、关于2012年审计查出问题整改情况的报告；审议通过市人大常委会2013年度专题询问工作方案（草案）、年度工作评议方案（草案），票决确定对中国移动黄冈分公司、市公共资源交易监督管理局、市政务服务中心管理办公室三个单位开展工作评议。

通过接受刘雪荣辞去黄冈市人民政府市长职务的决定。

会议通过任命陈安丽为黄冈市人民政府副市长、代理市长的决定。

会议表决人事议案，通过有关人事任免。

第十次会议　于2013年4月16日在黄州召开。会议听取和审议市人大常委会关于召开市四届人大三次会议的决定（草案）及有关事项（草案），议定2013年4月25日至26日召开市第四届人民代表大会，建议会议议程为选举黄冈市人民政府市长。听取关于市第四届人民代表大会代表资格变动情况的报告。

通过任命黄冈市人民政府副市长的决定。

会议表决人事议案，通过有关人事任免。

第十一次会议　于2013年5月21日至22日在黄州召开。会议听取和审议市人民政府关于林业生态建设情况的报告、关于贯彻实施台湾同胞投资保护法情况的报告；听取和审议市人大常委会视察组关于林业生态建设情况的视察报告；审议通过《关于许可对市人大代表采取限制人身自由措施的暂行办法（草案）》。举办土地管理制度相关内容专题讲座。

会议表决人事议案，通过有关人事任免。

第十二次会议　于2013年6月13日在黄州召开。会议审议和通过市人大常委会关于开展“绿满黄冈”行动的决议。

通过任命杜耘为黄冈市人民政府副市长的决定。

第十三次会议　于2013年7月30日至31日在黄州召开。会议听取和审议市人民政府关于2013年上半年国民经济和社会发展计划执行情况的报告、关于黄冈城区土地收储情况的报告、关于2013年市本级财政预算调整方案的报告。听取关于市第四届人民代表大会代表变动情况和补选代表的资格审查报告。举行全口径预算决算审查监督专业知识讲座。

会议表决人事议案,通过有关人事任免。

第十四次会议 于2013年9月25日至27日在黄州召开。会议听取、审议并通过市人民政府关于2012年市本级财政决算及2013年1月至8月份预算执行情况的报告、关于2012年度市级财政预算执行和其他财政收支审计工作的报告、关于全市"十二五"规划纲要中期评估情况的报告、关于采取融资租赁模式进行市场化融资的议案,审议通过《市人民代表大会常务委员会关于围绕中心加快推进"双强双兴"战略的决定(草案)》,对市移动公司、市公共资源交易监督管理局、市政务服务中心管理办公室开展工作评议,举办新刑诉法专题讲座。

会议表决人事议案,通过有关人事任免。

第十五次会议 于2013年11月27日至29日在黄州召开。会议听取、审议并通过市人民政府关于2010年以来市本级建设性资金投入使用管理情况的报告、关于将遗爱湖生态修复工程(三期)项目资本金及委托代建资金列入财政预算的议案、关于将市城区棚户区改造一期工程项目资本金及委托代建资金列入财政预算的议案、关于办理调整市区中小学布局优化教育资源配置的议案进展情况的报告、关于2013年市级预算调整方案的报告、关于市中心城区水域保护工作进展情况的报告,对中心城区水域保护工作落实情况开展专题询问并票决应询单位应询情况满意度测评。听取和审议市中级人民法院、市人民检察院、市公安局、市司法局关于刑事诉讼法贯彻执行情况的报告。

会议表决人事议案,通过有关人事任免。

第十六次会议 于2013年12月27日在黄州召开。会议提请补选陈安丽、王光萍为省第十二届人民代表大会代表。

第十七次会议 于2014年1月7日至8日在黄州召开。会议决定于2014年2月17日召开市四届人大四次会议,审议通过市人大关于召开市四届人大四次会议的有关事项(草案)、2013年市人大常委会工作报告(讨论稿)、市人大常委会2014年工作要点(草案);对政府组成部门开展工作满意度测评。审议通过市人民政府关于办理市四届人大二次会议代表建议、批评和意见情况的报告。

第十八次会议 于2014年3月26日至27日在黄州召开。会议审议通过市人民政府关于2014年城区建设项目预算收支计划编制情况、市区经济发展环境行政监察工作情况的报告，听取市政务服务中心管理办公室评议整改工作情况的报告，通过关于批准2014年黄冈城区建设项目预算收支计划的决议。

第十九次会议　于2014年5月22日至23日在黄州召开。会议审议通过市人民政府关于重点中心镇建设情况的报告、关于贯彻实施律师法情况的报告。集中学习农产品质量安全知识。参观武冈城际铁路及黄冈站建设情况。

决定接受黄奏球辞去市人大常委会副主任职务。

会议表决人事议案，通过有关人事任免。

第二十次会议　于2014年7月30日至31日在黄州召开。会议听取、审议和通过市人大常委会执法检查组关于检查农产品质量安全法实施情况的报告、市第四届人民代表大会预算委员会关于2014年市本级预算调整方案审查结果的报告；听取、审议和通过市人民政府关于2014年上半年国民经济和社会发展计划执行情况的报告，通过市人大常委会关于批准2014年市本级财政预算调整方案的决议和市本级财政预算调整方案的决议。

第二十一次会议　于2014年9月24日至25日在黄州召开。会议听取市第四届人民代表大会预算委员会关于2013年市本级财政决算审查结果的报告；听取、审议和通过市人大常委会关于批准2013年市本级财政决算的决议、关于批准市人民政府将市2014年第一批棚户区改造项目委托代建资金纳入财政年度预算管理的决议、关于加强黄州禹王城遗址保护与利用工作的决定、关于加强农产品质量安全工作的决定，听取、审议和通过市人民政府关于2013年度市级预算执行和其他财政收支审计工作的报告、市人民检察院关于反贪污贿赂反渎职侵权工作情况的报告。集中学习习近平在庆祝全国人民代表大会成立60周年大会上的重要讲话。

通过接受肖胜军辞去湖北省第十二届人民代表大会代表职务的决议。

第二十二次会议　于2014年11月27日至28日在黄州召开。会议听取市第四届人民代表大会预算委员会关于2014年市本级财政预算调整方案审查结果的报告；审议通过市人大常委会关于批准2014年市本级财政预算调整方案的决议、市人民政府关于市中心城区水域保护工作进展情况的报告、市人民政府关于大别山区域医疗中心暨市中心医院整体搬迁项目进展情况的报告。听取关于市四届人大代表变动情况和初选代表资格审查的报告。

通过接受王建明辞去市四届人大常委会副主任职务的决定。

通过接受王楚平辞去市四届人大常委会副主任职务的决定。

通过接受符建国辞去市四届人大常委会委员职务的决定。

第二十三次会议　于2014年12月31日在黄州召开。会议决定于2015年1月18日在黄州召开市第四届人民代表大会第五次会议，提出会议建议议程。审议通过关于市四届人大五次会议有关事项（草案）、市人大常委会工作报告（草案）、市人大常委会2015年工作要点、关于市第四届人民代表大会代表变动情况和补选代表的资格审查报告。听取、审议和通过市人民政府关于办理市四届人大四次会议代表建议情况的报告，开展对政府组成部门开展工作满意度测评。

会议表决人事议案，通过有关人事任免。

第二十四次会议　于2015年3月26日至27日在黄州召开。会议听取、审议并通过市校合作工作情况、全市城镇职工基本医疗保险工作、市直住房公积金管理工作的报告。

通过推选罗刚副主任为市四届人大常委会代理主任的决定。

听取、审议并通过罢免龙福清的市四届人民代表大会代表职务。

通过撤销龙福清的市四届人大常委会主任职务的决定。

第二十五次会议　于2015年4月1日在黄州召开。会议听取和审议市四届人大补选代表资格的审查报告。

决定接受张树林辞去市四届人大常委会委员职务。

会议表决人事议案，通过有关人事任免。

第二十六次会议　于2015年5月28日至29日在黄州召开。会议审议并通过关于加快推进法治黄冈建设的决议和关于批准市人民政府2015年度市区建设项目预算收支计划方案的决议、将市2015年第一批棚户区改造项目资本金及委托代建资金列入财政预算的决议、市人民政府关于落实市人大常委会开展“绿满黄冈”行动的决议情况的报告、市公安局关于全市刑事案件侦查工作情况的报告，听取和审议市四届人大个别代表资格的审查报告。

通过接受屈凯军、石巧珍、詹才红辞去市四届人大常委会委员职务的决定。

会议表决人事议案，通过有关人事任免。

第二十七次会议　于2015年7月23日至24日在黄州召开。会议听取、审议并通过市人民政府关于2015年上半年国民经济和社会发展计划执行情况的报告、关于2015年市本级财政预算调整方案的报告、旅游法实施情况的报告、《湖北省促进革命老区发展条例》实施情况的报告；听取审议并通过2015年市本级财政预算调整方案审查结果的报告、批准2015年市本级财政预算调整方案的决议。

通过免去李俊的黄冈市人民政府副市长的决定。

会议表决人事议案,通过有关人事任免。

第二十八次会议 于2015年9月17日至18日在黄州召开。会议听取、审议并通过市人民政府关于2014年市本级财政决算和2015年1月至8月预算执行情况的报告、关于2014年度市级预算执行和其他财政收支审计工作情况的报告、关于全市义务教育均衡发展情况的报告、关于促进中小企业发展工作情况的报告。

听取和审议黄祥国、汪敏、余建堂等市四届人大常委会代表资格终止的报告。

通过任命刘仁举为黄冈市人民政府副市长的决定。

通过免去黄祥国的黄冈市人民政府副市长职务的决定。

会议表决人事议案,通过有关人事任免。

第二十九次会议 于2015年11月19日至20日在黄州召开。会议听取、审议并通过市人民政府关于办理市四届人大五次会议代表议案情况的报告、关于2015年市本级财政预算调整方案的报告,贯彻实施《湖北省企业国有资产监督管理条例》情况的报告、市中级人民法院关于贯彻实施行政诉讼法情况的报告、市人民检察院关于规范司法行为和行政执法监督工作情况的报告;通过批准2015年市本级财政预算调整方案。听取和审议部分代表资格终止的报告。

通过罢免鲁志宏的省十二届人大代表职务的决议。

会议表决人事议案,通过有关人事任免。

第三十次会议 于2015年12月29日至30日在黄州召开。会议决定于2016年1月18日召开市第四届人民代表大会第六次会议。听取并审议通过关于办理市四届人大五次会议代表建议情况的报告、市人大常委会工作报告(草案)等相关事项;市人民代表大会及其常务委员会立法条例(草案)、市人民代表大会议事规则(草案);听取、审议和批准《市中心城区全面禁止燃放烟花爆竹的决定》。听取并审议部分人大代表资格终止的报告。

审议通过补选胡菊萍、孙璜清、田洪光为省十二届人民代表大会代表。

接受张树林辞去省十二届人大代表职务。

通过免去周佳念的黄冈市人民政府副市长职务的决定。

会议表决人事议案,通过有关人事任免。

第三十一次会议 于2016年1月14日在黄州召开。会议审议通过市人大常委会代表资格审查委员会关于市四届人大部分代表的代表资格报告。

会议表决人事议案,通过有关人事任免,首次举行宪法宣誓活动。

第三十二次会议 于2016年3月24日至25日在黄州召开。会议听取和审议市人民政府关于市中心城区全面禁止燃放烟花爆竹工作情况的报告、市中级人民法院关于立案登记制改革工作情况的报告、市人大常委会关于市人大及其常委会成立以来规范性文件清理工作情况的报告,作出《关于市人大及其常委会部分规范性文件废止和失效的决定》。

第三十三次会议 于2016年5月26日至27日在黄州召开。会议对《黄冈市饮用水水源地保护条例(草案)》进行一审;审议通过《黄冈市人民代表大会代表建议、批评、意见办理规定》;听取和审议2016年市区建设项目收支计划,作出批准2016年市区建设项目收支计划的决议;听取和审议市人民政府关于"千企联百校"工作情况的报告。听取关于个别代表的代表资格的报告。

通过免去李历的黄冈市人民政府副市长职务的决定。

通过接受黄正林辞去市第四届人大常委会委员职务的决定。

会议表决人事议案,通过有关人事任免。

第三十四次会议 于2016年6月22日在黄州召开。会议通过关于接受陈安丽辞去黄冈市人民政府市长职务的决定。

会议通过肖伏清为黄冈市人民政府副市长、代理市长的决定。

第三十五次会议 于2016年7月26日至27日在黄州召开。会议对《黄冈市饮用水水源地保护条例(草案)》进行二审;听取并审议市人大常委会执法检查组关于检查市区税收征管法贯彻实施情况的报告、市人民政府关于2016年上半年国民经济和社会发展计划执行情况的报告、市人民政府关于2016年市本级财政预算调整方案的报告,通过关于批准2016年市本级财政预算调整方案的决议;听取和审议市人民检察院关于未成年人刑事检察工作情况的报告。

决定接受段高敏辞去市人大常委会秘书长职务。

决定胡歌进为市人大常委会代理秘书长。

会议表决人事议案,通过有关人事任免,新任职人员进行宪法宣誓。

第三十六次会议 于2016年8月19日在黄州召开。会议听取关于个别代表的代表资格的报告,听取和审议通过市人大常委会关于召开市第四届人民代表大会第七次会议的决定及有关事项。决定于2016年8月29日在黄州召开市四届人民代表大会第七次会议,选举黄冈市人民政府市长。

第三十七次会议 于2016年9月28日至29日在黄州召开。会议听取、审议《黄冈市饮用水水源地保护条例(草案三审稿)》及修改情况的说明,表决通过《黄冈市饮用水水源地保护条例》;听取和审议2015年市本级财政决算审查结果的报告和2016年度1月至8月预算执行情况报告,批准2015年市本级财政决算的决议:审议通过市人民政府关于2015年度市本级预算执行和其他财政收支审计工作的报告。

会议表决人事议案,通过有关人事任免,新任职人员进行宪法宣誓。

第三十八次会议　于2016年11月24日至25日在黄州召开。会议听取和审议市人民政府提请审议的将市区地下综合管廊项目可行性缺口补助资金、市区重点棚改项目政府购买服务资金、国家开发银行专项建设基金回购股权和支付投资收益的资金纳入市财政预算管理的三个议案,表决通过相关决议;听取和审议市人民政府关于精准扶贫精准脱贫工作、城市管理执法工作、2016年市本级财政预算调整方案、市区商贸物流业发展情况的报告,表决通过相关决议。听取关于许可对市四届人大代表胡波采取强制措施的报告。

补选蒋超良为省十二届人大代表。

会议表决人事议案,通过有关人事任免,新任职人员进行宪法宣誓。

第三十九次会议　于2016年12月21日在黄州召开。会议决定于2017年1月7日至11日召开市第五届人民代表大会第一次会议,听取、审议并通过关于市五届人大一次会议有关名单(草案)的说明。

补选肖伏清、罗刚为省十二届人民代表大会代表。

通过接受贾石松辞去黄冈市中级人民法院院长职务的决定。

通过任命肖笛为黄冈市中级人民法院副院长、代理院长的决定。

通过任命陈家伟为黄冈市人民政府副市长的决定。

决定接受吕东升辞去省十二届人民代表大会代表职务。

会议表决人事议案,通过有关人事任免。

第四十次会议　于2017年1月4日在黄州召开。会议听取和审议市人民政府关于市四届人大六次会议代表建议办理情况的报告。审议通过市四届人大常委会工作报告草案及市五届人大一次会议有关事项,听取关于市五届人大代表资格的审查报告,审议市人大常委会工作报告(草案)。

会议表决人事议案,通过有关人事任免。

第五节　第五届常务委员会

市第五届人大常委会任期内(2017年1月至2022年1月),共召开常委会会议

43次，制定地方性法规7部；听取审议专项工作报告131项，开展各类执法检查76项、专题询问3次、专项视察和专题调研85次；依法作出决议决定105项；任免国家机关工作人员365人次。

一、人大常委会组成人员

2017年1月11日，市五届人大一次会议选举产生第五届人大常委会，由主任1人，副主任6人，秘书长1人。委员33人，共41人组成。

第五届人大常委会组成人员名单（2017年1月11日至2022年1月9日）

主　任：

刘雪荣（2017.1.11—2020.1.7）

张社教（2020.1.7—2022.1.9）

副主任：

罗　刚（2017.1.11—2019.8.30，2019.8.30辞职）

何东英（女，2017.1.11—2022.1.9）

詹旺民（2017.1.11—2022.1.9）

袁金鹏（2017.1.11—2019.11.11，2019.11.11辞职）

吴美景（2017.1.11—2019.10.30，2019.10.30辞职）

梅咏成（2017.1.11—2021.1.12，2021.1.12辞职）

汪柏坤（2020.1.7—2022.1.9，2020.1.7补选）

李　玲（女，2020.1.7—2022.1.9，2020.1.7补选）

王万福（2020.1.7—2022.1.9，2020.1.7补选）

黄强胤（2020.1.20—2022.1.9，2021.1.20补选）

秘书长：

王万福（2017.1.11—2020.1.7，2020.1.7辞职）

方　荣（2020.1.7—2022.1.9，2020.1.7补选）

委　员（原33名，后补选2人）：

丁爱萍	王　斌	方锋刚	左志学	叶章夭
刘珍德	刘锦秀（女）	江炳青	江晓明	李　胜
李毕致	李保国	杨仕英（女）	吴　罡（女）	何兰田
张明菊（女）	陈出新	陈浩特	周丽娅（女）	段　鹏

姜　迪　　姚荣进　　夏　菁(女)　涂新年　　黄玉琴(女)
黄新国　　梅守福　　彭志才　　释明基　　童仕彬
童保红　　黎胜国　　戴汉定　　江海松(2019.1.25补选)
叶俊甫(2020.1.7补选)

二、人大常委会会议

第一次会议　于2017年2月27日至28日在黄州召开。会议听取和审议市人民政府关于2017年度市区建设项目收支计划议案,作出批准2017年市区建设项目收支计划的决议;听取和审议市人民政府关于残疾人保障法贯彻实施情况报告、关于2015年度市级预算执行和其他财政收支审计查出问题整改情况报告、关于中心城区燃放烟花爆竹管理工作情况报告,听取和审议市人大常委会2017年度"一要点四计划"草案。通过市五届人大常委会代表资格审查委员会组成人员名单。

会议表决人事议案,通过有关人事任免,新任命人员举行宪法宣誓仪式。

第二次会议　于2017年4月25日至26日在黄州召开。会议听取和审议《黄冈市革命遗址遗迹保护条例(草案)》,审议并通过市人民政府关于食品安全法、《湖北省食品安全条例》贯彻实施情况报告、关于2016年度环境状况和环境保护目标完成情况报告、关于贯彻实施《湖北省农村扶贫条例》推进脱贫攻坚情况报告,以及市人大常委会关于个别代表代表资格的报告;听取和审议市普法工作情况报告,作出《黄冈市人民代表大会常务委员会关于开展第七个五年法治宣传教育的决议》。审议关于个别代表的代表资格的报告。

第三次会议　于2017年5月5日在黄州召开。会议决定接受肖伏清辞去黄冈市人民政府市长职务。

通过任命刘美频为黄冈市人民政府副市长、代理市长的决定。

决定于2017年5月8日至9日在黄州召开市人大常委会第二次会议,选举黄冈市人民政府市长。审议召开市人大常委会第二次会议有关事项。审议了关于个别代表的代表资格的报告。

第四次会议　于2017年7月5日至7日在黄州召开。会议审议《黄冈市革命遗址遗迹保护条例(草案二审稿)》和《黄冈市违法建设处置条例(草案)》;审议并通过市人民政府关于安全生产法贯彻实施情况报告、关于城乡规划法贯彻实施情况报告、关于全市宗教工作情况报告、关于开展"雷霆行动"工作情况报告、关于打击网络犯罪工作情况报告,听取市中级人民法院关于上半年工作情况报告、市人民检察院关于开展“保护生态环境、促进绿色发展”专项法律监督工作情况报告。

决定接受丁爱萍辞去市第五届人大常委会内务司法委员会主任职务。

会议表决人事议案，通过有关人事任免。

第五次会议 于2017年8月24日至25日在黄州召开。会议审议《黄冈市违法建设治理条例（草案二审稿）》；审议并表决通过《黄冈市革命遗址遗迹保护条例》、市人民政府关于2017年上半年国民经济和社会发展计划执行情况报告、市人大常委会关于批准2016年市本级财政决算决议、市人大常委会关于批准2017年市本级财政预算调整方案决议、市人民政府关于2016年市级预算执行和其他财政收支审计工作情况报告、市人民政府关于市五届人大一次会议代表建议办理情况报告。通过市人大常委会关于加快建设区域性增长极的决议。

会议表决人事议案，通过有关人事任免。

第六次会议 于2017年10月13日在黄州召开。会议决定接受刘美频辞去黄冈市人民政府市长职务。

决定任命邱丽新为黄冈市人民政府副市长、代理市长。

决定免去刘仁举黄冈市人民政府副市长职务。

第七次会议 于2017年10月24日至25日在黄州召开。会议审议并表决通过《黄冈市违法建设治理条例》、市人大常委会开展审计查出问题整改情况报告满意度测评办法、市人大代表约见国家机关负责人办法、市人民政府关于行政复议法贯彻实施情况报告、市人民政府关于《大别山革命老区振兴发展规划》贯彻实施情况报告、市人民政府关于文化小康建设情况报告、市人大常委会关于批准2017年市本级财政预算调整方案决议。

第八次会议 于2017年12月5日在黄州召开。会议决定于2018年4月1日召开市五届人大三次会议，审议并通过《关于修改〈黄冈市人民代表大会代表建议、批评和意见办理规定〉的决定》《市人大常委会关于讨论决定重大事项的实施细则》、市人大常委会2017年工作报告草案、市人大常委会2018年工作要点草案、市人民政府关于精准扶贫精准脱贫专题询问问题整改情况报告，并对专题询问问题整改情况进行满意度测评，测评结果均为满意。

会议表决人事议案，通过有关人事任免，举行新任职人员宪法宣誓仪式。

第九次会议 于2017年12月27日在黄州召开。会议听取和审议市人大常委会代表资格审查委员会关于个别代表的代表资格报告。

会议表决人事议案，通过有关人事任免。

第十次会议　于2018年1月8日在黄州召开。会议选举产生市监察委员会组成人员，通过任命余凡、陈出新、尹胜利为市监察委员会副主任，李世梁、商林、田保成、王小刚、陈建共为市监察委员会委员的决定。

决定接受陈出新辞去市五届人大常委会委员职务。

会议表决人事议案，通过有关人事任免。

第十一次会议　于2018年3月6日至7日在黄州召开。会议审议《黄冈市城市市容和环境卫生管理条例》；通过市人民代表大会常务委员会关于加快黄冈革命老区振兴崛起的决议；听取市人民政府关于2016年度市级预算执行和其他财政收支审计查出问题整改情况报告，并开展满意度测评；表决个别代表的代表资格报告。

会议表决人事议案，通过有关人事任免。

第十二次会议　于2018年4月24日至25日在黄州召开。会议审议《黄冈市城市市容和环境卫生管理条例（草案二审稿）》、市人大常委会执法检查组关于检查道路交通安全法实施情况报告、市人大常委会《关于市人大常委会任命的政府工作部门负责人报告履职情况的暂行办法（草案）》、市人民政府关于全市基层医疗卫生服务体系建设情况报告；听取、审议并表决通过市人民政府关于2017年度环境状况和环境保护目标完成情况报告、关于推进农业供给侧结构性改革情况报告。

第十三次会议　于2018年6月26日至27日在黄州召开。会议审议并表决通过《黄冈市城市市容和环境卫生管理条例》《黄冈市人民代表大会常务委员会关于市人大常委会任命的政府工作部门负责人报告履职情况的暂行办法》，听取、审议并表决通过市人民政府关于全市基层医疗服务体系建设情况报告、关于服务企业行动工作情况报告、关于产业扶贫和健康扶贫情况报告、关于乡村旅游发展情况报告，市人大常委会代表资格审查委员会关于市五届人大个别代表的代表资格报告和有关人事任免议案。

决定免去汪治怀黄冈市人民政府副市长职务。

会议表决人事议案，通过有关人事任免。

第十四次会议　于2018年8月22日至23日在黄州召开。会议审议并表决通过市人民政府关于2018年上半年国民经济和社会发展计划执行情况报告、关于2017年市级财政决算报告、关于2017年度市级预算执行和其他财政收支的审计工作报告，2018年市本级财政预算调整方案、关于全市扫黑除恶情况报告，市中级人民法院关于“基本解决执行难”工作情况报告和市人民检察院关于司法责任制落实情况报告，市人大常委会代表资格审查委员会关于市五届人大个别代表的代表资格报告和有关人事任免议案。

会议表决人事议案，通过有关人事任免。

第十五次会议 于2018年10月24日至26日在黄州召开。会议审议《黄冈市白莲河库区生态保护条例(草案)》;审议并表决通过市人民政府关于《黄冈市创建省级生态文明建设示范市规划(2018—2022年)》、市人大常委会执法检查组关于检查《黄冈市饮用水水源地保护条例》贯彻实施情况报告、市人民政府关于2018年市本级财政预算调整方案报告、市人民政府关于职业教育法贯彻实施情况报告、市人民政府关于办理市五届人大三次会议代表建议情况报告。会议审议并通过市人民政府关于行政复议法贯彻执行情况、关于文化小康建设情况以及关于推进农业供给侧结构性改革情况等三个报告审议意见办理情况报告，并开展满意度测评。会议审议并通过市人大常委会代表资格审查委员会关于个别代表的代表资格报告和有关人事任免议案。

通过任命上官福令为黄冈市人民政府副市长的决定。

会议表决人事议案，通过有关人事任免。

第十六次会议 于2018年12月18日在黄州召开。审议并表决通过市人大常委会关于召开市五届人大四次会议的决定(草案)，决定2019年1月11日至15日在黄州召开市第五届人民代表大会第四次会议。会议审议《黄冈市白莲河库区水环境保护条例(草案二审稿)》;会议审议并表决通过市人民政府关于《黄冈市国民经济和社会发展第十三个五年规划纲要》实施中期评估报告、市人大常委会《关于撤销相关规范性文件的决定(草案)》、市人大常委会2018年工作报告(草案)以及2019年工作要点(草案)。

会议表决人事议案，通过有关人事任免。

第十七次会议 于2019年1月11日在黄州召开。会议决定将市第五届人民代表大会第四次会议召开时间调整为2019年1月21日，会议审议和表决通过关于部分代表的代表资格报告，关于市第五届人民代表大会第四次会议建议议程和日程，大会主席团和秘书长名单(草案)、列席人员名单(草案)。

通过任命易先荣为黄冈市人民政府副市长的决定。

通过任命张加强为黄冈市人民政府副市长的决定。

通过任命官书云为黄冈市人民检察院副检察长、代理检察长的决定。

决定免去张社教的黄冈市人民政府副市长职务。

通过接受冯新华辞去黄冈市人民检察院检察长职务。

第十八次会议　于2019年2月26日至27日在黄州召开。会议审议《黄冈市白莲河库区水环境保护条例(草案三审稿)》,审议和表决通过《黄冈市人大常委会关于大力推动黄冈高质量发展的决定》;听取和审议市人民政府关于2017年度市级预算执行和其他财政收支审计查出问题整改情况的报告,进行满意度测评;听取和审议市人民政府关于推进黄冈市区义务教育优质均衡发展、关于进一步加强农村垃圾治理工作等两个议案办理情况的报告;听取并审议市人民政府关于全市基层医疗卫生服务体系建设情况、开展服务企业行动情况、推进产业扶贫情况等三个报告审议意见研究处理情况的报告,分别开展满意度测评。

会议表决人事议案,通过有关人事任免。

第十九次会议　于2019年3月22日在黄州召开。会议表决人事议案,通过有关人事任免。

第二十次会议　于2019年4月24日至26日在黄州召开。会议审议《黄冈市白莲河库区水环境保护条例(草案四审稿)》《黄冈市城市公共交通条例(草案)》;表决通过市人民政府关于促进民营企业发展情况的报告、全市养老服务工作情况的报告、2018年度环境状况和环境保护目标完成情况的报告、文物资源资产管理情况的报告、2018年度企业国有资产的专项报告、深化"互联网+政务服务"推进政务服务"一网一门一次"改革工作情况的报告、侨务工作服务地方经济社会发展情况的报告;表决通过关于个别代表的代表资格审查报告。

会议表决人事议案,通过有关人事任免。

第二十一次会议　于2019年6月24日至26日在黄州召开。会议表决通过《黄冈市白莲河库区水环境保护条例(建议表决稿)》、审议《黄冈市城市公共交通条例(草案二审稿)》、市人大常委会执法检查组关于检查特种设备安全法实施情况的报告;市人民政府关于贯彻执行《湖北省人民代表大会常务委员会关于深入开展扫黑除恶专项斗争的决定》情况报告、市中级人民法院关于深化司法公开促进司法公正情况报告、市人民检察院关于开展公益诉讼工作情况报告。

通过免去陈家伟市人民政府副市长职务的决定。

会议表决人事议案,通过有关人事任免。

第二十二次会议　于2019年8月29日至30日在黄州召开。会议传达学习习近平总书记对地方人大及其常委会工作作出的重要指示;听取和审议《黄冈市城市公共交通条例(草案三审稿)》、市人大常委会执法检查组关于检查《黄冈市革命遗址遗迹保护条例》贯彻实施情况报告;表决通过市人民政府关于2019年上半年国民经济和社会发展计划执行情况报告、2018年市级财政决算及政府债务报告、2019年市本级财政预算调整方案、2018年度市级预算执行和其他财政收支的审计工作报告;表决通过个别代表的代表资格审查报告。

决定接受罗刚辞去市第五届人民代表大会常务委员会副主任职务,报市人民代表大会备案。

接受田胜辉辞去湖北省第十三届人民代表大会代表职务,报省人大常委会备案。

第二十三次会议 于2019年10月28日至30日在黄州召开。会议传达学习习近平总书记在庆祝中华人民共和国成立70周年大会上的讲话;审议市人大常委会执法检查组关于检查《黄冈市违法建设治理条例》《湖北省乡镇人民代表大会工作条例》实施情况报告;表决通过市人大常委会关于批准黄冈临空经济区起步区开发建设方案、2019年黄冈市本级财政预算调整方案的决议;表决通过市人民政府关于市五届人大四次会议代表建议办理情况和关于乡村振兴战略实施情况报告;分别对市人民政府关于促进民营企业发展情况、关于全市养老服务工作情况、关于2018年环境状况和环境保护目标完成情况、关于黄冈市文物资源资产管理情况、关于2018年度企业国有资产的专项报告、关于深化“互联网+政务服务”推进政务服务“一网一门一次”改革工作情况、关于侨务工作服务地方经济社会发展情况等七个报告审议意见研究处理情况的报告开展满意度测评。表决通过个别代表的代表资格审查报告。

决定接受吴美景辞去黄冈市第五届人民代表大会常务委员会副主任职务,报市人民代表大会备案。

会议表决人事议案,通过有关人事任免。

第二十四次会议 于2019年11月11日在黄州召开。会议通过任命刘忠诚为黄冈市人民政府副市长的决定。

决定接受袁金鹏辞去市人大常委会副主任和市人大法制委员会主任委员职务,报市人民代表大会备案。

会议表决人事议案,通过有关人事任免。

第二十五次会议 于2019年12月16日在黄州召开。会议传达学习中国共产党第十九届中央委员会第四次全体会议精神。决定2020年1月4日在黄州召开市五届人大五次会议。审议市第五届人民代表大会第五次会议决定草案及议程、日程草案,关于部分代表的代表资格审查报告。书面听取市人大常委会法制工作委员会关于规范性文件备案审查工作情况报告。表决通过《黄冈市城市公共交通条例(建议表决稿)》。

会议表决人事议案,通过有关人事任免。

第二十六次会议　于2019年12月29日至30日在黄州召开。会议补选张社教为湖北省第十三届人民代表大会代表;审议通过市第五届人民代表大会第五次会议有关事项。大会有关事项包括:主席团和秘书长名单草案;主席团常务主席、大会执行主席分组和副秘书长名单草案;列席人员名单草案;特邀人员名单草案;选举办法草案。审议市人大常委会2019年工作报告(讨论稿)和2020年"一要点两计划"(草案)。审议市人大常委会代表资格审查委员会关于个别代表的代表资格的报告。

会议表决人事议案,通过有关人事任免。

第二十七次会议　于2020年3月30日在黄州召开。会议传达学习习近平总书记在湖北省考察新冠肺炎疫情防控工作时的重要讲话精神;审议《黄冈市文明行为促进条例(草案)》,听取和审议市人民政府关于2018年市级预算执行和其他财政收支审计查出问题情况整改的报告,并开展满意度测评。

会议表决人事议案,通过有关人事任免。

第二十八次会议　于2020年4月28日在黄州召开。会议传达学习中共中央政治局3月27日和4月17日在中共中央政治局会议上的重要讲话精神。审议《黄冈市文明行为促进条例(草案二审稿)》;听取和审议市人民政府关于《全国人民代表大会常务委员会关于全面禁止非法野生动物交易、革除滥食野生动物陋习、切实保障人民群众生命健康安全的决定》贯彻实施情况;听取和审议市人民政府关于2019年度环境状况和环境保护目标完成情况、关于推进全市殡葬改革工作情况报告。

补选王贺胜为湖北省第十三届人民代表大会代表。

会议表决人事议案,通过有关人事任免。

第二十九次会议　于2020年6月28日至29日在黄州召开。会议传达学习习近平总书记在参加十三届全国人大三次会议湖北代表团审议时的重要讲话精神。听取和审议《黄冈市文明行为促进条例(草案三审稿)》、市人大常委会执法检查组关于检查《宗教事务条例》实施情况报告。听取和审议通过市人民政府关于传染病防治法及其实施办法贯彻实施情况、关于全面推行行政执法"三项制度"工作情况、关于全市能人回乡创业"千人计划"实施情况报告。

通过任命董波为黄冈市人民政府副市长的决定。

会议表决人事议案,通过有关人事任免。

第三十次会议 于2020年8月27日至28日在黄州召开。会议传达学习7月30日中共中央政治局会议精神。听取、审议通过市人大常委会执法检查组关于检查《黄冈市城市市容和环境卫生管理条例》实施情况报告;听取和审议批准市人民政府关于2019年市本级财政决算和2020年市本级财政预算调整方案、听取和审议关于2020年上半年国民经济和社会发展计划执行情况、关于促进就业工作情况、关于县域医共体建设情况的报告;听取和审议通过市公安局、法院、检察院、司法局四家单位服务保障高质量发展情况报告。

决定接受刘传铁辞去湖北省第十三届人大代表职务。

会议表决人事议案,通过有关人事任免。

第三十一次会议 于2020年10月22日至23日在黄州召开。会议传达学习习近平总书记在基层代表座谈会上的重要讲话精神,表决通过《黄冈市文明行为促进条例》,审议《黄冈市养老服务促进条例(草案)》《黄冈市人民代表大会常务委员会关于优化营商环境激发市场活力的决定(草案)》,听取和审议市人民政府关于市区工业高质量发展情况的报告、关于全市科技创新驱动高质量发展情况的报告、关于2020年市本级财政预算调整方案的报告,关于市五届人大五次会议代表建议办理情况的报告,批准2020年市本级财政预算调整方案。

第三十二次会议 于2020年12月28日在黄州召开。会议传达学习习近平总书记在中央全面依法治国工作会议上的重要讲话精神。决定市第五届人民代表大会第六次会议于2021年1月17日在黄州召开。审议《黄冈市人民代表大会常务委员会规范性文件备案审查工作办法(草案)》,审议市人民政府关于农村垃圾治理议案办理情况报告、关于动物防疫法贯彻实施情况书面报告。

通过任命王超为黄冈市人民政府副市长的决定。

第三十三次会议 于2021年1月12日在黄州召开。会议传达学习中央经济工作会议精神;补选官书云为省第十三届人大代表;听取并审议市人大常委会向“一府两院”交办事项办理落实情况报告、关于部分代表的代表资格报告、市五届人大六次会议有关事项、市人民代表大会常务委员会2020年工作报告和2021年“一要点两计划”。

通过任命王玺玮为黄冈市人民政府副市长的决定。

通过免去余友斌的黄冈市人民政府副市长职务。

通过免去张加强的黄冈市人民政府副市长职务。

接受梅咏成辞去市五届人大常委会副主任的职务。

接受冯新华辞去湖北省第十三届人大代表职务。

会议表决人事议案，通过有关人事任免。

第三十四次会议　于2021年2月24日在黄州召开。会议传达学习习近平总书记在省部级主要领导干部学习贯彻党的十九届五中全会精神专题研讨班开班式上重要讲话精神，审议《黄冈市养老服务促进条例（草案二审稿）》，听取并审议市人大常委会法制工作委员会关于2020年备案审查工作情况报告，审议市人民政府关于2019年度市级预算执行和其他财政收支审计查出问题整改情况报告，并开展满意度测评。

第三十五次会议　于2021年4月22日至23日在黄州召开。会议传达学习习近平总书记在中共中央政治局第二十八次集体学习时重要讲话精神，审议《黄冈市养老服务促进条例（草案三审稿）》并听取市人大法制委员会关于草案二审稿审议结果报告；听取并审议市人大常委会执法检查组关于检查工会法实施情况报告，听取并审议市人民政府关于"七五"普法工作情况报告、关于2020年度行政事业性国有资产管理情况专项报告、关于2020年度国有资产管理情况综合报告、关于2020年度环境状况和环境保护目标完成情况报告、关于全市台湾事务工作情况报告，听取并审议市法院关于巩固"基本解决执行难"工作情况报告。

第三十六次会议　于2021年5月28日在黄州召开。会议补选侯浙珉为湖北省第十三届人民代表大会代表。

第三十七次会议　于2021年6月10日在黄州召开。会议决定任命李军杰为黄冈市人民政府副市长，代理市长。

会议决定接受邱丽新辞去黄冈市人民政府市长职务。

第三十八次会议　于2021年6月23日至24日在黄州召开。会议传达学习习近平总书记在中央全面深化改革委员会第十九次会议上的重要讲话精神，表决通过《黄冈市养老服务促进条例》，审议通过《黄冈市人大常委会关于推进人民法院切实解决执行难的决定》，审议《黄冈市人民政府关于提请审议黄冈市树市花的议案》并作出关于批准市树市花决定；听取和审议市人大常委会执法检查组关于检查禁毒法、统计法实施情况的报告、市人民政府关于《湖北省湖泊保护条例》贯彻实施情况报告、市人民检察院关于落实认罪认罚从宽制度情况报告，会议通过关于部分代表代表资格报告。审议通过关于召开市五届人大七次会议的决定及大会有关事项，决定市五届人大七次会议于2021年6月26日在黄州召开，选举黄冈市人民政府市长。

决定免去上官福令的黄冈市人民政府副市长职务。

会议表决人事议案，通过有关人事任免。

第三十九次会议 于2021年8月25日至26日在黄州召开，会议传达学习中央财经委员会第十次会议精神。表决通过《黄冈市人大常委会关于贯彻落实“干在实处加快振兴谱写新篇”总体要求推动新时代黄冈高质量发展的决定》《黄冈市人大常委会关于推进实现巩固拓展脱贫攻坚成果同乡村振兴有效衔接的决定》《黄冈市人大常委会关于同意黄冈市黄州区人民政府驻地迁移的决定》，听取和审议《黄冈市人大常委会关于集中修改部分地方性法规的决定（草案）》、市人大常委会执法检查组关于检查安全生产法和《湖北省安全生产条例》实施情况报告，市人民政府关于2021年上半年国民经济和社会发展计划执行情况、2020年市本级财政决算及2021年上半年预算执行情况、2021年市本级财政预算调整方案、2020年市本级预算执行和其他财政收支审计工作情况、全市文旅融合发展改革工作情况报告，决定批准2020年市本级财政决算、2021年市本级财政预算调整方案。会议还审议关于部分代表资格报告。

通过任命荣先国为黄冈市人民政府副市长的决定。

通过任命潘国林为黄冈市人民政府副市长的决定。

通过任命王文忠为黄冈市人民政府副市长的决定。

通过免去易先荣的黄冈市人民政府副市长的决定。

通过免去周勇士的黄冈市人民政府副市长的决定。

会议表决人事议案，通过有关人事任免。

第四十次会议 于2021年10月26日至27日在黄州召开。会议传达学习习近平总书记在中央人大工作会议上重要讲话和会议精神。审议《黄冈市畜禽养殖污染防治条例（草案）》，表决通过《黄冈市荣誉市民称号授予办法》《黄冈市人大常委会关于讨论决定重大事项的实施细则（修订稿）》《黄冈市人大常委会执法检查工作规程》，听取审议市人民政府关于2021年市本级财政预算调整方案报告，决定批准2021年市本级财政预算调整方案，听取审议市人民政府关于《黄冈市人大常委会关于优化营商环境激发市场活力的决定》贯彻落实情况报告、关于市五届人大六次会议代表建议办理情况报告，市人大常委会执法检查组关于检查《湖北省人大常委会关于长江汉江湖北段实施禁捕的决定》、建筑法实施情况报告。

任命万强为黄冈市人民检察院副检察长，代理检察长。

同意官书云辞去黄冈市人民检察院检察长职务。

会议表决人事议案，通过有关人事任免。

第四十一次会议 于2021年12月21日在黄州召开。会议传达学习中央经济工作会议精神。审议通过《关于召开黄冈市第六届人民代表大会第一次会议的决定》及市六届人大一次会议议程草案、日程草案、主席团和秘书长名单草案、列席人员名单草案等，决定市第六届人民代表大会第一次会议于2022年1月6日在黄州召开。会议表决通过《黄冈市人大常委会关于集中修改部分地方性法规的决定》《黄冈市人大常委会关于全面开展反电信网络诈骗工作的决定》，审议并原则通过市人大常委会工作报告和2022年工作要点稿。

会议表决人事议案，通过有关人事任免。

第四十二次会议 于2021年12月27日在黄州召开会议传达学习习近平总书记关于全过程人民民主重要论述。

补选李军杰为湖北省第十三届人民代表大会代表。

第六节 第六届人大常委会

一、人大常委会组成人员

2022年1月9日，市第六届人大一次会议选举产生第六届人大常委会，由主任1名，副主任6名，秘书长1名，委员33名，共41人组成。

第六届人大常委会组成人员名单（2022年1月9日— ）

黄冈市第六届人大常委会成立于2022年1月9日，组成人员如下。

主　任：张社教

副主任（6名）：

吴晓文　陈少敏（女）　屈凯军　郭小野　黄强胤

詹旺民

秘书长：黄智敏

委员（33名，后辞职1名）：

左志学　朱凤娥（女）　刘　扬（女）　刘锦秀（女）　江晓明

江海松　李　文　李保国　杨仕英（女）　吴秀梅（女）

吴晓鹏　何　山　何兰田（2022.3.1辞职）

余能华	宋淑娟(女)	张　鄂(土家族)		张　敏(女)
陆续中	陈卫东	陈念思	孟志丹(女)	胡　静(女)
段　鹏	骆明正	夏又春	徐　锐	唐志红(女)
涂杏华(女)	释明基	童保红	谭金山	熊清海
缪　丞				

二、人大常委会第一次会议

于2022年2月28日在黄州召开。会议听取审议工作报告7个,讨论决定1项重大事项,依法任免国家机关工作人员56人次,接受1人辞去其在人大常委会中的职务。

第六届人大常委会第一次会议传达学习习近平总书记在中央政治局第三十六次集体学习时的重要讲话精神;审议《黄冈市畜禽养殖污染防治条例(草案二审稿)》《黄冈市人民代表大会常务委员会议事规则(修订稿草案)》;听取审议市人大常委会法制工作委员会关于2021年备案审查工作情况的报告;听取审议市人民政府关于2020年市级预算执行和其他财政收支审计查出问题整改情况的报告,开展满意度测评;审议通过《关于开展第八个五年法治宣传教育的决议(草案)》;听取和审议市人大常委会法制工作委员会关于2021年规范性文件备案审查工作情况的报告;审议黄冈市第六届人民代表大会常务委员会代表资格审查委员会组成人员名单草案、人事议案、有关接受辞职请求的决定;通过任命新一届市人民政府工作部门主要负责人、市监察委员会部分组成人员及市中级人民法院有关工作人员的决定。

第四章　黄冈市人大常委会主任会议

黄冈市人民代表大会常务委员会成立后，根据国家法律法规，设立常委会主任会议制度，并制定《黄冈市人民代表大会常务委员会主任会议议事规则》等规章制度，保证常委会主任会议议事制度化、规范化。

市人大常委会主任会议认真履行主任会议职责，认真开好历次主任会议。本志记载的主任会议共396次，其中，第一届人大常委会期间（1996.12—2002.4）9次（不完全统计）；第二届人大常委会期间（2002.5—2007.1）90次（不完全统计）；第三届人大常委会期间（2007.1—2012.1）98次；第四届人大常委会期间（2012.1—2017.1）100次；第五届人大常委会期间（2017.1—2022.1）97次；第六届人大常委会期间2次（2022年1-2月，统计至本志书截稿时间）。

第一节　主任会议职责与方式

一、主任会议职责

主任会议由常委会主任、副主任和秘书长组成，其职责是处理常委会的重要日常工作。根据主任会议议事规则，历届常委会主任会议议题主要有两大类，一是必须提请常委会审议通过的议题；一是不必提请常委会审议通过的议题。主要工作职责如下：

（一）决定常委会会议召开的日期；拟定会议的议程草案，决定提请常委会全体会议通过；讨论准备提请常委会审议的事项，确定列席会议和旁听人员名单。

（二）提出市人民代表大会召开的日期、议程及日程的建议，决定常委会向市人民代表大会所作的工作报告（草案）和大会安排意见（草案）等有关事项，决定提请常委会会议审议。

（三）拟定常委会年度工作要点（草案），提请常委会会议审议，并组织实施；讨论通过常委会听取和审议专项工作报告、开展执法检查的年度计划，印发常委会组成人员并向社会公布。

（四）讨论决定常委会组织的执法检查、代表视察或者专题调查研究等具体事项；根据执法检查组提出的执法检查报告，决定提请常委会会议审议。

（五）讨论有关决议、决定（草案），决定提请常委会会议审议。

（六）讨论通过常委会组成人员对市人民政府、市中级人民法院、市人民检察院（以下简称“一府两院”）专项工作报告、计划与预算执行情况报告和审计工作报告的审议意见，决定交报告机关研究处理，并适时听取审议意见办理情况的报告。

（七）在常委会组成人员中提出常委会代表资格审查委员会的主任委员、副主任委员和委员的人选，提请常委会会议通过。

（八）听取市人大专门委员会提出的关于市人民代表大会主席团交付审议的代表议案的审议结果报告，并决定提请常委会会议审议。

（九）向常委会提出属于常委会职权范围内的议案。

（十）对市“一府两院”和市人大专门委员会向常委会提出的议案，决定提请常委会会议审议，或者先交有关的专门委员会审议、提出报告，再提请常委会会议审议；对常委会组成人员五人以上联名向常委会提出的议案，决定是否提请常委会会议审议，或者先交有关的专门委员会审议、提出报告，再决定是否提请常委会会议审议。

（十一）对常委会组成人员五人以上联名向常委会书面提出的对市“一府两院”的质询案，决定交受质询机关答复。当提议案人对受质询机关的答复不满意时，决定是否由受质询机关再次答复。

（十二）向常委会提议组织关于特定问题的调查委员会，提请常委会会议审议。对于常委会组成人员五分之一以上书面联名向常委会提议组织关于特定问题的调查委员会，决定提请常委会会议审议，或者先交有关专门委员会初审、提出报告，再决定提请常委会会议审议。在常委会组成人员和市人大代表中提出调查委员会主任委员、副主任委员和委员的人选，提请常委会会议通过。

（十三）讨论应由常委会任命、免职、撤职、接受辞职、决定任命、批准任免的人选，决定提交常委会会议审议。

（十四）在常委会副主任和市“一府两院”副职领导人员中分别提出常委会代理主任、市人民政府代理市长、市中级人民法院代理院长、市人民检察院代理检察长的人选，在市人大代表中提出补充市人大专门委员会的个别副主任委员和委员的人选，提请常委会会议审议。

（十五）提名任命常委会副秘书长、常委会工作机构主任和副主任，决定提交常委会会议审议。

（十六）根据常委会的统一部署，讨论制定市人大代表换届选举工作实施方案，并组织实施。讨论出缺的市人大代表补选工作。

（十七）根据省人大常委会关于省人大代表换届选举的统一部署，讨论相关事项，依照有关程序，提请市人民代表大会选举。讨论出缺的省人大代表补选工作。

（十八）听取市人大专门委员会、常委会法规工作机构提出的关于市"一府两院"不适当的规范性文件，县市区人大及其常委会不适当的决议、决定的初步审查报告，决定提请常委会会议审议。

（十九）讨论市人民检察院检察长因不同意检察委员会多数人的意见而提出的重大案件和其他重大问题，决定提请常委会会议审议。

（二十）讨论司法机关对市人大代表提出的逮捕或者刑事审判，以及采取法律规定的其他限制人身自由的措施的报告，提出处理意见，提请常委会会议审议。

（二十一）听取市"一府两院"相关专题工作汇报，提出处理意见，对重要的专题工作报告，可以提请常委会会议审议。

（二十二）听取市人大专门委员会和常委会工作机构的视察报告、调查报告以及工作汇报，提出处理意见。

（二十三）讨论人民群众向常委会提出的对市"一府两院"和国家工作人员的重大申诉和意见，提出处理意见。

（二十四）召集市"一府两院"负责人联席会议，互通情况，协调部署工作。

（二十五）讨论县市区人大常委会提出的有关事项，提出处理意见。

（二十六）讨论上级人大常委会交办的有关事项，提出办理意见。

（二十七）讨论常委会机关内部机构设置、制度建设等自身建设方面的重要工作；指导和协调市人大专门委员会、常委会工作机构的日常工作。

（二十八）讨论处理常委会授权的事项和法律、法规规定的其他重要日常工作。

二、主任会议召开方式

主任会议由常委会主任召集并主持。主任因故不能出席会议的，由其委托的副主任召集并主持。主任会议每月至少举行一次，必要时可以临时召集。会议必须有全体组成人员的过半数出席，才能举行。会议审议议案、讨论决定问题，实行民主集中制。主任会议的决定，必须由全体组成人员的过半数同意。会议采取举手表决或者其他表决方式。

主任会议议题，由秘书长征求常委会主任、副主任和市人大专门委员会、常委会工作机构的意见后提出，报常委会主任或者受其委托的副主任确定。

根据需要，常委会副秘书长、市人大专门委员会和常委会工作机构负责人可以列席主任会议。必要时，可以邀请人大常委会组成人员、人大代表和市“一府两院”及有关方面负责人列席主任会议。

在主任会议举行的两日前，常委会办公室将开会日期、会议议题和地点通知主任会议组成人员及其他有关机关和列席人员。因特殊情况需要临时召集的会议，可以临时通知。

听取市“一府两院”及有关部门的专题工作汇报时，由常委会办公室于开会前的十日内通知汇报单位。汇报单位应于会议召开的3日前送交书面材料，并由主要负责人到会汇报。

主任会议讨论决定的事项需要行文时，视其内容由相关的市人大专门委员会或者常委会工作机构草拟，由常委会主任或者主持会议的副主任签发。

主任会议研究决定的事项，由有关的专门委员会或者常委会工作机构办理。重要事项由分管的常委会副主任或者秘书长组织实施。重要事项组织实施的情况应当向主任会议汇报。

根据常委会的授权，在常委会闭会期间，主任会议可以应急研究处理常委会职权范围内的个别问题，并提交下次常委会会议确认。

第二节　历届主任会议

一、第一届人大常委会历次主任会议

说明：因部分年份档案资料缺失，故此届人大常委会主任会议记录存在缺失情况。

表4-1　第一届人大常委会主任会议

时　间	会　议　主　要　内　容
1996年	
12月31日	听取赴孝感等四市考察当地人大常委会工作情况的汇报及处理有关事宜

续表4-1

时　间	会　议　主　要　内　容
1997年	
2月14日	研究市第一届人大常委会第二次会议有关事项及其他事宜
2月28日	研究各专门委员会工作等事宜
11月19—25日	听取市财政局等部门工作情况汇报
11月27日	听取并审议市土地管理局局长张焕卿关于土地管理工作情况汇报
1998年	
10月19日	听取并研究市财政局三项财政管理工作情况汇报
1999年	
2月4日	调整市人大常委会主任、副主任工作分工
2001年	
2月20日	讨论人大常委会机关事务(干部住房等)事宜
3月7日	研究市人大常委会主任、常务副主任、副主任工作分工

二、第二届人大常委会历次主任会议

表4-2　第二届人大常委会主任会议

时　间	会　议　主　要　内　容
2002年	
5月18日	研究市人大第二届常委会第一次会议工作
5月31日	研究市人大第二届常委会第二次会议有关工作
6月12日	听取培训中心审计工作情况汇报
6月25日	讨论人大各部门工作安排
7月16日	听取市级财政预算情况、乡镇换届选举工作会议汇报
7月28日	研究市第二届人大常委会第三次会议安排
8月16日	听取市公安局、检察院有关案件汇报;讨论下半年工作
8月27日	研究市第二届人大常委会第四次会议安排

续表4-2

时　间	会　议　主　要　内　容
9月5日	听取程坤波所犯错误情况汇报
9月6日	研究视察行政服务中心方案、视察邮政法贯彻实施情况方案、视察公检法司方案、代工委“两评”方案、秘书长副秘书长工作规则、常委会有关工作安排
10月25日	研究召开人大常委会会议事宜
11月4日	研究对公检法司评议意见、11月份工作安排
11月21日	听取人大10个视察组的工作情况汇报;讨论第二届人民代表大会相关工作安排
12月5日	评议市人民政府组成部门
12月19日	确定人大常委会第七次会议有关事宜
12月20日	讨论人大常委会工作报告(讨论稿)和工作要点
12月28日	讨论确定第二届人民代表大会相关工作安排
2003年	
1月4日	讨论对市环保局等六家单位评议事宜
1月6日	讨论对市环保局等六家单位评议事宜
1月28日	讨论市人大常委会2003年工作要点、主任工作分工、人大常委会第八次会议召开事宜,听取视察工作汇报
2月14日	研究人大常委会第八次会议人事任免、评议工作
2月25日至27日	听取两院的省委会议精神及工作汇报;审定评议意见草案;研究重大事项的决定;听取机关工作相关汇报
3月31日	听取六个重点评议单位整改情况汇报
4月14日	讨论人大常委会第八次会议事宜
4月21日	研究有关人事任免;听取市委紧急会议通报;讨论信访工作
5月15日	研究对政府和“两院”进行督办、第二次至第七次常委会会议督办
5月26日至27日	讨论整治经济环境工作、加大案件处理力度、扶贫工作;讨论市区城市规划审议意见
6月6日	听取市区群众集体上访情况、人大常委会文件落实情况、新选代表资格审查说明、有关人事任免事项

续表4-2

时　间	会　议　主　要　内　容
6月11日	研究公检法司经费保障事宜
7月10日	讨论人大常委会第十一次会议事项
7月16日	听取特定问题调查案情况汇报
7月27日	研究人大常委会第十一次会议人事任免事项和日程安排
8月11日	确定人大常委会委员、人大专委会委员培训、外出考察，省人大工作会议、代表工作会议精神传达，第十一次会议信访决议配合落实、兼职委员履职条件和配合工作等事宜
8月17日	听取部门预算汇报
8月26日	讨论人大常委会第十二次会议事项、机构设置的意见、换届中的工作
9月8日	研究人事任免事项
10月24日	研究机关具体工作事宜、人大常委会第十三次会议时间和会议议题
11月9日	听取人大常委会第十三次会议有关人事提请任免报告
11月19日	听取市检察院案件情况汇报以及市公安局办理审议意见情况
11月29日	讨论人大常委会第十四次会议内容
12月1日	确定人大常委会第十四次会议内容和会议准备
12月5日	听取法院有关案件汇报
12月19日	听取市国土资源管理工作情况汇报
12月30日	讨论人大第三次会议的准备、关于评议问题；研究当前工作
2004年	
1月9日	讨论2003年人大常委会工作报告、2004年工作要点及审议专题安排
1月29日	讨论2003年人大常委会工作报告
3月17日	讨论第十七次人大常委会会议时间和内容，传达第十届全国人大第二次会议精神
4月6日	研究专题调研事宜
5月8日	议定人大常委会第十八次会议有关事项；确定培训工作安排
5月9日	听取法院、检察院汇报人事任免事项；研究调研工作

续表4-2

时　间	会　议　主　要　内　容
6月29日	讨论关于对市人民政府组成人员进行述职评议的实施意见
7月19日	研究向市委二届八次全体会议汇报工作的报告；听取新型工业化决议专题调研情况
7月29日	听取市检察院汇报开展查办国家机关工作人员利用职权侵犯公民人身权利犯罪案件专项活动
8月26日	讨论主任分工调整、8月工作情况和9月工作安排
9月17日	讨论土地管理法和行政许可法执法检查工作、人大常委会第二十次会议时间
9月28日	听取“两法”执法检查综合汇报
9月29日	听取市人民政府落实常委会的审议意见、决定、决议交办情况的汇报
10月16日	讨论述职述评工作总体方案，研究测评工作
2005年	
2月20日	研究第二届人大第四次会议日程调整及有关工作、第二届人大第二十三次会议有关事项
3月4日	讨论市人大常委会主任会议组成人员和部分人大常委会委员工作分工
3月21日	讨论第二届人大常委会第二十四次会议有关事项
4月21日	听取有关部门对市人大代表童文清违法事件的汇报
4月25日	听取和审议2004年预外资金收支管理情况报告和2005年预外资金收支计划情况、关于市直部门预算工作情况的报告、扶贫工作情况、旅游工作情况、法官述职和警官执法述职评议、法院人事任免、人大常委会部分组成人员联系情况等
5月4日	研究部分人大常委会组成人员任人大专委会委员事宜
5月16日	听取人大常委会第二十五次会议准备工作情况、机关党组整改工作情况报告。讨论5月有关工作
6月23日	研究人大常委会第二十六次会议工作事项；确定委员培训事项、学习事项
7月20日	传达并讨论全省人大常委会主任会议精神
8月12日	研究人大常委会第二十七次会议内容及时间；听取人大常委会委员培训情况汇报；听取人大有关制度汇报

续表4-2

时　间	会　议　主　要　内　容
9月5日	讨论对行政许可法调研、市区一体化问题、有关人事任免、车辆管理制度修订
9月23日	听取行政许可法调研情况汇报；研究人大常委会第二十七次会议有关事项
10月9日	讨论在市人民政府组成人员中开展述职述评的工作方案
10月18日	传达全省人大工作会议精神
11月7日	讨论人大常委会第二十八次会议事项、述职述评调研组调研报告、市区一体化情况报告
11月18日	审查述职述评调研报告；讨论市委关于进一步加强人大工作的意见（草案）、2005年市级财政预算调整方案
11月23日	讨论2005年市级财政预算调整方案审查意见
11月24日	讨论市区一体化共同发展的调查报告；研究市人大工作会议有关事项
12月12日	讨论2005年工作总结、2006年工作要点
12月25日	讨论市人大常委会第二十九次会议有关事项、二届五次会议有关情况
2006年	
2月8日	讨论第二届人大第五次会议有关事项、市人大常委会第三十次会议召开的相关情况
3月9日	讨论市人大常委会第三十一次会议召开的时间和内容
3月27日	听取市人大常委会第三十一次会议准备工作情况、人事任免、调研工作
4月26日	听取各调研组的社会主义新农村建设情况和乡镇换届选举情况调研报告
5月15日	传达全省人大工作会议精神；讨论市人大常委会第三十二次会议事项
5月25日	听取税收征收法执法检查情况汇报
7月10日	研究市人大常委会第三十三次会议事项、有关人事任免
7月17日	讨论法院和检察院人事任免、人大工作半年总结、检察官述职评议、市人大常委会第三十三次会议有关事项
7月21日	讨论副市长任职事宜

续表4-2

时 间	会 议 主 要 内 容
7月26日	传达省人大信访工作会议、换届工作会议精神；听取机关有关工作汇报
8月16日	确定市人大常委会第三十四次会议时间和内容
9月7日	确定人大常委会组成人员培训事宜、市人大常委会第三十五次会议事宜
10月8日	安排人大的10月工作；讨论换届选举工作；讨论市人大常委会第三十六次会议事宜
10月23日	确定人大常委会第三十六次会议时间及内容；听取换届选举工作督查组情况汇报
11月7日	确定人大常委会第三十六次会议议程；讨论人事任免；传达全省人大常委会主任座谈会精神
11月22日	讨论市第三届人大代表名额分配方案；听取城区义务教育乱收费情况检查

三、第三届人大常委会历次主任会议

表4-3 第三届人大常委会主任会议

时 间	会 议 主 要 内 容
2007年	
1月4日	听取市第三届人大第一次会议筹备情况汇报
1月8日	确定人大常委会第三十七次会议议程和日程
1月22日	确定市人大常委会主任会议组成人员工作分工
3月1日	讨论2007年人大工作要点；讨论第三届人大第二次会议有关议题；研究机关管理有关事项
3月6日	讨论第三届人大第二次会议议题
3月20日	确定第三届人大第二次会议议程；听取各视察组情况汇报；讨论人大规范性文件备案审查暂行规定和机关工作人员进行法律考试办法、人大常委会组成人员联系本级人大代表办法
4月8日	讨论人大代表培训事项；传达省人大信访工作会议精神；讨论机关财务管理制度、加强人大新闻宣传工作意见；听取人大常委会第三次会议有关事项

续表4-3

时　间	会　议　主　要　内　容
5月9日	讨论市第三届人大第三次常委会会议有关议题
5月21日	听取市第三届人大第三次常委会会议准备情况
6月8日	讨论市第三届人大常委会第四次会议有关事宜;听取几项检查工作情况;研究机关有关事项
6月28日	研究市第三届人大常委会第四次会议有关事宜
7月16日	听取市第三届人大常委会第四次会议准备工作情况汇报
8月16日	传达全省人大常委会主任工作会议精神;研究市直工作评议动员会、代表工作会议;讨论市第三届人大常委会第五次会议有关事宜
8月30日	讨论对市直六个单位工作评议工作安排意见;听取代表批评建议意见督办情况;研究市第三届人大常委会第五次会议准备工作
9月17日	讨论六个评议小组调查报告
10月1日	讨论市第三届人大常委会第六次会议有关事项;研究南方九市横向联系会议有关工作
11月20日	讨论有关人事任免事项、市第三届人大常委会第六次会议有关事项、市第三届人大二次会议有关事项
12月21日	讨论市三届人大第七次常委会会议有关事项;研究市三届人大三次会议
2008年	
1月8日	听取市第三届人大常委会第七次会议准备情况;讨论市人大常委会工作报告和2008年工作要点
2月14日	传达省第十一届人大第一次会议情况,听取市第三届人大第三次会议筹备情况;讨论市人大2008年工作要点
3月12日	研究第三届人大常委会第八次会议有关事项;听取抗冰雪灾害和灾后重建调查工作方案;研究其他事项
3月24日	听取各调查组关于抗冰雪灾害和灾后重建调查工作报告、各县市区人大工作调研报告、法院人事任免、拟任人员法律知识考试等事项
4月11日	研究第三届人大常委会第九次会议有关事项;听取和讨论户外广告设置管理暂行办法备案审查意见

续表4-3

时　间	会　议　主　要　内　容
5月16日	听取第三届人大常委会第九次会议准备工作汇报；讨论人大代表培训工作；听取和讨论户外广告设置管理暂行办法审查意见有关情况的请示
6月26日	听取市委组织部的人事任免意见说明，同意列为第三届人大常委会第十次会议议程
7月21日	听取市第三届人大十一次会议准备工作汇报、市检察院人事任免情况介绍；讨论市人大代表议案等工作经验交流会实施方案、对贯彻实施监督法等的要求
8月25日	传达全省市州人大常委会主任会议精神；讨论市第三届人大常委会第十一次会议议程、对市直部门年度工作评议和人大视察活动部署安排
9月16日	听取市第三届人大第十一次会议准备工作情况、法院人事任免介绍、对市劳保局等四家单位评议工作的视察调查报告
10月27日	研究市第三届人大常委会第十三次会议事项；传达省人大有关工作会议精神
11月20日	听取市财政局关于2008年财政预算调整方案；讨论市第三届人大常委会第十三次会议有关事项；听取其他有关工作汇报
12月12日	听取机关委室工作情况及2009年工作打算；讨论市第三届人大常委会第十四次会议有关事项、市第三届人大第四次会议有关工作
12月15日	讨论市第三届人大第四次大会有关工作、2008年人大常委会工作总结及2009年工作要点、第四次大会议案调研情况
12月23日	传达市委常委会会议精神；部署相关工作
12月29日	讨论市人大常委会工作报告、第三届人大第四次会议有关事项；讨论四个制度
2009年	
2月4日	讨论第三届人大常委会第十五次会议安排；听取第三届人大第四次会议准备情况；通过四个制度
3月11日	讨论第三届人大常委会第十六次会议内容
3月23日	讨论第三届人大常委会第十六次会议上的人事任免事项
4月15日	讨论第三届人大常委会第十七次会议议题
4月29日	正式确定第三届人大常委会第十七次会议议题

续表4-3

时　间	会　议　主　要　内　容
5月21日	讨论第三届人大常委会第十七次会议议题的调研报告及相关决议
6月4日	听取各调研组赴县市区调研人大工作汇报
6月19日	议定第三届人大常委会第十八次会议议题
7月13日	讨论第三届人大常委会第十八次会议议题的调研汇报；研究学习落实科学发展观活动整改方案
7月21日	确定第三届人大常委会第十八次会议议题
8月3日	讨论第三届人大常委会第十八次会议形成的相关审议意见
8月14日	讨论市人大2009年工作评议视察调查阶段工作方案、农民健康行方案和市人大党组整改落实方案
9月7日	听取2009年工作评议情况汇报；研究人事任免事项
9月27日	审议第三届人大常委会第十八次会议审议意见
11月3日	传达省人大工作会议精神；安排下阶段工作；研究人事任免
11月23日	讨论市人大工作会议调研报告；安排第三届人大常委会第二十次会议
11月26日	听取市财政局关于2009年市财政预算调整方案及2010年市财政预算编制方案的报告
11月27日	讨论市人大工作会议材料及相关事项
12月10日	讨论修改第三届人大常委会第二十次会议的审议意见；确定第三届人大常委会第二十一次会议的时间和主题
12月11日	讨论2009年市人大常委会工作报告起草内容
12月21日	通报市委常委会会议内容；安排人大常委会第二十一次会议及第三届人大第五次大会的时间和议题
12月29日	讨论市人大常委会工作报告；确定近期工作安排
2010年	
1月11日	讨论第三届人大第五次大会准备工作、人大常委会第二十一次会议准备工作、市委人大工作会议
1月19日	确定市人大常委会第二十一次会议时间和议题
1月23日	审议通过市人大常委会第二十一次会议形成的审议意见

续表4-3

时　间	会　议　主　要　内　容
3月10日	听取市人民政府关于市级财政预算执行及其他财政收支整改落实情况的报告；听取和审议市区公共卫生建设情况报告；听取和审议市人民政府关于《中华人民共和国农民专业合作社法》实施情况的报告；听取和审议市人民政府关于2010年市区城市建设项目与资金安排的报告；讨论人事任免
4月6日	讨论市人大常委会第二十二次会议审议意见；讨论确定市人大常委会第二十三次会议议题
4月30日	讨论在市直部门开展工作评议方案
5月1日	听取市委组织部、法院、检察院汇报市人大常委会第二十三次会议有关人事任免情况；研究市人大工作先进集体和先进个人实施方案、市直部门工作评议实施方案；听取公检法办案质量检查情况
6月9日	审定市人大常委会第二十三次会议审议意见；确定市人大常委会第二十四次会议议题
6月29日	讨论确定近期人大工作安排
8月5日	听取市人民政府关于开发建设城东新区的规划构想；讨论通过市人大常委会第二十四次会议审议意见；讨论确定市人大常委会第二十五次会议议题；研究人大宣传工作
9月8日	听取市人大常委会第二十五次会议议题的调研报告
9月20日	听取市人民政府提请开发建设城东新区议案汇报；讨论关于加强市人大会议质量的意见（草案）；听取市委组织的人事任免事项汇报
10月8日	传达省人大第十一届第十八次会议精神；讨论研究市人大常委会第二十五次会议召开后的有关事项；讨论确定市人大常委会第二十六次会议时间和议题
11月16日	听取“十三五”规划编制工作和农村安全用水的调研报告；讨论市人大第三届第五次全会代表建议议案、市人大常委会第二十六次会议有关安排
12月1日	讨论通过市人大常委会第二十六次会议审议意见；研究市人大2011年度工作思路和工作重点

续表4-3

时　间	会　议　主　要　内　容
	2011年
1月12日	讨论通过市人大常委会第二十七次会议审议意见；讨论确定市人大常委会工作报告和2011年度工作重点、市人大常委会第二十八次会议时间和议题安排、市人大三届三次会议安排
3月4日	听取人事任免事项汇报；传达省第十一届人大四次全会精神；讨论市人大2011年工作评议议案、市人大常委会第二十八次会议召开时间
4月6日	讨论通过市人大常委会第二十八次会议审议意见；听取市人大工作评议动员大会和机关有关事项汇报；讨论市人大与“一府两院”联系办法；听取市人大常委会第二十九次会议时间和议题安排
4月29日	听取市人大开展食品安全法执法检查实施议案汇报、市人大2011年度工作评议调查阶段工作议案；确定市人大常委会第二十九次会议时间和议题
5月4日	听取市人民政府关于市区一体化开发情况的报告
5月25日	听取人事任免工作汇报、食品安全法执法检查报告
5月27日	传达全省县乡换届工作会议培训班精神
6月14日	听取四个市直被评议部门迎评工作汇报；讨论通过市人大常委会第二十九次会议审议意见
8月1日	学习李鸿忠在省人大座谈会议讲话精神；听取市直四部门工作评议调查报告；讨论通过市人大常委会第二十九次会议审议意见
8月19日	听取市人大工作评议视察调查小组工作汇报；讨论通过省人大座谈会议讲话精神贯彻汇报
9月19日	听取2010年市财政预算执行情况和财政收支情况审计报告
10月12日	讨论通过市人大常委会第三十一次会议审议意见；确定市人大常委会第三十二次会议时间和议题
10月14日	讨论通过市第四届人大代表分配议案(草案)
11月4日	听取人事任免事项汇报；听取市人民政府关于调整市区中小学校布局优化教育资源配置的汇报
11月17日	听取市第四届人大第一次会议时间、议程和日程安排的汇报、人大秘书处分组名单和工作职责汇报

续表4-3

时　间	会　议　主　要　内　容
11月24日	讨论通过市人大常委会第三十三次会议审议意见；确定市人大常委会第三十三次会议时间和议题；听取市第四届人大第一次会议准备工作情况汇报；讨论市第三届人大工作报告和2012年工作要点
12月9日	听取有关人事任免工作情况汇报、市第四届人大第一次会议准备工作情况汇报、市第三届人大工作报告起草情况汇报
12月23日	讨论通过市人大常委会第三十四次会议审议意见；确定常委会工作报告；听取市第四届人大第一次会议选举工作汇报

四、第四届人大常委会历次主任会议

表4-4　第四届人大常委会主任会议

时　间	会　议　主　要　内　容
2012年	
1月18日	传达省第十一届人大第五次会议精神；听取第四届人大第一次会议代表建议交办方案汇报；讨论市第四届人大常委会第一次会议时间和议题；布置2012年人大工作要点
2月7日	确定2012年人大工作要点；确定市第四届人大常委会第二次会议时间和议题
2月21日	听取市检察院汇报对王某某采取强制措施的议案
3月2日	听取人事任免工作汇报；讨论市人大关于在市直部门开展评议工作的实施方案；讨论通过人大代表培训实施方案
3月8日	研究组织市直被评议单位见面会事宜；讨论通过第四届人大常委会第二次会议评议意见；确定市第四届人大常委会第三次会议时间和议题
5月3日	听取有关人事方面汇报、视察组关于长江生态文明示范带建设情况的视察报告
5月18日	听取四家被评议单位迎检工作汇报
6月10日	讨论通过第四届人大常委会第三次会议评议意见；确定市第四届人大常委会第四次会议时间和议题

续表4-4

时　间	会　议　主　要　内　容
6月28日	传达湖北省第十次党代会精神；听取四个视察组关于水域保护视察情况汇报
8月2日	讨论通过第四届人大常委会第四次会议评议意见；传达省人大农产品质量安全荆楚行活动新闻发布会精神；确定市第四届人大常委会第五次会议时间和议题
8月28日	听取工作评议考察组工作汇报、四个被评议单位的调查报告、机关人员有关情况汇报
9月13日	听取市人民政府关于2011年本级财政决算及2012年财政预算执行情况的汇报、市人民政府关于本级财政预算调整的汇报、市人民政府关于提请审议2012年度市区城市建设项目安排及资金筹措方案的议案；听取市人大关于法治黄冈建设宣传教育的决议；听取市人民政府关于2011年本级财政预算执行情况和财政收支情况审计工作的汇报
10月9日	讨论通过第四届人大常委会第五次会议评议意见；讨论市人大有关视察活动议案；讨论市第四届人大常委会第六次会议时间和议题
11月6日	听取市财政局关于2012年财政预算调整议案的汇报；确定市第四届人大常委会第六次会议时间和议题；审定对市人民政府组成部门满意度测评议案；听取市人大各委室关于2013年工作要点的汇报
11月19日	听取有关人事任免议案的汇报、市第四届人大第二次全会筹备情况的汇报
11月23日	讨论通过第四届人大常委会第六次会议评议意见；讨论确定对市人民政府组成部门满意度测评的暂行办法；确定市第四届人大常委会第七次会议时间和议题
12月13日	听取人事任免有关情况的汇报、人大常委会工作报告和2013年度工作要点起草说明、第四届人大代表变动情况汇报、第四届人大第二次会议决定（草案）和大会筹备情况汇报
12月28日	听取有关代表工作的汇报；讨论通过第四届人大常委会第七次会议评议意见

续表4-4

时　间	会　议　主　要　内　容
2013年	
2月21日	听取市人民政府关于2013年度市区城市建设项目安排及资金筹措方案汇报、人事任免议案汇报；听取全国著名革命老区和具有重大影响的地方人大常委会主任第七次联席会议方案的汇报；确定市第四届人大常委会第九次会议时间和议题；传达贯彻落实中央关于密切联系群众的有关决定的通知
3月22日	传达省十二届人大常委会第一次会议精神；听取市第四届人大常委会第九次会议和市第四届人大第三次会议筹备工作汇报
4月1日	听取人事任免议案汇报、2013年度工作评议见面会、市第四届人大第三次会议有关事项汇报；确定市第四届人大常委会第十次会议时间和议题
5月2日	听取和通过市林业生态建设工作视察方案、2013年度工作评议实施方案；确定市第四届人大常委会第十一次会议时间和议题
5月17日	听取人事任免议案汇报、关于许可对市人大代表采取限制人身自由措施的暂行办法；听取各视察组关于林业生态建设工作视察情况汇报
5月27日	讨论通过第四届人大常委会第十一次会议评议意见；听取关于台湾同胞投资保护法实施情况报告的审议意见；讨论市第四届人大常委会第十二次会议时间和议题
6月8日	听取人事任免议案汇报；确定市第四届人大常委会第十二次会议时间和议题
6月21日	传达市委常委会会议精神；安排信访工作
7月16日	听取人事任免议案汇报；传达全省人大常委会主任座谈会精神；听取全省人大代表工作经验交流会议精神
8月5日	讨论通过第四届人大常委会第十三次会议评议意见；讨论市第四届人大常委会第十四次会议时间和议题
9月3日	听取国家统计局黄冈调查队关于三家被评议单位的调查报告；听取六个视察调查组的报告；听取《关于做好人大工作的若干意见》；听取加强人大职能作用、推进双强双兴战略决定的说明；研究召开全市人大常委会主任座谈会事项
9月17日	听取政府有关租赁与融资项目情况的汇报；听取人事任免议案汇报

续表4-4

时 间	会 议 主 要 内 容
10月9日	讨论通过第四届人大常委会第十四次会议评议意见；讨论市第四届人大常委会第十五次会议时间和议题；听取召开市委人大工作会议相关工作汇报
10月23日	听取教育局关于调整市区中小学建设设计的汇报；听取市委人大工作会议相关材料汇报；听取中心城区水域保护询问工作方案的汇报；听取视察调研城乡规划工作方案的汇报
11月8日	听取市人民政府关于提请审议遗爱湖生态修复项目资金及委托代建资金列入市财政预算的议案的汇报；听取人事任免议案汇报；听取市委人大工作会议筹备情况汇报；通报撤除市区四个收费站情况
12月10日	讨论通过第四届人大常委会第十五次会议评议意见；讨论市第四届人大常委会第十六次会议时间和议题；听取市第四届人大第四次会议筹备情况汇报
12月20日	听取市第四届人大常委会第十六次会议相关情况汇报
2014年	
1月2日	审议2013年人大工作报告、2014年工作要点、市第四届人大第四次会议有关名单（草案）；讨论市第四届人大第四次会议议案选题建议；传达市委厉行节约会议精神
1月14日	讨论通过第四届人大常委会第十七次会议评议意见；审议市第四届人大第四次会议选举办法；听取市第四届人大第四次会议代表变动情况和补选说明；确定市第四届人大常委会第十六次会议时间和议题
3月6日	听取市人民政府关于2014年城区建设项目预算收支计划汇报、城东新区建设项目引进市场主体进展情况汇报；听取工作评议和人大代表建议交办情况汇报；审议通过市人大2014年度监督工作计划；确定市第四届人大常委会第十八次会议时间和议题；听取市人大加强作风建设征求意见的汇报
3月27日	听取市人大关于党的群众路线教育实践活动征求意见情况的汇报、赴各县市区和市直单位征求意见情况报告、市人大离退休干部相关情况汇报、人大自身建设方面的意见
4月9日	讨论通过第四届人大常委会第十八次会议评议意见；确定市第四届人大常委会第十九次会议时间和议题；听取市人大关于市区经济发展环境行政监察情况报告

续表4-4

时　间	会 议 主 要 内 容
5月6日	听取人事任免议案汇报、企事业界人大代表培训工作方案、视察市区教育项目和各类场馆建设实施草案、人大机制创新及机关事务、党的群众路线教育实践活动征求意见反映的具体问题交办方案
5月27日	听取市第四届人大常委会第十九次会议审议意见汇报；确定市第四届人大常委会第二十次会议时间和议题
7月17日	听取市人大关于检查农产品质量安全法实施情况的方案
7月25日	听取市人大各检查组关于农产品质量安全法实施情况检查的报告
8月6日	审议市人大关于2013年全市国民经济和社会发展计划执行情况的审议意见、关于黄州禹王城遗址的调查报告、机关信息化情况的报告；确定市第四届人大常委会第二十一次会议时间和议题；传达全省人大常委会主任座谈会议精神；听取关于黄冈舰捐款情况的汇报、外出考察方案、公车使用问题；听取市人民政府关于申请2014年黄冈第一批棚改项目贷款情况报告；汇报市人大第四届第四次会议重点建议办理进展情况
10月14日	审议2013年度市级财政预算和其他资金审计情况报告；审定反贪污贿赂渎职情况工作报告的审议意见；确定市第四届人大常委会第二十二次会议时间和议题
11月21日	听取人事任免议案汇报、有关人大工作机制创新的汇报；讨论市人大考察调研乡镇人大工作方案
12月2日	听取市第四届人大第五次会议筹备工作情况汇报、大别山医疗中心暨市中心医院整体搬迁项目建设进展情况的审议报告、市中心水域保护进展情况审议意见；确定市第四届人大常委会第二十二次会议时间和议题
12月24日	听取市人民政府关于市城投公司融资情况的汇报、人事任免议案汇报、市人大常委会工作报告（草案）汇报

2015年

时　间	会 议 主 要 内 容
2月27日	听取人事任免议案汇报；讨论市第四届人大常委会第二十四次会议时间和议题
3月19日	讨论市人大当前工作
3月25日	讨论市第四届人大常委会第二十四次会议议题、筹备代表培训有关事宜

续表4-4

时　间	会　议　主　要　内　容
3月30日	听取人事任免议案汇报；讨论市第四届人大常委会第二十五次会议时间和议题；审议市校合作报告；研究关于主任接待日制度有关问题
4月8日	确定市第四届人大常委会第二十四次会议时间和议题；听取市校合作工作视察方案汇报
5月4日	听取市人民政府关于2015年度市区建设项目预算收支计划编制情况的说明、市委组织部关于人事任免议案汇报；讨论关于全市公安机关刑事案件侦查工作情况调研方案、公检法三机关向主任会议报告2014年度办案质量检查情况的方案、市人大"绿满黄冈"视察方案、全市人大常委会预算审查监督暨预算法专题培训方案；听取市人大机关招商引资工作情况汇报
5月25日	听取市法院人事任免事项汇报、关于将市2015年第一批棚户区改造项目资金及委托代建资金列入财政预算议案的汇报、关于设立市人大及其常委会立法机构情况的汇报；审议关于加快推进法制黄冈建设的决议；确定市第四届人大常委会第二十六次会议时间和议题
6月4日	传达市委市人民政府关于严格执行有关工作纪律的精神；讨论市人大关于开展"绿满黄冈"行动的决议、加强市人大会风建设的意见、人大工作安排
6月12日	听取市法院、检察院、公安局2014年度办案质量检查情况汇报
7月6日	听取上半年工作情况汇报、下半年工作安排及有关意见建议
7月16日	听取市委组织部关于人事任免事项说明；听取各调研组关于老区促进条例、旅游法、"十二五"经济指标执法检查与调研情况汇报
7月30日	讨论市人民政府关于2015年上半年国民经济和社会发展计划执行情况报告审议意见、关于旅游法贯彻落实工作的意见建议；研究对《湖北省促进革命老区发展条例》检查工作；研究市第四届人大常委会第二十七次会议时间和议题
8月27日	听取关于公安机关对市人大代表胡某某采取强制措施的汇报

续表4-4

时　间	会　议　主　要　内　容
9月11日	听取市审计局关于2014年度市级财政预算执行和其他财政收支审计工作的报告；听取关于人事任免事项说明、县乡人大工作和建设调研情况汇报；安排市委人大工作会议筹备工作；研究市四届人大常委会第二十八次会议时间和议题；听取市人大常委会机关网上信访工作情况汇报
9月24日	传达湖北省委人大工作会议精神；讨论关于全市义务教育均衡发展的报告审议意见、关于市人民政府促进中小企业发展工作情况报告的审议意见（草案）
10月9日	讨论市第四届人大常委会第二十九次会议有关事项；听取贯彻实施预算法情况调研有关安排的汇报；讨论市委关于贯彻落实中央和省委精神加强人大工作和建设的实施意见（提纲）
11月3日	听取检察机关对市人大代表陈某某采取强制措施的汇报
11月6日	研究近期市人大工作安排
11月17日	听取市人民政府关于禹王城保护决定落实情况的汇报、市中院人事任免事项说明、市人大视察全市重点交通项目议案的汇报；讨论市第四届人大常委会第二十九次会议议程草案
11月25日	审议市人民政府关于办理人大代表议案情况报告的审议意见、市人民政府关于贯彻实施《湖北省企业国有资产监督管理条例》情况报告的审议意见、市法院关于贯彻实施行政诉讼法情况报告的审议意见、市检察院规范司法行为和行政执法监督工作情况报告的审议意见；讨论市第四届人大常委会第三十次会议有关事项
12月14日	讨论市人大常委会工作报告提纲；听取黄冈城区全面禁止燃放烟花爆竹的议案的说明；听取关于市第四届人大第六次会议有关事项的汇报、关于优秀代表小组和办理代表建议先进单位评选情况汇报
12月28日	听取市委组织部有关人事任免事项说明、市第四届人大第六次会议有关事项的汇报；讨论市第四届人大常委会第三十次会议有关事项
2016年	
1月12日	确定市第四届人大常委会第三十次会议时间

续表4-4

时　间	会　议　主　要　内　容
1月13日	听取市委组织部有关人事任免事项说明;确定市第四届人大常委会会议议程和日程
1月23日	传达湖北省第十二届人大第四次会议精神、全市公务车辆用车制度改革有关政策;讨论市人大常委会2016年“一要点三计划”
2月16日	听取市人大各委室2016年度重点工作安排;审议市人大常委会2016年度工作要点、审议市人大常委会主任办公会制度;研究市第四届人大常委会第三十二次会议有关事项;研究市人大常委会主任会议成员工作分工
2月29日	研究全市人大工作综合调研方案(草案);听取市人大常委会及机关制度建设征求意见情况的汇报;讨论扎实推进市人大常委会机关建设“严管年”活动工作方案;听取市人大常委会机关会议室改建方案
3月22日	研究市第四届人大常委会第三十二次会议时间及日程安排;讨论市人大常委会有关制度草案;听取常委会规范性文件清理情况汇报、考察学习乡镇人大工作情况的报告、各调研组关于人大工作综合调研汇报
4月1日	讨论市中心城区禁止燃放烟花爆竹工作情况报告的审议意见、关于立案登记制度改革工作情况报告的审议意见;研究市第四届人大第六次会议重点建议;研究市第四届人大常委会第三十三次会议有关事项
4月14日	安排迎接省委人大会议精神贯彻落实情况督查相关工作事项;听取全市人大综合调研报告;研究市人大常委会机关学习制度、市人大对税收征管法执法检查方案
5月10日	研究市人大老干部工作
5月20日	听取市人民政府关于2016年市区建设项目收支计划编制情况的汇报、有关人事任免事项说明、关于市饮用水源地保护条例(草案)有关情况的汇报;审议市人大代表建议批评和意见办理规定(草案)有关情况汇报、市人大立法咨询专家和基层立法联系点建议名单(草案)的说明
6月2日	听取检察机关关于人大代表张某某违法犯罪情况汇报

续表4-4

时间	会议主要内容
6月12日	听取县乡两级人大换届选举工作学习班有关精神汇报；审议“千企联百校”工作情况报告的审议意见；听取市人大改革创新工作情况汇报；研究市第四届人大常委会第三十四次会议有关事项
6月14日	听取和审议市检察院关于提请许可对人大代表李某某采取强制措施的报告
6月21日	听取市委组织部关于人事任免议案的说明
7月13日	听取市委组织部关于人事任免的说明、市人民政府关于全市防汛工作情况汇报、市第四届人大常委会第三十五次会议有关事项的汇报
7月25日	听取市人大年度工作目标完成情况汇报、人大“落实年”“严管年”工作实施情况汇报、人大对开展食品安全法执法检查情况的汇报、市第四届人大常委会第三十五次会议筹备情况汇报
8月9日	听取市人民政府关于贯彻落实军事设施保护法实施情况的报告；听取和审议关于未成年人刑事检察工作情况报告的审议意见；听取2016年上半年国民经济和社会发展计划执行情况报告的审议意见的说明及汇报；听取关于召开市第四届人大第七次会议有关说明；研究市第四届人大常委会第三十六次会议有关事项
9月7日	传达全省市州人大常委会主任座谈会议精神；研究关于学习考察《大别山革命老区振兴发展规划》实施情况方案（草案）；研究市第四届人大常委会第三十七次会议有关事项
9月23日	听取市委组织部关于人事任免的汇报、市第四届人大常委会第三十七次会议日程安排、市人大换届前的有关工作安排和2017年的工作谋划、市人大关于市饮用水水源地保护条例（草案）审议等汇报
10月14日	讨论市第四届人大常委会第三十八次会议有关事项；听取市人大关于2015年度市级预算执行和其他财政收支审计工作报告审议意见的说明、关于加强人大常委会及机关能力建设的意见（草案）的说明
10月20日	听取各组关于县乡人大换届选举指导调研情况的汇报；审议关于加强人大常委会机关能力建设的意见
11月3日	听取市第五届人大代表名额分配和提名推荐代表候选人方案的汇报、全市乡镇人大规范化建设现场会方案说明

续表4-4

时 间	会 议 主 要 内 容
11月21日	听取市委组织部关于人事任免事项的说明;听取市人民政府关于市区地下管廊项目、棚改项目、国家开发银行专项建设基金三个项目的资金纳入市财政预算管理议案的说明;听取关于对市人大代表胡某实施强制措施的说明;研究市第四届人大常委会第三十八次会议有关事项
12月8日	听取近期人大重要工作安排、市第五届人大第一次会议日程说明、市第四届人大常委会工作报告
12月20日	听取市委组织部关于人事任免事项的说明;研究市四届人大常委会三十九次、四十次会议有关事项;审议关于召开市五届人大一次会议的决定(草案);讨论市五届人大一次会议有关事项汇报;听取向市委常委会作的关于市人大常委会工作报告起草情况的汇报

五、第五届人大常委会历次主任会议

表4-5 第五届人大常委会主任会议

时 间	会 议 主 要 内 容
	2017年
1月12日	讨论并确定人大各位主任的工作分工
2月20日	听取市委组织部、法院、检察院关于人事任免事项的说明;听取市人民政府关于2017年市区建设项目收支计划的说明、市人大2017年“一要点四计划”起草说明、市人大与市“一府两院”联系办法起草说明、市第五届人大常委会第一次会议有关事项说明
3月6日	审议关于残疾人保障法的审议意见(草案)、禁止燃放烟花爆竹报告的审议意见
4月18日	听取市第五届人大常委会第二次会议有关事项汇报;讨论精准扶贫专题询问工作方案、关于推进黄冈市发展全域旅游的决议、“七五”普法宣传教育的决议、代表履职评价试行办法(草案)
5月3日	听取市委组织部关于人事任免事项的说明;研究市第五届人大常委会第二次会议有关审议意见
6月20日	听取市检察院关于人事任免事项的说明、市第五届人大常委会第一次会议重点代表建议、全市安全生产法贯彻实施情况调研报告、市第五届人大常委会第四次会议有关事项

续表4-5

时　间	会　议　主　要　内　容
7月4日	听取市委组织部、检察院关于人事任免事项的说明
7月26日	传达省委书记蒋超良在英山县参加代表小组活动时的讲话精神；研究市第五届人大常委会第四次会议相关审议意见
8月14日	听取市法院、检察院关于人事任免事项的说明；听取市人大关于加快区域性增长极建设的决议（草案）起草情况汇报、市人大两个条例（草案）修改情况汇报、市第五届人大常委会第五次会议有关事项的说明
8月22日	讨论市人大关于加快建设区域性增长极的决议（草案）、市革命遗址保护条例（草案）；市违法建设治理条例（草案）
8月24日	听取市委组织部关于人事任免事项的说明
8月25日	听取市人大关于市革命遗址保护条例（草案）情况的说明、加快建设区域性增长极的决议（草案）；审议批准2016年市本级财政决算的决议（草案）、2017年市本级财政预算调整方案的决议
9月4日	研究市第五届人大常委会五次会议有关审议意见、市人民政府2016年市级财政预算执行和其他财政收支审计工作情况报告的审议意见、市人民政府关于市第五届人大常委会第一次会议代表建议办理情况报告的审议意见、市第五届人大常委会第六次会议有关事项、市人大开展市区义务教育均衡发展情况的调研方案（草案）、市人大“五行”活动宣传工作方案
10月12日	听取市委组织部关于人事任免事项的说明；研究市第五届人大常委会第六次会议有关事项
10月18日	研究市第五届人大常委会第七次会议有关事项；听取常委会议会七个议题准备情况汇报
10月25日	听取市第五届人大常委会第七次会议分组审议情况汇报；审议对拟提请市第五届人大常委会第七次会议第二次全体会议表决的有关事项
10月30日	审议市人民政府关于行政复议法、大别山革命老区振兴发展规划贯彻实施情况报告和关于文化小康建设情况报告的审议意见；听取市第五届人大第八次会议有关事项汇报

续表4-5

时　间	会　议　主　要　内　容
11月28日	听取市法院关于人事任免事项的说明、市第五届人大常委会第八次会议有关事项的说明、市人大2017年工作报告(草案)和2018年工作要点(草案)的说明、市人大关于讨论决定重大事项的实施细则(草案)的说明、修改市人大代表建议批评和意见办理规定的决定(草案)起草说明
12月4日	听取市第五届人大常委会第八次会议分组审议情况的汇报；审议拟呈请市第五届人大常委会第八次会议表决的有关事项
12月27日	听取有关人事任免事项的说明；研究市第五届人大常委会第九次会议有关事项
2018年	
1月8日	听取有关人事任免事项的说明；研究市第五届人大常委会第十次会议有关事项
2月26日	听取市法院关于人事任免事项的说明；研究市第五届人大常委会第十一次会议有关事项
3月7日	听取市第五届人大常委会第十一次会议分组审议情况的汇报
4月18日	研究市第五届人大常委会第十二次会议有关事项。讨论市城市市容和环境卫生管理条例(草案)、市人大常委会任命的政府工作部门负责人报告履职情况的暂行办法；听取市人大执法检查组关于道路交通安全法实施情况的报告
4月25日	听取市第五届人大常委会第十二次会议分组审议情况的汇报
5月3日	研究市第五届人大常委会第十二次会议有关审议意见、城区基础民生问题视察调研实施方案
6月14日	听取有关人事任免事项的说明；研究许可对违法的人大代表采取强制措施事宜；讨论市第五届人大常委会第十三次会议有关事项
6月25日	听取有关人事任免事项的说明；研究提请市人大常委会审议许可事项的有关程序；讨论市人大2018年上半年工作总结有关事宜
6月27日	听取市第五届人大常委会第十三次会议分组审议情况的说明、市人大关于城市市容和环境卫生管理条例(草案)修改情况的说明
7月5日	研究市第五届人大常委会第十三次会议有关审议意见；研究人大代表约见国家机关负责人答复清单有关事项

续表4-5

时　间	会　议　主　要　内　容
8月14日	听取有关人事任免事项的说明；研究市第五届人大常委会第十四次会议有关事项；审议市人大预算执行在线监督网络中心管理暂行办法（草案）
8月21日	听取关于个别代表的代表资格变动情况的说明；听取全省“聚力脱贫攻坚，人大代表在行动”现场推进会（黄冈）筹备工作情况汇报
8月30日	审议关于2018年上半年国民经济和社会发展计划执行情况的报告的审议情况（草案）、2017年度市级预算执行和其他财政收支审计工作情况的报告的审议意见（草案）、关于全市扫黑除恶情况报告的审议意见（草案）、关于“基本解决执行难”工作情况的报告的审议意见（草案）、关于司法责任制落实情况的报告的审议意见（草案）
9月28日	听取“十三五”规划实施情况中期评估视察调研报告起草情况的汇报；研究拟听取审议意见办理情况报告清单；研究对市人民政府关于代表议案、建议办理情况开展专题询问相关事宜
10月17日	听取有关人事任免事项的说明；听取关于个别代表的代表资格变动情况的说明；研究市第五届人大常委会第十五次会议相关事项安排；听取“十三五”规划实施情况中期评估视察调研报告；听取市白莲河库区生态保护条例（草案）有关情况的汇报（草案）；听取市人大执法检查组关于检查市饮用水水源地保护条例贯彻实施情况及执法检查报告起草情况的汇报；研究市第五届人大第三次会议代表建议办理情况专题询问会方案
10月22日	听取有关人事任免事项的说明
10月26日	听取分组审议情况汇报；审议拟提请市第五届人大常委会第十五次会议第二次全体会议表决的有关事项
11月1日	审议市第五届人大常委会第十五次会议有关审议意见；讨论市人大司法监督工作平台管理暂行办法（草案）
11月23日	听取有关人事任免事项的说明；研究市第五届人大常委会第十六次会议有关事宜；讨论习近平总书记关于坚持和完善人代会制度重要思想专题学习暨全市乡镇人大主席团主席培训班方案；听取市人民政府关于道路交通法执法检查报告办理情况的报告、关于民生问题代表约见交办问题办理情况的报告

续表4-5

时　间	会 议 主 要 内 容
12月20日	审议市第五届人大常委会第十六次会议有关审议意见；研究市第五届人大常委会第十七次会议有关事项
2019年	
1月11日	听取有关人事任免事项的说明；听取关于部分代表的代表资格变动情况的说明、调整市第五届人代会第四次会议召开时间的决定（草案）；审议市第五届人代会第四次会议有关事项及听取大会有关名单草案的说明；研究市第五届人大常委会第十七次会议有关事项
2月18日	听取有关人事任免事项的说明；审议市人大关于推动黄冈高质量发展的决定（草案）；研究市第五届人大常委会第十八次会议有关事项
2月27日	听取分组审议的审议情况
3月21日	听取市委组织部对有关人事任免事项的说明；研究市第五届人大常委会第十九次会议有关事项
4月18日	听取有关人事任免事项的说明；审议《市白莲河库区水环境保护条例（讨论稿）》；听取关于个别代表资格的说明；研究市第五届人大常委会第二十次会议有关事项
4月25日	审议有关人事任免议案；听取关于个别代表资格的说明；听取《市白莲河库区水环境保护条例（草稿）》说明
5月7日	研究市第五届人大常委会第二十次会议有关审议意见；研究特种设备安全法执法检查工作方案（草案）
6月13日	审议有关人事任免议案；讨论《市白莲河库区水环境保护条例（建议表决稿）》；听取特种设备安全法实施情况报告；研究市第五届人大常委会第二十一次会议有关事项；研究代表建议督办工作安排
7月8日	研究市第五届人大常委会第二十一次会议有关审议意见
8月15日	听取有关人事任免事项说明、有关辞去省人大代表的说明、有关代表资格的说明；审议相关决议草案；听取市革命遗址遗迹保护条例实施情况执法检查报告（草案）；研究市第五届人大常委会第二十二次会议有关事项
8月29日	听取有关代表资格变动情况的说明
9月5日	审议市第五届人大常委会第二十二次会议有关审议意见

续表4-5

时　间	会　议　主　要　内　容
10月15日	听取有关人事任免事项说明，审议市违法建设治理条例实施情况执法检查报告（草案）；研究市第五届人大常委会第二十二次会议有关事项
10月25日	听取市人民政府对黄冈临空经济起步区开发建设议案的说明；听取有关代表资格变动情况的说明；听取市第五届人大常委会第二十二次会议有关事项调整的说明
11月8日	听取有关人事任免事项说明；研究市第五届人大常委会第二十四次会议有关事项；审议市第五届人大常委会第二十二次会议有关审议意见；审议有关决议草案
12月16日	听取有关人事任免事项说明；审议有关决议草案；审议市城市公共交通条例（建议表决稿）；审议规范性文件备案审查情况报告（草案）；听取有关代表资格变动情况的说明；研究召开市第五届人大五次会议决定及会议日程草案；市第五届人大常委会第二十五次会议有关事项
12月29日	听取有关人事任免事项说明，审议有关决议草案；听取有关代表资格变动情况的说明；听取市第五届人大五次会议有关名单草案说明、选举办法等；研究市第五届人大常委会第二十六次会议有关事项；审议市人大2019年工作报告和2020年“一要点两计划”；审议推进全市地方性法规实施工作的行动方案（草案）
2020年	
2月26日	研究关于推迟召开市第五届人大常委会第二十七次会议的决定
3月19日	宣布市第五届人大常委会主任会议成员工作分工；听取有关人事任免事项说明，审议有关决议草案；研究市第五届人大常委会第二十七次会议有关事项
4月15日	听取有关人事任免事项说明，审议有关决议草案；审议市文明行为促进条例（草案）；研究市第五届人大常委会第二十八次会议有关事项
5月8日	审议市第五届人大常委会第二十八次会议有关审议意见；研究关于市第五届人大五次会议代表建议办理的监督工作方案（草案）、开展宗教事务条例执法检查的工作方案（草案）；研究市第五届人大常委会第二十九次会议有关事项

续表4-5

时　间	会　议　主　要　内　容
6月22日	听取有关人事任免事项说明；审议市文明行为促进条例（草案）；审议宗教事务条例执法检查报告；研究开展市城市市容和环境卫生管理条例执法检查工作方案（草案）；研究市第五届人大常委会第二十九次会议有关事项（草案）；听取市第五届人大常委会第二十九次会议有关议题的汇报
6月28日	听取有关人事任免事项说明
7月6日	审议市第五届人大常委会第二十九次会议有关审议意见；研究市人大关于地方性法规实施工作方案（草案）；研究市第五届人大常委会第三十次会议有关事项（草案）；研究半年工作总结方案；听取关于提升市人大审议质量工作情况的报告
8月21日	听取有关人事任免事项说明；听取有关辞去省人大代表职务事项的说明；审议相关决议（草案）；审议市人大常委会组成人员联系市人大代表和市人大代表联系人民群众办法（试行）（草案）、市人大关于执法检查市城市市容和环境卫生管理条例实施情况的报告（草案）；研究市五届人大常委会第三十次会议有关事项（草案）；听取市第五届人大常委会第三十次会议相关议题的汇报
9月4日	审议市第五届人大常委会第三十次会议有关审议意见；研究市人大常委会会议议题工作质量评估方法（试行）；对市人大常委会第三十次会议有关议题工作质量开展评估；研究市人大常委会第三十一次会议有关事项
10月14日	审议市人民政府关于深化“放管服”改革优化政务环境情况的报告；审议市文明行为促进条例（建议表决稿）；审议市人大常委会关于优化营商环境激发市场活力的决定（草案）；研究市人大重点招商项目、重大工程建设和代表建议的办理视察方案；听取市地方性法规实施情况调研工作汇报；听取全省深化“代表行动”视频调研交流座谈会精神和全市“代表工作”调研；听取市革命遗址遗迹保护条例执法检查中发现问题整改情况调查工作汇报；研究市人大常委会第三十一次会议有关具体事项；听取市人大常委会第三十一次会议有关议题的汇报
10月20日	研究市人大常委会第三十一次会议有关调整事项
11月2日	审议市人大常委会第三十一次会议有关审议意见；对市人大常委会有关议题工作质量开展评估；研究市人大常委会第三十二次会议有关事项

续表4-5

时　间	会　议　主　要　内　容
11月12日	听取关于全市办理破产工作情况调研报告
11月30日	研究市第五届人大第六次会议方案(草案);审议市人大常委会机关信访工作办法(草案)
12月14日	听取和审议市人民政府关于动物防疫法贯彻实施情况的报告;审议市人大常委会规范性文件备案审查工作办法(草案);审议市饮用水水源地保护条例立法后评估报告;审议关于市城区交通安全情况的视察意见(草案);研究有关审议意见研究处理情况报告
12月24日	听取有关人事任免事项说明;研究关于召开市第五届人大第六次会议的决定草案;研究市第五届人大常委会第三十二次会议有关事项
2021年	
1月11日	听取有关代表资格变动的情况说明;听取有关人事任免事项说明,审议有关议案、决议、决定草案;研究市五届人大六次会议的有关事项;审议市人大常委会2020年工作报告草案和2021年"一要点三计划"草案;审议市人大及其常委会向"一府两院"交办事项办理落实情况的报告(草案);审议市第五届人大常委会第三十二次会议有关审议意见;对市第五届人大常委会第三十二次会议有关议题工作质量开展评估;研究市第五届人大常委会第三十三次会议有关事项
2月8日	审议市养老服务促进条例(草案);审议市人大法制委关于2020年度规范性文件备案审查工作情况的报告(草案);研究有关审议意见研究处理情况报告的审核意见;研究市第五届人大常委会第三十四次会议有关事项;对市人大常委会机关各委室2020年下半年特点(亮点)工作进行评比
3月2日	审议市人大法制委关于2020年度备案审查工作情况的报告(修改稿);研究市人大关于工会法执法检查工作实施工作方案(草案);研究有关审议意见研究处理情况报告的审核意见;研究市第五届人大常委会第三十五次会议时间及议程(草案)

续表4-5

时　间	会　议　主　要　内　容
4月13日	学习全国人大、省人大有关规定；审议市养老服务促进条例（草案）；审议市人大对工会法执法检查情况报告；研究市人大开展禁毒法执法检查工作方案（草案）；研究市人大开展统计法执法检查的工作方案（草案）；研究市人大代表建议办理的监督工作方案（草案）；研究市人大常委会会议议题工作质量评估办法（试行）（草案）；研究市人大常委会特色工作评选方案（草案）；研究有关审议意见研究处理情况报告的审核意见；听取市第五届人大常委会第三十五次会议有关议题准备情况的汇报；研究市第五届人大常委会第三十五次会议有关事项
4月29日	审议市第五届人大常委会第三十五次会议有关报告的审议意见；对市第五届人大常委会第三十五次会议议题工作质量开展评估；研究有关审议意见研究处理情况报告的审核意见；研究市第五届人大常委会第三十六次会议时间和议程（草案）
5月28日	听取有关人事任免事项说明；审议有关议案草案；研究市第五届人大常委会第三十六次会议有关事项
6月9日	听取有关人事任免事项说明；审议有关议案草案；研究市第五届人大常委会第三十七次会议有关事项
6月10日	听取有关人事任免事项说明；审议有关议案草案；审议关于提名李军杰为代市长的议案（草案）及相关决定草案
6月17日	听取有关人事任免事项说明；审议市养老服务促进条例（建议表决稿）；审议市人大关于推进法院切实解决执行难的决定（草案）；听取市人民政府关于市树市花的议案说明，审议相关审议意见和决定草案；审议市人大许可对市人大代表某某采取强制措施的决定（草案）；审议市人大对禁毒法实施情况执法检查情况报告（草案）；审议市人大对统计法实施情况执法检查情况报告（草案）；听取部分代表变动情况的说明；审议市人大常委会关于召开市第五届人代会第七次会议的决定（草案）；书面审议市法院对市人大常委会交办的关于全市办理破产工作情况的调研报告研究处理情况的报告
6月23日	评议市第五届人大第七次会议有关事项
6月24日	听取市第五届人大常委会第三十八次会议有关决定草案情况的汇报

续表4-5

时　间	会　议　主　要　内　容
7月6日	学习全国人大、省人大有关决议决定；评议市第五届人大常委会第三十八次会议有关评议意见；对市第五届人大常委会第三十八次会议有关议题质量开展评估；开展市人大特色工作评比；研究市人大对市人民政府关于全市市县城区建设情况的报告的审议意见，研究处理报告的审核意见；研究市第五届人大常委会第三十八次会议时间及议程
8月18日	学习省人大常委会有关规定；听取有关人事任免事项说明；审议有关议案草案；审议市人大关于贯彻落实“干在实处加快振兴谱写新篇”总体要求推动新时代黄冈高质量发展的决定（草案）；审议市人大关于推进实现巩固拓展脱贫攻坚成果同乡村振兴有效衔接的决定（草案）；审议市人大关于集中修改部分地方性法规的决定（草案）；审议市人民政府关于提请审议黄州区政府驻地迁移的议案；审议市人大对安全生产法和省安全生产条例实施情况执法检查的报告；审议市人大对固体废物污染环境防治法实施情况执法检查的报告；审议市人大关于2021年市本级财政预算调整议案审查结果的报告（草案）；审议市人大预算委关于2020年市本级财政决算审查结果的报告（草案）；听取关于部分人大代表资格变动的说明；研究市人大对建筑法执法检查的方案（草案）；听取关于民族团结进步创建工作专题视察情况的汇报；听取关于贯彻消防法调研情况的汇报；听取市第五届人大常委会第三十九次会议议题准备情况的汇报；研究市第五届人大常委会第三十九次会议有关事项
8月25日	听取有关人事任免事项说明
8月26日	听取市第五届人大常委会第三十九次会议分组审议情况的汇报；审议有关决定建议表决稿和决议决定草案
9月 3日	学习全国人大、省人大有关决定；审议市第五届人大常委会第三十九次会议有关审议意见；对市第五届人大常委会第三十九次会议有关议题工作质量开展评估；研究市人大对长江汉江湖北段实施禁捕的决定实施情况进行执法检查的方案；研究市人民政府关于动物防疫法贯彻实施情况报告的审核意见；研究市第五届人大常委会第四十次会议时间议程安排

续表4-5

时　间	会　议　主　要　内　容
10月15日	听取有关人事任免事项说明；审议武汉城市圈人大立法项目协同办法（草案）；听取关于大别山生态保护协同立法调研情况的汇报；审议黄冈市荣誉市民称号授予办法（草案）；审议市人大关于讨论决定重大事项的实施细则修改稿（草案）；审议市人大执法检查工作规程（草案）；审议市人大对长江汉江湖北段实施禁捕的决定实施情况进行执法检查的报告（草案）；审议市人大关于建筑法实施情况进行执法检查的报告（草案）；研究市第五届人大第六次会议代表议案建议办理情况视察方案（草案）
10月22日	听取有关人事任免事项说明；审议有关决定草案
10月27日	听取市第五届人大常委会第四十次会议分组审议情况的汇报；审议有关议案决议决定草案、建议表决稿
11月4日	审议市第五届人大常委会第四十次会议有关审议意见；对市第五届人大常委会第四十次会议有关议题工作质量开展评估；研究市人民政府落实市人大检查工会法实施情况整改报告的审核意见；研究市第五届人大常委会第四十一次会议议程和时间
12月20日	学习全国人大、省人大有关决定；听取人事任免事项说明；审议有关议案草案
12月21日	听取市第五届人大常委会第四十一次会议分组审议情况的汇报；审议有关议案决议建议表决稿
12月27日	学习省人大有关决定；听取人事任免事项说明，审议有关议案草案；研究市第五届人大常委会第四十二次会议有关草案
12月31日	学习全国人大有关决定；听取有关辞去省人大代表职务事项说明；审议相关决议草案；研究市第五届人大常委会第四十二次会议有关事项

六、第六届人大常委会第一、第二次主任会议

第一次主任会议于2022年1月14日召开。会议学习了全国人大常委会有关决定；研究市第六届人大常委会第一次会议初步时间、会议议程；研究市第六届人大常委会主任会议成员分工。

第二次主任会议于2022年2月26日召开。会议学习了全国人大常委会有关决定；听取人事事项说明；审议《黄冈市畜禽养殖污染防治条例》（草案第二稿）；审议

《黄冈市人民代表大会常务委员会关于修改〈黄冈市人民代表大会常务委员会议事规则〉的决定》(建议表决稿);审议《市人大常委会法制工作委员会关于2021年规范性文件备案审查工作情况的报告》(草案);听取市人民政府关于提请审议《关于开展第八个五年法制宣传教育的决议》(草案)的议案的说明;审议相关审议意见及建议草案;听取市第六届人大常委会第一次会议有关议题准备情况的汇报;研究市第六届人大常委会第一次会议有关事项。

第五章 黄冈市人大及其常委会行使职权

《宪法》规定:“中华人民共和国的一切权力属于人民。人民行使国家权力的机关是全国人民代表大会和地方各级人民代表大会。”这标志着依法行使立法权、决定权、监督权、选举任免权是宪法赋予黄冈的神圣职责。

黄冈市人大及其常委会自1996年12月至2022年1月以来,以维护人民群众的根本利益为出发点和落脚点,充分发挥人大代表的主体作用,依法出台地方性法规,作出决议、决定,开展调研视察和执法检查,做好规范性文件备案审查,开展专题询问,加强对经济工作、民生工作、财政预算决算审查和司法工作的监督,依法任免市级国家机关工作人员。积极履职行权,为推进地方民主法治建设进程提供的重要的法律保障、工作保障、组织保障、法治保障。

第一节 立法权行使

一、立法的范围与过程

根据中国共产党第十八届中央委员会第四次全体会议通过的《中共中央关于全面推进依法治国若干重大问题的决定》精神,2015年3月第十二届全国人民代表大会第三次会议修正了《立法法》,赋予设区的市在“城乡建设与管理、环境保护、历史文化保护”等领域行使地方立法权。根据湖北省人大常委会决定,黄冈市自2016年1月1日起开始行使地方立法权。市人大及其常委会始终坚持党委领导地方立法工作机制,市人大常委会党组及时向市委常委会请示报告立法工作中的重大问题,认真贯彻落实市委决策意见,确保一切重要立法活动在党的领导下进行。高质量通过省人大的立法授权评估;并多次组织召开政府及相关部门协调会议,在立法选题、人员调配、办公场所等方面得到各方面大力支持。为做好地方立法工作,专门选举产生法制委员会,审议通过立法条例,制定年度立法计划,出台立法计划编制、立法论证、基层立法联系点工作规定等系列制度,组建立法咨询专家库。在立法过程中，严格遵循党委领导、人大主导、政府依托、各方参与的立法工作体制，始终恪守以民为本、立法为民理念，抓住立法质量这个关键，对立法选题、法规草案起草、协调、审议、修改等各个环节严格把关。完善社会参与立法机制，充分发挥政府部门在立法中的基础性作用。对立法选题进行认真研究，深入基层一线听取意见，积极借鉴外地先进经验和做法。探索利用新媒体广泛征求各方面的意见建议，扩大公众参与立法渠道。重视立法智库作用，与武汉大学、中南财经政法大学立法研究基地合作开展立法评估。严格按照法定程序和规范要求，组织干部参加全国、全省立法培训，选派干部轮流到省人大挂职锻炼，跟班学习，起草黄冈市人大常委会立法条例草案，为做好地方立法提供制度保障。每部法规草案发扬“工匠精神”，精雕细琢，经市人大常委会三次审议通过后，报省人大常委会批准并对外公告。同时，积极探索地方性法规进入执法、融入司法、列入普法。到目前为止，市人大常委会颁布实施包括《黄冈市人民代表大会及其常务委员会立法条例》等九部实体性地方性法规。不仅将其汇编成册，纳入各级党委(党组)理论学习中心组学习内容，列入市委党校必修课程，进入年度普法计划和法律“六进”，切实提升地方性法规的知晓率和认同感。

二、出台的地方性法规

(一)《黄冈市人民代表大会及其常务委员会立法条例》

2016年1月22日，市第四届人民代表大会第六次会议通过，2016年3月30日湖北省第十二届人民代表大会常务委员会第二十一次会议批准，自公布之日起施行。

(二)《黄冈市饮用水水源地保护条例》

2016年9月29日，市第四届人民代表大会常务委员会第三十七次会议通过，2016年12月1日湖北省第十二届人民代表大会常务委员会第二十五次会议批准，自2017年5月1日起施行。

(三)《黄冈市革命遗址遗迹保护条例》

2017年8月25日，市第五届人民代表大会常务委员会第五次会议通过，2017年9月29日湖北省第十二届人民代表大会常务委员会第三十次会议批准，自2018年2月1日起施行。

(四)《黄冈市违法建设治理条例》

2017年10月25日，市第五届人民代表大会常务委员会第七次会议通过，2018年1月18日湖北省第十二届人民代表大会常务委员会第三十二次会议批准，自

2018年4月1日起施行。

(五)《黄冈市城市市容和环境卫生管理条例》

2018年6月27日，市第五届人民代表大会常务委员会第十三次会议通过，2018年7月26日湖北省第十三届人民代表大会常务委员会第四次会议批准，自2018年12月1日起施行。

(六)《黄冈市白莲河库区水环境保护条例》

2019年6月26日，市第五届人民代表大会常务委员会第二十一次会议通过，2019年7月26日湖北省第十三届人民代表大会常务委员会第十次会议批准，自2019年10月1日起施行。

(七)《黄冈市城市公共交通条例》

2019年12月16日，市第五届人民代表大会常务委员会第二十五次会议通过，2020年6月3日湖北省第十三届人民代表大会常务委员会第十六次会议批准，自2020年10月1日起施行。

(八)《黄冈市文明行为促进条例》

2020年10月23日，市第五届人民代表大会常务委员会第三十一次会议通过，2020年11月27日湖北省第十三届人民代表大会常务委员会第十九次会议批准，自2021年3月1日起施行。

(九)《黄冈市养老服务促进条例》

2021年6月24日，市第五届人民代表大会常务委员会第三十八次会议通过，2021年7月30日湖北省第十三届人民代表大会常务委员会第二十五次会议批准，自2021年11月1日起施行。

第二节　决定权行使

一、人民代表大会重要决议　决定

按照《地方组织法》关于讨论、决定本行政区域内政治、经济、教育、科学、文化、卫生、环境和资源保护、民政、民族等工作重大事项的规定，市人民代表大会依法作出如下决议、决定，行使重大事项决定权。

1.黄冈市第一届人民代表大会第一次会议关于政府工作报告及黄冈市国民经济、社会发展“九五”计划和2010年远景目标纲要的决议(1996年12月13日黄冈市第一届人民代表大会第一次会议通过)。

2.市第一届人民代表大会第四次会议关于治理遗爱湖环境污染议案的决议(1998年4月18日黄冈市第一届人民代表大会第四次会议通过)。

3.市第一届人民代表大会第五次会议关于市政府办理市一届人大四次会议治理遗爱湖环境污染议案情况的决议(1999年1月25日黄冈市第一届人民代表大会第五次会议通过)。

4.市第一届人民代表大会第六次会议关于黄冈市1999年国民经济和社会发展计划执行情况与2000年计划的决议(2000年1月14日黄冈市第一届人民代表大会第六次会议通过)。

5.市第一届人民代表大会第七次会议关于黄冈市国民经济和社会发展第十个五年计划纲要及纲要报告的决议(2001年2月28日黄冈市第一届人民代表大会第七次会议通过)。

6.关于加快黄冈大别山旅游开发的决议(2002年4月10日黄冈市第二届人民代表大会第一次会议通过)。

7.市第二届人民代表大会第五次会议关于黄冈市经济和社会发展第十一个五年规划纲要的决议(2006年3月2日黄冈市第二届人民代表大会第五次会议通过)。

8.市第三届人民代表大会第四次会议关于加大车辆超限超载治理工作力度议案的决议(2009年2月17日黄冈市第三届人民代表大会第四次会议第四次大会通过)。

9.市第三届人民代表大会第四次会议关于加强农村建房规划及用地管理议案的决议(2009年2月17日黄冈市第三届人民代表大会第四次会议第四次全体会议通过)。

10.市第三届人民代表大会第五次会议关于进一步加强黄冈市社区建设议案的决议(2010年2月26日黄冈市第三届人民代表大会第五次会议第四次大会通过)。

11.市第三届人民代表大会第六次会议关于黄冈市经济和社会发展第十二个五年规划纲要的决议(2011年2月15日黄冈市第三届人民代表大会第六次会议第三次全体会议通过)。

12.市第三届人民代表大会第六次会议关于黄冈市人民政府办理黄冈市第三届人民代表大会第五次会议关于进一步加强黄冈市社区建设议案情况报告的决议(2011年2月15日黄冈市第三届人民代表大会第六次会议第三次全体会议通过)。

13.市第三届人民代表大会第六次会议关于调整黄冈市区中小学布局优化教育

资源配置的议案的决议(2011年2月15日黄冈市第三届人民代表大会第六次会议第三次全体会议通过)。

14.市第四届人民代表大会第一次会议关于市人民政府办理落实市第三届人民代表大会第六次会议代表议案情况报告的决议。

15.市第四届人民代表大会第六次会议关于批准黄冈市国民经济和社会发展第十三个五年规划纲要的决议(2016年1月22日黄冈市第四届人民代表大会第六次会议第四次全体会议通过)。

16.关于黄冈市第四届人民代表大会增设法制委员会的决定(2016年1月20日黄冈市第四届人民代表大会第六次会议第二次全体会议通过)。

17.市第五届人民代表大会第三次会议《关于推进黄冈市区义务教育优质均衡发展的议案》的决议(2018年1月8日黄冈市第五届人民代表大会第三次会议第四次全体会议通过)。

18.市第五届人民代表大会第三次会议《关于进一步加强农村垃圾治理工作的议案》的决议(2018年1月8日黄冈市第五届人民代表大会第三次会议第四次全体会议通过)。

19.市第五届人民代表大会第六次会议关于《关于加强农村村民建房管理推进乡村建设行动的议案》的决议(2021年1月20日黄冈市第五届人民代表大会第六次会议第四次全体会议通过)。

二、人民代表大会常务委员会重要决议　决定

市人大常委会自成立以来,始终坚持党的领导、人民当家作主、依法治国有机统一,坚持以人民为中心,认真履行宪法和法律赋予的职责,围绕中心,积极作为,坚持抓大事、议大事,聚焦事关全局、事关根本、事关长远以及人民群众普遍关心的重大问题,适时依法有序作出重要决议决定,推动人大制度优势转化为治理效能,确保党中央决策部署和市委工作要求,在黄冈得到全面贯彻落实。

1.市第一届人民代表大会常务委员会关于切实减轻农民负担工作的决议(1997年2月26日黄冈市第一届人民代表大会常务委员会第二次会议通过)。

2.市第一届人民代表大会常务委员会关于依法治市的决议(1997年12月17日黄冈市第一届人民代表大会常务委员会第七次会议通过)。

3.市第一届人民代表大会常务委员会关于开展全市金融和市直城建、教育、邮电等部门执法情况检查的决定(1998年4月2日黄冈市第一届人民代表大会常务委

员会第九次会议通过)。

4.关于表彰市第一届人大一、二次会议代表议案、建议、批评和意见办理工作先进单位的决定(1998年4月2日黄冈市第一届人民代表大会常务委员会第九次会议通过)。

5.市第一届人民代表大会常务委员会关于加强金融执法整治金融秩序的决议(1998年6月5日黄冈市第一届人民代表大会常务委员会第十次会议通过)。

6.关于深入开展抗灾救灾工作的决议(1998年9月23日黄冈市第一届人民代表大会常务委员会第十二次会议通过)。

7.关于深入贯彻预算法加强财政预算管理的决议(1999年3月19日黄冈市第一届人民代表大会常务委员会第十六次会议通过)。

8.关于依法治理黄冈市区经济发展环境的决议(1999年5月28日黄冈市第一届人民代表大会常务委员会第十七次会议通过)。

9.市第一届人民代表大会常务委员会关于市人民政府组成人员、市中级人民法院、市人民检察院负责人向市人大常委会述职、接受评议的决定(1999年5月28日黄冈市第一届人民代表大会常务委员会第十七次会议通过)。

10.市第一届人民代表大会常务委员会关于进一步贯彻实施《中华人民共和国义务教育法》和《中华人民共和国教师法》的决议(1999年12月17日黄冈市第一届人民代表大会常务委员会第二十次会议通过)。

11.市第一届人民代表大会常务委员会关于大力推进黄冈市农业和农村经济结构调整的决议(2000年3月16日黄冈市第一届人民代表大会常务委员会第二十二次会议通过)。

12.市第一届人民代表大会常务委员会关于进一步贯彻农业技术推广法加强农业技术推广工作的决议(2000年5月17日黄冈市第一届人民代表大会常务委员会第二十三次会议通过)。

13.关于进一步整顿黄州城区建筑市场治安秩序的决议(2000年7月28日黄冈市第一届人民代表大会常务委员会第二十四次会议通过)。

14.关于成立特定问题调查委员会对黄州区工业建材物资公司有关申诉案进行调查的决定(2000年7月28日黄冈市第一届人民代表大会常务委员会第二十四次会议通过)。

15.市第一届人民代表大会常务委员会关于认真贯彻实施《中华人民共和国税收征收管理法》进一步加强税收征收管理工作的决议(2000年10月13日黄冈市第

一届人民代表大会常务委员会第二十五次会议通过）。

16.市第一届人民代表大会常务委员会关于组织人大代表对市直垂直管理部门进行评议的决定（2001年5月29日黄冈市第一届人民代表大会常务委员会第三十次会议通过）。

17.关于开展评选、表彰市一届人大优秀代表暨全市人大工作先进集体、先进工作者活动的决定（2001年5月29日黄冈市第一届人民代表大会常务委员会第三十次会议通过）。

18.市第一届人民代表大会常务委员会关于司法机关进一步做好市人大常委会交办案件办理工作的决议（2001年12月4日黄冈市第一届人民代表大会常务委员会第三十四次会议通过）。

19.市第一届人民代表大会常务委员会关于表彰市第一届优秀人大代表、人大工作先进集体和先进人大工作者的决定（2001年12月4日黄冈市第一届人民代表大会常务委员会第三十四次会议通过）。

20.市第二届人民代表大会常务委员会关于做好新阶段扶贫开发工作的决议（2002年7月31日黄冈市第二届人民代表大会常务委员会第三次会议通过）。

21.市第二届人民代表大会常务委员会关于加强市级预算审查监督的决定（2003年4月25日黄冈市第二届人民代表大会常务委员会第九次会议通过）。

22.市第二届人民代表大会常务委员会关于进一步做好招商引资工作的决议（2003年6月11日黄冈市第二届人民代表大会常务委员会第十次会议通过）。

23.市第二届人民代表大会常务委员会关于做好信访工作保护群众利益维护社会秩序的决议（2003年7月30日黄冈市第二届人民代表大会常务委员会第十一次会议通过）。

24.市第二届人民代表大会常务委员会关于在市“一府两院”及有关部门中开展评优评先评议后进活动的决定（2003年7月30日黄冈市第二届人民代表大会常务委员会第十一次会议通过）。

25.市第二届人民代表大会常务委员会关于治理黄冈市区化工污染的决议（2003年12月12日黄冈市第二届人民代表大会常务委员会第十四次会议通过）。

26.市第二届人民代表大会常务委员会关于加快依法治市进程建设法治黄冈的决议（2003年12月13日黄冈市第二届人民代表大会常务委员会第十四次会议通过）。

27.市第二届人民代表大会常务委员会关于进一步做好农民增收工作的决议

（2004年5月26日黄冈市第二届人民代表大会常务委员会第十八次会议通过）。

28.市第二届人民代表大会常务委员会关于大力推进黄冈市新型工业化的决议（2004年7月22日黄冈市第二届人民代表大会常务委员会第十九次会议通过）。

29.市第二届人民代表大会常务委员会关于在市人民政府组成人员中开展述职评议的决定（2004年7月22日黄冈市第二届人民代表大会常务委员会第十九次会议通过）。

30.市第二届人民代表大会常务委员会关于对“一府两院”报告工作实行票决制度的决定（2005年3月30日黄冈市第二届人民代表大会常务委员会第二十四次会议通过）。

31.市第二届人大常委会关于对市人民政府组成人员进行述职评议的决定（2005年3月30日黄冈市第二届人民代表大会常务委员会第二十四次会议通过）。

32.市第二届人大常委会关于对被任命国家机关工作人员实行供职发言的决定（2005年3月30日黄冈市第二届人民代表大会常务委员会第二十四次会议通过）。

33.市第二届人民代表大会常务委员会第二十七次会议关于对市法院法官述职评议对象和市公安局警官执法工作评议对象的评议意见（2005年9月29日黄冈市第二届人民代表大会常务委员会第二十七次会议通过）。

34.市第二届人民代表大会常务委员会关于将市级领导机关迁出老城区、建设黄冈市行政服务综合大楼的决议（2006年11月8日黄冈市第二届人民代表大会常务委员会第三十六次会议通过）。

35.市第三届人民代表大会常务委员会关于同意建立城市建设专项资金的决议（2007年10月10日黄冈市第三届人民代表大会常务委员会第五次会议通过）。

36.市第三届人民代表大会常务委员会关于《黄冈市城市总体规划（2008—2020）》（修编）的决议（2008年9月27日黄冈市第三届人民代表大会常务委员会第十二次会议通过）。

37.市第三届人民代表大会常务委员会关于批准市人民政府2009年度市区城市建设项目安排与资金筹措方案的决议（2009年3月31日黄冈市第三届人民代表大会常务委员会第十三次会议通过）。

38.市第三届人民代表大会常务委员会关于建立听取和审议市中级人民法院市人民检察院市公安局办案质量检查情况报告制度的决定（2009年3月31日黄冈市第三届人大常委会第十六次会议通过）。

39.市第三届人民代表大会常务委员会关于市区社会发展重点建设项目的决议

（2009年5月26日黄冈市第三届人民代表大会常务委员会第十七次会议通过）。

40.市第三届人民代表大会常务委员会关于《黄冈市土地利用总体规划（2006—2020）》（修编）的决议（2009年5月26日黄冈市第三届人民代表大会常务委员会第十七次会议通过）。

41.市第三届人民代表大会常务委员会关于加强城乡规划工作的决议（2009年7月31日黄冈市第三届人大常委会第十八次会议通过）。

42.市第三届人民代表大会常务委员会关于批准市人民政府将黄冈市遗爱湖生态修复工程贷款本息列入财政预算的决议（2009年9月22日黄冈市第三届人民代表大会常务委员会第十九次会议通过）。

43.市第三届人民代表大会常务委员会关于黄冈长江大桥、武汉至黄冈城际铁路暨鄂黄高速公路建设有关事项的决议（2010年1月23日黄冈市第三届人民代表大会常务委员会第二十一次会议通过）。

44.市第三届人民代表大会常务委员会关于加快黄冈城东新区规划建设的决议（2010年9月28日黄冈市第三届人民代表大会常务委员会第二十五次会议通过）。

45.市第三届人民代表大会常务委员会关于加强非物质文化遗产保护工作的决议（2010年11月23日黄冈市第三届人民代表大会常务委员会第二十六次会议通过）。

46.市第三届人民代表大会常务委员会关于批准市人民政府《2011年度市区城市建设项目安排及资金筹措方案》的决议　（2011年3月30日黄冈市第三届人民代表大会常务委员会第二十八次会议通过）。

47.市第四届人民代表大会常务委员会关于将市级领导机关迁至城东新区建设黄冈市政务中心的决议（2012年5月31日黄冈市第四届人民代表大会常务委员会第三次会议通过）。

48.市第四届人民代表大会常务委员会关于加强黄冈市中心城区水域保护工作的决议（2012年7月27日黄冈市第四届人民代表大会常务委员会第四次会议通过）。

49.市第四届人民代表大会常务委员会关于进一步加强法制宣传教育工作的决议（2012年9月26日黄冈市第四届人民代表大会常务委员会第五次会议通过）。

50.市第四届人民代表大会常务委员会关于批准市人民政府采取融资租赁模式进行市场化融资的决议（2013年9月26日黄冈市第四届人民代表大会常务委员会第十四次会议通过）。

51.市第四届人民代表大会常务委员会关于围绕中心加快推进“双强双兴”战略的决定(2013年9月26日黄冈市第四届人民代表大会常务委员会第十四次会议通过)。

52.市第四届人民代表大会常务委员会关于批准市人民政府将黄冈市遗爱湖生态修复工程(三期)项目资本金及委托代建资金列入财政预算的决议(2013年9月26日黄冈市第四届人民代表大会常务委员会第十五次会议通过)。

53.市第四届人民代表大会常务委员会关于批准市人民政府就棚户区改造一期工程项目资本金及委托代建资金列入财政预算的决议(2013年11月29日黄冈市第四届人民代表大会常务委员会第十五次会议通过)。

54.市第四届人民代表大会常务委员会加强黄州禹王城遗址保护与利用工作的决定(2014年9月25日黄冈市第四届人民代表大会常务委员会第二十一次会议通过)。

55.市第四届人民代表大会常务委员会关于加强农产品质量安全工作的决定(2014年9月25日黄冈市第四届人民代表大会常务委员会第二十一次会议通过)。

56.市第四届人民代表大会常务委员会关于加快推进法治黄冈建设的决议(2015年5月29日黄冈市第四届人民代表大会常务委员会第二十六次会议通过)。

57.市第四届人民代表大会常务委员会关于批准黄冈市中心城区全面禁止燃放烟花爆竹的决定(2015年12月30日黄冈市第四届人民代表大会常务委员会第三十次会议通过)。

58.关于黄冈市人大及其常委会部分规范性文件废止和失效的决定(2016年3月25日黄冈市第四届人民代表大会常务委员会第三十二次会议通过)。

59.市第四届人民代表大会常务委员会关于批准市人民政府将市区地下综合管廊项目可行性缺口补助资金纳入市财政预算管理的决议(2016年11月25日黄冈市第四届人民代表大会常务委员会第三十八次会议通过)。

60.市第四届人民代表大会常务委员会关于批准市人民政府将市区重点棚改项目政府购买服务资金纳入市财政预算管理的决议(2016年11月25日黄冈市第四届人民代表大会常务委员会第三十八次会议通过)。

61.市第四届人民代表大会常务委员会关于批准市人民政府将国家开发银行专项建设基金回购股权和支付投资收益纳入市财政预算管理的决议(2016年11月25日黄冈市第四届人民代表大会常务委员会第三十八次会议通过)。

62.市第五届人民代表大会常务委员会关于开展第七个五年法治宣传教育的决

议(2017年4月26日黄冈市第五届人民代表大会常务委员会第二次会议通过)。

63.市第五届人民代表大会常务委员会关于加快建设区域性增长极的决议(2017年8月25日黄冈市第五届人民代表大会常务委员会第五次会议通过)。

64.市第五届人民代表大会常务委员会关于加快黄冈革命老区振兴崛起的决议(2018年3月7日黄冈市第五届人民代表大会常务委员会第十一次会议通过)。

65.市第五届人民代表大会常务委员会关于批准《黄冈市创建省级生态文明建设示范市规划(2018—2022年)》的决议(2018年10月26日黄冈市第五届人民代表大会常务委员会第十五次会议通过)。

66.市第五届人民代表大会常务委员会关于撤销相关规范性文件的决定(2018年12月18日黄冈市第五届人民代表大会常务委员会第十六次会议通过)。

67.市第五届人民代表大会常务委员会关于大力推动黄冈高质量发展的决定(2019年2月27日黄冈市第五届人民代表大会常务委员会第十八次会议通过)。

68.市第五届人民代表大会常务委员会关于批准《黄冈市临空经济起步区开发建设方案》的决议(2019年10月30日黄冈市第五届人民代表大会常务委员会第二十三次会议通过)。

69.市第五届人民代表大会常务委员会关于优化营商环境激发市场活力的决定(2020年10月23日黄冈市第五届人民代表大会常务委员会第三十一次会议通过)。

70.市第五届人民代表大会常务委员会关于推进人民法院切实解决执行难的决定(2021年6月24日黄冈市第五届人民代表大会常务委员会第三十八次会议通过)。

71.市第五届人民代表大会常务委员会关于批准黄冈市市树市花的决定(2021年6月24日黄冈市第五届人民代表大会常务委员会第三十八次会议通过)。

72.市第五届人民代表大会常务委员会关于贯彻落实"干在实处加快振兴谱写新篇"总体要求推动新时代黄冈高质量发展的决定(2021年8月26日黄冈市第五届人民代表大会常务委员会第三十九次会议通过)。

73.市第五届人民代表大会常务委员会关于推进实现巩固拓展脱贫攻坚成果同乡村振兴有效衔接的决定(2021年8月26日黄冈市第五届人民代表大会常务委员会第三十九次会议通过)。

74.市第五届人民代表大会常务委员会关于全面开展反电信网络诈骗工作的决定(2021年12月21日黄冈市第五届人民代表大会常务委员会第四十一次会议通过)。

第三节　监督权行使

市人大及其常委会自成立以来，始终把听取和审议市人民政府及其有关部门、人民法院、人民检察院工作报告，作为依法监督的基本形式。重点是坚持每年听取市人民政府关于本年度上半年国民经济和社会发展计划执行情况的报告，财政预算执行情况的报告、预算调整方案、财政决算以及上年度市本级预算执行情况和其他财政收支的审计工作报告，还围绕经济和社会发展中一些重大问题及人民群众关心的热点、难点问题进行监督。与此同时，综合运用多种监督形式，对事关全局的经济和社会长远发展战略问题，坚持一抓到底，直到见效为止。

一、视察、调查、执法检查

1.1997年1月中、下旬，市人大常委会组织四个视察组，在四位副主任带领下，分赴10个县(市、区)开展贯彻执行《湖北省农民负担管理条例》情况视察。视察中，认真听取各地农民负担管理工作情况汇报，查阅有关文件和资料，与部分乡、村负责人进行座谈，走访农户，对农民负担情况进行了较为详细的调查和了解。视察后，主任会议听取视察情况的汇报，并进行认真分析和讨论，在此基础上，市人大常委会向市委写出视察情况报告。市人大常委会第二次会议听取和审议市政府关于减轻农民负担工作情况报告，根据组成人员的审议意见，作出《关于切实减轻农民负担工作的决议》。

2.1997年5月6日至11日，根据省人大常委会《关于开展林业执法检查活动的通知》(鄂常文〔1997〕11号文)和市人大常委会主任会议安排，市人大常委会组织视察团分为两组，分别到红安、麻城、罗田、英山、浠水五县(市)开展贯彻执行森林法和野生动物保护法情况视察、实施林业"林业绿色致富工程"和义务植树情况视察。视察团除听取政府和林业部门"两站一队"情况汇报，认真阅读文字材料外，分头到18个乡镇场、29个林业示范点进行现场考察。黄州、团风、蕲春、武穴、黄梅五县(市、区)同时开展自查。视察后，视察团肯定七大成绩，也指出四个问题，提出六点建议。

3.1997年5月，市人大常委会首次开展黄冈环保世纪行活动，组织市直有关部门和新闻单位组成采访团，对全市贯彻执行环保法律法规进行现场采访。市直五家新闻单位开辟专题(专栏、专版)，连续报道世纪行稿件70多篇，并获全省"组织奖”。

4.1997年6月4日至17日，市人大常委会副主任和秘书长带领五个组80多人，与各地人大一起到10个县(市、区)就当地公、检、法三家1996年以来执法情况进行为期半个月的实地视察。视察中，座谈622人，收回调查问卷483份，填制统计表格220份，实地察看50个基层执法单位，随机抽查公检法三家案卷500份，接待群众来信来访231件次，就地交办个案25件，现场纠正错案5件。视察后，视察组向人大常委会4次汇报，人大常委会2次向市委专题汇报，市委发专题会议纪要，部署安排执法视察后续3个月整训工作。

5.1997年7月31日至8月6日，市人大常委会组织开展《中华人民共和国烟草专卖法》和《湖北省实施(烟草专卖法)办法》执法检查。在浠水、蕲春、黄梅三县查获3车违法贩卖卷烟，计1278件，涉案金额达195万元。此次检查，促进了全市卷烟市场秩序明显好转。

6.1997年9月11日至15日，市人大常委会由人大常委会副主任、秘书长带队，邀请各级人大代表368人，到10个县(市、区)开展当地1997年1月以来减轻农民负担情况视察。视察重点随机调查30个乡镇、60个村及其中的246个农户，发填各类统计表格340份，调查问卷160份，查阅信访件190件。通过视察，全市没有发生因农民负担过重而引发的重大事件和恶性案件。

7.1997年10月20日至23日，市人大常委会组织视察黄州区陈策楼镇高效农业示范区、铝合金管材厂、广播电视中心、赤壁公园改造建设情况以及鄂黄长江大桥、新世纪商厦等项目准备情况。视察后，常委会听取和审议了市政府关于“八件大事”的工作报告。

8.1997年10月，市人大常委会在听取市建委、物价局、工商局等部门汇报后，分组视察城市规划、市场和物价、城市道路、市容卫生和园林绿化情况。在视察中，开通热线电话，接待市民投诉。同时，请市各新闻单位大力配合，进行跟踪宣传报道。

9.1997年12月，市人大常委会就加强市区猪肉价格管理，3次召开主任会议，讨论研究对策，向市政府提出整顿黄州城区猪肉市场四点建议，市政府及时发布《关于加强黄州城区猪肉价格管理的公告》，工商、物价部门加强管理，使黄州城区猪肉销售价格偏高的问题得到一定程度的解决。

10.1997年，针对少数司法人员执法不公、唯钱办案等突出问题，市人大常委会组织全市范围内开展司法执法检查。

11.1998年4月28日至5月8日，市人大常委会组成人员、市人大代表和机关干部、市人行有关人员80多人组成视察检查组，深入10个县（市、区）和市直各商业银行，开展金融执法检查。检查中，就执行存贷利率情况，检查金融机构111个，存款18.5万笔，涉及金额13.4亿元，查看222家企事业单位账目，涉及金额31.4亿元，就社会办金融问题，实地考察县、乡、村会、站139个。视察后，向市委作专题汇报，提出加强和改进黄冈市金融执法工作建议，市委给予充分肯定，并就加强金融执法、化解金融风险作出部署安排。市人大常委会第10次会议听取视察检查组报告，作出《关于加强金融执法、整顿金融秩序的决议》。据统计，有关商业银行一次性清退高息贷款多收利息297.9万元。检查还发现金融违法犯罪案件52件，均得到严肃处理，60多名单位负责人和责任人受到党纪、政纪处分，其中刑事处理15人，金融业管理更为规范。

12.1998年5月25日至28日，市人大常委会由副主任、秘书长带领19名常委会组成人员和人大常委会机关以及物价、审计、财政、监察等部门60人的视察团，分成3个组，分别到市直城建、邮电、教育部门1997年以来行政执法有关情况进行为期4天的执法检查。检查的重点是三部门收费、集资、罚款情况。视察中，分别听取三部门工作汇报，召开有关科室和所属二级单位负责人及执法人员100多人的座谈会，查阅了相关执法单位财务数据。

13.1998年6月15日，市人大常委会副主任宛宗祥率领市人大民族宗教侨务外事委员会对黄州、浠水、蕲春、武穴、黄梅五县（市、区）宗教执法情况进行视察。团风、红安、麻城、罗田、英山五县（市）则由县（市）人大组织视察组，按统一的"方案"自行视察，这次实地视察"场所"33处，召开座谈会20余次，填写表格120余份，分别与85名宗教教职人员和77名各级人大代表进行座谈。视察结束后，视察组分头与所在县（市、区）政府和人大有关领导一起交换意见。

14.1998年9月，市人大常委会组织办理遗爱湖环境污染议案进度专题视察，到遗爱湖和周边地区了解环境污染状况，查找问题的症结，还专门听取市政府关于办理遗爱湖环境污染议案的报告，针对办理现状，提出加快和改进遗爱湖治理的六条意见。市政府采取措施，使一些老大难问题得到了初步解决，准备新上严重污染项目停批、停建，并决定将遗爱湖治理开发作为市区十件实事之一，加大治理力度。

15.1998年10月至12月，市人大常委会组织5个检查组、到10个县（市、区）开展自下而上的全市统计执法检查活动。重点抽查40家工业企业、21个乡镇、43个村、56家乡镇企业、80个农户和10个城镇居民户的九项主要经济指标。此次检查，使全社会统计执法意识有所增强。

16.1998年11月,市人大常委会组织人大代表对市政府工作报告里确定在市区办“十件实事”开展视察,并在第十三次常委会上听取市政府关于“十件实事”工作情况的报告。

17.1998年,市人大各专门委员会在成立时间短、人手少的情况下,先后开展国防法、兵役法、烟草法、合同法、教育法、公司法、森林法、妇女权益保障法、个体私营经济条例、《湖北省宗教管理条例》等法律法规执法情况视察和检查。

18.1999年4月6日至5月14日,根据人大代表对市区经济环境问题提出的意见和建议,市人大常委会组织96人、分成九个组(包括黄州区人大)深入市区127家党政机关、408家企事业单位,对市区经济环境开展大规模执法检查。此次检查召开各种类型、各种层次座谈会217次,走访个体私营业主、外来客户及市民969人,发放调查问卷652份,实地察看市区部分集贸市场和建筑工地。检查期间,还设立举报电话、举报信箱和上访接待室,接待来访38人次,来信8件,热线电话9个。通过执法检查发现问题和个案429件,经过反复调查核实,对照政策法律,从中筛选了163个问题和个案必须纠正。检查组集中8个月时间,逐一核实、研究、落实,发现确有错误、应当纠正的案件数为118,处理有关责任人17人,向当事人退物35件,退款406.68万元。

19.1999年7月中旬至9月底,市人大常委会组织开展全市环保执法检查,加强对环境污染行为监督,有关部门关停取缔“十五小”企业19家,处理市区环境违法案件100多起。同时,还开展黄冈环保世纪行活动。

20.1999年11月,市人大常委会组织县(市、区)人大常委会上下联动,对市直及10个县(市、区)贯彻实施义务教育法、教师法等情况进行视察检查。主任会议听取五个执法检查组情况汇报,常委会第二十次会议听取和审议执法检查组情况报告,作出《关于贯彻实施义务教育法、教师法的决议》。

21.1999年,市人大各专门委员会还开展会计法、矿产法、律师法、食品卫生法、药品管理法、森林法、档案法、劳动法、乡镇企业法、湖北省旅游管理条例等法律法规执法情况专题调查和视察检查。

22.2000年,市人大常委会就人民群众反映强烈的市区建筑市场秩序以及司法执法环节中存在的问题进行执法检查。为了解建筑市场真实情况,市人大常委会制订详细检查方案,成立调查专班,利用1个多月时间,深入县(市、区)多个建筑工地,座谈、个别访问建设单位和施工单位负责人50多人次。通过深入细致调查,了解到市区建筑市场秩序存在诸多不容忽视的问题。从6月起,一个月召开一次公处大会，严厉打击建筑市场“四强四霸”。市人大常委会第二十四次会议专门听取市公安局关于整顿黄州城区建筑市场治安秩序情况的报告，并作出《关于进一步整顿黄州城区建筑市场治安秩序的决议》。在落实该决议过程中，市公检法机关重点查处敲诈勒索、强迫交易、寻衅滋事等三种类型案件，摧毁“四强四霸”团伙16个，抓获犯罪嫌疑人81名，召开6次公捕公判大会，公捕75人，公判20人，破获刑事案件184起，追回涉案金额60余万元，为企业挽回经济损失400多万元。人大常委会还加强对清理收费文件的监督工作，取消不合理收费64项，调整收费标准14项，减免收费18项，并将各部门收罚依据、标准汇编成册，公开向社会发布。

23.2000年7月，市人大常委会就全市扶贫开发工作组织有关专门委员会进行视察，并在人大常委会第三次会议上，听取和审议市政府关于全市扶贫开发工作情况报告，作出《关于做好新阶段扶贫开发工作的决议》。

24.2000年7月至9月，市人大常委会采取上下联动方式，组织开展对全市审判机关、检察机关、公安机关有关执法环节检查。针对检查发现的问题，人大常委会召开全市司法检查情况通报会议，并就检查中发现的重点问题和31件个案进行交办。

25.2000年9月，市人大常委会组织人大代表，就市行政服务中心成立以来运作情况进行视察。人大常委会第四次会议听取视察组关于人大代表视察行政服务中心工作情况报告。

26.2000年9月至10月，市人大常委会组织开展市直及全市贯彻实施预算法、税收征管法情况检查(县市区重点抽查)。市人大常委会第二十五次会议听取执法检查组执法情况报告，作出《关于认真贯彻实施税收征管法，进一步加强税收征管工作的决议》。

27.2000年9月至10月，市人大常委会组织黄州城区部分全国、省、市、区四级人大代表，对市区两级法院、检察院、公安局、司法局进行视察，分别听取四单位工作汇报，实地察看市区法院、检察院办公设施和庭审现场，市公安局机关及所属7个队(所)、市司法局劳教所和4个律师事务所工作和建设情况，召开座谈会23个，还与235名各级人大代表、干警、企业人员、外来客商及有关部门代表座谈，查阅案卷421件，填发并收回调查问卷400份。人大常委会第五次会议听取视察报告和四单位工作报告，并按满意和不满意两个等次，以无记名投票方式，进行民主测评。测评结果还通过新闻媒体向社会公布。

28.2000年10月9日至16日，市人大常委会按照市委批转2002年工作要点安排，组织全国、省、市、区四级人大代表，分成四个视察组，采取听取工作汇报，召开座谈会，实地走访，查阅案卷等形式，分别对四个被评议单位三方面工作情况进行视察。

29.2000年12月中旬，市人大常委会抽调有关部门25人，成立5个专班，对市区农贸市场物价管理、市场环境、管理体制进行调查。调查结束后，公安机关将16名涉嫌扰乱市场秩序、治安秩序的犯罪嫌疑人给予刑事拘留或行政拘留，对18名流氓恶势力犯罪嫌疑人执行公开逮捕。

30.2000年，市人大各专门委员会开展自来水供水成本调查和市直财税执法检查、环保世纪行和“一控双达标”检查、减轻农民负担、农业产业结构调整调查和检查以及旅游法、食品卫生法和药品管理法执法检查。

31.2001年上半年，市人大常委会根据《湖北省各级人大常委会监督条例》的规定，组织人大代表对国税总局黄冈市局、工商局、供电局和电信公司四家垂直管理部门依法履行职责情况进行评议。评议前，代表们深入四家部门进行检查和视察。

32.2001年11月14日至18日，市人大常委会按照市委批转的2002年工作要点安排和人大常委会主任会议决定，对全市减轻农民负担工作进行视察。这次视察，采取市县联动，并抽调两级人大常委会组成人员、人大代表、机关工作人员100人，组成10个视察组。其间，分别听取10个县（市、区）和50个乡镇办情况汇报，召开了60个座谈会，与825名乡镇办干部、各级人大代表、中小学教师、农民进行座谈，走访100个村、399个农户，填写各种表格560份。视察在农民中产生广泛影响。

33.2002年市人大常委会组织开展气象法、水利法、城市规划法、建筑法、林地管理条例、《宗教事务管理条例》等多部法律法规在黄冈市贯彻实施情况检查，并把检查与督促整改结合起来，促进有关法律法规在黄冈市贯彻实施。

34.2003年1月至4月，市人大常委会组织部分委员和人大代表到市劳动和社会保障局、市对外经济贸易合作局、市环境保护局、药品监督管理局、黄冈电信公司和黄冈移动分公司等六家单位进行视察，分别听取他们工作汇报，实地察看其下属部门38个，召开各种座谈会52个，与326名各级人大代表、机关干部、企业代表和当事人进行座谈，查阅案卷资料562件。人大常委会第九次会议专题听取工作汇报，进行认真评议，针对常委会提出的批评意见，各单位制订整改方案，虚心开门纳谏，切实抓好整改，工作发生新变化，开创新局面。人大常委会第九次会议听取6家单位评议整改工作情况报告，再次票决时均获通过。

35.2003年4月下旬，针对黄冈市出现全省首例“非典”患者严峻形势，市人大常委会组织部分委员和人大代表深入医院、车站、学校开展视察检查，并就贯彻落实传染病防治法发表电视讲话，及时组织人大机关干部捐款，对战斗在第一线的医务工作者进行慰问，促进依法防治“非典”工作顺利开展。

36.2003年6月11日，市人大常委会组织调查组深入市直企业、机关、个体工商户，对市直招商引资工作进行为期半个月调查，形成《关于进一步做好招商引资工作的决议（草案）》。决议要求各级政府提高认识，加强领导，明确责任，健全机构，改善环境，切实提高招商引资质效。要求各级人大常委会机关要充分发挥国家权力机关作用，保障、监督、促进招商引资工作开展。

37.市人大常委会于2003年5月至6月组成调查组，就市区群众上访问题进行为期一个多月调查。2003年7月28日，市第二届人大常委会第十一次会议作出《关于做好信访工作　保护群众利益　维护社会秩序的决议》。决议强调疏通群众信访渠道，保护群众合法权益，维护正常生产、工作和生活秩序，进一步强化有关国家机关的责任，明确在法律范围内解决相关问题。

38.2003年12月13日，市人大常委会第十四次会议审议通过议案，并作出《关于治理黄冈市区化工污染的决议》。该决议强调：“对宏亚药业超标排放污染物，严重污染环境的化工项目要进行停产治理，经治理仍不能达到国家规定的污染物排放标准的，应责令其停产。对市医药化工厂转产的化工项目，责令其履行建设项目环境影响评价手续。”市政府也作出《关于对宏亚药业有限公司和市医药化工厂实施停产治理的决定》。10月22日，宏亚药业有限公司正式熄炉停产。

39.2003年，市人大各专门委员会重点组织国防法、统计法、传染病防治法、水法、台湾同胞投资保护法及实施细则等24部法律法规执法检查，促进相关法律法规在黄冈市贯彻实施。

40.2004年5月，市人大常委会就全市农民增收情况组织部分委员和人大代表进行视察调查，人大常委会第十八次会议听取和审议市政府关于农民增收工作情况的报告，作出《关于进一步做好农民增收工作的决议》。

41.2004年5月中旬和9月下旬，市人大常委会采取市（县、区）人大常委会联动方式，开展人口与计划生育法、环境保护法、土地管理法和行政许可法执法检查。市人大常委会抽调两级人大常委会组成人员、人大代表、机关工作人员100余人，组成11个视察组，听取11个县（市、区）关于贯彻实施“四法”情况汇报，并深入乡镇计生站、村组以及企业、工厂等实地了解和察看各地贯彻实施“四法”情况，分别向市人大常委会第十八次和第二十次会议进行报告，使“四法”在黄冈得到较好贯彻实施。

42.2004年6月22日至29日，市人大常委会组织部分委员和人大代表分三个专题调查组，分别就城区治安问题、医疗广告问题、瓶装液化气问题进行专题调查。7月4日，主任会议听取三个专题调查组有关情况汇报。7月10日，三个专题调查组还首次依据《代表法》规定，联名约见市政府及相关部门负责人，进行面对面沟通和询问，并就如何解决专题调查中发现的问题，提出建议。

43.2004年9月，市人大常委会组织部分委员和人大代表就全市新型工业化问题进行系统调研，人大常委会第十九次会议听取和审议市政府关于新型工业化情况的报告，作出《关于大力推进新型工业化的决议》。

44.2004年9月21日至24日，市人大常委会组织部分委员和人大代表，以县市联动方式，开展土地管理法、行政许可法执法检查。检查组在分别听取市政府和各县（市、区）政府关于贯彻"两法"情况的汇报，实地察看55个土地管理现场，认真填写三种土地调查表格；实地察看47个行政机关和有管理职能的事业单位，检查涵盖直接或间接涉及行政许可所有部门，并抽查200多份案卷材料，召开有人大代表和企业负责人参加的座谈会23个、人大常委会第二十次会议听取和审议执法检查组关于"两法"执法检查情况报告。

45.2004年市人大各专门委员会组织开展了18部法律法规执法检查。

46.2005年4月21日至22日，市人大常委会结合保持共产党员先进性教育活动，与市政府联合，组织市有关部门组成两个检查组，与黄州、团风、蕲春、浠水四县区联动，开展"打假保春耕""防劣保健康"专项执法检查活动。市人大常委会副主任易茂先、副市长刘树生带领一组赴黄州和蕲春，副主任张用长、市长助理吴义煌带领另一组赴团风和浠水检查。市工商、物价、农业、技术监督、食品药品监督管理局等五部门主动配合，积极参与。检查3个无公害农产品基地建设情况。突出物价监管，检查5个农产品、农业生产资料生产企业物价政策执行情况。突出市场整治，检查4个农业生产资料经营单位、3个农贸市场商品质量情况。突出重点消费场所安全管理，检查团风中学学生食堂卫生安全情况。突出虚假广告的整顿，检查市电视台种子、食品、药品广告宣传情况，还在蕲春八里湖农场挖出一个制假售假窝点。

47.2005年8月底，为了搞好首次对法官述职评议和警官执法评议，市人大常委会组织10个调查组，对评议对象依法履行职责，接受人大监督，勤政廉政情况进行调查。10月下旬，市人大常委会又组织八个述职评议调查组，对八名政府组成人员述职评议对象进行全面深入的调查。两次调查情况，均向人大常委会第二十七次会议报告,为形成具体评议意见提供一手材料。

48.2005年9月上旬,市人大常委会在上年对行政许可法前期实施工作开展检查的基础上,又成立六个检查组,采取听汇报、召开座谈会、查阅案卷等形式,对市直和部分县市贯彻实施行政许可法情况进行执法检查,并将执法检查情况在人大常委会第二十七次会议上报告。

49.2005年9月中下旬,根据市委要求,市人大常委会就市区一体共同发展问题,组织六个调查组进行专题调研。调研结束后,常委会党组就影响市区一体共同发展存在的主要问题以及搞好市区一体共同发展建议,向市委提交书面调查报告。

50.2006年年初,市人大常委会开展税收征管法、城市规划法执法检查。

51.2006年4月下旬和11月上旬,市人大常委会组织部分人大代表就市政府及有关部门办理人大代表建议、批评和意见情况进行了督办和现场检查。其中,对代表提出的有关农业、水利、交通、劳动和社会保障等方面的建议进行重点督办和落实。人大代表建议、批评和意见回复率达到100%,满意率达到100%。

52.2007年3月14日至17日,市人大常委会主任会议组成人员率七个视察组,分赴各县(市、区)对种子、肥料、农药市场管理情况进行视察。在听取当地政府关于2006年以来农资市场管理、打假工作汇报的基础上,实地察看51个经销站点,访问33个种植大户、随机暗访23处经营门店和仓库。各视察组还查阅农业、工商、质检部门关于农资市场管理行政执法档案,召开由县(市、区)人大常委会、政府及有关部门负责人、基层市人大代表、种植大户和农资生产经营企业代表参加的座谈会,座谈、访问227人。同时,市人大农村委发出问卷调查表100张,收回73张,其中,对当地政府及有关部门履行农资市场监管职责表示满意61张,占83.6%;表示基本满意12张,占16.4%。视察中,还抽取检测水稻种子样品42份,合格41份,合格率97.6%;抽取检测棉花种子样品24份,合格24份,合格率100%;抽取检测复混肥样品16份,合格7份,合格率43.75%;抽取检测硼肥样品9份,合格5份,合格率55.6%;抽取检测钾肥样品1份,合格率100%。视察后,形成了视察报告,市人大常委会专题听取视察组汇报。市政府组织相关部门集中力量,整顿农资市场秩序,开展农资打假活动,取缔农资经营门店4231个,取缔无证经营218个,查处未审定(登记)产品经营案件116件,涉案产品8.7万公斤,案值130多万元。与此同时,还开展大型水利工程建设情况视察,就涉农基础性工程建设进行现场督办。开展水稻良种补贴、粮食直接补贴、农资综合补贴、退耕还林补助、农村义务教育“两免一补”“以钱养事”支出资金等六项农村转移支付有关惠农专项资金管理使用情况调查。

53.2007年3月，市人大常委会开展市直和部分县(市、区)开发区(工业园)规划环评工作调研，听取和审议市政府关于全市开发区(工业园)规划环境影响评价工作情况报告。同时，还开展产品质量和食品安全专项整治工作专项视察。

54.2008年，市人大常委会开展“两型社会”重大项目建设情况和新农村示范点建设情况视察，还组织人大代表开展市区城建项目安排及资金筹措情况调研以及中小企业促进法执法检查。

55.2008年9月上旬，市人大常委会派出四个视察调查组，对市劳动和社会保障局、园林局、国税局、农村信用合作社等四个单位工作评议进行视察调查；召开由市民、人大代表、各类企业代表和政府有关部门负责人参加的座谈会49个。9月25日人大常委会第十二次会议集中听取四单位工作报告和四个视察调查组调查报告，并进行分组和集中评议。

56.2009年5月11日至15日，市人大常委会组织部分组成人员，成立四个调研组，分别到市直相关单位和团风县、武穴市，就“十一五”规划中期评估情况进行调研。

57.2009年6月下旬至7月上旬，市人大常委会联合各县(市、区)人大常委会就全市实施城乡规划法情况进行执法检查。在各县(市、区)自查的基础上，7月7日至9日，市人大常委会组成三个组，每个组由两名主任会议组成人员带队，分别抽查麻城市、浠水县和黄州城区实施城乡规划法情况。检查组采取听取汇报、实地察看、座谈走访等形式进行，不仅察看黄冈市区、重点城镇，还深入村组了解农村规划编制和实施情况。检查结束后，主任会议集中听取三个组情况汇报。在7月30日市第三届人大常委会第十八次会议上，市人大常委会副主任王定华代表执法检查组作检查情况报告。听取和审议报告后，市人大常委会作出《关于加强城乡规划工作的决议》，并把城乡规划工作纳入人大经常性监督内容，确定今后每年听取城乡规划工作有关报告，确保城乡规划法贯彻执行。

58.2009年9月，市人大常委会组织六个调研组，分赴各县(市、区)和市直单位，就“十一五”规划实施情况开展调研，听取和审议“十一五”规划实施情况中期评估情况报告。

59.2009年10月27日至28日，市人大常委会调研组在副主任包玉兰带领下，赴武穴、蕲春开展台湾事务工作调研。调研组听取两县(市)人民政府关于台湾事务工作汇报，与涉台部门及台商、台属进行座谈，还实地察看台商企业。

60.2009年11月上旬，市人大常委会副主任王建明带领市人大视察调研组，就黄冈市贯彻实施妇女权益保障法及《湖北省实施〈妇女权益保障法〉办法》情况进行视察调研，先后听取罗田、浠水、黄梅、黄州县（市、区）等四个县（区）人民政府实施情况汇报，并与四个县（区）有关部门负责人及部分市县人大代表进行座谈，还查阅相关资料。

61.市人大常委会在2008年开展对六个县（市、区）新农村建设情况视察的基础上，2009年又继续开展对五个县（市、区）新农村建设情况视察。

62.市人大常委会在2007、2008两年连续3次听取和审议旅游规划及重点景区建设情况报告的基础上，2009年继续开展全市旅游重点景区及项目建设进展情况视察，并就有关问题提出建议、督办落实。

63.2009年，市人大各专门委员会开展东坡赤壁文化品牌建设、台胞投资保护、刑事审判监督、司法援助、职业培训、残联工作、人防工作、妇女权益保障、农村流通网络建设和畜牧工作等情况调研。针对各项工作，提出建设性意见建议。

64.2010年4月15日至17日，市人大常委会组织调研组赴部分重点旅游景区调研创A升级情况。调研组一行先后赴麻城、罗田、英山、浠水等四县（市），听取各县（市）人民政府关于景区创A升级工作情况汇报，并召开涉旅部门以及景区负责人座谈会，还实地察看麻城龟峰山、浠水三角山等六个重点旅游景区建设情况。

65.2010年5月上旬，市人大常委会采取市县（市、区）联动方式，对全市执法机关2009年办案质量开展专项执法检查。

66.2010年9月10日，市人大常委会组织开展工业园区建设情况视察。市委常委、副市长龙福清、市人大常委会副主任张永斌、黄奏球、王定华及市人大常委会机关各委室负责人、部分委员参加视察，先后视察南湖工业园、黄冈化工园及市污水处理厂，听取建设情况介绍，了解建设进度。

67.2010年9月20日，市人大常委会副主任张永斌、王建明、王楚平、黄奏球、王定华等带领数十名市直省、市人大代表参观视察市区重点交通项目以及城东新区规划区域。

68.2010年10月下旬，就全市人民十分关注的“十二五”规划编制工作，市人大常委会在召开专题会议进行部署，组织专委会与市政府相关部门及时召开不同形式座谈会，对规划编制工作提出意见和建议，进行督办和推动的同时，由各主任带队到各县（市、区）和市直20多个部门，就工业经济、社会发展、交通运输、农林水利、城建环保、财政金融保险及商贸等6个方面进行专题调研，促进 “十二五”规划编制。

69.2010年10月下旬至11月上旬，市人大常委会主任会议组成人员率领五个视察组，分赴黄州区、团风县、麻城市、武穴市、黄梅县对农村安全饮水工作进行视察。各视察组深入基层，进村入户，实地察看农村安全饮水工程建设、运行及农户用水情况，走访部分农户和经营者，听取五县（市、区）政府关于农村安全饮水工作情况汇报，并与县（市、区）水利、发改、建设、财政、卫生、物价、环保等部门负责人座谈。视察结束后，于11月16日和22日分别向主任会议和市人大常委会第二十六次会议报告，并建议市政府继续把农村安全饮水列入承诺办好的实事之一。

70.2011年1月，市人大常委会专题视察调研市区中小学情况充分听取各方面意见建议。2月，市三届人大六次会议审议通过《关于调整市区中小学布局优化教育资源配置的议案》。3月，市政府出台《关于调整黄冈市区中小学布局优化教育资源配置的工作方案》。该方案提出用五至八年左右的时间，改革教育优质化。市人大加强监督，市政府召开专题会，推动黄州中学在城东新区开工建设。2013年市人大常委会继续督办议案落实。2014年，市人大常委会再次视察黄州中学新校区、东坡小学扩建工作。2015年7月，市人大常委会副主任何东英率督办组现场调研督办。2015年9月，黄州中学新校区建成，并投入使用。东坡小学竣工，东坡中学改扩建启动，市实验中学和考棚街小学迁建基本完成。

71.2011年5月9日至13日，市人大常委会分6个小组，分别由主任会议组成人员任组长、人大常委会部分组成人员、人大常委会副秘书长、相关专委会负责人、市人大代表为执法检查组成员，分途对全市六个县（市、区）政府和市食品药品监督管理局、卫生局、农业局（畜牧局）、工商局、商务局、质监局、教育局、水产局（以下简称相关部门）实施食品安全法情况进行了检查。检查过程中，分别听取县（市、区）政府主要负责人和市直相关部门依法履职和自查情况汇报，与各地部分市人大代表和从事食品生产、加工、经营的部分单位进行座谈，深入全市150多个农产品生产基地、食品生产加工企业、学校、小作坊、大小餐馆、食品配送（批发）中心、食品商场（店）、集贸市场、屠宰场、个体经商户进行明察暗访，并随机抽检和送检多种农产品、食品加工产品。检查结束后，向市人大常委会第二十九次会议报告。

72.2011年7月下旬至8月上旬，市人大常委会组织6个视察调研组，分赴市民政局、市商务局、市环保局、工商局四个被评议单位和部分县（市、区），就被评议单位具体工作情况进行视察调研活动，形成视察调研报告，还首次委托国家统计局黄冈调查队，对被评议单位工作开展专业调查，为评议活动提供客观准确翔实依据。市人大常委会第三十一次会议听取四个单位工作情况报告和六个视察调研组视察调研报告。

73.2011年，市人大常委会还先后对黄冈开发区、南湖工业园、黄冈化工产业园、黄州工业园和各县（市、区）工业园区以及遗爱湖综合治理、黄冈长江大桥、武汉至黄冈城际铁路、黄州火车站、黄鄂高速公路、大别山旅游公路等建设情况进行视察，还就公共卫生建设、全市城镇医疗保险工作、实施基本药物制度和农业科技研究与推广、农田水利建设、农业机械化发展、农业综合开发、国有农场改制、农村能源建设以及农村低保、农村“五保”等工作进行视察和调研，听取和审议有关报告。

74.2012年1月，市人大常委会将听取大别山革命老区经济社会发展试验区建设情况报告列为2012年听取专项工作报告“一号议题”。2月，市人大常委会调研组赴团风、红安、麻城、罗田、英山、蕲春六县（市）进行专题调研，并形成调查报告。3月5日，常委会第二次会议认真听取和审议市人民政府关于大别山试验区建设情况报告。

75.在大别山革命老区经济社会发展试验区启动一周年之际，市人大常委会组织全国人大代表、部分省人大代表、市人大代表和常委会组成人员到县（市、区）深入调研，听取和审议市政府关于试验区建设情况报告。还对武汉新港建设规划对接情况、长江岸线资源开发和管理情况开展调查研究，听取工作报告，并向市政府及相关部门交办审议意见。

76.2012年4月至5月，在市人大常委会副主任黄奏球带领由市人大财经委及市人行、市银监局、国家统计局黄冈调查队负责人组成的调研组，先后到农发行黄冈市分行、各国有商业银行黄冈市分行、市农村信用合作联社六家金融机构对中小企业融资问题进行调研。同时，调研组还委托黄冈调查队对黄冈市中小企业融资情况进行专题问卷调查。调研结束后，写出题为《积极促进黄冈市中小企业解决融资难问题》调研报告。

77.2012年，市人大常委会开展城东新区建设进展情况调研，作出同意将市级领导机关迁至城东新区的决议。

78.2012年，全市有374个行政村纳入了长江生态文明示范带建设。市人大常委会对其中31个村进行实地察看，针对调查了解情况，向市人民政府提出建立目标考核体系，做好村镇整治规划，加大地方配套经费投入，建立健全长效管理机制等四方面意见建议。

79.2012年在市三届人大六次会议上，部分代表提出调整市区中小学布局，优化市区教育资源配置的议案，议案通过以来，市人大常委会一直跟踪督办。2012年，市人大常委会组成人员多次实地察看，听取汇报，询问督办。市政府也多次召开不同形式专题会议，研究解决有关问题，黄州中学、城东小学、市实验幼儿园在城东新区陆续开工建设。

80.市人大常委会根据省人大统一部署，开展“农产品质量安全黄冈行”活动。组织召开农产品质量安全法贯彻情况座谈会，听取有关部门工作汇报，组织新闻媒体围绕农产品质量安全开展系列宣传报道，确保全市农产品质量安全。

81.黄冈市残疾人数量较多，市人大常委会非常关注他们就业、就医、就学和生活情况。2012年，开展残疾人保障法执法检查。执法检查组每到一处，深入残疾人的家庭，学校、残疾人就业的厂矿，实地了解情况，还及时向市政府及有关部门提出并交办意见建议。

82.2013年5月7日至9日，市人大常委会副主任王建明带领由内司委、市妇联组成的视察调研组，开展对《中华人民共和国妇女权益保障法》贯彻实施情况视察调研。视察调研组一行在黄州区实地察看区司法局、建新社区、路口镇路口村、信柳工艺公司，在麻城市实地察看市地税局“妇女之家”、市公安局“110”指挥中心、西畈社区、杏花村，在市直实地察看市人力资源服务中心。调研组分别在黄州区路口镇和麻城市岐亭镇召开两场农村留守妇女生活现状座谈会。在市直、麻城市和黄州区召开相关职能部门座谈会。听取麻城市和黄州区人民政府、妇联工作汇报，并与有关部门负责人进行座谈。

83.2013年5月9日至15日，市人大常委会组织5个执法检查组，分别由常委会主任带队，到11个县（市、区）、41个村、62个造林现场、15个企业实地察看并召开专题座谈会，对存在的突出问题，提出整改意见建议，5月17日常委会主任会议专题听取执法检查组情况汇报，并作出“绿满黄冈”行动的决议。

84.2013年5月21日，市人大常委会组成人员在市人大常委会主任龙福清带领下，视察黄冈交通重点工程。市交通运输局局长刘新华、副局长周银芝陪同视察。组成人员先后视察黄冈大道、黄鄂高速公路江北引桥和黄冈长江大桥工地。在黄鄂高速公路江北引桥分界处，组成人员听取黄鄂高速执行董事周育堂关于黄冈长江大桥公铁分界路线和工程进展情况的汇报。视察前，组成人员还观看黄冈长江大桥多媒体专题片。

85.2013年7月22日，市人大常委会副主任王楚平率市人大常委会代工委一行到团风县调研代表工作。先后到淋山河镇、方高坪镇和贾庙乡代表之家，听乡镇人大主席汇报代表小组开展活动情况，还视察贾庙乡人大代表王金枝的创业基地。

团风县委书记洪再林、县人大常委会主任郑丰成、副主任汪金杰陪同调研。

86.2013年7月26日，市人大常委会副主任何东英带领执法检查组到团风县检查科技进步法和《湖北省科学技术进步条例》贯彻实施情况。检查组一行先后视察天马研磨有限公司等科技型企业，走访部分人大代表和企业负责人，听取县政府关于贯彻实施科技进步法和《湖北省科学技术进步条例》情况汇报，并同有关部门和企业负责人进行座谈。团风县领导洪再林、刘应文、郑丰成、胡凯陪同检查。

87.2013年8月27日，市人大常委会副主任黄奏球带领调研组一行深入红安县调研黄冈市“十二五”规划中期评估情况。调研组一行听取红安县“十二五”规划纲要中期评估情况，并对红安县“十二五”规划完成情况以及在城市基础设施建设、产业发展、招商引资、工业经济等方面取得的成绩给予充分肯定。红安县委书记余学武，县人大常委会主任邓良涛，县委常委、常务副县长方思意，县人大常委会副主任刘辉坦，以及相关单位负责人陪同调研。

88.为保证《湖北省优化经济发展环境条例》的贯彻执行，市人大常委会在委托县（市、区）人大常委会自查的基础上，抽查部分县（市、区）条例执行情况，走访和座谈部分各类企业负责人、比较全面了解条例实施中存在的突出问题，提出进一步转变政府职能，减少行政审批事项和环节，缩短审批时间，建立便捷优质高效政务服务机制等意见建议。

89.2013年，市人大常委会及有关专委会开展台湾同胞投资保护法、妇女权益保障法、科技进步法、兵役法、湖北省农村扶贫条例、建筑市场管理条例、散居少数民族工作条例等法律法规检查，推动有关法律法规在全市有效实施。

90.2014年，市人大常委会先后组织部分委员和市人大代表就市区工业和社会事业项目建设进展情况进行调研，对武冈城际铁路及站区建设、黄鄂高速公路及经营设施、黄冈长江大桥安保和亮化工程进行视察。市人大常委会对黄冈晨鸣林浆纸一体化项目极为关注，除听取该项目进展情况报告外，还专门就环境污染、林木资源保护等敏感问题，组织部分委员到广东湛江、江西南昌实地考察，进一步消除顾虑，统一认识，坚定支持项目的信心和决心。

91.2014年5月中旬，市人大常委会党组副书记、副主任王建明带领市人大常委会调研组，走访市部分律师事务所，并分别与律师代表和市法院、检察院、公安局、司法局等四部门负责人举行座谈，听取各自在律师法实施之后情况、做法及相关建议，并在市四届人大常委会第十九次会议上，听取和审议市政府关于贯彻实施律师法情况报告。

92.2014年，市人大常委会先后2次组织委员视察市政道路项目、遗爱湖工程建设、城东新区建设、园区建设进展情况，审议并通过关于批准将黄冈市2014年第一批棚户区改造项目委托代建资金纳入财政年度预算管理的决议。

93.在2012年、2013年连续2年开展专题询问的基础上，2014年又对中心城区水域保护情况进行专题视察。

94.2014年市人大常委会就禹王城保护和利用工作，积极组织开展专题调研视察，赴武汉盘龙城考察，召开文物专家学者座谈会等一系列活动，摸清禹王城历史和现状，形成翔实调研报告并专题向市委常委会汇报；同时作出关于加强禹王城遗址保护与利用工作的决定。

95.2014年，市人大常委会组织部分委员现场视察黄梅戏大剧院、市体育中心、市中等职业学校、黄州中学新校区以及市东坡小学等在建项目。

96.2014年，市人大常委会各专门委员会开展律师法、未成年人保护法、台湾同胞投资保护法、消防法、《湖北省邮政条例》《湖北省湖泊保护条例》等20多部法律法规贯彻执行情况检查。

97.2015年6月，国务院批复《大别山革命老区振兴发展规划》，将黄冈市纳入规划范围。

98.2015年7月初，根据市委书记刘雪荣指示和市人大常委会主任会议安排，市人大教科文卫委员会对黄州禹王城遗址和与其相关的情况开展了一系列调研。一是会同黄州区人大常委会进行实地调查；二是召开文史专家学者座谈会；三是协助常委会召开市直有关部门、黄州区人大常委会、区政府和禹王城街道办事处负责人座谈会听取情况；四是考察武汉市盘龙城遗址保护和利用工作；五是组织常委会部分成员对遗址进行视察；六是向市人大常委会会议汇报遗址调查工作情况。

99.2016年3月7日至16日，市人大常委会成立5个调研小组，分别由市人大常委会主任会议组成人员带队，赴11个县(市、区)开展脱贫攻坚专题调研。调研采取入户走访、填写问卷、实地察看、汇报座谈等方式进行。其中召开座谈会31场次、800余人次，走访调查24个乡(镇场)、52个村、170个贫困户，实地现场察看产业扶贫基地，易地扶贫搬迁集中安置点35个，基本摸清全市贯彻实施《湖北省农村扶贫条例》、推进脱贫攻坚的情况，并形成《关于贯彻实施〈湖北省农村扶贫条例〉推进脱贫攻坚情况调研报告》。

100.2016年4月，在市人大常委会主任会议组成人员带领下，市人大监察和司法委员会先后到麻城市、团风县就普法工作情况进行调研，形成《关于黄冈市普法工作情况的调研报告》，并起草决议（草案），为市人大常委会会议作出《关于开展第七个五年法治宣传教育的决议》当好参谋，全力推进法治黄冈建设。

101.2016年5月，市人大常委会组成视察组，分成2个小组分赴黄梅、浠水、麻城、罗田四县市实地察看“雷霆行动”十大专项整治项目，并就有关整治项目进展情况进行现场测评。市人大常委会第四次会议听取和审议市人民政府《关于“雷霆行动”完成情况报告》。

102.2016年6月，市人大常委会组成5个调研组，分赴县（市、区）和9个市直部门，就贯彻实施安全生产法，听取当地政府工作情况报告及部分省人大代表、基层监管人员的意见建议，实地检查多家安全生产重点企业，全面调研全市安全生产法贯彻实施情况，为黄冈市安全生产重回平稳向好轨道献计出力。

103.2016年6月，市人大常委会副主任詹旺民率领市人大城乡建设与环境资源保护委员会赴武穴市、团风县就贯彻实施城乡规划法进行调研。市人大常委会第五届第四次会议听取和审议市人民政府城乡规划法贯彻实施情况报告，大大提升了领导干部和广大人民群众城乡规划意识。

104.2016年7月，黄冈市区遭受重大洪灾，引起严重内涝，造成巨大经济损失。市人大常委会灾后反思，除专题听取市区防洪工程建设情况汇报外，还专题视察工程建设现场，推动市区防洪保护圈提档升级，达到“日降雨量300毫米当日排干”标准。

105.2016年10月，市人大常委会组织部分常务委员、市人大代表对园区建设进行深入调研，助推园区管理体制理顺，还先后对市区晨鸣林浆纤、绿宇环保、地下管廊等八个重大发展项目进行集中视察。

106.2017年，市人大常委会就市区公交改革发展组织专班认真调研，开出猛药，支持市人民政府下定改革决心，投入巨资，彻底改变旧的经营体制，100辆新能源公交车投入运营，使市区居民出行状况得以改善。

107.2017年，市人大常委会组织调研组到武穴、黄州区和市直部门就全市贯彻实施食品安全法情况进行专题调研。通过听取市政府工作汇报，召开部门负责人座谈会、实地察看食品经营企业、农贸市场，促进全市食品安全形势持续稳定好转。

108.2017年，市人大常委会开展安全生产执法检查。按照国家安全生产法和国家安全生产领域改革发展实施意见，紧扣市委出台的“1+5”文件、24条措施和73项具体责任，由主任会议组成人员带队，在全市范围内开展拉网式执法检查，推动安全生产责任进一步落实。

109.针对全市革命遗址遗迹众多的特点，2017年，市人大常委会广泛征求意见并报市委同意后，确定制定《黄冈市革命遗址遗迹保护条例》。在立法过程中，严格依法依规，坚持专家集体论证、探索立法协商，扩大公民有序参与，完善审议机制。该条例吸收231条建议，经6次修改后表决通过。该条例颁布实施后，进一步强化政府主体责任，部门监管责任，有效解决全市革命遗址遗迹保护中存在的突出问题。

110.2018年2月中下旬，市人大监察和司法委员会，就做好道路交通安全法执法检查相关工作，赴市公安局交警支队等单位进行前期调研，并起草执法检查方案（草案）；3月上旬，市人大常委会组成五个执法检查小组，由主任会议组成人员带队，经过专题培训后，先后深入10个县（市、区）进行检查，并首次同步启动执法检查，网络问卷调查；3月26日，检查组召开执法检查情况汇报会，市公安局、交通局、城管执法局、安全监督管理局、教育局、质检局、农机局等单位结合道路交通安全法所承担职能职责，汇报各自所做工作；2018年4月18日，市人大常委会召开主任办公会议，审议检查报告。

111.2018年8月至10月，市人大常委会采取市县联动、听取汇报、实地察看、座谈了解、查阅资料、随机抽查等方式，开展建筑法执法检查。此次检查，以维护建筑市场秩序，提高建筑工程质量和安全管理水平，促进建筑业健康发展为目的。

112.2018年9月，市人大常委会主任会议组成人员带队，分别到黄州、团风、红安、麻城、浠水、蕲春等6个县（市、区）和市直经信委、住建委、交通局、农业局、扶贫办、环保局等6个市直单位开展“十三五”规划实施情况专题调研。通过召开座谈会、查阅资料、现场视察，着重就“十三五”规划实施中存在的突出问题、部分规划指标调整、推进规划实施的意见和建议深入调查研究，调整指标由9项减为6项。

113.2018年9月，市人大常委会检查组对全市扫黑除恶专项斗争工作进行专题视察，并召开有市扫黑办、监察委、法院、检察院、公安局、司法局等单位主要负责人参加的调研座谈会。同时，编印《关于开展扫黑除恶专项斗争的有关文件材料汇编》，通过市、县两级人大常委会联动，依法推动全市扫黑除恶专项斗争工作持续顺利开展。

114.2018年，市人大常委会联合黄州区人大常委会组织市区两级人大代表分成六个调研组，深入市区机关社区、学校医院、企业市场等各个领域，针对市区群众反映突出的水、电、气、医、食、住、行、保等问题，全面看实情，广泛听意见，集中找问题。摸清小区物业管理、老旧小区二次供水和电表没有查抄到户、备用水源建设、不动产登记、低保住院垫资、过度医疗、护士诊所、万能医生、城市公交运营和站点设置、市区停车难、六大食品安全工程、放心早餐、推车小卖、流动宴席、天然气供应及价格、被征地农民养老保险补偿等重点问题及情况，形成翔实调研报告呈报市委。为推动群众反映最急、最难、最盼的六个方面18个突出民生问题，一次性集中约见市、区两级政府和22个部门主要负责同志。约见结束后，调研组向市政府交办问题清单，市政府根据问题清单，逐项研究解决落实。

115.2018年，市人大常委会领衔推进黄州火车站化工园建设，同时组织六大专班协调服务星晖汽车、兴和电力、美丰医药、龙辰科技、鸣利来、吉宏包装、中大材料、联统机械等项目建设，并集中对黄冈产业园、光谷黄冈科技园和晨鸣、绿宇等重大项目进行视察调研，助力"四大行动"向纵深推进。

116.2018年，市人大常委会由主任会议成员带队，在全市范围开展"十三五"规划纲要实施中期评估专题调研，深入查找制约发展的瓶颈问题，提出具体建议，向市委提交翔实调研报告。听取和审议中期评估专项报告，批准规划指标调整方案。

117.2018年，市人大常委会就道路交通安全法、《黄冈市饮用水水源地保护条例》等13部法律法规开展执法检查，充分发挥"法律巡视"监督利剑作用。《黄冈市饮用水水源地保护条例》施行一年来，全市饮用水水源地保护工作取得重要成果：各地各部门加大饮用水水源地保护和建设力度，编制完成保护方案，对违反该条例的行为进行严肃查处，依法取消和停止一批违法建设项目，水源地保护区安全保障能力不断提高。

118.2019年3月13日，市人大特种设备安全执法检查组召开第一次全体会议，部署执法检查工作。5月15日、21日至22日，市人大常委会副主任、特种设备安全执法检查组组长率领由市人大财经委、内务司法委、市市场监管局、市应急管理局、市人大代表组成执法检查组，到黄冈市区和罗田县开展执法检查。各县（市、区）执法检查工作也陆续展开。此次检查内容有法律法规贯彻执行情况、领导责任及工作机制建立情况、监管责任落实情况、安全主体责任落实情况、事故及应急处理情况、法律实施中存在的问题。检查方式是召开座谈会、查阅资料、实地察看、暗访。6月下旬，市人大常委会第二十一次会议听取和审议检查组《关于检查特种设备安全法实施情况报告》，列出问题清单，向有关单位交办审议意见。市委书记刘雪荣专门作出批示，市政府常务会议专题研究出台《全市特种设备安全隐患排查专项整治工作方案》和《黄州城区老旧电梯更新改造工作实施方案》，部署开展为期5个月的特种设备安全隐患集中整治行动，隐患整改完成率达98.9%。

119.2019年10月底、11月初，为贯彻落实习近平总书记关于审计查出问题整改工作的重要批示精神，认真贯彻落实全国人大常委会办公厅《关于进一步加强各级人大常委会对审计查出突出问题整改情况监督的意见》，市人大常委会副主任王万福带领预算委和市审计局，先后就团风县扶贫办扶贫资金审计、市社会福利中心福利院老年养护院项目审计、市金财融资担保有限公司审计查出问题整改情况进行现场跟踪监督，通过听取整改工作情况汇报，召开座谈会、询问查看现场等，使问题得到及时整改。

120.2019年，市人大常委会将《黄冈市违法建设治理条例》《黄冈市革命遗址遗迹保护条例》贯彻实施纳入年度监督重点，与县（市、区）人大常委会联合开展执法检查，听取执法检查报告，列出问题清单，及时转交市人民政府及有关部门办理。2019年市区违法建设发生率同比下降56.4%，违法建设势头得到有效遏制。全市落实革命遗址遗迹“五有”（有保护范围、有保护标志、有保护档案、有文物保护员、有群众动员大会）措施得力，保护工作意识明显增强。浠水县人民检察院办理的侵占烈士纪念碑保护范围土地违法案件，成为全省首例涉保护英烈设施行政公益诉讼案。

121.2019年，市人大常委会聚焦2015年以来脱贫人口“回头看”，紧扣“两不愁三保障”“四不摘”，组织全市1.2万名人大代表，走访联系贫困户近28万户，收集意见建议1513件，当年已办理1507件，促进扶贫政策的落地落实。

122.围绕乡村振兴战略实施，2019年，市人大常委会主任会议组成人员带队赴10个县（市、区），就农村厕所革命、乡村旅游、农村生活垃圾治理等工作进行集中视察调研，并听取和审议全市乡村振兴战略实施情况报告。

123.2019年，市人大常委会开展民营企业发展情况大调研，主任会议组成人员按照“市场主体、惠企政策、政务环境、市场环境、金融环境和法治环境”6个专题，带队走访近百家民营企业，座谈50多家市直相关单位，深入了解民营企业发展面临的问题，推动突出问题有效解决。

124.2020年4月，省人大常委会办公厅来函，委托黄冈市人大常委会开展公共医疗卫生服务领域基础设施建设和投入专题调研。市人大常委会副主任王万福主持召开座谈会，听取有关单位和部门负责人情况汇报，形成《关于黄冈市公共医疗卫生服务领域基础设施建设和投入情况的调研报告》。报告除上报省人大常委会外，大多数建议被市委全会采纳并写入文件之中。

125.2020年5月，省人大常委会预工委通知黄冈市人大代其开展财政运行情况调研。市人大常委会由分管副主任王万福带队，组织召开专题调研座谈会，市人大预算委按要求完成问卷调查和有关数据资料收集，形成《关于黄冈市财政运行情况的调研报告》，得到省人大常委会预工委高度评价。

126.2020年，市人大常委会把“十四五”规划编制工作作为经济工作监督重点，在听取市发改委关于全市“十四五”规划编制工作情况汇报的基础上，组织部分全国、省、市人大代表赴浠水、黄州区就“十四五”规划编制工作进行专题调研。还组织部分常委会组成人员、各专委会负责人、市人大代表对规划纲要（草案）进行预审，实现与省规划纲要有效衔接。

127.2020年9月中下旬，市人大常委会由主任会议组成人员带队到各县（市、区）开展地方性法规实施情况调研，研究解决推进地方性法规实施中存在的问题，要求进一步明确责任，落实经费保障和联席会议制度，着力推进地方性法规有效实施。

128.2020年9月至10月，在市人大常委会机关党组成员带领下，市人大监察和司法委员会先后到麻城市、龙感湖管理区、浠水县、黄州区和市中级人民法院，就办理破产工作情况进行专题调研并形成调研报告，同时还协助建立府院联动机制，首次设立破产费用保障资金，审结破产案件大幅上升，全市办理破产工作取得明显成效，办理破产指标考核由全省后位跃居前列。

129.2018年至2020年，市人大常委会先后开展《黄冈市饮用水水源地保护条例》《黄冈市违法建设治理条例》和《黄冈市城市市容和环境卫生管理条例》执法检查。为提高执法检查质效，印发条例实施对照检查表，突出重点检查内容，并采取委托各县（市、区）人大常委会检查和市人大常委会执法检查组随机抽查相结合方式，实现全市全覆盖，还邀请省、市、县三级人大代表全程参与，通过实地察看、座谈了解、案卷抽查、暗访、问卷、测评等多种方式进行。市人大常委会分别于第十五次会议、第二十三次会议、第三十次会议听取执法检查组执法检查报告，充分发挥“法律巡视”监督利剑作用，促进地方性法规贯彻落实。

130.2021年3月1日起，《湖北省公共法律服务条例》实施。为深入了解全市贯彻落实该条例的情况，市人大监察和司法委员会在市人大常委会主任会议组成人员带领下，先后赴罗田、团风开展实地调研，召开座谈会，市司法局以市人大调研为契机，在全省首家建立联席会议制度，推动公共法律服务工作再上新台阶。

131.2021年4月至6月，市人大常委会开展统计法执法检查。在委托各县（市、区）人大常委会对本地区统计法实施情况进行自查的基础上，市人大常委会组织执法检查组，深入黄州区、团风县、浠水县，既听取汇报、实地检查、查阅资料、又坚持明察暗访相结合，进行问卷调查、随机暗访，对工业园区、工商企业随机暗访收集问题建议30多条。经过此次执法检查，全市统计法治意识普遍提高，突出问题整改扎实推进，统计数据质量明显提高。

132.2021年6月，市人大常委会党组书记、主任张社教、副主任王万福带队，组成3个代表小组，分别走访5个园区、11家企业、6个项目，围绕法规清理、政策服务、税费政策、行政执法等方面，分组收集问题与建议，还召开座谈会听取4家市直单位、4个园区、6家企业负责人有关营商环境情况汇报和意见建议。调研收集到各方面的问题建议，形成问题清单，及时转交市政府整改落实。

二、规范性文件备案审查

规范性文件备案审查，是宪法和法律赋予地方各级人大常委会的一项重要监督职权，是人大常委会开展法律监督的重要手段和方式。市人大及其常委会成立以来，在市委正确领导下，主动适应备案审查工作新形势，积极探索，主动作为，大力加强备案审查制度和能力建设，着力推进备案审查工作取得新进展。

（一）规范性文件备案审查工作体制机制建设情况

2003年以前，市人大常委会没有专门机构和人员负责规范性文件备案审查工作，同时也因为这一工作本身没有规范的制度依据作为支撑，导致这一阶段规范性文件备案审查工作不经常、也不规范。

从2003年起，为加强规范性文件备案审查工作，市人大常委会将研究室更名为研究与法规工作室，增配一名副主任，增设法规科，专门负责规范性文件备案审查工作。2005年，责成有关司法机关、行政执法机关自行纠正了与法律法规规定不符的联合行文，开展行政执法个案监督，就一些下岗职工反映的最低生活保障法规实施不规范等问题，对有关单位进行督办。2007年，监督法正式实施后，市人大常委会通过召开会议，要求各县（市、区）人大常委会重视和加强规范性文件备案审查工作，明确专门机构负责备案审查工作。启动对市人民政府和各县（市、区）人大常委会规范性文件备案审查工作。市人民政府将17件规范性文件报告市人大常委会备案审查。随后，各地都明确专门机构和人员负责规范性文件备案审查工作，但做法不尽相同，有的明确由法制委负责，有的明确由法工委负责，有的明确由研究室负责。2008年，市人民政府将出台的21件规范性文件报告市人大常委会备案审查。市人大常委会在对《黄冈市区户外广告设置管理暂行办法》备案审查过程中，发现其中有不符合物权法规定条款后，发出规范性文件备案审查意见书，要求予以改正。市人民政府重新制发文件，对有关条款进行修改，维护政府规范性文件的严肃性。

2009年，市人大常委会召开全市规范性文件备案审查工作会议，开展规范性文件备案审查工作培训，加强备案审查制度建设，规范备案审查工作流程。市人民政府将制定的八项规范性文件报市人大常委会备案审查，在对市职工生育保险暂行办法备案审查过程中，发现其中有不适当条款后，发出规范性文件备案审查通知书，要求予以改正。市人民政府重新制发文件，对有关条款作了修改。

2011年，按照监督法的规定，市人大及其常委会认真开展规范性文件备案审查工作，制定规范性文件备案审查暂行办法，并对市政府和县(市、区)人大常委会报送的92份规范性文件进行审查，对其中不符合法律要求的少数文件，及时发出备案审查意见书，并予以督促改正。

2015年立法法修改后，省人大常委会针对设区的市州行使地方立法权提出了指导意见，明确要求各市州人大常委会的规范性文件备案审查工作由新设立常委会法制工作委员会承担。2016年1月，市人大常委会增设法工委，内设立法科和规范性文件备案审查科。此后，市人大常委会规范性文件备案审查工作由法制工作委员会承担。同时，按照“总结、继承、完善、提高”原则，对市人大及其常委会成立以来通过的决议决定和办法规定等规范性文件进行全面清理，由于所依据的上位法修改废止，或者省人大常委会制定出台全省适用规范，《黄冈市人民代表大会常务委员会监督工作办法(试行)》等6件规范性文件废止；由于超过适用期限或者执行完毕，《黄冈市人民代表大会常务委员会关于依法治市的决议》等10件规范性文件失效。据此，市第四届人大常委会第三十二次会议通过《关于市人大及其常委会规范性文件废止和失效的决定》，并向社会公告。在此基础上，有针对性出台系列制度文件，如全面从严加强自身建设的决定、市人大常委会组成人员守则、市人大常委会组成人员规则、市人大常委会议事规则、主任办公会议制度等，通过市人民代表大会议事规则。健全调查研究、议事决策、公文办理、检查督办、信息通报、会务管理等各项工作规程，建立制度严格、责任明确、程序规范、运转协调的机关工作运行机制，提高工作质效。

2018年按照“有件必备，有备必审，有错必纠”要求，不断加大主动审查力度，完成42件规范性文件备案审查和上报工作。12月18日，在黄冈市第五届人民代表大会常务委员会第十六次会议上，通过《黄冈市人民代表大会常务委员会关于撤销相关规范性文件的决定》，分别撤销《黄冈市人大常委会关于许可对黄冈市人大代表采取限制人身自由措施的暂行办法》和《黄冈市人民代表大会常务委员会任命的政府工作部门负责人报告履职情况的暂行办法》，维护法律权威和政令统一。

2019年收到报备规范性文件16件，备案16件，除个别文字表述不准确外（已口头建议修改），基本能够遵循法律、法规的规定，文件制定机关没有超越法定权限增设自身权力或违法设定他人义务，相关规定也没有出现与法律法规相抵触或不一致情形，规范内容基本符合经济和社会发展实际需要。

监督法实施前，规范性文件备案审查工作主要依据《地方组织法》规定开展。2007年3月，为切实做好规范性文件备案审查工作，市三届人大常委会第二次会议通过《黄冈市人民代表大会常务委员会关于规范性文件备案审查的暂行办法》。2010年、2012年，市人大常委会先后召开规范性文件备案审查工作推进会，各地也根据市人大常委会暂行条例，建立规范性文件备案审查制度。

2013年9月，省十二届人大常委会第五次会议通过《湖北省各级人民代表大会常务委员会规范性文件备案审查工作条例》，对规范性文件报备工作作了详细规定。从2014年起，黄冈和全省其他市州一样，把省条例作为开展规范性文件备案审查工作的遵循。由于全市暂行规定与省工作条例内容不尽一致，2016年3月，市人大常委会通过规范性文件清理方式废止该暂行办法。随后，常委会法工委根据省条例细化规范性文件收件、分办、承办、反馈等工作措施，进一步理顺规范性文件备案审查工作机制。

（二）规范性文件备案审查工作开展情况

向省人大常委会报备情况。市人大常委会根据监督法、原暂行办法和省工作条例要求，做到应报尽报。1997年至2018年，向省人大常委会报备各类规范性文件（含地方性法规）71件。2019年，市人大常委会在规定时间内，及时向省人大常委会报送备案规范性文件1件（《黄冈市人民代表大会常务委员会关于批准黄冈临空经济起步区开发建设方案的决议》）。因为地方性法规是省人大常委会批准的，故从2022年起，省人大常委会对地方性法规只要求各地配合做好向全国人大常委会报备工作，不再列入向省人大常委会报备目录。

市政府、县（市、区）人大常委会向市人大常委会报备情况。市政府规范性文件报备工作一直比较规范，每年做到应报尽报。县（市、区）人大常委会规范性文件报备工作，除武穴、蕲春、团风等县市外，其他县（市、区）基本没有报备。截至2018年，收到市政府报送规范性文件153件，收到县（市、区）人大常委会报送规范性文件65

件。2019年，收到市政府和县(市、区)人大常委会报送备案规范性文件16件，其中市政府报送13件，蕲春县人大常委会报送2件，武穴市人大常委会报送1件。

备案审查情况。市人大常委会按照“有件必备、有备必审、有错必纠”要求，以维护法制统一为宗旨，以合法性审查为主线，突出抓好“备案、审查、纠正”三个关键环节，着力完善“主体、权限、内容、程序”四项审查标准，对所有报送规范性文件及时进行登记和初步审查，并分送有关专门委员会和常委会有关工作机构进行审查。经市人大有关专委会及常委会工作机构审查，对市政府报送的2件规范性文件发出审查意见书，建议修改后再重新公布；对县(市、区)人大常委会发出3份审查意见书，建议各地自行废止。如2008年4月对《黄冈市人民政府关于印发〈黄冈市区户外广告设置管理暂行办法〉的通知》(黄政发〔2008〕22号)发出审查意见书，建议市人民政府对该办法作修改后重新印发。市政府高度重视，经反复研究后，于同年7月印发修改后的暂行办法。

三、询问与评议

(一)询　问

询问是法律赋予人大常委会的法定职责。为搞好每次专题询问，市人大常委会均要进行较长时间的筹备，不仅要组织常委会组成人员和人大代表到实地视察调研、召开多种形式的座谈会，深入了解情况，还要利用询问这一交流平台，问情况、问进展、问成效、问困难、问短板、问弱项、问办法。同时，组织应询单位根据工作职责开展自查，确保摸清现状，找准问题症结和解决问题的途径。这样，有助于团结协作，齐抓共管，形成强大工作合力，共同推进工作落实和事业发展。

2002年，常委会对城区治安、瓶装煤气以及医疗广告等问题开展专题调查，部分人大代表依据代表法的规定联名约见市政府分管副市长及相关部门负责人，与他们进行面对面沟通和询问，提出解决问题的建议，维护人民群众利益。

2012年7月26日上午，市第四届人大常委会第四次会议召开联组会议，首次对中心城区水域保护工作进行专题询问。询问前，市人大常委会组成人员分别到遗爱湖、白潭湖、青砖湖、余家潭、蔡家潭和三台河(长河)进行实地考察，座谈群众、走访企业、察看污水、垃圾处理情况。在询问会上，17名委员在充分肯定成绩的同时，尖锐地提出了四个方面20个具体问题。市人民政府、黄州区人民政府及相关部门负责人都一一进行回答。7月27日上午，常委会四次会议第二次全体会议以票决形式，对各应询单位负责人应询情况满意度进行测评，均获通过。

2013年11月28日下午，市第四届人大常委会第十五次会议召开联组会议，对中心城区水域保护工作进行专题询问。市人大常委会17名委员从中心城区水域的现状、饮用水水质、城市蓝线管理、备用水源、污水处理、养殖等不同角度再次向市人民政府、黄州区人民政府及相关部门提出询问。

11月29日上午，市人大常委会第十五次会议第二次全体会议以票决形式，对各应询单位负责人应询情况满意度进行测评，均获通过。

2017年4月26日，市第五届人大常委会第二次会议上，市人大常委会根据全国人大《关于改进完善专题询问工作若干意见》，对精准扶贫精准脱贫工作开展专题询问。这次专题询问，常委会先后组织扶贫政策学习培训，开展扶贫条例执法检查，进行扶贫工作视察调研，听取扶贫工作情况报告，召开相关单位联系协调会，提炼14个询问问题，做到了工作有方案，问答有质量，询问有底气。询问现场全程录像并向社会公开。询问结束后，市政府按照要求，及时报送所有问题整改方案，市人大常委会按规定对整改方案进行跟踪督办。于12月5日市五届人大常委会第八次会议上听取市政府专题询问整改情况报告，并进行满意度测评，社会反响好。

2021年10月27日市第五届人大常委会第四十次会议召开联组会议，围绕市人大常委会《关于优化营商环境激发市场活力的决定》贯彻落实情况开展专题询问。通过面对面的对话，增强监督工作实效，形成工作合力，助推全市营商环境进一步优化，释放经济发展新动能。询问前，组织市人大代表开展多次专题调研活动，还通过“代表行动”以及市人大常委会网站、微信公众号等途径，广泛收集人民群众、市场主体和人大代表的意见，摸清营商环境存在的问题和困难，分析原因，查找对策，掌握大量第一手材料。询问中，市人大代表围绕惠企政策落实、优化审批流程、监管职能履行、信用制度建设、优化司法保障等12个方面的突出困难进行询问。通过面对面的“问”，实打实的“答”，推动相关问题的解决，促进营商环境持续向好改善。

（二）工作评议

2001年上半年，市人大常委会根据《湖北省各级人大常委会监督条例》的规定，组织人大代表对市国税局、工商行政管理局、供电局和电信公司等四家垂直管理部门（单位）依法履行职责情况进行评议。评议中，代表们根据调查了解的情况，实事求是地肯定被评单位工作成绩，指出他们工作中存在的不足和问题，并提出改进工作的意见和建议。在此基础上，进行民主测评，评议结果由常委会向被评单位上级主管部门通报，并书面报告市委，同时，通过新闻媒体向社会公布。四家被评议部门单位根据代表们提出的批评和意见认真进行整改，原来群众反映农贸市场管理混乱，电力、电信部门有时收费不够规范和服务质量不够好等一些比较突出的问题得到较好解决。省人大常委会对黄冈市首次开展人大代表对垂直管理部门的工作评议，给予充分肯定。

2002年12月23日，在市第二届人大常委会第七次会议上，根据《黄冈市人大常委会关于开展对市政府组成部门及有关部门评议的实施方案》，市人大常委会代表工作室、市人大有关委员会和各县（市、区）人大常委会代工室共同组成问卷调查组，于12月10日至19日分别对各县（市、区）人大常委会组成人员、各县（市、区）长、副县（市、区）长、政府办公室主任，在黄冈的全国、全省人大代表和部分市人大代表、市直部分企业和黄州部分外来客商进行问卷调查，参加问卷调查390人，其中县（市、区）长、副县（市、区）长、政府办公室主任281人，全国、全省和市人大代表44人。发出问卷调查390份，收回390份，全部有效。参加市直问卷调查78人，其中全国、全省和市人大代表13人，市直企业20家、60人，外来客商5人。

1.重点评议对象按“满意”“不满意”两个档次，以无记名投票方式表决确定。

2.得“不满意”票多的前三个市政府组成部门和前三个其他有关部门为重点评议对象。

根据票决结果，市环境保护局、市劳动和社会保障局、市对外经济贸易局等三个市政府组成部门和市药品监督管理局、湖北省电信公司黄冈分公司、湖北移动通信有限责任公司黄冈分公司等三个非市政府组成部门，被确定为重点评议对象。

2003年4月24日，市第二届人大常委会第九次会议听取市环境保护局等六家重点评议单位整改工作情况报告后，进行投票表决，均获通过。

六家重点评议单位获得“满意”票均已达70%以上（含70%），为整改合格单位。

2007年5月29日，市第三届人大常委会第三次会议通过了《黄冈市人大常委会关于对市直部门（单位）进行工作评议的实施方案》。方案确定在市政府工作部门和市直其他部门（单位）中产生评议对象，由市第三届人大常委会第三次会议票决确定，得赞成票多的6个部门（单位）为评议对象〔市政府工作部门选3个，市直其他部门（单位）选3个〕。市人大常委会将及时通过新闻媒体，向社会公布被评议对象名单、评议内容和评议热线电话等情况，接受社会监督。评议内容为2005年以来，被评议部门（单位）贯彻执行有关法律、法规和依法行政、公正执法情况；围绕全市中心工作依法履职情况，重点评议在发展经济和改善经济发展环境中所办实事等；贯彻执行市人大常委会决议、决定，办理人大代表建议、批评和意见情况。其方法、步骤是:1.召开评议动员大会;2.成立评议工作专班;3.视察;4.评议;5.交办;6.整改;7.督办;8.评议结果的运用。

经会议票决,2007年工作评议对象为:

市建设委员会、市广播电视局、市公安局、市国土资源局、市质量技术监督局、市住房公积金管理中心。

2007年10月10日,市第三届人大常委会第五次会议听取了6个单位关于2005年以来工作情况报告和市人大常委会视察调查组对被评议单位视察调查报告,通过评议意见。

2007年11月29日,市第三届人大常委会第六次会议听取了6个被评议单位关于落实市人大常委会工作评议意见的情况报告。

2008年5月20日,市第三届人大常委会第九次会议通过了《黄冈市人大常委会关于在市直部门开展工作评议的实施方案》。方案确定:在74个市政府工作机构和市直垂直部门中产生评议对象(不包括2007年已经评议的6个单位),由市第三届人大常委会第九次会议票决确定,得赞成票多的4个单位为评议对象(市政府工作机构和垂直部门中,分别取得票多的前两名)。市人大常委会将及时通过新闻媒体,向社会公布被评议对象名单。评议内容为2006年以来,被评议部门贯彻执行有关法律、法规和依法行政、公正执法和围绕全市中心工作依法履职情况;贯彻执行市人大常委会决议、决定,办理人大代表建议、批评和意见情况。其方法、步骤是:1.成立评议工作专班;2.召开评议工作动员大会;3.视察;4.反馈督查评议;5.评议;6.交办;7.评议结果的运用。

经会议票决,2008年工作评议对象为:

市劳动和社会保障局、市园林局、市农村信用合作社联合社、国家税务总局黄冈市税务局。

2008年9月25日,市第三届人大常委会第十二次会议听取了4个被评议单位主要负责人关于2006年以来工作情况报告,市人大常委会作出评议意见。

2009年5月26日,市第三届人大常委会第十七次会议通过《黄冈市人大常委会关于在市直部门开展工作评议的实施方案》。方案确定在74个市政府工作部门和垂直部门中产生评议对象(不包括本届已经评议的10个部门),由市第三届人大常委会第十七次会议票决确定,得赞成票多的4个单位为评议对象(市政府工作机构和垂直部门中,分别取得票多的前两名)。市人大常委会将及时通过新闻媒体,向社会公布被评议对象名单。评议内容为2006年以来,被评议部门贯彻执行有关法律、法规和依法行政、公正执法和围绕全市中心工作依法履职情况；贯彻执行市人大常委会决议、决定，办理人大代表建议、批评和意见情况。其方法、步骤是：1.成立评议工作专班；2.召开评议工作动员大会；3.视察；4.反馈督查评议；5.评议；6.交办；7.评议结果的运用。

经会议票决，2009年工作评议对象为：

市人口和计划生育委员会、市规划局、人民银行黄冈中心支行、市供电公司。

2009年9月27日，市人大常委会主任会议听取4个被评议单位工作情况视察调查报告后，审议通过。

2010年5月30日，市第三届人大常委会第二十三次会议通过《黄冈市人大常委会关于在市直部门开展工作评议的实施方案》。方案确定在69个市政府工作部门和垂直部门中产生评议对象，由市第三届人大常委会第二十三次会议票决确定，得赞成票多的前三个部门为评议对象（市政府工作部门取得票最多的前二个，垂直部门取得票多的前一名）。市人大常委会将及时通过新闻媒体，向社会公布被评议对象名单。评议内容为2006年以来，被评议部门贯彻执行有关法律、法规和依法行政、公正执法和围绕全市中心工作依法履职情况；贯彻执行市人大常委会决议、决定，办理人大代表建议、批评和意见、为民办实事情况。其方法、步骤是：1.成立评议工作专班；2.召开评议工作动员大会；3.视察；4.反馈督查评议；5.评议；6.交办；7.评议结果的运用。

经会议票决，2010年工作评议对象为：

市外事侨务局、市交通运输局、市地方税务局。

在评议过程中，市人大常委会组织部分常委会组成人员和市人大代表组成5个视察调查组，分赴3个被评议部门和部分县（市、区）进行视察调查。视察调查组采取听、看、访的方式进行，召开不同层次座谈会20多个，发出并收回各类征求意见表1700余张，广泛征求社会各界对3个部门的意见和建议。

9月27日至28日，市第三届人大常委会第二十五次会议，分别听取和审议三个被评议部门工作情况报告，同时听取市人大常委会视察调查组关于被评议单位工作情况视察调查报告。会议以票决形式通过市交通运输局、市地方税务局工作评议，市外事侨务局因得满意票没有超过常委会组成人员半数未获通过。市人大常委会于当日发出公告，要求被评议部门按照本次常委会评议意见的要求，认真履行承诺，建立和完善各项工作长效机制，扩大工作评议成果，不断提高服务水平，全面提升依法行政能力；尤其是未获通过评议的部门，要继续深入查找工作中存在的问题,积极整改,以实际行动迎接再次评议。

2011年3月30日,市第三届人大常委会第二十八次会议通过了《黄冈市人大常委会关于在市直部门开展工作评议的实施方案》。方案确定在本届未评议的46个市政府管理部门和25个垂直部门中产生评议对象,由市第三届人大常委会第二十八次会议票决确定,得赞成票多的前四个部门为评议对象(市政府管理部门取得票多的前三个,垂直部门取得票最多的一个)。市人大常委会将及时通过新闻媒体,向社会公布被评议对象名单。评议内容:2009年以来,被评议部门贯彻执行有关法律、法规、依法行政、公正执法和围绕全市中心工作依法履职情况;贯彻执行市人大及其常委会决议、决定,办理人大代表建议、批评和意见、为民办实事情况。其方法、步骤是:1.成立评议工作专班;2.召开评议工作动员大会;3.视察调查;4.反馈督查;5.评议;6.评议结果的运用。

经会议票决,2011年工作评议对象为:

市民政局、市商务局、市环境保护局、市工商行政管理局。

2011年9月26日,市第三届人大常委会第三十一次会议听取和审议市民政局等4个被评议部门工作情况报告和市人大常委会赴各被评议部门视察调查组的视察调查报告。

2011年10月12日,市第三届人大常委会第八十九次主任会议通过4个被评议工作部门的评议意见。

2012年3月6日,市第四届人大常委会第二次会议通过《黄冈市人大常委会关于在市直部门开展工作评议的实施方案》。方案确定根据市人大常委会第三次主任会议精神和2012年工作要点安排,市政府33个工作部门将在年底向市人大常委会进行工作述职,市人大常委会将对这些部门开展工作满意度测评。其政府工作部门及2007年至2001年被评议过的市政府管理部门和垂直部门,不再纳入2012年度工作评议范围。评议对象在其他21个政府管理部门和20个垂直部门中产生。确定方式是由市第四届人大常委会第二次会议票决确定,得赞成票多的前四个部门为工作评议对象,即市政府管理部门取得票多的前二个和垂直部门取得票多的前二个。市人大常委会将及时通过新闻媒体,向社会公布被评议对象名单。评议内容为2009年以来,被评议部门贯彻执行有关法律、法规、依法行政、公正执法和围绕全市中心工作依法履职情况;贯彻执行市人大及其常委会决议、决定,办理人大代表建议、批评和意见、为民办实事情况。其方法、步骤是:1.成立评议工作专班;2.召开评议工作动员大会;3.视察调查;4.反馈督查;5.评议;6.评议结果的运用。

经会议票决，2012年工作评议对象为：

市物价局、市城市管理执法局、市银监局、中国石油黄冈分公司。

2012年9月25日，市第四届人大常委会第五次会议听取和审议四个被评议部门的工作情况报告。

2012年10月9日，市第四届人大常委会第十三次主任会议通过评议意见。

2012年11月21日，市第四届人大常委会第六次会议通过了《黄冈市人大常委会关于对市政府组成部门开展满意度测评的暂行办法》。该暂行办法指出，为了加强和规范黄冈市人民代表大会常务委员会对市人民政府组成部门的监督工作，根据《宪法》《地方组织法》《监督法》、湖北省实施监督法办法和湖北省各级人大常委会人事任免工作条例的有关规定，结合实际，制定本暂行办法。测评对象为市人大常委会任命的市人民政府组成人员所在的工作部门(市政府组成部门)。测评主要内容为依法履职、完成年度工作任务及服务经济社会发展情况；依法行政、贯彻法律法规和落实人大及其常委会决议决定、审议意见以及办理人大代表议案建议情况。测评内容参考依据七个方面。测评时间为每年进行一次，一般安排在当年末的市人大常委会会议上进行。测评程序方法是由市人民政府组成部门向市人大常委会提交书面工作报告，市人大常委会代工委于常委会会议七日前将本办法第四条中的有关情况资料印送市人大常委会组成人员；再由人大常委会组成人员在人大常委会全体会议上，采取无记名投票方式进行满意度测评。满意度测评分为满意、基本满意、不满意三个等次，常委会组成人员应当坚持实事求是、客观公正原则，在三个等次中选择一个等次，测评结果由会议主持人当场宣布。测评结果通过一定形式向社会公布，以书面形式报告市委，并向市人民政府及其组织部门反馈。本暂行办法由代工委组织实施，自通过之日起施行。

2013年1月30日，市第四届人大常委会第八次会议，对市政府组成部门开展工作满意度测评，均获通过。

2013年3月27日，市第四届人大常委会第九次会议，通过《黄冈市人大常委会关于在市直部门开展工作评议的实施方案》。该方案确定2007年至2012年被评议过的市政府管理部门和垂直部门，不再纳入本次评议范围，2013年工作评议对象在其他21个市政府管理部门和18个垂直部门中产生。由市第四届人大常委会第九次会议票决确定，得赞成票多的前三个部门为评议对象，即市政府管理部门取得票多的前二个和垂直部门取得票多的前一个。市人大常委会将及时通过新闻媒体，向社会公布被评议对象名单。评议内容为2012年以来，被评议部门贯彻执行有关法律、法规、依法行政、公正执法和围绕全市中心工作依法履职情况；贯彻执行市人大及其常委会决议、决定，办理人大代表建议、批评和意见、为民办实事情况。其方法、步骤是：1.成立评议工作专班；2.召开评议工作交办会；3.视察调查；4.反馈督查；5.评议；6.评议结果的运用。

经会议票决，2013年工作评议对象为：

中国移动黄冈分公司、市公共资源交易监督管理局、市政务服务中心管理办公室。

2013年9月25日，市第四届人大常委会第十四次会议分别听取和审议中国移动黄冈分公司、市公共资源交易监督管理局、市政务服务中心管理办公室工作情况报告和市人大常委会赴三个单位视察调查组视察调查报告。在此会议上，通过中国移动黄冈分公司、市公共资源交易监督管理局的评议意见。市政务服务中心管理办公室工作报告在测评中未获通过。市政务服务中心管理办公室经过半年的整改，政务服务平台建设取得重大突破，网络平台建设取得新进展。2014年3月27日市第四届人大常委会第十八次会议经过审议，人大常务委员会委员是满意的。

2014年1月7日，市第四届人大常委会第十七次会议通过2013年黄冈市政府组成部门工作满意度测评，均获通过。2014年12月31日，市第四届人大常委会第二十三次会议通过2014年黄冈市政府组成部门工作满意度测评，均获通过。

（三）述职评议

2000年12月1日，市一届人大常委会第二十七次会议，对市中级人民法院、检察院、市计委、市经贸委、市水利局、市广电局六个单位主要负责人进行述职评议。评议之前，部分常委会组成人员和人大代表分成六组，对上述六个单位主要负责人履职情况进行座谈了解。市人大常委会及有关委室对委员提出的评议意见进行整理，认真归纳，细致研究，综合交办的意见准、快、实，有针对性和可操作性，并用正式文件向被评议六个单位交办。市人大常委会各座谈小组及有关委员会要对整改意见进行跟踪督促检查。对整改落实情况，主任会议应专题听取汇报，并向市人大常委会报告。述职评议的六位负责同志，要根据述职评议实施方案要求，制订整改方案，一件一件分类排队，逐个问题抓落实，在三个月内将整改情况向市人大常委会写出书面报告。

本次会议听取述职人员述职报告以及常委会组成人员评议情况报告，在此基础上，还进行民主测评，发出23张民主测评表，最后收回23张，有效票23张。市中级人民法院院长程坤波“满意和基本满意”得票率为70%；市人民检察院检察长高作火"满意"得票率为100%；市计委主任林丛武"满意和基本满意"得票率为95%；市经贸委主任陈汉生"满意和基本满意"得票率为100%；市水利局局长许明怀"满意和基本满意"得票率为100%；市广电局局长周兴元"满意和基本满意"得票率为100%。六位被评议对象作表态发言。

2004年7月22日，市人大常委会第十九次会议依据《湖北省各级人民代表大会常务委员会监督条例》的有关规定，作出《黄冈市人大常委会关于在市人民政府组成人员中开展述职评议的决定》。该决定指出，从今年开始，在本届任期内，按年度安排，分别对市人民政府组成人员进行述职评议。2004年度拟安排述职评议对象六名，其中副市长一名，市政府组成部门人员五名，其具体实施方案另行确定。

2004年10月10日，市人大常委会第二十次会议确定述职评议对象为：

市人民政府副市长操尚银、市发展计划委员会主任毛佑斌、市公安局局长王建明、市财政局局长王远鹤、市教育局局长杨优秀、市交通局局长万章热。

2004年12月7日，在市第二届人大常委会第二十一次会议上，六位同志向市人大常委会作述职报告，8日，常委会根据六位同志述职报告和调查情况，本着客观公正、实事求是的精神，对他们本届任期以来贯彻法律法规情况、依法履行职责情况、接受人大监督情况和勤政廉政情况进行认真评议，并在此基础上进行民主测评，均获通过。

2005年5月27日，市第二届人大常委会第二十五次会议通过市直法官述职评议和警官评议对象名单。

1.法官

秦永高	市中级人民法院副院长、审判委员会委员
黄宪华	市中级人民法院民事审判二庭庭长、审判委员会委员
陈友才	市中级人民法院刑事审判第一庭副庭长
殷国喜	市中级人民法院执行局副局长、审判员
程　华(女)	市中级人民法院民事审判第一庭审判员

2.警官

江耀龙	市公安局副局长
王建伟	市公安局国保支队支队长
陈　强	市公安局黄州分局胜利街派出所所长
陈义武	市公安局开发区分局长江派出所副所长
徐永高	市公安局交警一大队民警

这10名评议对象,是分别由市中级人民法院和市公安局从具有三年以上资格的法官和警官中推荐出来的。

2005年9月26日,上述10名法官和警官,在市第二届人大第二十七次会议上分别作述职报告,市人大常委会评议调查组也分别作被评议人履职情况调查报告,最后进行表决,均获通过。

2005年9月29日,市第二届人大常委会第二十七次会议通过《关于在市人民政府组成人员中开展述职评议的实施方案》。方案确定评议对象为市二届人大选举产生和市二届人大常委会任命的市人民政府组成人员,其中副市长3名,市政府组成部门人员5名。评议的主要内容是:1.忠实执行宪法、法律、法规和依法行政情况;2.履行职务职责及个人分管工作情况;3.执行市人大及其常委会的决议、决定和接受市人大及其常委会监督情况,办理市人大常委会审议意见及人大代表提出的建议、批评和意见情况;4.勤政廉政,当好人民公仆,为民办实事情况。

根据《黄冈市人大常委会关于在市人民政府组成人员进行述职评议的决定》的规定,2005年9月29日市第二届人大常委会第二十七次会议决定评议对象为:市人民政府副市长吕文涛、刘树生、梅香雪(女),为当年述职评议对象。

根据《关于在市人民政府组成人员中开展述职评议的实施方案》,2005年9月29日在市第二届人大常委会第二十七次会议,经过票决确定2005年政府组成部门人员进行述职评议的五位对象是:市人民政府秘书长、办公室主任王体全、市科学技术局(知识产权局)局长姜永满、市卫生局局长桂凤英(女)、市民政局局长夏德明、市劳动和社会保障局局长熊成全。

2005年11月23日,市第二届人大常委会第二十八次会议,分别听取上述八位市人民政府组成人员述职报告和市人大常委会述职评议调查组关于八位被评议对象任职情况调查报告之后,进行分组审议和大会集中评议。在充分肯定八位同志本届任职以来所取得成绩的同时,也指出他们工作中存在的不足,并分别对八位述职评议对象作出初步评议意见。2005年11月21日至23日,33名市人大常委会委员以无记名投票,8位被评议对象均获通过。

2006年3月30日,市第二届人大常委会第三十一次会议通过《黄冈市人大常委会关于对市人民检察院部分检察官进行述职评议的实施方案》。方案确定评议内容为2003年以来,被评议人员依法履行职责情况、接受人大监督情况、廉政建设情况。评议对象是在市人民检察院取得检察官资格三年以上的检察官五名,其中副检察长一名,正科职务检察员二名,副科职务检察员一名,一般检察员一名。具体由市人民检察院推荐10名被评议对象进行票决，每个层级得赞成票多的确定为正式述职评议对象。

整个评议分动员、调查、评议、整改四个阶段进行。

2006年3月30日市第二届人大常委会第三十一次会议票决确定的述职评议对象是：

市人民检察院副检察长李新华（女）、市人民检察院监所检察处处长陈锡应、市人民检察院反贪局副局长陈建共、市人民检察院民事行政检察处副处长刘仁亚、市人民检察院检察员张建。

2006年7月25日市第二届人大常委会第三十三次会议通过评议意见。上述五名被评议对象得满意票90%以上，均获“优秀”等次，并分别给被评议对象和市人民检察院提出要求。

四、撤职

2000年5月17日，市第一届人大常委会第二十三次会议认真审议市人民防空办公室主任胡金朝所犯错误并提请撤销其职务的议案。鉴于胡金朝所犯错误严重，根据《组织法》的有关规定，经市第一届人大常委会第二十三次会议表决通过，决定撤销胡金朝市人民防空办公室主任职务。

2001年12月4日，市第一届人大常委会第三十四次会议认真审议市中级人民法院提请撤销余家贵职务的报告。鉴于余家贵所犯错误的事实，2001年11月9日，武穴市第四届人民代表大会常务委员会第十九次会议通过撤销其武穴市人民法院院长职务。根据《中华人民共和国人民法院组织法》第三十六条第二款的规定，市第一届人大常委会第三十四次会议决定，批准撤销余家贵的武穴市人民法院院长职务。

2003年11月12日，市第二届人大常委会第十三次会议认真审议市中级人民法院副院长方长江所犯错误并提请撤销其职务的议案。鉴于方长江在任市中级人民法院副院长期间，利用职务上的便利，收受他人贿赂，其行为明显触犯了国家刑法。根据《中华人民共和国人民法院组织法》的有关规定，经市第一届人大常委会第十三次会议表决通过，决定撤销方长江的市中级人民法院副院长，审判委员会委员、审判员职务。

2007年5月29日，市第三届人大常委会第三次会议经过认真审议，通过决定：撤销陈振华的市中级人民法院刑事审判第一庭庭长、审判员职务。

2009年12月1日，黄冈市第三届人大常委会第十九次会议经过认真审议，通过决定：撤销吴昌怀和殷国喜的市中级人民法院审判员职务。

五、人民群众来信来访

市第一届人大及其常委会受理人大代表和人民群众来信来访2080件次，及时分类，向有关部门转办1588件，交办300件，当届办结138件。常委会及专门委员会还对其中56起典型申诉案件，进行专题研究和调查，督促公检法机关予以纠正。从1999年4月开始，主任会议组成人员先后接待上访人大代表和人民群众来信来访126人次，交办个案56件，每个接待日邀请有关行政部门和司法机关负责人参加，现场答疑，现场交办，使一些人民群众反映强烈的问题及时得到较好解决。

市第二届人大及其常委会受理人大代表和人民群众来信来访5080件次，及时分类，全部向有关部门进行交办转办和督办1588件，并对其中286件重点案件，督促有关机关当届办结238件。同时，规范来信来访办理程序，狠抓案件督办，信件实行微机化管理，使信访工作逐步规范化、制度化。

市第三届人大及其常委会累计接待人大代表和人民群众来信来访9370件次，其中常委会主任接待日接待上访群众253批432人次，跟踪督办依法处理一批涉法涉诉典型案件，保护当事人的合法权益，维护司法的公正性。

市第四届人大及其常委会严格按照中央改革涉法涉诉信访工作机制，引导涉法涉诉信访群众依法依规到政法机关反映解决问题，累计接待人民群众来信来访1397件次、1842人次。

市第五届人大及其常委会累计接待人民群众来信来访355件次、417人次，转办省人大常委会网上“阳光信访”27件次。做到件件有处理，事事有答复。

第四节　选举任免权行使

依法任免地方国家机关工作人员是法律赋予地方人大及其常委会的一项重要职权。市人大及其常委会自成立以来，坚持按法律程序认真行使人事任免权，建立对司法机关拟任人员进行任前法律考试制度，拟任人员在提请人大常委会任命前必须通过法律考试，不及格者不得提请任命。在行使任免权的过程中，常委会坚持党管干部原则，既积极贯彻党委意图，又充分发扬民主，严格依法办事，对提请任免的人员进行认真审议和表决，对审议中提出的意见和建议，及时与党委组织部门和有关机关通气。

按照法律规定，市第一至第六届市人民代表大会选举市人民代表大会常务委员会主任、副主任、秘书长、委员，市人民政府市长、副市长，市监察委员会主任，市人民法院院长，市人民检察院检察长，出席湖北省人民代表大会的代表。除此之外，市第一届人大常委会第二次会议至第六届人大常委会一次会议，还依法任免下列市级国家机关工作人员：

市第一届人大常委会任免市级国家机关工作人员名单及职务

（1996年12月14日—2002年4月11日）

1997年2月24日市第一届人大常委会第二次会议通过以下任免决定。

批准任命：黄金安为红安县人民检察院检察长；
吕中强为麻城市人民检察院检察长；
刘国丰为黄梅县人民检察院检察长；
程乐荣为武穴市人民检察院检察长；
李新华（女）为浠水县人民检察院检察长；
胡建中为罗田县人民检察院检察长；
陈晓元为英山县人民检察院检察长；
李汶山为团风县人民检察院检察长；
张正中为市黄州区人民检察院检察长。

批准免去：程乐荣的红安县人民检察院检察长职务；
倪祥华的麻城市人民检察院检察长职务；
李汶山的黄梅县人民检察院检察长职务；
吕中强的武穴市人民检察院检察长职务；
朱源江的浠水县人民检察院检察长职务；
陈晓元的罗田县人民检察院检察长职务；
刘汉文的英山县人民检察院检察长职务。

决定任命：王楚平为市人民政府秘书长、办公室主任；
陈汉生为市经济贸易委员会主任；
杜章均为市农业委员会主任；
林丛武为市计划委员会主任；
宋振时为市建设委员会主任；

杨优秀为市科学技术委员会主任；

金鹤年为市教育委员会主任；

熊早枝(女)为市计划生育委员会主任；

童吉和为市乡镇企业管理局局长；

占云发为市中级人民法院副院长、审判委员会委员。

1997年4月12日市第一届人大常委会第三次会议通过以下任免决定。

任　　命：王仲群为市人大常委会副秘书长、办公室主任；

姜旺生为市人大常委会副秘书长、代表人事工作室主任；

黄正林为市人大常委会副秘书长、研究室主任。

决定任命：向志坚为市公安局局长；

黄六洲为市司法局局长；

吕承彪为市民政局局长；

吴卫民为市国家安全局局长；

周兴元为市广播电视局局长；

熊传海为市卫生局局长；

刘民华为市文化局(市新闻出版局、市版权局)局长；

潘天启为市体育运动委员会主任；

王礼端为市经济体制改革委员会主任；

孙璜瑶为市外事(侨务)办公室主任；

秦杏三为市人事局局长；

刘国林为市监察局局长；

张焕卿为市土地管理局局长；

龚应祥为市审计局局长；

胡金朝为市人民防空办公室主任；

操尚银为市交通局局长；

邹武翼为市技术监督局局长；

饶必良为市粮食局局长；

王克武为市工商局局长；

姜延春为市贸易局局长；

张发喜为市农业局局长；

许明怀为市水利局局长；

王章发为市水产局局长；

肖树威为市林业局局长；

吴如启为市物价局局长；

胡运龙为市统计局局长；

宋振时为市规划局局长(兼)；

干体兴为市环保局局长；

姚仲威为市对外贸易经济合作委员会主任。

1997年6月25日市第一届人大常委会第四次会议通过以下任免决定。

决定任命：王顺华为市人民政府副市长。

任　　命：童彦文为市人大常委会龙感湖管理区(农场)联络组副组长；

谭仕春为市中级人民法院副院长、审判委员会委员；

陈树国为市人民检察院副检察长；

孙桂林为市人民检察院副检察长；

杨德永为市人民检察院副检察长。

1997年8月27日市第一届人大常委会第五次会议通过以下任免决定。

任　　命：方长江为市中级人民法院副院长、审判委员会委员；

曾焱山为市中级人民法院审判员；

吴善林为市中级人民法院审判员；

陶正明为市中级人民法院审判员；

柴焱明为市中级人民法院审判员；

徐腊英(女)为市中级人民法院审判员；

胡兴生为市中级人民法院审判员；

董绍发为市中级人民法院审判员；

张书华为市中级人民法院审判员；

周卫军为市中级人民法院审判员；

沈　涛为市中级人民法院审判员；

王梅开为市中级人民法院审判员；

刘　苏为市中级人民法院审判员；

周晓珉(女)为市中级人民法院审判员；

周超良为市中级人民法院审判员；

胡新华为市中级人民法院审判员；

王广球为市中级人民法院审判员；
张　鸣为市中级人民法院审判员；
李安明为市中级人民法院审判员；
熊继堂为市中级人民法院审判员；
黄宪华为市中级人民法院审判员；
王金莲(女)为市中级人民法院审判员；
夏淑涛为市中级人民法院审判员；
黄友生为市中级人民法院审判员；
李汝东为市中级人民法院审判员；
张永华为市中级人民法院审判员；
郭汉金为市中级人民法院审判员；
丰友三为市中级人民法院审判员；
孙赛明为市中级人民法院审判员；
陈武军为市中级人民法院审判员；
郭建卿为市中级人民法院审判员；
王凤山为市中级人民法院审判员；
刘兰萍为市中级人民法院审判员；
夏冬华为市中级人民法院审判员；
张庆华(女)为市中级人民法院审判员；
程汉东为市中级人民法院审判员；
刘焱章为市中级人民法院审判员；
柳天真(女)为市中级人民法院审判员；
田志敏(女)为市中级人民法院审判员；
潘晓鹏(女)为市中级人民法院审判员；
鲁赤霞(女)为市中级人民法院审判员；
龚世荣为市中级人民法院审判员；
张松林为市中级人民法院审判员；
黄彩莲(女)为市中级人民法院审判员；
吴昌怀为市中级人民法院审判员；
殷国喜为市中级人民法院审判员；
王爱国为市中级人民法院审判员；

官文生为市中级人民法院审判员；

杨　彧为市中级人民法院审判员；

欧阳武为市中级人民法院审判员；

王学田为市中级人民法院审判员；

姜亚平为市中级人民法院审判员；

程　兵为市中级人民法院审判员；

易　俊为市中级人民法院审判员；

张　立为市中级人民法院审判员；

曹　志为市中级人民法院审判员；

潘敬秋为市中级人民法院审判员；

赵卫东为市中级人民法龙感湖人民法庭审判员；

吴学敏为市中级人民法龙感湖人民法庭审判员；

袁　干为市中级人民法龙感湖人民法庭审判员；

方胜旗为市中级人民法龙感湖人民法庭审判员；

石克俭为市中级人民法龙感湖人民法庭审判员。

魏竞成为市人民检察院检察员；

倪祥华为市人民检察院检察员；

周楚斌为市人民检察院检察员；

张少春为市人民检察院检察员；

廖学军为市人民检察院检察员；

方华山为市人民检察院检察员；

何光明为市人民检察院检察员；

刘田清为市人民检察院检察员；

周木生为市人民检察院检察员；

胡才文为市人民检察院检察员；

熊才胜为市人民检察院检察员；

杨华元为市人民检察院检察员；

王伟斌为市人民检察院检察员；

吴方泉为市人民检察院检察员；

陈锡应为市人民检察院检察员；

熊宇木为市人民检察院检察员；

吴朝阳为市人民检察院检察员；

孙俊明为市人民检察院检察员；

袁心莲（女）为市人民检察院检察员；

严顺初为市人民检察院检察员；

张伦森为市人民检察院检察员；

秦辉和为市人民检察院检察员；

黎莲花（女）为市人民检察院检察员；

詹汝斌为市人民检察院检察员；

张　延为市人民检察院检察员；

侯　兵为市人民检察院检察员；

陈新发为市人民检察院检察员；

李佑洲为市人民检察院检察员；

郑映芳（女）为市人民检察院检察员；

丁　强为市人民检察院检察员；

张德平为市人民检察院检察员；

干建国为市人民检察院检察员；

肖仕元为市人民检察院检察员；

李玉平为市人民检察院检察员；

吴华忠为市人民检察院检察员；

袁崇厚为市人民检察院检察员；

田亚民为市人民检察院检察员；

段建武为市人民检察院检察员；

陈义华为市人民检察院检察员；

陈友斌为市人民检察院检察员；

王建敏为市人民检察院检察员；

肖　波为市人民检察院检察员；

陈　育为市人民检察院检察员；

陈阳秋为市人民检察院检察员；

刘中平为市人民检察院检察员；

彭丽红（女）为市人民检察院检察员；

史　慧（女）为市人民检察院检察员；

刘建新为市人民检察院检察员；

黄建河为市人民检察院检察员；

陈晓敏（女）为市人民检察院检察员。

1997年10月29日市第一届人大常委会第六次会议通过以下任免决定。

免　　去：戴凌翔的市人民政府副市长职务；

饶必良的市粮食局局长职务。

任　　命：周锦坤为市粮食局局长。

1998年2月25日市第一届人大常委会第八次会议通过以下任免决定。

决定任命：卢焱群为市人民政府副市长。

任　　命：陈振华为市中级人民法院审判员；

胡雪情为市中级人民法院审判员；

黄晓莉（女）为市中级人民法院审判员；

占　涛为市中级人民法院审判员；

徐立新为市中级人民法院审判员；

王纳新为市中级人民法院审判员；

孙永红为市中级人民法院审判员；

张焱奇为市中级人民法院审判员；

潘元松为市中级人民法院审判员；

汪序金为市中级人民法院审判员；

王旭东为市中级人民法院审判员；

李　坚为市中级人民法院审判员；

占德先为市中级人民法院审判员；

袁克莉为市中级人民法院审判员；

刘习明为市中级人民法院审判员；

李京宜为市中级人民法院龙感湖人民法庭审判员。

1998年4月2日市第一届人大常委会第九次会议通过以下任免决定。

任　　命：胡兴生为市中级人民法院经济审判第一庭庭长、审判委员会委员；

徐腊英（女）为市中级人民法院民事审判第二庭庭长、审判委员会委员；

董绍发为市中级人民法院经济审判监督庭庭长、审判委员会委员；

柴焱明为市中级人民法院刑事审判第一庭庭长、审判委员会委员；

张书华为市中级人民法院民事审判第一庭庭长、审判委员会委员；

沈　涛为市中级人民法院行政审判庭庭长、审判委员会委员；

夏淑涛为市中级人民法院告诉立案庭庭长、审判委员会委员；

周晓珉（女）为市中级人民法院刑事审判第二庭庭长；

周超良为市中级人民法院经济审判第二庭庭长；

张　鸣为市中级人民法院执行庭庭长；

赵卫东为市中级人民法院龙感湖人民法庭庭长；

王梅开为市中级人民法院刑事审判第一庭副庭长；

潘晓鹏（女）为市中级人民法院刑事审判第一庭副庭长；

官文生为市中级人民法院刑事审判第二庭副庭长；

陈友才为市中级人民法院刑事审判第二庭副庭长；

吴昌怀为市中级人民法院民事审判第一庭副庭长；

杨　彧为市中级人民法院民事审判第一庭副庭长；

胡新华为市中级人民法院民事审判第二庭副庭长；

王广球为市中级人民法院民事审判第二庭副庭长；

熊继堂为市中级人民法院经济审判第一庭副庭长；

黄宪华为市中级人民法院经济审判第一庭副庭长；

潘敬秋为市中级人民法院经济审判第一庭副庭长；

王金莲（女）为市中级人民法院经济审判第二庭副庭长；

张庆华（女）为市中级人民法院经济审判第二庭副庭长；

陈武军为市中级人民法院行政审判庭副庭长；

刘焱章为市中级人民法院行政审判庭副庭长；

程　兵为市中级人民法院执行庭副庭长；

汪　锋为市中级人民法院执行庭副庭长；

刘　苏为市中级人民法院经济审判监督庭副庭长；

鲁赤霞（女）为市中级人民法院经济审判监督庭副庭长；

王凤山为市中级人民法院告诉立案庭副庭长；

袁　干为市中级人民法院龙感湖人民法庭副庭长；

吴学敏为市中级人民法院龙感湖人民法庭副庭长。

陈树国为市人民检察院检察委员会委员；

孙桂林为市人民检察院检察委员会委员；

杨德永为市人民检察院检察委员会委员；

倪祥华为市人民检察院检察委员会委员；

魏竞成为市人民检察院检察委员会委员；

周楚兵为市人民检察院检察委员会委员；

胡才文为市人民检察院检察委员会委员；

王伟兵为市人民检察院检察委员会委员；

杨华元为市人民检察院检察委员会委员；

赵建明为市人民检察院检察员；

邹才发为市人民检察院检察员；

吴炳先为市人民检察院检察员；

伍建平为黄冈市人民检察院检察员；

郑　松为市人民检察院检察员；

沈向阳为市人民检察院检察员；

刘　斌为市人民检察院检察员；

李　利为市人民检察院检察员；

范　斌为市人民检察院检察员；

陈建华为市人民检察院检察员。

1998年6月5日市第一届人大常委会第十次会议通过以下任免决定。

决定任命：余爱东为市财政局局长；

杨晓斋为市劳动局局长。

任　　命：华咏梅（女）为市人民检察院检察员；

陈晓茹（女）为市人民检察院检察员；

贡小珍（女）为市人民检察院检察员；

范北红（女）为市人民检察院检察员。

1998年11月11日市第一届人大常委会第十三次会议通过以下任免决定。

任　　命：王建明为市公安局局长；

秦永高为市人大法制委员会副主任委员。

免　　去：向志坚的市公安局局长职务。

1998年12月23日市第一届人大常委会第十四次会议通过以下任免决定。

任　　命：王体全为市人民政府秘书长、办公室主任；

黄　俊为市建设委员会主任；

吕炳传为市人大常委会龙感湖管理区（农场）联络组组长。

免　　去:王楚平的市人民政府秘书长、办公室主任职务;

宋振时的市建设委员会主任、市规划局局长职务;

熊传海的市卫生局局长职务;

杜章均的市农业委员会主任职务。

1999年3月19日市第一届人大常委会第十六次会议通过以下任免决定。

任　　命:桂凤英(女)为市卫生局局长;

方　仁为市人民检察院检察员;

刘仁亚为市人民检察院检察员。

批准任命:黄金安为红安县人民检察院检察长;

詹光源为麻城市人民检察院检察长;

程克超为蕲春县人民检察院检察长;

刘国丰为黄梅县人民检察院检察长;

程乐荣为武穴市人民检察院检察长;

李新华(女)为浠水县人民检察院检察长;

胡建中为罗田县人民检察院检察长;

陈晓元为英山县人民检察院检察长。

1999年5月28日市第一届人大常委会第十七次会议通过以下任免决定。

任　　命:廖学军为市人民检察院检察委员会委员。

免　　去:童吉和的市乡镇企业局局长职务。

1999年10月15日市第一届人大常委会第十九次会议通过以下任免决定。

任　　命:罗学昭为市人民检察院检察员;

沈小东为市人民检察院检察员。

1999年12月17日市第一届人大常委会第二十次会议通过以下任免决定。

任　　命:曹衍清为市教育委员会主任;

彭爱国为市乡镇企业管理局局长;

殷国喜为市中级人民法院执行庭副庭长;

潘晓鹏(女)为市中级人民法院民事审判庭第二庭副庭长;

方胜旗为市中级人民法院龙感湖人民法庭副庭长;

石克俭为市中级人民法院龙感湖人民法庭副庭长;

邱爱兵为市中级人民法院审判员;

吴晓珊为市中级人民法院审判员;

石卫国为市中级人民法院审判员；

吕学礼为市中级人民法院审判员；

程　华(女)为市中级人民法院审判员；

赵万平为市中级人民法院审判员；

杨　华为市中级人民法院审判员；

田志军为市中级人民法院审判员；

熊江华为市中级人民法院审判员；

徐　华为市人民检察院检察员；

汪誓红为市人民检察院检察员；

高慧君(女)为市人民检察院检察员。

免　　去:金鹤年的市教育委员会主任职务；

潘晓鹏(女)的市中级人民法院刑事审判庭第一庭副庭长职务；

郭汉金的市中级人民法院审判员职务；

陶正明的市中级人民法院审判员职务；

潘元松的市中级人民法院审判员职务。

2000年3月16日市第一届人大常委会第二十二次会议通过以下任免决定。

任　　命:黄　俊为市规划局局长。

2000年7月28日市第一届人大常委会第二十四次会议通过以下任免决定。

任　　命:汪月东为市人大法制委员会委员；

曹文斌(女)为市人大法制委员会委员；

张茂松为市人大财政经济委员会委员；

晏绍元为市人大财政经济委员会委员；

刘正祥为市人大城乡建设与环境资源保护委员会委员；

程红才为市人大城乡建设与环境资源保护委员会委员；

曹列佑为市对外贸易经济委员会主任；

邱秉源为市农业委员会主任；

王友华为市人民防空办公室主任；

易孝猛为市人民检察院检察员；

陈建共为市人民检察院检察员；

董　昌为市人民检察院检察员；

王燕华为市人民检察院检察员；

范必雄为市人民检察院检察员。

免　　去:何秋悦的市人大财政经济委员会委员职务;

姚仲威的市对外贸易经济委员会主任职务。

2000年10月13日市第一届人大常委会第二十五次会议通过以下任免决定。

任　　命:刘桂田为市人大农村委员会委员;

刘行敏为市人大教育科学文化卫生委员会委员;

释坚光为市人大民族宗教侨务外事委员会委员;

周晓珉(女)为市中级人民法院审判委员会委员;

周超良为市中级人民法院审判委员会委员;

张庆华(女)为市中级人民法院审判监督第二庭庭长;

李京洲为市中级人民法院审判员;

董爱华为市中级人民法院审判员;

朱子明为市中级人民法院审判员。

免　　去:曾焱山的市中级人民法院审判委员会委员职务;

张庆华的市中级人民法院经济审判第二庭副庭长职务;

黄彩莲(女)的市中级人民法院审判员职务。

2000年11月6日市第一届人大常委会第二十六次会议通过以下任免决定。

决定任命:万桃元为市人民政府副市长。

免　　去:卢焱群的市人民政府副市长职务。

2001年2月25日市第一届人大常委会第三十一次会议通过以下任免决定。

决定任命:杨道洲为市人民政府副市长。

任　　命:张　鸣为市中级人民法院审判委员会委员;

周卫军为市中级人民法院民事审判第二庭庭长;

黄宪华为中级人民法院经济审判第一庭庭长;

刘　苏为市中级人民法院审判监督第一庭庭长;

陈武军为市中级人民法院行政审判庭庭长。

免　　去:张诗淦的市第一届人民代表大会常务委员会委员、农村委员会委员职务;

孙晓兵的市第一届人民代表大会常务委员会委员、代表资格审查委员会委员职务;

万桃元的市人民政府副市长职务;

吕炳传的市人大常委会龙感湖管理区(农场)联络组组长职务;

童彦文的市人大常委会龙感湖管理区(农场)联络组副组长职务;

柴焱明的市中级人民法院刑事审判第一庭庭长职务;

徐腊英(女)的市中级人民法院民事审判第二庭庭长职务;

胡兴生的市中级人民法院经济审判第一庭庭长职务;

沈　涛的市中级人民法院行政审判庭庭长职务;

董绍发的市中级人民法院审判监督庭庭长职务;

刘　苏的市中级人民法院审判监督庭副庭长职务。

2001年9月14日市第一届人大常委会第三十二次会议通过以下任免决定。

决定任命:梅启生为市人事局局长;

方银旺为市民族宗教事务局局长;

蔡德坤为市民政局局长;

张烈松为市农业局局长;

熊则宽为市粮食局局长;

王礼端为市统计局局长;

方　成(女)为市物价局局长;

袁金鹏为市广播电视局局长。

免　　去:王礼端的市经济体制改革委员会主任职务;

秦杏三的市人事局局长职务;

吕承彪的市民政局局长职务;

张发喜的市农业局局长职务;

周锦坤的市粮食局局长职务;

胡运龙的市统计局局长职务;

吴如启的市物价局局长职务;

周兴元的市广播电视局局长职务。

2001年9月26日市第一届人大常委会第三十三次会议通过以下任免决定。

任　　命:夏润祥为市人民政府副市长。

免　　去:鲁季平的市人民政府副市长职务;

王顺华的市人民政府副市长职务。

市第二届人大常委会任免市级国家机关工作人员名单及职务
（2002年4月11日—2007年1月17日）

2002年5月22日市第二届人大常委会第一次会议通过以下任免决定。

任　　命：夏冬华为市中级人民法院刑事审判第一庭庭长。

免　　去：吴善林的市中级人民法院审判员职务；

李安民的市中级人民法院审判员职务；

汪　锋的市中级人民法院执行庭副庭长职务；

杨　彧的市中级人民法院民事审判第一庭副庭长职务。

批准任命：张正中为市黄州区人民检察院检察长；

李汶山为团风县人民检察院检察长。

2002年6月11日市第二届人大常委会第二次会议通过以下任免决定。

任　　命：王体全为市人民政府秘书长、办公室主任；

陈汉生为市经济贸易委员会主任；

杨优秀为市科学技术局（知识产权局）局长；

方银旺为市民族宗教事务局局长；

王建明为市公安局局长；

刘国林为市监察局局长；

蔡德坤为市民政局局长；

黄六洲为市司法局局长；

梅启生为市人事局局长；

熊成全为市劳动局局长；

干体兴为市环境保护局局长；

张焕卿为市国土资源局局长；

黄　俊为市建设局局长；

张烈松为市农业局局长；

肖树威为市林业局局长；

许明怀为市水利局局长；

曹列佑为市对外贸易经济合作局局长；

刘民华为市文化局（新闻出版局、版权局）局长；

桂凤英（女）为市卫生局局长；

熊早枝（女）为市计划生育委员会主任；

龚应祥为市审计局局长；

王礼端为市统计局局长；

熊则宽为市粮食局局长；

孙璜瑶为市外事侨务局局长；

梅利华为市法制办公室主任；

伍治良为市人民检察院副检察长、检察委员会委员。

2002年7月31日市第二届人大常委会第三次会议通过以下任免决定。

任　　命：单海东为市人大常委会龙感湖管理区（农场）联络组组长；

2002年9月24日市第二届人大常委会第四次会议通过以下任免决定。

批准任命：倪贵武为红安县人民检察院检察长。

任　　命：饶桂芳（女）为市中级人民法院审判员；

刘蓉蓉（女）为市中级人民法院审判员；

杨　靖为市中级人民法院审判员；

张汉梅（女）为市中级人民法院审判员；

李　钢为市中级人民法院审判员；

易树龙为市中级人民法院审判员；

周建航为市人民检察院检察员；

游卫红为市人民检察院检察员；

卢　绘为市人民检察院检察员；

张白鸽（女）为市人民检察院检察员；

叶　茂为市人民检察院检察员；

祁保林为市人民检察院检察员；

段立志为市人民检察院检察员；

王　林为市人民检察院检察员；

曾　智为市人民检察院检察员；

商　林为市人民检察院检察员；

张　亚（女）为市人民检察院检察员。

免　　去：黄金安的红安县人民检察院检察长职务。

2002年12月1日市第二届人大常委会第六次会议通过以下任免决定。

任　　命：毛佑斌为市发展计划委员会主任；

杨优秀为市教育局局长；

姜永满为市科学技术局(知识产权局)局长;

王远鹤为市财政局局长;

万章热为市交通局局长;

刘定华为市旅游局局长;

秦永高为市中级人民法院副院长、审判委员会委员、审判员;

周晓珉(女)为市中级人民法院副院长;

魏竞成为市人民检察院副检察长;

李新华(女)为市人民检察院副检察长、检察委员会委员;

洪领先为市人民检察院副检察长、检察委员会委员。

免　　去:杨优秀的市科学技术局(知识产权局)局长职务;

周晓珉(女)的市中级人民法院刑事审判第二庭庭长职务。

2003年12月24日市第二届人大常委会第七次会议通过以下任免决定。

任　　命:梅香雪(女)为市人民政府副市长。

2003年2月18日市第二届人大常委会第八次会议通过以下任免决定。

任　　命:殷　秀(女)为市环境保护局局长;

黄正林为市计划生育委员会主任;

胡歌进为市人民政府法制办公室主任;

官文生为市中级人民法院刑事审判第二庭庭长;

黄宪华为市中级人民法院民事审判第二庭庭长;

杨　或为市中级人民法院民事审判第三庭庭长;

汪序金为市中级人民法院刑事审判第二庭副庭长;

姜亚平为市中级人民法院立案庭副庭长;

胡新华为市中级人民法院民事审判第一庭副庭长;

潘敬秋为市中级人民法院民事审判第一庭副庭长;

潘晓鹏(女)为市中级人民法院民事审判第一庭副庭长;

熊继堂为市中级人民法院民事审判第二庭副庭长;

王金莲(女)为市中级人民法院民事审判第二庭副庭长;

吴昌怀为市中级人民法院民事审判第二庭副庭长;

程　兵为市中级人民法院审判监督第一庭副庭长;

龚世荣为市中级人民法院审判监督第一庭副庭长;

王广球为市中级人民法院审判监督第二庭副庭长;

欧阳武为市中级人民法院执行庭副庭长；

刘国丰为市人民检察院检察委员会委员；

吴炳先为市人民检察院检察委员会委员；

袁崇厚为市人民检察院检察委员会委员；

肖　波为市人民检察院检察委员会委员。

免　　去：黄正林的市人大常委会副秘书长职务；

陈裕勇的市人大农村委员会副主任委员职务；

干体兴的市环境保护局局长职务；

熊早枝（女）的市计划生育委员会主任职务；

梅利华的市人民政府法制办公室主任职务；

黄宪华的市中级人民法院原经济审判第一庭庭长职务；

周超良的市中级人民法院原经济审判第二庭庭长职务；

吴昌怀的市中级人民法院原民事审判第一庭副庭长职务；

胡新华的市中级人民法院原民事审判第二庭副庭长职务；

潘晓鹏（女）的市中级人民法院原民事审判第二庭副庭长职务；

王广球的市中级人民法院原民事审判第二庭副庭长职务；

熊继堂的市中级人民法院原经济审判第一庭副庭长职务；

潘敬秋的市中级人民法院原经济审判第一庭副庭长职务；

王金莲（女）的市中级人民法院原经济审判第二庭副庭长职务；

程　兵的市中级人民法院执行庭副庭长职务；

殷国喜的市中级人民法院执行庭副庭长职务；

鲁赤霞（女）的市中级人民法院审判监督第一庭副庭长职务；

孙桂林的市人民检察院检察委员会委员职务；

倪祥华的市人民检察院检察委员会委员职务；

周楚斌的市人民检察院检察委员会委员职务；

杨华元的市人民检察院检察委员会委员职务；

王伟斌的市人民检察院检察委员会委员职务；

胡才文的市人民检察院检察委员会委员职务。

2003年4月24日市第二届人大常委会第九次会议通过以下任免决定。

任　　命：夏冬华为市中级人民法院审判委员会委员；

黄宪华为市中级人民法院审判委员会委员；

刘　苏为市中级人民法院审判委员会委员；
陈振华为市中级人民法院刑事审判第一庭副庭长；
游　荣为市中级人民法院审判员；
何小军为市中级人民法院审判员；
樊　军为市中级人民法院审判员。

免　　去：徐腊英（女）的市中级人民法院审判委员会委员、审判员职务；
周卫军的市中级人民法院民事审判第二庭庭长、审判员职务。
陈晓元的英山县人民检察院检察长职务。

批准任命：杨　戬为英山县人民检察院检察长。

2003年6月11日黄冈市第二届人大常委会第十次会议通过以下任免决定。

任　　命：夏德明为市民政局局长；
吕学礼为市中级人民法院执行庭副庭长；
何剑文为市中级人民法院民事审判第一庭副庭长；
夏雪华（女）为市中级人民法院民事审判第三庭副庭长。

免　　去：蔡德坤的市民政局局长职务；
伍治良的市人民检察院副检察长、检察委员会委员职务；
李新华（女）的浠水县人民检察院检察长职务。

批准任命：李再波为浠水县人民检察院检察长。

2003年7月30日市第二届人大常委会第十一次会议通过以下任免决定。

任　　命：李格非为市人民政府副市长。

2003年9月15日市第二届人大常委会第十二次会议通过以下任免决定。

任　　命：喻长友为市国土资源局局长；
程柏松为市建设局局长。

免　　去：张焕卿的市国土资源局局长职务；
黄　俊的市建设局局长职务。

批　　准：杨兴鸿辞去市人大常务委员会委员、秘书长职务。

2003年11月12日市第二届人大常委会第十三次会议通过以下任免决定。

任　　命：李京宜为市中级人民法院龙感湖人民法庭副庭长。

免　　去：郭建卿的市中级人民法院审判员职务；
袁　干的市中级人民法院龙感湖人民法庭副庭长职务。

撤　　销：方长江的市中级人民法院副院长、审判委员会委员、审判员职务。

2004年2月12日市第二届人大常委会第十六次会议通过以下任免决定。

任　　命：魏国华为市人大常务委员会副秘书长；

彭　刚为市人大常务委员会副秘书长；

李水先为市人事局局长；

董成钢为市中级人民法院副院长、审判委员会委员、审判员。

免　　去：梅启生的市人事局局长职务；

夏冬华的市中级人民法院刑事审判第一庭庭长、审判员职务；

程汉东的市中级人民法院审判员职务；

徐立新的市中级人民法院审判员职务；

李　坚的市中级人民法院审判员职务。

2004年5月26日市第二届人大常委会第十八次会议通过以下任免决定。

任　　命：郑　莉（女）为市中级人民法院审判员；

吕子雄为市中级人民法院审判员。

批准任命：黄金安为红安县人民检察院检察长；

詹光源为麻城市人民检察院检察长；

程克超为蕲春县人民检察院检察长；

刘国丰为黄梅县人民检察院检察长；

程乐荣为武穴市人民检察院检察长；

李新华（女）为浠水县人民检察院检察长；

胡建中为罗田县人民检察院检察长；

陈晓元为英山县人民检察院检察长。

免　　去：刘　苏的市中级人民法院审判员职务；

熊江华的市中级人民法院审判员职务；

沈小东的黄冈市人民检察院检察员职务；

郑　松的市人民检察院检察员职务；

沈向阳的市人民检察院检察员职务；

周楚斌的市人民检察院检察员职务。

2004年7月22日市第二届人大常委会第十九次会议通过以下任免决定。

任　　命：程柏松为市建设委员会主任；

陈武军为市中级人民法院审判委员会委员。

免　　去：姜旺生的市人大常委会副秘书长职务；

谭仕春的市中级人民法院副院长职务。

2004年10月10日市第二届人大常委会第二十次会议通过以下任免决定。

任　　命:黄六洲为市人民检察院副检察长、检察委员会委员。

2004年12月10日市第二届人大常委会第二十一次会议通过以下任免决定。

任　　命:毛佑斌为市发展和改革委员会主任;

马惠军为市经济委员会主任;

段高敏为市商务局局长;

黄正林为市人口和计划生育委员会主任。

免　　去:黄六洲的市司法局局长职务。

2005年1月5日市第二届人大常委会第二十二次会议通过以下任免决定。

免　　去:夏润祥的市人民政府副市长职务;

王建明的市公安局局长职务。

任　　命:卢焱群为市人民政府副市长;

张国秀(女)为市公安局局长。

2005年2月22日市第二届人大常委会第二十三次会议通过以下任免决定。

任　　命:蒋国平为市人民政府副市长。

免　　去:杨道州的市人民政府副市长职务。

决定任命:吕小武为市中级人民法院副院长、代理院长。

2005年5月27日市第二届人大常委会第二十五次会议通过以下任免决定。

任　　命:王仲群为市人大财政经济委员会委员;

王旺林为市人大财政经济委员会委员;

倪敬东为市人大财政经济委员会委员;

叶国政为市人大内务司法委员会委员;

胡桂甫为市人大内务司法委员会委员;

马秋良为市人大农村委员会委员;

邓九阳(女)为市人大农村委员会委员;

黄柏林为市人大农村委员会委员;

陈友才为市中级人民法院刑事审判第一庭庭长;

程　兵为市中级人民法院审判监督第一庭庭长;

黄晓莉(女)为市中级人民法院刑事审判第二庭副庭长;

易　俊为市中级人民法院审判监督第一庭副庭长;

胡福东为市中级人民法院审判员；

林　俊为市中级人民法院审判员；

王　鹏为市中级人民法院审判员。

免　　去：周超良的市中级人民法院审判委员会委员、审判员职务；

何剑文的市中级人民法院审判第一庭副庭长职务；

夏雪华（女）的市中级人民法院审判第二庭副庭长职务；

柳天真（女）的市中级人民法院审判员职务。

2005年7月15日市第二届人大常委会第二十六次会议通过以下任免决定。

任　　命：徐和木为市审计局局长；

杨德永为市司法局局长；

江忠民为市建设委员会主任；

陈庞强为市水利局局长；

张　建为市人民检察院检察员；

刘　托为市人民检察院检察员；

梅　进为市人民检察院检察员；

谭　军（女）为市人民检察院检察员；

肖伶俐（女）为市人民检察院检察员。

免　　去：龚应祥的市审计局局长职务；

殷　秀（女）的市环境保护局局长职务；

程柏松的市建设委员会主任职务；

许明怀的市水利局局长职务；

杨德永的市人民检察院副检察长、检察委员会委员、检察员职务；

倪祥华的市人民检察院检察员职务。

2005年9月29日市第二届人大常委会第二十七次会议通过以下任免决定。

任　　命：方　成（女）为市人大常委会龙感湖管理区联络组组长。

免　　去：单海东的市人大常委会龙感湖管理区联络组组长职务。

撤　　销：陈友斌的市人民检察院检察员职务。

2006年2月14日市第二届人大常委会第三十次会议通过以下任免决定。

2006年3月30日市第二届人大常委会第三十一次会议通过以下任免决定。

决定接受熊熊辞去市第二届人民代表大会常务委员会委员、市第二届人大民族宗教侨务外事委员会主任委员职务。

2006年7月25日市第二届人大常委会第三十三次会议通过以下任免决定。

免　　去:李格非的市人民政府副市长职务。

王体全的市人民政府秘书长、办公室主任职务;

肖树威的市林业局局长职务;

桂凤英(女)的市卫生局局长职务;

董绍发的市中级人民法院审判委员会委员、审判员职务;

胡兴生的市中级人民法院审判委员会委员、审判员职务;

刘蓉蓉(女)的市中级人民法院审判员职务;

李新华(女)的市人民检察院副检察长职务;

张伦森的市人民检察院检察员职务;

郑映芳(女)的市人民检察院检察员职务。

任　　命:刘大洪为市人民政府副市长。

童德昭为市人民政府秘书长、办公室主任;

朱建国为市环境保护局局长;

汪柏坤为市林业局局长;

王万福为市卫生局局长;

刘国丰为市人民检察院副检察长;

黄伟僖为市人民检察院副检察长、检察委员会委员。

2006年8月17日市第二届人大常委会第三十四次会议决定市人民政府市长辞去职务(报市人民代表大会备案局),决定任命刘雪荣为市人民政府副市长、代理市长。

2006年9月29日市第二届人大常委会第三十五次会议通过以下任免决定。

免　　去:赵卫东的市中级人民法院龙感湖法庭庭长职务;

吴学敏的市中级人民法院龙感湖法庭副庭长职务。

任　　命:方胜旗为市中级人民法院龙感湖法庭庭长;

石克俭为市中级人民法院龙感湖法庭副庭长。

2006年11月8日市第二届人大常委会第三十六次会议通过以下任免决定。

免　　去:蒋国平的市人民政府副市长职务;

方　成(女)的市人大常委会驻龙感湖管理区联络组组长职务;

刘定华的市旅游局局长职务;

段高敏的市商务局局长职务;

江忠民的市建设委员会主任职务；

刘民华的市文化局(新闻出版局、版权局)局长职务；

黄正林的市人口和计划生育委员会主任职务；

徐和木的市审计局局长职务；

王远鹤的市财政局局长职务；

刘国林的市监察局局长职务。

任　　命:杨　智为市人民政府副市长；

刘定华为市人大常务委员会副秘书长；

彭志伟为市人大常委会驻龙感湖管理区联络组组长；

宋兰萍(女)为市财政局局长；

叶俊甫为市审计局局长；

雷　电为市旅游局局长；

黄耀雄为市商务局局长；

黄强胤为市建设委员会主任；

肖红娟(女)为市文化局(新闻出版局、版权局)局长；

王　玲(女)为市人口和计划生育委员会主任；

万亚平为市监察局局长；

潘元松为市中级人民法院副院长、审判委员会委员、审判员。

2007年1月11日市第二届人大常委会第三十七次会议通过以下任免决定。

免　　去:董成钢的市中级人民法院副院长、审判委员会委员、审判员职务；

张鸣的市中级人民法院审判委员会委员、执行庭庭长、审判员职务。

李新华(女)的市人民检察院检察委员会委员职务；

吕炳先的市人民检察院检察委员会委员、检察员职务；

刘　斌的市人民检察院检察员职务；

易孝猛的市人民检察院检察员职务；

熊宇木的市人民检察院检察员职务；

吴方泉的市人民检察院检察员职务。

任　　命:倪贵武为市中级人民法院副院长、审判委员会委员、审判员；

杨友泉为市中级人民法院审判委员会委员、审判员；

刘　刚为市人民检察院副检察长、检察委员会委员、检察员；

程克超为市人民检察院副检察长、检察委员会委员、检察员；

张正中为市人民检察院检察委员会委员、检察员；
赵加新为市人民检察院检察委员会委员、检察员；
李汶山为市人民检察院检察员；
李华桢(女)为市人民检察院检察员。

市第三届人大常委会任免市级国家机关工作人员名单及职务
(2007年1月17日—2012年1月3日)

2007年2月12日市第三届人大常委会第一次会议通过以下任免决定。

任　　命:刘大洪为市人民政府副市长；
彭　刚为市人大常委会副秘书长；
刘定华为市人大常委会副秘书长；
戴汉定为市人大常委会副秘书长；
吴汉桥为市人大常委会副秘书长；
闻武斌为市人大常委会副秘书长；
童德昭为市人民政府秘书长、办公室主任；
毛佑斌为市发展和改革委员会主任；
马惠军为市经济委员会(中小企业发展局)主任(局长)；
杨优秀为市教育局局长；
姜永满为市科学技术局(知识产权局)局长；
李根生为市民族宗教事务局局长；
张国秀(女)为市公安局局长；
万亚平为市监察局局长；
夏德明为市民政局局长；
杨德永为市司法局局长；
宋兰萍(女)市财政局局长；
李水先为市人事局局长；
熊成全为市劳动局局长；
朱建国为市环境保护局局长；
黄强胤为市建设委员会主任；
万章热为市交通局局长；
张烈松为市农业局局长；

汪柏坤为市林业局局长；

陈庞强为市水利局局长；

黄耀雄为市商务局局长；

肖红娟(女)为市文化局(新闻出版局、版权局)局长；

王万福为市卫生局局长；

王　玲(女)为市人口和计划生育委员会主任；

叶俊甫为市审计局局长；

王礼端为市统计局局长；

熊则宽为市粮食局局长；

雷　电为市旅游局局长；

胡歌进为市人民政府法制办公室主任。

批准任命:李再波为黄州区人民检察院检察长；

李明柏为团风县人民检察院检察长；

刘　斌为红安县人民检察院检察长；

王国友为麻城市人民检察院检察长；

易孝猛为罗田县人民检察院检察长；

吴炳先为英山县人民检察院检察长；

喻艳如为浠水县人民检察院检察长；

皮怀宇为蕲春县人民检察院检察长；

肖　波为武穴市人民检察院检察长；

杨　戬为黄梅县人民检察院检察长。

2007年5月29日市第三届人大常委会第三次会议撤销陈振华的市中级人民法院刑事审判第一庭副庭长、审判员职务。

2007年7月29日市第三届人大常委会第四次会议任命何汉斌为市人大常委会副秘书长,免去彭刚的市人大常委会副秘书长职务。

2007年12月1日市第三届人大常委会第六次会议通过以下任免决定。

免　　去:熊则宽的市粮食局局长职务；

孙璜瑶的市民族宗教事务局局长职务；

谭仕春的市中级人民法院审判委员会委员、审判员职务；

沈　涛的市中级人民法院审判委员会委员、审判员职务；

夏淑涛的市中级人民法院审判委员会委员、立案庭庭长、审判员职务；

洪领先的市人民检察院副检察长、检察委员会委员、检察员职务；
段立志的市人民检察院检察员职务；
胡才文的市人民检察院检察员职务；
廖学军的市人民检察院检察员职务。

任　　命：刘应文为市粮食局局长；
刘卫宁为市外事侨务局局长；
陈建共为市人民检察院检察委员会委员；
田亚民为市人民检察院检察委员会委员。

2008年4月1日市第三届人大常委会第八次会议通过以下任免决定。

免　　去：张书华的市中级人民法院民事审判第一庭庭长职务；
官文生的市中级人民法院刑事审判第二庭庭长、审判员职务；
杨　钰的市中级人民法院民事审判第三庭庭长职务；
程　兵的市中级人民法院审判监督第一庭庭长职务；
张庆华(女)的市中级人民法院审判监督第二庭庭长职务；
王凤山的市中级人民法院立案庭副庭长职务；
汪序金的市中级人民法院刑事审判第二庭副庭长职务；
潘敬秋的市中级人民法院民事审判第一庭副庭长职务；
吴昌怀的市中级人民法院民事审判第二庭副庭长职务；
龚世荣的市中级人民法院审判监督第一庭副庭长职务；
易　俊的市中级人民法院审判监督第一庭副庭长职务；
王广球的市中级人民法院审判监督第二庭副庭长职务；
欧阳武的市中级人民法院执行庭副庭长职务；
吕学礼的市中级人民法院执行庭副庭长职务；
曹　志的市中级人民法院审判员职务；
王纳新的市中级人民法院审判员职务。

任　　命：程　兵为市中级人民法院审判委员会委员、民事审判第一庭庭长；
杨　钰为市中级人民法院审判委员会委员、审判监督第一庭庭长；
陈友才为市中级人民法院审判委员会委员；
张庆华(女)为市中级人民法院审判委员会委员、立案庭庭长；
田志敏为市中级人民法院民事审判第三庭庭长；
刘习明为市中级人民法院执行庭庭长；

汪序金市中级人民法院刑事审判第二庭庭长；

潘敬秋为市中级人民法院审判监督第二庭庭长；

欧阳武为市中级人民法院立案庭副庭长；

吕学礼为市中级人民法院审判监督第一庭副庭长；

易　俊为市中级人民法院执行庭副庭长；

赵万平为市中级人民法院刑事审判第一庭副庭长；

李　钢为市中级人民法院刑事审判第二庭副庭长；

詹德先为市中级人民法院民事审判第一庭副庭长；

石卫国为市中级人民法院民事审判第二庭副庭长；

杨　静(女)为市中级人民法院民事审判第三庭副庭长；

程　华(女)为市中级人民法院审判监督第一庭副庭长；

王学田为市中级人民法院审判监督第一庭副庭长；

张焱奇为市中级人民法院审判监督第二庭副庭长。

2008年5月20日市第三届人大常委会第九次会议免去卢焱群的市人民政府副市长职务。

2008年6月30日市第三届人大常委会第十次会议通过以下任免决定。

任　　命:王静平为市人民政府副市长；

黄祥国为市人民政府副市长；

杨　智为市公安局局长；

潘咏华为市发展和改革委员会主任；

孙楚强为市劳动和社会保障局局长；

刘新华为市交通局局长；

陈六纯为市粮食局局长。

免　　去:杨　智的市人民政府副市长职务；

张国秀(女)的市公安局局长职务；

毛佑斌的市发展和改革委员会主任职务；

熊成全的市劳动和社会保障局局长职务；

万章热的市交通局局长职务；

刘应文的市粮食局局长职务。

2008年7月29日市第三届人大常委会第十一次会议通过以下任免决定。

任　　命:陈义华为市人民检察院检察委员会委员；

邹才发为市人民检察院检察委员会委员；
叶　茂为市人民检察院检察委员会委员；
石　玲(女)为市人民检察院检察员；
万　伟为市人民检察院检察员；
乔　何为市人民检察院检察员；
吴　青(女)为市人民检察院检察员；
程晓玲(女)为市人民检察院检察员；
徐　敏(女)为市人民检察院检察员。

免　　去:李新华(女)的市人民检察院检察委员会委员职务；
占汝斌的市人民检察院检察委员会委员职务；
严顺初的市人民检察院检察委员会委员职务。

2008年9月27日市第三届人大常委会第十二次会议通过以下任免决定。

任　　命:管小华为市中级人民法院审判员；
陈敦杰(女)为市中级人民法院审判员；
吴　刚为市中级人民法院审判员；
钟新阶为市中级人民法院审判员；
廖　刚为市中级人民法院审判员；
傅淼明为市中级人民法院审判员。

免　　去:柴淼明的市中级人民法院审判委员会委员、审判员职务；
李汝东的市中级人民法院审判员职务；
朱子明的市中级人民法院审判员职务。

2009年2月6日市第三届人大常委会第十五次会议通过以下任免决定。

任　　命:王浩鸣为市人民政府副市长。

免　　去:刘大洪的市人民政府副市长职务；
蔡德坤的市人民政府副市长职务。

2009年3月31日市第三届人大常委会第十六次会议通过以下任免决定。

任　　命:徐向农为市人民政府副市长；
陈少敏(女)为市粮食局局长；
李再波为市人民检察院副检察长、检察委员会委员、检察员；
陈　静(女)为市中级人民法院审判员；
陈　军为市中级人民法院审判员；

张　磊为市中级人民法院审判员；

倪志勇为市中级人民法院审判员；

易孝猛为市黄州区人民检察院检察长。

免　　去:陈六纯的市粮食局局长职务；

闻武斌的市人大常委会副秘书长职务；

周晓珉(女)的市中级人民法院副院长职务；

王梅开的市中级人民法院刑事审判第一庭副庭长、审判员职务；

王金莲(女)的市中级人民法院民事审判第二庭副庭长、审判员职务；

程克超的市人民检察院副检察长、检察委员会委员、检察员职务；

熊才胜的市人民检察院检察员职务；

黎莲花(女)的市人民检察院检察员职务。

2009年7月30日市第三届人大常委会第十八次会议任命应红(女)为市人民政府副市长。

2009年9月22日市第三届人大常委会第十九次会议通过以下任免决定。

任　　命:李安宁为市人民政府副市长；

白家松为市民政局局长；

熊晓明为市中级人民法院副院长、审判委员会委员、审判员。

免　　去:夏德明的市民政局局长职务；

胡雪情的市中级人民法院审判员职务。

撤　　销:吴昌怀的市中级人民法院审判员职务；

殷国喜的市中级人民法院审判员职务。

2009年12月1日市第三届人大常委会第二十次会议通过以下任免决定。

任　　命:王永忠为市人口和计划生育委员会主任；

张应利为市中级人民法院审判员；

傅文峰为市中级人民法院审判员；

梅　阳为市中级人民法院审判员。

免　　去:王　玲(女)的市人口和计划生育委员会主任职务；

刘焱章的市中级人民法院行政审判庭副庭长、审判员职务；

袁克莉的市中级人民法院审判员职务。

2010年1月23日市第三届人大常委会第二十一次会议:接受包玉兰(女)辞去市第三届人民代表大会常务委员会副主任职务,并报市第三届人民代表大会备案；

接受梅启生辞去市第三届人民代表大会常务委员会秘书长职务，并报市第三届人民代表大会备案。

2010年3月26日市第三届人大常委会第二十二次会议通过以下任免决定。

批准任命：沈向阳为罗田县人民检察院检察长。

免　　去：潘元松的市中级人民法院副院长、审判委员会委员、审判员职务；

丰友三的市中级人民法院审判员职务；

熊继堂的市中级人民法院刑事审判第二庭副庭长、审判员职务；

胡新华的市中级人民法院刑事审判第一庭副庭长、审判员职务；

批准免去：易孝猛的罗田县人民检察院检察长职务；

刘　斌的红安县人民检察院检察长职务。

2010年6月1日市第三届人大常委会第二十三次会议通过以下任免决定。

决定任命：马惠军为市经济和信息化委员会主任；

王建学为市教育局局长；

孙楚强为市人力资源和社会保障局局长；

黄强胤为市住房和城乡建设委员会主任；

刘新华为市交通运输局局长；

郭应虎为市卫生局局长；

袁新安为市统计局局长；

姜利国为市安全生产监督管理局局长；

张际伟为市城乡规划局局长；

王友华为市人民防空办公室主任；

柯昌荣为市国有资产监督管理委员会主任。

任　　命：杨优秀为市人大常委会副秘书长；

董爱华为市中级人民法院审判委员会委员；

刘习明为市中级人民法院审判委员会委员；

汪序金为市中级人民法院审判委员会委员；

占　涛为市中级人民法院审判委员会委员；

鲁赤霞(女)为市中级人民法院审判委员会委员；

田志敏为市中级人民法院审判委员会委员、审判监督第二庭庭长；

潘敬秋为市中级人民法院审判委员会委员、民事审判第二庭庭长；

姜亚平为市中级人民法院立案庭庭长；

杨　静(女)为市中级人民法院民事审判第三庭庭长；
赵万平为市中级人民法院行政审判庭庭长；
龚世荣为市中级人民法院立案庭副庭长；
李　钢为市中级人民法院刑事审判第一庭副庭长；
钟新阶为市中级人民法院刑事审判第二庭副庭长；
张焱奇为市中级人民法院民事审判第一庭副庭长；
杨　华(女)为市中级人民法院民事审判第一庭副庭长；
张汉梅(女)为市中级人民法院民事审判第一庭副庭长；
饶贵芳(女)为市中级人民法院民事审判第二庭副庭长；
游　荣为市中级人民法院民事审判第二庭副庭长；
倪志勇为市中级人民法院民事审判第三庭副庭长；
吕子雄为市中级人民法院行政审判庭副庭长；
张　立为市中级人民法院审判监督第一庭副庭长；
管小华为市中级人民法院审判监督第一庭副庭长；
吴晓珊(女)为市中级人民法院审判监督第二庭副庭长；
陈孔齐为市中级人民法院审判员；
甘　炜为市中级人民法院审判员；
涂建峰为市中级人民法院审判员；
黄建伟为市中级人民法院审判员；
李　军(女)为市中级人民法院审判员；
严　怀(女)为市中级人民法院审判员；
黄亚东为市中级人民法院审判员；
梅　魁为市中级人民法院审判员；
刘桂秀(女)为市人民检察院检察员；
高　健为市人民检察院检察员。

批准任命:刘松青为红安县人民检察院检察长。

决定免去:杨优秀的市教育局局长职务；
王万福的市卫生局局长职务；
王礼端的市统计局局长职务；

免　　去:黄宪华的市中级人民法院审判委员会委员、民事审判第二庭庭长、审判员职务；

　　　　　陈武军的市中级人民法院行政审判庭庭长职务；
　　　　　张庆华(女)的市中级人民法院立案庭庭长职务；
　　　　　田志敏的市中级人民法院民事审判第三庭庭长职务；
　　　　　潘敬秋的市中级人民法院民事审判监督第二庭庭长职务；
　　　　　姜亚平的市中级人民法院立案庭副庭长职务；
　　　　　赵万平的市中级人民法院刑事审判第一庭副庭长职务；
　　　　　李　钢的市中级人民法院刑事审判第二庭副庭长职务；
　　　　　潘晓鹏(女)的市中级人民法院民事审判第一庭副庭长职务；
　　　　　石卫国的市中级人民法院民事审判第二庭副庭长职务；
　　　　　杨　静(女)的市中级人民法院民事审判第三庭副庭长职务；
　　　　　程　华(女)的市中级人民法院审判监督第一庭副庭长职务；
　　　　　张焱奇的市中级人民法院审判监督第二庭副庭长职务；
　　　　　张　磊的市中级人民法院审判员。

2010年9月28日市第三届人大常委会第二十五次会议通过以下任免决定。

接　　受:应　红(女)辞去市人民政府副市长职务。
决定任命:梅守福为市民族宗教事务局局长；
　　　　　卢　辉为市旅游局局长。
任　　命:吴炳先为市人民检察院检察委员会委员、检察员。
决定免去:李根生的市民族宗教事务局局长职务；
　　　　　雷　电的市旅游局局长职务。
批准免去:吴炳先的英山县人民检察院检察长职务。
免　　去:董　昌的市人民检察院检察员职务；
　　　　　干建国的市人民检察院检察员职务。

2010年11月23日市第三届人大常委会第二十六次会议通过以下任免决定。

决定任命:熊长江为市人民政府副市长。

2011年1月11日市第三届人大常委会第二十七次会议通过以下任免决定。

决定免去:李安宁的市人民政府副市长职务。
任　　命:詹光源为市中级人民法院副院长、审判委员会委员、审判员；
　　　　　夏冬华为市中级人民法院审判委员会委员、审判员。

2011年3月30日市第三届人大常委会第二十八次会议通过以下任免决定。

决定任命:罗　微为市人民政府副市长；

吴恒斌为市农业局局长。

任　　命:姜亚平为市中级人民法院审判委员会委员、民事审判第一庭庭长;

石卫国为市中级人民法院审判委员会委员、审判监督第一庭庭长;

胡福东为市中级人民法院审判委员会委员;

赵万平为市中级人民法院审判委员会委员;

欧阳武为市中级人民法院立案庭庭长;

王学田为市中级人民法院立案庭副庭长;

王　鹏为市中级人民法院执行庭副庭长;

樊　军为市中级人民法院审判监督第一庭副庭长;

朱　卫为市中级人民法院审判员;

张　瑾为市中级人民法院审判员;

张　庆为市中级人民法院审判员;

刘　丹为市中级人民法院审判员。

批准任命:董　昌为英山县人民检察院检察长。

决定免去:张烈松的市农业局局长职务。

免　　去:杨　钰的市中级人民法院审判委员会委员、审判监督第一庭庭长、审判员职务;

程　兵的市中级人民法院审判委员会委员、民事审判第一庭庭长、审判员职务;

占　涛的市中级人民法院审判委员会委员、审判员职务;

姜亚平的市中级人民法院立案庭庭长职务;

欧阳武的市中级人民法院立案庭副庭长职务;

黄晓莉的市中级人民法院刑事审判第二庭副庭长职务;

王学田的市中级人民法院审判监督第一庭副庭长职务;

陈锡应的市人民检察院检察员职务;

周木生的市人民检察院检察员职务;

孙俊明的市人民检察院检察员职务。

2011年5月31日市第三届人大常委会第二十九次会议通过以下任免决定。

决定免去:梅香雪(女)的市人民政府副市长职务;

姜利国的市安全生产监督管理局局长职务。

免　　去:何汉斌的市人大常委会副秘书长职务。

2011年11月22日市第三届人大常委会第三十三次会议通过以下任免决定。

接　　受:周丹辞去市第三届人民代表大会预算委员会副主任委员职务。

任　　命:程建明为市人大常委会副秘书长。

决定任命:崔永辉为市人民政府副市长;

夏存安为市经济和信息化委员会主任;

周晓华为市司法局局长;

黄焱军为市商务局局长;

涂新年为市人口和计划生育委员会主任;

田洪光为市旅游局局长;

郑涤尘为市安全生产监督管理局局长;

任　　命:贾石松为市中级人民法院副院长、审判委员会委员、审判员;

决　　定:贾石松为市中级人民法院代理院长。

任　　命:彭金安为市中级人民法院审判委员会委员、审判员;

王爱国为市中级人民法院审判委员会委员;

潘晓鹏(女)为市中级人民法院审判委员会委员;

程　华(女)为市中级人民法院审判委员会委员。

杨　静(女)为市中级人民法院审判委员会委员;

欧阳武为市中级人民法院审判委员会委员;

黄亚东为市中级人民法院审判委员会委员;

易树龙为市中级人民法院审判委员会委员;

冯新华为市人民检察院副检察长、检察委员会委员;

决定免去:徐向农的市人民政府副市长职务;

罗　微的市人民政府副市长职务;

马惠军的市经济和信息化委员会主任职务;

杨德永的市司法局局长职务;

黄耀雄的市商务局局长职务;

王永忠的市人口和计划生育委员会主任职务;

卢　辉的市旅游局局长职务。

免　　去:周晓珉(女)的市中级人民法院审判委员会委员、审判员职务;

张庆华(女)的市中级人民法院审判委员会委员、审判员职务;

胡福东的市中级人民法院审判委员会委员、审判员职务;

李京宜的市中级人民法院龙感湖人民法庭副庭长职务。

2011年12月30日市第三届人大常委会第三十四次会议通过以下任免决定。

决定任命：赵　飞为市人民政府副市长。

批准任命：易孝猛为市黄州区人民检察院检察长；

皮怀宇为团风县人民检察院检察长；

商　林为红安县人民检察院检察长；

彭正元为麻城市人民检察院检察长；

沈向阳为罗田县人民检察院检察长；

董　昌为英山县人民检察院检察长；

喻艳如为浠水县人民检察院检察长；

张　亚（女）为蕲春县人民检察院检察长；

刘松青为武穴市人民检察院检察长；

肖　波为黄梅县人民检察院检察长。

决定免去：费仁平的市人民政府副市长职务。

市第四届人大常委会任免市级国家机关工作人员名单及职务

（2012年1月3日—2017年1月11日）

2012年2月2日市第四届人大常委会第一次会议通过以下任免决定。

任　　命：方银旺为市人大常委会副秘书长；

王浩洪为市人大常委会副秘书长；

黄新国为市人大常委会副秘书长；

孙金舟为市人大常委会代表选举人事任免工作委员会主任；

杨仕英（女）为市人大常委会代表选举人事任免工作委员会副主任；

杨金树为市人大常委会龙感湖管理区（农场）人大联络组组长。

免　　去：戴汉定的市人大常委会副秘书长职务；

吴汉桥的市人大常委会副秘书长职务；

程建明的市人大常委会副秘书长职务。

2012年3月6日市第四届人大常委会第二次会议通过以下任免决定。

决定任命：童德昭为市人民政府秘书长、办公室主任；

潘咏华为市发展和改革委员会主任；

夏存安为市经济和信息化委员会主任；

王建学为市教育局局长；
姜永满为市科学技术局（知识产权局）局长；
彭仕雄为市民族宗教事务局局长；
刘千乔为市监察局局长；
白家松为市民政局局长；
周晓华为市司法局局长；
吴晓文为市财政局局长；
孙楚强为市人力资源和社会保障（公务员局）局局长；
朱建国为市环境保护局局长；
黄强胤为市住房和城乡建设委员会主任；
刘新华为市交通运输局局长；
陈庞强为市水利局局长；
吴恒斌为市农业局局长；
黄焱军为市商务局局长；
黄玉琴（女）为市文化局（新闻出版局、版权局）局长；
郭应虎为市卫生局局长；
涂新年为市人口和计划生育委员会主任；
叶俊甫为市审计局局长；
刘卫宁为市外事侨务局局长；
袁新安为市统计局局长；
汪柏坤为市林业局局长；
田洪光为市旅游局局长；
李元洪为市粮食局局长；
郑涤尘为市安全生产监督管理局局长；
胡清明为市城乡规划局局长；
胡歌进为市人民政府法制办公室主任；
肖红娟（女）为市人民防空办公室主任；
柯昌荣为市国有资产监督管理委员会主任。

2012年5月31日市第四届人大常委会第三次会议通过以下任免决定。

决定任命：徐维平为市食品药品监督管理局局长。

任　　命：杨　戬为市人民检察院检察委员会委员、检察员；

彭丽红为市人民检察院检察委员会委员；

李明柏为市人民检察院检察员；

王国友为市人民检察院检察员；

黄智利(女)为市人民检察院检察员；

汪　辉为市人民检察院检察员；

王泓溪为市人民检察院检察员；

洪志兵为市人民检察院检察员；

付小梅(女)为市人民检察院检察员。

免　　去:张正中的市人民检察院检察委员会委员职务；

叶茂的市人民检察院检察委员会委员、检察员职务；

张亚(女)的市人民检察院检察员职务；

商林的市人民检察院检察员职务；

陈新发的市人民检察院检察员职务；

肖仕元的市人民检察院检察员职务；

吴华忠的市人民检察院检察员职务。

2012年11月21日市第四届人大常委会第六次会议通过以下任免决定。

决定任命:李　俊为市人民政府副市长。

免　　去:王浩洪的市人大常委会副秘书长职务。

2012年12月18日市第四届人大常委会第七次会议通过以下任免决定。

任　　命:胡美琴(女)为市中级人民法院审判员；

刘小成为市中级人民法院审判员。

免　　去:彭金安的市中级人民法院审判委员会委员、审判员职务；

张永华的市中级人民法院审判员职务；

赵卫东的市中级人民法院审判员职务；

王广球的市中级人民法院审判员职务；

吴学敏的市中级人民法院审判员职务；

王旭东的市中级人民法院审判员职务；

2013年1月30日市第四届人大常委会第八次会议通过以下任免决定。

免　　去:赵　飞的市人民政府副市长职务。

2013年3月27日市第四届人大常委会第九次会议通过以下任免决定。

任　　命:欧阳武为市中级人民法院立案一庭庭长；

李　钢为市中级人民法院未成年人案件综合审判庭庭长；
易　俊为市中级人民法院执行局执行二庭庭长；
游　荣为市中级人民法院执行局执行一庭庭长；
詹德先为市中级人民法院审判监督第二庭庭长；
管小华为市中级人民法院立案二庭庭长；
龚世荣为市中级人民法院立案一庭副庭长；
王学田为市中级人民法院民事审判第三庭副庭长；
王　鹏为市中级人民法院执行局执行二庭副庭长；
朱　卫为市中级人民法院审判监督第二庭副庭长；
李　军(女)为市中级人民法院审判庭副庭长；
严　怀(女)为市中级人民法院审判监督第一庭副庭长；
张应利为市中级人民法院未成年人案件综合审判庭副庭长；
陈　军为市中级人民法院执行局执行一庭副庭长；
陈孔齐为市中级人民法院民事审判第一庭副庭长；
林　俊为市中级人民法院民事审判第一庭副庭长；
胡美琴(女)为市中级人民法院民事审判第二庭副庭长；
梅　阳为市中级人民法院刑事审判第一庭副庭长。

免　　去:田志敏的市中级人民法院审判监督第二庭庭长职务；
欧阳武的市中级人民法院立案庭庭长职务；
李　钢的市中级人民法院刑事审判第一庭副庭长职务；
易　俊的市中级人民法院执行庭副庭长职务；
游　荣的市中级人民法院民事审判第二庭副庭长职务；
詹德先的市中级人民法院民事审判第一庭副庭长职务；
管小华的市中级人民法院审判监督第一庭副庭长职务；
龚世荣的市中级人民法院立案庭副庭长职务；
吕学礼的市中级人民法院审判监督第一庭副庭长职务；
王学田的市中级人民法院立案庭副庭长职务；
樊晓珊(女)的市中级人民法院审判监督第二庭副庭长职务；
王　鹏的市中级人民法院执行庭副庭长职务；
张松林的市中级人民法院审判员职务。

2013年4月16日市第四届人大常委会第十次会议通过以下任免决定。

免　　去：刘定华的市人大常委会副秘书长职务；
　　　　　杨优秀的市人大常委会副秘书长职务；
　　　　　方银旺的市人大常委会副秘书长职务。

2013年5月22日市第四届人大常委会第十一次会议通过以下任免决定。

任　　命：张树林为市人大常委会副秘书长；
　　　　　傅文峰为市中级人民法院刑事审判第一庭副庭长；
　　　　　刘小成为市中级人民法院立案一庭副庭长；
　　　　　潘松文为市中级人民法院行政审判庭副庭长；
　　　　　徐泽春为市中级人民法院刑事审判第二庭副庭长。

2013年6月13日市第四届人大常委会第十二次会议通过以下任免决定。

决定任命：杜　耘为市人民政府副市长。

2013年7月31日市第四届人大常委会第十三次会议通过以下任免决定。

任　　命：张　健为市人大常委会副秘书长；
　　　　　江晓明为市人大常委会副秘书长。

决定任命：胡　华（女）为市科学技术局（知识产权局）局长；
　　　　　卢雪梅（女）为市监察局局长；
　　　　　郑光文为市旅游局局长。

免　　去：黄新国的市人大常委会副秘书长职务；
　　　　　吴怀明的市人大内务司法委员会副主任委员职务。

决定免去：姜永满的市科学技术局（知识产权局）局长职务；
　　　　　刘千乔的市监察局局长职务；
　　　　　田洪光的市旅游局局长职务。

2013年9月26日市第四届人大常委会第十四次会议通过以下任免决定。

任　　命：涂新年为市人大常委会副秘书长；
　　　　　皮怀宇为市人民检察院检察员、检察委员会委员；
　　　　　刘中平（女）为市人民检察院检察委员会委员；
　　　　　刘仁亚为市人民检察院检察委员会委员；
　　　　　翁　璐（女）为市人民检察院检察员；
　　　　　蒋新平为市人民检察院检察员；
　　　　　田　蕾（女）为市人民检察院检察员；

刘君武为市人民检察院检察员。

决定任命:闻武斌为市人民政府办公室主任;

汪柏坤为市人力资源和社会保障局(公务员局)局长;

周秋英(女)为市环境保护局局长;

黄金安为市水利局局长;

陈裕勇为市卫生和计划生育委员会主任;

何必武为市林业局局长。

决定免去:童德昭的市人民政府办公室主任职务;

孙楚强的市人力资源和社会保障局局长职务;

朱建国的市环境保护局局长职务;

陈庞强的市水利局局长职务;

涂新年的市卫生和计划生育委员会主任职务;

汪柏坤的市林业局局长职务。

免　　去:田亚民(女)的市人民检察院检察委员会委员、检察员职务;

陈义华的市人民检察院检察委员会委员职务;

黄智利(女)的市人民检察院检察员职务;

石　玲(女)的市人民检察院检察员职务;

张德平的市人民检察院检察员职务;

刘田清的市人民检察院检察员职务;

吴朝阳的市人民检察院检察员职务;

李汶山的市人民检察院检察员职务;

华咏梅(女)的市人民检察院检察员职务。

2014年5月23日市第四届人大常委会第十九次会议通过以下任免决定。

任　　命:郑　蕾(女)为市中级人民法院审判员;

周扬洲为市中级人民法院审判员;

樊劲松为市中级人民法院审判员;

宋顺国为市中级人民法院审判员;

骆　骥为市中级人民法院审判员;

张　严为市中级人民法院审判员;

黄绪忠为市人民检察院检察员;

胡　迪(女)为市人民检察院检察员;

董　赞(女)为市人民检察院检察员;

陈晓燕(女)为市人民检察院检察员;

吕希诚为市人民检察院检察员;

王　超为市人民检察院检察员;

胡楚桢(女)为市人民检察院检察员;

李　娜(女)为市人民检察院检察员;

张俊祚为市人民检察院检察员。

批准任命:石　玲(女)为团风县人民检察院检察长;

刘　敏为罗田县人民检察院检察长。

免　　去:段建武(女)的市人民检察院检察员职务。

2015年4月1日市第四届人大常委会第二十五次会议通过以下任免决定。

任　　命:梅咏成为市人大常委会代表资格审查委员会主任委员;

胡歌进为市人大常委会副秘书长;

黄玉琴(女)为市人大常委会副秘书长;

陈仁才为市人大内务司法委员会副主任委员;

吕子雄为市中级人民法院行政审判庭庭长。

决定任命:李　历(女)为市人民政府副市长;

万义军为市人民政府副市长;

余友斌为市人民政府副市长;

张树林为市人民政府办公室主任;

闻武斌为市教育局局长;

余　磊(女)为市民政局局长;

朱伯儒为市人力资源和社会保障局(公务员局)局长;

王永忠为市统计局局长;

柳雪睛为市人民政府法制办公室主任;

王建学为市文化新闻出版广电局(版权局)局长。

免　　去:张树林的市人大常委会副秘书长职务;

张　健的市人大常委会副秘书长职务;

鲁赤霞(女)的市中级人民法院审判委员会委员、审判员职务;

张树华的市中级人民法院审判委员会委员职务;

李京宜的市中级人民法院审判员职务。

决定免去:童德昭的市人民政府秘书长职务;
　　　　　闻武斌的市人民政府办公室主任职务;
　　　　　王建学的市教育局局长职务;
　　　　　白家松的市民政局局长职务;
　　　　　汪柏坤的市人力资源和社会保障局(公务员局)局长;
　　　　　袁新安的市统计局局长职务;
　　　　　胡歌进的市人民政府法制办公室主任职务。
决定接受:张树林辞去市人大常委会常务委员职务。
2015年5月29日市第四届人大常委会第二十六次会议通过以下任免决定。
任　　命:石巧珍(女)为市民政局局长;
　　　　　方　荣为市商务局局长;
　　　　　周扬洲为市中级人民法院审判监督第二庭副庭长;
　　　　　樊劲松为市中级人民法院民事审判第一庭副庭长;
　　　　　朱　卫为市中级人民法院民事审判第三庭副庭长;
　　　　　陈　军为市中级人民法院行政审判庭副庭长;
　　　　　童　琨(女)为市中级人民法院审判员;
　　　　　姚　彬为市中级人民法院审判员;
　　　　　张　敏为市中级人民法院审判员。
决定免去:余　磊(女)的市民政局局长职务;
　　　　　黄焱军的市商务局局长职务。
免　　去:张汉梅(女)的市中级人民法院民事审判第一庭副庭长职务;
　　　　　朱　卫的市中级人民法院审判监督第二庭副庭长职务;
　　　　　陈　军的市中级人民法院执行局执行一庭副庭长职务;
　　　　　潘松文的市中级人民法院行政审判庭副庭长职务;
　　　　　徐泽春的市中级人民法院刑事审判第二庭副庭长职务。
2015年7月24日市第四届人大常委会第二十七次会议通过以下任免决定。
决定免去:李　俊的市人民政府副市长职务。
免　　去:杨金树的市人大常委会龙感湖管理区(农场)人大联络组组长职务。
2015年9月18日市第四届人大常委会第二十八次会议通过以下任免决定。
决定任命:刘仁举为市人民政府副市长。
任　　命:夏新华为市人大常委会龙感湖管理区(农场)人大联络组组长。

决定免去:黄祥国的市人民政府副市长职务。

2015年11月20日市第四届人大常委会第二十九次会议通过以下任免决定。

任　　命:陈　静(女)为市中级人民法院刑事审判第一庭副庭长;

张　华为市中级人民法院民事审判第一庭副庭长。

2015年12月30日市第四届人大常委会第三十次会议通过以下任免决定。

决定免去:周佳念的市人民政府副市长职务;

张树林的市人民政府办公室主任职务。

免　　去:詹才红的市人大财政经济委员会委员职务。

2016年1月14日市第四届人大常委会第三十一次会议通过以下任免决定。

决定任命:余友斌为市人民政府办公室主任。

任　　命:黄新国为市人大常委会法制工作委员会主任;

李晓刚为市人大常委会预算委员会委员;

郭刚成为市人大常委会预算委员会委员。

2016年5月27日市第四届人大常委会第三十三次会议通过以下任免决定。

决定免去:李　历(女)的市人民政府副市长职务。

免　　去:刘　祥的市人大常委会副秘书长职务;

骆进明的市人大城建与环境资源保护委员会副主任委员职务。

2016年7月27日市第四届人大常委会第三十五次会议通过以下任免决定。

任　　命:柯昌荣为市人大常委会副秘书长;

江海松为市人大常委会法制工作委员会副主任;

王建军为市人大城建与环境资源保护委员会副主任委员。

决定任命:周勇士为市人民政府副市长;

余红志为市统计局局长;

李　林为市民族宗教事务局局长;

胡剑鸿为市经济和信息化委员会主任;

梅建新为市农业局局长。

决定免去:王永忠的市统计局局长职务;

彭仕雄的市民族宗教事务局局长职务;

夏存安的市经济和信息化委员会主任职务;

吴恒斌的市农业局局长职务。

2016年9月26日市第四届人大常委会第三十七次会议通过以下任免决定。

决定任命:高汉锐为市商务局局长。

免　　去:方　荣的市商务局局长职务。

2016年11月25日市第四届人大常委会第三十八次会议通过以下任免决定。

决定任命:闻武斌为市人民政府办公室主任;

黄文虎为市改革和发展委员会主任。

决定免去:余友斌的市人民政府办公室主任职务;

黄强胤的市改革和发展委员会主任职务;

闻武斌的市教育局局长职务;

何必武的市林业局局长职务。

2016年12月21日市第四届人大常委会第三十九次会议通过以下任免决定。

任　　命:吴恒斌为市人大常委会副秘书长;

熊清海为市人大常委会副秘书长;

王立果为市人大常委会代表选举人事任免工作委员会副主任。

决定任命:陈家伟为市人民政府副市长;

郑涤尘为市教育局局长;

欧喜安为市安全生产监督管理局局长;

陈选明为市林业局局长。

肖　笛为市中级人民法院副院长。

免　　去:江晓明的市人大常委会副秘书长职务;

杨仕英(女)的市人大常委会代表选举人事任免工作委员会副主任职务;

梅国雄的市中级人民法院审判委员会委员职务;

董爱华的市中级人民法院审判委员会委员职务;

袁　干的市中级人民法院审判委员会委员、审判员职务;

黄亚东的市中级人民法院审判委员会委员、审判员职务;

潘敬秋的市中级人民法院审判委员会委员、民事审判第二庭庭长、审判员职务;

石卫国的市中级人民法院审判委员会委员、审判监督第一庭庭长、审判员职务;

潘晓鹏(女)的市中级人民法院审判委员会委员、审判员职务;

杨友泉的市中级人民法院审判员职务；

郑　莉(女)的市中级人民法院审判员职务。

决定免去：崔永辉的市人民政府副市长职务；

郑涤尘的市安全生产监督管理局局长职务。

2017年1月4日市第四届人大常委会第四十次会议通过以下任免决定。

任　　命：刘珍德为市人大常委会代表选举人事任免工作委员会主任。

免　　去：孙金舟的市人大常委会代表选举人事任免工作委员会主任职务。

市第五届人大常委会任免市级国家机关工作人员名单及职务

(2017年1月—2022年1月)

2017年2月28日市第五届人大常委会第一次会议通过以下任免决定。

决定任命：闻武斌为市人民政府秘书长、政府办公室主任；

黄文虎为市发展和改革委员会主任；

胡剑鸿为市经济和信息化委员会主任；

郑涤尘为市教育局局长；

胡　华(女)为市科学技术局局长；

李　林为市民族宗教事务局局长；

余　凡为市监察局局长；

石巧珍(女)为市民政局局长；

周晓华为市司法局局长；

吴晓文为市财政局局长；

朱伯儒为市人力资源和社会保障局局长；

胡清明为市住房和城乡建设委员会主任；

周银芝(女)为市交通局局长；

黄金安为市水利局局长；

梅建新为市农业局局长；

高汉锐为市商务局局长；

王建学为市文化新闻出版广电局局长；

唐志红(女)为市卫生和计划生育委员会主任；

叶俊甫为市审计局局长；

刘卫宁为市外事侨务局局长；

余红志为市统计局局长；
陈选明为市林业局局长；
郑光文为市旅游发展委员会主任；
李元洪为市粮食局局长；
欧喜安为市安全生产监督管理局局长；
王日辉为市城乡规划局局长；
柳雪晴为市司法局局长；
肖红娟(女)为市人民防空办公室主任；
徐维平为市食品药品监督管理局局长；
胡志华为市工商行政管理局局长。

免　　去:秦永高的市中级人民法院副院长、审判委员会委员、审判员职务；
汪序金的市中级人民法院审判委员会委员、刑事审判第二庭庭长、审判员职务；

批准任命:易孝猛为市黄州区人民检察院检察长；
石　玲(女)为团风县人民检察院检察长；
商　林为红安县人民检察院检察长；
彭正元为麻城市人民检察院检察长；
喻艳如为罗田县人民检察院检察长；
占　涛为英山县人民检察院检察长；
刘　敏为浠水县人民检察院检察长；
张　亚(女)为蕲春县人民检察院检察长；
刘松青为武穴市人民检察院检察长；
肖　波为黄梅县人民检察院检察长。

2017年7月7日市第五届人大常委会第四次会议通过以下任免决定。

丁爱萍辞去市第五届人大常务委员会委员、市第五届人民代表大会内务司法委员会主任委员职务。

任　　命:王日辉为市住房和城乡建设委员会主任；
查文胜为市质量技术监督局局长；

决定免去:王日辉的市城乡规划局局长职务；
胡清明的市住房和城乡建设委员会主任职务；

免　　去:刘国丰的市人民检察院副检察长、检察委员会委员、检察员职务；

杨　戬的市人民检察院检察委员会委员、检察员职务；

袁崇厚的市人民检察院检察委员会委员、检察员职务；

丁　强的市人民检察院检察员职务；

王国友的市人民检察院检察员职务；

史　慧(女)的市人民检察院检察员职务；

批准免去：商　林的红安县人民检察院检察长职务。

2017年8月25日市第五届人大常委会第五次会议通过以下任免决定。

决定任命：吕　林为市城乡规划局局长。

任　　命：吕子雄为市中级人民法院立案一庭庭长；

钟新阶为市中级人民法院刑事审判第一庭庭长；

陈友才为市中级人民法院刑事审判第二庭庭长；

詹德先为市中级人民法院民事审判第一庭庭长；

姜亚平为市中级人民法院民事审判第二庭庭长；

欧阳武为市中级人民法院民事审判第三庭庭长；

杨　静(女)为市中级人民法院行政审判庭庭长；

管小华为市中级人民法院审判监督第一庭庭长；

易　俊为市中级人民法院审判监督第二庭庭长；

王　鹏为市中级人民法院执行局执行二庭庭长；

周扬洲为市中级人民法院龙感湖人民法庭庭长；

李　军(女)为市中级人民法院立案一庭副庭长；

张应利为市中级人民法院刑事审判第二庭副庭长；

刘小成为市中级人民法院民事审判第一庭副庭长；

樊　军为市中级人民法院审判第二庭副庭长；

樊劲松为市中级人民法院执行局执行一庭副庭长；

张　庆(女)为市中级人民法院刑事审判第二庭副庭长；

童　琨(女)为市中级人民法院未成年人案件综合审判庭副庭长；

宋顺国为市中级人民法院民事审判第一庭副庭长；

骆　骥为市中级人民法院民事审判第二庭副庭长；

郑　蕾(女)为市中级人民法院民事审判第三庭副庭长；

张　严为市中级人民法院审判监督第二庭副庭长；

姚　彬为市中级人民法院龙感湖人民法庭副庭长；

程　华(女)为市中级人民法院审判员。

免　　去:吕子雄的市中级人民法院行政审判庭庭长职务;

钟新阶的市中级人民法院刑事审判第二庭副庭长职务;

陈友才的市中级人民法院刑事审判第一庭庭长职务;

邱爱兵的市中级人民法院立案第二庭副庭长职务;

陈孔齐的市中级人民法院民事审判第一庭副庭长职务;

饶桂芳(女)的市中级人民法院民事审判第二庭副庭长职务;

倪志勇的市中级人民法院民事审判第三庭副庭长职务;

周建航的市人民检察院检察员职务。

2017年10月13日市第五届人大常委会第六次会议接受刘美频辞去市人民政府市长职务(报市人民代表大会备案)。

决定任命:邱丽新(女)为市人民政府副市长、代理市长。

决定免去:刘仁举的市人民政府副市长职务。

2017年12月5日市第五届人大常委会第八次会议通过以下任免决定。

任　　命:夏冬华为市中级人民法院副院长;

吴　刚为市中级人民法院立案二庭庭长。

2017年12月27日市第五届人大常委会第九次会议通过以下任免决定。

任　　命:赵加新为市人民检察院副检察长;

批准任命:肖志飞为红安县人民检察院检察长;

免　　去:范必雄的市人民检察院检察员职务。

2018年1月8日市第五届人大常委会第十次会议通过以下任免决定。

任　　命:余　凡为市监察委员会副主任;

陈出新为市监察委员会副主任;

尹胜利为市监察委员会副主任;

李世梁为市监察委员会委员;

商　林为市监察委员会委员;

田保成为市监察委员会委员;

王小刚为市监察委员会委员;

陈建共为市监察委员会委员。

2018年3月7日市第五届人大常委会第十一次会议通过以下任免决定。

免　　去:倪贵武的市中级人民法院副院长、审判委员会委员、审判员职务;

王凤山的市中级人民法院审判员职务。

2018年6月2市第五届人大常委会第十三次会议通过以下任免决定。

任　　命:黄新国为市人大内务司法委员会副主任;

江海松为市人大常委会法制工作委员会主任。

免　　去:胡歌进的市人大常委会副秘书长职务;

柯昌荣的市人大常委会副秘书长职务;

黄新国的市人大常委会法制工作委员会主任职务;

李再波的市人民检察院副检察长、检察委员会委员、检察员职务。

2018年8月23日市第五届人大常委会第十四次会议通过以下任免决定。

任　　命:吴炳先为市人民检察院副检察长;

批准免去:刘松青的武穴市人民检察院检察长职务。

2018年10月26日市第五届人大常委会第十五次会议通过以下任免决定。

决定任命:上官福令为市人民政府副市长、市公安局局长;

夏志东为市管理执法委员会主任。

决定免去:黄文虎的市发展和改革委员会主任职务。

2018年12月18日市第五届人大常委会第十六次会议通过以下任免决定。

决定任命:朱冬明为市退役军人事务局局长。

2019年1月11日市第五届人大常委会第十七次会议通过以下任免决定。

决定任命:易先荣为市人民政府副市长;

张加强为市人民政府副市长;

官书云为市人民检察院副检察长。

决定免去:张社教的市人民政府副市长职务。

决定接受:冯新华辞去市人民检察院检察长职务。

2019年2月27日市第五届人大常委会第十八次会议通过以下任免决定。

决定任命:屈凯军为市发展和改革委员会主任。

任　　命:姜立勇为市中级人民法院副院长、审判委员会委员、审判员;

胡启旺为市中级人民法院审判委员会委员、审判员。

2019年3月22日市第五届人大常委会第十九次会议通过以下任免决定。

任　　命:刘珍德为市人大常委会副秘书长;

南策志为市人大常委会副秘书长。

决定任命:王银芬(女)为市教育局局长;

胡剑鸿为市经济和信息化局局长；
阎　吉为市民政局局长；
柳雪晴为市司法局局长；
郑光文为市人力资源和社会保障局局长；
刘劲松为市自然资源和规划局局长；
周秋英(女)为市生态环境局局长；
王日辉为市住房和城乡建设局局长；
黄金安为市水利和湖泊局局长；
梅建新为市农业农村局局长；
王建学为市文化和旅游局局长；
唐志红(女)为市卫生健康委员会主任；
欧喜安为市应急管理局局长；
蔡艮生为市审计局局长；
夏存安为市人民政府国有资产监督管理委员会主任；
郭小野为市市场监督管理局局长；
胡朝晖为市统计局局长；
袁国俊为市医疗保障局局长；
蔡　伟为市人民政府研究室主任；
方　荣为市人民政府扶贫开发办公室主任；
江冠华为市地方金融工作局局长；
郭　鹰为市政务服务和大数据管理局局长。

免　　去:吴恒斌的市人大常委会副秘书长职务；
杨希杰的市人大常委会副秘书长职务；
涂新年的市人大常委会副秘书长职务；
刘珍德的市人大常委会代表选举人事任免工作委员会主任职务。

决定免去:郑涤尘的市教育局局长职务；
石巧珍(女)的市民政局局长职务；
周晓华的市司法局局长职务；
朱伯儒的市人力资源和社会保障局局长职务；
叶俊甫的市审计局局长职务；
余红志的市统计局局长职务。

2019年4月26日市第五届人大常委会第二十次会议通过以下任免决定。

任　　命:韩小毛为市监察委员会委员。

批准任命:占　涛为武穴市人民检察院检察长;

周建航为英山县人民检察院检察长。

免　　去:陈建共的市监察委员会委员职务。

批准免去:占　涛的英山县人民检察院检察长职务。

2019年6月26日市第五届人大常委会第二十一次会议通过以下任免决定。

决定免去:陈家伟的市人民政府副市长职务。

任　　命:倪志勇为市中级人民法院副院长、审判委员会委员;

王　鹏为市中级人民法院审判委员会委员。

免　　去:童吉根的市人大常委会城建与环境资源保护委员会副主任委员职务;

周超良的市中级人民法院审判委员会委员职务;

刘习明的市中级人民法院审判委员会委员职务;

梅国雄的市中级人民法院审判员职务;

程　华(女)的市中级人民法院审判员职务;

陈孔齐的市中级人民法院审判员职务。

2019年8月30日市第五届人大常委会第二十二次会议通过以下任免决定。

决定接受:罗刚辞去市第五届人大常委会副主任职务,报市人民代表大会备案。

2019年10月30日市第五届人大常委会第二十三次会议通过以下任免决定。

决定接受:吴美景辞去市第五届人大常委会副主任职务(因涉嫌严重违纪违法)。

任　　命:肖兰芳(女)为市人民检察院检察员;

汪　法为市人民检察院检察员。

免　　去:陈建共的市人民检察院检察委员会委员、检察员职务;

李佑洲的市人民检察院检察员职务;

胡　迪(女)的市人民检察院检察员职务;

张　建的市人民检察院检察员职务;

张俊祚的市人民检察院检察员职务;

方　伟的市人民检察院检察员职务;

徐　华的市人民检察院检察员职务;

翁　璐(女)的市人民检察院检察员职务;

范　斌的市人民检察院检察员职务;

王　林的市人民检察院检察员职务；
洪志兵的市人民检察院检察员职务；
程晓玲(女)的市人民检察院检察员职务；
蒋新平的市人民检察院检察员职务；
张白鸽(女)的市人民检察院检察员职务；
贡小珍(女)的市人民检察院检察员职务；
王　超的市人民检察院检察员职务；
高慧君(女)的市人民检察院检察员职务；
王建敏的市人民检察院检察员职务。

2019年11月11日市第五届人大常委会第二十四次会议通过以下任免决定。

任　　命:刘忠诚为市人民政府副市长；
瞿　伟为市财政局局长；
胡　昊为市经济和信息化局局长。

免　　去:吴晓文的市财政局局长职务；
胡剑鸿的市经济和信息化局局长职务。

2019年12月16日市第五届人大常委会第二十五次会议通过以下任免决定。

任　　命:夏志东为市自然资源和规划局局长；
朱冬明为市城市管理执法委员会主任；
邓玲燕(女)为市人大预算委员会副主任委员；
丁　晗为市人大内务司法委员会委员；
王永红(女)为市人大内务司法委员会委员；
屈凯军为市人大财政经济委员会委员；
蓝耀春为市人大财政经济委员会委员；
李保国为市人大教育科学文化卫生委员会委员；
张正林为市人大城建与环境资源保护委员会委员；
游　荣为市中级人民法院审判监督第一庭庭长职务；
梅　阳为市中级人民法院行政审判庭庭长。

免　　去:刘劲松的市自然资源和规划局局长职务；
夏志东的市城市管理执法委员会主任职务；
朱冬明的市退役军人事务局局长职务；
管小华的市中级人民法院审判监督第一庭庭长职务；

游　荣的市中级人民法院执行局执行一庭庭长职务；

杨静(女)的市中级人民法院行政审判庭庭长、审判委员会委员职务；

龚世荣的市中级人民法院立案一庭副庭长、审判员职务。

2019年12月29日市第五届人大常委会第二十六次会议通过以下任免决定。

任　　命：梅守福为市人大常委会副秘书长；

王秋华为市人大常委会副秘书长；

黄智利(女)为市退役军人事务局局长；

董本汉为市人民政府扶贫开发办公室主任。

免　　去：方　荣的市人民政府扶贫开发办公室主任职务。

2020年3月30日市第五届人大常委会第二十七次会议通过以下任免决定。

免　　去：熊清海的市人大常委会副秘书长职务；

唐志红(女)的市卫生健康委员会主任职务；

夏志东的市自然资源和规划局局长职务。

2020年4月28日市第五届人大常委会第二十八次会议通过以下任免决定。

免　　去：石克俭的市中级人民法院龙感湖人民法庭副庭长职务；

王学田的市中级人民法院民事审判第三庭副庭长职务；

骆　骥的市中级人民法院民事审判第二庭副庭长职务。

2020年6月29日市第五届人大常委会第二十九次会议通过以下任免决定。

任　　命：涂杏华(女)为市人大常委会代表选举人事任免工作委员会主任。

董　波为市人民政府副市长；

彭文胜为市自然资源和规划局局长；

杨金叶(女)为市商务局局长；

廖保安为市卫生健康委员会主任；

喻艳如为市人民检察院检察员、检察委员会委员；

肖　波为市人民检察院检察员、检察委员会委员；

易孝猛为市人民检察院检察员。

免　　去：张仁舟的市人大预算委员会副主任委员职务；

高汉锐的市商务局局长职务；

李世梁的市监察委员会委员职务；

王小刚的市监察委员会委员职务；

皮怀宇的市人民检察院检察员、检察委员会委员职务；

彭丽红(女)的市人民检察院检察员、检察委员会委员职务；

陈义华的市人民检察院检察员职务；

候　兵的市人民检察院检察员职务；

汪　辉的市人民检察院检察员职务。

批准免去:易孝猛的市黄州区人民检察院检察长职务；

石　玲(女)的团风县人民检察院检察长职务；

喻艳如的罗田县人民检察院检察长职务；

张　亚(女)的蕲春县人民检察院检察长职务；

肖　波的黄梅县人民检察院检察长职务。

批准任命:张　亚(女)为团风县人民检察院检察长；

汪　辉为罗田县人民检察院检察长；

彭丽红(女)为蕲春县人民检察院检察长；

饶志东为黄梅县人民检察院检察长。

2020年8月28日市第五届人大常委会第三十次会议通过以下任免决定。

任　　命:陈建共为市监察委员会委员；

周祥益为市监察委员会委员。

免　　去:游卫红的市人民检察院检察员职务。

批准任命:石　玲(女)为市黄州区人民检察院检察长。

2020年12月28日市第五届人大常委会第三十二次会议通过以下任免决定。

任　　命:王　超为市人民政府副市长。

2021年1月12日市第五届人大常委会第三十三次会议通过以下任免决定。

免　　去:余友斌的市人民政府副市长职务；

张加强的市人民政府副市长职务；

胡　华(女)的市科学技术局局长职务；

陈友才的市中级人民法院审判委员会委员、刑事审判第二庭庭长职务；

钟新阶的市中级人民法院刑事审判第一庭庭长职务；

李　钢的市中级人民法院未成年人案件综合审判庭庭长职务；

周扬洲的市中级人民法院龙感湖人民法庭庭长职务；

童琨(女)的市中级人民法院未成年人案件综合审判庭副庭长职务；

樊劲松的市中级人民法院执行局执行一庭副庭长职务；

刘小成的市中级人民法院民事审判第一庭副庭长职务；

姚　彬的市中级人民法院龙感湖人民法庭副庭长职务；

易孝猛的市人民检察院检察员职务。

任　　命：王玺伟为市人民政府副市长；

熊　卫为市科学技术局局长；

夏又春为市第五届人大城乡建设与环境资源保护委员会副主任委员；

李　文为市第五届人大民族宗教侨务外事委员会副主任委员；

唐志红（女）为市第五届人大常委会法制工作委员会副主任；

钟新阶为市中级人民法院审判委员会委员、刑事审判第二庭庭长职务；

游　荣为市中级人民法院审判委员会委员；

李　钢为市中级人民法院刑事审判第一庭庭长；

童琨（女）为市中级人民法院未成年人案件综合审判庭庭长；

樊劲松为市中级人民法院执行局执行一庭庭长；

刘小成为市中级人民法院龙感湖人民法庭庭长；

姚　彬为市中级人民法院民事审判第一庭副庭长；

黄　娜（女）为市人民检察院检察员。

2021年6月10日市第五届人大常委会第三十七次会议通过以下任免决定。

任　　命：李军杰为市人民政府副市长、代理市长。

2021年6月24日市第五届人大常委会第三十八次会议通过以下任免决定。

免　　去：上官福令的市人民政府副市长、市公安局局长职务；

胡　昊的市经济和信息化局局长职务；

夏冬华的市中级人民法院副院长、审判委员会委员职务；

陈武军的市中级人民法院审判委员会委员、审判员职务；

周超良的市中级人民法院审判员职务；

杨　静（女）的市中级人民法院审判员职务；

石克俭的市中级人民法院审判员职务；

祁保林的市人民检察院检察员职务。

任　　命：董本汉为市农村振兴局局长；

夏俊杰（女）为市人民检察院检察员；

丁桂英（女）为市人民检察院检察员。

2021年8月26日市第五届人大常委会第三十九次会议通过以下任免决定。

免　　去：易先荣的市人民政府副市长职务；

周勇士的市人民政府副市长职务；

闻武斌的市人民政府秘书长、市人民政府办公室主任职务；

梅建新的市农业农村局局长职务；

闫　吉的市民政局局长职务；

郑光文的市人力资源和社会保障局局长职务；

周秋英(女)的市生态环境局局长职务；

王日辉的市住房和城市建设局局长职务；

黄金安的市水利和湖泊局局长职务；

欧喜安的市应急管理局局长职务；

秦永高的市人大法制委员会副主任委员职务；

童仕彬的市人大农村委员会副主任委员职务；

刘习明的市中级人民法院审判员职务。

任　　命:荣先国为市人民政府副市长；

潘国林为市人民政府副市长；

王文忠为市人民政府副市长、市公安局局长；

蔡绪安为市人民政府秘书长、市人民政府办公室主任；

刘　婷(女)为市经济和信息化局局长；

许正清为市民族宗教事务委员会主任；

闫　吉为市农业农村局局长；

王凤华为市民政局局长；

邓中麟为市生态环境局局长；

李学军为市住房和城市建设局局长；

吴愿明为市水利和湖泊局局长；

郭金城为市应急管理局局长。

2021年10月27日市第五届人大常务委员会第四十次会议通过以下任免决定。

任　　命:程　兵为市中级人民法院副院长、审判委员会委员、审判员；

潘敬秋为市中级人民法院副院长、审判委员会委员、审判员；

倪贵武为市中级人民法院审判员；

袁　干为市中级人民法院审判员；

汪　峰为市中级人民法院审判员；

兰建安为市中级人民法院审判员；

胡福东为市中级人民法院审判员；

万　强为市人民检察院副检察长、检察委员会委员、检察员；

石　玲(女)为市人民检察院副检察长、检察委员会委员、检察员；

万　强为市人民检察院代理检察长。

免　　去:詹光源的市中级人民法院副院长、审判委员会委员职务；

魏竞成的市人民检察院副检察长职务；

方　仁的市人民检察院检察员职务；

吴　青(女)的市人民检察院检察员职务。

批准免去:石　玲(女)的市黄州区人民检察院检察长职务。

2021年12月21日市第五届人大常委会第四十一次会议通过以下任免决定。

免　　去:梅守福的市人大常委会副秘书长职务；

黄玉琴(女)的市人大常委会副秘书长职务；

王秋华的市人大常委会副秘书长职务；

刘珍德的市人大常委会副秘书长职务；

南策志的市人大常委会副秘书长职务；

唐志红(女)的市人大常委会法制工作委员会副主任职务；

廖保安的市卫生健康委员会主任职务；

夏存安的市人民政府国有资产监督管理委员会主任职务；

郭　鹰的市政务服务和大数据管理局局长职务；

陈选明的市林业局局长职务。

任　　命:陈念思为市人大常委会副秘书长；

江晓明为市人大常委会副秘书长；

李　文为市人大常委会副秘书长；

吴晓鹏为市人大常委会副秘书长；

杜　军为市人大常委会副秘书长；

姜　彬为市人大常委会副秘书长；

沈向阳为市人大常委会法制工作委员会副主任；

余能华为市人大常委会预算工作委员会主任；

邓玲燕(女)为市人大常委会预算工作委员会副主任；

李　刚为市卫生健康委员会主任；

刘千鸿为市人民政府国有资产监督管理委员会主任；

陈选明为市政务服务和大数据管理局局长；

涂宝峰为市林业局局长。

批准任命：彭正元为市黄州区人民检察院检察长；

张　亚(女)为团风县人民检察院检察长；

占　涛为红安县人民检察院检察长；

肖志飞为麻城市人民检察院检察长；

汪　辉为罗田县人民检察院检察长；

饶桂芳(女)为英山县人民检察院检察长；

徐洪斌为浠水县人民检察院检察长；

彭丽红(女)为蕲春县人民检察院检察长；

刘　敏为武穴市人民检察院检察长；

饶志东为黄梅县人民检察院检察长。

市第六届人大常委会任免市级国家机关工作人员名单及职务

(2022年1月9日—　)

2022年3月1日市第六届人大常委会第一次会议通过以下任免决定。

任　　命：蔡绪安为市人民政府秘书长、市人民政府办公室主任；

郭　鹰为市发展和改革委员会主任；

何兰田为市教育局局长；

熊　卫为市科学技术局局长；

刘　婷(女)为市经济和信息化局局长；

许正清为市民族宗教事务委员会主任；

王文忠为市公安局局长；

王凤华为市民政局局长；

董成钢为市司法局局长；

瞿　伟为市财政局局长；

段焱山为市人力资源和社会保障局局长；

彭文胜为市自然资源和规划局局长；

邓中麟为市生态环境局局长；

李学军为市住房和城市建设局局长；

孙迎松为市交通运输局局长；

吴愿明为市水利和湖泊局局长；

闫　吉为市农业农村局局长；

杨金叶(女)为市商务局局长；

王建学为市文化和旅游局局长；

李　刚为市卫生健康委员会主任；

黄智利(女)为市退役军人事务局局长；

郭金城为市应急管理局局长；

余红志为市审计局局长；

刘千鸿为市人民政府国有资产监督管理委员会主任；

余水兵为市市场监督管理局局长；

胡朝晖为市统计局局长；

袁国俊为市医疗保障局局长；

黄玉琴(女)为市人民防空办公室主任；

蔡　伟为市人民政府研究室主任；

董本汉为市乡村振兴局局长；

江冠华为市地方金融工作局局长；

涂宝峰为市林业局局长；

朱冬明为市城市管理执法委员会主任；

陈选明为市政务服务和大数据管理局局长；

尹胜利为市监察委员会副主任；

田保成为市监察委员会副主任；

施振宇为市监察委员会副主任；

周祥益为市监察委员会委员；

韩小毛为市监察委员会委员；

冯　健为市监察委员会委员；

柳　林(女)为市监察委员会委员；

陈中华为市监察委员会委员；

梅　阳为市中级人民法院审判委员会委员；

黄明律为市中级人民法院审判员。

免　　去:余　凡的市监察委员会副主任职务；

陈出新的市监察委员会副主任职务；

商　林的市监察委员会委员职务；
田保成的市监察委员会委员职务；
陈建共的市监察委员会委员职务。

第六章　黄冈市人大及其常委会机构和主要工作

第一节　市人大常委会党组及党组织

一、市人大常委会党组

1997年1月，中共黄冈市委决定成立市人民代表大及其常务委员会党组。

书　记：贾天增（1997.1—1998.4）

　　　蔡伦祥（1998.9—2001.4）

　　　刘光彩（2001.4—2002.4）

　　　陈定国（2002.4—2007.1）

　　　龙福清（2010.1—2015.3）

　　　孙璜清（2016.1—2017.1）

　　　罗　刚（2017.1—2019.8）

　　　张社教（2019.11任）

副书记：徐华荣（1997.1—2001.2）

　　　宛宗祥（1997.1—2001.2）

　　　汪慧英（女，2001.4—2002.4）

　　　易茂先（2002.4—2007.1）

　　　张永斌（2006.1—2012.1）

　　　王建明（2012.1—2015.5）

　　　罗　刚（2015.1—2019.8）

　　　詹旺民（2019.11任）

成　员：贺仕文（1997.1—2000.3.）

　　　汪慧英（女，1997.1—2002.4）

　　　杨兴鸿（1997.1—2003.9）

易茂先(1998.12—2007.1)

金鹤年(2001.4—2005.2)

张用长(2001.4—2007.1)

吴闻章(2002.4—2002.4)

包玉兰(女,2002.4—2010.1)

张永斌(2002.4—2006.11)

王建明(2005.3—2014.11)

王楚平(2007.1—2014.11)

黄奏球(2007.1—2014.5)

王定华(2007.1—2011.11)

梅启生(2007.2—2010.2)

段高敏(2010.2—2016.7)

罗　刚(2012.1—2017.2)

袁金鹏(2015.1—2019.11)

吴美景(2015.1—2019.10)

梅咏成(2015.1—2021.1)

王万福(2016.11—2022.1)

汪柏坤(2019.11—2022.1)

李　玲(女,2019.11—2022.1)

方　荣(2019.11—2021.10)

黄强胤(2021.1—2022.1)

屈凯军(2022.1任)

吴晓文(2022.1任)

郭小野(2022.1任)

黄智敏(2021.10任)

二、市人大常委会机关纪律检查和监察机构

纪检组组长:乔　燕(女,2004.5—2011.5)

方　实(2012.2—2016.7)

2019年9月12日成立市人大常委会机关纪委。

纪委书记:方　实(2019.9—2020.1)

纪委委员：叶　芬（女，2019.9—2022.1）
孙海飞（2019.9—2022.1）
项志奇（2019.9—2022.1）
姜松涛（2019.9—2022.1）

市纪委监委派驻市人大常委会机关纪检监察组。

组　长：张飞雄（2016.7—2020.1）
商鹏程（2021.3—2022.1）

2022年2月24日市人大常委会机关纪委提前换届，选举结果如下。

纪委书记：方　实（2022.2任）

纪委副书记：王立果（2022.2任）

纪委委员：黄　婷（女，2022.2任）
金伟华（2022.2任）
阮　航（2022.2任）
倪　潮（2022.2任）
程建明（2022.2任）

三、市人大常委会机关党组及党委党支部

（一）市人大常委会机关党组

书　记：梅启生（2004.3—2010.1）
段高敏（2010.1—2016.10.）
王万福（2016.11—2019.11）
方　荣（2019.11—2021.10）
黄智敏（2021.10—2022）

副书记：王仲群（2004.3—2006.12）
彭　刚（2007.5—2007.6）
刘定华（2007.5—2012.1）
何汉斌（2007.6—2012.1）
张树林（2013.5—2015.4）
胡歌进（2015.1—2017.10）

成　员：魏国华（2004.3—2006.12）
彭　刚（2004.3—2006.12）

乔　燕(女,2004.5—2011.5)

戴汉定(2006.12—2011.1)

吴汉桥(2006.12—2011.1)

闻武斌(2006.12—2008.1)

杨优秀(2010.5—2013.4)

方银旺(2011.11—2013.4)

王浩洪(2011.11—2012.11)

黄新国(2011.11—2012.2)

程建明(2011.11—2012.2)

方　实(2012.2—2021.11)

江晓明(2013.6—2017.1)

涂新年(2013.8—2019.2)

刘　祥(2014.12—2016.7)

柯昌荣(2016.6—2017.10)

张飞雄(2016.6—2020.1)

杨希杰(2016.10—2019.2)

吴恒斌(2016.11—2019.2)

梅守福(2016.11—2021.11)

熊清海(2016.11—2019.12)

刘珍德(2019.2—2021.11)

南策志(2019.12—2021.11)

王秋华(2019.12任)

商鹏程(2021.3任)

陈念思(2021.11任)

李　文(2021.11任)

杜　军(2021.11任)

姜　彬(2021.11任)

(二)市人大常委会机关党委及各党支部

1998年2月经全体党员大会选举产生市人大常委会机关党总支部委员会。

党总支书记:杨兴鸿(1998.2—2003.9)

副　书　记:王仲群(1998.2—2004.7)

姜旺生(1998.2—2004.7)

黄正林(1998.2—2002.12)

委　　　员:陈裕勇(1998.2—2004.7)

傅本台(1998.2—2004.7)

王日辉(1998.2—2004.7)

市人大常委会机关党总支部委员会下辖3个党支部。

第一党支部

书　　　记:王仲群(1998.2—2004.7)

委　　　员:骆进明(1998.2—2004.7)

冯　伟(1998.2—2001.8)

第二党支部

书　　　记:黄正林(1998.2—2002.12)

委　　　员:李　胜(1998.2—2004.7)

陈出新(1998.2—2004.7)

第三党支部

书　　　记:姜旺生(1998.2—2004.7)

委　　　员:戴汉定(1998.2—2004.7)

吴怀明(1998.2—2004.7)

2004年7月9日市人大常委会机关党总支部委员会调整改选,选举结果如下。

党总支书记:王仲群(2004.7—2007.6)

副　书　记:姜旺生(2004.7—2007.6)

委　　　员:魏国华(2004.7—2007.6)

傅本台(2004.7—2007.6)

陈裕勇(2004.7—2007.6)

骆进明(2004.7—2007.6)

王秋华(2004.7—2007.6)

市人大常委会机关党总支部委员会下辖5个党支部。

第一党支部

书　　　记:魏国华(2004.7—2007.6)

委　　　员:乔　燕(女,2004.7—2007.6)

吴怀明(2004.7—2007.6)

第二党支部

书　　　记:骆进明(2004.7—2007.6)

委　　　员:方　实(2004.7—2007.6)

宛国斌(2004.7—2007.6)

第三党支部

书　　　记:傅本台(2004.7—2007.6)

委　　　员:陈出新(2004.7—2007.6)

李　胜(2004.7—2007.6)

吴汉桥(2004.7—2007.6)

黄新国(2004.7—2007.6)

第四党支部

书　　　记:陈裕勇(2004.7—2007.6)

委　　　员:戴汉定(2004.7—2007.6)

殷义华(2004.7—2007.6)

第五党支部

书　　　记:王秋华(2004.7—2007.6)

委　　　员:胡幼平(2004.7—2007.6)

于林峰(2004.7—2007.6)

2007年6月27日市人大常委会机关党总支部委员会调整改选,选举结果如下。

党总支书记:刘定华(2007.6—2010.8)

副　书　记:乔　燕(女,2007.6—2010.8)

委　　　员:吴汉桥(2007.6—2010.8)

梅守福(2007.6—2010.8)

刘　霄(2007.6—2010.8)

戴汉定(2007.6—2010.8)

王秋华(2007.6—2010.8)

市人大常委会机关党总支部委员会下辖5个党支部。

第一党支部

书　　　记:梅守福(2007.6—2010.8)

委　　　员:熊清海(2007.6—2010.8)

江晓明(2007.6—2010.8)

第二党支部

书　　　记：吴汉桥（2007.6—2010.8）

委　　　员：丁爱萍（2007.6—2010.8）

　　　　　　彭学海（2007.6—2010.8）

第三党支部

书　　　记：戴汉定（2007.6—2010.8）

委　　　员：杨仕英（女，2007.6—2010.8）

　　　　　　邓玲燕（女，2007.6—2010.8）

第四党支部

书　　　记：刘　霄（2007.6—2010.8）

委　　　员：朱秋生（2007.6—2010.8）

　　　　　　邱永忠（2007.6—2010.8）

第五党支部

书　　　记：王秋华（2007.6—2009.12）

委　　　员：于林峰（2007.6—2010.8）

　　　　　　胡幼平（2007.6—2010.8）

2010年8月19日市人大常委会机关党总支部委员会调整改选，选举结果如下。

党总支书记：刘定华（2010.8—2013.11）

副　书　记：乔　燕（女，2010.8—2013.11）

委　　　员：吴汉桥（2018.8—2013.11）

　　　　　　梅守福（2010.8—2010.10）

　　　　　　戴汉定（2010.8—2013.11）

　　　　　　张　健（2010.8—2013.11）

　　　　　　熊清海（2010.8—2013.11）

市人大常委会机关党总支部委员会下辖5个党支部。

第一党支部

书　　　记：梅守福（2018.8—2010.9）

委　　　员：熊清海（2010.8—2013.11）

　　　　　　江晓明（2010.8—2013.11）

第二党支部

书　　　记：吴汉桥（2010.8—2013.11）

委　　员：丁爱萍（2010.8—2013.11）

彭学海（2010.8—2013.11）

第三党支部

书　　记：戴汉定（2010.8—2011.11）

委　　员：杨仕英（女，2010.8—2013.11）

邓玲燕（女，2010.8—2013.11）

第四党支部

书　　记：张　健（2010.8—2013.11）

委　　员：朱秋生（2010.8—2013.11）

邱永忠（2010.8—2013.11）

第五党支部

书　　记：乔　燕（女，2010.8—2013.11）

委　　员：于林峰（2010.8—2013.11）

胡幼平（2010.8—2013.11）

2013年11月23日市人大常委会机关党总支部委员会换届选举，选举结果如下。

党总支书记：张　健（2013.11—2014.12）

刘　祥（2014.12—2016.7）

副 书 记：丁爱萍（2013.11—2016.8）

委　　员：何耀明（2013.11—2016.8）

邓玲燕（女，2013.11—2016.8）

陶孝平（2013.11—2016.8）

市人大常委会机关党总支部委员会下辖3个党支部。

第一党支部

书　　记：何耀明（2013.11—2016.8）

委　　员：熊清海（2013.11—2016.8）

邓玲燕（女，2013.11—2016.8）

第二党支部

书　　记：丁爱萍（2013.11—2016.8）

委　　员：苏　玲（女，2013.11—2016.8）

王　婷（女，2013.11—2016.8）

第三党支部

书　　　记：张　健(2013.11—2014.12)

　　　　　　刘　祥(2014.12—2016.7)

委　　　员：陶孝平(2013.11—2016.8)

　　　　　　姜旺生(2013.11—2016.8)

2016年8月，市人大常委会机关党总支部委员会调整改选，选举结果如下。

党总支书记：涂新年(2016.8—2017.3)

副　书　记：丁爱萍(2016.8—2017.3)

委　　　员：何耀明(2016.8—2017.3)

　　　　　　邓玲燕(女，2016.8—2017.3)

　　　　　　陶孝平(2016.8—2017.3)

市人大常委会机关党总支部委员会下辖3个党支部。

第一党支部

书　　　记：何耀明(2016.8—2017.3)

委　　　员：熊清海(2016.8—2017.3)

　　　　　　邓玲燕(女，2016.8—2017.3)

第二党支部

书　　　记：丁爱萍(2016.8—2017.3)

委　　　员：苏　玲(女，2016.8—2017.3)

　　　　　　王　婷(女，2016.8—2017.3)

第三党支部(退休老干部党支部)

书　　　记：金鹤年(2016.8—2017.3)

副　书　记：陶孝平(2016.8—2017.3)

委　　　员：黄柏林(2016.8—2017.3)

　　　　　　姜旺生(2016.8—2017.3)

　　　　　　乔　燕(女，2016.8—2017.3)

2017年3月，市人大常委会机关党总支部委员会换届选举，选举结果如下。

党总支书记：王万福(2017.3—2019.1)

副　书　记：杨希杰(2017.3—2019.1)

委　　　员：李　胜(2017.3—2019.1)

　　　　　　江晓明(2017.3—2019.1)

黄新国(2017.3—2019.1)

黄柏林(2017.3—2019.1)

市人大常委会机关党总支部委员会下辖5个党支部。

第一党支部

书　　记:李　胜(2017.3—2019.1)

委　　员:王　婷(女,2017.3—2019.1)

项志奇(2017.3—2019.1)

第二党支部

书　　记:江晓明(2017.3—2019.1)

委　　员:余晓雪(女,2017.3—2019.1)

王建军(2017.3—2019.1)

第三党支部

书　　记:黄新国(2017.3—2019.1)

委　　员:李雅慧(女,2017.3—2019.1)

姜松涛(2017.3—2019.1)

第四党支部

书　　记:杨希杰(2017.3—2019.1)

委　　员:苏　玲(女,2017.3—2019.1)

张非凡(女,2017.3—2019.1)

第五党支部(退休老干部党支部)

书　　记:黄柏林(2017.3—2019.1)

副 书 记:陶孝平(2017.3—2019.1)

委　　员:乔　燕(女,2017.3—2019.1)

蔡佑新(2017.3—2019.1)

姜旺生(2017.3—2019.1)

2019年1月7日,市人大常委会机关党总支部委员会换届选举,选举结果如下。

党总支书记:王万福(2019.1—2019.7)

副 书 记:杨希杰(2019.1—2019.7)

委　　员:吴恒斌(2019.1—2019.7)

涂新年(2019.1—2019.7)

熊清海(2019.1—2019.7)

方　实(2019.1—2019.7)

黄柏林(2019.1—2019.7)

市人大常委会机关党总支部委员会下辖6个党支部。

第一党支部

书　　记:杨希杰(2019.1—2019.7)

委　　员:杨仕英(女,2019.1—2019.7)

李　胜(2019.1—2019.7)

明天娇(女,2019.1—2019.7)

第二党支部

书　　记:涂新年(2019.1—2019.7)

委　　员:王建军(2019.1—2019.7)

戴汉定(2019.1—2019.7)

江晓明(2019.1—2019.7)

朱小平(2019.1—2019.7)

第三党支部

书　　记:方　实(2019.1.—2019.7)

委　　员:江海松(2019.1—2019.7)

陈卫东(2019.1—2019.7)

姜松涛(2019.1—2019.7)

第四党支部

书　　记:吴恒斌(2019.1—2019.7)

委　　员:苏　玲(女,2017.3—2019.7)

李自平(2019.1—2019.7)

陶金荣(女,2017.3—2019.7)

第五党支部

书　　记:熊清海(2019.1—2019.7)

委　　员:汪　晓(女,2019.1—2019.7)

刘珍德(2019.1—2019.7)

姜　彬(2019.1—2019.7)

第六党支部(退休老干部党支部)

书　　记:黄柏林(2019.1—2019.7)

副　书　记：陶孝平（2019.1—2019.9）

委　　　员：乔　燕（女，2019.1—2019.7）

蔡佑新（2019.1—2019.7）

姜旺生（2019.1—2019.7）

2019年7月17日，中共黄冈市委直属机关工作委员会发出《关于成立市人大常委会机关党委和机关纪委的批复》（黄直工文〔2019〕96号），9月12日经全体党员民主选举产生市人大常委会机关党委和机关纪委，选举结果如下。

党委书记：王万福（2019.9—2020.5）

方　荣（2020.5—2022.2）

副　书　记：南策志（2019.9—2020.5）

梅守福（2020.5—2021.6）

方　实（2019.9—2020.5）

委　　　员：苏　玲（女，2019.9—2022.4）

徐　锐（2019.9—2022.2）

姜　彬（2019.9—2022.2）

陈卫东（2019.9—2022.2）

王建军（2019.9—2022.2）

黄柏林（2019.9—2022.2）

市人大常委会机关党委下辖6个党支部。

第一党支部

书　　　记：徐　锐（2019.9—2022.2）

委　　　员：明天娇（女，2019.1—2022.2）

王　婷（女，2019.9—2022.2）

李　曙（2019.9—2022.2）

项志奇（2019.9—2022.2）

第二党支部

书　　　记：王建军（2019.9—2022.2）

委　　　员：张非凡（女，2019.9—2022.2）

朱小平（2019.9—2022.2）

余晓雪（女，2019.9—2022.2）

第三党支部

书　　记：陈卫东（2019.9—2022.2）

委　　员：姜松涛（2019.9—2022.2）

刘朝阳（2019.9—2022.2）

郑红杏（2019.9—2022.2）

第四党支部

书　　记：苏　玲（女，2019.9—2022.2）

委　　员：倪　潮（2019.9—2022.2）

邓玲燕（女，2019.9—2022.2）

蔡　芬（女，2019.9—2022.2）

第五党支部

书　　记：姜　彬（2019.9—2022.2）

委　　员：汪　晓（女，2019.9—2022.2）

叶　芬（女，2019.9—2022.2）

刘　刚（2019.9—2022.2）

第六党支部（退休老干部党支部）

书　　记：黄柏林（2019.9—2022.2）

副 书 记：孙海飞（2019.9—2022.2）

委　　员：乔　燕（女，2019.9—2022.2）

程建明（2019.9—2022.2）

蔡佑新（2019.9—2022.2）

2022年2月24日市人大常委会机关党委和纪委提前换届，选举结果如下。

党委书记：黄智敏（2022.2任）

副 书 记：陈念思（2022.2任）

方　实（2022.2任）

专职副书记：洪顺丽（女，2022.2任）

委　　员：苏　玲（女，2022.2任）

杨志文（2022.2任）

朱小平（2022.2任）

王建军（2022.2任）

黄柏林（2022.2任）

市人大常委会机关党委下辖5个党支部。

第一党支部

书　　　记：苏　玲（女，2022.2任）

委　　　员：项志奇（2022.2任）

黄　婷（女，2022.2任）

余晓雪（女，2022.2任）

潘　敏（2022.2任）

第二党支部

书　　　记：杨志文（2022.2任）

委　　　员：洪顺丽（女，2022.2任）

夏五一（2022.2任）

汪　晓（女，2022.2任）

阮　航（2022.2任）

第三党支部

书　　　记：朱小平（2022.2任）

委　　　员：张非凡（女，2022.2任）

姜松涛（2022.2任）

杨　光（2022.2任）

刘朝阳（2022.2任）

第四党支部

书　　　记：王建军（2022.2任）

委　　　员：郑红杏（2022.2任）

金伟华（2022.2任）

倪　潮（2022.2任）

蔡　芬（女，2019.9任）

第五党支部（退休老干部党支部）

书　　　记：黄柏林（2022.2任）

副　书　记：孙海飞（2022.2任）

委　　　员：乔　燕（女，2022.2任）

程建明（2022.2任）

李焕荣（2022.2任）

王浩洪（2022.2任）

第二节　市人大常委会工作机构和办事机构

1996年10月24日，黄冈市机构编制委员会根据中发〔1993〕7号、〔1995〕7号文件精神和《中华人民共和国地方各级人民代表大会和地方各级人民政府组织法》（以下简称《地方组织法》）的有关规定，结合黄冈实际，对市人大常委会机构设置、人员配备作如下通知（黄机编〔1996〕19号）：

1.按照《地方组织法》的有关规定，市人民代表大会拟设6个专门委员会，每个专门委员会各设1个办公室，办公室均为科级。

2.市人大常委会设3个县（处）级办事机构：办公室、研究室、代表人事工作室。

办公室内设人事科、秘书科、行政科。

研究室内设调研科、宣传科。

代表人事工作室内设代表工作科、人事任免科、信访科。

3.市人大常委会共配42人，包括人大的所有专职人员（含专职主任、副主任），所需工作人员的选调，按国家公务员录用办法从市直机关公开招考，逐步到位。

1997年12月28日，根据《中共黄冈市委办公室关于印发〈黄冈市人大机关机构改革方案〉的通知》（黄办发〔1997〕122号）明确的人大常委会机关的职能配置、内设机构和人员编制，确定市人大常委会机关行政编制为42名（不含人大常委会主任、副主任及各专门委员会主任委员）。设正副秘书长若干名，办公室主任1名（副秘书长兼）、副主任2名；研究室主任1名（副秘书长兼）、副主任1名；代表人事工作室主任1名（副秘书长兼）、副主任1名；6个专门委员会各设副主任委员1名；纪检员1名。正副科级职数24名。市人大常委会机关后勤服务中心直属市人大常委会办公室领导，核定事业编制12人。根据《关于确定机构级别的通知》（黄机编〔1997〕25号），确定市人大常委会机关后勤服务中心为副县级建制。

1998年12月31日，《中共黄冈市委办公室关于印发〈黄冈市人大机关后勤服务中心（行政事务管理处）机构编制方案〉的通知》（黄办发〔1998〕51号）确定市人大常委会机关后勤服务中心的主要职责、内设机构（内设2个科：综合科、财务科）和领导职数（其中主任1名，副主任1名，中层干部职数2名）。

2005年12月22日，《关于设立市人大常委会预算工作委员会的批复》（黄机编〔2005〕7号），为进一步提高人大及其常委会对财政预算的审查和经济监督工作的力度，根据市委黄发〔2005〕17号文件精神，同意设立黄冈市人大常委会预算工作委员会，与市人大财经委员会合署办公，不另增编。

2010年11月22日，《关于市人大常委会机关机构和领导职数调整的批复》（黄机编〔2010〕51号）同意将黄冈市人大常委会研究室更名为研究与法规工作室，核增其副主任1名；设立黄冈市人大常委会信访室，为副县级机构，不再保留黄冈市人大常委会信访科。

2015年10月29日，为进一步提高人大及其常委会对法制工作管理的力度，根据省编委鄂编文〔2015〕53号文件精神，同意设立黄冈市人大常委会法制工作委员会。

2016年3月3日，根据《市编委关于设立黄冈市人大常委会法制工作委员会的批复》（黄机编〔2016〕7号），经市机构编制委员会研究，并报市委常委会议同意，设立黄冈市人大常委会法制工作委员会。该机构为市人大常委会内设正处级机构，核定行政编制5名。市人大常委会研究与法规工作室更名为市人大常委会研究室。

2017年8月16日，根据《市编委关于设立黄冈市人大常委会机关信息中心的批复》（黄机编〔2017〕32号），经市编委办公会议研究，同意设立市人大常委会机关信息中心。该中心为市人大常委会办公室所属公益一类事业单位，核定事业编制3名，科级领导职数1名。

2019年11月13日，根据《市编委关于设立市人大机关党委办公室的批复》（黄机编〔2019〕49号），经市编委办公会议研究，同意设立机关党委办公室，核定机关党委办公室主任1名（正科级）。

一、秘书长会议

市人大常委会秘书长办公会议由市人大常委会秘书长、副秘书长组成，由常委会秘书长召集并主持。秘书长可以委托副秘书长召集并主持会议。秘书长办公会议通常半个月召开一次；必要时，可以临时召开会议。秘书长办公会议讨论决定重大事项，实行民主集中制原则。

秘书长办公会议的主要职责：（1）学习传达中央及省委、市委有关文件和会议精神，研究贯彻实施的具体意见；（2）根据市人大常委会年度工作要点，讨论决定常委会机关各时段工作安排；（3）贯彻落实常委会及主任会议决定的事项；研究落实常委会领导交办的重要事项；（4）协调办公室、研究室、法制工作委员会、代表选举人事任免工作委员会和各专门委员会之间的工作；（5）提出常委会年度工作总结和要点草案，提交主任会议审议；（6）根据需要，听取机关工作部门的工作汇报，并就有关问题作出决定;(7)其他需要由秘书长办公会议讨论决定的事项。

市人大常委会秘书长是常委会的组成人员,其每届任期与常委会的任期相同。副秘书长不是常委会组成人员,不实行任期制。

秘书长、副秘书长名单(按任命时间先后顺序为序)

秘 书 长:杨兴鸿(1996.12—2003.9)

梅启生(2004.2—2010.1)

段高敏(2010.2—2016.7)

胡歌进(代理秘书长 2016.7—2017.1)

王万福(2017.1—2020.1)

方 荣(2020.1—2022.1)

黄智敏(2022.1任)

副秘书长:王仲群(兼,1997.4—2007.1)

黄正林(兼,1997.4—2002.12)

姜旺生(兼,1997.4—2004.7)

彭 刚(兼,2004.2—2007.7)

魏国华(2004.2—2006.12)

刘定华(2007.1—2013.4)

戴汉定(2007.1—2012.2)

吴汉桥(2007.1—2012.2)

闻武斌(2007.1—2009.3)

何汉斌(2007.7—2011.5)

杨优秀(2010.6—2013.4)

程建明(2011.11—2012.2)

方银旺(2012.2—2013.4)

王浩洪(2012.2—2012.11)

黄新国(2012.2—2013.7)

张 健(2013.7—2015.4)

张树林(2013.5—2015.4)

江晓明(2013.7—2016.12)

涂新年(2013.9—2019.3)

刘 祥(2014.12—2016.5)

胡歌进(2015.4—2018.6)

黄玉琴(女,2015.4—2021.12)

柯昌荣(2016.7—2018.6)

杨希杰(2016.11—2019.3)

吴恒斌(2016.12—2019.3)

熊清海(2016.12—2020.3)

刘珍德(2019.3—2021.12)

南策志(2019.3—2021.12)

梅守福(2019.12—2021.12)

王秋华(2019.12—2021.12)

陈念思(2021.12任)

江晓明(2021.12任)

李　文(2021.12任)

吴晓鹏(2021.12任)

杜　军(2021.12任)

姜　彬(2021.12任)

二、办公室(工会、妇委会及信访室)(1997.4—2022.1)

办公室是市人大常委会的综合办事机构,主要职责是:

1. 承担人民代表大会会议、人大常委会会议、主任会议和人大常委会党组会议、常委会秘书长会议以及办公室召开的有关会议的筹备和会务工作,负责常委会组成人员视察的有关工作。

2. 受主任会议委托,起草和拟订有关议案、文件、机关管理规章等。

3. 负责市人大常委会和市人大各专门委员会的人事管理,负责市人大常委会机关离退休干部的统一管理和服务工作。

4. 负责机关工作人员的学习和思想政治工作。

5. 承担市人大常委会机关的行政事务、后勤保障和安全保卫工作。

6. 负责市人大及其常委会文电、文书、档案、文印、保密、印鉴管理、会议记录和大事记工作。

7. 承担市人大常委会同省人大常委会和县(市、区)人大常委会联系的有关工作,组织全市人大系统的干部培训工作。

8.负责市人大常委会机关的接待工作。

9.承办上级和市人大常委会领导同志交办的其他工作。

办公室内设党委办公室、秘书科、政工科、行政科、离退休人员管理科和信访室（副县级）。

办公室主任、副主任名单

主　任：王仲群（兼，1997.4—2007.1）

彭　刚（兼，2006.12—2007.6）

何汉斌（兼，2007.6—2010.1）

段高敏（兼，2010.2—2013.5）

张树林（兼，2013.5—2015.4）

胡歌进（兼，2015.5—2016.11）

王万福（兼，2016.11—2019.11）

方　荣（兼，2019.11—2021.11）

黄智敏（兼，2021.11—2022）

副主任：王日辉（1997.4—2003.7）

彭　刚（2002.4—2007.1）

魏国华（2003.7—2004.2）

王秋华（2003.7—2009.12）

梅守福（2006.6—2010.9）

张　健（2010.12—2013.6）

江晓明（2010.12—2013.6）

何耀明（2013.6—2016.12）

杨志文（2015.2—2016.6）

邓玲燕（女，2016.6—2019.12）

姜　彬（2016.11—2021.11）

杜　军（2019.3—2021.11）

刘　刚（2019.3任）

项志奇（2019.3任）

工会委员会（2010.10—2022.1）

2010年10月，黄冈市总工会《关于黄冈市人大常委会机关工会委员会成立和选举结果的批复》内容为（黄工组〔2010〕81号）“经研究同意成立黄冈市人大常委会机关工会委员会和你们2010年10月10日会员代表大会民主选举结果。”结果如下。

主　席：戴汉定（2010.10—2013.9）

委　员：丁爱萍（工会经费审查委员会主任）

杜　军　　何丰华（女，女职工委员会主任）

肖月华（女，女职工委员）

2013年9月，根据工会法和工会章程，经市总工会同意，并经会员大会民主选举，无记名投票，选举产生市人大常委会机关工会第二届委员会。

主　席：方　实（2013.9—2021.4）

2021年4月，根据工会法和工会章程，经黄冈市总工会同意，并经会员大会民主选举，无记名投票，选举产生市人大常委会机关工会第三届委员会。

主　席：杜　军（2021.4—2022）

副主席：叶　芬（女，2021.4—2022）

委　员：余晓雪（女，女职工委员）

金伟华（工会经费审查委员）

黄　婷（女）

妇委会（2005.9—2022.1）

根据黄组通〔2004〕31号文件精神，经市人大常委会机关党组研究，同意成立市人大常委会机关妇女委员会。2005年9月29日机关全体妇女同志经过民主选举，产生市人大常委会机关第一届妇女委员会，其组成人员如下。

主　任：张金桃（2005.10—2015.4）

成　员：王　婷（2005.10—2015.4）

苏　玲（2005.10—2015.4）

2015年4月，鉴于市人大常委会机关第一届妇女委员会任期届满，市人大常委会机关党组研究决定进行换届。第二届妇女委员会，其组成人员如下。

主　任：苏　玲（2015.4任）

副主任：王　婷（2015.4任）

邓玲燕（2015.4任）

委　员：李雅慧（2015.4调省工作）

余晓雪（2015.4任）

信访室（2010.11—2022.1）

1996年，市人大常委会根据市机构编制委员会的文件，在代表人事工作室内设信访科。2010年11月22日,《关于市人大常委会机关机构和领导职数调整的批复》(黄机编〔2010〕51号)同意设立市人大常委会信访室,为副县级机构,不再保留市人大常委会信访科。

自1996年12月至2001年,市人大常委会受理人大代表和人民群众来信来访2080件次,向有关部门转办1588件,交办300件,已办结186件。人大常委会及各专门委员会还对其中56起典型申诉案件进行专题研究和调查,督促公检法机关依法予以纠正。

从1999年4月开始,坚持主任接待日制度。主任会议组成人员先后接待上访人大代表和人民群众来信来访126人次,交办个案56件。每个接待日邀请有关行政部门和司法机关负责人参加,现场答疑,现场交办。

2002年至2006年,市人大常委会累计接待人民群众来信来访9370件次,其中主任接待日接待上访群众253批432人次,跟踪督办一批涉法涉诉的典型案件,保护当事人合法权益,维护司法公正性。

2012年至2016年,市人大常委会严格按照中央改革涉法涉诉信访工作机制,引导涉法涉诉信访群众依法依规到政法机关反映解决问题,累计接待人民群众来信来访1397件,1842人次。

2017年至2021年,市人大常委会累计接待人民群众来信来访355件次,417人次,转办省人大常委会网上"阳光信访"27件次。做到件件有处理,事事有答复。

信访室主任名单

主　任:于林峰(2010.12—2020.12)

　　　　叶　芬(女,2021.3—2022.1)

三、研究室(1997.4—2002.1)

1996年10月24日,《关于黄冈市人大常委会机构设置和人员配备的通知》(黄机编〔1996〕19号)确定设立市人大常委会研究室。研究室是市人大常委会的工作机构,主要是为市人大及其常委会行使职权提供研究、咨询和舆论服务。其主要职责是:

1.围绕市人大及人大常委会工作中心和审议的议题开展调查研究,提供调查研究报告及有关资料,研究地方人大在行使职权过程中遇到的情况和问题。

2.负责市人大常委会工作报告、重要文件和主要领导同志讲话稿的起草工作。

3.承担市人大常委会会议公报、简报的编写、分发工作。

4.研究和探讨人大工作及民主与法治建设的相关理论与实践。

5.负责市人大及其常委会的宣传报道工作。

6.办理上级和市人大常委会领导同志交办的其他工作事项。

研究室内设调研科、法规科、宣传科。

2010年11月22日，根据《关于市人大常委会机构和领导职数调整的批复》（黄机编〔2010〕51号），市人大常委会研究室更名为研究与法规工作室，核增副主任一名。

2016年3月3日，根据《市编委关于设立市人大常委会法制工作委员会的批复》（黄机编〔2016〕7号），黄冈市人大常委会研究与法规工作室更名为市人大常委会研究室。

研究室主任、副主任名单

主　任：黄正林（兼，1997.4—2002.12）
　　　　陈出新（2003.7—2013.6）
　　　　黄新国（2013.6—2015.12）
　　　　梅守福（2015.1—2019.12）
　　　　熊清海（2019.12—2021.11）
　　　　徐　锐（2021.11任）

副主任：陈出新（1997.4—2003.7）
　　　　黄新国（2003.7—2012.1）
　　　　熊清海（2010.1.—2016.11）
　　　　江海松（2014.12.—2016.6）
　　　　徐　锐（2016.11.—2017.1）
　　　　杨志文（2021.7任）
　　　　明天娇（女，2019.4任）

四、代表选举人事任免工作委员会（1997.4—2002.1）

1996年10月24日，《关于黄冈市人大常委会机构设置和人员配备的通知》（黄机编〔1996〕19号）确定设立市人大常委会代表人事工作室，内设代表科、人事任免科、信访科。

代表人事工作室是市人大常委会负责人大代表联系、服务及相关人事工作的办事机构。主要职责是：

1.协助安排市人大代表和在黄冈的全国人大代表、省人大代表的视察活动。

2.与人大代表保持经常性联系,了解、掌握代表在闭会期间开展活动的情况和经验,协助解决代表活动中出现的问题。

3.受理和接受在黄冈的全国人大代表、省人大代表和市人大代表的来信来访,反映代表的意见,督促有关单位办理人大代表提出的议案和建议。

4.承担市人大代表和在黄冈的省人大代表的换届选举、补选、罢免的有关工作和市人大代表资格审查的具体工作。

5.承办市人代会及常委会人事任免的有关工作。

6.指导县乡两级人大代表换届选举的具体工作。

7.承办上级和市人大常委会领导人交办的其他工作事项。

2003年10月,根据黄办法〔2003〕33号文件要求,市人大常委会代表人事工作室内设代表科、人事任免科。

2011年12月,根据黄机编〔2011〕87号文件要求,市人大常委会代表人事工作室更名为代表选举人事任免工作委员会,原内设代表科、人事任免科更名为代表工作办公室、人事任免工作办公室。

代表选举人事任免工作委员会主任、副主任名单

主　任:姜旺生(兼,1997.4—2002.12)
　　　　黄柏林(2002.12—2011.11)
　　　　孙金舟(2012.2—2017.1)
　　　　刘珍德(2017.1—2019.3)
　　　　涂杏华(女,2020.6—2022)

副主任:蔡佑新(1997.4—2003.7)
　　　　吴怀明(2003.7—2006.12)
　　　　李　胜(2006.12—2012.1)
　　　　杨仕英(女,2012.2—2016.12)
　　　　王立果(2016.12—2022)

五、法制工作委员会(2016.1—2022.3)

2016年3月,《市编委关于设立黄冈市人大常委会法制工作委员会的批复》(黄机编〔2016〕7号)中有内容:“经市机构编制委员会研究,并报市委常委会同意,设立黄冈市人大常委会法制工作委员会,为市人大常委会内设正处级机构。核定行政

编制5名，内设立法科、规范性文件备案审查科。其中主任、副主任各1名，科长2名，副科长1名。”

市人大常委会依据此件，组建人大常委会法制工作委员会。法制工作委员会是为市人大及其常委会立法服务的工作机构，其主要职责是：1.受主任会议委托，拟定有关地方性法规草案；2.协助专门委员会草拟和修改地方性法规草案；3.对提请市人民代表大会和省人大常委会审议的地方性法规草案发送有关机关、团体、组织专家征求意见，并将意见整理后送法制委员会和有关专门委员会，并根据需要，印发常委会会议；4.为市人民代表大会和省人大常委会审议地方性法规草案服务，对提请市人民代表大会和省人大常委会审议的地方性法规草案进行调查研究，提供有关资料，提出修改建议；根据市人民代表大会和省人大常委会审议意见，拟定地方性法规草案修改稿和表决稿；5.承办地方性法规上报备案的具体工作，承办省人大常委会征求意见的法规草案的组织、汇总、上报工作；6.对县（市、区）人大常委会及市委和市级国家机关、有关部门提出的有关地方性法规方面的询问，拟定答复意见；7组织拟定地方性法规立法规划草案和立法计划草案；管理地方性法规数据库；负责汇总地方性法规和法规清理等方面的工作；承办市人大常委会法律知识讲座的具体工作。

法制工作委员会主任、副主任名单

主　任：黄新国（2016.1—2018.6）

　　　　江海松（2018.6—2022.3）

副主任：江海松（2016.6—2018.6）

　　　　唐志红（女，2021.1—2021.12）

　　　　沈向阳（2021.12—2022.3）

六、市人大常委会龙感湖管理区（农场）联络组（1998.12—2022.1）

龙感湖管理区人大联络组是市人大常委会的派出机构。鉴于龙感湖管理区不是一级政权，没有设立人大常委会，为了及时解决龙感湖管理区人大工作中的问题，沟通市与龙感湖管理区之间的联系，1998年12月开始，市人大常委会设立龙感湖管理区人大联络组，并配备组长、副组长，负责上下联系。龙感湖管理区人大联络组的任务是：（1）加强市人大常委会与管理区之间人大工作的联系；（2）保持市人大常委会与管理区内的全国和省人大代表的密切联系；（3）协调、沟通管理区内的人大工作。

龙感湖管理区人大联络组组长、副组长名单

组　长：吕炳传（1998.12—2001.2）

单海东（2002.7—2005.9）

方　成（女，2005.9—2006.11）

彭志伟（2006.11—2012.2）

杨金树（2012.2—2015.7）

夏新华（2015.9—2022.1）

副组长：童彦文（1997.6—2001.2）

第三节　市人大专门（工作）委员会

市人大及其常委会各专门（工作）委员会，是根据《地方组织法》逐步建立起来的。1996年12月12日市第一届人民代表大会第一次会议通过决议，设立法制委员会、财政经济委员会、农村委员会、城乡建设与环境资源保护委员会、教育科学文化卫生委员会、民族宗教侨务外事委员会等6个专门委员会。2002年4月9日市第二届人民代表大会第一次会议又设立内务司法委员会、财政经济委员会、教育科学文化卫生委员会、农村委员会、城乡建设与环境资源保护委员会、民族宗教侨务外事委员会等6个专门委员会。2007年1月9日市第三届人民代表大会第一次会议增设预算委员会，共设立7个专门委员会。到2017年1月6日市第四届人民代表大会第六次会议决定增设法制委员会。再到2017年1月11日市第五届人民代表大会第一次会议设立法制委员会、内务司法委员会、财政经济委员会、预算委员会、科学教育文化卫生委员会、农村委员会、城乡建设与环境资源保护委员会、民族宗教侨务外事委员会等8个专门委员会。2020年1月6日市第五届人民代表大会第五次会议又增设社会建设委员会，并将内务司法委员会更名为监察和司法委员会，故一共9个专门委员会。2022年1月6日市第六届人民代表大会第一次会议决定设立法制委员会、监察和司法委员会、财政经济委员会、教育科学文化卫生民族宗教侨务外事委员会、城乡建设与环境资源保护委员会、农业农村委员会、社会建设委员会等7个专门委员会。

根据《地方组织法》的规定，专门委员会受市人民代表大会领导，在大会闭会期间，受市人民代表大会常务委员会领导。专门委员会任期与本届人民代表大会任期相同。专门委员会由主任委员1人、副主任委员和委员若干人组成。专门委员会的主任委员、副主任委员和委员的人选，由市人民代表大会主席团在本届代表中提名，大会通过。在大会闭会期间，常委会可以补充任命专门委员会个别副主任委员和部分委员，由主任会议提名，常委会会议通过。专门委员会主任委员主持本委员会会议和委员会的工作，副主任委员协助主任委员工作。专门委员会根据工作需要，经常委会批准，可以聘请专家若干人为顾问，顾问可以列席专门委员会会议、发表意见。专门委员会在市人民代表大会及其常务委员会领导下，研究、审议和拟定有关议案；对属于市人民代表大会及其常务委员会职权范围内同本委员会有关的问题，进行调查研究，提出建议。

一、法制委员会

1996年12月12日市第一届人民代表大会第一次会议通过决议设立法制委员会。第二、三届未设。2017年1月6日市第四届人民代表大会第六次会议决定增设法制委员会。

主 任 委 员：徐长松（1996.12—1999.1）
何秋悦（1999.1—2002.4）
袁金鹏（兼，2017.1—2020.1）
詹旺民（兼，2020.1—2022.1）

副主任委员：秦永高（1998.11—2002.4）
方锋刚（2017.1—2022.1）
姚荣进（2017.1—2022.1）
黄新国（2017.1—2022.1）
周丽娅（女，2017.1—2022.1）
江海松（2022.1任）
唐志红（女，2022.1任）
胡启旺（2022.1任）

委　　　员：毛佑斌（1996.12—2002.4）
刘元喜（1996.12—1999.11）
汪月东（2000.7—2002.4）
曹文斌（女，2000.7—2002.4）
朱　萍（女，2017.1—2022.1）
陈　红（2017.1—2022.1）

罗志宏(2017.1—2022.1)
涂　寅(女,2017.1—2022.1)
董传金(2017.1—2022.1)
尹　峰(2022.1任)
华　娟(2022.1任)
陈　红(2022.1任)
罗志宏(2022.1任)
赵　秀(女,土家族2022.1任)
胡利霞(女,2022.1任)
郭　薇(女,2022.1任)
曹　婷(女,2022.1任)

二、监察和司法委员会

2002年4月9日,市第二届人民代表大会第一次会议设立内务司法委员会。2020年1月6日市第五届人民代表大会第五次会议将内务司法委员会更名为监察和司法委员会。

主 任 委 员:秦永高(2002.4—2002.12)
陈裕勇(2003.1—2007.1)
李焕荣(2007.1—2012.1)
丁爱萍(2012.1—2017.1)
黄新国(2020.1—2022.1)
陈卫东(2022.1任)
副主任委员:丁爱萍(2007.1—2012.1)
吴怀明(2012.1—2017.1)
孙　林(2017.1—2022.1)
陈卫东(2017.1—2022.1)
委　　　员:汪月东(2002.4—2007.1)
彭　刚(2002.4—2007.1)
詹汉彬(2002.4—2007.1)
刘定华(2002.4—2007.1)
皮怀宇(2012.1—2017.1)

周超良(2012.1—2017.1)

胡歌进(2012.1—2017.1)

夏　菁(女,2012.1—2017.1)

黄金安(2012.1—2017.1)

王西华(2022.1任)

汪秋怀(2022.1任)

格桑措姆(女,藏族2022.1任)

夏　林(女,2022.1任)

钱　燕(女,2022.1任)

彭正元(2022.1任)

程　华(女,2022.1任)

程水清(2022.1任)

三、财政经济委员会

2005年12月22日,《关于设立市人大常委会预算工作委员会的批复》(黄机编〔2005〕7号),为进一步提高人大及其常委会对财政预算的审查和经济监督工作的力度,根据市委黄发〔2005〕17号文件精神,同意设立市人大常委会预算工作委员会,与市人大财经委员会合署办公,不另增编。

2007年1月9日,市第三届人民代表大会第一次会议决定增设预算委员会。

主任委员:高明俊(1996.12—2001.11)

傅本台(2002.4—2012.1)

王仲群(2002.4—2012.1)

谢学中(2012.1—2017.2)

程建明(2012.1—2017.2)

江炳青(2017.1—2022.1)

黎胜国(2017.1—2022.1)

缪　丞(2022.1任)

余能华(2022.1任)

副主任委员:傅本台(1998.4—2002.4)

吴怀明(2002.4任)

周　丹(2002.4—2011.10)

苏　玲(女,2012.1—2022.1)
李自平(2012.1—2017.1)
张仁舟(2017.1—2020.6)
吴秀梅(女,2017.1—2022.1)
陶金荣(女,2017.1—2022.1)
余能华(2022.1任)
殷义华(2022.1任)
段学枝(女,2022.1任)
邓灵燕(女,2022.1任)

委　　员:何秋悦(1996.12—2000.7)
陈六纯(1996.12—2002.4)
张茂松(2000.7—2002.4)
晏绍元(2000.7—2002.4)
张发喜(2002.4—2007.1)
程先志(2002.4—2007.1)
李秋明(2002.4—2007.1)
吴佑元(2007.1—2012.1)
周水桥(2007.1—2012.1)
陶代金(2007.1—2012.1)
许立伟(2007.1—2012.1)
陈出新(2007.1—2012.1)
饶水林(2007.1—2012.1)
王　斌(2012.1—2017.1)
王旺林(2012.1—2017.1)
屈凯军(2012.1—2017.1)
鲁登华(2012.1—2016.7)
詹才红(2012.1—2015.12)
周银华(2017.1—2022.1)
赵　涛(2017.1—2022.1)
黄文虎(2017.1—2022.1)
杨中林(2012.1—2014.5)

赵想林(2012.1—2013.5)
饶水林(2012.1—2015.1)
姚　涛(2012.1—2014.5)
喻耀华(2012.1—2015.11)
陈中良(2014.2—2017.1)
李晓刚(2014.2—2017.1)
郭刚成(2014.2—2017.1)
王　琳(女,2017.1—2022.1)
左志学(2017.1—2022.1)
周锦平(2017.1—2022.1)
汤定超(2017.1—2022.1)
漆兰英(女,2017.1—2022.1)
郭　鹰(2022.1任)
蓝耀春(2022.1任)
樊汉明(2022.1任)
瞿　伟(2022.1任)

四、教育科学文化卫生民族宗教侨务外事委员会

1996年12月12日市第一届人民代表大会第一次会议通过决议,设立教育科学文化卫生委员会、民族宗教侨务外事委员会等六个专门委员会。2022年1月6日市第六届人民代表大会第一次会议决定,设立教育科学文化卫生民族宗教侨务外事委员会。

主 任 委 员:杨光树(1996.12—2002.4)
王中钦(1996.12—2001.7)
张金安(2002.4—2007.1)
熊　熊(2002.4—2007.1)
王浩洪(2007.1—2012.1)
朱经久(2007.1—2012.1)
李　胜(2012.1—2022.1)
朱建平(2012.1—2017.1)
杨仕英(女,2022.1—2017.1)

副主任委员:李　胜(1998.4—2002.4)

吴汉桥(1998.4—2002.4)
杨仕英(女,2002.4—2012.4)
殷义华(2007.1—2022.1)
王　婷(女,2012.1—2022.1)
李　曙(2012.1—2017.1)
段学枝(女,2017.1—2022.1)
王福洲(2017.1—2022.1)
夏又春(2022.1任)
苏　玲(女,2022.1任)
委　　员:吴闻章(1996.12—2002.4)
戴述初(1996.12—2002.4)
刘行敏(2000.10—2002.4)
王海湖(1996.12—2002.4)
姜兰香(女,1996.12—2002.4)
释坚光(2000.10—2002.4)
刘正祥(2002.4—2007.1)
程红才(2002.4—2007.1)
夏玲升(2002.4—2007.1)
刘民华(2002.4—2007.1)
夏　玲(女,2002.4—2007.1)
曾耀光(2002.4—2007.1)
王日辉(2002.4—2007.1)
释坚光(2002.4—2007.1)
来秋元(2002.4—2007.1)
王　升(女,2012.1—2017.1)
左志学(2012.1—2017.1)
刘　祥(2012.1—2017.1)
陈浩特(2012.1—2017.1)
黄新国(2012.1—2017.1)
左志学(2012.1—2017.1)
孙金舟(2012.1—2017.1)

胡益民(女,2012.1—2017.1)
释坚光(2012.1—2017.1)
左志学(2017.1—2022.1)
何兰田(2017.1—2022.1)
陶有刚(2017.1—2022.1)
何贻信(2017.1—2022.1)
张明菊(女,2017.1—2022.1)
释明基(2017.1—2022.1)
龙玉生(2022.1任)
邢　燕(女,2022.1任)
吴　边(女,2022.1任)
陈　平(女,2022.1任)
涂　寅(女,2022.1任)
释崇谛(满族,2022.1任)

五、城乡建设与环境资源保护委员会

主任委员:胡荣希(1996.12—2001.2)
姜旺生(2002.4—2007.1)
方银旺(2007.1—2012.1)
吴汉桥(2012.1—2017.1)
江晓明(2017.1—2022.1)
熊清海(2022.1任)
副主任委员:戴汉定(1998.4—2002.4)
骆进明(2012.1—2017.1)
童吉根(2017.1—2022.1)
李红娟(女,2017.1—2022.1)
王建军(2017.1—2022.1)
吕　林(回族,2022.1任)
王　婷(女,2022.1任)
委　员:杨端宽(1996.12—2002.4)
秦遵信(1996.12—1997.4)

刘正祥(2000.7—2002.4)
程红才(2000.7—2002.4)
唐质斌(2002.4—2007.1)
朱经久(2002.4—2007.1)
杨金花(女,2002.4—2007.1)
王旺林(2002.4—2007.1)
王爱玲(女,2002.4—2007.1)
江忠民(2002.4—2007.1)
王　勇(2012.1—2017.1)
石巧珍(女,2012.1—2017.1)
李红娟(女,2017.1—2022.1)
王建军(2017.1—2022.1)
申琼龙(2017.1—2022.1)
段卫昌(2017.1—2022.1)
曹红生(2017.1—2022.1)
王　静(女,2022.1任)
张正林(2022.1任)
张迪畅(女,2022.1任)
陈　杨(女,2022.1任)
陈　艳(女,2022.1任)
段卫昌(2022.1任)
夏颖峰(2022.1任)

六、农业农村委员会

1996年12月12日,市第一届人民代表大会第一次会议通过决议,设立农村委员会。2022年1月6日市第六届人民代表大会第一次会议决定设立农业农村委员会。

主任委员:董毓中(1996.12—1999.1)
童吉和(1999.1—2001.4)
蔡佑新(2002.4—2007.1)
魏国华(2007.1—2012.1)
张烈松(　2012.1—2016.10)

戴汉定(2017.1—2022.1)
何　山(2022.1任)
副主任委员:陈裕勇(1998.4—2002.12)
彭学海(2007.1—2012.1)
朱小平(2012.1—2022.1)
仇春山(2017.1—2022.1)
童仕彬(2017.1—2022.1)
李　曙(2022.1任)
王建军(2022.1任)
委　　员:张忠元(1996.12—2001.2)
张诗淦(1996.12—2001.2)
刘桂田(2000.10—2002.4)
龙其保(2002.4—2007.1)
陈出新(2002.4—2007.1)
邓九阳(女,2002.4—2007.1)
唐质斌(2007.1—2012.1)
涂佑章(2007.1—2012.1)
刘恩锋(2012.1—2017.1)
刘锦秀(女,2012.1—2022.1)
李　蔚(2012.1—2022.1)
沈茂宏(2012.1—2017.1)
余　峰(2017.1—2022.1)
段　鹏(2017.1—2022.1)
丁红波(2022.1任)
王　杰(女,2022.1任)
张　鄂(土家族,2022.1任)
陈新利(2022.1任)
段　鹏(2022.1任)
徐　斌(2022.1任)
戴汉奇(2022.1任)

七、社会建设委员会

2020年1月6日，市第五届人民代表大会第五次会议增设社会建设委员会

主 任 委 员：叶俊甫(2020.1—2022.1)

吴秀梅(女，2022.1任)

副主任委员：石巧珍(女，2020.1—2022.1)

王　炼(2020.1—2022.1)

姚水林(2020.1—2022.1)

吴　罡(女，2022.1任)

陶孝平(2022.1任)

委　　　员：方婷婷(女，2020.1—2022.1)

洪　英(女，2020.1—2022.1)

唐　莉(女，2020.1—2022.1)

叶文青(2022.1任)

李均成(2022.1任)

张　敏(女，2022.1任)

陈　亚(2022.1任)

欧运英(女，2022.1任)

洪　英(女，2022.1任)

游　伟(2022.1任)

第四节　市人大常委会及机关主要工作

1996年，黄冈撤地建市后，经过半年多时间的筹备，于当年12月至2022年1月，选举产生了市一至六届人民代表大会代表及人大常委会。本节记述的是市一至五届人民代表大会及其常委会机关有特色的工作。

一、思想政治建设

“三讲”教育

1999年8月20日开始，市人大及其常委会机关，根据中央和省委、市委的统一部署，在县级领导班子和领导干部中深入开展以“讲学习讲政治讲正气”为主要内

容的党性党风教育。市人大常委会机关成立以党总支书记、秘书长杨兴鸿为组长，党总支副书记、副秘书长、办公室主任王仲群、党总支委员、副秘书长姜旺生、黄正林为副组长，王日辉、陈裕勇、傅本台为成员的“三讲”教育领导小组。领导小组下设办公室，陈裕勇兼任办公室主任，冯伟、杨仕英（女）任办公室副主任。经过认真研究，制订出一套操作性极强的工作实施方案，包括指导思想、总体目标和工作重点、方法步骤以及组织领导都有明确规定，还设计“三讲”教育日程表，时间、活动内容、参加对象、活动地点，分门别类、一目了然。市委还派驻巡视组，参加并具体指导动员会、民主测评、党组民主生活会。

市人大及其常委会机关“三讲”集中教育时间为2个月，分为四个阶段：1.思想发动，学习提高阶段（8月20日至9月10日），8月25日，召开机关干部职工会议，由杨兴鸿作动员报告，学习实施方案。会后，采取“四个结合”，学习中共十五大精神、邓小平理论、中央、省委、市委关于“三讲”教育的指示精神，即自学与集中学结合，自学理论原著、中央文件、领导讲话，做好学习笔记，填好自学进度表；集中学就是副县级以上领导干部分3期（每期5天）到市委党校参加县级领导干部“三讲”教育轮训班，学习理论和个人实际相结合，听讲与讨论相结合，学习与思考相结合，不少县级领导干部还写心得体会和论文。2.自我剖析，群众评议阶段（9月11日至30日），9月11日至16日进行自我剖析，每名县级领导干部开门见山讲自己存在的突出问题、分析问题产生的原因、今后努力的方向、需要说明的问题。同时机关设立意见箱，发出征求意见表，还采取个别谈话、召开座谈会等多种形式，广泛征求意见，发放征求意见表35份，收回35份，座谈25人（其中县级干部16人，科级干部9人），征求意见80条，不加过滤，原汁原味反馈给县级领导干部。3.交流思想，开展批评阶段（10月1日至10日），主要是个别谈心和召开党组民主生活会，开展批评和自我批评。4.认真整改，保证实效阶段（10月11日至20日），总结“三讲”教育各阶段工作，通报整改措施和结果。

通过“三讲”集中教育，市人大常委会机关干部，尤其是县级领导干部思想上有明显提高，政治上有明显进步，作风上有明显转变，纪律上有明显增强。市委巡察组给予充分肯定。

“三个代表”重要思想学习教育

2005年上半年，根据中央和省、市委统一部署，市人大及其常委会机关认真开展“三个代表”重要思想学习教育活动。首先成立主要领导亲自挂帅的领导小组和工作机构，严格按照市委督导组要求，认真开展每一阶段和环节的工作，在集中学习讨论、组织参观考察、讲党课、写心得体会、开展党性分析评议的基础上，采取多种形式，广泛征求意见和建议，收集各方面提出的意见和建议120多条。常委会党组和机关党组分别召开民主生活会，剖析思想、查摆问题、总结经验，对常委会及机关工作中反映比较突出的问题，进行认真研究和整改。学习教育期间，市人大常委会常务副主任陈定国带领常委会组成人员及机关副县级以上领导干部，到西柏坡参观中共中央驻地旧址和西柏坡纪念馆，接受革命传统教育。

保持共产党员先进性教育

2005年2月1日至6月20日，根据中央、省委、市委统一部署，市人大及其常委会机关认真开展以实践“三个代表”重要思想为主要内容的保持共产党员先进性教育。机关成立主要领导亲自挂帅的领导小组和工作机构，印发《中共黄冈市人大常委会党组开展保持共产党员先进性教育活动实施方案》的通知，明确保持共产党员先进性教育活动的目标、内容、措施、方法、步骤、时间、要求，使活动有章可循，有序开展。2月4日召开保持共产党员先进性教育活动动员大会，党组书记、常务副主任陈定国作动员报告。

在广泛发动、学习阶段要做到“八个一”，即一次形势教育，一次革命传统教育，一次反腐败教育，一次党课辅导，一次模范党员先进事迹报告会，一次评学活动，一次述学活动，写一篇3000字左右的学习体会文章。这一阶段，市人大常委会机关全体党员采取半封闭学习和自学相结合形式，学习党章、《保持共产党员先进性教育读本》《江泽民论加强执政能力建设专题摘编》《可爱的中国》《中国革命传统教育》等资料，到红安、麻城烈士陵园接受革命传统教育，参加李家洲林场植树，听专题党课和中国十大女杰、市人大代表杨金花作先进事迹报告，观看电影《张思德》，开展共产党员先进性标准讨论，每人写5000字以上的读书笔记，并撰写3000字以上的学习体会。自我检查、民主评议阶段，重温入党誓词，对照党章规定的党员义务和新时期保持党员先进性的基本要求，查找在保持党员先进性方面存在的差距和突出问题，在此基础上，党员个人要撰写2000字以上的党性分析材料，内容主要包括存在的问题、原因分析及整改措施三个方面。这一阶段，人大常委会党组从六个方面、党组成员从三个方面分别向人大代表、各县（市、区）人大常委会、市直各单位发放征求意见表，还召开部分省市人大代表、“一府两院”负责人、各县（市、区）人大常委会主任等五个座谈会和设立意见箱，进一步广泛征求意见。经分类整理，有意见42条。每个党组成员的党性分析报告在常委会机关干部职工大会上宣读，让全体党员评议。党组成员各自参加机关党支部民主生活会，认真开展批评和自我批评，参与支部测评。在认真整改、总结提高阶段，制定整改方案，认真抓好整改；公布整改情况，完善整改措施；组织检查测评，搞好总结表彰。这一阶段，党组研究讨论制定整改方案、党组成员制定个人整改计划。同时，表彰了12名优秀党员，完善和修改了机关财务管理等12项制度，常委会及其机关工作进一步规范。通过开展保持共产党员先进性教育活动，机关全体党员干部学习收获很大，宗旨观念更加牢固，工作更加勤奋，作风更加务实。当年，机关被评为市直优秀服务单位。

深入学习和实践科学发展观教育

2009年3月下旬至8月底，市人大及其常委会机关根据市委的统一部署和要求，开展深入学习实践科学发展观活动。3月26日召开机关动员大会，党组副书记、副主任张永斌就学习实践活动作出具体安排。

整个活动分为三个阶段：1.学习调研阶段（3月上旬至5月上旬），重点是抓好学习培训、深入调研和解放思想大讨论三个环节，全体党员以党支部为单位集中学习《毛泽东　邓小平　江泽民论科学发展》、《科学发展观重要论述摘编》、胡锦涛等中央领导重要讲话、《深入学习实践科学发展观活动领导干部学习文件选编》、《科学发展观学习读本》等；2.分析检查阶段（5月中旬至6月下旬），重点是抓好领导班子专题民主生活会、形成领导班子分析检查报告和组织群众评议三个环节；3.整改落实阶段（6月下旬至8月下旬），重点是抓好制订整改落实方案、解决突出问题和创新体制机制三个环节。

一开始，市人大常委会就成立以主要领导任组长的领导小组和专门办公室，明确领导小组成员和办公室的主要职责，除印发《深入学习实践科学发展观活动工作方案》和三个阶段工作方案外，还印发深入学习实践科学发展观活动学习制度等四项制度的通知。由于坚持把深入学习、提高认识贯穿始终，把解放思想、改革创新贯穿始终，把解决问题、完善体制机制贯穿始终，把领导带头、典型示范贯穿始终，确保全员全过程参加，达到了人人受教育、个个有进步的目的。

党的群众路线教育实践活动

2014年1月至7月，市人大及其常委会机关根据省委、市委有关文件精神，开展党的群众路线教育实践活动。通过学习教育、听取意见；查摆问题、开展批评；落实整改、建章立制三个环节，紧紧围绕“为民、务实、清廉”主题，始终按照“照镜子、正衣冠、洗洗澡、治治病”的总要求，带头开展活动，带头树立群众观念，带头弘扬优良作风，带头解决突出问题，带头保持清廉本色。

在学习教育、听取意见环节，采取个人自学、专家导学、集中研学、交流互学、典型领学、现场促学等形式，认真学习中共十八大报告、习近平总书记重要讲话精神，中国特色社会主义理论体系，党的群众路线有关论述，党的光辉历史和优良传统，法纪法规和自觉践行党的群众路线的先进典型等。同时，突出问题导向，召开多种形式的座谈会，广泛征求各方面对市人大常委会的意见和建议，为个人对照检查，开展批评、解决问题打好基础。在查摆问题、开展批评环节，采取自己找、群众提、上级点、互相帮、集体议的方式，认真检查形式主义、官僚主义、享乐主义和奢靡之风方面的问题。在落实整改、建章立制环节，常委会领导班子成员实行党风廉政建设“六个带头”的公开承诺和《中共黄冈市人大常委会党组关于全面从严加强党的自身建设的决定》，内容主要包括思想建设、组织建设、作风建设、反腐倡廉建设、制度建设等5个方面、20条。

此次教育实践活动，使市人大常委会机关党员干部思想上有真触动，认识上有真提高，作风上有真改变。

“三严三实”专题教育

为贯彻落实全面从严治党要求，进一步巩固党的群众路线教育实践活动成果，推进人大常委会机关各项建设，根据省、市委关于在副县级以上领导干部中开展“三严三实”专题教育的部署安排，2015年5月，市人大及其常委会机关及时成立领导小组，制定实施方案，召开有全体党员干部参加的动员会，深入开展“三严三实”专题教育。

这次专题教育，不分批次，不划阶段，不设环节，不是作为一次活动，而是作为领导干部经常性学习教育，实行专题教育常态化。对此，市人大常委会总体要求是：突出教育主题，触及灵魂；坚持质量标准，严字当头；突出问题导向，加强整改；坚持领导带头，全员参与；注重整改实效，取信于民。专题教育中，组织机关党员干部认真学习。主要学习党章、《习近平谈治国理政》、《习近平关于党风廉政建设和反腐败斗争论述摘编》、《优秀领导干部先进事迹摘编》、《领导干部违纪违法典型案例警示录》等。常委会党组副书记、代理主任罗刚围绕如何理解“三严三实”、什么是不严不实、为什么要讲“三严三实”、如何践行“三严三实”四个问题，结合人大工作实际，把党员干部思想上的模糊认识点出来，把专题教育整改不到位的问题点出来，把普遍存在的不严不实反面案例点出来，把干部群众反映强烈的问题点出来，并提出“十个要严”“十个要实”，为党员干部上了一堂生动的党课。组织开展专题调研。五月下旬，由党组成员带队到县（市、区）进行专题调研，听取县（市、区）人大常委会、各级人大代表对常委会及各级领导干部“三严三实”方面的意见和建议；5

月底和6月下旬，又分别召开有人大代表和市民、“一府两院”、有关部门、工商企业、市人大专委会和办事机构负责人参加的座谈会11个，进一步听取意见建议。组织立行立改。所征求的意见建议300多条，原汁原味梳理后，列出不严不实问题清单59条，交机关党组织和党员干部认领。而后，召开专题民主生活会，认真开展批评和自我批评。在此基础上，建制度、立规矩，不仅取消主任会议组成人员、各专委会和办事机构账页，实行“一本账一支笔”管理，还出台《关于落实党的群众路线教育实践活动党风廉政建设整改工作方案》《关于加强常委会党组自身建设的决定》和《关于加强市人大常委会会风建设的意见》三个文件，要求党员领导干部在修身、律己、用权、谋事、创业、做人上，严格对标、落细落小。人大常委会还决定连续将2015年、2016年确定为“严管年”，进一步推进机关各项工作严实规范管理和整体发展。

“两学一做”学习教育

2016年5月开始，市人大及其常委会机关按照省、市委的统一要求，在市人大常委会机关开展“两学一做”（学党章党规、学系列讲话，做合格党员）学习教育。

市人大及其常委会机关开展“两学一做”　学习教育的总体目标要求是：“三个坚持”“三个增强”“三个确保”，即坚持用党章党规和习近平总书记重要讲话精神武装头脑，指导实践，推动工作；坚持学思践悟，知行合一；坚持全覆盖、常态化，重创新，求实效。不断增强党组织和党员政治意识、大局意识、核心意识、看齐意识；不断增强党内政治生活的政治性、时代性、原则性、战斗性；不断增强党组织的自我净化、自我完善、自我革新、自我提高能力。确保党组织充分履行职能，发挥核心作用；确保党员领导干部忠诚、干净、担当，发挥表率作用；确保广大党员党性坚强，发挥先锋模范作用。为统筹推进“五位一体”总体布局和协调推进“四个全面”战略布局，推动黄冈加快实现小康提供坚强组织保证。

为了实现上述目标要求，在开展“两学一做”学习教育中，市人大及其常委会机关从三个方面发力。1.持续在深学上下功夫，组织机关党员干部坚持读原著、学原文、悟原理，联系实际学，带着问题学，不断跟进学，领会掌握基本精神、基本内容、基本要求，做到学而信、学而思、学而行。在抓好党章党规、系列讲话学习的同时，还组织党员干部认真学习党的历史，参观革命纪念馆，从革命先辈英勇事迹中汲取养分；认真学习先进典型，从典型事迹中汲取正能量；从违纪违法案件中深刻汲取教训，发挥反面典型的警示作用。2.努力在真做上见实效。坚持学做互进，知行合一，从具体事情做起，按照“四讲四有”标准，引导党员干部做到政治合格、执行纪律合格、品德合格、发挥作用合格。3.突出在严改上用足力。坚持问题导向，敢于自我革命，抓好整改落实。全体党员干部对照党章党规、系列讲话、先进典型、先辈先烈和“四讲四有”标准，联系思想工作实际，经常进行“党性体验”，有什么问题解决什么问题，什么问题突出重点解决什么问题。自觉把讲政治贯穿日常工作全过程，贯穿党性锻炼全过程，不断增强“四个意识”，坚定“四个自信”，自觉做到“两个维护”，真正做到思想认同，政治看齐，行动紧跟。在改革中求创新，在工作中重实干，在岗位上作奉献。

2016年年底，“两学一做”学习教育常态化、制度化，市人大及其常委会机关又依托党支部这个基本单位，进一步规范落实“三会一课”、支部主题党日、组织生活会、民主评议党员、支部书记公开承诺、年终述职等制度，使从严教育管理党员的主体责任落到实处，确保党组织生活按要求及时开展，保证组织生活时间上不被挤占，内容上不丢项目，落实上不走过场。丰富多彩的活动，使党员参加党组织生活的自觉性得到提高，党组织的归属感得到增强，凝聚力、战斗力明显增强。

“不忘初心、牢记使命”主题教育

2019年9月至11月底，根据党中央和省委、市委关于开展第二批“不忘初心、牢记使命”主题教育的指导意见和实施方案，市人大及其常委会机关集中开展“不忘初心、牢记使命”主题教育。

开展这次主题教育，市人大及其常委会机关总体目标要求是：认真学习贯彻习近平总书记重要指示批示精神和党中央、省委有关文件要求及市委决策部署，把深入学习贯彻习近平新时代中国特色社会主义思想作为根本任务，不断深化对习近平总书记关于人民代表大会制度、人大工作重要讲话和指示精神的理解，全面把握守初心、担使命、找差距、抓落实的总要求，坚持抓思想认识到位，抓检视问题到位，以彻底的自我革命精神解决违背初心和使命的各种问题，为黄冈法治建设和高质量发展中力争上游贡献人大力量。

这次主题教育不划阶段，不分环节，市人大及其常委会机关把学习教育、调查研究、检视问题、整改落实四项工作有机结合，贯穿始终。

围绕理论学习有收获，在学习贯彻党的创新理论上取得新成效

主题教育启动后，市人大及其常委会机关不等不靠，先学先改。从一开始，就聚焦学习习近平新时代中国特色社会主义思想这一根本任务，坚持以自学为主、业余时间为主、读原著、学原文、悟原理为主，全面系统学，联系实际学，深入思考学，把规定篇目列为常委会和机关党组会、支部党员大会“第一议题”。同时，采取党组理论学习中心组集体研学、举办读书班集中学、分专题交流研讨学等形式，坚持把主题教育读书班集中学习研讨作为深化理论学习关键举措，常委会领导班子成员参加市级领导集中学习研讨班，机关党组成员和副县级以上领导干部54人发挥以上率下、引领示范作用，各党支部及时跟进，将主题教育扩展到所有党支部和全体党员。

围绕思想政治受洗礼，坚决做到“两个维护”的自觉有新提升。主题教育期间，统筹开展革命传统教育、形势政策教育、先进典型教育、警示教育和爱国主义教育，深入开展“学习英雄张富清，坚守初心担使命”活动，发挥邹倩等先进典型示范引领作用，印发先进事迹学习资料，召开对照先进找差距专题会。通过这些活动，筑牢党员干部理想信念和“两个维护”的行动自觉。

围绕干事创业敢担当，在正面激励和典型引领上有新突破。将主题教育与履职尽责、做好市委中心工作与人大工作相结合，结合调研中掌握代表履职、立法、乡镇人大规范化建设、乡村振兴、产业扶贫、人才工作具体情况，找准短板弱项，拿出破解的意见建议22条，立行立改整治问题15项。进一步锤炼了党员干部的政治品格，提高了担当本领，把初心和使命转化为干事创业的强大动力。

围绕为民服务解难题，在解决群众操心事、烦心事、揪心事上获得新成果。主题教育中，把以人民为中心思想落实到主题教育全过程。组织四个调研组，深入基层一线，到问题发生地，开展蹲点式调研，走访企业25家，村（社区）16个，与人大代表及各类人才120人座谈，形成调研报告17份，梳理问题建议45条，由点到面提出解决普遍性问题的思路和办法，一个问题一个专项方案，推动一大批实际问题的有效解决。

围绕清正廉洁作表率，在营造风清气正的环境上展现新气象。机关党员干部廉洁纪律、规矩意识进一步增强，知敬畏、存戒惧、守底线的意识进一步提升，风清气正的政治生态日渐巩固。

党史学习教育

2021年3月至年底，根据党中央和省委、市委关于开展党史学习教育的安排部署，市人大及其常委会机关把党史学习教育贯穿全年，突出学党史、悟思想、办实事、开新局，注重融入日常，抓在经常，面向机关全体党员干部，以机关县处级以上党员领导干部为重点。

党中央和省委、市委召开党史学习教育动员大会后，市人大及其常委会机关第一时间召开党组会，传达学习习近平总书记重要讲话精神。活动开展后，党组又多次研究部署，制定《市人大常委会机关党组关于开展党史学习教育的实施方案》，组建党史学习教育领导小组及工作专班。

市人大及其常委会机关开展党史学习教育主要是采取“三个结合”：结合学习贯彻习近平总书记关于坚持和完善人民代表大会制度重要思想，结合人民代表大会制度发展历程，结合黄冈市民主政治发展历史，学好用好党史，研究制定党史学习教育时间安排表，抓实每个环节，抓好每个步骤，按时间进度明确各时间段重点任务，确保学习教育高标准、高质量地完成。

市人大及其常委会机关党史学习教育主要做法是：1.坚持把党史学习教育作为机关党建的重要内容。根据党史学习教育时间安排表，组织开展集体研学、举办读书班、分专题研讨交流，推动形成“党组理论学习中心组示范学，基层党组织带动学，青年理论小组踊跃学”的学习机制。先后组织开展了“人大青年讲党史”学习成果汇报展示，24名青年干部参与讲党史活动；开展中国共产党成立100周年“六个一”的庆祝活动，如为7名老党员颁发了“光荣在党50年”纪念章，表彰2021年机关红旗党支部、优秀共产党员、优秀党务工作者；开展“学七一讲话　颂党史跟党走”朗诵活动；等等。2.坚持把学党史作为理论武装的关键举措。结合人大常委会机关特点，对学习内容分层次分重点，先后在4月、5月、7月举办了3期党史教育读书班。7月13日，市人大常委会党组书记、主任张社教围绕学习习近平总书记“七一”重要讲话精神开展专题宣讲，副主任汪柏坤等4名同志紧扣重点，分别作学习交流。8月，常委会党组成员、秘书长方荣又进行专题宣讲，4名机关干部做研讨交流。3.　坚持把红色讲堂作为党员信念教育阵地。学习教育中，采取机关党组书记、支部书记讲党课、专家讲党课、干部谈体会的方式，深化党员干部学习教育。先后邀请省人大理论专家、市委党史学习教育宣讲团成员、红安基层先进典型围绕人民代表大会制度发展史、黄冈历史、红安革命斗争史等专题作报告，18名机关党员干部交流学习体会。机关党支部分别开展党史宣讲“微党课”活动，先后录制党史宣讲“微党课”7期，并在人大网站、微信公众号推出。5月6日至12日，组织常委会组成人员、县（市、区）人大常委会干部及部分人大代表66人赴厦门大学和古田会议旧址，开展履职能力培训和党史学习教育。5月20日至21日，分支部组织党员干部到团风县革命烈士陵园和红安七里坪“革命法庭”开展党史学习教育，畅谈学习体会。4.坚持把为群众办实事作为学习教育的活动载体。学习教育中，积极开展“我为群众办实事”活动。制定83项重点项目清单，充分发挥人大密切联系人民群众的优势，在推进常态化疫情防控、做好招商引资、服务企业、联系村（社区）、党员下沉等工作，在市直机关发挥表率作用。市人大监察和司法委员会把切实解决执行难作为为人民群众办实事重要内容，此项工作获评市直机关党史学习教育“我为群众办实事”百佳项目前50名。5.坚持把人大履职作为学习教育成效的检验标准。在机关创新开展党员干部评星、工作质量评估、工作亮点评特、绩效考核评优“四评”工作，开展“每月一单”“每月一星”“每月一查”评比考核，创新党员干部监管方式，加快推动党风学风作风转变，进一步激发干事创业热情。省人大以《黄冈市人大常委会“四评”提升“向上力”》为题，编发《人大工作通报》，专题推介黄冈市人大工作和“四评”经验。

二、组织制度建设

人大常委会成立之初，是在边学习、边组建机构、边摸索中逐步开展工作的。一是配齐办事工作机构和各专门委员会，公开选调和招录了一批国家机关工作人员。二是制订人大常委会议事规则、主任会议议事规则、人事任免办法、组成人员守则等各项管理制度，理顺工作关系，提高工作效率。三是重视人民代表大会制度的研究和宣传工作。人大常委会每年都召开人大宣传工作会议，主办人大好新闻评选活动，做好人代会、人大常委会、主任会议和人大常委会组织的各种活动的宣传报道工作，先后组织人大知识竞赛、公仆访谈、人大代表风采以及市区经济环境执法检查等多项专题宣传活动，在全国、省、市等新闻媒体上稿1800余篇，深入宣传人民代表大会制度。四是加强基础设施建设。在省、市有关部门大力支持下，先后修建了办公大楼、干部宿舍楼，建成了人大培训中心，人大常委会机关的工作和干部生活条件得到了一定程度的改善。

三、工作作风建设

市人大及其常委会始终严实作风、严格制度，把加强自身建设覆盖到全系统，努力形成工作合力。一是专题学习实现经常化。在党的群众路线教育实践活动中，突出代表优势，广泛征求省市县乡四级人大代表意见和建议，把人大工作和自身存在的问题找准找全，有针对性地进行整改；在“三严三实”专题教育中，突出问题导向，提出人大干部践行“三严三实”，必须做到“十个要严、十个要实”，要求在修身、律己、用权、谋事、创业、做人上，严格对标、落细落小；在“两学一做”学习教育中，突出党员意识，主题党日活动生动活泼，入心学、真心做，把严实要求内化于心、外化于行、固化于制。二是工作作风实现严实化。调研实。对每份报告、每次视察、每项监督，都要求开展深入细致的调查研究，做到情况清、事实明、有主意。审议实。出台加强常委会会风建设的意见，强化会议服务保障，坚持优先履行人大职务的原则，确保到会率，提高参与率，委员们审议发言的针对性和操作性更强，会议质量明显提高。活动实。对依法组织开展的各项活动，做到有工作计划、有具体方案、有目标要求、有服务保障、有实际成效。三是能力建设实现精细化。制定出台市人大常委会机关能力建设的意见，在工作水平和管理上，认真向省人大常委会机关对标，深入推进机关精细化管理，全力推动事务工作由被动向主动、由粗放向精细转变；按照“有计划、有组织、有要求、有考核”标准狠抓学习，使机关干部灵魂得到净化、素质得到提升、工作出现新局面。四是各项制度实现规范化。常委会连续将2015年、2016年确定为“严管年”，进一步推进机关各项工作的严实规范管理，全面推进县乡人大建设。抓住市县乡三级人大换届的契机，狠抓中央和省委、市委有关文件和精神的落实，理顺县市区人大常委会的机构设置，在县市区人大常委会设立研究室；报请市委转发市人大常委会党组关于推进乡镇人大规范化建设的意见，在红安举办乡镇人大规范化建设现场会，建立县乡两级人大换届选举工作联席会议制度，开展专题调研督办。五是联系指导实现紧密化。加强与省人大的联系，认真学习贯彻省委人大工作会议精神，协助市委多次召开市委人大工作会议，出台关于进一步加强新形势下人大工作的意见，积极参加省人大组织的各项活动，2014年，还协助召开全省人大常委会主任座谈会，邀请省人大常委会及兄弟市州人大常委会领导视察黄冈市部分重点建设项目。加强对县乡人大的指导，认真贯彻中央和省委关于加强县乡人大工作的有关文件，多次召开全市人大常委会主任座谈会、务虚会和有关专题会议，总结经验，研讨问题。

四、研究宣传工作

1997年12月，市人大常委会抓住市人大成立一周年之机，在各县（市、区）和市直各单位的配合下，成功举办全市“学法、守法、执法”演讲比赛、人大知识电视大赛。是年，市人大常委会荣获全省人大宣传工作及调研信息工作先进单位称号。

2004年创建黄冈人大信息网，创办黄冈人大刊物，为宣传人大制度、宣传人大工作，宣传人大代表、进行人大工作理论研讨提供新平台。先后开展建设法治黄冈大讨论、人民代表大会制度成立50周年纪念活动和网上直播常委会会议等宣传报道活动。

2004年10月8日至10日，市人大信息网与今日黄冈网首次以图文专题的形式直播市二届人大常委会第二十次会议。这在全国地级市乃至省级城市尚属首次。

据统计，会议期间，市民参加网上直播互动达7000多次。

2004年11月20日，市人大常委会机关刊物《黄冈人大》杂志创刊号出版。《黄冈人大》采用16开纸印刷、四封彩印，每年4期，每期48页码，对全国、省、市人大代表、市级领导、市直单位、各县（市、区）党委、人大、政府、“两院”机关、部分乡镇免费赠阅。刊物设置“扉页”“工作研究”“监督之窗”“经验交流”“法律视点”“府院来风”“调查与思考”“呼声与建议”“本期关注”“代表风采”“理论探讨”“信息动态”“随笔漫谈”“来稿摘登”“他山之石”“专稿”“文苑”等近50个固定或动态栏目。市人大常委会党组书记、常务副主任陈定国在创刊号上发表题为《祝贺与希望》的卷首语。

2004年，为纪念人民代表大会制度成立50周年，市人大常委会召开座谈会，开展知识竞赛，与市委宣传部联合召开学习贯彻宪法修正案座谈会，首次在网上直播人大常委会会议，在中央、省级等各种新闻媒体上发稿30多篇，人大宣传工作跃上新台阶。

2008年6月4日至5日，全市人大宣传工作会议在蕲春县召开。市委常委、宣传部部长刘树生，市人大常委会党组副书记、副主任张永斌，市人大常委会副主任王楚平出席会议并讲话。会上，市人大常委会表彰浠水县人大常委会等五个全市人大宣传工作先进单位，项志齐等27名全市人大宣传工作先进个人。蕲春等五县（市、区）人大常委会在会上作经验交流，并对加强人大宣传工作进行深入探讨。

2009年10月26日至27日，“黄冈市2009年环保世纪行新闻采访团”赴麻城、团风、浠水进行实地察看和采访。

2010年4月19日，省第十九届宣传人民代表大会制度好新闻评选结果公布：评出一、二、三等奖作品8件、12件和15件。黄冈市人大常委会研究室黄新国的《湖北黄冈首次网络视频直播人大常委会会议》和武穴市委宣传部王红光的《防止“踢皮球”合理“投篮球”——武穴市人大“集中会审”破解信访难题》，分别获得一、二等奖。

2010年3月5日至6日，全市人大规范性文件备案审查工作会议在黄州召开。市人大常委会副主任张永斌、王楚平出席会议。各县（市、区）人大常委会、市政府法制办、市建设委员会有关负责人在会上作交流发言。省人大内司委秘书长孙少衡，就如何提高规范性文件备案审查质量进行专题讲座。

2010年8月24日至25日，全市人大宣传工作会议在浠水县召开。市人大常委会党组书记、副主任龙福清、市委常委、宣传部部长出席会议并讲话。市人大常委会副主任王楚平作会议总结。秘书长段高敏主持会议。会议对中宣部、省委宣传部以及省人大常委会有关人大宣传工作的精神进行传达贯彻，总结交流2008年以来全市人大宣传工作的经验，表彰奖励人大宣传工作中涌现出的先进单位6个、先进工作者22人，并对2008年以来宣传人民代表大会制度的好新闻也进行评选，表彰一等奖作品2件、二等奖作品4件、三等奖作品8件。黄冈日报社、黄冈市广播电视局、各县(市、区)人大常委会分别作交流发言。

2011年6月20日至23日，全省市州人大研究与宣传工作会议在宜昌召开。省人大常委会副主任罗辉出席会议并讲话。会议对2007年以来全省人大工作研究优秀成果进行表彰。全省人大工作研究优秀成果评选出特等奖1件、一等奖10件、二等奖15件、三等奖18件。黄冈市获二等奖1件、三等奖2件。获二等奖的是：研究与法规工作室黄新国的《浅谈我国人大代表约见制度的完善》(《人大研究》2009年第八期)；获三等奖的是：城环委方银旺的《关于提高人大常委会审议专项工作报告质效的几点浅见》(《楚天主人》2009年第一期)；，内司委丁爱萍的《人大许可权初探》(《楚天主人》2010年第二期)。这是市人大成立以来，首次参加并获得人大工作研究理论成果奖。

2020年8月至10月，市人大常委会办公室联合市委宣传部、市司法局在全市范围内开展“黄冈市地方性法规知识竞赛”活动，有57支队伍报名参赛，最后选出10支队伍参加10月27日的决赛。其间，市级融媒体主办网上，黄冈市地方性法规知识有奖问答活动，吸引11.8万人次参与。

五、老干群团工作

市人大常委会自成立至今，有退休老干部51人(已逝3人)，其中厅级领导13人，正处级28人，副处级4人，科级及以下6人。有党员47人，非中共人士4名；80岁以上4人；长期在外地居住的14人。为做好退休老干部工作，市人大常委会注重做好以下工作：一是紧紧抓住政治建设这个根本。教育引导退休干部深刻领悟“两个确立”的决定性意义，增强“四个意识”、坚定“四个自信”、做到“两个维护”，自觉在政治上、思想上、行动上同以习近平同志为核心的党中央保持高度一致，确保听党话、跟党走。在组织退休干部积极参加各种学习教育实践活动和“支部主题党日”的同时，还组织退休干部到十堰、孝感等地接受革命传统教育。在庆祝改革开放40周年、中华人民共和国成立70周年和中国共产党成立100周年时，组织老干部唱红歌、吟诗作赋，编印三本诗文集。二是紧紧抓住思想建设这个基础。加强党的创新理论武装，引导退休干部深入学习新时代党的创新理论，坚持读原著、学原文、悟原理，坚定理想信念，自觉践行习近平新时代中国特色社会主义思想。除了为退休干部长期订阅报刊，老干管理科坚持每月给退休干部送阅文件，人大常委会党组或机关党组主要负责人每年要为退休干部讲一次党课。三是持续抓好党支部建设这个重点。强化组织功能，把退休干部组织凝聚起来，严格组织生活。一直以来，成立常委会党组副书记、副主任任组长，常委会党组成员、机关党组（委）书记、秘书长任副组长的退休干部工作领导小组，每年至少要听取一至两次工作情况汇报。2021年，常委会党组专题听取退休干部工作情况汇报后，出台《关于进一步做好退休老干部工作的意见》（黄常组文〔2021〕12号），提出总体要求、完善阅读文件、情况通报、参加重要活动、走访慰问和联系、参观学习、组织生活等制度。还先后投资几十万元，装修市委大院退休干部活动室和人大办公楼、宿舍楼党小组活动室，并从“班子建设、教育管理、组织运行、活动开展、服务群众”等方面扎实开展离退休干部“示范党支部”创建活动。2021年1月被授予“湖北省离退休干部示范党支部”荣誉。四是严格守住守纪律这个底线。进一步增强退休干部的党性观念和党纪意识。五是切实抓好发挥作用这个着力点。坚持优化退休干部生活环境，认真落实退休干部“两个待遇”；坚持在职干部与退休干部一对一服务；坚持每年组织退休干部集中体检；坚持退休干部过生日时登门慰问；新冠肺炎疫情发生后，给退休干部配发防疫物资，及时进行疫苗接种，使退休干部心甘情愿地发挥余热。

工会、妇女等工作也极富特色，真正建成党组织领导下的联系、服务工会会员和妇女的坚强阵地和温暖之家。

六、对外交流工作

1.2001年2月6日，以武汉市委副书记韩忠学，武汉市委常委、副市长殷增涛，武汉市人大常委会副主任吴玉梅为首的武汉市党政考察团一行26人到黄冈考察。两市就加强经济技术协作举行洽谈会，并达成系列协议，市领导刘友凡、段远明、汪慧英出席洽谈会。

2.2004年10月9日，北京市人大常委会副主任范远谋到黄冈市考察人大工作，市人大常委会常务副主任陈定国陪同考察。

3.2006年11月20日至23日，青海省玉树藏族自治州委书记王晓勇、州人大常委会副主任布达哇到黄冈市考察，并达成多项合作意向，市领导刘雪荣、张永斌陪同考察。

4.江西省九江市人民检察院韩德松检察长率部分基层院检察长、湖北省人民检察院江汉分院赵铁民检察长先后到黄冈市参观，交流人民检察工作经验。

5.2007年11月16日至18日，南方部分城市人大制度理论研讨会第九次会议在黄冈市召开。会议围绕“贯彻实施监督法提高人大监督工作质效”这一主题，进行广泛交流和深入探讨。市委书记、市人大常委会主任致欢迎词，省人大常委会副秘书长、研究室主任陈洪波出席会议并讲话。市人大常委会副主任张永斌、王楚平和秘书长梅启生参加会议。出席这次研讨会的城市有安徽省安庆市、云南省曲靖市、福建省南平市、广西壮族自治区柳州市、湖南省株洲市、广东省梅州市、韶关市、湖北省黄石市、鄂州市、江西省景德镇市。

6.2008年10月15日，全国11个县市区(旗)人大工作横向联系座谈会第二十六次会议在武穴市召开。市人大常委会副主任黄奏球出席会议并致欢迎词。会议就加强干部任后监督进行交流和探讨。

7.2009年4月15日至17日，市人大常委会接待陕西省人大常委会副主任刘癸楚。

8.2009年4月28日，市人大常委会副主任王楚平接待山西省长治市人大常委会副主任蔡茂生。

9.2009年5月10日至11日，市人大常委会接待苏州市人大常委会主任周福元。

10.2009年6月13日至24日，市人大常委会副主任张永斌先后接待襄樊市、仙桃市和恩施州人大常委会到黄冈市考察代表工作。

11.2009年6月23日至28日，市人大常委会副主任王楚平赴湖南株洲市，参加南方部分城市人大制度理论研讨会。此会是1999年由广东省韶关市发起的。细询问群众生产生活情况。

12.2012年5月17日，江西省人大常委会副主任朱秉发、预算工委主任张振球一行，在省人大财经委副主任张友松的陪同下，到麻城市、红安县接受革命传统教育。

13.2012年6月6日至7日，全国黄冈市人大常委会派员参加全国著名革命老区和在建党建军史上有重大影响的城市人大常委会主任联市会和南方部分城市人大工作理论研讨会，利用这一平台，交流人大工作经验，全面推介宣传黄冈经济和社会发展情况。

14.2012年10月19日，河南省鹤壁市人大财经工委主任赵玉堂一行到黄冈市，学习考察人大财政预决算审查监督工作。

15.2013年3月19日，湖南省郴州市人大常委会副主任樊忠达、预算工委主任黄仁明率市人大财经委、市财政局、审计局一行到黄冈市，学习考察人大财政预决算审查监督和审计查出问题整改监督工作。

16.2013年5月3日，武汉市人大常委会委员、财经委副主任委员、预算工委主任姜伟琳（女）率团一行10人到黄冈市，学习考察全口径财政预决算审查监督和机构设置、制度创新等工作。

17.2013年5月8日，黑龙江省大兴安岭地区人大常委会副主任金连春率10人到黄冈市，学习考察人大全口径财政预决算审查监督工作。

18.2013年6月8日至9日，河北省秦皇岛市人大常委会副主任高文涛一行6人到黄冈市，学习考察人大全口径财政预决算审查监督工作。

19.2013年7月4日至11日，以市人大常委会副主任王楚平为团长的人大地方议会制度考察团一行6人，赴巴西、阿根廷两国进行为期8天实地考察和交流。回国后，撰写了《巴西、阿根廷考察归来的启示》。

20.2014年1月7日，武汉市洪山区人大常委会副主任陶爱红、副区级领导陈晓鹏率区人大常委会一行6人到黄冈市，学习和考察全口径财政预决算审查监督工作情况。

21.2014年4月14日，辽宁省本溪市人大财经委主任委员刘树山、预算工委主任马刚一行10人到黄冈市，学习考察人大全口径财政预决算审查监督工作。

22.2014年12月10日，襄阳市人大常委会副主任常金华率市人大预算工委一行5人到黄冈市，学习和考察人大全口径财政预决算审查监督工作情况。

23.2015年，安徽省安庆市人大代表团到黄冈市共商大别山革命老区振兴发展，此举增进相互联系，促进交流合作。

24.2016年3月13日至18日，市人大常委会副主任梅咏成带领以市人大常委会、红安县人大常委会以及七里坪镇相关负责同志为成员的考察组，赴浙江湖州市吴西区妙西镇、南浔区南浔镇、嘉兴市南湖区凤桥镇、江苏徐州市桐山区柳兴镇，考察学习乡镇人大人员构成及依法行权情况、乡镇人大代表推荐、提名及依法履职情况、乡镇人民代表大会组织召开情况。考察学习结束，写出题为《学经验找差距抢机遇促提升》的考察报告。

25.2016年3月22日至23日，波兰皮亚塞赤诺市议会议长皮奥特·欧巴洛扎率代表团到黄冈市考察人大工作。市人大常委会副主任何东英，介绍黄冈市人大及其常委会机构设置、主要职责及代表工作等情况；皮亚塞赤诺市议会代表团介绍该市议会基本组成、运行机制及主要职责等情况。市人大常委会代理主任罗刚、秘书长段高敏和市外侨局负责人陪同座谈和参观。市委书记刘雪荣、市长陈安丽分别在黄州会见皮奥特·欧巴洛扎一行，并签署加强合作交流备忘录。这是市人大成立以来接待的首个国外考察团。

26.2016年，市人大常委会组织常委会组成人员、县（市、区）人大常委会负责人赴安徽安庆、六安，河南信阳等地考察学习。

27.2018年，针对黄冈市公交发展滞后，市人大常委会对黄州城区公交发展情况进行专题调研，还先后赴河南省许昌市、山西省晋城市和本省襄阳市开展公交立法前期调研。

28.2021年3月7日，市人大常委会党组副书记、副主任詹旺民一行，赴广东省茂名市、云浮市、汕头市、潮州市就畜禽养殖污染防治立法进行学习考察。

29.2021年3月8日至13日，市人大常委会副主任王万福一行5人，先后赴江苏省沭阳、扬州市和浙江省丽水市、松阳县考察学习讨论决定重大事项常态化方面的经验和做法。

30.2021年5月17日，江苏省雅安市人大常委会监察和司法委员会主任委员张宗美一行7人，到红安县调研董必武法制思想和行政执法规范化建设工作。

31.2021年9月27日至28日，市人大常委会党组书记、主任张社教带领调研组，赴安徽省安庆市开展大别山生态保护区域协同立法和龙感湖水环境治理立法调研工作。

32.2021年10月20日，江苏省宿迁市人大常委会党组书记、常务副主任叶辉率所辖县区人大常委会主任一行21人，专程赴黄冈市黄梅县、罗田县考察慈善法贯彻实施情况和人大工作。市人大常委会党组书记、主任张社教，市人大常委会副主任汪柏坤，市人大常委会秘书长方荣参加活动。

第七章　黄冈市人大及其常委会制度建设

第一节　人民代表大会制度

市人大及其常委会自1996年12月至2022年1月，坚持“总结、继承、完善、提高”的原则，注重分层次（市人民代表大会、市人民代表大会常务委员会、市人民代表大会常务委员会机关）、堵漏洞、建制度、立规矩。据统计，先后建立制定、修改完善和出台各种制度289个，其中，市人民代表大会制度61个；市人民代表大会常务委员会制度71个；市人民代表大会常务委员会机关制度57个。这些制度，在健全政治学习、视察检查、调查研究、议事决策、公文办理、财务管理等诸方面既堵漏洞、补短板，又与时俱进，管用有效。既符合法律规定，符合上级精神，更符合黄冈实际。由于制度严格，责任明确，程序规范，运转协调的工作机制得以显现，使人民代表大会制度优势同时得以充分发挥。

黄冈市第六届人民代表大会第一次会议选举办法

（2022年1月6日黄冈市第六届人民代表大会第一次会议第一次全体会议通过）

一、根据《中华人民共和国地方各级人民代表大会和地方各级人民政府组织法》和《中华人民共和国监察法》的有关规定，结合黄冈市实际，制定本次会议选举办法。

二、黄冈市第六届人民代表大会第一次会议，选举黄冈市第六届人民代表大会常务委员会主任、副主任、秘书长、委员；选举黄冈市人民政府市长、副市长；选举黄冈市监察委员会主任；选举黄冈市中级人民法院院长；选举黄冈市人民检察院检察长。

三、黄冈市第六届人民代表大会常务委员会主任、副主任、秘书长、委员，黄冈市人民政府市长、副市长，黄冈市监察委员会主任，黄冈市中级人民法院院长，黄冈市人民检察院检察长的候选人，由大会主席团提名或者代表20人以上联合提名。

代表联合提名候选人,可以是一个代表团内的代表联合提名,也可以是不同代表团的代表联合提名。

大会主席团提名的候选人人数,每一代表与其他代表联合提名的候选人人数,均不得超过应选名额。

四、代表联合提名候选人,提名人应当填写代表联合提名候选人登记表。提名登记表在提名截止时间以前送达大会秘书处组织组的,提名有效。

代表联合提名各项候选人的截止时间为2022年1月8日17时。

五、提名、酝酿各项候选人的时间不得少于2天。提名人应当如实介绍所提名候选人的情况,说明提名理由。在大会主席团确定候选人名单之前,提名人如果要求撤回提名,或者被提名人不愿意接受提名,须以书面方式提出,大会主席团应尊重提名人和被提名人的意愿,予以同意。

六、黄冈市第六届人民代表大会常务委员会组成人员的候选人,必须是本届市人民代表大会代表。其他各项候选人,可以是本届市人民代表大会代表,也可以是其他选民。

七、大会主席团对代表联合提名候选人进行审查,如代表联合提名候选人不符合法律规定和任职资格条件,由大会主席团决定不列为候选人并向提名人作出说明。

八、黄冈市第六届人民代表大会常务委员会主任、秘书长,黄冈市人民政府市长,黄冈市监察委员会主任,黄冈市中级人民法院院长,黄冈市人民检察院检察长的候选人,大会主席团各提名1人。如果没有20人以上代表联合提名新的候选人,或者代表联合提名的候选人不接受提名,则进行等额选举。

九、黄冈市第六届人民代表大会常务委员会副主任、委员,黄冈市人民政府副市长实行差额选举。

黄冈市第六届人民代表大会常务委员会副主任应选名额6人,正式候选人7人,差额1人;委员应选名额33人,正式候选人37人,差额4人。

黄冈市人民政府副市长应选名额7人,正式候选人8人,差额1人。

如果提名的候选人人数符合本办法规定的差额数,由大会主席团提交代表酝酿、讨论后,进行选举。如果提名的候选人人数超过本办法规定的差额数,由大会主席团将全部候选人提交代表酝酿、讨论后,先以代表团为单位进行预选,按照本办法规定的差额数和得票多少的顺序,确定正式候选人名单,然后进行正式选举。

十、本次会议选举采用无记名投票方式。选举会议应有三分之二以上的代表出席方能举行。选票的各项候选人名单,均分别按姓名笔画排列。如遇候选人姓名相同,则分别在其姓名旁注明工作单位。

十一、本次会议选举的选票共三张,分别为:黄冈市第六届人民代表大会常务委员会主任、黄冈市第六届人民代表大会常务委员会秘书长、黄冈市人民政府市长、黄冈市监察委员会主任、黄冈市中级人民法院院长、黄冈市人民检察院检察长选票;黄冈市第六届人民代表大会常务委员会副主任、黄冈市人民政府副市长选票;黄冈市第六届人民代表大会常务委员会委员选票。

十二、对选票上的候选人,代表可以投赞成票,可以投反对票,也可以投弃权票。对所列候选人,赞成的在其姓名下面的方格内划"○",反对的划"×",弃权的不划任何符号。大会正式选举时,投弃权票的,不能另选他人;投反对票的可以按照本办法第六条的规定另选他人,如另选他人,在候选人后面的空格内写上自己要选的人的姓名,并在其姓名下面的方格内划"○"。每张选票上的每项选举所选的人数,等于或者少于应选名额的,为有效票;多于应选名额或预选时有另选他人的,为无效票。

十三、选举时,收回的选票数等于或者少于发出的选票数,选举有效;多于发出的选票数,选举无效,应重新进行选举。

十四、候选人得赞成票数超过应到会代表的半数,始得当选。如得赞成票数超过应到会代表半数的候选人多于应选名额时,以得票多的当选;如遇票数相等不能确定当选人时,应就票数相等的人再次投票,以得票多的当选。

黄冈市第六届人民代表大会常务委员会主任、秘书长,黄冈市人民政府市长,黄冈市监察委员会主任,黄冈市中级人民法院院长,黄冈市人民检察院检察长的选举,候选人得赞成票数未超过应到会代表的半数时,是否另提候选人重新进行选举,由大会主席团决定。

黄冈市第六届人民代表大会常务委员会副主任、委员,黄冈市人民政府副市长的选举,得赞成票数超过应到会代表半数的当选人数少于应选名额时,不足的名额是否另行选举,由大会主席团决定。

十五、选举工作由大会主席团主持。大会选举设监票人11名,其中总监票人1名。监票人由各代表团从不是候选人的代表中推选,总监票人由大会主席团在监票人中提名。监票人、总监票人经大会主席团提交大会通过后,在大会主席团领导下,对发票、投票、计票工作进行监督。

计票工作人员由大会秘书处指定。

十六、选举会场共设5个票箱。代表按座区分别到指定的票箱投票，不能委托投票。投票时，监票人、总监票人首先在自己的座区投票，随后大会主席团成员和其他代表在大会工作人员的引导下，依次投票。

十七、投票前，由监票人当场打开票箱，检查并向总监票人报告票箱内有无选票情况，总监票人报告大会执行主席。投票结束后，监票人当场打开票箱，计票人员清点票数，总监票人将实际收回票数报告大会执行主席，由大会执行主席向大会宣布本次选举是否有效。

十八、计票结束后，总监票人向大会主席团报告计票结果，并由总监票人向大会报告计票结果，大会执行主席向大会宣布选举结果。

十九、本选举办法未尽事宜，由大会主席团决定。

二十、本选举办法，经黄冈市第六届人民代表大会第一次会议全体会议通过后施行。

第二节　市人大常委会制度

黄冈市人大常委会关于公民旁听市人大常委会会议制度的实施办法

（2003年7月30日市二届人大常委会第十一次会议通过）

第一条　为了实行公民旁听市人大常委会会议制度，以推动黄冈市的社会主义物质文明、政治文明和精神文明建设，逐步扩大地方国家权力机关议事的公开程度，推进公民有序的政治参与，现结合黄冈市实际制定本办法。

第二条　凡居住在本市行政区域内的中华人民共和国公民和在本市从事经营活动的外来客商，都享有申请旁听市人大常委会会议的权利。

第三条　市人大常委会会议召开前，由市人大常委会办公室通过报纸、电台、电视台等新闻媒体向社会发出公告，公布会议召开的时间、地点和建议议题。

第四条　要求旁听市人大常委会会议的公民，须在会议召开前携带有效证件向市人大常委会代表人事工作室提出申请并填写登记表。代表人事工作室根据会议议题和实际情况，确定适当数量的申请者（也可提前约请一定数量的公民）参加旁听，并发给其旁听证。

第五条　旁听者可按照市人大常委会代表人事工作室的安排，持旁听证在旁听席上旁听市人大常委会全体会议和分组会议。

第六条　旁听者应自觉遵守会议纪律、维护会议秩序。在取得会议主持人同意后,旁听者可就有关问题发表意见。

第七条 本办法自通过之日起实行。

黄冈市人大常委会关于市人大常委会组成人员联系本级人大代表办法

(2005年5月27日市二届人大常委会第二十五次会议通过)

第一条 为了加强市人大常委会组成人员与本级人大代表的联系,充分发挥代表作用,更好地依靠代表做好常委会的工作,为代表执行职务服务,根据宪法、地方组织法、代表法及湖北省实施代表法办法的有关规定,结合黄冈市实际,制定本办法。

第二条 市人大常委会组成人员联系市人大代表,主要是围绕市人民代表大会及其常委会审议、讨论、决定的问题,征求代表意见,听取代表对贯彻实施有关法律、法规情况的反映;组织代表开展调查研究,了解人民群众的要求,受理代表对各方面工作提出的建议、批评和意见,促进决策民主化、科学化。

第三条 市人大常委会组成人员联系市人大代表,可采取走访代表、参加代表小组活动、召开代表座谈会、接待代表来访、与代表通信等形式,直接同代表联系,了解情况,协助代表或代表小组开展活动,帮助市人大代表有效地履行职责、更好地发挥作用。

第四条 市人大常委会组成人员联系代表的具体要求:

(一)市人大常委会组成人员在市人民代表大会、市人民代表大会常务委员会举行会议前,原则上应回到选举单位同联系的市人大代表一起集中视察或调查,做好审议大会和常委会会议各项议题的准备工作,了解有关方面的情况,听取人民群众的意见和要求。

(二)市人大常委会组成人员每年至少要到原选举单位召开一次代表座谈会听取联系的市人大代表对市人大常委会以及“一府两院”工作的建议、批评和意见。

(三)市人大常委会组成人员要主动督办所联系的市人大代表在市人民代表大会期间提出的议案、建议、批评和意见。

(四)市人大常委会组成人员要认真做好联系的市人大代表来信来访接待处理工作。来信来访代表向常委会提出的对“一府两院”及其国家工作人员的申诉、控告、检举的重要信访件,由主任会议处理。

(五)市人大常委会组成人员要为联系的市人大代表约见主任会议组成人员提供帮助,主任会议组成人员应安排时间接待,认真听取代表的意见,回答代表询问。

（六）市人大常委会组成人员每人每年相对固定联系1—3名市人大代表。联系代表可以单独进行，也可以两人以上相约进行。需要被联系代表所在单位协助的，应提前两天告知市人大常委会代表人事工作室，由该工作机构通知有关单位，协助做好联系代表工作。

第五条 市人大常委会组成人员在联系代表过程中对代表提出的重要建议和意见，要及时向常委会或主任会议报告。对常委会组成人员提出的报告和重要建议，常委会会议或主任会议应在两个月内进行研究，作出处理并把处理结果答复有关组成人员。

第六条 本办法自通过之日起施行。

黄冈市人大常委会组成人员守则

（2009年1月5日黄冈市三届人大常委会第十四次会议通过）

为了保证市人大常委会组成人员依法行使职权，规范常委会组成人员的议事行为，根据《中华人民共和国全国人民代表大会和地方各级人民代表大会代表法》以及《黄冈市人民代表大会常务委员会议事规则》的有关规定，制定本守则。

第一条 本守则所称常委会组成人员，是指人大常委会主任、副主任、秘书长和委员。

第二条 常委会组成人员要努力学习中国特色社会主义理论，深入实践科学发展观，学习宪法、法律、法规和国家的方针政策，掌握行使职权所必备的知识。坚持党的领导，坚持民主集中制，坚持依法治国方略，以促进黄冈改革开放和社会主义现代化建设的顺利进行。

第三条 常委会组成人员要根据人大常委会每年度各次会议的预定日期，提前妥善安排本职工作和社会活动，确保在时间上服从常委会会议的需要。

常委会组成人员所在单位必须给予时间保障，支持常委会组成人员依法参加会议和开展视察调研等工作。

驻会的组成人员要集中精力从事常委会的工作。

第四条 常委会组成人员必须出席常委会会议。因病或其他特殊原因不能出席常委会会议的，需履行请假手续。会议期间，不能出席常委会全体会议的，应向主持日常工作的副主任请假；不能出席常委会分组会议的或在分组会议期间因特殊情况离会时，应向分组会议召集人请假。

未经批准，一年内缺席常委会会议一次的，应向人大常委会主任会议提交书面报告说明情况；一年内缺席人大常委会会议两次的，由人大常委会通报批评；一年内请假未经批准或无故缺席人大常委会会议两次及以上的，建议依法辞去常委会组成人员职务。

每次常委会会议由人大常委会办公室通报出席情况。人大常委会办公室每年统计常委会组成人员出席情况，并予以公布。

第五条　常委会组成人员在常委会会议举行前，要认真阅读预先送达的会议文件和有关资料，积极参加有关的调查、视察，做好审议准备。

第六条　常委会组成人员应当围绕会议议题，认真行使法律赋予的提议案权、询问权、质询权和提出建议、批评、意见等权利。

第七条　常委会组成人员必须遵守民主集中制原则和议事规则的规定。在充分发扬民主的基础上表决议案，实行少数服从多数。

第八条　参加专门委员会的人大常委会组成人员，要积极从事专门委员会的工作，遵守专门委员会的工作制度。因特殊情况不能出席专门委员会有关会议的，应向该专门委员会主任委员或副主任委员请假。

第九条　常委会组成人员应积极参加常委会组织的检查法律、法规和决议、决定执行情况的活动。

第十条　常委会组成人员应同原选区人民群众和人大代表保持密切联系，听取他们的意见和要求，客观准确地反映人民群众的呼声建议，并自觉接受代表和人民群众的监督。

第十一条　常委会组成人员要遵守社会公德，倡导文明风尚，做遵纪守法的表率；要清正廉洁，克己奉公，做反腐倡廉的表率。要严守国家秘密，凡属规定不应公开的会议内容，不得以任何方式传播。

第十二条　本守则自通过之日起施行。2002年5月22日市第二届人大常委会第一次会议通过的《黄冈市人大常委会组成人员守则》同时废止。

黄冈市人民代表大会常务委员会关于讨论决定重大事项的实施细则

（2017年12月4日提请黄冈市第五届人民代表大会常务委员会第八次会议审议）

第一条　为了依法履行黄冈市人民代表大会常务委员会（以下简称市人大常委会）决定重大事项的职权，根据《中华人民共和国宪法》《中华人民共和国地方各级人民代表大会和地方各级人民政府组织法》《湖北省各级人民代表大会常务委员会讨论、决定重大事项的规定》和其他相关法律、法规，结合本市实际，制定本细则。

第二条 市人大常委会讨论、决定本行政区域内经济建设、政治建设、文化建设、社会建设、生态文明建设中，关系改革发展稳定大局和人民群众切身利益、社会普遍关注的重大事项，适用本细则。

第三条 市人大常委会讨论、决定重大事项，应当坚持党的领导、人民当家作主、依法治国有机统一，坚持围绕中心、服务大局，坚持民主集中制、集体行使职权，坚持科学决策、民主决策、依法决策，促进经济社会发展和民主法治建设。

市人大常委会讨论、决定重大事项的情况，应当向市人民代表大会报告，并向社会公开，接受监督。

第四条 市人大常委会对重大事项作出的决议、决定具有法律效力，本行政区域内的国家机关、组织和个人都应当遵守和执行。

第五条 市人民政府、市监察委员会、市中级人民法院、市人民检察院(以下简称"一府一委两院")应当建立完善相关制度，在作出重大决策前依法向市人大常委会报告。

第六条 下列重大事项，应当向市人大常委会报告，由市人大常委会审议，并作出决议、决定：

(一)市委建议人大常委会讨论、决定的重大事项；

(二)贯彻执行宪法、法律、法规和上级以及本级人民代表大会及其常务委员会决议、决定的重大措施，加强社会主义民主法治建设的重大措施；

(三)市人民代表大会授权市人大常委会讨论、决定的重大事项；

(四)需要市人大常委会授权依法开展的重大改革措施；

(五)市人民政府对国民经济和社会发展五年规划、年度计划的调整方案；

(六)市本级预算调整方案、地方政府债务限额和上一年度决算；

(七)市人民代表大会换届选举工作中的有关重大事项；

(八)撤销市人民政府不适当的决定和命令；

(九)撤销县(市、区)人民代表大会及其常务委员会不适当的决议、决定；

(十)授予或者撤销地方的荣誉称号；

(十一)法律、法规规定应当由市人大常委会讨论、决定的其他重大事项。

第七条 下列重大事项，应当向市人大常委会报告，由市人大常委会审议提出意见、建议，根据需要可以作出决议、决定：

(一)推进依法行政、公正司法、监察工作的重大决策部署；

(二)涉及经济社会发展全局和人民群众切身利益、社会普遍关注的重大民生事项和建设项目；

（三）上半年国民经济和社会发展计划、预算的执行情况；

（四）上一年度预算执行和其他财政收支的审计情况以及查出问题整改情况；

（五）环境保护规划、土地利用总体规划、城镇体系规划、城市总体规划、主体功能区规划等的编制、修改和实施情况；

（六）环境状况和环境保护目标完成情况，重大环境事件的应对处置情况；

（七）国有资产管理情况；

（八）行政区划调整方案；

（九）法律、法规规定应当向市人大常委会报告的其他重大事项。

市人民政府工作部门的设立、撤销或者合并方案，报经省人民政府批准后，应当报市人大常委会备案。

第八条　下列国家机关、机构和人员可以依法向市人大常委会提出有关重大事项的议案、报告：

（一）市人大常委会主任会议；

（二）市“一府一委两院”；

（三）市人民代表大会各专门委员会（以下简称专门委员会）；

（四）市人大常委会组成人员五人以上联名。

第九条　建立完善讨论、决定重大事项协调机制，定期召开市委、市人大常委会、市“一府一委两院”工作机构参加的联席会议，及时通报本行政区域的重大决策和工作部署及进展情况，沟通协调重大事项议题的提出、决议决定的贯彻执行、意见建议的研究处理等相关事宜。

第十条　市人大常委会讨论、决定重大事项，应当制定年度计划，并列入市人大常委会年度工作要点，向社会公开。

市人大常委会工作机构应当每年年底向市“一府一委两院”和专门委员会、市人大常委会组成人员、市人大代表以及社会公众征集重大事项议题，研究提出下一年度计划方案，通过联席会议等形式沟通协调相关方面意见后，提交市人大常委会主任会议讨论通过。

年度计划需要作个别调整或者临时需要提请市人大常委会讨论、决定的重大事项，由市人大常委会主任会议研究决定。

第十一条　市人大常委会主任会议、市“一府一委两院”和专门委员会提出的重大事项议案、报告，应当分别经市人大常委会主任会议、市人民政府常务会议、市监察委员会会议、市中级人民法院审判委员会会议、市人民检察院检察委员会会议和专门委员会会议通过。

市“一府一委两院”提出的重大事项议案、报告，由其主要负责人签署。市人大常委会组成人员联名提出的重大事项议案、报告，由联名人共同签署。

第十二条 重大事项的议案、报告应当包括下列内容：

（一）重大事项的基本情况；

（二）与重大事项有关的法律、法规和政策依据；

（三）决策方案及其必要性、可行性说明，相关的统计数据、调研报告等资料；

（四）按照有关规定，组织公众参与、专家论证、风险评估、合法性审查、集体讨论决定的情况。

重大事项的议案、报告应当在市人大常委会会议召开的十五日前送达市人大常委会工作机构。

第十三条 市“一府一委两院”有关重大事项的议案、报告，应当提前送交有关专门委员会、市人大常委会工作机构征求意见。

有关专门委员会、市人大常委会工作机构根据需要，提前参与重大事项前期研究协调和论证过程，了解情况、提出意见；或者组织专题调研，提出意见。

第十四条 重大事项的议案、报告，按照下列程序提请审议：

（一）市人大常委会主任会议提出的，由市人大常委会会议审议；

（二）市“一府一委两院” 提出的，先交有关专门委员会审议、提出报告，由市人大常委会主任会议决定提请市人大常委会会议审议；

（三）专门委员会提出的，由市人大常委会主任会议决定提请市人大常委会会议审议；

（四）市人大常委会组成人员依法联名提出的，由市人大常委会主任会议决定是否提请市人大常委会会议审议，或者先交有关专门委员会审议、提出报告，再决定是否提请市人大常委会会议审议。

第十五条 讨论、决定重大事项前，市人大常委会应当组织市人大常委会组成人员、市人大代表开展视察、专题调研，或者由有关专门委员会、市人大常委会工作机构组织专题调研，广泛听取各方面意见。

对专业性、技术性较强的重大事项，应当组织专家、科研机构进行深入论证和评估，或者要求有关国家机关、机构、组织进行补充论证、评估。

对存在重大意见分歧或者涉及利益关系重大调整的重大事项，应当召开听证会听取各方面意见。

对社会普遍关注的重大事项，应当公开相关信息，通过报刊、网络等媒体向社会公开征求意见。

第十六条　市人大常委会会议审议重大事项的议案、报告时，提案机关负责人或者提案人应当到会作出说明、听取意见、回答询问。

市人大常委会主任会议应当安排参与前期视察或者专题调研的市人大代表列席市人大常委会会议，提出意见；根据需要，可以组织相关专业机构和人员列席市人大常委会会议，回答询问。

社会团体、企业事业单位以及公民经市人大常委会主任会议决定，可以列席或者旁听市人大常委会会议。

第十七条　市人大常委会讨论、决定重大事项，重点审查重大事项及决策方案的合法性，同时对科学性、合理性、可行性提出意见、建议。

第十八条　对需要作出决议、决定的重大事项，市人大常委会自收到重大事项的议案、报告之日起三个月内作出决议、决定，或者在有关地方性法规中作出规定；情形复杂的，经市人大常委会主任会议决定可以适当延长期限。

对不需要作出决议、决定的重大事项，有关专门委员会或者市人大常委会工作机构应当在闭会后十五日内汇总整理人大常委会会议审议提出的意见、建议，经市人大常委会主任会议决定交有关国家机关研究处理。

第十九条　市人大常委会对重大事项作出的决议、决定或者提出的意见、建议，在闭会后十五日内通过报刊、网络等媒体向社会公布。

市人大常委会作出的决议、决定在市人大常委会公报上刊登。

第二十条　市人大常委会对重大事项作出的决议、决定，有关国家机关应当在一年内向市人大常委会报告贯彻执行情况；决议、决定已明确办结期限的，应当在规定期限内办结；情形复杂需要延长期限的，应当提出书面报告，由市人大常委会主任会议决定。

市人大常委会对重大事项提出的意见、建议，有关国家机关应当研究处理，并在六个月内向市人大常委会报告研究处理情况。

报告决议、决定贯彻执行情况，应当包括决议、决定执行的整体情况、实施效果、存在的问题和改进工作意见等。报告意见、建议研究处理情况，应当包括重大事项决策方案修改完善情况、实施效果、存在的问题和改进工作意见等。

第二十一条　市人大常委会通过听取和审议专项工作报告、开展执法检查或者组织代表视察、专题调研、专题询问等方式，对决议、决定的贯彻执行情况或者意见、建议的研究处理情况进行监督检查；根据需要，可以结合审议相关议题进行满意度测评。

有关专门委员会或者市人大常委会有关工作机构负责组织跟踪督办，并向市人大常委会主任会议报告；必要时，由市人大常委会主任会议决定，向市人大常委会报告。

第二十二条 违反本规定，有关国家机关有下列情形之一的，市人大常委会可以依法组织询问、质询、特定问题调查，并根据具体情况提出监督纠正意见、责令限期改正或者依法撤销已经作出的决定：

（一）应当向市人大常委会报告的重大事项不报告的；

（二）应当由市人大常委会决定的重大事项越权作出决定的；

（三）对市人大常委会作出的决议、决定不贯彻执行的；

（四）对市人大常委会提出的意见、建议不研究处理的；

（五）未按照期限报告决议、决定的贯彻执行情况或者意见、建议的研究处理情况的；

（六）决议、决定的贯彻执行情况或者意见、建议的研究处理情况，经市人大常委会满意度测评结果不满意的。

有前款规定情形之一的，依法追究相关国家机关主要负责人责任，并向有关方面通报，作为其职务任免、考核的重要依据；造成重大损失或者严重负面影响的，应当追究相关国家机关领导人员和责任人员的法律责任。

第二十三条 本细则自2018年1月1日起施行。2005年3月28日市二届人大常委会第二十四次会议通过的《黄冈市人民代表大会常务委员会关于讨论、决定重大事项的实施办法》自本细则施行日起废止。

黄冈市人民代表大会常务委员会规范性文件备案审查工作办法

（2020年12月28日黄冈市第五届人民代表大会常务委员会第三十二次会议通过）

第一条 为了进一步完善规范性文件备案审查工作机制，促进备案审查工作规范化、程序化，根据《中华人民共和国立法法》《中华人民共和国各级人民代表大会常务委员会监督法》《湖北省各级人民代表大会常务委员会规范性文件备案审查工作条例》等有关法律法规的规定，结合本市实际，制定本办法。

第二条 本办法适用于市人民代表大会常务委员会（以下简称市人大常委会）

对规范性文件的备案审查工作。

第三条　本办法所称规范性文件，是指市人民政府、市监察委员会、市中级人民法院、市人民检察院和县级人民代表大会及其常务委员会依照法定权限和程序制定的，涉及公民、法人和其他组织的权利与义务，在本行政区域内具有普遍约束力并在一定时期内反复适用的文件。

第四条　规范性文件备案审查工作应当坚持中国共产党的领导，维护法治统一，依照法定权限和程序，做到有件必备、有备必审、有错必纠。

第五条　报送市人大常委会备案的规范性文件范围：

（一）市人民政府制定的规章以及对规章作出的解释；

（二）市人民政府作出的决定、命令，制定的规定、办法、细则、意见等，市人民政府办公室制定的规范性文件，以及市人民政府所属工作部门和机构冠经市人民政府同意制定的规范性文件；

（三）市监察委员会制定的或者由其会同有关国家机关制定的规范、指导监察工作的规定、办法、细则、意见等规范性文件；

（四）市中级人民法院、市人民检察院制定或者由其会同有关国家机关制定的规范、指导审判、检察工作的规定、办法、细则、会议纪要、指引等规范性文件；

（五）地方性法规授权制定的配套性规范性文件；

（六）县（市、区）人大及其常委会作出的决议、决定以及其他规范性文件；

（七）其他依法应当报送市人大常委会备案的规范性文件。

第六条　规范性文件制定机关（以下简称制定机关）应当自规范性文件公布之日起三十日内报送市人大常委会备案。

制定机关应当于每年一月底前，将其上一年度制定、修改和废止的规范性文件目录报送市人大常委会。

制定机关应当确定具体工作机构和专门人员，负责规范性文件的报送备案工作。

第七条　规范性文件报送备案时应当按照统一格式要求提交下列材料：

（一）备案报告；

（二）政府令或者公告；

（三）规范性文件标准文本及其说明材料；

（四）其他有关资料。

纸质文本应当采用胶印方式统一装订成册，一式五份，并同时报送WPS和PDF

电子文本。

电子文件应当通过省人大常委会立法和备案审查信息平台报送。

第八条 备案报告按照下列规定确定文号：

（一）市人民政府制定的规章备案报告为：黄冈府规备字〔××××〕×号 总第×号；

（二）市人民政府、市监察委员会、市中级人民法院、市人民检察院制定的规范性文件备案报告分别为：黄冈府文备字〔××××〕×号 总第×号、黄监文备字〔××××〕×号 总第×号、黄中法文备字〔××××〕×号 总第×号、黄检文备字〔××××〕×号 总第×号；

（三）市人民政府办公室制定的规范性文件备案报告为：黄政办文备字〔××××〕×号 总第×号，市人民政府所属工作部门和机构冠经市人民政府同意制定的规范性文件备案报告为：黄×文备字〔××××〕×号 总第×号；

（四）县（市、区）人大及其常委会制定的规范性文件备案报告为：×常文备字〔××××〕×号 总第×号。

一个备案报告报备一件规范性文件。

第九条 市人大常委会法制工作委员会（以下简称法制工作委员会）负责报送备案的规范性文件的统一接收、登记、分送、审查和归档等工作。

市人民代表大会专门委员会（以下简称专门委员会）、市人大常委会工作机构（以下简称常委会工作机构），按照职责分工，承担相关规范性文件的审查工作。

第十条 对报备的规范性文件，法制工作委员会应当自收到之日起十日内检查其是否符合报送备案要求。符合报备要求的，填写规范性文件备案登记表，并根据规范性文件内容和各专门委员会、常委会工作机构的职责，提出办理建议，报常委会秘书长审签后分送相关专门委员会和常委会工作机构。

对不符合报备要求的，按照下列规定处理：

（一）对不属于报备范围的，不予登记，并将报备材料退回；

（二）对报备材料不齐或者不符合报备格式要求的，告知制定机关十日内补充完善后重新报备。

第十一条 市人民政府、市监察委员会、市中级人民法院、市人民检察院、县（市、区）人大常委会，向市人大常委会书面提出审查要求的，法制工作委员会应当接收登记、提出办理建议，并按照本办法的有关规定处理。

前款规定以外的其他国家机关和社会团体、企业事业组织以及公民向市人大常委会书面提出审查建议的，法制工作委员会应当接收登记，对审查建议进行初步研究,必要时提出办理建议,并按照本办法的有关规定处理。

提出审查要求或者审查建议的,应当写明建议审查的规范性文件名称、审查的事项和理由。对不属于市人大常委会备案审查范围的审查要求或者审查建议,法制工作委员会应当自收到之日起十日内,移送有权审查的机关处理,或者告知提出的单位或者个人向有权进行备案审查的机关提出。

法制工作委员会应当在审查要求或者审查建议办理结束后七日内将审查结果书面告知有关单位或者个人。

第十二条　专门委员会、人大常委会工作机构应当自收到规范性文件之日起三十日内书面提出审查意见。确需延长审查期限的,应当说明理由。

专门委员会、人大常委会工作机构审查研究时,认为有必要进行共同审查的,可以召开联合审查会议,并要求制定机关有关负责人到会说明情况。

专门委员会、人大常委会工作机构在审查研究中有重大意见分歧的,应当向常委会主任会议报告,由常委会主任会议研究决定。

第十三条　专门委员会、人大常委会工作机构在审查研究中,认为规范性文件存在违背宪法规定、宪法原则或者宪法精神问题的,按照国家有关规定处理。

第十四条　专门委员会、人大常委会工作机构在审查研究中,发现规范性文件存在与党中央决策部署不相符或者与国家改革方向不一致问题的,应当提出书面意见。

第十五条　专门委员会、人大常委会工作机构在审查研究中,发现规范性文件存在下列违背法律、法规规定情形之一的,应当提出书面意见:

(一)超越法定权限的;

(二)与法律、法规规定,以及上级或者本级人民代表大会及其常务委员会的决议、决定等相抵触的;

(三)违法设定增加国家机关权力或者减少其法定职责,减损公民、法人和其他组织权利或者增加其义务的;

(四)与法律、法规规定明显不一致,或者与法律、法规的立法目的、原则明显相违背,旨在抵消、改变或者规避法律、法规规定的;

(五)违反授权规定的;

(六)违反法定程序的;

(七)其他违背法律、法规规定的情形。

第十六条　专门委员会、人大常委会工作机构在审查研究中,发现规范性文件存在下列明显不适当情形之一的，应当提出书面意见：

（一）违背社会主义核心价值观和公序良俗的；

（二）对公民、法人和其他组织的权利与义务的规定明显不合理，或者所规定的措施与制定目的明显不匹配的；

（三）因现实情况发生重大变化而不宜继续施行的；

（四）其他明显不适当的情形。

第十七条　因现实情况发生重大变化或者法律、法规修改、废止，专门委员会、常委会工作机构发现已经审查的规范性文件存在问题的，可以重新启动审查程序。

第十八条　专门委员会、人大常委会工作机构在审查规范性文件时，需要制定机关说明情况或者补充材料的，制定机关应当及时予以说明或者补充材料。

审查工作可以通过召开座谈会、听证会、论证会、联合审查会或者书面征求意见等形式，广泛听取市人大代表、专家学者、一线工作者和利益相关方的意见。

第十九条　专门委员会、人大常委会工作机构经审查，认为规范性文件存在本办法第十四条、第十五条、第十六条所列情形之一的，应当提出建议修改或者废止的审查意见，由法制工作委员会交制定机关办理。

制定机关应当自收到书面审查意见之日起三十日内，向法制工作委员会书面反馈办理情况，并说明理由。法制工作委员会自收到反馈办理情况十日内向提出审查意见的专门委员会、人大常委会工作机构予以反馈。

第二十条　制定机关认为规范性文件需要修改或者废止的，应当自反馈办理情况之日起三十日内自行修改或者废止。

第二十一条　制定机关不同意修改或者废止的理由不成立，或者逾期未修改或者废止，经沟通制定机关仍不予以修改或者废止的，专门委员会、人大常委会工作机构可以依法向常委会主任会议提出撤销该规范性文件的议案、建议，由人大常委会主任会议决定是否提请人大常委会会议审议，或者由人大常委会主任会议提出议案，提请人大常委会会议审议。

第二十二条　市人大常委会按照职权和程序对撤销规范性文件的议案进行审议时，制定机关可以书面陈述意见，并应当派有关负责人到会听取意见，回答询问；市人大常委会会议经过审议，认为应予撤销的，应当作出撤销该规范性文件的决定并向社会公布。

第二十三条　制定机关应当将修改后的规范性文件或者废止的规范性文件名称向社会公布，并按本办法有关规定报送备案。

第二十四条　专门委员会、人大常委会工作机构发现市人民政府所属工作部门和机构制定的其他规范性文件存在本办法第十四条、第十五条、第十六条所列情形之一的，应当提出审查意见，报经常委会主任会议同意后，转市司法局办理，并要求六十日内报告办理结果；发现本行政区域内其他国家机关或者不属于市人民政府直接管理的国家行政机关以及具有社会管理职能的其他组织的文件存在本办法第十四条、第十五条、第十六条所列情形之一的，由法制工作委员会提出办理意见，报经常委会主任会议同意后，可以向有关机关提出或者通过上一级人大常委会向制定机关的上一级主管部门提出处理建议。

第二十五条　审查终止或者审查工作结束后，法制工作委员会应当及时将有关材料归档。

第二十六条　应当建立完善规范性文件备案审查联系沟通、人大代表参与、专家咨询、信息共享等工作机制。

第二十七条　应当建立健全规范性文件备案情况核查通报制度，并纳入年度法治建设绩效考核内容。

对迟报、漏报、瞒报应当报送备案的规范性文件及目录，经督促仍不报送的，由市人大常委会予以通报；情节严重，造成不良后果的，由有关机关对负有领导责任的人员和直接责任人员依法给予处分。

第二十八条　市人大常委会应当将规范性文件备案审查工作纳入常委会年度工作要点，每年的常委会工作报告应当报告规范性文件备案审查工作情况，接受人民代表大会监督。

法制工作委员会应当在每年第一季度向市人大常委会报告上一年度规范性文件备案审查情况，并及时向社会公布，接受监督。

第二十九条　本办法自2021年2月1日起施行。

黄冈市人民代表大会常务委员会执法检查工作规程

目　录

第六章　督促整改
第七章　情况反馈
第八章　附　则

第一章　总　则

第一条　为了加强市人民代表大会常务委员会(以下简称市人大常委会)执法检查工作,增强监督实效,保证宪法、法律法规、上级和本级人大及其常委会决议决定在本市的遵守和执行,根据《中华人民共和国各级人民代表大会常务委员会监督法》《湖北省实施<中华人民共和国各级人民代表大会常务委员会监督法>办法》等法律法规的规定,结合本市实际,制定本规程。

第二条　市人大常委会根据宪法和法律赋予的职责,对市人民政府、市监察委员会、市中级人民法院、市人民检察院(以下简称市“一府一委两院”)贯彻实施法律法规情况进行检查,适用本规程。

第三条　执法检查应当坚持党的领导,依照法定职责、限于法定范围、遵守法定程序,围绕关系改革发展稳定大局和人民群众切身利益、社会普遍关注的重大问题,紧扣法律法规和决议决定的具体规定,有计划地组织实施。

执法检查应当与法律法规和决定决议的宣传普及结合起来,增强广大人民群众尤其是各级国家工作人员的法治观念。

第四条　执法检查工作应当认真贯彻中央八项规定及其实施细则精神,坚决反对形式主义、官僚主义。

第二章　选定题目

第五条　贯彻落实党中央重大决策部署和省委、市委工作要求的执法检查项目,由市人大常委会主任会议(以下简称主任会议)提出,并列入年度执法检查计划。

上级人大常委会交办的执法检查项目的处理程序,参照前款规定执行。

第六条　市人大常委会执法检查项目建议,由市人大专门委员会或常委会工作机构按照下列方式提出:

(一)市人大常委会在行使职权过程中发现法律法规实施中的突出问题,由有关专门委员会或者常委会工作机构研究提出;

(二)市人大常委会组成人员在常委会会议审议中提出的比较集中的法律法规实施问题,由有关专门委员会或者常委会工作机构研究提出;

(三)市人大专门委员会、常委会工作机构在调查研究中发现法律法规实施的突出问题，由开展该项调研工作的专门委员会、常委会工作机构研究提出；

（四）市人大代表提出的议案和建议、批评、意见集中反映的法律法规实施问题，由常委会代表工作委员会研究提出；

（五）人民群众通过来信、来电或者电子邮件、网络媒体等渠道反映的法律法规实施问题，由常委会办公室研究提出；

（六）市“一府一委两院”提出的执法检查项目建议，由有关专门委员会或者常委会工作机构研究提出。

第七条　市人大专门委员会或者常委会工作机构应当在征求意见、充分调研的基础上，按照职责分工于每年十一月底前提出下一年度常委会执法检查项目建议，并印发下一次市人民代表大会，征求全体代表的意见。

市人大常委会办公室负责汇总整理执法检查项目建议，在充分听取有关方面意见、研究协商后，于每年十二月底前提出下一年度执法检查计划草案。

第八条　执法检查计划草案纳入市人大常委会监督工作计划草案，由主任会议讨论通过。

年度执法检查项目一般为三至五个。主任会议可以根据工作需要对年度执法检查计划进行调整。

第三章　开展检查

第九条　市人大常委会开展执法检查，应当按照精干、效能的原则，组建执法检查组。

执法检查组组长由市人大常委会主任会议成员担任，副组长由常委会副秘书长和有关的市人大专门委员会主任委员或者常委会工作机构主要负责人担任，成员从市人大常委会组成人员、有关专门委员会组成人员中确定，应当邀请人大代表、相关专业人员以及专业机构人员参加。

根据执法检查的需要，执法检查组可以分为若干检查小组，并配备必要的工作人员，市“一府一委两院”应当派员参加。

对市人大及其常委会制定的地方性法规进行执法检查，市人大法制委和常委会法工委应当派员全程参加。

第十条　市人大常委会可以组织市、县两级人大常委会，就同一领域的法律、法规，在各自职权范围内进行执法检查，或者委托县（市、区）人大常委会对有关法律、法规在本行政区域内的实施情况进行执法检查。

受委托的县（市、区）人大常委会执法检查结束后，执法检查组应当提出执法检查报告，经主任会议讨论通过后，向市人大常委会报告。

第十一条 执法检查工作方案由市人大有关专门委员会或者常委会工作机构在深入调查研究的基础上，针对法律法规实施中的重点问题提出。工作方案应当包括下列内容：

(一)执法检查的指导思想、目的和重点；

(二)执法检查的对象、时间和内容；

(三)执法检查的方式、步骤和要求；

(四)执法检查组组成人员情况；

(五)对市"一府一委两院"的自查要求；

(六)其他事项。

执法检查工作方案经主任会议通过后，由市人大常委会办公室印发，由市人大有关专门委员会或者常委会工作机构具体组织实施。常委会研究室应当根据执法检查工作方案，适时组织全过程宣传。

第十二条 执法检查组第一次全体会议上，应当对执法检查工作进行动员部署。开展集中培训，学习习近平总书记有关重要论述、党中央有关重大决策部署、相关法律法规及专业知识，印发执法检查工作方案，听取市"一府一委两院"的工作情况报告，提出执法检查的程序安排、工作重点和要求，并对有关方面工作人员开展法律知识测试。

第十三条 市"一府一委两院"应当按照市人大常委会执法检查工作方案的要求，对照法律法规规定的职责，认真开展自查，并在规定期限内提交自查报告。自查报告应当包括下列内容：

(一)法律法规的实施情况；

(二)法律法规实施中存在的问题及原因分析；

(三)加强和改进法律法规实施工作的措施；

(四)完善法律法规的建议；

(五)其他事项。

自查报告应当重点突出法律法规实施中存在的问题、原因分析和解决问题的举措。

第十四条 市人大常委会办公室负责协调有关专门委员会和常委会工作机构合理统筹安排执法检查组成员、检查时间和地点，印发执法检查工作方案、发布执法检查公告。

第十五条　有关专门委员会或者常委会有关工作机构可以根据执法检查的需要或者执法检查组成员的要求,组织执法检查的前期调研。

第十六条　执法检查可以采取下列方式进行:

(一)听取汇报、座谈了解;

(二)实地考察、随机检查;

(三)个别走访、明察暗访;

(四)问卷调查、抽样调查;

(五)调阅案卷、知识测试;

(六)典型案例剖析及其他方式。

第十七条　执法检查工作应当围绕法律制度、法律规定和法律条文的实施情况开展,重点突出以下内容:

(一)法律重要条款和规定的落实情况;

(二)政府法定职责的落实情况;

(三)法律实施的保障与监督情况;

(四)违法行为的查处惩治情况;

(五)配套规定和标准的制定情况。

第十八条　执法检查不直接处理不属于市人大常委会职权范围内的具体问题。

对执法检查中发现的重大违法案件以及执法工作人员严重违反法律、法规的行为,执法检查组可以把相关材料转交有关机关依法处理。

第四章　形成报告

第十九条　执法检查组应当于执法检查结束后十五日内,召开第二次全体会议,研究执法检查报告相关内容。

第二十条　执法检查报告应当包括下列内容:

(一)执法检查的基本情况;

(二)法律法规实施情况的评价;

(三)法律法规实施中存在的主要问题及其原因分析;

(四)加强和改进法律法规实施的建议;

(五)修改、废止、解释法律法规的建议;

(六)其他重要的意见和建议。

第二十一条　执法检查报告应当重点突出法律法规实施中存在的问题及其原

因分析、加强和改进法律法规实施的建议，且内容一般不少于执法检查报告总篇幅的三分之二。

法律法规实施中存在的问题可以在与有关机关或单位交换意见后形成具体的问题清单，并作为执法检查报告的附件。

第五章　审议报告

第二十二条　执法检查报告由主任会议决定提请市人大常委会会议审议。

第二十三条　执法检查报告由执法检查组组长或者由其委托的副组长向市人大常委会会议报告。

执法检查组可以向市人大常委会会议提供文字、视听等形式的参阅资料。

第二十四条　市人大常委会会议听取和审议执法检查报告时，市“一府一委两院”负责人应当列席会议，听取意见，回答询问。

根据需要，可以安排参加执法检查的人大代表、相关专业人员以及专业机构人员、市民代表列席会议。

第二十五条　市人大常委会听取和审议执法检查报告，可以同时听取和审议市“一府一委两院”相关专项工作报告，或者开展专题询问。

第六章　督促整改

第二十六条　执法检查组应当在常委会会议结束后七日内召开第三次全体会议，根据市人大常委会组成人员、列席人员对执法检查报告提出的意见和建议，形成执法检查报告审议意见，并报请主任会议通过。

常委会会议结束后十五日内，由常委会办公室将审议意见及执法检查报告交市“一府一委两院”处理。

第二十七条　市人大有关专门委员会或者常委会工作机构应当依法加强对执法检查报告审议意见的跟踪检查，督促落实。

第二十八条　市人大常委会结合听取和审议执法检查报告，可以开展专题询问，作出相应的决议、决定。

对执法检查中发现的属于常委会职权范围内的重大问题，市人大常委会可以依法组成特定问题调查委员会，由调查委员会调查后向常委会作出报告。

第七章　情况反馈

第二十九条　市“一府一委两院”应当组织研究市人大常委会审议意见及执法检查报告，并将研究处理情况送交市人大有关专门委员会或者常委会工作机构征求意见后，于六个月内向市人大常委会提交研究处理情况的书面报告。

第三十条　研究处理情况的报告应当包括下列内容：

（一）审议意见和执法检查报告中所提意见、建议以及执法检查报告所附问题清单的整改措施及落实情况；

（二）意见、建议和问题清单未得到整改落实的原因说明；

（三）下一步工作打算；

（四）其他事项。

第三十一条　主任会议认为必要时，可以对市"一府一委两院"关于市人大常委会审议意见研究处理情况的报告作出如下处理：

（一）提请市人大常委会审议，继续跟踪检查；

（二）交由报告机关进一步研究后，就相关事项提出处理的补充报告；

（三）退回报告机关重新研究处理；

（四）市人大常委会作出决议、决定，交由报告机关执行；

（五）其他处理方式。

第三十二条　执法检查报告及审议意见，以及市"一府一委两院"对其研究处理情况的报告，应当向市人大代表通报并向社会公布。

第三十三条　执法检查中提出的有关修改、废止或者解释法律法规的建议，由市人大法制委、常委会法工委会同有关专门委员会、常委会工作机构研究处理。

第三十四条　在执法检查中发现市"一府一委两院"及市人民政府有关部门为了实施法律法规而制定的规章以及其他规范性文件在执行中存在问题的，也可以纳入执法检查工作内容，进行检查监督；认为违反法律法规的，执法检查组可以提出审查要求，并按照《黄冈市人民代表大会常务委员会规范性文件备案审查工作办法》的有关规定处理。

第八章　附　则

第三十五条　各县（市、区）人大常委会开展执法检查工作，可以参照本规程执行。

第三十六条　本规程自2022年1月1日起施行。

第三节　市人大常委会机关制度

市人民代表大会常务委员会的运行机制，直接关系人民代表大会制度功效的发挥。市人大常委会自成立以来，人大常委会党组、人大常委会机关党组十分重视常委会及机关制度建设，尤其是在落实主体责任、健全工作机制、全面从严管理等方面，制定出台、修订完善系列规章制度，为推进人大常委会及机关工作和管理规范化、制度化提供重要保障。

黄冈市人大常委会机关规范性文件审核工作暂行规定

（2021年11月17日黄冈市人大常委会党组第二十二次会议通过）

一、为适应市人大常委会机关工作需要，推进市人大常委会机关规范性文件审核工作科学化、制度化、规范化，保证市人大常委会机关制发的规范性文件合法有效，根据《党政机关公文处理工作条例》，结合市人大常委会机关实际，制定本规定。

二、本规定所称规范性文件包括：

（一）常委会党组会议研究通过的规范性文件，如意见、办法等。

（二）常委会会议审议通过的规范性文件，如决议、决定、办法、规则、规程、细则等。

（三）常委会主任会议审议通过的规范性文件，如意见、办法、规则等。

三、规范性文件起草委室应当于提请人大常委会党组会议、人大常委会会议或人大常委会主任会议审议（研究）5个工作日前，将规范性文件送人大常委会办公室、法工委分别进行审核，审核时间原则上不超过3个工作日。审核过程中，办公室、法工委可以要求起草委室补充说明情况或者要求有关委室协助审核。

四、办公室重点审核规范性文件在下列几个方面的情形：（一）行文理由是否充分，行文依据是否准确。（二）文种是否正确，格式是否规范；人名、地名、时间、数字、段落顺序、引文等是否准确；文字、数字、计量单位和标点符号等用法是否符合规定。（三）主要内容是否涉密。（四）其他内容是否符合公文起草的有关要求。

五、法工委重点审核规范性文件的内容是否符合宪法、法律、法规、上级人大及其常委会的决议决定和国家政策规定。

六、经审核符合发文要求的，按照公文处理程序送签；不宜发文的规范性文件，应当退回起草单位并说明理由；符合发文条件但内容需作进一步研究和修改的，由起草单位修改后重新报送。

七、本规定自通过之日起施行。

关于开展“每月一星”评选工作方案

（2021年3月22日黄冈市人大常委会机关党组第九次会议通过）

为深入推进常委会机关岗位责任目标考核，激励机关党员、干部职工在履职和服务工作中创先争优，打造出一支“党性强、作风正、工作优”的人大干部队伍，促进人大工作再上新台阶。经机关党组研究决定，在机关党员、干部职工中开展“每月一星”评选活动。特制定如下评选方案：

一、评星设置

机关每月评选1名“党员之星”、1名“履职之星”。

二、评选条件

（一）党员之星：坚持用党的科学理论武装头脑，认真执行党的路线方针政策，增强“四个意识”、坚定“四个自信”、做到“两个维护”；自觉遵守和维护党章，组织纪律性强，积极参加集中学习和集体活动；作风正派，遵守社会公德、职业道德；严格遵守各项规章制度，廉洁自律，无不良嗜好。

（二）履职之星：深入学习贯彻习近平新时代中国特色社会主义思想，坚持党的基本理论、基本路线、基本方略，政治表现好；具有强烈的事业心、责任感，工作积极主动，爱岗敬业、开拓进取、无私奉献；认真履职，能圆满完成各项任务，在本职岗位上干出较好业绩。

三、评选办法

每月初，坚持以支部为单位推选1名同志参与评选“党员之星”，以委室为单位推选1名同志参与评选“履职之星”；办公室组织机关班子成员、各委室负责人进行会议推荐；机关党组进行充分酝酿，召开专题会议确定；办公室根据机关党组研究确定意见进行公示、通报。

四、表彰奖励

对评选的“每月一星”，在机关进行通报表扬，并作为党员、干部职工年度考核评优评先的重要依据。

五、有关要求

开展“党员之星”“履职之星”评选活动，是加强机关基层组织建设、提升机关工作效能的重要载体，办公室在活动开展中要加强统筹协调，机关党委各支部和各委室要高度重视，以强烈的责任意识和担当精神，客观公正、精心组织人选推荐。机关党委各支部要加强对党员进行教育、管理、监督和服务，突出政治教育，提高党员素质，坚定理论信念，增强党性，严格党的组织生活，开展批评和自我批评，维护和执行党的纪律,激励党员立足岗位发挥好先锋模范作用。各委室要按照常委会党组和机关党组要求,加强对本委室干部职工教育和管理,激励干部职工认真履职、担当作为,形成创先争优的浓厚氛围。

黄冈市人大常委会会议议题工作质量评估办法(试行)

(2020年9月4日黄冈市第五届人民代表大会常务委员会第六十六次主任会议通过 2021年4月13日黄冈市第五届人民代表大会常务委员会第七十七次主任会议修改)

第一条 为提高人大常委会议题工作质量,推动各项决议、决定和审议意见的落实,根据《中华人民共和国各级人民代表大会常务委员会监督法》及湖北省实施监督法办法、《黄冈市人民代表大会常务委员会议事规则》,结合实际,制定本办法。

第二条 本办法适用于对市人大专委会、常委会办事(工作)机构围绕人大常委会会议议题所做工作质量的评估。

第三条 列入人大常委会会议议程的议案、决议决定、执法检查、工作报告等议题均纳入评估范围。

地方性法规草案、预决算(调整)报告、人事议案、代表资格变动报告等议题不纳入评估范围。

第四条 议题工作质量评估内容主要包括以下五个方面:

(一)开展视察或专题调查研究情况。重点看人大常委会议题确定后相关委室是否围绕议题组织开展视察或专题调研,形成较高质量的视察报告或专题调研报告。视察报告、调研报告连同其他议题有关材料需一并印发常委会会议审议参阅。

(二)反馈意见情况。重点看相关委室是否将有关国家机关、组织以及人民群众等各方面对该项工作的意见建议进行汇总,以书面形式交由报告机关研究。

(三)审议意见情况。重点看相关专委会组成人员或工作机构负责人在会议审议中是否围绕议题积极发言,提出高质量的意见建议;会后,相关专委会是否整理研究常委会组成人员在审议中提出的建议、批评和意见;提出的审议意见是否具有指导性、针对性、操作性。

(四)审议法定程序落实情况。重点看相关专委会是否在常委会会议听取审议"一府一委两院"专项工作报告四十日前,向报告机关提交反馈意见;相关委室是否在人大常委会会议召开十五日前对报告文本提出修改意见,并向报告机关反馈。

(五)会议表决结果情况。重点看人大常委会组成人员对专委会提请审议的议案、决议决定、工作报告相关情况的满意度。

第五条　人大常委会主任会议或专委会提请审议的议案、决议决定、工作报告的工作质量评估得分，由开展视察或专题调研情况、审议意见情况、会议表决结果情况三个项目的得分组成，各项目得分权重相同。

人大常委会主任会议提请审议的执法检查报告的工作质量评估得分，由执法检查报告、审议意见情况两个项目的得分组成，各项目得分权重相同。

“一府一委两院”提请审议的议案、工作报告的工作质量评估得分，由开展视察或专题调研情况、反馈意见情况、审议意见情况、审议法定程序落实情况四个项目的得分组成，各项目得分权重相同。

第六条　评估工作在每次人大常委会会议结束后的主任会议上进行。人大常委会办公室对各有关委室相关材料进行初步审核；会上由相关专委会对参评议题所做工作进行简要介绍。

第七条　对开展视察或专题调研情况、反馈意见情况、审议意见情况、审议法定程序落实情况等四个项目的评估，在主任会议上由人大常委会主任会议成员、机关班子成员、委室主要负责人分项目进行评分，按百分制计分。会议表决结果直接换算得分，换算办法为议题表决所得赞成票数除以实到会常委会组成人员人数，按百分制计分。

第八条　议题综合得分为90分以上的，其评估结果评定为“好”等次，其他评估结果评定为“较好”等次；每次“好”等次项目比例不超过在当次纳入评估的议题中的三分之一。议题工作质量评定等次现场公布，具体评估得分在常委会主任会议结束后以书面形式印发。评估结果作为各委室履职情况评优、干部晋升晋级和文明委室评比的重要依据。

第九条　评估工作在常委会领导下，由人大常委会办公室负责组织实施。

第十条　本办法自公布之日起施行。

黄冈市人大常委会特色工作评选方案（试行）

（2021年4月13日黄冈市第五届人民代表大会常务委员会第七十七次主任会议通过）

为鼓励创新，褒奖实干，着力推进市人大常委会深化立法、监督、决定、任免、代表工作和自身建设等各项工作，市人大常委会决定每年开展特色工作评选活动。评选方案如下：

一、指导思想

以习近平新时代中国特色社会主义思想为指导，深入贯彻落实习近平总书记关于坚持和完善人民代表大会制度的重要思想和习近平法治思想，结合工作实际，充分发挥评选活动推动工作落实、促进工作创新的作用，将评选工作作为激励市人大常委会机关各委室履职尽责、创先争优的有效载体，为实现黄冈“两个更大”发展追求作出新的更大贡献。

二、评选内容

参评内容涵盖各专委会、办事(工作)机构(以下简称“各委室”)在履行职能、开展活动、发挥作用等方面的创新做法和工作经验。包括审议议题、创新制度、调研报告、工作经验、研究成果和新闻作品等。

三、评选安排及参评人员

每年在7月和12月分别对各委室上半年和下半年特色工作开展评选。每年评选市人大常委会年度特色工作。

参评人员为市人大常委会主任会议成员、机关班子成员和各委室主要负责人。

四、评选程序及办法

评选工作在人大常委会领导下，由人大常委会办公室负责组织实施。

1.委室申报。各委室于每年6月底和11月底前分别向人大常委会办公室报送上半年和下半年本委室的特色工作，填写《黄冈市人大常委会特色工作申报表》，每个委室每半年报送1至2项。

2.资料汇总。人大常委会办公室对各委室报送的特色工作情况进行汇总后在评选前印发参评人员。

3.投票评选。人大常委会办公室制作推荐票，由参评人员进行投票；参评人员每次选择其中6项进行投票；以得票高低排序，取前6项。

4.年度推选。市人大常委会年度特色工作由人大常委会办公室在认真调研、深入总结、广泛听取各委室等有关方面意见的基础上，提出具体方案，提交人大常委会主任会议研究确定。

5.结果运用。每次评选工作结束后，以书面形式印发给各委室并在机关网站、电子显示屏、微信公众号等媒体上公开评选结果。评选结果作为各委室履职情况评优、干部晋升晋级和文明委室评比的重要依据。

五、工作要求

1.认真总结，积极申报。各委室应认真总结工作中好做法、好经验，切实体现出本委室的特色工作，并按通知要求及时报送。

2.严格标准，公正评选。参评人员应坚持标准，公平公正，切实评选出成效显著的特色工作，激发干部干事创业、创先争优的工作激情。

3.转化成果，促进工作。对确定为年度特色工作的项目，要认真总结完善，形成工作经验和工作机制案例，在人大常委会机关和各县市区人大积极推广，以促进创新成果的转化运用。

关于开展“文明委室”评选活动实施方案

（2021年3月22日黄冈市人大常委会机关党组第九次会议通过）

为深入践行社会主义核心价值观，全面提升机关干部职工文明素质，持续保持昂扬的精神状态和创先争优的工作干劲，促进人大工作再上新台阶、新水平，经机关党组研究决定，在机关开展“文明委室”评选活动。特制定评选方案如下：

一、评选范围

市人大各专门委员会、市人大常委会办事（工作）机构

二、评选条件

1.政治表现好。深入学习贯彻习近平新时代中国特色社会主义思想，坚持党的基本理论、基本路线、基本方略，增强“四个意识”、坚定“四个自信”、做到“两个维护”；全面贯彻党中央决策部署和省委、市委工作要求，认真落实常委会党组和机关党组的决定。

2.工作成效好。认真落实岗位目标责任制，能够保质、保量、按时完成委室业务工作；及时完成组织和领导交办的工作任务。坚持创新工作思路、改进工作方法，工作有特色、成效突出。

3.服务态度好。公仆意识强，认真履行服务承诺，做到热情、礼貌、主动、周到；保持勤勉负责、奋发有为、干事创业的精神状态；遵守职业道德，注重为群众办实事好事。

4.内部管理好。注重团结协作，政令畅通，战斗力强；自觉遵守法律法规和廉洁纪律规定，严格执行机关各项制度，无违法违纪行为；保持良好的工作秩序和工作环境。

三、评选方式

文明委室评选坚持每季度评选1个。每季度末各委室向办公室提交本季度工作小结；办公室组织机关班子成员、各委室负责人进行会议推荐；机关党组进行充分酝酿，召开专题会议确定；办公室根据机关党组研究确定意见进行公示、通报。

四、有关要求

开展文明委室评选活动是加强精神文明建设、改进工作作风、提升机关效能建设的重要举措，是进一步加强机关建设、树立良好形象的内在需要和实际行动。办公室在活动开展中要加强组织协调，各委室要切实负责，积极当好文明创建活动的参与者、实践者和推动者。要通过评选活动，评出新风貌新气象，评出团结和干劲，使人员素质有新提高，作风有新转变，服务水平有新提升，各项工作迈上新台阶，为开展市人大工作新局面作出新贡献。

第八章　人物简介

《中华人民共和国全国人民代表大会和地方各级人民代表大会代表法》规定，全国人民代表大会代表是最高国家权力机关组成人员。从1954年9月至2018年3月，全国人民代表大会共召开十三届。黄冈市出席全国人大历届会议代表共42人。

为了更好地指导各县人大常委会的工作，1988年12月，成立地（厅）级的省人大常委会黄冈地区联络处（1993年9月改称为联络组），至1996年4月黄冈市人大常委会筹备组成立时撤销，历任正副组长（主任）共7人。

《中华人民共和国地方各级人民代表大会和地方各级人民政府组织法》规定，县以上地方各级人大常委会设立主任会议。人大常委会主任、副主任、秘书长组成主任会议，是处理人大常委会日常工作的机构。黄冈市人大常委会历届主任、副主任、秘书长共42人。4人因违法犯罪受到刑事处分，未予收录。2人因严重违纪，受到开除党籍处分，未予收录。实际收录36人。

第一节　黄冈市出席历届全国人民代表大会代表名录（按当选先后排名）

吴德峰，男，湖北保康人，曾任武汉人民政府首任市长。第一届全国人大代表。

饶兴礼，男，黄冈浠水人，曾任中共中央委员，中共湖北省委常委、省人大常委会副主任。第一、二、三届全国人大代表。

傅兴贵，男，黄冈麻城人，曾任麻城县贫下中农协会副主席。第三届全国人大代表。

丁凤英，女，黄冈罗田人，曾任中共中央候补委员，中共湖北省委常委、纪委书记。第四届全国人大代表。

漆福英，女，黄冈团风人，曾任中共黄冈地委常委、黄冈地区行政公署副专员。第四届全国人大代表。

刘　敏，男，黄冈红安人，曾任中共黄冈地委副书记、湖北省人大常委会委员。

第五届全国人大代表。

邱宏祁，男，黄冈浠水人，曾任浠水县科学技术协会副主任。第五届全国人大代表。

高玉田，男，黄冈蕲春人，曾任中共蕲春县高新铺（新生活）公社党委书记。第五届全国人大代表。

朱邦俊，男，湖北武汉人，曾任中共鄂州市委书记。第六届全国人大代表。

朱同炳，男，湖北监利人，曾任湖北省人大常委会委员。第七届全国人大代表。

周朗溪，男，黄冈浠水人，曾任中共鄂州市委副书记、市人民政府市长。第七届全国人大代表。

郑美云，女，黄冈蕲春人，曾任蕲春县蕲州镇竹林湖村党支部书记。第七届全国人大代表。

漆　林，男，黄冈团风人，曾任国务院三峡建设委员会办公室副主任、党组副书记兼移民开发局局长。第七届全国人大代表。

华旭东，男，黄冈团风人，曾任黄冈县（今团风县）回龙山镇华家大塆村织布厂厂长。第七届全国人大代表。

以体珍，女，广西永福人，英山县第二中学校长、高级教师。第七、八届全国人大代表。

田洪先，男，黄冈武穴人，曾任武穴市二里半村党委书记。第八届全国人大代表。

田震亚，男，黄冈武穴人，曾任中共黄冈地委书记。第八届全国人大代表。

吕炳传，男，黄冈黄梅人，曾任国营龙感湖农场场长、党委书记、高级农艺师。第八届全国人大代表。

贾天增，男，湖北枣阳人，曾任湖北省人大常委会副主任、党组成员。第八届全国人大代表。

缪合林，男，湖北鄂州人，曾任中共中央候补委员、南京市政协主席。第八届全国人大代表。

冯　杰，男，黄冈市黄州区人，曾任黄州区王家店乡张家铺村副村长兼农特苗木开发公司经理。第八届全国人大代表。

刘友凡，男，湖北广水人，曾任湖北省人大常委会副主任、党组副书记。第九届全国人大代表。

许立伟，男，黄冈黄州区人，湖北信柳工艺有限公司总经理。第九届全国人大代表。

龚霞玲，女，黄冈武穴人，曾任黄冈中学物理老师、物理奥赛主教练。第九、十届全国人大代表。

童惠娟，女，黄冈蕲春人，曾任黄冈市优抚医院院长。第九届全国人大代表。

游安才，男，黄冈蕲春人，曾任蕲春县横车镇党委副书记兼九棵松村党委书记。第九、十届全国人大代表。

陶武成，男，黄冈罗田人，罗田县凤山镇副镇长兼晒谷石村党支部书记。第十届全国人大代表。

陈鼎常，男，黄冈红安人，曾任黄冈市人大常委会副主任、黄冈中学校长。第十、十一届全国人大代表。

戴茂荣，女，黄冈黄梅人，龙感湖茂荣食品厂经理。第十、十一届全国人大代表。

刘雪荣，男，湖北天门人，湖北省人大常委会副主任、省总工会主席。第十一、十二届全国人大代表。

王金初，女，黄冈英山人，英山县温泉镇百丈河村党支部书记。第十一、十二届全国人大代表。

肖红娟，女，湖北云梦人，黄冈市政协副主席、民建黄冈市委主委。第十一届全国人大代表。

程理财，男，黄冈团风人，湖北山河建设集团有限公司董事长、高级工程师。第十一、十二届全国人大代表。

刘　祥，男，黄冈英山人，曾任黄冈中学党委书记、校长。第十二届全国人大代表。

刘锦秀，女，黄冈罗田人，湖北罗田锦秀林牧专业合作社理事长、名羊农业科技发展有限公司董事长。第十二、十三届全国人大代表。

张家胜，男，湖北荆州人，中共黄冈市委书记。第十三届全国人大代表。

邱丽新，女，河北平泉人，中共湖北省委组织部副部长、省委编办主任。第十三届全国人大代表。

何兰田，男，黄冈黄梅人，黄冈市教育局局长。第十三届全国人大代表。

张　辉，男，安徽郎溪人，湖北省黄梅戏剧院党委副书记、院长，国家一级演员。第十三届全国人大代表。

陈燎原，男，黄冈黄梅人，黄梅县柳林乡老铺村党支部书记。第十三届全国人大代表。

夏恒建，男，湖北鄂州人，蕲春县李时珍医药集团总工程师。第十三届全国人大代表。

第二节 湖北省黄冈地区人大联络组(处)组长(主任)、副组长(副主任)

一、组长(主任)

原世泽

原世泽(1923—2000)，男，汉族，1923年10月出生，山西屯留人。1939年7月参加革命，1943年4月加入中国共产党，高中学历。

1939年7月至1949年3月，在本县参加抗日战争和解放战争。1949年3月至1986年1月，历任黄冈县区长，中共黄冈县委宣传部部长、副书记、书记，广济县革命委员会副主任，黄冈地区革命委员会农业办公室副主任，中共黄冈地委副书记兼秘书长。

1986年1月至1993年10月，任湖北省人大常委会委员、省人大常委会黄冈地区联络处主任。

周维新

周维新，男，汉族，1936年1月出生，江西宁都人。1958年4月参加工作，1960年12月加入中国共产党，本科学历。

1958年4月至1994年6月，历任黄冈中学教师、黄冈中学革命委员会副主任、中共黄冈中学党支部书记、中共黄冈地委副书记、中共湖北师范学院党委书记。

1994年6月至1996年12月，先后任湖北省人大常委会黄冈地区联络组组长、黄冈市人大常委会筹备组副组长。1996年12月至2001年6月，任黄冈市政协主席、党组书记。

二、副组长(副主任)

方道南

方道南(1929—2001)，男，汉族，1929年3月出生，黄冈罗田人。1949年9月参加工作，1952年8月加入中国共产党，大学学历。

1949年9月至1988年12月，历任罗田县人民政府办事员、建设科副科长，中共罗田县委秘书、宣传部副部长、部长，中共罗田县委副书记，中共黄冈中学党支部书记，黄冈地区行署文教局局长，中共黄冈地委宣传部副部长，中共黄冈地委委员、黄冈地区纪律检查委员会书记。

1988年12月至1990年10月，任湖北省人大常委会黄冈地区联络处副主任。

卢梅生

卢梅生(1933—2007)，男，汉族，1933年1月出生，黄冈武穴人。1952年7月参加工作，1956年8月加入中国共产党，大学学历。

1952年7月至1973年5月，历任广济县武穴第二小学教导主任、校长，广济县文教局股长，中共广济县委办公室研究员，广济县革委会办事组、政工组副组长，中共广济县委办公室副主任。1973年5月至1990年5月，历任中共黄冈地委办公室科长、副主任、副秘书长兼办公室主任。

1990年5月至1994年2月，任湖北省人大常委会黄冈地区联络处副主任。

文柏山

文柏山，男，汉族，1930年10月出生，黄冈罗田人。1950年1月参加工作，1953年7月加入中国共产党，高中学历。

1950年1月至1991年6月，历任罗田县陈家畈小学校长，胜利县城关区副区长，中共黄冈地委办公室干事，中共红安七里区委副书记，中共红安县委副书记、书记，中共黄冈地委委员、组织部部长。

1991年6月至1993年10月，任湖北省人大常委会黄冈地区联络处副主任、联络组副组长。

郑建军

郑建军(1933—2005)，男，汉族，1933年2月出生，黄冈麻城人。1950年12月参加工作，1952年10月加入中国共产党，高中学历。

1950年12月至1993年9月，历任麻城县人民政府办公室办事员，中共麻城县宋埠区、城关公社、中驿公社党委副书记，共青团黄冈地委副书记，黄冈地区革命委员会政工组副组长，中共麻城县委副书记，中共黄冈地委组织部副部长，中共黄冈地委委员、组织部部长。

1993年9月至1996年1月，任湖北省人大常委会委员，湖北省人大常委会黄冈地区联络组副组长。

佘光启

佘光启，男，汉族，黄冈麻城人。曾任黄冈地区计划委员会主任，1991年11月至1993年10月，任湖北省人大常委会黄冈地区联络组副组长。（1993年10月后的资料缺失）

第三节　黄冈市人大常委会历届主任、副主任和秘书长

一、历届市人大常委会主任

贾天增

贾天增，男，汉族，1944年11月出生，湖北枣阳人。1967年9月参加工作，1971年8月加入中国共产党，本科学历。

1968年7月至1996年4月，先后任钟祥县南湖原种场中学、枣阳县一中教师，中共枣阳县委办公室副主任、主任，中共枣阳县委副书记、县人民政府县长，中共襄樊市委副书记、市人民政府代市长、市长，中共黄冈地委书记。

1996年4月至1998年3月，任中共黄冈市委书记、黄冈市人大常委会筹备组组长、市人大常委会主任、党组书记。

1998年3月至2008年1月，历任湖北省人民政府秘书长、党组成员、省政府办公厅党组书记，湖北省人民政府副省长、党组成员，湖北省人大常委会副主任、党组成员。第八届全国人大代表。

蔡伦祥

蔡伦祥（1946—2007），男，汉族，1946年7月出生，湖北武汉人。1970年7月参加工作，1981年6月加入中国共产党，本科学历。

1970年7月至1998年3月，历任湖北省沉湖军垦农场副班长，红安县第一中学教师，红安县教育局教研室教研员，红安县第二中学副校长，红安县教育局副局长，红安县人民政府副县长，中共红安县委常委、红安县人民政府代县长、县长，中共红安县委副书记、红安县人民政府县长、党组书记，中共黄冈地委委员、麻城市委书记，中共黄冈地委副书记兼麻城市委书记。

1998年3月至2001年1月，任中共黄冈市委副书记、市人大常委会主任、党组书记。2001年1月至2006年7月，任中共黄冈市委副书记。

刘友凡

刘友凡，男，汉族，1949年7月出生，湖北广水人。1971年9月加入中国共产党，1971年11月参加工作，研究生学历。

1971年11月至2001年1月，历任湖北省应山县商业科办事员，应山县公安局股长，中共应山县委办公室副科长、科长、副主任，中共应山县委副书记，中共孝感市委(县级)副书记、市人民政府市长，中共蕲春县委书记，中共黄冈地委副书记、组织部部长，中共黄冈市委副书记、黄冈市人民政府筹备组组长、市政协筹备组组长，黄冈市人民政府市长，中共黄冈市委书记。

2001年1月至2002年8月，任中共黄冈市委书记、市人大常委会主任，湖北省人民政府副省长。

2002年9月至2013年1月，历任湖北省人民政府副省长、党组成员，湖北省人大常委会副主任、党组副书记。第九届全国人大代表。

段远明

段远明，男，汉族，1948年9月出生，湖北公安人。1968年12月参加工作，1973年1月加入中国共产党，本科学历。

1974年8月至2003年1月，历任石首县砂轮机厂工人、技术科长，石首县工业局副局长、石首县经委副主任，中共石首县(市)委副书记、石首县(市)人民政府副县(市)长，中共天门市委副书记、市人民政府副市长，中共天门市委书记(1994年11月明确为副地级)，中共黄冈市委副书记、市人民政府市长、党组书记，中共黄冈市委书记。

2003年1月至2006年7月，任中共黄冈市委书记、市人大常委会主任。

2006年7月至2012年1月，历任中共湖北省委副秘书长，湖北省人大常委会委员、财经委员会主任委员。

刘雪荣

刘雪荣，男，汉族，1963年9月出生，湖北天门人。1982年5月加入中国共产党，1984年7月参加工作，研究生学历。

1984年7月至2016年1月，历任十堰市汽车动蹄厂车间主任助理、团委书记、宣传科科长，共青团十堰市委副书记、书记、党组书记，中共竹山县委副书记、竹山县人民政府县长，中共竹山县委书记，十堰市人民政府市长助理，中共黄石市委常委、统战部部长，中共潜江市委书记，中共黄冈市委副书记、市人民政府代市长、市长，党组书记，中共黄冈市委书记。

2016年1月至2020年1月，任中共黄冈市委书记、市人大常委会主任，湖北省人大常委会副主任、党组成员。2021年4月至今，任湖北省人大常委会副主任、党组成员，湖北省总工会主席。

第十一届、十二届全国人大代表。第九届、十届湖北省委委员。

张社教

张社教，男，汉族，1964年12月出生，黄冈蕲春人。1983年7月参加工作，1986年5月加入中国共产党，研究生学历。

1983年7月至2019年11月，历任黄冈师范专科学校教师，中共黄冈地委宣传部干事、副科长、科长，中共麻城市委常委、组织部部长，中共麻城市委副书记，中共武穴市委副书记、市人民政府副市长、代市长、市长、党组书记，中共武穴市委书记、市人大常委会主任，黄冈市人民政府副秘书长、副市长、党组成员，中共黄冈市委常委、市人民政府副市长、党组副书记，中共黄冈市委副书记、政法委书记。

2019年11月至今，任黄冈市人大常委会党组书记、主任。

第九届省党代表。第十三届省人大代表。

二、历届市人大常委会常务副主任(含主持日常工作副主任5人)

刘光彩

刘光彩，男，汉族，1942年2月出生，湖北武汉人。1958年8月参加工作，1965年6月加入中国共产党，大学学历。

1958年8月至2001年1月，历任新洲县宝龙、叶店、觉明小学教员、教导主任，中共新洲县委办公室干部、县广播站副站长，中共黄冈地委办公室干事、副科长、副主任，中共黄冈地委政研室主任，中共黄冈地委委员、秘书长，中共黄冈市委常委、秘书长，中共黄冈市委副书记。

2001年1月至2002年4月，任中共黄冈市委副书记，市人大常委会常务副主任(2002年4月明确为正厅级)、党组书记。

张永斌

张永斌(1955—2016),男,汉族,1955年9月出生,黄冈红安人。1972年2月参加工作,1977年5月加入中国共产党,大学学历。

1972年2月至2002年12月,历任红安县革命委员会打字员,红安县团委干部、副书记,中共红安县金沙公社、高桥区、占店镇党委书记,中共红安县委办公室主任,中共红安县委副书记,中共黄州市委副书记,中共团风县委副书记、团风县人民政府县长,中共团风县委书记、县人大常委会主任,黄冈市人大常委会副主任、党组成员、中共团风县委书记、团风县人大常委会主任。

2002年12月至2015年10月,历任黄冈市人大常委会副主任、党组成员、党组副书记,中共黄冈市委巡视员。2013年12月至2016年9月,任黄冈市老区建设促进会会长。

孙璜清

孙璜清,男,汉族,1956年10月出生,黄冈市黄州区人。1979年3月参加工作,1986年6月加入中国共产党,研究生学历。

1979年3月至2015年12月,历任湖北省总工会黄冈地区办事处办事员、副科长、办公室主任、党组成员、纪检员、副主任,黄冈市总工会副主席、党组成员,中共浠水县委副书记,中共团风县委副书记、团风县人民政府代县长、县长,中共团风县委书记、团风县人大常委会主任,中共黄冈市委常委、团风县委书记、团风县人大常委会主任,中共黄冈市委常委、市总工会主席、市委秘书长、市直机关工委书记,中共黄冈市委副书记。

2015年12月至2017年1月,任黄冈市人大常委会党组书记、常务副主任(正厅职)。2017年1月至2018年1月,任湖北省人大常委会农业与农村委员会委员。

2020年8月起,任黄冈市东坡文化研究会会长。

罗　刚

罗刚,男,汉族,1959年6月出生,湖北武汉人。1976年8月参加工作,1985年8月加入中国共产党,本科学历。

1983年7月至2012年1月,历任黄冈地委党校教师,英山县人民政府办公室科长、县体改办副主任,中共英山县金家铺镇、过路滩乡、温泉镇党委书记、乡镇长,中共黄梅县委常委、县委办公室主任,中共罗田县委副书记、罗田县人民政府县长,中共罗田县委书记、罗田县人大常委会主任(2009年4月明确为副厅级),中共黄冈市委副秘书长。

2012年1月至2018年1月,历任黄冈市人大常委会党组成员、党组副书记、副主任(于2015年3月至2016年1月期间代理主任)、党组书记。

三、历届市人大常委会副主任

徐华荣

徐华荣,男,汉族,1938年3月出生,黄冈黄梅人。1957年3月参加工作,1956年9月加入中国共产党,初中学历。

1957年至1996年11月,历任黄梅县花元乡政府秘书,黄梅县大河区办公室副主任,黄梅县大河区、西池区区长,中共黄梅县西池区、蔡山区党委书记,中共黄梅县委副书记,黄梅县人民政府常务副县长、代县长、县长,中共黄梅县委书记、县人大常委会主任,中共黄冈地委委员、黄冈地区纪律检查委员会书记,中共黄冈市委常委、黄冈市纪律检查委员会书记。

1996年11月至2001年3月,任黄冈市人大常委会副主任、党组副书记。

宛宗祥

宛宗祥,男,汉族,1939年10月出生,黄冈黄梅人。1961年7月参加工作,1965年7月加入中国共产党。本科学历。

1961年8月至1996年12月,历任黄梅县第一中学教师、校团委书记,黄梅县独山中学校长,黄梅县师范学校负责人,中共黄梅县委秘书,中共黄梅县停前公社、孔垅公社党委书记,黄梅县人民政府副县长,中共黄梅县委常委、黄梅县人民政府县长,中共蕲春县委副书记、黄梅县人民政府县长,中共武穴市委书记,中共黄冈地委委员、政法委书记。

1996年12月至2002年2月,任中共黄冈市委常委、政法委书记,黄冈市人大常委会副主任、党组副书记。

贺仕文

贺仕文(1938—2000),男,汉族,1938年2月出生,黄冈英山人。1958年2月参加工作,同年10月加入中国共产党,初中学历。

1958年2月至1996年12月,历任英山县孔坊中心小学教师,金铺公社干事,英山县文化馆负责人，英山县公安局副股长、股长，英山县人民检察院办公室主任、副检察长、检察长，黄冈地区中级人民法院副院长、代理院长、院长。

1996年12月至2000年3月，任黄冈市人大常委会副主任、党组成员。

汪慧英

汪慧英，女，汉族，1940年8月出生，上海市人。1958年5月参加工作，1965年7月加入中国共产党，中专学历。

1966年7月至1996年12月，历任中共麻城县铁门乡党委副书记，麻城县革命委员会副主任，中共黄冈地委常委、湖北省妇女联合会黄冈地区办事处主任，政协湖北省委员会黄冈地区联络组副组长。

1996年12月至2002年10月，任黄冈市人大常委会副主任、党组副书记。

方景忠

方景忠，男，汉族，1941年10月出生，黄冈麻城人。1965年8月参加工作，本科学历。

1965年8月至1996年12月，先后任四川江油长城钢厂技术员，上海市第五钢厂技术员，麻城县文教局干部，麻城县乘马高中、万义高中教师，麻城县文教局物理教研员、教研室主任，麻城县(市)人民政府副县(市)长。

1996年12月至2002年4月，任黄冈市人大常委会副主任。

易茂先

易茂先，男，汉族，1947年1月出生，黄冈英山人。1965年7月参加工作，中共党员，大学学历。

1965年7月至1999年2月，先后任英山县茶园公社团委副书记、茶园大队党支部书记，中共英山县茶园公社党委副书记、杨柳区委副书记、土门河公社党委书记，中共英山县委宣传部副部长，中共英山县委副书记、英山县人民政府代县长、县长，中共罗田县委副书记、罗田县人民政府县长，中共罗田县委书记。

1999年2月至2007年1月，任黄冈市人大常委会副主任、党组副书记。2010年3月至2021年12月，任黄冈市关心下一代工作委员会主任。2014年11月荣获“全国离退休干部先进个人”称号。

金鹤年

金鹤年，男，汉族，1943年7月出生，湖北鄂州人。1967年9月参加工作，1979年2月加入中国共产党，本科学历。

1970年2月至2001年1月，历任浠水县松山中学教师，浠水县团陂高中教务主任，浠水县第二中学副校长、党支部书记、校长，中共浠水县委常委、浠水县委办公室主任、浠水县委副书记，中共黄冈市直工委副书记（正县级）、书记，黄冈市教委主任、党组书记，市教育督导室主任、主任督学，中共黄冈市委副秘书长、办公室主任。

2001年至2005年9月，任黄冈市人大常委会副主任、党组成员。

张用长

张用长，男，汉族，1948年9月出生，湖北武汉人。1969年2月参加工作，1972年1月加入中国共产党，研究生学历。

1973年12月至2001年1月，先后任黄冈地区五七干校教师，中共黄冈地委组织部干部、科长、副部长（正县级）。

2001年1月至2010年9月，任黄冈市人大常委会副主任、党组成员。

吴闻章

吴闻章，男，汉族，1944年8月出生，黄冈市黄州区人。1972年2月参加工作，中共党员，本科学历。

1972年9月至1978年8月，先后任英山县第一中学教师、英山县创作组编剧、中共英山县委宣传部干部、英山县文教局干部。1978年8月至2001年2月，历任黄冈报社编辑、副科长、社长、党委副书记，黄冈日报社党委书记、社长、总编辑。

2001年2月至2002年4月，任黄冈市人大常委会副主任，党组成员。

陈鼎常

陈鼎常，男，汉族，1948年2月出生，黄冈红安人。1969年1月参加工作，本科学历。

1980年10月至2002年4月，历任黄冈中学教师，黄冈中学数学奥赛主教练、总教练，中国数学奥赛湖北省领队、国家集训队班主任、国家队教练，黄冈市政协副主席，黄冈中学副校长。

2002年4月至2012年1月，任黄冈市人大常委会副主任、黄冈中学校长。第十届、十一届全国人大代表。

包玉兰

包玉兰，女，汉族，1949年3月出生，黄冈团风人。1970年12月参加工作，1976年6月加入中国共产党，本科学历。

1970年12月至2002年2月，先后任黄冈地区文工团创作员，黄冈地区文化局创作员，湖北省妇女联合会黄冈地区办事处副主任，黄冈市妇女联合会主席。

2002年2月至2009年4月，任黄冈市人大常委会副主任、党组成员。

2016年12月至2019年9月，任黄冈市民间文化研究会会长。

王建明

王建明，男，汉族，1954年9月出生，湖北武汉人。1972年1月参加工作，1982年9月加入中国共产党，研究生学历。

1972年1月至2005年3月，历任新洲县旧街区彭家田小学教师，黄冈地区新华书店干部，黄冈地区公安处干部、副科长、科长，黄冈地区消防大队党委书记、政委，消防支队副政委、党委书记，黄冈地区公安处交警支队政委、支队长、副处长、党组成员，黄冈市公安局副局长、党组副书记，中共黄冈市委委员、黄冈市人民政府党组成员、市公安局局长、党组副书记、书记。

2005年3月至2014年10月，任黄冈市人大常委会副主任、党组副书记。

2015年11月至今，任黄冈市诗词学会（东坡赤壁诗社）会（社）长。

王楚平

王楚平，男，汉族，1954年8月出生，黄冈蕲春人。1971年8月参加工作，同年9月加入中国共产党，研究生学历。

1971年8月至1988年4月，先后任蕲春县白池公社大队党支部副书记，蕲春县桐梓公社团委书记、党委办公室主任，中共蕲春县委办公室科长、副主任，中共蕲春县大同区、檀林镇党委书记。

1988年4月至1993年7月，历任中共黄冈地委办公室科长、副主任。1993年8月至2006年12月任中共黄冈地委副秘书长（行署局长级），黄冈地区（市）科委主任、党组书记，黄冈市人民政府党组成员、秘书长、办公室主任、机关党组书记，中共武穴市委书记、武穴市政协主席，中共浠水县委书记、浠水县人大常委会主任。

2007年1月至2015年2月,任黄冈市人大常委会党组成员、副主任。2015年4月至今,任黄冈市红色文化(新四军)研究会会长。

第八届省党代会代表。第二届黄冈市委委员。

何东英

何东英,女,汉族,1963年1月出生,黄冈英山人。1982年9月参加工作,2007年1月加入中国民主建国会,研究生学历,哲学博士。

1982年9月至2012年1月,历任英山县第一中学教师、副校长,英山县人民政府副县长,黄冈市监察局副局长、正县级纪检检察员,黄冈市政协副主席。

2012年1月至2022年1月,任黄冈市人大常委会副主任、中国民主建国会黄冈市主委。

2022年1月,任黄冈市政协副主席。

袁金鹏

袁金鹏,男,汉族,1959年9月出生,黄冈黄梅人。1976年5月参加工作,1984年1月加入中国共产党,本科学历。

1976年5月至2015年1月,历任黄梅县杉木乡烟铺小学教师,黄梅县停前供销社秘书,中共黄梅县委办公室干部、副科长、科长、副主任,中共黄冈地委办公室督办室干部(正科级)、主任、副县级政研员,中共黄冈市委副秘书长,黄冈市广播电视局局长、党组书记,中共黄冈市委副秘书长、办公室主任。

2015年1月至2019年1月,任黄冈市人大常委会副主任、党组成员、法制工作委员会主任委员(兼)。

梅咏成

梅咏成,男,汉族,1962年1月出生,黄冈红安人。1981年7月参加工作,中共党员,研究生学历。

1981年7月至2015年1月,历任红安县占店高中教师,红安县城关区教育组辅导教师,中共红安县委办公室干部、副科长、科长,中共黄冈地委组织部副科长、科长级干事、科长、副县级组织员、副部长、常务副部长、市人力资源和社会保障局(公务员局)党组书记。

2015年1月至2022年1月,任黄冈市人大常委会副主任、党组成员,一级巡视员。第四届市委委员。

詹旺民

詹旺民，男，汉族，1965年2月出生，黄冈浠水人。1984年11月参加工作，1988年5月加入中国共产党，本科学历。

1984年11月至2017年1月，历任浠水县教育局办事员，浠水县人民政府办公室干部、研究室副科长、科长，黄冈地区行署研究室副主任科员，黄冈地区行署办公室副科长，黄冈市人民政府办公室主任科员、科长、党组成员、副主任，中共黄州区委常委、区人民政府常务副区长，中共黄州区委副书记，区人民政府副区长、代区长，中共黄州区委书记、区人大常委会主任，黄冈市人民政府副市长、党组成员，市大别山旅游开发有限公司党委书记、董事长。

2017年1月至今，任黄冈市人大常委会副主任、党组副书记、法制委员会主任委员(兼)。第九届省党代会代表。第三届、第四届市委委员。

汪柏坤

汪柏坤，男，汉族，1963年7月出生，黄冈英山人。1981年9月参加工作，中共党员，研究生学历。

1981年9月至2020年1月，历任英山县石头咀镇林业站、雷店镇林业站干部，雷店区计划生育干事，雷店区办公室副主任，雷店区杨树桥乡乡长，草盘地镇人民政府镇长，中共英山县杨柳湾镇党委书记，中共罗田县委常委、常务副县长，中共红安县委副书记，黄冈市林业局党组书记、局长，黄冈市人力资源和社会保障局党组副书记、局长，中共罗田县副书记、书记。

2020年1月至2022年1月，任黄冈市人大常委会党组成员、副主任。

李　玲

李玲，女，汉族，1972年12月出生，湖北石首人。1992年9月参加工作，中共党员，研究生学历。

1992年9月至2020年1月，历任石首市文峰中学教师，共青团石首市委办公室主任，中共石首市绣林街道党委副书记，中共石首市焦山河乡党委副书记、乡长，石首市妇联党组书记、主席，石首市人民政府副市长、党组成员，中共潜江市委常委、统战部部长、组织部部长(正县级)，中共团风县委副书记、县人民政府代理县长、县长，中共团风县委书记。

2020年1月至2022年1月，任黄冈市人大常委会党组成员、副主任，中共团风县委书记。2022年1月，任中共黄冈市委常委、统战部部长、市总工会主席。

王万福

王万福，男，汉族，1963年1月出生，安徽桐城人。1982年7月参加工作，1985年8月加入中国共产党，研究生学历。

1982年7月至2017年1月，历任黄梅县五祖寺林场技术员、团支部书记，共青团黄梅县委组织部部长，中共黄梅县大河镇委组织委员，共青团黄梅县委书记，中共黄梅县刘佐乡党委书记，中共罗田县委常委、纪委书记、组织部部长，中共罗田县委副书记、罗田县人大常委会主任，黄冈市卫生局党组书记、局长，黄冈市机构编制委员会办公室主任、党组书记，黄冈市政协党组成员、秘书长、机关党组书记、办公室主任。

2017年1月至2022年1月，任黄冈市人大常委会党组成员、秘书长、副主任。

陈少敏

陈少敏，女，汉族，1970年7月出生，黄冈浠水人。1990年7月参加工作，2009年1月加入中国民主同盟，研究生学历。

1990年7月至2022年1月，历任浠水县望城实验中学教师，浠水县马垅镇、散花镇人民政府副镇长，浠水县工商业联合会会长，红安县人民政府副县长，黄冈市粮食局局长，民盟黄冈市委主委，黄冈市人民政府副市长，民盟湖北省委常委、副主委、黄冈市委主委，黄冈市红十字会会长。

2022年1月，任黄冈市人大常委会副主任。

第十二届、十三届省人大代表。

黄强胤

黄强胤，男，汉族，1964年7月出生，黄冈红安人。1985年1月参加工作，1987年6月加入中国共产党，研究生学历。

1985年1月至2021年1月，历任红安县八里镇八里乡计生助理、副乡长，八里镇团委副书记、书记、中和党总支书记、党委宣传委员，永佳河镇副镇长、党委副书记，中共武穴市委常委、组织部部长，中共武穴市委副书记，黄冈市住房和城乡建设委员会主任、党组副书记、书记，黄冈市发展和改革委员会主任、党组书记，中共浠水县委书记、浠水县人大常委会主任。

2021年1月至5月，任黄冈市人大常委会副主任、党组成员、中共浠水县委书记。2021年5月至今，任黄冈市人大常委会副主任、党组成员。

第十一届省党代表。第三届、四届、五届市委委员。

屈凯军

屈凯军，男，汉族，1968年1月出生，黄冈麻城人。1989年8月参加工作，1991年7月加入中国共产党，研究生学历。

1991年12月至2022年1月，历任罗田县落梅河乡团委副书记，罗田县团委副书记、书记，中共罗田县北丰乡党委副书记、北丰乡乡长，中共罗田县北丰乡、白莲河乡、胜利镇党委书记，罗田县人民政府党组成员、副县长，中共罗田县委委员（因罗田县被湖北省委列为党代会常任制改革试点县，从2003年12月开始，县委不设常委，只设委员）、统战部部长，国家统计局黄冈调查队党组书记、队长，黄冈市人民政府副秘书长、市高校科研院所合作办公室（市政府发展研究中心）党组书记、主任，中共黄梅县委副书记、黄梅县人民政府党组副书记、副县长、代理县长，黄梅县人民政府党组书记、县长，黄冈市发展和改革委员会党组书记、主任，市援疆工作办公室主任，市粮食局局长，一级调研员。

2022年1月，任黄冈市人大常委会党组成员、副主任。

第十三届省人大代表。

吴晓文

吴晓文，男，汉族，1965年7月出生，黄冈市黄州区人。1985年7月参加工作，1989年2月加入中国共产党，本科学历。

1985年7月至2022年1月，历任黄冈地区教委教研室、黄冈地区人事局干部，中共黄冈地委办公室干部、副科级政研员，中共黄冈地委组织部办公室副科级干事、正科级干事，中共黄冈市委组织部办公室主任、副县级组织员，中共武穴市委常委、组织部部长，武穴市人民政府常务副市长，中共武穴市委副书记，黄冈市财政局党组副书记、副局长（正县级）、党组书记、局长，中共黄冈市委副秘书长、办公室主任，一级调研员。

2022年1月，任黄冈市人大常委会副主任，党组成员。

第十三届省人大代表。第五届市委委员。

郭小野

郭小野,男,汉族,1967年9月出生,黄冈浠水人。1986年8月参加工作,1991年6月加入中国共产党,研究生学历。

1986年6月至2022年1月,历任浠水县财政局干部,浠水县清泉镇干部、团委书记,浠水县团委副书记,中共浠水县大灵乡、关口镇、清泉镇党委书记,清泉镇人民政府镇长,黄梅县人民政府副县长,中共黄梅县委常委、政法委书记、黄梅县公安局局长,黄梅县政协党组书记、主席,黄冈市供销合作社党组书记、主任,黄冈市市场监督管理局党组书记、局长,市知识产权局局长,一级调研员。

2022年1月,任黄冈市人大常委会副主任、党组成员。

四、历届市人大常委会秘书长

杨兴鸿

杨兴鸿,男,汉族,1946年6月出生,黄冈麻城人。1969年9月参加工作,中共党员,本科学历。

1969年9月至1994年10月,历任英山县长冲卫生院医师,英山县卫生局干部、办公室副主任,英山县人民政府办公室副主任、主任,中共英山县孔家坊乡党委书记,蕲春县人民政府副县长,中共黄冈地区第一人民医院党委书记。

1994年10月至2006年12月,历任湖北省人大常委会黄冈地区联络组办公室主任,黄冈市人大常委会秘书长、党组成员,黄冈市人大常委会办公室调研员。

梅启生

梅启生,男,汉族,1952年1月出生,湖北武汉人。1969年9月参加工作,1973年9月入党,本科学历。

1969年9月至2004年2月,历任新洲县楼寨公社电话员、专案组成员,新洲县革命委员会"一打三反"办公室干部,黄冈地区革命委员会生产指挥组农业小组、农业办公室干部,地区农办副科长(行署副局长级),黄冈地区山区、老区、贫困地区建设办公室副主任,黄冈地区行政公署办公室副主任、机关党组成员,黄冈地区行政公署副秘书长、机关党组副书记(行署局长级),黄冈市人事局局长、党组书记,黄冈市机构编制办公室党组书记。

2004年2月至2012年4月，任黄冈市人大常委会党组成员、秘书长、机关党组书记、办公室调研员。

段高敏

段高敏，男，汉族，1963年8月出生，黄冈浠水人。1982年9月参加工作，1985年7月加入中国共产党，研究生学历。

1982年9月至2010年1月，历任浠水县兰溪镇小学教师，浠水县兰溪镇团委书记、企管会主任、副镇长，中共浠水县兰溪镇委副书记，浠水县堰桥乡人民政府乡长，黄冈市贸易局副局长、党组成员，黄冈市商贸行业协会会长、党组书记，黄冈市商务局局长、党组书记，中共黄冈市委统战部常务副部长。

2010年1月至2016年7月，任黄冈市人大常委会秘书长、党组成员、机关党组书记、办公室主任。

第三届黄冈市委候补委员。

胡歌进

胡歌进，男，汉族，1959年11月出生，黄冈英山人。1976年8月参加工作，中共党员，研究生学历。

1978年至2015年1月，历任黄冈地区教育局仪器站、电教馆干部，黄冈地区行政公署办公室办事员、副科长、科长，黄冈市人民政府办公室纪检组组长、党组成员，黄冈市人民政府法制办公室主任、党组书记。

2015年1月至2018年6月，历任黄冈市人大常委会办公室主任、机关党组副书记，人大常委会副秘书长、代理秘书长。

方　荣

方荣，男，汉族，1963年3月出生，黄冈罗田人。1986年7月参加工作，中共党员，研究生学历。

1986年7月至2020年1月，历任黄冈地委党校教师、副科长，黄冈市农委干部、科长，黄冈市农办科长、助理调研员、副主任、党组成员，黄冈市人民政府扶贫办公室党组书记、主任，黄冈市商务局党组书记、局长，黄冈市人民政府副秘书长、市扶贫办党组书记、主任。

2020年1月至2022年1月，任黄冈市人大常委会党组成员、秘书长、机关党组书记、办公室主任。二级巡视员。

黄智敏

黄智敏，男，汉族，1965年5月出生，黄冈黄梅人。1986年7月参加工作，1992年12月加入中国共产党，研究生学历。

1986年7月至2022年1月，历任黄冈地区毛纺厂技术员、助理工程师，黄冈地区纪委（监察局）干部、副科级纪检监察员，中共黄冈市委组织部副科长、主任科员、副县级组织员，中共罗田县委委员（因罗田县被湖北省委列为党代会常任制试点县，从2003年12月开始，县委不设常委，只设委员）、组织部部长，中共浠水县委常委、组织部部长、统战部部长，黄冈市水产局党组副书记、书记、局长，中共龙感湖管理区党委书记，黄冈市政协党组成员、秘书长、机关党组书记、办公室主任，一级调研员。

2022年1月，任黄冈市人大常委会党组成员、秘书长、机关党组书记、办公室主任。

第十一届湖北省党代表。第五届黄冈市委委员。

第九章　县市区人民代表大会

黄冈市辖黄州区、团风县、红安县、麻城市、罗田县、英山县、浠水县、蕲春县、武穴市、黄梅县等10个县市区，他们的人大工作是黄冈市人大工作的重要组成部分，本章记载各县市区人大的相关工作情况。

第一节　黄州区人民代表大会

一、黄州区概况

区域简介。1996年5月，经国务院批准，撤销黄冈地区，设立黄冈市，原黄冈地区所辖的黄州市一分为二，城区及周边乡镇设为黄州区。黄州区位于长江中游北岸，黄冈市西南部，东临巴水与浠水县相邻，西南濒长江与鄂州市相望，北与团风县接壤。黄州区下辖赤壁、禹王、东湖、南湖、西湖5个街道，路口、堵城、陈策楼、陶店3个镇1个乡，黄州火车站经济开发区、黄州工业园两个功能区。2021年年底，全区总面积353.03平方千米，常住人口48.54万人。

人大概况。从1996年5月建区至2022年，黄州区共选举6届区人大代表1161名，召开人民代表大会会议6届28次、人大常委会会议182次，听取审议工作报告585个，任免国家机关工作人员1223人次，开展执法检查、调研视察、专题询问424次，办理代表议案、建议991件，对25个行政执法部门开展行政执法效能评价，对264名区人大常委会任命的“一府两院”负责人进行履职满意度测评。

机构设置。1996年11月，黄州区人大常委会设有办公室和法制、财政经济、教育科学文化卫生、农村、代表5个工作委员会。2012年12月，增设预算工作委员会，2016年12月，增设研究室，2017年11月，增设赤壁街道人大工作委员会、东湖街道人大工作委员会、禹王街道人大工作委员会、南湖街道人大工作委员会、黄州火车站经济开发区管理委员会人大工作委员会5个区人大常委会派出机构，核定区人大常委会各工作机构主任、专职副主任各1名。2020年10月，增设西湖街道人大工作委员会。

二、黄州区历届人民代表大会

第一届人民代表大会。本届人大代表186名，任期从1996年11月至2002年2月，召开人民代表大会会议6次，听取审议工作报告35个，做出决议、决定30个，收到代表议案、建议199件。选举市第一届人大代表45名。

第二届人民代表大会。本届人大代表192名，任期从2002年2月至2007年1月，召开人民代表大会会议5次，听取审议工作报告35个，做出决议、决定30个，收到代表议案、建议203件。选举市第二届人大代表45名。

第三届人民代表大会。本届人大代表191名，任期从2007年1月至2011年12月，召开人民代表大会会议5次，听取审议工作报告35个，做出决议、决定30个，收到代表议案、建议189件。选举市第三届人大代表46名。

第四届人民代表大会。本届人大代表191名，任期从2011年12月至2016年12月，召开人民代表大会会议6次，听取审议工作报告35个，做出决议、决定30个，收到代表议案、建议109件。选举市第四届人大代表36名。

第五届人民代表大会。本届人大代表192名，任期从2016年12月至2021年11月，召开人民代表大会会议5次，听取审议工作报告38个，做出决议、决定31个，收到代表议案、建议246件。选举市第五届人大代表35名。

第六届人民代表大会。本届人大代表209名，任期从2021年11月起，截至2022年3月，召开人民代表大会会议1次，听取审议工作报告8个，做出决议、决定6个，收到代表议案、建议45件。选举市第六届人大代表35名。

三、黄州区历届人大常委会

第一届人大常委会。本届人大常委会组成人员14名，召开人大常委会会议38次，听取审议工作报告48个，做出决议、决定4个，开展执法检查和调研、视察49次，任免国家机关工作人员264人次。

第二届人大常委会。本届人大常委会组成人员18名，召开人大常委会会议33次，听取审议工作报告53个，做出决议、决定6个，开展执法检查和调研、视察51次，任免国家机关工作人员175人次。

第三届人大常委会。本届人大常委会组成人员22名，召开人大常委会会议36

次，听取审议工作报告70个，做出决议、决定13个，开展执法检查和调研、视察84次，任免国家机关工作人员180人次。

区第四届人大常委会。本届人大常委会组成人员24名，召开人大常委会会议39次，听取审议工作报告96个，做出决议、决定21个，开展执法检查和调研、视察89次，任免国家机关工作人员159人次。

区第五届人大常委会。本届人大常委会组成人员35名，召开人大常委会会议33次，听取审议工作报告105个，做出决议、决定11个，开展执法检查和调研、视察138次，任免国家机关工作人员358人次。

区第六届人大常委会。本届人大常委会组成人员35名，截至2022年3月，召开人大常委会会议3次，听取审议工作报告13个，做出决议、决定3个，开展执法检查和调研、视察13次，任免国家机关工作人员87人次。

四、黄州区历届人大代表

表9–1　黄州区历届人大代表结构一览表

届次	总数	妇女		工人农民		干部		知识分子		少数民族		非中共人士	
		人数	占比（%）	人数	占比（%）	人数	占比（%）	人数	占比（%）	人数	占比（%）	人数	占比（%）
一	186	45	24.2	91	48.9	74	39.8	19	10.2	—	—	46	24.7
二	192	49	25.5	103	53.6	70	36.5	16	8.3	—	—	33	17.2
三	191	44	23.0	104	54.5	67	35.1	18	9.4	—	—	36	18.8
四	191	50	26.2	109	57.1	63	33.0	17	8.9	—	—	40	20.9
五	192	62	32.3	81	42.2	74	38.5	35	18.2	1	0.5	58	30.2
六	209	74	35.4	86	41.1	66	31.6	54	25.8	2	1.0	53	25.4

五、黄州区历届人大常委会主任、副主任

表9–2 黄州区历届人大常委会主任、副主任一览表

届 次	职 务	姓 名	任职时间
第一届	主 任	熊传衔	1996年11月至2000年2月
		蒋国平	2000年2月至2002年2月
	副主任	胡桂甫	1996年11月至2002年2月
		高桃花（女）	1996年11月至2002年2月
		吴济涛	1996年11月至2000年11月
		孙楚贵	1996年11月至2002年2月
第二届	主 任	蒋国平	2002年2月至2007年1月
	常务副主任	胡桂甫	2002年2月至2007年1月
	副主任	张柏清	2002年2月至2007年1月
		高桃花（女）	2002年2月至2007年1月
		吴焱明	2002年2月至2007年1月
		杨传枝	2002年2月至2007年1月
		宋德春	2006年4月至2007年1月
第三届	主 任	詹旺民	2007年1月至2011年12月
	常务副主任	张双勤	2007年1月至2011年12月
	副主任	吴朝明	2007年1月至2011年12月
		林校刚	2007年1月至2011年12月
		宋德春	2007年1月至2011年12月
		尹珊红（女）	2007年1月至2011年12月
		詹建国	2008年4月至2011年12月

续表9-2

届　次	职　务	姓　名	任职时间
第四届	主　任	刘金先(女)	2011年12月至2016年12月
	副主任	吴朝明	2011年12月至2016年12月
		尹珊红(女)	2011年12月至2016年12月
		詹建国	2011年12月至2016年12月
		包火林	2011年12月至2016年12月
		徐方国	2011年12月至2016年12月
		罗京平	2011年12月至2016年12月
第五届	主　任	骆志勇	2016年12月至2017年12月
		傅明山	2017年12月至2021年11月
	常务副主任	傅明山	2016年12月至2017年12月
	副主任	杜旺琼(女)	2016年12月至2021年11月
		徐方国	2016年12月至2020年7月
		罗京平	2016年12月至2021年2月
		刘传寿	2016年12月至2020年7月
		孙道军	2016年12月至2021年11月
		徐惠群	2017年12月至2021年11月
		陈云霄	2020年7月至2021年11月
		丰　群	2020年7月至2021年11月
		万志祥	2021年2月至2021年11月
第六届	主　任	何志春	2021年11月开始
	副主任	徐惠群	2021年11月开始
		罗　霞(女)	2021年11月开始
		杨平安	2021年11月开始
		王振江	2021年11月开始
		周宏波	2021年11月开始
		徐利民	2021年11月开始

六、黄州区人大特色工作

（一）开展工作评议。从区第一届人大常委会到区第五届人大常委会，坚持把工作评议作为监督支持"一府两院"工作的重要内容，采取视察调研、代表测评、监督整改等方式，对区人民政府工作部门和区人民法院、区人民检察院工作进行监督，有力促进"一府两院"依法行政、公正司法、履职尽责。

（二）"人大代表见面日"活动。按照"立足基层、面向群众、顺应形势、关注重点"的工作思路，组织全区各级人大代表回选区、见群众、问意愿。开展"人大代表见面日"活动22次，人大代表参加3000多人次，与数万名群众进行面对面交流，收集群众意见建议1365条，帮助群众解决问题856个。"人大代表见面日"活动持续开展、影响广泛。《人民日报》《湖北日报》《人民代表报》《楚天主人》等多家媒体进行报道，形成代表联系群众的"黄州品牌"。

（三）行政执法效能评价。制发《黄州区人大常委会行政执法效能评价办法》，采取普法考核、执法评估、满意度测评等方式，重点抓住普及法律知识、明确执法主体、规范执法行为、严格办案程序、建设执法信息平台等关键环节，通过听取审议工作报告、组织开展法律考试、走访执法服务对象、查看执法文书案卷、开展问卷调查、满意度测评等方式，对接受评价的行政执法部门开展行政执法工作进行跟踪监督，促进执法部门依法行政。行政执法效能评价工作入选全市人大创新典型案例。

（四）履职满意度测评。对区人大常委会任命的"一府两院"负责人履职尽责情况进行任后监督，采取部门工作鉴定、分管领导评价、个人述职报告、代表实地走访、现场投票测评的方式，对147人次进行测评，测评结果以书面形式向区委报告，向"一府两院"反馈，向社会公开，有效增强"一府两院"负责人的责任感和使命感。

（五）代表活动阵地建设。按照"三好五有"要求，高标准建设9个代表之家、33个代表小组活动站、10个企业代表活动联系站，确保代表学习有场所、交流有窗口、履职有平台。命名8个"人大代表创业示范基地"，区人大常委会主任会议成员一对一帮扶指导，服务做强产业，支持带动发展。

（六）深化基层改革。全面推进《湖北省乡镇人民代表大会工作条例》贯彻实施，在全市率先启动和全面落实乡镇街道人大干部专职化配备，一批政治品质好、文化层次高、工作能力强、年龄结构优的干部充实到乡镇街道人大队伍，定期开展基层人大工作专项检查，促进基层人大工作规范化、制度化、法治化。

第二节　团风县人民代表大会

一、团风县概况

区域简介。团风地处湖北省东部、大别山南麓、长江中游北岸。建县于1996年5月，全县辖区面积838平方公里，辖8个镇2个乡，共有210个行政村(其中含17个社区)，总人口38万人，素有"鄂东门户"和"小汉口"之称，是鄂东连接武汉的"桥头堡"。团风历史悠久，人杰地灵，宋代形成集市，历史上是兵家必争之地；团风文化底蕴深厚，孕育党的一大代表包惠僧，革命家林育英、林育南，现代地质科学巨人李四光，军事家林彪等一批名人名家；团风交通便利，区位独特，紧邻华中特大城市武汉，处于武汉"1+8"城市圈核心层，1小时城市群有武汉、鄂州、黄石、黄冈等城市，区位交通优势明显；团风物产丰富，风景秀美，有牛车河旅游休闲风景区、大崎山省级森林公园、罗霍洲休闲度假区和黄冈革命烈士陵园等文旅景区。

团风大力推进临港经济示范区建设，初步形成钢结构、建筑建材、农产品加工、装备制造、纺织服装等主导产业，先后荣获"全国科技进步先进县""全国全民创业百佳示范县""中国最佳投资价值(环境)县""中国建筑之乡""中国钢结构产业基地"等荣誉称号。

人大概况。从1996年建县至2022年，团风县共选举6届县人大代表1183名，召开人民代表大会会议6届27次、人大常委会会议179次，听取审议工作报告300个，办理代表议案、建议1739件，受理人民群众来信来访2167件次、5308人次，开展执法检查和调研、视察318次，任免国家机关工作人员1124人次，对27名选举任命的国家机关工作人员进行述职评议，对政府部门及"双管"单位进行专项工作评议8次，对政府部门进行满意度测评10次。

机构设置。团风县人民代表大会设立法制委员会、财政经济委员会和社会建设委员会3个专门委员会。团风县人大常委会设有办公室、研究室2个办事机构和代表选举联络人事任免工作委员会、教育科技文化与民族宗教侨务外事工作委员会、农业与农村工作委员会、城乡建设与环境资源保护工作委员会、预算工作委员会5个工作委员会。2018年，增设县人大常委会机关信息中心。

二、团风县历届人民代表大会

第一届人民代表大会。本届人大代表192名，任期从1996年11月至2002年1月，召开人民代表大会会议6次，听取审议工作报告37个，做出决议、决定37个，收到代表议案、建议373件，定为议案2件，其余转作建议。选举市第一届人大代表22名。

第二届人民代表大会。本届人大代表194名，任期从2002年1月至2007年1月，召开人民代表大会会议5次，听取审议工作报告30个，做出决议、决定30个，收到代表议案、建议282件，全部转作建议。选举市第二届人大代表26名。

第三届人民代表大会。本届人大代表196名，任期从2007年1月至2011年11月，召开人民代表大会会议5次，听取审议工作报告30个，做出决议、决定30个，收到代表议案、建议358件，全部转作建议。选举市第三届人大代表26名。

第四届人民代表大会。本届人大代表197名，任期从2011年11月至2016年11月，召开人民代表大会会议5次，听取审议工作报告30个，做出决议、决定30个，收到代表议案、建议379件，全部转作建议。选举市第四届人大代表26名。

第五届人民代表大会。本届人大代表197名，任期从2016年11月至2021年11月，召开人民代表大会会议5次，听取审议工作报告31个，做出决议、决定31个，收到代表议案、建议309件，定为议案1件，其余转作建议。选举市第五届人大代表31名。

第六届人民代表大会。本届人大代表207名，任期从2021年11月起，截至2022年3月，召开人民代表大会会议1次，听取审议工作报告7个，做出决议、决定6个，收到代表议案、建议39件，全部转作建议。选举市第六届人大代表28名。

三、团风县历届人大常委会

第一届人大常委会。本届人大常委会组成人员13名，召开人大常委会会议38次，听取审议工作报告46个，做出决议、决定12个，开展执法检查和调研、视察56次，任免国家机关工作人员196人次。

第二届人大常委会。本届人大常委会组成人员15名，召开人大常委会会议33次，听取审议工作报告61个，做出决议、决定35个，开展执法检查和调研、视察76次，任免国家机关工作人员172人次。

第三届人大常委会。本届人大常委会组成人员25名，召开人大常委会会议32

次，听取审议工作报告52个，做出决议、决定36个，开展执法检查和调研、视察45次，任免国家机关工作人员241人次。

第四届人大常委会。本届人大常委会组成人员24名，召开人大常委会会议34次，听取审议工作报告65个，做出决议、决定21个，开展执法检查和调研、视察56次，任免国家机关工作人员172人次。

第五届人大常委会。本届人大常委会组成人员33名，召开人大常委会会议38次，听取审议工作报告77个，做出决议、决定26个，开展执法检查和调研、视察81次，任免国家机关工作人员293人次。

第六届人大常委会。本届人大常委会组成人员32名，截至2022年3月，召开人大常委会会议4次，听取审议工作报告8个，做出决议、决定2个，开展执法检查和调研、视察4次，任免国家机关工作人员50人次。

四、团风县历届人大代表

表9-3　团风县历届人大代表结构一览表

届次	总数	妇女		工人		农民		干部		知识分子		少数民族		非中共人士	
		人数	占比(%)	人数	占比(%)	人数	占比(%)	人数	占比(%)	人数	占比(%)	人数	占比(%)	人数	占比(%)
一	192	48	25.0	17	8.9	86	44.8	74	38.5	14	7.3	—	—	55	28.6
二	194	43	22.2	8	4.1	89	45.9	76	39.2	20	10.3	—	—	33	17.0
三	196	34	17.3	24	12.2	85	43.4	72	36.7	15	7.7	—	—	23	11.7
四	197	31	15.7	14	7.1	91	46.2	73	37.1	19	9.6	—	—	27	13.7
五	197	68	34.5	17	8.6	80	40.6	83	42.1	16	8.1	—	—	56	28.4
六	207	68	32.9	26	12.6	86	41.5	67	32.4	28	13.5	—	—	59	28.5

五、团风县历届人大常委会主任、副主任

表9-4　团风县历届人大常委会主任、副主任一览表

届　次	职　务	姓　名	任职时间
第一届	主　任	林树柏	1996年11月至2001年4月
		张永斌	2001年4月至2002年1月
	副主任	秦自荣	1996年11月至1998年11月
		王后雄	1996年11月至2001年2月
		余启生	1999年2月至2002年1月
		张成舟	1999年2月至2002年1月
		汪秋生	2001年4月至2002年1月
		夏存安	2001年4月至2002年1月
第二届	主任	张永斌	2002年1月至2002年6月
		王定华	2003年5月至2007年1月
	常务副主任	马秋良	2002年1月至2007年1月
	副主任	冯永意	2002年1月至2007年1月
		余启生	2002年1月至2007年1月
		汪秋生	2002年1月至2007年1月
		秦海棠	2002年1月至2003年9月
		欧喜安	2005年3月至2007年1月
第三届	主任	孙璜清	2007年1月至2009年8月
		洪再林(女)	2010年1月至2011年11月
	常务副主任	肖伯勋	2007年1月至2011年11月
	副主任	熊连喜	2007年1月至2011年11月
		华济民	2007年1月至2011年11月
		谌木旺	2007年1月至2011年11月
		汪早平	2007年1月至2011年11月
		漆秋红(女)	2007年1月至2011年10月

续表9-4

届　次	职　务	姓　名	任职时间
第四届	主　任	郑丰成	2011年11月至2016年11月
	副主任	肖建军	2011年11月至2016年11月
		索少芳	2011年11月至2016年11月
		胡金洲	2011年11月至2016年11月
		魏桂平	2011年11月至2016年11月
		涂　军	2011年11月至2015年11月
		汪金杰(女)	2011年11月至2016年11月
		朱　勇	2015年1月至2016年11月
第五届	主任	李　玲(女)	2016年11月至2017年12月
		杜泉源	2017年12月至2020年6月
		丁永忠	2020年6月至2021年11月
	常务副主任	杜泉源	2016年11月至2017年12月
	副主任	肖建军	2016年11月至2018年10月
		魏桂平	2016年11月至2020年6月
		汪金杰(女)	2016年11月至2021年1月
		邵同元	2016年11月至2020年4月
		朱　勇	2016年11月至2017年5月
		周友明	2017年11月至2021年11月
		徐　林(女)	2020年6月至2021年11月
		胡文中	2017年12月至2021年11月
		张松林	2020年6月至2021年11月
		鲍江民	2020年6月至2021年11月
		何耀清	2021年1月至2021年11月

续表9-4

届　次	职　务	姓　名	任职时间
第六届	主任	丁永忠	2021年11月开始
	副主任	丰雷霆	2021年11月开始
		黄菊花(女)	2021年11月开始
		何耀清	2021年11月开始
		汪克俭	2021年11月开始
		欧济兵	2021年11月开始
		杨辉胜	2021年11月开始

六、人大特色工作

(一)开展满意度测评。自2012年至2021年,在每年12月的县人大常委会会议上,听取县人民政府工作部门的述职报告、由年初确定的政府工作部门工作汇报,县人大常委会组成人员现场投票并公布投票结果,将测评结果在县电视台、县人民政府网站和大厅向社会公开,激励先进,鞭策后进,支持和促进政府部门的工作。

(二)将代表小组建在产业基地上。针对脱贫攻坚产业扶贫活力不足的问题,在2017年代表小组建设的基础上,创造性地将"代表小组"建在产业扶贫基地上。全县共13个代表小组建立在产业基地上,充分发挥"代表行动"在促进产业扶贫中的作用。团风镇第九代表小组建在团风黄湖现代农业示范园,带动209户、734名贫困人口脱贫,带动订单农户5012户;淋山河镇将代表小组建在湖北嘉恒静电鞋服有限公司,并在团风镇、淋山河镇和杜皮乡等3个乡镇的6个村创办6个扶贫工厂,带动56户、243名贫困人口脱贫,充分发挥市场主体的带动作用,形成产业扶贫的团风特色。

(三)创新代表建议督办方式。为提升代表建议办理质效,印发《关于对县第五届人大第四次会议代表建议进行督办的通知》,成立代表建议办理工作领导小组及6个督办专班,同时选取关系群众切身利益且亟待解决的6件建议,由县人大常委会领导牵头,带领督办专班进行重点督办。坚持问题导向,深入基层一线对代表建议办理情况进行暗访,以"暗访短片+会议督办"的直观方式,为承办单位和人大代表搭建深度沟通交流的桥梁,明确代表建议办理的时间表、路线图,并进行跟踪督办。

(四)激发代表履职活力成效显著。在2021年开展的"聚焦优化营商环境代表在行动”活动中，各级人大代表走村入户，积极回应社会关切，让群众深切感受到人大常委会机关和人大代表履职的真挚情怀。开展“代表行动”活动的经验和做法得到省人大常委会党组书记、常务副主任王玲的肯定，省电视台和相关媒体进行宣传推介。特别是聚焦优化营商环境及时有效监督方面采取的做法和成效，引起省、市媒体的关注，进行有影响有深度的专题宣传，《楚天主人》杂志以《助推优化营商环境》为题，专题刊发县人大常委会“代表行动”的实践经验交流文章。

（五）建成无纸化办公系统。为深入推进“智慧人大”建设，提高审议效率，节约工作成本，2022年县人大常委会投入20多万元建成无纸化办公系统，将每次县人大常委会会议、主任会议审议的材料提前上传至OA办公自动化系统，供参会人员阅读和准备。根据预测，每年可节约工作成本10多万元。

（六）服务大局展现人大担当。全面落实县委交办的深化改革、驻村扶贫、双联双进、防汛救灾、招商引资、服务企业等中心工作任务，积极参与团风文旅康养生态城、城区EPC基础设施、牛车河乡村振兴示范区等重点项目建设，推进项目顺利实施。2020年年初发生新冠肺炎疫情，县人大常委会发出《致全县各级人大代表的一封信》，动员人大工作者和各级人大代表主动投身疫情防控和应急保障工作，扎实开展“代表行动”，争做疫情防控的战斗员、监督员、宣传员、示范员。

第三节　红安县人民代表大会

一、红安县概况

区域简介。红安，原名黄安，位于湖北东北部、大别山南麓、鄂豫两省交界处，面积1791平方公里，下辖城关镇、杏花乡、七里坪镇、华家河镇、二程镇、上新集镇、高桥镇、觅儿寺镇、八里湾镇、太平桥镇、永佳河镇、火连畈茶场、天台山国家森林公园管理处等13个乡镇（场、处），393个行政村（社区），总人口64万人，是全国著名的老区县、全国双拥模范县、全国文明县城、全国体育先进县、全国造林绿化百佳县、全国社会治理创新优秀县和湖北省旅游强县、省最佳金融信用县、省园林县城、省卫生县城。红安是“黄麻起义”的策源地和鄂豫皖革命根据地的中心和摇篮，1923年建立早期中共党组织，1927年爆发黄麻起义，红四方面军在红安诞生，红二十五军在红安重建，红二十八军在红安改编。革命战争年代，红安14万英雄儿女壮烈牺牲，登记在册烈士22552名。这里走出董必武、李先念两位国家主席和陈锡联、韩先楚、秦基伟等200多位共和国高级将领，被誉为“中国第一将军县”，铸就“万众一心、紧跟党走、朴诚勇毅、不胜不休”的红安精神。

人大概况。1949年4月，黄安全境解放，成立黄安县人民政府；1952年9月，黄安县改名为红安县。自1954年7月至2022年3月，共选举红安县第一届至第十八届人大代表6010名，召开县人民代表大会会议共18届59次。1981年1月，从红安县第八届人民代表大会第一次会议设立县人大常委会至2022年3月，召开人大常委会会议288次，听取审议工作报告496个，开展执法检查和调查、视察572次，办理代表议案、建议3807件，受理人民群众来信来访8165件次，对26名选举任命的国家机关工作人员进行述职评议，任免国家机关工作人员2126人次。

机构设置。1981年1月，设立红安县人民代表大会常务委员会，人大常务委员会下设办公室，设办公室主任1人、秘书1人。1981年7月，办公室内设秘书科、代表联络科、法制科。1985年6月，成立法制工作委员会、财政经济工作委员会、教育科学文化卫生工作委员会。1986年1月，县人大常委会办公室增设行政科。1987年县乡两级人大换届选举时，成立县第九届人大常委会代表资格审查委员会。1988年3月，增设代表工作委员会。1989年8月，成立法制、财政经济、教科文卫、代表联络等4个工作委员会，办公室内设秘书科、行政科、人事任免科，撤销原办公室内设法制科、代表联络科。1997年12月，增设农村工作委员会，设置人大常委会机关纪检监察及工会机构。进一步明确人大常委会办公室和财政经济、法制、教科文卫、代表、农村等5个工作委员会的职责。2002年8月，“代表工作委员会”更名为代表人事工作室，并将办公室下属的人事任免科划归代表人事工作室。2009年3月，增设城乡建设与环境资源保护工作委员会。2012年3月，增设县人大常委会预算工作委员会。2016年11月，增设县人大常委会研究室，12月，设立县人大法制委员会、财政经济委员会。2018年1月，增设红安县人大常委会信息中心。2019年6月，增设县人大社会建设委员会。机构改革后，县人大常委会内设办公室、研究室等2个办事机构，财政经济、法制、教育科技文化卫生和民族宗教侨务外事、代表人事、农业与农村、城乡建设与环境资源保护、预算等7个工作机构（设人大信息中心1个）。

二、红安县历届人民代表大会

第一届人民代表大会。本届人大代表300名，任期从1954年7月至1957年1月，召开人民代表大会会议2次，听取审议工作报告4个，做出决议、决定6个。选举省第一届人民代表大会代表5名。

第二届人民代表大会。本届人大代表320名，任期从1957年1月至1958年8月，召开人民代表大会会议2次，听取审议工作报告5个，做出决议、决定1个。

第三届人民代表大会。本届人大代表320名，任期从1958年8月至1962年1月，召开人民代表大会会议2次，听取审议工作报告2个。选举省第二届人民代表大会代表7名。

第四届人民代表大会。本届人大代表320名，任期从1962年1月至1963年6月，召开人民代表大会会议1次，听取审议工作报告3个。

第五届人民代表大会。本届人大代表355名，任期从1963年6月至1966年5月，召开人民代表大会会议2次，听取审议工作报告4个。选举省第三届人民代表大会代表9名。

第六届人民代表大会。1968年9月，经湖北省革命委员会批准，红安县革命委员会成立。按照上级统一规定，红安县革命委员会成立大会作为一次县人民代表大会。因此，本届县革命委员会列为县第六届人民代表大会。本届人大代表973名，任期从1968年9月至1976年10月。

第七届人民代表大会。本届人大代表588名，任期从1978年12月至1981年1月，召开人民代表大会会议2次，听取审议工作报告2个。

第八届人民代表大会。本届人大代表260名，任期从1981年1月至1984年12月，召开人民代表大会会议4次，听取审议工作报告25个，做出决议、决定27个，收到代表议案、建议558件，定为议案4件，其余转作建议。选举省第六届人民代表大会代表6名。

第九届人民代表大会。本届人大代表266名，任期从1984年12月至1987年12月，召开人民代表大会会议4次，听取审议工作报告23个，做出决议、决定24个，收到代表议案、建议334件，定为议案1件，其余转作建议。

第十届人民代表大会。本届人大代表233名，任期从1988年1月至1991年1月，召开人民代表大会会议3次，听取审议工作报告18个，做出决议、决定13个，收到代表议案、建议312件，定为议案3件，其余转作建议。选举省第七届人民代表大会代表7名。

第十一届人民代表大会。本届人大代表267名，任期从1991年1月至1994年1月，召开人民代表大会会议3次，听取审议工作报告20个，做出决议、决定21个，收到代表议案、建议286件，定为议案2件，其余转作建议。

第十二届人民代表大会。本届人大代表273名，任期从1994年1月至1998年12月，召开人民代表大会会议6次，听取审议工作报告31个，做出决议、决定38个，收到代表议案、建议419件，定为议案5件，其余转作建议。选举市第一届人大代表47名。

第十三届人民代表大会。本届人大代表254名，任期从1999年1月至2004年1月，召开人民代表大会会议6次，听取审议工作报告33个，做出决议、决定38个，收到代表议案、建议321件，定为议案2件，其余转作建议。选举市第二届人大代表48名。

第十四届人民代表大会。本届人大代表253名，任期从2004年1月至2007年1月，召开人民代表大会会议3次，听取审议工作报告20个，做出决议、决定22个，收到代表议案、建议206件，定为议案1件，其余转作建议。

第十五届人民代表大会。本届人大代表254名，任期从2007年1月至2011年11月，召开人民代表大会会议6次，听取审议工作报告36个，做出决议、决定39个，收到代表议案、建议540件，定为议案2件，其余转作建议。选举市第三届人大代表45名。

第十六届人民代表大会。本届人大代表253名，任期从2011年11月至2016年12月，召开人民代表大会会议5次，听取审议工作报告37个，做出决议、决定39个，收到代表议案、建议497件，会议选举市第四届人大代表47名。

第十七届人民代表大会。本届人大代表252名，任期从2016年12月至2021年11月，召开人民代表大会会议6次，听取审议工作报告39个，做出决议、决定43个，收到代表议案、建议448件，定为议案1件，其余转作建议。选举市第五届人大代表48名。

第十八届人民代表大会。本届人大代表268名，任期从2021年11月起，截至2022年3月，已召开人民代表大会会议1次，听取审议工作报告7个，做出决议、决定5个。收到代表议案、建议93件，选举市第六届人大代表48名。

三、红安县历届人大常委会

第八届人大常委会。本届人大常委会组成人员13名，县第八届人大常委会第三次会议增补人大常委会副主任1名、人大常委会委员6名，召开人大常委会会议29次，听取审议工作报告42个，做出决议、决定14个，开展执法检查和调查、视察36次，任免国家机关工作人员83人次。

第九届人大常委会。本届人大常委会组成人员19名，召开人大常委会会议19次，听取审议工作报告30个，做出决议、决定16个，开展执法检查和调查、视察33次，任免国家机关工作人员58人次。

第十届人大常委会。本届人大常委会组成人员19名，召开人大常委会会议22次，听取审议工作报告53个，做出决议、决定20个，开展执法检查和调查、视察50次，任免国家机关工作人员137人次。

第十一届人大常委会。本届人大常委会组成人员19名，召开人大常委会会议21次，听取审议工作报告28个，做出决议、决定17个，开展执法检查和调查、视察30次，任免国家机关工作人员164人次。

第十二届人大常委会。本届人大常委会组成人员21名，召开人大常委会会议32次，听取审议工作报告42个，做出决议、决定28个，开展执法检查和调查、视察70次，任免国家机关工作人员321人次。

第十三届人大常委会。本届人大常委会组成人员21名，召开人大常委会会议33次，听取审议工作报告52个，做出决议、决定37个，开展执法检查和调查、视察55次，任免国家机关工作人员252人次。

第十四届人大常委会。本届人大常委会组成人员23名，召开人大常委会会议20次，听取审议工作报告27个，做出决议、决定26个，开展执法检查和调查、视察41次，任免国家机关工作人员167人次。

第十五届人大常委会。本届人大常委会组成人员27名，召开人大常委会会议33次，听取审议工作报告65个，做出决议、决定49个，开展执法检查和调查、视察65次，任免国家机关工作人员248人次。

第十六届人大常委会。本届人大常委会组成人员27名，召开人大常委会会议36次，听取审议工作报告65个，做出决议、决定67个，开展执法检查和调查、视察94次，任免国家机关工作人员297人次。

第十七届人大常委会。本届人大常委会组成人员35名，召开人大常委会会议37次，听取审议工作报告75个，做出决议、决定94个，开展执法检查和调查、视察99次，任免国家机关工作人员399人次。

第十八届人大常委会。本届人大常委会组成人员35名，截至2022年3月，召开人大常委会会议6次，听取审议工作报告17个，做出决议、决定5个，开展执法检查和调查、视察16次，任免国家机关工作人员52人次。

四、红安县历届人大代表

表9–5　红安县历届人大代表结构一览表

届次	总数	妇女		工人		农民		干部		知识分子		非中共人士	
		人数	占比(%)	人数	占比(%)	人数	占比(%)	人数	占比(%)	人数	占比(%)	人数	占比(%)
一	300	39	13.0	—	—	—	—	—	—	—	—	—	—
二	320	—	—	19	5.9	115	35.9	40	12.5	40	12.5	21	6.6
三	320	61	19.1	39	12.2	38	11.9	8	2.5	235	73.4	131	40.9
四	320	—	—	—	—	—	—	—	—	—	—	—	—
五	355	66	18.6	—	—	—	—	—	—	—	—	—	—
六	973	—	—	—	—	—	—	78	8.0	895	92.0	—	—
七	588	120	20.4	190	32.3	6	1.0	200	34.0	293	49.8	—	—
八	260	48	18.5	102	39.2	63	24.2	18	6.9	133	51.2	—	—
九	266	59	22.2	30	11.3	135	50.8	42	15.8	194	72.9	136	51.1
十	233	51	21.9	27	11.6	—	—	38	16.3	168	72.1	103	44.2
十一	267	66	24.7	39	14.6	—	—	45	16.9	183	68.5	94	35.2
十二	273	72	26.4	45	16.5	—	—	38	13.9	190	69.6	89	32.6
十三	254	62	24.4	44	17.3	—	—	41	16.1	170	66.9	88	34.6
十四	253	69	27.3	46	18.2	—	—	31	12.3	176	69.6	78	30.8
十五	254	58	22.8	48	18.9	—	—	28	11.0	178	70.1	58	22.8
十六	253	60	23.7	—	—	48	19.0	23	9.1	181	71.5	50	19.8
十七	252	90	35.7	—	—	61	24.2	41	16.3	149	59.1	94	37.3
十八	268	91	34.0	—	—	57	21.3	49	18.3	161	60.1	97	36.2

五、红安县历届人大常委会主任、副主任

表9-6　红安县历届人大常委会主任、副主任一览表

届　次	职　务	姓　名	任职时间
第八届	主　任	陈玉书	1981年1月至1984年11月
	副主任	彭毓南	1981年1月至1984年12月
		李艮海	1981年1月至1984年1月
		陈幼春	1981年1月至1984年12月
		刘昌绪	1981年1月至1984年1月
		蒋维英(女)	1981年1月至1984年12月
		吴志学	1981年1月至1984年12月
		董谊生	1984年3月至1984年12月
第九届	主　任	杨春生	1984年12月至1987年12月
	副主任	徐觉先	1984年12月至1987年12月
		彭毓南	1984年12月至1987年12月
		董谊生	1984年12月至1987年12月
		张培国	1984年12月至1987年12月
		吴志学	1984年12月至1987年12月
第十届	主　任	耿协楠	1988年1月至1991年1月
	副主任	董谊生	1988年1月至1991年1月
		张培国	1988年1月至1991年1月
		徐绳泽	1988年1月至1991年1月
		吴志学	1988年1月至1991年1月
		李　辉	1988年1月至1991年1月
		李述伟	1988年1月至1991年1月
		肖海滨	1988年1月至1991年1月
		涂国忠	1988年1月至1991年1月

续表9-6

届　次	职　务	姓　名	任职时间
第十一届	主　任	董谊生	1991年1月至1993年12月
	副主任	张培国	1991年1月至1993年12月
		徐绳泽	1991年1月至1993年12月
		李　辉	1991年1月至1993年12月
		韩先应	1991年1月至1993年12月
		金镇华	1991年1月至1993年12月
		李述伟	1991年1月至1993年12月
		肖海滨	1991年1月至1993年12月
		廖金子(女)	1991年1月至1993年12月
第十二届	主　任	帅行道	1994年1月至1997年3月
		王静平	1997年4月至1998年12月
	副主任	王佑才	1996年11月至1998年12月
		金镇华	1994年1月至1997年3月
		韩先应	1994年1月至1997年3月
		李述伟	1994年1月至1998年2月
		江绍宜	1994年1月至1994年4月
		吴成胜	1994年1月至1998年12月
		吴继华	1994年1月至1998年4月
		赵恬熙(女)	1994年1月至1998年12月
		吴家永	1996年11月至1998年12月
第十三届	主　任	杜章均	1999年1月至2004年1月
	副主任	王旺松	1999年1月至2004年1月
		吴家永	1999年1月至2004年1月
		赵恬熙(女)	1999年1月至2002年6月
		余新谱	1999年1月至2004年1月
		余美群	2002年6月至2004年1月
		张新华	2002年6月至2004年1月
		杨金安	2002年6月至2004年1月

续表9-6

届　次	职　务	姓　名	任职时间
第十四届	主　任	张鹤桥	2004年1月至2007年1月
	常务副主任	杜章均	2004年1月至2007年1月
	副主任	李大月	2004年1月至2005年3月
		余新谱	2004年1月至2007年1月
		余美群	2004年1月至2007年1月
		张新华	2004年1月至2007年1月
		杨金安	2004年1月至2007年1月
		董良龙	2006年4月至2007年1月
第十五届	主　任	王远鹤	2007年1月至2008年4月
		熊良霄	2008年4月至2010年9月
		吴海涛	2010年9月至2011年11月
	副主任	吴光德	2007年1月至2011年11月
		蔡爱国	2007年1月至2011年11月
		余美群	2007年1月至2011年11月
		张新华	2007年1月至2011年11月
		董良龙	2007年1月至2011年11月
		高红英(女)	2007年1月至2011年11月
第十六届	主　任	邓良涛	2011年11月至2016年12月
	副主任	韩洪武	2011年11月至2016年12月
		詹必应	2011年11月至2016年12月
		方金香(女)	2011年11月至2016年12月
		李长余	2011年11月至2016年8月
		刘辉坦	2011年11月至2016年12月
		柳永清	2011年11月至2016年12月

续表9-6

届次	职务	姓名	任职时间
第十七届	主任	余学武	2016年12月至2017年12月
		方思意	2017年12月至2021年11月
	常务副主任	方思意	2016年12月至2017年12月
	副主任	詹必应	2016年12月至2021年11月
		方金香(女)	2016年12月至2020年6月
		刘辉坦	2016年12月至2021年11月
		柳永清	2016年12月至2021年11月
		罗卫国	2016年12月至2021年11月
		占才春	2017年12月至2021年11月
		涂春生	2020年6月至2021年11月
第十八届	主任	张治祥	2021年11月开始
	副主任	高红英(女)	2021年11月开始
		王辉军	2021年11月开始
		涂春生	2021年11月开始
		李国彬	2021年11月开始
		梅新文	2021年11月开始
		韩红卫	2021年11月开始

六、特色工作

(一)开展述职评议。历届县人大常委会有计划地听取县人大常委会任命干部的述职报告,并以人大代表为主体,邀请社会各界参与,对述职对象当面提问,进行无记名投票测评,评议过程民主公开,评议结果现场公布,对测评“不称职”的评议对象,报请县委作为调离原工作岗位的参考依据。通过述职评议,群众关注度较高的一些热点、难点问题得到解决或不同程度的改善,对人民政府的部门工作起到监督和促进作用。

（二）强化民生领域监督。历届县人大常委会坚持从实现好、维护好、发展好广大人民群众的根本利益出发，切实加强民生领域的监督工作。1983年4月，县人大常委会作出关于稳定民办教师队伍，解决好民办教师待遇的决议，督促县人民政府抓好落实，根据民办教师教学考核评级情况，适当提高民办教师薪酬标准和生活补助标准，充分调动广大基层民办教师的工作积极性，有效保证全县民办教师队伍的稳定。2008年，就该县农村五保供养工作、通村公路建设和农村社会治安状况进行广泛深入调研，形成“三项调查报告”报送县委、县人民政府。县委主要领导主持召开县委常委会，专门研究部署相关工作。县人大常委会连续3年跟踪督办、紧盯不放，2009年红安县在全市率先实现“村村通”；从2011年起五保供养资金列入财政预算；农村社会治安状况也逐步好转。针对代表多次提出的城区禁放鞭炮建议，2016年11月，县人大常委会会议通过县政府关于在红安中心城区全面禁止燃放烟花爆竹的议案，维护社会公共安全，减少空气污染，营造和谐生活环境，促进文明县城建设。

（三）深化预算审查监督。县人大常委会进一步强化预算编制、执行的事前、事中、事后监督，依照法规全程审、着眼绩效重点审、整合资源联动审，加大对部门预算执行、财政转移支付、预算绩效等内容的审查。在省、市人大常委会的指导下，高标准建成横向联通、纵向贯通预算联网监督系统，对全口径预算支出和部门预算执行情况进行实时动态监督，及时掌握资金下达执行进度及绩效目标实施情况，分析发现存在的问题并进行定期通报，督促相关部门整改到位，从源头上预防问题发生，推动人大预算审查监督由程序性向实质性监督并重转变。

（四）完善规范性文件备案审查机制。2022年，县人大常委会坚持有件必备、有备必审、有错必纠的原则，通过普法宣传、举办培训、选聘专家、编制流程、开展审查、公布决定等举措，加强规范性文件备案审查制度和能力建设，完善县人大常委会工作机构联动审查机制，将主动审查、被动审查和重点审查相结合，进一步规范备案审查和修改、废止和撤销有关不规范文件的操作流程，切实履行宪法法律赋予的职权，维护国家法制统一。

（五）开展“代表行动”活动。2017年至2022年，按照省、市人大常委会统一部署安排，县人大常委会围绕脱贫攻坚、疫情防控和疫后重振双胜利、优化营商环境和“美好环境与幸福生活共同缔造”等内容，持续深入开展“代表行动”。活动开展以代表小组为单位，各级代表深入基层走访调研，把情况摸清、把问题找准、把建议谋实。对收集的意见建议认真甄别、梳理，按照分级负责、分层过滤、分类交办的原则，县人大常委会及各乡镇人大主席团召开会议当面交办、形成文件直接交办、重大疑难问题专题交办，对于意见建议落实情况，实行清单销号管理，为促进贫困户稳定脱贫、帮助企业渡过难关、解决急难愁盼问题、缔造美好家园幸福生活发挥积极作用。2017年6月21日至22日，全市“聚力脱贫攻坚、人大代表在行动”活动现场推进会在红安召开。2017年7月28日，在全省“聚力脱贫攻坚、人大代表在行动”视频会议上，红安作为典型交流经验。

（六）搭建代表活动阵地。自县人大常委会设立至2022年，历届人大常委会高度重视代表活动阵地建设，1995年11月，全县22个乡镇（场）均建立“代表之家”；2016年5月至2022年3月，县人大常委会按照“五个统一”（统一部署安排、统一建设标准、统一管理模式、统一检查督办、统一考核验收）、“八有”（有固定场所、有统一标识、有管理制度、有办公设备、有公示栏、有学习资料、有活动台账、有专人负责）的要求，高标准建设代表之家、代表联络站。2022年全县各乡镇建成“代表之家”11个、各选区（总支、村组）建设代表联络站86个，代表活动阵地成为代表学习业务的“加油站”、接待选民的“服务区”、联系群众的“连心桥”、依法履职的“监督岗”。

（七）建立健全制度机制。县人大常委会坚持用制度管人管事，用制度规范会议召开、议案建议办理、机关日常管理。1987年6月，制定机关阅文制度、保密工作暂行规定；1990年6月，制定主任会议工作制度；1991年6月，制定代表工作办法、办理和督办人大议案及建议、批评和意见办法；1992年4月，制定办公室工作规则；1995年3月，制定机关印章、公车、财务管理制度；1998年5月，制定竞争上岗实施办法、职位轮换实施办法；2000年8月，制定关于执法过错责任追究监督办法；2012年7月，修订人大常委会各项制度21项；2021年4月，进一步完善县人大常委会工作制度14项和机关管理制度12项。

（八）推进乡镇人大规范化建设。2016年5月，县委发出《中共红安县委关于推进乡镇人大规范化建设的意见》，从阵地建设、制度完善、考评考核等10个方面加强乡镇人大规范化建设。2016年12月22日，全市乡镇人大规范化建设现场会在红安召开，自2021年11月县乡人大换届至2022年3月，县人大常委会指导各乡镇人大主席团围绕“四个机关”建设，进一步加强人大组织建设，完善人大制度运行机制，提高乡镇人民代表大会会议召开质量，落实重大民生实事项目代表票决制，规范乡镇人大主席团集体行使职权，组织动员代表开展活动、依法有效履职，推进全过程人民民主在基层人大的实践。

第四节　麻城市人民代表大会

一、麻城市概况

区域简介。麻城市位于北纬30°52′至31°36′，东经114°40′至115°28′，地处湖北省东北部，黄冈市北部，长江中游北岸的大别山中段南麓，鄂豫皖三省交界处。东邻罗田县，南接团风县、武汉市新洲区，西与红安县毗邻，北与河南省新县、商城县依山脊分野，东北同安徽省金寨县以界岭分水为界。

1949年3月11日，麻城县人民民主政府成立。1986年8月，麻城撤县设市。1995年12月，黄冈地区改为黄冈市（地级市），麻城市属黄冈市代管。麻城市人民政府驻龙池桥街道金桥大道特1号，距黄冈市人民政府驻地黄州110公里。辖15个镇、1个乡、3个街道、1个省级开发区、1个风景管理处、1个国家湿地公园。有22个城乡社区居委会，430个村委会。全市辖区面积3747平方公里，辖区东西最大距离76公里，南北最大距离82公里。

人大概况。麻城的人民代表大会分麻城县人民代表大会和麻城市人民代表大会两个时期。

麻城县人民代表大会。1954年2月，麻城县进行乡（镇）基层选举、在乡（镇）人民代表大会上选举县人民代表大会的代表。1954年7月，召开麻城县首届人民代表大会会议，至1986年7月，共召开16次人民代表大会会议。出席会议的代表共有7104人次，列席代表有1352人次，听取审议工作报告65个，做出决议、决定61个。麻城县第九届、第十届人民代表大会收集议案、建议1514件。

麻城市人民代表大会。麻城市人民代表大会第一次会议于1986年7月31日在市大礼堂召开，出席会议代表440人，列席代表120人。从1986年7月至2022年6月，共选举10届麻城市人大代表3629名，召开人民代表大会会议共38次，出席会议的代表共有13076人次，列席代表有16261人次，听取审议报告315个，做出决议、决定243个，共收到议案、建议5008件，定为议案111件，其余转作建议。共选举黄冈市历届人大代表318人次。

自1981年1月麻城县人民代表大会设立常务委员会至2022年3月，共有12届，人大常委会组成人员共317人次，共召开人大常委会会议278次，听取审议工作报告545个，做出决议、决定305个，开展执法检查、调查、视察567次，通过规范性文件

14个，任免国家机关工作人员2124人次。

机构设置。1954年7月，设立麻城县第一届人民代表大会并召开第一次会议。1981年1月18日至23日，召开麻城县第九届人民代表大会第一次会议，大会根据组织法的规定，设立县人大常委会，作为县人民代表大会的常设机关，同时设立工作机构。

1986年7月31日，根据麻城县第十届人大第四次会议决定，从1986年8月1日起撤销麻城县设立麻城市，麻城县国家机构改为麻城市国家机构，麻城县第十届人大代表改为麻城市首届人大代表。同日，麻城市首届人民代表大会第一次会议在城区召开。

1986年撤县设市时，市人大常委会常设办公室和法制工作委员会、代表联络工作委员会、财政经济工作委员会、教科文卫工作委员会。办公室下设秘书科、法制科、行政科、代表联络科。

1988年3月，增设城镇建设工作委员会。1991年3月代表联络工作委员会更名为代表工作委员会，撤销办公室法制科、代表联络科，设立老干部管理科。

1991年5月，各工作委员会配备专职工作人员。1994年3月，办公室设立政工科、信访科。1995年3月，增设农村工作委员会。1998年3月，代表工作委员会更名为代表人事工作室，下设代表工作科、人事任免科2个科；城镇建设工作委员会更名为城建与环境资源保护工作委员会；新设立研究室，下设调研科；办公室政工科更名为办公室人事科。

2005年12月，人大常委会机关设办事机构3个，分别是办公室、代表人事工作室、研究室，工作机构5个，即法制工作委员会、财政经济工作委员会、教育科学文化卫生工作委员会、城建与环境资源保护工作委员会、农村工作委员会。办公室内设秘书科、行政科、信访科、老干部管理科4个科。2012年5月增设麻城市人大常委会预算工作委员会。

2017年12月对市人大常委会机关机构设置进行调整，设置专门委员会2个，分别为法制委员会、财政经济委员会；办事机构3个，分别为办公室、代表人事工作室、研究室；工作委员会4个，分别为教育科技文化卫生和民族宗教侨务外事工作委员会、城乡建设与环境资源保护工作委员会、农业与农村工作委员会、预算工作委员会。2019年3月增设麻城市人民代表大会社会建设委员会。2019年12月增设麻城市人大常委会机关信息中心，对外加挂麻城市预算在线监督网络中心牌子。

二、麻城市(县)历届人民代表大会

(一)麻城县

第一届人民代表大会。本届人大代表330名,任期从1954年7月至1957年1月,召开人民代表大会会议2次,听取审议工作报告5个,做出决议、决定5个。出席第二次会议代表407名,听取审议工作报告1个,做出决议、决定1个,第一次由人民代表民主选举县长、副县长和由16名委员组成麻城县人民委员会、县人民法院院长和县人民检察院检察长,会后增补1名副县长。选举省第一届人民代表大会代表7名。

第二届人民代表大会。本届人大代表450名,任期从1957年1月至1958年4月,召开人民代表大会会议2次,听取审议报告3个,做出决议、决定3个,选举麻城县人民委员会县长、副县长和由25名委员组成县人民委员会、县人民法院院长,会后增补1名副县长。第二次会议代表343名,听取审议工作报告2个,做出决议、决定2个,以无记名投票方式增选1名副县长和1名县人民委员会委员。

第三届人民代表大会。本届人大代表450名,任期从1958年4月至1963年6月,召开人民代表大会会议2次,听取审议工作报告5个,做出决议、决定5个。选举县长、副县长和由23名委员组成县人民委员会、县人民法院院长和县人民检察院检察长,会后增补副县长4名。第二次会议代表433名,听取审议工作报告2个,做出决议、决定2个,增选3名副县长,4名县人民委员会委员。选举省第二届人民代表大会代表10名。

第四届人民代表大会。本届人大代表499名,任期从1963年6月至1966年1月,召开人民代表大会会议1次,听取审议工作报告4个,做出决议4个,选举县人民委员会组成人员、县人民法院院长。选举省第三届人民代表大会代表9名。

第五届人民代表大会。据史料记载,无县第五届人民代表大会。

第六届人民代表大会。本届人大代表502名,任期从1966年1月至1966年5月,召开人民代表大会会议1次,听取审议报告4个,做出决议、决定4个,选举县长、副县长和25名委员组成县人民委员会、县人民法院院长。

第七届人民代表大会。本届人民代表大会会议由于"文化大革命"的影响,无法按期举行。

第八届人民代表大会。本届人大代表813名,任期从1978年4月至1981年1月,召开人民代表大会会议1次,听取审议工作报告3个,做出决议、决定3个,选举县革命委员会委员49名，主任、副主任9名，县人民法院院长，会后于1978年7月重新组建县人民检察院。选举省第五届人民代表大会代表9名。

第九届人民代表大会。本届人大代表400名，任期从1981年1月至1984年12月，召开人民代表大会会议4次，听取审议报告4个，做出决议、决定4个，大会根据地方组织法的规定，设立县人大常委会，作为县人民代表大会的常设机关，决定将麻城县革命委员会改为麻城县人民政府，选举县人大常委会委员11名，主任、副主任6人，选举县人民政府县长、副县长，县人民法院院长和县人民检察院检察长。第二次会议的代表357名，听取审议工作报告7个，做出决议、决定5个，大会增选县人大常委会副主任1名。第三次会议的代表394名，听取审议工作报告7个，做出决议、决定5个。第四次会议的代表391人，听取审议工作报告7个，做出决议、决定5个，会议补选县人大常委会主任1名、副主任3名，县人民政府县长和县人民检察院检察长各1名。本届人民代表大会共收到议案、建议1079件。选举省第六届人民代表大会代表11名。

第十届人民代表大会。本届人大代表448名，任期从1984年12月至1986年7月，召开人民代表大会会议4次，第一次会议听取审议工作报告5个，做出决议、决定5个，选举县人大常务委员会委员17名，县人大常委会主任、副主任共8名，还选举县人民政府县长和副县长，县人民法院院长和县人民检察院检察长。第二次会议代表447名，听取审议工作报告6个，做出决议、决定5个。第四次会议代表440名，专题研究麻城撤县改市的问题，作出《关于在1986年8月1日撤销麻城县设立麻城市的决定》《关于将麻城县国家工作机构改为麻城市国家工作机构的决议》《关于麻城县第十届人大代表改为麻城市首届人大代表的决议》等3个决议。从1986年7月31日起，麻城县第十届人大代表即为麻城市首届人大代表。本届人民代表大会共收到议案、建议435件，定为议案141件。

（二）麻城市

第一届人民代表大会。本届人大代表449名，任期从1986年7月到1988年1月，召开人民代表大会会议2次，听取审议工作报告8个，做出决议、决定9个，收到代表议案、建议173件，定为议案49件，其余转作建议。

第二届人民代表大会。本届人大代表321名，任期从1988年1月到1991年1月，召开人民代表大会会议3次，听取审议工作报告24个，做出决议、决定17个，收到代表议案、建议526件，定为议案4件，其余转作建议。

第三届人民代表大会。本届人大代表372名，任期从1991年1月到1994年1

月，召开人民代表大会会议3次，听取审议工作报告26个，做出决议、决定14个，收到代表议案、建议483件，定为议案7件，其余转作建议。

第四届人民代表大会。本届人大代表377名，任期从1994年1月到1999年1月，召开人民代表大会会议6次，听取审议工作报告53个，做出决议、决定34个，收到代表议案、建议767件，定为议案12件，其余转作建议。选举黄冈市第一届人大代表75名。

第五届人民代表大会。本届人大代表351名，任期从1999年1月到2004年1月，召开人民代表大会会议5次，听取审议工作报告45个，做出决议、决定32个，收到代表议案、建议501件，定为议案13件，其余转作建议。

第六届人民代表大会。本届人大代表351名，任期从2004年1月到2007年1月，召开人民代表大会会议3次，听取审议工作报告28个，做出决议、决定19个，收到代表议案、建议362件，定为议案7件，其余转作建议。选举黄冈市第二届人大代表80名。

第七届人民代表大会。本届人大代表351名，任期从2007年1月到2011年11月，召开人民代表大会会议5次，听取审议工作报告42个，做出决议、决定36个，收到代表议案、建议635件，定为议案7件，其余转作建议。选举黄冈市第三届人大代表80名。

第八届人民代表大会。本届人大代表346名，任期从2011年11月到2016年12月，召开人民代表大会会议5次，听取审议工作报告41个，做出决议、决定37个，收到代表议案、建议730件，定为议案6件，其余转作建议。选举黄冈市第四届人大代表79名。

第九届人民代表大会。本届人大代表349名，任期从2016年12月到2021年11月，召开人民代表大会会议5次，听取审议工作报告41个，做出决议、决定37个，收到代表议案、建议683件，定为议案件5件，其余转作建议。选举黄冈市第五届人大代表78名。

第十届人民代表大会。本届人大代表362名，任期从2021年11月起，截至2022年3月，召开人民代表大会会议1次，听取审议工作报告7个，做出决议、决定8个，收到代表议案、建议148件，定为议案1件，其余转作建议。选举黄冈市第六届人大代表78名。

三、麻城市(县)历届人大常委会

县第九届人大常委会。本届人大常委会组成人员11名,召开人大常委会会议27次,听取审议工作报告31个,做出决议、决定16个,开展执法检查和调查、视察43次,任免国家机关工作人员162人次。经麻城县人大常委会补选姜一为省第六届人大代表。

县第十届人大常委会、市第一届人大常委会。两届人大常委会组成人员25名,召开人大常委会会议11次,听取审议工作报告12个,做出决议、决定5个,开展执法检查和调查、视察25次,任免国家机关工作人员24人次。

市第二届人大常委会。本届人大常委会组成人员20名,召开人大常委会会议23次,听取审议工作报告25个,做出决议、决定4个,开展执法检查和调查、视察32次,任免国家机关工作人员73人次。

市第三届人大常委会。本届人大常委会组成人员21名,召开人大常委会会议21次,听取审议工作报告65个,做出决议、决定14个,开展执法检查和调查、视察39次,通过规范性文件6个,任免国家机关工作人员183人次。

市第四届人大常委会。本届人大常委会组成人员29名,召开人大常委会会议31次,听取审议工作报告91个,做出决议、决定29个,开展执法检查和调查、视察78次,通过规范性文件3个,任免国家机关工作人员444人次。

市第五届人大常委会。本届人大常委会组成人员27名,召开人大常委会会议32次,听取审议工作报告94个,做出决议、决定24个,开展执法检查和调查、视察90次,通过规范性文件5个,任免国家机关工作人员297人次。

市第六届人大常委会。本届人大常委会组成人员27名,召开人大常委会会议22次,听取审议工作报告37个,做出决议、决定15个,开展执法检查和调查、视察41次,任免国家机关工作人员148人次。

市第七届人大常委会。本届人大常委会组成人员35名,召开人大常委会会议40次,听取审议工作报告64个,做出决议、决定93个,开展执法检查和调查、视察59次,任免国家机关工作人员282人次。

市第八届人大常委会。本届人大常委会组成人员34名,召开人大常委会会议36次,听取审议工作报告58个,做出决议、决定48个,开展执法检查和调查、视察61次,任免国家机关工作人员235人次。

市第九届人大常委会。本届人大常委会组成人员45名,召开人大常委会会议

31次，听取审议工作报告58个，做出决议、决定53个，开展执法检查和调查、视察89次，任免国家机关工作人员235人次。

市第十届人大常委会。本届人大常委会组成人员43名，截至2022年3月，召开人大常委会会议4次，听取审议工作报告10个，做出决议、决定4个，开展执法检查和调查、视察10次，任免国家机关工作人员41人次。

四、麻城市（县）历届人大代表

表9–7 麻城县历届人大代表结构一览表

届次	总数	妇女		工人农民		干部		知识分子		非中共人士	
		人数	占比(%)	人数	占比(%)	人数	占比(%)	人数	占比(%)	人数	占比(%)
一	330	35	10.6	—	—	—	—	—	—	—	—
二	450	77	17.1	—	—	—	—	—	—	—	—
三	450	99	22.0	—	—	—	—	—	—	—	—
四	499	125	25.1	—	—	—	—	—	—	—	—
五	—	—	—	—	—	—	—	—	—	—	—
六	502	120	23.9	—	—	—	—	—	—	—	—
七	—	—	—	—	—	—	—	—	—	—	—
八	813	—	—	—	—	—	—	—	—	—	—
九	400	77	19.3	—	—	—	—	—	—	—	—
十	448	95	21.2	—	—	—	—	—	—	209	46.7

表9–8 麻城市历届人大代表结构一览表

届次	总数	妇女		工人		农民		干部		知识分子		非中共人士	
		人数	占比(%)	人数	占比(%)	人数	占比(%)	人数	占比(%)	人数	占比(%)	人数	占比(%)
一	449	95	21.2	60	13.4	187	41.6	113	25.2	48	10.7	209	46.5
二	321	65	20.2	31	9.7	130	40.5	93	29.0	62	19.3	114	35.5
三	372	76	20.4	32	8.6	159	42.7	122	32.8	49	13.2	89	23.9

续表9-8

届次	总数	妇女		工人		农民		干部		知识分子		非中共人士	
		人数	占比(%)	人数	占比(%)	人数	占比(%)	人数	占比(%)	人数	占比(%)	人数	占比(%)
四	377	77	20.4	38	10.1	162	43.0	103	27.3	51	13.5	108	28.6
五	351	71	20.2	31	8.8	140	39.9	130	37.0	43	12.3	94	26.8
六	351	70	19.9	18	5.1	127	36.2	137	39.0	27	7.7	87	24.8
七	351	54	15.4	48	13.7	96	27.4	146	41.6	—	—	46	13.1
八	346	62	17.9	53	15.3	98	28.3	117	33.8	—	—	49	14.2
九	349	65	18.6	54	15.5	101	28.9	126	36.1	—	—	43	12.3
十	362	134	37.0	40	11.0	72	19.9	116	32.0	—	—	132	36.5

五、麻城市(县)历届人大常委会主任、副主任

表9-9　麻城县历届人大常委会主任、副主任一览表

届　次	职　务	姓　名	任职时间
第九届	主　任	张九子	1981年1月至1984年3月
		周汝恒	1984年3月至1984年12月
	副主任	李同选	1981年1月至1984年12月
		程子玉	1981年1月至1984年12月
		吴学勤	1981年1月至1984年12月
		梅基文(女)	1981年1月至1984年12月
		刘中峰	1981年1月至1984年12月
		葛青天	1981年1月至1984年12月
		薛福顺	1981年1月至1984年12月
		胡幼贤	1981年1月至1984年12月
		胡先炫	1981年1月至1984年12月

续表9-9

届　次	职　务	姓　名	任职时间
第十届	主　任	周汝恒	1984年12月至1986年7月
	副主任	薛福顺	1984年12月至1986年7月
		吴学勤	1984年12月至1986年7月
		胡幼贤	1984年12月至1986年7月
		刘中峰	1984年12月至1986年7月
		梅基文(女)	1984年12月至1986年7月

表9-10　麻城市历届人大常委会主任、副主任一览表

届　次	职　务	姓　名	任职时间
第一届	主　任	周汝恒	1986年7月至1988年1月
	副主任	薛福顺	1986年7月至1988年1月
		吴学勤	1986年7月至1988年1月
		胡幼贤	1986年7月至1988年1月
		叶　森	1986年7月至1988年1月
		胡先炫	1986年7月至1988年1月
		刘中峰	1986年7月至1988年1月
		梅基文(女)	1986年7月至1988年1月
第二届	主　任	周汝恒	1988年1月至1991年1月
	副主任	叶　森	1988年1月至1991年1月
		吴学勤	1988年1月至1991年1月
		张树文	1988年1月至1990年1月
		余庆芳	1988年1月至1991年1月
		余怀敢	1988年1月至1990年1月
		胡先炫	1988年1月至1991年1月
		梅基文(女)	1988年1月至1991年1月
		薛福顺	1988年1月至1991年1月

续表9-10

届　次	职　务	姓　名	任职时间
第三届	主　任	杨学义	1991年1月至1994年1月
	副主任	叶　森	1991年1月至1994年1月
		刘明礼	1991年1月至1994年1月
		曾宪法	1991年1月至1994年1月
		陈耀徽（女）	1991年1月至1994年1月
		徐守谦	1992年3月至1994年1月
		傅慧和	1992年3月至1994年1月
第四届	主　任	成昌平	1994年1月至1999年1月
	副主任	刘明礼	1994年1月至1999年1月
		戴臣信	1994年1月至1999年1月
		曾宪法	1994年1月至1999年1月
		陈耀徽（女）	1994年1月至1999年1月
		宋元忠	1994年1月至1999年1月
		傅必华	1994年1月至1999年1月
		钟式金	1996年1月至1999年1月
第五届	主　任	柴敦善	1999年1月至2003年2月
		刘志田	2003年2月至2004年1月
	副主任	梅基金	1999年1月至2004年1月
		钟式金	1999年1月至2002年1月
		周杰民	1999年1月至2004年1月
		刘淑萍	1999年1月至2004年1月
		刘祖元	2000年2月至2004年1月
		王标轴	2002年1月至2004年1月

续表9-10

届　次	职　务	姓　名	任职时间
第六届	主　任	刘志田	2004年1月至2006年4月
		邓新生	2006年4月至2007年1月
	常务副主任	方友娥(女)	2004年1月至2007年1月
	副主任	薛继忠	2004年1月至2007年1月
		韩修英(女)	2004年1月至2007年1月
		秦立建	2004年1月至2007年1月
		王标轴	2004年1月至2007年1月
		马福崇	2004年1月至2007年1月
第七届	主　任	邓新生	2007年1月至2009年8月
		李开寿	2009年12月至2011年11月
	常务副主任	陈远亮	2007年1月至2011年11月
	副主任	秦立建	2007年1月至2011年11月
		王标轴	2007年1月至2011年11月
		马福崇	2007年1月至2011年11月
		吴　铭	2007年1月至2011年11月
		孙丽燕(女)	2007年1月至2011年11月
第八届	主　任	陈远亮	2011年11月至2015年4月
		刘华强	2016年2月至2016年12月
	副主任	吴　铭	2011年11月至2016年2月 (2015年7月至2016年2月代理主任)
		董诗斌	2011年11月至2016年2月
		刘泽良	2011年11月至2016年2月
		汪先启	2011年11月至2016年2月
		蔡家华	2011年11月至2016年2月
		杨金叶(女)	2011年11月至2016年2月

续表9-10

届　次	职　务	姓　名	任职时间
第九届	主　任	杨　遥	2016年12月至2017年12月
		刘华强	2017年12月至2021年11月
	常务副主任	刘华强	2016年12月至2017年12月
	副主任	邱胜平	2016年12月至2002年5月
		汪先启	2016年12月至2021年1月
		蔡家华	2016年12月至2021年1月
		冯　明	2016年12月至2021年11月
		段　晶(女)	2016年12月至2020年5月
		刘雨虹(女)	2017年12月至2021年1月
		阊中乐	2020年5月至2021年11月
		叶丽萍(女)	2020年5月至2021年11月
		熊楚清	2021年1月至2021年11月
		胡胜能	2021年1月至2021年11月
		徐在席	2021年1月至2021年11月
第十届	主　任	段　虎	2021年11月开始
	副主任	吴怀高	2021年11月开始
		阊中乐	2021年11月开始
		肖裕明	2021年11月开始
		陈　林	2021年11月开始
		黄国元	2021年11月开始
		伍　惠(女)	2021年11月开始

六、人大特色工作

（一）开展代表约见工作。2017年2月15日，麻城市第九届人大常委会第一次会议通过《麻城市人民代表大会代表约见国家机关负责人暂行办法》，将人大代表约见国家机关负责人作为一项重要履职活动。2017年10月27日，麻城市人大代表首次就麻城市殡仪馆迁建事项约见市人民政府及相关部门负责人，开全省先河。后陆续开展“完善市区居民小区环境卫生长效机制”“闵集二桥连接线建设”“加快推进四好农村路建设”“加快推进杉林河水厂建设、切实解决群众饮水难问题”“合理调整城区义务教育及学前教育布局、切实解决城区学生入学难问题”“创新城市管理理念，提升城市管理水平”等专题约见活动。持续跟踪前期约见事项办理进度，解决一大批事关人民群众切身利益的民生事项。推进人大代表和政府及所属部门的相互了解，促进相关问题的解决，激发代表的履职热情，提升政府形象，树立人大监督权威。

（二）组织开展专题询问。组织开展优化营商环境专题询问活动，在观看《麻城市优化营商环境专题片》后，由市人大常委会委员对相关单位负责人就存在的问题进行询问，相关单位负责人应询，现场对相关单位负责人的应询进行满意度测评，并由市人民政府分管营商环境副市长作表态发言。通过专题询问，促进群众反映问题得到解决，促进部门作风改进和国家机关工作人员办事质效提升。

（三）完善财经和预决算监督机制。先后建立预算审查监督专家库、财经咨询专家库。市首届预算审查监督咨询专家库于2015年6月成立，于2017年市第九届人大成立财经委员会后更名为“市人大常委会财经咨询专家库”，专家库专家每年参与市人大及人大常委会计划预算审查监督等工作的决策咨询。2020年12月，投资90余万元的预算联网在线监督中心建成，在黄冈率先实现“横向联通、纵向贯通”全覆盖的目标，对预算编制、执行、调整及决算进行全程监控，平台累计生成预警问题线索956条，及时办理回复并销号，为市人大常委会加强预算监督管理提供一手动态资料。2019年7月25日，市第九届人大常委会第十八次会议审议通过《麻城市人大常委会关于建立市属国有资产管理情况报告制度的暂行办法》，标志着人大监督国有资管理工作迈进法制化和常态化，由监督选答题变成必答题，使人大常委会通过监督将体制改革向纵深推进。

（四）开展专项工作评议。1996年，市第四届人大常委会根据法律规定和人民群众要求，首次组织人大常委会组成人员和人大代表对市人民法院、市人民检察院、市公安局、市建委等8个单位的工作进行评议。评议工作中广泛征求人大代表和人民群众的意见，召开会议进行集中评议和测评，针对问题提出整改建议，定期督促整改。此后，每届人大常委会坚持这一做法，实现评议工作全覆盖，2002年在评议工作中开展争创“人民满意执法单位、人民满意执法工作者”的活动，全市执法单位和执法工作者在争创活动中转作风、优服务、提效能，深受群众好评。

（五）开展争创“五好人大代表和五好代表小组”活动。通过代表行动不断增强代表履职意识和履职效果，2022年度按照省人大常委会、黄冈市人大常委会关于开展代表行动的要求，围绕“察民情、聚民智、惠民生”这一主题，紧扣市委“建成中心、挺进百强、谱写新篇”的战略目标，确定麻城代表行动以“聚力深入优化营商环境”为突破口，以“美好环境与幸福生活共同缔造”为重点内容，将小切口融入大主题。在代表行动中实行党组成员联系乡镇分片包干的办法，推进乡镇人大规范化建设，组织开展新任代表履职能力培训，并在全市范围内开展争创“五好人大代表和五好代表小组”活动，动员全体人大代表在以共同缔造为主要内容的代表行动中，积极主动作为，通过人居环境整治和促进产业振兴，保障人民当家作主的权利，不断实现人民对美好生活向往的奋斗目标。

（六）不断加大工作宣传力度。始终突出人大制度和人大实践这两个宣传重点，有针对性、创造性地开展一系列形式多样的宣传活动：1996年开始聘请50多名特邀记者和通讯员宣传人大工作，在《麻城文学》上开辟“主人风采”专栏，专题编辑《主人风采》一书，先后举办预算法、代表法等10余部法律知识讲座，人大知识竞赛，宣传人大制度“好新闻”评选，“人大在我心中”征文等活动，编印《十法十讲》《农村法律法规选编》发至乡村，在麻城报、电视台和《麻城文学》上开辟“新任局长（主任）”和“乡镇办行政一把手访谈”栏目，举办“公仆履职承诺”专题活动，在报刊上开辟“法制园地”栏目，编辑《市人大常委会公报》和《简讯》，不断加强对市人民代表大会、人大常委会会议以及人大常委会组织的视察、执法检查、评议等重大活动的宣传报道工作。2022年度，联合市融媒体中心开办“挺进百强人大代表在行动”电视专栏，展示基层代表在各自战线上奋力拼搏和履职尽责情况，为加快“建成中心、挺进百强、谱写新篇”凝聚强大力量。专栏每月一期，在电视台综合频道播放，在麻城发布公众号、视频号和麻城市融媒体中心抖音号多个平台推送。截至2022年3月，已经播出9期，社会反响良好。

（七）开展规范性文件备案审查。审查市人民政府、市人民法院、市人民检察院制定和发布的规章、决定等规范性文件，是否同宪法、法律、法规相违背。聘请5名法律顾问，对市人大常委会有关规范性文件起草工作和市人民政府报送备案的规范性文件提供法律咨询。近20年来，共落实规范性文件备案审查40余件。2020年，督促市政府及有关部门对2016年至2020年下发的文件进行清理，市人民政府第83次常务会议对清理结果进行审议，决定继续有效的109件、予以废止10件、宣布失效43件、予以修订6件。

第五节　罗田县人民代表大会

一、罗田县概况

区域简介。罗田县位于湖北省东北部，大别山南麓。地处北纬30°35′至31°16′，东经115°06′至115°46′。东邻英山县，南与浠水县接壤，西与麻城市和团风县毗邻，北与安徽省金寨县交界。全县东西宽54.67公里，南北长105.32公里，辖区面积2144平方公里。辖2个乡10个镇，有413个行政村。罗田于公元523年建县，已有1500年历史，

人大概况。罗田县于1949年3月下旬全境解放，成立县人民民主政府，自1950年1月至1954年7月罗田县第一届人民代表大会召开之前，由各界人民代表大会代行人民民主权利，5年时间共选举5届各界人民代表大会代表、召开各界人民代表大会会议5次；从1952年至1954年7月，罗田县各界人民代表大会代行人民代表职权。历次会议讨论通过人民代表守则，讨论开展清匪反霸、建立基层政权、扩大人民武装、安定社会秩序、土地改革和土地分配，开展抗美援朝、镇压反革命运动，听取政府工作报告，研究乡级民主建政选举办法、农业生产、农村互助合作、财政收支决算等问题，贯彻执行婚姻法等工作；历次会议共做出决议29个。1954年7月起实行人民代表大会制度，至2022年3月，共选举县第一届至县第十八届人民代表大会，从县第八届人民代表大会起设立县人大常委会，共选举县第一届至县第十一届人大常委会。人民代表大会会议主要是听取审议县人大常委会和“一府两院”工作报告，国民经济和社会发展计划执行情况与计划草案报告，财政预算执行与预算草案报告，做出决议、决定，选举县人大常委会组成人员、县人民政府组成人员、县人民法院、县人民检察院主要负责人，从县第十七届人民代表大会起增设并选举县监察委员会主要负责人，选举出席上级人民代表大会代表。县人大常委会会议主要是听取审议“一府两院”及相关部门专项工作报告，开展执法检查、工作视察，就相关重大问题做出决议、决定，任免县人大常委会工作机构和“一府一委两院”国家机关工作人员，选举上级人民代表大会代表，交办人大代表议案、批评、意见和建议。

机构设置。2022年，县人大常委会组成人员35人，主任1名，副主任6名，委员28名，县人民代表大会设3个专门委员会，分别是法制委员会、财政经济委员会、社会建设委员会，设工作机构9个，分别是办公室、研究室、代表人事任免工作委员会、

法制工作委员会、财政经济工作委员会、教科文卫工作委员会、农村工作委员会、城乡建设与环境资源保护工作委员会、预算工作委员会。

二、罗田县历届人民代表大会

第一届人民代表大会。本届人大代表189名，任期从1954年7月至1957年1月，召开人民代表大会会议2次，听取审议工作报告4个，做出决议、决定4个，收到代表议案402件。选举县长1名，副县长1名，县人民法院院长1名，县人民委员会委员13名。选举省第一届人民代表大会代表4名。

第二届人民代表大会。本届人大代表256名，任期从1957年1月至1958年4月，召开人民代表大会会议2次，听取审议工作报告5个，做出决议、决定7个，收到代表议案189件。大会选举县长1名，副县长2名，县人民法院院长1名，县人民委员会委员17名。补选省第一届人民代表大会代表1名。

第三届人民代表大会。本届人大代表178名，任期从1958年4月至1961年12月，召开人民代表大会会议1次，听取审议工作报告4个，做出决议、决定2个，收到代表议案231件。大会选举出县长1名，副县长3名，县人民法院院长1名，县人民委员会委员21名。选举省第二届人民代表大会代表6名。

第四届人民代表大会。本届人大代表198名，任期从1961年12月至1963年10月，召开人民代表大会会议1次，听取审议工作报告5个，做出决议、决定5个，收到代表议案215件。大会选举出县长1名，副县长3名，县人民法院院长1名，县人民委员会委员23名。

第五届人民代表大会。本届人大代表229名，任期从1963年10月至1968年3月，召开人民代表大会会议1次，听取审议工作报告5个，做出决议、决定5个，收到代表议案174件。大会选举出县长1名，副县长3名，县人民法院院长1名，县人民委员会委员23名。选举省第三届人民代表大会代表7名。

第六届人民代表大会。第一次会议于1968年3月12日举行，是以庆祝革命委员会成立大会代替的，会议主要内容是宣布县革命委员会组成人员名单（主任1名，副主任3名，委员55名）。

第七届人民代表大会。本届人大代表680名，任期从1978年11月至1981年1月，召开人民代表大会会议1次，听取审议工作报告2个，做出决议、决定2个。选举新一届革命委员会成员：主任1名，副主任7名，委员39名，以及县人民法院院长、县人民检察院检察长各1名。

第八届人民代表大会。本届人大代表235名,任期从1981年1月至1984年12月,召开人民代表大会会议4次,听取审议工作报告18个,做出决议、决定10个,收到代表议案和批评、意见、建议398件。选举县第八届人民代表大会常务委员会,撤销罗田县革命委员会,恢复罗田县人民政府。

第九届人民代表大会。本届人大代表231名,任期从1984年12月至1988年1月,召开人民代表大会会议4次,听取审议工作报告27个,做出决议、决定19个,收到代表议案和批评、意见、建议544件。

第十届人民代表大会。本届人大代表220名,任期从1988年1月至1991年1月,召开人民代表大会会议3次,听取审议工作报告19个,做出决议、决定19个,收到代表议案和批评、意见、建议561件。选举省第七届人民代表大会代表6名。

第十一届人民代表大会。本届人大代表258名,任期从1991年1月至1994年1月,召开人民代表大会会议3次,听取审议工作报告19个,做出决议、决定19个,收到代表议案和批评、意见、建议378件。选举省第八届人民代表大会代表6名。

第十二届人民代表大会。本届人大代表261名,任期从1994年1月至1999年1月,召开人民代表大会会议6次,听取审议工作报告31个,做出决议、决定32个,收到代表议案和批评、意见、建议509件,提出质询案1件。选举市第一届人民代表大会代表37名。

第十三届人民代表大会。本届人大代表236名,从1999年1月至2004年1月,召开人民代表大会会议5次,听取审议工作报告32个,做出决议、决定32个,收到代表议案和批评、意见、建议491件,定为议案1件。选举市第二届人民代表大会代表37名。

第十四届人民代表大会。本届人大代表237名,从2004年1月至2006年12月,召开人民代表大会会议3次,听取审议工作报告20个,做出决议、决定23个,收到代表议案和批评、意见、建议432件,定为议案3件。补选市第二届人民代表大会代表2名。

第十五届人民代表大会。本届人大代表239名,从2006年12月至2011年11月,召开人民代表大会会议5次,听取审议工作报告33个,做出决议、决定35个,收到代表议案和批评、意见、建议525件,定为议案1件。选举市第三届人民代表大会代表37名。

第十六届人民代表大会。本届人大代表235名,从2011年11月至2016年12月,召开人民代表大会会议5次,听取审议工作报告33个,做出决议、决定35个,收到代表议案和批评、意见、建议496件，定为议案1件。选举市第四届人民代表大会代表41名。

第十七届人民代表大会。本届人大代表236名，从2016年12月至2021年11月，召开人民代表大会会议5次，听取审议工作报告30个，做出决议、决定30个，收到代表议案和批评、意见、建议482件，定为议案1件。选举市第五届人民代表大会代表41名。

第十八届人民代表大会。本届人大代表258名，从2021年11月起，截至2022年3月，已召开人民代表大会会议1次，听取审议工作报告6个，做出决议、决定6个，收到代表议案和批评、意见、建议135件。选举市第六届人民代表大会代表41名。

三、罗田县历届人大常委会

第八届人大常委会。本届县人大常委会组成人员21名，召开人大常委会会议21次，听取审议工作报告39个，开展视察执法检查15次，开展专题调研12次，做出决议、决定18个，任免国家机关工作人员242人次。

第九届人大常委会。本届县人大常委会组成人员15名，召开人大常委会会议19次，听取审议工作报告26个，开展视察执法检查15次，开展专题调研11次，做出决议、决定9个，任免国家机关工作人员128人次。

第十届人大常委会。本届县人大常委会组成人员21名，召开人大常委会会议19次，听取审议工作报告30个，开展视察执法检查12次，开展专题调研9次，做出决议、决定6个，任免国家机关工作人员121人次。

第十一届人大常委会。本届县人大常委会组成人员17名，召开人大常委会会议20次，听取审议工作报告42个，开展视察执法检查5次，开展专题调研6次，做出决议、决定11项，任免国家机关工作人员150人次。

第十二届人大常委会。本届县人大常委会组成人员22名，召开人大常委会会议32次，听取审议工作报告68个，开展视察执法检查35次，开展专题调研35次，做出决议、决定34个，任免国家机关工作人员264人次。

第十三届人大常委会。本届县人大常委会组成人员21名，召开人大常委会会议33次，听取审议工作报告75个，开展视察执法检查56次，开展专题调研38次，做出决议、决定33个，任免国家机关工作人员282人次。

第十四届人大常委会。本届县人大常委会组成人员23名，召开人大常委会会议20次，听取审议工作报告42个，开展视察执法检查17次，开展专题调研42次，做出决议、决定35项，任免国家机关工作人员96人次，共接待人民群众来信来访672件、825人次。

第十五届人大常委会。本届县人大常委会组成人员28名，召开人大常委会会议37次，听取审议工作报告154个，开展视察执法检查31次，开展专题调研52次，做出决议、决定48个，任免国家机关工作人员259人次，共接待人民群众来信来访1132件、1488人次。

第十六届人大常委会。本届县人大常委会组成人员28名，召开人大常委会会议39次，组织集中学习56次，听取审议工作报告92个，开展视察执法检查42次，开展专题调研85次，做出决议、决定26个，任免国家机关工作人员342人次，共接待人民群众来访636人次。

第十七届人大常委会。本届县人大常委会组成人员30名，召开人大常委会会议36次，听取审议工作报告89个，开展视察执法检查58次，开展专题调研147次，做出决议、决定25个，任免国家机关工作人员271人次。

第十八届人大常委会。本届县人大常委会组成人员35名，截至2022年3月，召开人大常委会会议4次，听取审议工作报告12个，开展视察执法检查6次，开展专题调查4次，做出决议、决定8个，任免国家机关工作人员48人次。

四、罗田县历届人大代表

表9-11　罗田县历届人大代表结构一览表

届次	总数	妇女		工人		农民		干部		知识分子		非中共人士	
		人数	占比(%)	人数	占比(%)	人数	占比(%)	人数	占比(%)	人数	占比(%)	人数	占比(%)
一	189	—	—	—	—	—	—	—	—	—	—	—	—
二	256	—	—	—	—	—	—	—	—	—	—	—	—
三	178	—	—	—	—	—	—	—	—	—	—	—	—
四	198	—	—	—	—	—	—	—	—	—	—	—	—
五	229	—	—	—	—	—	—	—	—	—	—	—	—
六	—	—	—	—	—	—	—	—	—	—	—	—	—
七	680	—	—	—	—	—	—	—	—	—	—	—	—
八	235	—	—	—	—	—	—	—	—	—	—	—	—
九	231	—	—	—	—	—	—	—	—	—	—	—	—

续表9-11

届次	总数	妇女		工人		农民		干部		知识分子		非中共人士	
		人数	占比(%)	人数	占比(%)	人数	占比(%)	人数	占比(%)	人数	占比(%)	人数	占比(%)
十	220	—	—	—	—	—	—	—	—	—	—	—	—
十一	258	—	—	—	—	—	—	—	—	—	—	—	—
十二	261	—	—	—	—	—	—	—	—	—	—	—	—
十三	236	34	14.4	16	6.8	—	—	85	36.0	—	—	24	10.2
十四	237	27	11.4	2	0.8	—	—	115	48.5	—	—	13	5.5
十五	239	24	10.0	6	2.5	—	—	104	43.5	—	—	19	7.9
十六	235	67	28.5	—	—	—	—	—	—	33	14.0	16	6.8
十七	236	30	12.7	—	—	—	—	—	—	9	3.8	21	8.9
十八	258	50	19.4	—	—	—	—	—	—	24	9.3	19	7.4

五、罗田县历届人大常委会主任、副主任

表9-12 罗田县历届人大常委会主任、副主任一览表

届次	职务	姓名	任职时间
第八届	主任	陈少荣	1981年2月至1984年11月
	副主任	周淑涛	1981年2月至1981年6月
		张玉祥	1981年2月至1984年1月
		朱品仙	1981年2月至1984年11月
		陈道先	1981年2月至1984年11月
		夏玉祥	1982年1月至1984年11月
		汪继伦	1982年10月至1984年11月
		彭德璜	1982年10月至1984年11月
		乐国俊	1984年1月至1984年11月
		高东华	1984年1月至1984年5月
		宋纪棠	1984年1月至1984年11月

续表9-12

届　次	职　务	姓　名	任职时间
第九届	主　任	金伦清	1984年12月至1987年2月
		王木松	1987年3月至1988年1月
	副主任	王木松	1984年12月至1987年3月
		陈道先	1984年12月至1988年1月
		彭德璜	1984年12月至1988年1月
		乐国俊	1984年12月至1988年1月
		李正诚	1985年6月至1988年1月
		秦怀清	1986年4月至1988年1月
第十届	主　任	王木松	1988年2月至1991年1月
	副主任	彭德璜	1988年2月至1991年1月
		李正诚	1988年2月至1991年1月
		秦怀清	1988年2月至1991年1月
		刘书林	1988年2月至1991年1月
		周远扬	1988年2月至1991年1月
		许仲生	1988年2月至1991年1月
		黄建中	1988年2月至1991年1月
		余国东	1988年2月至1991年1月
第十一届	主　任	晏海云	1991年2月至1992年3月
		秦怀清	1992年3月至1994年1月
	副主任	秦怀清	1991年2月至1992年3月
		刘书林	1991年2月至1993年12月
		周远扬	1991年2月至1993年12月
		郭　俊	1991年2月至1993年12月
		周伯希	1991年2月至1993年12月
		刘郁山	1992年4月至1993年12月

续表9-12

届 次	职 务	姓 名	任职时间
第十二届	主 任	秦怀清	1994年1月至1998年12月
	副主任	刘郁山	1994年1月至1998年12月
		王成贵	1994年1月至1998年12月
		袁平让	1994年1月至1998年12月
		肖水清	1994年1月至1998年12月
		江仲文	1994年1月至1998年12月
		叶承厚	1994年1月至1998年12月
		王金林	1996年4月至1998年12月
第十三届	主 任	秦怀清	1999年1月至2003年12月
	副主任	吴宗元	1999年1月至2003年12月
		王金林	1999年1月至2003年12月
		陈田一（女）	1999年1月至2003年12月
		王国强	1999年1月至2003年12月
		陈哲良	2002年1月至2003年12月
第十四届	主 任	王万福	2004年1月至2006年6月
	副主任	张绍辉	2004年1月至2007年1月
		陈田一（女）	2004年1月至2007年1月
		胡建中	2004年1月至2007年1月
		陈哲良	2004年1月至2007年1月
		王国强	2004年1月至2007年1月
		柳国庆	2004年1月至2007年1月

续表9-12

届　次	职　务	姓　名	任职时间
第十五届	主　任	罗　刚	2007年1月至2011年11月
	常务副主任	胡祖建	2007年1月至2011年11月
	副主任	张绍辉	2007年1月至2011年11月
		杨建军(女)	2007年1月至2011年11月
		陈哲良	2007年1月至2011年11月
		柳国庆	2007年1月至2011年11月
		程新建	2007年1月至2011年11月
		孙大桥	2007年1月至2011年11月
第十六届	主　任	卢国良	2011年11月至2016年12月
	副主任	张向东	2011年11月至2016年12月
		孙大桥	2011年11月至2016年12月
		陈幼平	2011年11月至2016年3月
		程金平	2011年11月至2016年12月
		何俊华	2011年11月至2016年12月
		闫　常(女)	2011年11月至2016年12月
		胡东春	2011年11月至2016年12月
第十七届	主　任	汪柏坤	2016年12月至2017年12月
		郭建明	2017年12月至2021年11月
	常务副主任	郭建明	2016年12月至2017年12月
	副主任	张向东	2016年12月至2020年6月
		程金平	2016年12月至2021年11月
		何俊华	2016年12月至2021年11月
		胡东春	2016年12月至2021年11月
		陈春霞(女)	2016年12月至2019年5月
		朱建荣	2018年12月至2021年11月
		余　勇	2020年6月至2021年11月
		何晓艳(女)	2020年6月至2021年11月

续表9-12

届　次	职　务	姓　名	任职时间
第十八届	主　任	秦新平	2021年11月开始
	副主任	陈　建	2021年11月开始
		朱建荣	2021年11月开始
		余　勇	2021年11月开始
		胡　静(女)	2021年11月开始
		李帝武	2021年11月开始
		张　军	2021年11月开始

六、人大特色工作

（一）特定问题调查。1995年3月，罗田县原廖家坳乡村民廖某平以做生意为名，请求本村党支部书记廖某章帮忙借贷2.35万元，廖某平后将该款用于赎回抵押在武汉的熊猫皮。在找到买家收取部分预付款之后，廖某平偿还部分由廖某章帮忙借的贷款，后廖某平在携带熊猫皮前往武汉途中被执勤公安当场抓获，武汉市公安局对熊猫皮依法予以没收。但廖家坳乡派出所对廖某章进行处罚，先后以收担保金和赃款名义，向廖某章收取1.85万元。为此，廖某章多次向有关单位反映，并向公安机关提出申诉，原廖家坳乡县人大代表也联名向市、县人大常委会写信为廖某章反映情况。黄冈市人大常委会对罗田县人大常委会进行案件交办。县人大常委会认为非办案单位的廖家坳乡派出所以廖某平等人倒卖熊猫皮案为由，向案外人廖某章罚款和追赃的做法不符合法律规定，应依法予以纠正。为确保法律的严肃性，维护人大监督工作的权威，在省市人大常委会的支持下，县人大常委会于1997年11月4日通过成立特定问题调查委员会的决定。特定问题调查委员会组成人员多次到武汉、黄州、沙洋等地，先后调取有关案卷材料，走访案件的证人，询问廖某平，获取有关证据材料百余份，基本弄清事实真相。同时，县人大常委会还先后向全国人大法制委员会、省人大法制委员会进行法律咨询和工作请示，找准法律的运用，在此基础上提出处理意见，据此作出处理决定，从而使这一复杂疑难的案件得到依法解决，当事人的合法权益和法律的尊严得到维护。“熊猫皮案”特定问题调查在省、市、县引起很大的震动和良好的社会反响。作为全省首例以特定问题调查方式对司法机关实行监督的案件，罗田的成功做法为全省、全市人大的监督工作积累了经验，得到充分肯定。

（二）大会议案。1989年3月31日，在县第十届人民代表大会第二次会议上，县三里畈镇、胜利镇等两个代表组21名代表，联名提出“加强治理、整顿，维护社会治安，重点打击赌博、盗窃等违法犯罪活动”的议案。代表提出的这项议案，经议案审查委员会审查，并经大会主席团第四次会议通过，决定列入大会议程。县第十届人民代表大会第二次会议通过《关于加强治理、整顿，维护社会治安，重点打击赌博、盗窃等违法犯罪活动的议案的决定》，同意主席团的意见，决定将此项列为议案，交县人大常委会督促有关部门办理，并在县第十届人民代表大会第三次会议上报告办理结果。此议案为县人民代表大会恢复设立的第一件议案。

（三）规范性文件备案审查。在县第十八届人大常委会第三次会议上，首次听取《罗田县人大常委会法制工作委员会关于2021年度规范性文件备案审查工作情况的报告》。2021年，根据省、市人大常委会的通知要求，组织规范性文件起草部门、实施部门重点开展优化营商环境、长江生态保护等领域的规范性文件清理工作，共清理出与现行法律法规和优化营商环境政策要求不一致的县政府规范性文件22件，其中，予以修改的8件、宣布废止的9件、失效的5件，为优化法治化营商环境提供有力制度保障。同时，注重审查工作方式方法创新，前移审查关口，与报备机关加强衔接沟通，提前介入规范性文件的起草工作。县政府在制发《罗田县农村宅基地管理办法（试行）》前，县人大常委会研究室主动参与文件草案评估论证、征求意见工作，并提出修改意见建议，变事后监督为事前沟通，增强审查工作的质效，促进规范性文件制定水平的提升。

（四）民生实事项目人大票决制。2021年，县人大常委会在借鉴松滋市、洪湖市民生实事项目人大代表票决制工作经验的基础上，制定《关于在全县各乡镇开展民生实事项目人大代表票决制工作的实施意见》。5月18日，县委听取县人大常委会党组专项工作报告，印发《〈关于在全县各乡镇开展民生实事项目人大代表票决制工作的实施意见〉的通知》，并先行在匡河、大河岸两镇开展试点，县人大常委会按照该意见要求，指导乡镇制定《民生实事项目人大代表票决制实施办法》《民生实事项目票决办法》《专项工作报告满意度测评办法》等制度，依法将政府民生实事纳入县人大及其常委会行使监督权、决定权的重要议题，作为考评乡镇人大工作的重要内容。2021年5月24日，县人大常委会在匡河镇召开全县民生实事项目人大代表票决制工作推进会，其民生实事项目人大代表票决制工作经验先后在《楚天主人》“黄冈人大”公众号上刊登。罗田县票决制工作分3个阶段（项目征集初定阶段、项目审议票决阶段、项目实施监督测评阶段）、6个环节（征集环节、初定环节、审议环节、票决环节、监督环节、测评环节）开展，为全县代表票决制工作开展提供根本遵循。截至2022年3月，全县民生实事项目人大代表票决制已经形成一套可借鉴、可复制、可推广的工作经验，并在各乡镇全面铺开。

（五）代表活动“家站点”建设。2022年，县人大常委会按照“便于联系、方便工作、结构合理、规模适度”原则，兼顾代表专业特长，在全县设立13个“代表之家”、77个“代表联络站”，全县1172名人大代表进“家”入“站”，开展业务学习、工作交流、走访调研、监督问效、接待选民等活动，架起代表联系群众的“连心桥”，打通服务选民的“最后一公里”。“代表之家”“代表联络站”建设做到“六有”，即有牌子、有人员、有制度、有设施、有活动、有作用。全县各“家站”以“察民情、聚民智、惠民生”为主题主线，聚焦打造“办事更高效、经营更便利、监管更公平、企业更满意”营商环境目标，将“代表行动”活动与县人大常委会正在开展的优化营商环境、乡村振兴专项监督相结合，就代表、群众反响强烈的对古树保护不适宜的措施进行整改，与农村自来水供水及管理、农户蓝棚房拆除整村推进试点相结合，丰富“代表行动”广度和深度。凤山镇丰衣坳人大代表联络站召开优化营商环境座谈会，听取基层企业负责人、人大代表关于全县优化营商环境的意见建议，并特邀政府相关部门负责人就企业、代表提出的问题现场进行细致深入的解答。三里畈镇史家凉亭人大代表联络站开展调研活动时，一次性征集到问题线索10条，收集到意见建议7条，并帮助2家企业分别争取到100万元和50万元的银行贷款，缓解企业资金短缺问题。

（六）创新工作。从2013年至2021年，县人大常委会连续9年圆满完成省人大常委会立项课题调研任务，进一步增强罗田人大影响力和美誉度。创新建立“临时党支部建在代表小组上”人大党建工作融合模式，“看办理现场、问群众评价、听单位汇报、评办理质效、交评议意见”代表建议办理规范流程和“五个不放过”（没有明显实效不放过、群众不满意不放过、代表评议不过关不放过、类似问题未解决不放过、长效机制未建立不放过）代表建议督办方法得到基层群众普遍点赞和省市人大常委会的充分肯定。2018年10月，罗田县成功承办全省“代表行动”活动现场推进会，在全省引起极大反响。坚持问题导向，探索建立以“会议规范、履职规范、活动规范、制度规范、保障规范”为核心内容的乡镇人大规范化建设“五位一体”工作模式，2020年12月，全市乡镇人大规范化建设现场会在罗田召开，进一步提升罗田县乡镇人大工作的美誉度和影响力。

第六节　英山县人民代表大会

一、英山县概况

区域简介。英山县位于湖北省东北部，地处大别山主峰天堂寨（海拔1729.13米）南麓。东北与安徽省的岳西、太湖、霍山、金寨4县毗邻，西南与罗田、浠水、蕲春3县接壤。古为皋陶部落，汉为英布封疆，宋为毕昇故里，今为丝茶之乡、温泉名城、休闲胜地。全县版图面积1449平方公里，辖3个乡8个镇，313个村（含4个国有林场村），总人口约40.8万人。

人大概况。1954年6月30日至7月4日，县第一届人民代表大会第一次会议召开，标志着人民代表大会制度在英山正式确立。历经第二届至第五届，1966年人民代表大会制度受到冲击，英山县第六、第七届人民代表大会未能召开。党的十一届三中全会前后，人民代表大会制度得到恢复。1978年12月2日至6日，英山县第八届人民代表大会第一次会议召开。1981年1月18日英山县第九届人民代表大会第一次会议召开，决定设立县人大常委会，作为人民代表大会常设机构，选举县人大常委会主任、副主任和委员。以后历经第十至第十八届。2021年11月选举县第十九届人民代表大会。60多年来，县人大及其常委会始终坚持党的领导、依法治国与人民当家作主有机统一，全面履行宪法法律赋予的职责，为推进全县经济社会发展和民主法治建设，谱写人民当家作主的壮丽篇章。

机构设置。县人大常委会内设9个正科机构，即“两室七委”：办公室、研究室、法制工作委员会、财政经济工作委员会、代表人事任免工作委员会、教科文卫工作委员会、农村工作委员会、城建环保工作委员会、预算工作委员会。办公室内设1个副科级机构（信访室）和5个股级机构（秘书科、调研科、行政科、休干科、信息中心）。1981年3月，设立办公室，办公室内设秘书科、调研科。1987年增设法制科、财政经济科、科教文卫科、行政科。1988年3月法制科升格为法制工作委员会，财政经济科升格为财政经济工作委员会，科教文卫科升格为教育科学文化工作委员会。1990年8月增设代表工作委员会、休干科。1998年3月增设农村工作委员会，12月17日增设城乡建设与环境保护工作委员会。2000年4月，代表工作委员会更名为代表人事任免工作委员会。2002年全县机构改革，核定设置办公室和财政经济工作委员会、代表人事任免工作委员会、教科文卫工作委员会、法制工作委员会、农村工作委员会、城建环保工作委员会等6个工作委员会，办公室内设4个科(股级机构)：秘书科、调研科、行政科、休干科。2012年1月，增设信访室为办公室副科级内设机构，增设预算工作委员会，同意法制工作委员会加挂规范性文件备案审查室牌子。2016年11月，增设研究室。2018年4月，增设信息中心为办公室内设股级机构。

二、英山县历届人民代表大会

第一届人民代表大会。本届人大代表276名，任期从1954年6月至1956年12月，召开人民代表大会会议2次，听取审议工作报告4个，做出决议、决定2个，收到代表建议36件，选举县人民委员会县长、副县长、委员，县人民法院院长。选举省第一届人民代表大会代表4名。

第二届人民代表大会。本届人大代表203名，任期从1956年12月至1958年4月，召开人民代表大会会议2次，听取审议工作报告4个，做出决议、决定4个，选举县人民委员会县长、副县长、委员。

第三届人民代表大会。本届人大代表200名，任期从1958年4月至1962年2月，召开人民代表大会会议2次，听取审议工作报告7个，做出决议、决定1个，收到代表建议233件，选举县人民委员会县长、副县长、委员，县人民法院院长。选举省第二届人民代表大会代表4名。

第四届人民代表大会。本届人大代表210名，任期从1962年2月至1963年6月，召开人民代表大会会议1次，听取审议工作报告3个，做出决议、决定1个，收到代表建议93件，选举县人民委员会县长、副县长、委员，县人民法院院长。

第五届人民代表大会。本届人大代表226名，任期从1963年6月至1966年1月，召开人民代表大会会议1次，听取审议工作报告2个，做出决议、决定2个，选举县人民委员会县长、副县长、委员，县人民法院院长。选举省第三届人民代表大会代表7名。

第八届人民代表大会。本届人大代表562名，任期从1978年12月至1981年1月，召开人民代表大会会议1次，听取审议工作报告2个，做出决议、决定1个，选举县第八届革命委员会主任、副主任、委员，县人民法院院长和县人民检察院检察长。

第九届人民代表大会。本届人大代表210名，任期从1981年1月至1984年12月，召开人民代表大会会议4次，听取审议工作报告20个，做出决议、决定9个，定议案1件，收到代表建议313件。设立县人民代表大会常务委员会，选举县人大常委会主任、副主任、委员，决定将县革命委员会的名称恢复为县人民政府，选举县人民政府县长、副县长，县人民法院院长，县人民检察院检察长。选举湖北省第六届人民代表大会代表4名。

第十届人民代表大会。本届人大代表210名，任期从1984年12月至1988年1月，召开人民代表大会会议4次。听取审议工作报告22个，做出决议、决定10个，收到代表建议280件。选举县人民代表大会常务委员会主任、副主任、委员，选举县人民政府县长、副县长，县人民法院院长，县人民检察院检察长。

第十一届人民代表大会。本届人大代表210名，任期从1988年1月至1991年1月，召开人民代表大会会议3次。听取审议工作报告18个，做出决议、决定18个，收集代表意见建议278件，选举县人民代表大会常务委员会主任、副主任、委员，县人民政府县长、副县长，县人民法院院长，县人民检察院检察长。选举省第七届人民代表大会代表5名。

第十二届人民代表大会。本届人大代表228名，任期从1991年1月至1994年1月，召开人民代表大会会议3次。听取审议工作报告18个，做出决议、决定18个，定议案1件，收集代表意见建议348件，选举县人民代表大会常务委员会主任、副主任、委员，县人民政府县长、副县长，县人民法院院长，县人民检察院检察长。选举省第八届人民代表大会代表7名。

第十三届人民代表大会。本届人大代表228名，任期从1994年1月至1999年1月，召开人民代表大会会议6次。听取审议工作报告30个，做出决议、决定34个，定议案4件，收集代表意见建议578件，选举县人民代表大会常务委员会主任、副主任、委员，县人民政府县长、副县长，县人民法院院长，县人民检察院检察长。选举市第一届人民代表大会代表26名。

第十四届人民代表大会。本届人大代表201名，任期从1999年1月至2004年1月，召开人民代表大会会议6次。听取审议工作报告32个，做出决议、决定33个，定议案2件，收集代表意见建议410件，选举县人民代表大会常务委员会主任、副主任、委员，县人民政府县长、副县长，县人民法院院长，县人民检察院检察长。选举市第二届人民代表大会代表26名。

第十五届人民代表大会。本届人大代表201名，任期从2004年1月至2006年12月，召开人民代表大会会议3次。听取审议工作报告22个，做出决议、决定20个，定议案2件、质询案1件，收集代表意见建议342件，选举县人民代表大会常务委员会主任、副主任、委员，县人民政府县长、副县长，县人民法院院长，县人民检察院检察长，选举市第二届人民代表大会代表1名。

第十六届人民代表大会。本届人大代表203名，任期从2006年12月至2011年11月，召开人民代表大会会议5次。听取审议工作报告35个，做出决议、决定32个，定议案2件，收集代表意见建议541件，选举县人民代表大会常务委员会主任、副主任、委员，县人民政府县长、副县长，县人民法院院长，县人民检察院检察长。

第十七届人民代表大会。本届人大代表197名，任期从2011年11月至2016年12月，召开人民代表大会会议5次。听取审议工作报告35个，做出决议、决定37个，定议案2件，收集代表意见建议778件，选举县人民代表大会常务委员会主任、副主任、委员，县人民政府县长、副县长，县人民法院院长，县人民检察院检察长。选举市第四届人民代表大会代表30名。

第十八届人民代表大会。本届人大代表199名，任期从2016年12月至2021年11月，召开人民代表大会会议5次。听取审议工作报告35个，做出决议、决定37个，定议案2件，收集代表意见建议907件，决定设立县人民代表大会法制、财政经济、社会建设委员会，选举其组成人员，选举县人民代表大会常务委员会主任、副主任、委员，县人民政府县长、副县长，县监察委员会主任，县人民法院院长，县人民检察院检察长。选举市第五届人民代表大会代表30名。

第十九届人民代表大会。本届人大代表217名，任期从2021年11月8日起，截至2022年3月，听取审议工作报告7个，做出决议、决定8个，定议案1件，收集代表意见建议178件，选举县人民代表大会常务委员会主任、副主任、委员，县人民政府县长、副县长，县监察委员会主任，县人民法院院长，县人民检察院检察长。选举市第六届人民代表大会代表30名。

三、英山县历届人大常委会

第九届人大常委会。本届人大常委会组成人员17名，召开人大常委会会议23次，听取审议工作报告43个，做出决议、决定14个，开展视察调研20次，执法检查10次，督办代表意见建议313条，任免国家机关工作人员112人次。

第十届人大常委会。本届人大常委会组成人员16名，召开人大常委会会议19次，听取审议工作报告36个，做出决议、决定12个，开展视察调研18次，执法检查7次，督办代表意见建议280件，任免国家机关工作人员178人次。

第十一届人大常委会。本届人大常委会组成人员17名，召开人大常委会会议20次，听取审议工作报告45个，做出决议、决定15个，开展视察调研21次，执法检查15次，任免国家机关工作人员197人次。

第十二届人大常委会。本届人大常委会组成人员17名，召开人大常委会会议22次，听取审议工作报告49个，做出决议、决定10个，开展视察调研28次，执法检查6次，任免国家机关工作人员222人次。

第十三届人大常委会。本届人大常委会组成人员17名，召开人大常委会会议31次，听取审议工作报告81个，做出决议、决定15个，开展视察调研57次，执法检查24次，对3家执法部门开展评议，对71个政府组成部门和执法单位开展述职评议，授予7家单位“人民满意单位”称号。任免国家机关工作人员168人次。

第十四届人大常委会。本届人大常委会组成人员16名，召开人大常委会会议30次，听取审议工作报告79个，做出决议、决定8个，开展视察调研43次，执法检查24次，对5家政府组成部门负责人开展述职评议，对21家垂管执法部门开展执法评议，任免国家机关工作人员218人次。

第十五届人大常委会。本届人大常委会组成人员21名，召开人大常委会会议19次，听取审议工作报告42个，做出决议、决定9个，开展视察调研24次，执法检查11次，任免国家机关工作人员178人次。

第十六届人大常委会。本届人大常委会组成人员25名，召开人大常委会会议33次，听取审议工作报告75个，做出决议、决定14个，开展视察调研44次，执法检查17次，对79家县直局级行政机构、司法机关、有执法职能的企事业单位开展“人民满意单位”评选，授予15家单位“人民满意单位”称号，任免国家机关工作人员327人次。

第十七届人大常委会。本届人大常委会组成人员23名，召开人大常委会会议39次，听取审议工作报告62个，做出决议、决定27个，开展视察调研34次，执法检查10次，共对33家政府工作部门开展工作评议，对75家单位开展“人民满意单位”评选，连续两年对饮用水水源保护工作开展专题询问，任免国家机关工作人员300人次。

第十八届人大常委会。本届人大常委会组成人员34名，召开人大常委会会议42次，听取审议工作报告65个，做出决议、决定25个，开展视察调研69次，执法检查37次，开展专题询问1次，对50家政府工作部门开展工作评议（其中优化营商环境专项工作评议32家政府工作部门），对58家政府工作部门开展“人民满意单位”评选，依法任免国家机关工作人员182人次。

第十九届人大常委会。本届人大常委会组成人员35名，截至2022年3月，召开人大常委会会议4次，听取审议工作报告11个，作出决议、决定3个，开展视察调研9次，执法检查2次，开展专题询问1次，依法任免国家机关工作人员60人次。

四、英山县历届人大代表

表9-13　英山县历届人大代表结构一览表

届次	总数	妇女		工人农民		干部		知识分子		非中共人士	
		人数	占比(%)	人数	占比(%)	人数	占比(%)	人数	占比(%)	人数	占比(%)
一	276	—	—	—	—	—	—	—	—	—	—
二	203	—	—	—	—	—	—	—	—	—	—
三	200	—	—	—	—	—	—	—	—	—	—
四	210	—	—	—	—	—	—	—	—	—	—
五	226	—	—	—	—	—	—	—	—	—	—
六	—	—	—	—	—	—	—	—	—	—	—
七	—	—	—	—	—	—	—	—	—	—	—
八	562	115	20.5	357	63.5	135	24.0	70	12.5	160	28.5
九	210	42	20.0	132	62.9	56	26.7	15	7.1	59	28.1
十	210	42	20.0	134	63.8	52	24.8	21	10.0	106	50.5
十一	210	37	17.6	98	46.7	61	29	15	7.1	76	36.2
十二	228	49	21.5	128	56.1	—	—	24	10.5	78	34.2
十三	228	58	25.4	140	61.4	70	30.7	54	23.7	80	35.1
十四	201	44	21.9	111	55.2	80	39.8	84	41.8	49	24.4
十五	201	27	13.4	90	44.8	81	40.3	21	10.4	26	12.9
十六	203	61	30.0	108	53.2	69	34.0	—	—	62	30.5
十七	197	29	14.7	—	—	75	38.1	—	—	—	—
十八	199	40	20.1	114	57.3	—	—	—	—	24	12.1
十九	217	52	24.0	97	44.7	—	—	41	18.9	29	13.4

五、英山县历届人大常委会主任、副主任

表9-14　英山县历届人大常委会主任、副主任一览表

届　次	职　务	姓　名	任职时间
第九届	主　任	王振民	1981年1月至1983年3月
		饶秀兴	1983年3月至1984年12月
	副主任	王济安	1981年1月至1984年12月
		冯节文	1981年1月至1984年4月
		余占水	1981年1月至1984年12月
		张景田	1981年1月至1984年4月
		傅　山	1981年1月至1984年4月
		段国卿	1984年4月至1984年12月
		余佩章	1984年4月至1984年12月
		石国英	1984年4月至1984年12月
		熊心传	1984年4月至1984年12月
		郑汉臣	1984年4月至1984年12月
第十届	主　任	邱慧轩	1984年12月至1987年12月
	副主任	王济安	1984年12月至1988年1月
		段国卿	1984年12月至1988年1月
		余占水	1984年12月至1988年1月
		余佩章	1984年12月至1988年1月
		熊心传	1984年12月至1988年1月
		郑汉臣	1984年12月至1988年1月

续表9-14

届　次	职　务	姓　名	任职时间
第十一届	主　任	邱慧轩	1988年1月至1991年1月
	副主任	段国卿	1988年1月至1991年1月
		余佩章	1988年1月至1991年1月
		熊心传	1988年1月至1991年1月
		陈怡章	1988年1月至1991年1月
		何　曙	1988年1月至1991年1月
		王荫先	1988年1月至1990年1月
第十二届	主　任	王启农	1991年1月至1994年1月
	副主任	段国卿	1991年1月至1994年1月
		王　革	1991年1月至1994年1月
		陈怡章	1991年1月至1994年1月
		胡继彬	1991年1月至1994年1月
		叶炳山	1991年1月至1994年1月
		谢建训	1992年3月至1994年1月
第十三届	主　任	沈法辉	1994年1月至1998年12月
	副主任	黄际中	1994年1月至1999年1月
		易国涛	1994年1月至1999年1月
		陈怡章	1994年1月至1999年1月
		叶炳山	1994年1月至1999年1月
		肖伯勋	1994年1月至1996年10月
		江明贵	1994年1月至1995年12月
		熊　威	1996年10月至1998年4月

续表9-14

届　次	职　务	姓　名	任职时间
第十四届	主　任	段福元	1999年1月至2004年1月
	副主任	黄际中	1999年1月至2004年1月
		陈佑天	1999年1月至2000年4月
		刘汉文	1999年1月至2004年1月
		伍　惠(女)	1999年1月至2004年1月
		郭国庆	2000年4月至2004年1月
第十五届	主　任	邓新华	2004年1月至2006年12月
	常务副主任	张爱华(女)	2004年1月至2006年12月
	副主任	张献民	2004年1月至2004年8月
		石寿延	2004年1月至2006年12月
		伍　惠(女)	2004年1月至2006年12月
		郭国庆	2004年1月至2006年12月
		汪校铃	2004年1月至2006年12月
		宋树清	2005年3月至2006年12月
第十六届	主　任	王浩鸣	2007年1月至2010年1月
		杨良锋	2010年1月至2011年12月
	常务副主任	高传明	2007年1月至2011年12月
	副主任	伍　惠(女)	2007年1月至2011年12月
		郭国庆	2007年1月至2011年12月
		汪校铃	2007年1月至2011年12月
		石学奎	2007年1月至2011年12月
		段　虎	2007年1月至2010年1月
		余晓林	2010年1月至2011年12月

续表9-14

届　次	职　务	姓　名	任职时间
第十七届	主　任	段丽芬(女)	2011年12月至2016年12月
	副主任	石学奎	2011年12月至2016年12月
		王小光	2011年12月至2016年12月
		黄　泓(女)	2011年12月至2016年12月
		谭　俊	2011年12月至2016年12月
		傅中思	2011年12月至2016年12月
		徐明轩	2011年12月至2016年12月
第十八届	主　任	陈武斌	2016年12月至2017年12月
		段丽芬(女)	2017年12月至2021年1月
		李　文	2021年1月至2021年11月
	正县职级副主任	段丽芬(女)	2016年12月至2017年12月
	副主任	汪校铃	2016年12月至2020年4月
		谭　俊	2016年12月至2021年11月
		黄　泓(女)	2016年12月至2021年11月
		王　曙	2016年12月至2021年11月
		董锦林	2016年12月至2021年11月
		吴小元	2017年12月至2021年1月
		陈德峰	2021年1月至2021年11月
第十九届	主　任	李　文	2021年11月开始
	副主任	郑伦福	2021年11月开始
		江光霞	2021年11月开始
		万志勇	2021年11月开始
		邬曙东	2021年11月开始
		段水平(女)	2021年11月开始
		查海滨	2021年11月开始

六、人大特色工作

（一）决定设立茶叶节。1992年3月27日，县第十二届人大常委会第八次会议作出《关于每年谷雨节为英山茶叶节的决定》，确定从1992年4月20日起，每年4月20日（谷雨节）为英山茶叶节。英山茶叶节已连续在英山、武汉、北京等地成功举办28届，通过茶叶节的举办，以茶会友，以节为媒，促进茶产业发展壮大、茶农增收致富，推动茶旅产业融合发展，取得经济、社会、文化等多重效益。

（二）“人民满意单位”评选。1998年，县第十三届人大常委会制发《关于开展“人民满意单位”评选活动的实施方案》，决定对71家县人民政府组成部门和执法单位开展“人民满意单位”评选，每5年举行一次。各被评议单位针对本届贯彻法律法规、依法行政、公正司法、服务党委和政府中心工作、为民办实事、执行人大决议等情况向人大代表进行述职，听取代表意见建议，认真改进工作。县人大常委会组织召开测评会，由县人大代表和驻英山县的全国、省、市人大代表参加集中投票测评，按照满意、基本满意、不满意3个等次，对参评单位进行客观评价。经过加权打分，评选出排名靠前的单位，授予“人民满意单位”荣誉称号，以激励先进，鞭策后进。

（三）优化营商环境专项工作评议。2021年，县人大常委会印发《关于优化营商环境专项工作评议实施方案》，就专项评议内容、方式、步骤和时间作出具体安排，召开被评议单位动员会。优化营商环境专项工作评议，按照动员准备、征求意见、整改落实、集中评议4个阶段依序进行，历时6个月。活动期间，共向人大代表和企业发放征求意见表300余份，梳理形成意见建议143条，并将意见建议分类对口交办，监督整改落实。8月25日，组织召开集中测评会议，随机抽取的69名县人大代表进行投票测评，现场统计并公布测评结果，对得分排名靠前的10家单位授予“优化营商环境专项工作评议十佳满意单位”荣誉称号。

（四）开展专题询问。在全市县区中率先启用专题询问。围绕群众普遍关心关注的饮用水水源地保护工作，县人大常委会于2013年进行首次询问，2014年进行再询问。会前调研全县11个乡镇、2个国有林场、18个县直相关单位，并制作专题片，会中组织人大常委会组成人员和人大代表进行询问、分管副县长和相关部门负责人到场应询、邀请群众代表旁听、县电视台现场直播并多次播放，受到社会的广泛关注。县人民政府加大饮用水水源地保护力度，让英山县人民喝上“放心水”。2019年，围绕黄沙整治开展专题询问。2022年，围绕砂石土管理工作开展专题询问。

（五）完善代表履职评价。2022年，修订《英山县人民代表大会代表履职评价办法》，印发《英山县第十九届人大代表履职手册》，建立完善代表履职档案，加强代表履职管理。按照《英山县五好代表星级考评办法》，从政治思想好、遵守纪律好、依法履职好、联系群众好、服务发展好5个方面对县乡人大代表进行星级考评，并在各代表联络站张榜公布，让代表履职有载体、履职有方向、履职有动力。

（六）创新代表建议督办方式。建立县人大常委会主任会议成员重点督办、各专（工）委对口督办、领衔代表全程参与督办建议的机制。通过听取审议县人民政府关于代表建议办理工作情况报告，组织代表视察重点建议办理现场，对建议办理落实情况开展满意度测评等，对代表不满意的办理建议反复督办，努力提升代表建议的落实率和满意率。近5年来，代表建议办理落实率均达84%以上，代表满意率均达92%以上。

第七节　浠水县人民代表大会

一、浠水县概况

区域简介。浠水县位于湖北省东部，长江中游北岸，大别山南部。地处北纬30°12′至30°49′，东经115°至115°38′。东邻蕲春县，西界黄州区与团风县，南与黄石市、鄂州市隔江相望，北与罗田县、英山县毗邻。全县东西宽61.3公里，南北长68.5公里，界线周长281.4公里，国土总面积1951.12平方公里。浠水于公元448年始建县，已有1500余年历史。2022年有1个乡，12个镇，649个行政村。

人大概况。浠水县于1949年3月全境解放，成立县人民民主政府，至1954年浠水县第一届人民代表大会召开之前，由各界人民代表大会会议代行人民民主权力，5年时间共选举6届各界人民代表大会代表、召开各界人民代表大会会议8次。历次会议讨论通过人民代表守则，讨论土地改革和土地分配，开展抗美援朝、镇压反革命运动，听取政府工作报告，研究农业生产、农业税收、爱国公粮、财政收支预决算等问题，学习和贯彻婚姻法等工作。历次会议共接受代表议案661件。1954年起实行人民代表大会制度，1954年至2022年3月，浠水县共选举18届人民代表大会，从第八届人民代表大会起设立县人大常委会，共选举11届县人大常委会。人民代表大会会议主要是听取审议县人大常委会和“一府两院”工作报告，国民经济和社会发展计划执行情况与计划草案报告，财政预算执行与预算草案报告，做出决议、决定，选举县人大常委会组成人员、县人民政府组成人员，选举县人民法院、县人民检察院主要负责人，从第十七届起增设并选举县监察委员会主要负责人，选举出席上级人民代表大会代表。人大常委会会议主要是听取审议"一府两院"及相关部门专项工作报告，开展执法检查、工作视察，就相关重大问题做出决议、决定，任免县人大常委会工作机构和"一府一委两院"工作人员，选举上级人民代表大会代表，交办代表议案、意见建议等。

机构设置。2022年，县人大常委会有组成人员45名，主任1名，副主任6名，委员38名，设3个专门委员会，分别是法制委员会、财政经济委员会、社会建设委员会，设工作机构9个，分别是办公室、代表人事工作室、研究室、法制工作委员会、财政经济工作委员会、教科文卫工作委员会、农村工作委员会、城乡建设与环境资源保护工作委员会、预算工作委员会。

二、浠水县历届人民代表大会

第一届人民代表大会。本届人大代表362名，任期从1954年7月至1956年12月，召开人民代表大会会议2次，听取审议工作报告6个，做出决议、决定5个，收到代表议案319件。选举省第二届人民代表大会代表7名。

第二届人民代表大会。本届人大代表408名，任期从1956年12月至1958年5月，召开人民代表大会会议2次，听取审议工作报告7个，做出决议、决定7个，收到代表议案957件。

第三届人民代表大会。本届人大代表414名，任期从1958年5月至1962年2月，召开人民代表大会会议1次，听取审议工作报告3个，做出决议、决定2个，选举县人民政府县长、副县长，县人民委员会委员。

第四届人民代表大会。本届人大代表445名，任期从1962年2月至1963年6月，召开人民代表大会会议1次，听取审议工作报告3个，做出决议、决定2个，选举"一府两院"组成人员和县人民委员会委员，收到代表议案442件。

第五届人民代表大会。本届人大代表465名，任期从1963年6月至1968年9月，召开人民代表大会会议1次，听取审议工作报告4个，做出决议、决定2个，收到代表议案426件。选举省第三届人民代表大会代表8名。

第六届人民代表大会。第一次会议于1968年9月22日举行，是以庆祝革命委员会成立大会代替的，有4万名群众参加。会议主要内容是宣布县革命委员会组成人员名单(主任1名,副主任7名,常委19名,委员61名)。

第七届人民代表大会。本届人大代表836名,任期从1978年12月至1981年1月,召开人民代表大会会议1次,会议于1978年12月23日至27日举行。听取审议工作报告1个,做出决议、决定1个。选举革命委员会成员以及县人民法院院长、县人民检察院检察长。

第八届人民代表大会。本届人大代表350名,任期从1981年1月至1984年12月,召开人民代表大会会议4次,听取审议工作报告19个,做出决议、决定21个,收到代表议案、建议1007件。选举省第六届人民代表大会代表10名。

第九届人民代表大会。本届人大代表385名,任期从1984年12月至1988年1月,召开人民代表大会会议4次,听取审议工作报告23个,做出决议、决定29个,收到代表议案、建议613件。

第十届人民代表大会。本届人大代表295名,任期从1988年1月至1991年1月,召开人民代表大会会议3次,听取审议工作报告18个,做出决议、决定18个,收到代表议案、建议582件。选举省第七届人民代表大会代表9名。

第十一届人民代表大会。本届人大代表338名,任期从1991年1月至1994年1,召开人民代表大会会议3次,听取审议工作报告18个,做出决议、决定19个,收到代表议案、建议525件,选举省第八届人民代表大会代表9名。

第十二届人民代表大会。本届人大代表351名,任期从1994年1月至1999年1月,召开人民代表大会会议6次,听取审议工作报告25个,做出决议、决定25个,收到代表议案、建议704件,选举市第一届人民代表大会代表64名。

第十三届人民代表大会。本届人大代表327名,从1999年1月至2004年1月,召开人民代表大会会议6次,听取审议工作报告30个,做出决议、决定31个,收到代表议案、建议697件,定议案1件。选举市第二届人民代表大会代表67名。

第十四届人民代表大会。本届人大代表326名,从2004年1月至2006年12月,召开人民代表大会会议3次,听取审议工作报告18个,做出决议、决定18个,收到代表议案、建议511件,补选市第二届人民代表大会代表2名。

第十五届人民代表大会。本届人大代表326名,从2006年12月至2011年11月,召开人民代表大会会议5次,听取审议工作报告30个,做出决议、决定31个,收到代表议案、建议753件。选举市第三届人民代表大会代表67名。

第十六届人民代表大会。本届人大代表327名,从2011年11月至2016年12月,召开人民代表大会会议6次,听取审议工作报告30个,做出决议、决定30个,收到代表议案、建议718件。选举市第四届人民代表大会代表67名。

第十七届人民代表大会。本届人大代表327名，从2016年12月至2021年11月，召开人民代表大会会议5次，听取审议工作报告30个，做出决议、决定30个，收到代表议案、建议674件，选举市第五届人民代表大会代表66名。

第十八届人民代表大会。本届人大代表338名，从2021年11月，截至2022年3月，已召开人民代表大会会议1次。听取审议工作报告6个，做出决议、决定6个，收到代表议案、建议213件。选举市第六届人民代表大会代表67名。

三、浠水县历届人大常委会

第八届人大常委会。本届人大常委会组成人员21名，召开人大常委会会议27次，听取审议报告29个，开展视察执法检查11次，开展专题调查12次，做出决议、决定20个，任免国家机关工作人员176人次。

第九届人大常委会。本届人大常委会组成人员25名，召开人大常委会会议22次，听取审议报告28个，开展视察执法检查9次，开展专题调查8次，做出决议、决定9个，任免国家机关工作人员123人次。

第十届人大常委会。本届人大常委会组成人员27名，召开人大常委会会议21次，听取审议报告46个，开展视察执法检查12次，开展专题调查10次，做出决议、决定11个，任免国家机关工作人员223人次。

第十一届人大常委会。本届人大常委会组成人员25名，召开人大常委会会议21次，听取审议报告43个，开展视察执法检查11次，开展专题调查9次，做出决议、决定14个，任免国家机关工作人员199人次。

第十二届人大常委会。本届人大常委会组成人员25名，召开人大常委会会议35次，听取审议报告79个，开展视察执法检查34次，开展专题调查88次，做出决议、决定19个，任免国家机关工作人员374人次。

第十三届人大常委会。本届人大常委会组成人员29名，召开人大常委会会议31次，听取审议报告100个，开展视察执法检查21次，开展专题调查72次，做出决议、决定26个，任免国家机关工作人员423人次。

第十四届人大常委会。本届人大常委会组成人员29名，召开人大常委会会议20次，听取审议报告50个，开展视察执法检查11次，开展专题调查54次，做出决议、决定22个，任免国家机关工作人员74人次。

第十五届人大常委会。本届人大常委会组成人员34名，召开人大常委会会议

30次，听取审议报告54个，开展视察执法检查26次，开展专题调查49次，做出决议、决定26个，任免国家机关工作人员195人次。

第十六届人大常委会。本届人大常委会组成人员35名，召开人大常委会会议36次，听取审议报告62个，开展视察执法检查50次，开展专题调查68次，做出决议、决定51个，审议研究人大工作8次，任免国家机关工作人员262人次。

第十七届人大常委会。本届人大常委会组成人员35名，召开人大常委会会议35次，听取审议报告88个，开展视察执法检查46次，开展专题调查92次，做出决议、决定40个，任免国家机关工作人员302人次。

第十八届人大常委会。本届人大常委会组成人员45名，从2021年11月起，截至2022年3月，召开县人大常委会会议3次，听取审议报告11个，开展视察执法检查5次，开展专题调查12次，做出决议、决定3个，任免国家机关工作人员45人次。

四、浠水县历届人大代表

表9-15　浠水县历届人大代表结构一览表

届次	总数	妇女		工人农民		干部		知识分子		非中共人士	
		人数	占比(%)	人数	占比(%)	人数	占比(%)	人数	占比(%)	人数	占比(%)
一	362	—	—	—	—	—	—	—	—	—	—
二	408	—	—	—	—	—	—	—	—	—	—
三	414	—	—	—	—	—	—	—	—	—	—
四	445	—	—	—	—	—	—	—	—	—	—
五	465	—	—	—	—	—	—	—	—	—	—
六	—	—	—	—	—	—	—	—	—	—	—
七	836	—	—	—	—	—	—	—	—	—	—
八	350	76	21.7	—	—	—	—	—	—	110	31.4
九	385	81	21.0	—	—	—	—	—	—	195	50.6
十	295	68	23.1	—	—	—	—	—	—	98	33.2
十一	338	78	23.1	—	—	—	—	—	—	122	36.1
十二	351	88	25.1	—	—	—	—	—	—	106	30.2
十三	327	76	23.2	—	—	—	—	—	—	106	32.4
十四	326	80	24.5	—	—	—	—	—	—	118	36.2

续表9-15

届次	总数	妇女		工人农民		干部		知识分子		非中共人士	
		人数	占比(%)	人数	占比(%)	人数	占比(%)	人数	占比(%)	人数	占比(%)
十五	326	83	25.5	—	—	—	—	—	—	96	29.4
十六	327	88	26.9	150	45.9	—	—	23	7.0	115	35.2
十七	327	108	33.0	147	45.0	—	—	49	15.0	114	34.9
十八	338	102	30.2	182	53.8	—	—	79	23.4	124	36.9

五、浠水县历届人大常委会主任、副主任

表9-16　浠水县历届人大常委会主任、副主任一览表

届　次	职务	姓　名	任职时间
第八届	主　任	王定远	1981年1月至1983年3月
		李协池	1983年3月至1984年12月
	副主任	程国英	1981年1月至1984年12月
		陈学东	1981年1月至1984年12月
		陈开源	1981年1月至1984年3月
		陈玉莲(女)	1981年1月至1984年12月
		陈学湘	1981年1月至1984年12月
		卫茂生	1983年3月至1984年3月
		李志平	1984年3月至1984年12月
		陈丹山	1984年3月至1984年12月
		郭少华	1984年3月至1984年12月
第九届	主　任	李协池	1984年12月至1987年12月
	副主任	徐禅佑	1984年12月至1987年12月
		李志平	1984年12月至1987年12月
		陈玉莲(女)	1984年12月至1987年12月
		陈学湘	1984年12月至1987年12月
		徐　雍	1984年12月至1987年12月

续表9-16

届　次	职务	姓　名	任职时间
第十届	主　任	李协池	1988年1月至1991年1月
	副主任	徐禅佑	1988年1月至1991年1月
		李志平	1988年1月至1991年1月
		陈玉莲(女)	1988年1月至1991年1月
		徐　雍	1988年1月至1991年1月
		周德明	1988年1月至1991年1月
		蔡肖兵	1988年1月至1991年1月
		易元静	1988年1月至1991年1月
		郭旭寅	1988年1月至1991年1月
第十一届	主　任	李协池	1991年1月至1994年1月
	副主任	周少卿	1991年1月至1994年1月
		郭旭寅	1991年1月至1994年1月
		陈希贤	1991年1月至1994年1月
		潘金莲(女)	1991年1月至1994年1月
		郭立中	1992年4月至1994年1月
第十二届	主　任	詹金生	1994年1月至1999年1月
	副主任	郭继成	1994年1月至1999年1月
		周少卿	1994年1月至1999年1月
		陈希贤	1994年1月至1999年1月
		潘金莲(女)	1994年1月至1999年1月
		郭立中	1994年1月至1999年1月
		杨胜初	1994年1月至1999年1月
		周德善	1996年11月至1999年1月
		朱源江	1996年11月至1999年1月

续表9–16

届　次	职务	姓　名	任职时间
第十三届	主　任	吴良想	1999年1月至2004年1月
	副主任	张华中	1999年1月至2004年1月
		潘金莲(女)	1999年1月至2004年1月
		周德善	1999年1月至2004年1月
		崔六宝	1999年1月至2002年5月
		熊先觉	2000年5月至2004年1月
		李元卿	2002年5月至2004年1月
		段清和	2002年5月至2004年1月
		谢　寒	2002年5月至2004年1月
第十四届	主　任	王楚平	2004年1月至2007年1月
	常务副主任	詹金生	2004年1月至2007年1月
	副主任	夏述中	2004年1月至2007年1月
		吴耀煊	2004年1月至2007年1月
		李元卿	2004年1月至2007年1月
		段清和	2004年1月至2007年1月
		谢　寒	2004年1月至2007年1月
第十五届	主　任	周　勇	2007年1月至2011年12月
	常务副主任	郑晓春	2007年1月至2009年12月
		洪汉宽	2010年3月至2011年12月
	副主任	吴耀煊	2007年1月至2011年12月
		李元卿	2007年1月至2011年12月
		谢　寒	2007年1月至2011年12月
		程　罡	2007年1月至2009年1月
		徐菊莲(女)	2007年1月至2011年12月
		李守平	2009年3月至2011年12月

续表9-16

届　次	职务	姓　名	任职时间
第十六届	主　任	洪汉宽	2011年12月至2016年12月
	副主任	谢　寒	2011年12月至2016年12月
		徐菊莲(女)	2011年12月至2016年12月
		李守平	2011年12月至2016年6月
		周国祥	2011年12月至2016年12月
		张　昭	2011年12月至2016年12月
		侯定华	2011年12月至2016年12月
第十七届	主　任	黄强胤	2016年12月至2017年12月
		李葆良	2017年12月至2020年6月
		周祖胜	2020年6月至2021年11月
	常务副主任	李葆良	2016年12月至2017年12月
	副主任	张　昭	2016年12月至2021年11月
		陶喜田	2016年12月至2020年4月
		刘　爱(女)	2016年12月至2021年11月
		甘世保	2016年12月至2021年1月
		王宇明	2016年12月至2021年11月
		刘友恩	2017年12月至2021年1月
		宋雪聪	2020年6月至2021年11月
		汪幸东	2021年3月至2021年11月
		王爱国	2021年3月至2021年11月
第十八届	主　任	周祖胜	2021年11月开始
	副主任	宋雪聪	2021年11月开始
		南幼旺	2021年11月开始
		王爱国	2021年11月开始
		周尚武	2021年11月开始
		黄建文	2021年11月开始
		邓爱萍(女)	2021年11月开始

六、人大特色工作

（一）专题质询案。1986年，县粮食部门收购油菜籽4641吨，按规定应向农民返还饼肥2320吨。由于当时化肥充足，县人民政府批准粮食外贸部门先后出口饼肥1712吨，只向农民返饼692.5吨，下差1627.5吨。1987年春，农民要求兑现饼肥，引起县人大常委会重视，在县第九届人大常委会第十七次会议上向县人民政府提出《关于全县1986年菜籽未按收料返饼政策兑现的质询案》。县人民政府收到质询案后高度重视，召开多次会议研究办法，采取向外采购饼肥、组织议价菜子加工生产饼肥，不需饼肥农户采取平、议差额补款，以款补兑。县人民政府用一个月时间，全部向农民补兑完毕，并县人大常委会提交对办理质询案答复的报告。

（二）大会决议案。1987年春，浠水县农资供应市场混乱，农资供应不畅。县人大常委会组织专班深入乡村和有关部门调查研究，向县委专题报告，并在1987年4月召开的浠水县九届人大四次会议上通过《关于认真做好农业生产资料供应工作的决议》。县人民政府高度重视，依据该决议要求，发出《关于加强农业生产资料市场管理的通告》规范市场。县供销社、县粮食局、县石油公司及时发放计划内的化肥、柴油等平价票证，县工商、县物价等部门加大农资市场整顿力度。经过3个月努力，该县发放11690吨化肥票，1638吨柴油票，占应发的99%，供销部门组织200多人次外出采购计划外化肥15200吨供应市场。县工商部门取缔无证经营农资商贩32户，县物价部门查处平价转高价生产资料资金28476元，退还农户24111元。经过县人民政府及相关部门努力，扭转农资市场混乱局面，保证农民的合法利益。

（三）规范性文件备案审查工作。2001年6月，根据群众反映，县广电部门和县物价局为各自的利益，擅自提高有线电视收费标准，县人大常委会高度重视，对县物价局相关收费文件进行审查，发现县物价局在转发市物价局有线电视收费文件时，擅自更改文件内容，批准广电部门每月多收用户2元钱。县人大常委会发文要求县人民政府及县物价部门撤销该文件，县广电部门退还多收有线用户的费款。县物价、县广电部门积极整改，撤销违规下发的文件，县广电部门在续费中扣除多收的费款，群众的利益得到保护。

（四）评议工作。1988年8月，县人大常委会首次组织31名县人大代表对县人民政府及组成部门的工作情况开展民主评议。1992年11月，县人大常委会组织40多名人大代表对县人民政府、县人民法院、县人民检察院的工作进行评议。1996年4月，县人大常委会组织380多名代表和委员分组对县技术监督、物价、邮电等部门的工作进行评议。1997年，县人大常委会对部分政府工作部门负责人进行述职评议，对部分垂直管理部门进行工作评议。2005年10月，首次对县人民政府副县长进行述职评议，年底对已接受县人大常委会述职和工作评议之外的所有县人民政府工作部门、直属事业单位和垂直管理部门进行书面述职评议，由人大各工委牵头，组织代表测评和听取意见，发出评议意见书。2008年，县人大常委会在评议工作基础上，开展“人民满意单位”和“优秀人民公仆”评选活动。“两评”活动经过宣传发动、调查了解、代表评分、会议确定4个阶段，评出10个“人民满意单位”和10名“优秀人民公仆”，并在2009年人民代表大会上予以表彰。

（五）专项工作。2012年，因浠水县畜禽养殖业和矿山开采业的无序发展，致使生态环境受到破坏。从2012年到2016年，县人大常委会把改善生态环境，作为人大工作的监督重点，每年都听取相关部门工作报告，组织开展执法检查、视察和调研，开展监督；以白莲河生态保护为突破口，先后听取环境保护法、水法、水污染防治法等法律贯彻实施情况报告7次，组织相关法律执法检查和视察8次，开展环保专项工作调查9次，作出《关于白莲河库区浠水境内涉案生态环境整治的决议》等决议、决定3个，审议意见7份，对决议和相关审议意见落实开展专门督办20余次。在市人民代表大会连续3年提交白莲河环境整治工作的议案。在县委的领导和县人大常委会的有力监督下，至2017年，浠水生态环境和水污染状况得到极大改善。

（六）代表活动“家站点”建设。2022年，县人大常委会坚持“代表工作”小切口融入“全过程人民民主”大主题，按照“六进”[进村（社区）、进园区、进景区、进商超、进学校、进窗口]要求，“三定”（定时、定点、定人）原则，把代表活动阵地建在一线、建在产业链、建在群众身边，全县组建14个“代表之家”，94个代表联络站，38个代表联系点。各“家站点”紧扣全省“察民情、聚民意、惠民生”代表活动主题，认真组织代表活动，广泛征集选民意见建议，着力解决问题。兰溪陶瓷产业园代表聚焦园区亮化，解决夜班工人安全问题，督促有关部门安装230盏太阳能路灯，解决工人的夜行安全问题。工会联络站聘请8名社情民意联络员，将民意渠道进一步延伸，晨科、骐骏等一批联络站点发挥亲民和专业优势，针对人民群众和经济社会发展的堵点、痛点、难点问题进行精准发力，极大地提升代表活动的质效。

第八节　蕲春县人民代表大会

一、蕲春县概况

区域简介。蕲春县位于黄冈东部，南临长江，东与武穴市、西与浠水县、北与安徽省宿松县相邻，面积2398平方公里。常住人口79.2万人，是明代伟大医药学家李时珍的故乡，全国著名的“教授县”，中国艾都。

人大概况。1949年3月，蕲春县人民政府在漕河枫树林湾成立。1950年1月6日，蕲春县第一届各界人民代表会议第一次全体会议在漕河召开，至1953年10月，共召开5届15次各界人民代表会议。历次会议听取审议县人民政府工作报告，代表通过大会发言和提案等方式，向政府反映人民群众的意见、建议、要求。1954年3月，蕲春县进行首次县、乡（镇）人大代表选举，7月17日至22日，蕲春县第一届人民代表大会第一次会议在县城漕河召开，标志着蕲春县人民代表大会制度正式建立。1956年1月召开县第一届人大第二次会议，蕲春县人民政府改建为蕲春县人民委员会。县各届各次人代会，均按照法律程序进行，听取审议县人民政府工作报告，选举县人民政府和县人民委员会组成人员，选举县人民法院院长，选举省人代会代表。在人大闭会期间，由县政府或县人民委员会办理人大代表议案，直接向人民代表作答复。1981年1月，蕲春县第八届人大第一次会议召开，选举蕲春县人民代表大会常务委员会主任、副主任、委员。从此，县人民代表大会有常设机构和专职工作人员，并形成每年至少召开一次代表大会的制度，选举11届县人大常委会。

机构设置。县人民代表大会机构从无到有，先后成立3个专门委员会，分别是法制委员会、财政经济委员会、社会建设委员会。常委会内设机构由刚成立的1个办公室，逐步发展到现在的“两办八委”10个办事和工作机构，分别是办公室、研究室、法制监察工作委员会、财政经济工作委员会、教科文卫工作委员会、代表选举人事任免工作委员会、农村工作委员会、城市建设与环境保护工作委员会、财政预决算审查工作委员会、规范性文件备案审查工作委员会，其中办公室内设秘书科、行政科（党办）、老干科三个股室，下设一个信息中心（副科级），含办公室、信访室、信息技术股、信息宣传股。

二、蕲春县历届人民代表大会

第一届人民代表大会。本届人大代表317名，任期从1954年7月至1956年12月，召开人民代表大会会议2次，会议听取审议政府工作报告、通过《中共蕲春县委提出的"战胜灾害和增产丰收"的决议》《坚决拥护"中华人民共和国宪法修正案"的决议》等3个决议，收到代表议案、建议337件，定为议案78件。选举省第一届人民代表大会代表6名。

第二届人民代表大会。本届人大代表308名，任期从1957年1月至1958年4月，召开人民代表大会会议2次，听取审议县人民委员会所作的财政预决算的执行情况等3个报告，会议通过《关于当前生产问题的决议》《关于〈中小学毕业升学与就业问题报告〉的决议》《关于〈复员军人安置工作报告〉的决议》，收到代表议案、建议372件，定为议案143件。

第三届人民代表大会。本届人大代表307名，任期从1958年5月至1962年1月，召开人民代表大会会议1次，听取审议工作报告4个，收到代表议案、建议127件，定为议案70件。选举省第二届人民代表大会代表6名。

第四届人民代表大会。本届人大代表314名，任期从1962年2月至1963年8月，召开人民代表大会会议1次，听取审议工作报告3个，收到代表议案、建议341件，定为议案97件。

第五届人民代表大会。本届人大代表317名，任期从1963年9月至1966年4月，召开人民代表大会会议1次。听取审议工作报告5个，收到代表议案、建议419件，定为议案32件。选举省第三届人民代表大会代表7名；

第六届人民代表大会。任期从1966年4月至1979年3月。1965年11月，经省委同意，成立县第六届人大代表选举委员会，决定次年召开第一次会议，选举代表345人，后因"文化大革命"开始，县第六届人大第一次会议未能召开。

第七届人民代表大会。本届人大代表380名，任期从1979年4月至1980年12月，召开人民代表大会会议1次，听取审议县革命委员会工作报告，收到代表议案、建议187件，定为议案23件。

第八届人民代表大会。本届人大代表320名，任期从1981年1月至1984年11月，召开人民代表大会会议4次，听取审议工作报告20个。通过《县级国家机关人事调整议案》《关于放宽林业政策加速实现全县绿化的议案》《关于大力支持专业户重点户促进商品生产议案》的决议，收到代表议案、建议690件，定为议案70件。选举省第六届人民代表大会代表9名。

第九届人民代表大会。本届人大代表347名，任期从1984年12月至1987年12月，召开人民代表大会会议4次，听取审议工作报告23个。大会通过《关于加快发展乡镇企业议案的决议》《关于减轻农民负担议案的决议》《关于认真贯彻〈全国人民代表大会常务委员会关于加强法制教育维护安定团结的决定〉进一步加强普及法律常识教育的议案》，收到代表议案、建议564件，定为议案61件。

第十届人民代表大会。本届人大代表278名，任期从1988年1月至1990年12月，召开人民代表大会会议3次，听取审议工作报告16个，大会通过关于实施《蕲春县科技、经济、社会协调发展规划》议案的决议，收到代表议案、建议412件（其中质询案16件），定为议案16件。选举省第七届人民代表大会代表7名。

第十一届人民代表大会。本届人大代表321名，任期从1991年1月至1993年12月，召开人民代表大会会议3次，听取审议工作报告18个，收到代表议案、建议417件（其中质询案9件），定为议案61件，定质询案6件。选举省第八届人民代表大会代表8名。

第十二届人民代表大会。本届人大代表328名，任期从1994年1月至1998年12月，召开人民代表大会会议6次，听取审议工作报告32个，收到代表议案、建议817件，定为议案8件。选举市第一届人民代表大会代表63人。

第十三届人民代表大会。本届人大代表310名，任期从1999年1月至2003年12月，召开人民代表大会会议5次，听取审议工作报告33个，收到代表议案、建议616件，定为议案15件。选举市第二届人民代表大会代表64人。

第十四届人民代表大会。本届人大代表305名，任期从2004年1月至2006年12月，召开人民代表大会会议3次，听取审议等工作报告21个，收到代表议案、建议462件，定为议案12件。

第十五届人民代表大会。本届人大代表308名，任期从2007年1月至2011年11月，召开人民代表大会会议5次，听取审议工作报告35个，收到代表议案、建议883件，定为议案8件。选举市第三届人民代表大会代表64人。

第十六届人民代表大会。本届人大代表310名，任期从2011年12月至2016年11月，召开人民代表大会会议5次，听取审议工作报告37个，收到代表议案、建议679件，定为议案1件。选举市第四届人民代表大会代表64人。

第十七届人民代表大会。本届人大代表300名，任期从2016年12月至2021年10月，召开人民代表大会会议5次，听取审议工作报告35个，通过《关于尽快出台蕲春县农村公路建设与养护管理办法议案》的决议、关于批准《蕲春县国民经济和社会发展第十四个五年规划和2035年远景目标纲要（草案）》的决议，收到代表议案、建议614件，定为议案2件。选举市第五届人民代表大会代表64人。

第十八届人民代表大会。本届人大代表327名，任期从2021年11月起，截至2022年3月，召开人民代表大会会议1次，听取审议工作报告7个，作出关于《加快蕲水灌区新建扩建工程项目建设的议案》的决议，收到代表议案、建议151件，定为议案1件。选举市第六届人民代表大会代表63人。

三、蕲春县历届人大常委会

第八届人大常委会。本届人大常委会组成人员27名，召开人大常委会会议25次，开展执法检查、调查和视察3次，任免国家机关工作人员121人次。

第九届人大常委会。本届人大常委会组成人员21名，召开人大常委会会议22次，开展执法检查、调查和视察18次，任免国家机关工作人员144人次。

第十届人大常委会。本届人大常委会组成人员19名，召开人大常委会会议21次，开展执法检查、调查和视察13次，任免国家机关工作人员16人次。

第十一届人大常委会。本届人大常委会组成人员22名，召开人大常委会会议19次，开展执法检查、调查和视察14次，任免国家机关工作人员85人次。

第十二届人大常委会。本届人大常委会组成人员24名，召开人大常委会会议33次，开展执法检查、调查和视察40次，任免国家机关工作人员252人次。

第十三届人大常委会。本届人大常委会组成人员25名，召开人大常委会会议36次，开展执法检查、调查和视察30次，任免国家机关工作人员578人次。

第十四届人大常委会。本届人大常委会组成人员25名，召开人大常委会会议19次，开展执法检查、调查和视察23次，任免国家机关工作人员147人次。

第十五届人大常委会。本届人大常委会组成人员30名，召开人大常委会会议33次，开展执法检查、调查和视察53次，任免国家机关工作人员139人次。

第十六届人大常委会。本届人大常委会组成人员36名，召开人大常委会会议39次，开展执法检查、调查和视察48次，任免国家机关工作人员236人次。

第十七届人大常委会。本届人大常委会组成人员48名，召开人大常委会会议39次，开展执法检查、调查和视察73次，任免国家机关工作人员298人次。

第十八届人大常委会。本届人大常委会组成人员40名，截至2022年3月，召开人大常委会会议5次，开展执法检查、调查和视察9次，任免国家机关工作人员77人次。

四、蕲春县历届人大代表

表9-17　蕲春县历届人大代表结构一览表

届次	总数	妇女		工人农民		干部		知识分子		非中共人士	
		人数	占比(%)	人数	占比(%)	人数	占比(%)	人数	占比(%)	人数	占比(%)
一	317	40	12.6	165	52.1	126	39.8	12	3.8	184	58.0
二	308	48	15.6	136	44.2	109	35.4	11	3.6	178	57.8
三	307	58	18.9	148	48.2	99	32.3	17	5.5	129	42.0
四	314	44	14.0	155	49.4	101	32.2	13	4.1	113	36.0
五	317	52	16.4	162	51.1	107	33.8	16	5.1	106	33.4
六	345	72	20.9	169	49.0	113	32.8	15	4.4	152	44.1
七	380	135	35.5	199	52.4	132	34.7	19	5.0	133	35.0
八	320	68	21.3	190	59.4	84	26.3	19	5.9	108	33.8
九	347	75	21.6	202	58.2	87	25.1	28	8.1	160	46.1
十	278	48	17.3	132	47.5	109	39.2	30	10.8	81	29.1
十一	321	63	19.6	177	55.1	106	33.0	33	10.3	88	27.4
十二	328	66	20.1	170	51.8	139	42.4	36	11.0	76	23.2
十三	310	74	23.9	167	53.9	110	35.5	29	9.4	91	29.4
十四	305	79	25.9	155	50.8	80	26.2	29	9.5	80	26.2
十五	308	48	15.6	143	46.4	92	29.9	33	10.7	41	13.3
十六	310	35	11.3	151	48.7	97	31.3	32	10.3	43	13.9
十七	300	76	25.3	104	34.7	89	29.7	27	9.0	81	27.0
十八	327	100	30.6	93	28.4	106	32.4	62	19.0	108	33.0

五、蕲春县历届人大常委会主任、副主任

表9-18　蕲春县历届人大常委会主任、副主任一览表

届　次	职　务	姓　名	任职时间
第八届	主　任	韩大纲	1981年1月至1983年3月
		席书文	1983年3月至1984年12月
	副主任	刘雨初	1981年1月至1984年12月
		高仕林	1981年1月至1984年1月
		蒋金奎	1981年1月至1984年4月
		廖镜明	1981年1月至1984年12月
		林旭如	1984年4月至1984年12月
		管和雨	1984年4月至1984年12月
		叶巨生	1984年4月至1984年12月
第九届	主　任	席书文	1984年12月至1988年1月
	副主任	林旭如	1984年12月至1988年1月
		管和雨	1984年12月至1988年1月
		叶巨生	1984年12月至1988年1月
		张　宽	1984年12月至1988年1月
		刘雨初	1984年12月至1988年1月
		范家麟	1984年12月至1988年1月
		王济安	1985年7月至1988年1月
第十届	主　任	范家麟	1988年1月至1991年1月
	副主任	管和雨	1988年1月至1991年1月
		叶巨生	1988年1月至1991年1月
		张　宽	1988年1月至1990年12月
		刘雨初	1988年1月至1991年1月
		黄　菊	1988年1月至1991年1月
		陈楚英	1988年1月至1991年1月

续表9-18

届　次	职　务	姓　名	任职时间
第十一届	主　任	胡　一	1991年1月至1994年1月
	副主任	柯伟才	1991年1月至1994年1月
		徐隆盛	1991年1月至1994年1月
		曹能刚	1991年1月至1994年1月
		胡启明	1991年1月至1994年1月
		陈有谷	1992年3月至1994年1月
第十二届	主　任	周康启	1994年1月至1999年1月
	副主任	石理照	1994年1月至1999年1月
		曹能刚	1994年1月至1997年11月
		胡启明	1994年1月至1998年4月
		陈有谷	1994年1月至1999年1月
		蔡和清	1994年1月至1999年1月
		徐　亮	1994年1月至1999年1月
		高容生	1996年3月至1999年1月
		胡特奎	1996年11月至1999年1月
第十三届	主　任	周康启	1999年1月至2004年1月
	副主任	王必贵	1999年1月至2004年1月
		蔡和清	1999年1月至2004年1月
		胡树棠	1999年1月至2004年1月
		孙天德	1999年1月至2004年1月

续表9-18

届　次	职　务	姓　名	任职时间
第十四届	主　任	李儒志	2004年1月至2007年1月
	常务副主任	甘才志	2004年1月至2007年1月
	副主任	张常启	2004年1月至2007年1月
		田兴贵	2004年1月至2007年1月
		江和祥	2004年1月至2007年1月
		陈耀光	2004年1月至2007年1月
		黄建桥	2004年1月至2007年1月
第十五届	主　任	熊长江	2007年1月至2010年10月
	常务副主任	甘才志	2007年1月至2010年3月
		王继芳	2010年3月至2011年12月
	副主任	王继芳	2007年1月至2010年3月
		陈耀光	2007年1月至2011年12月
		黄建桥	2007年1月至2011年12月
		王　剑	2007年1月至2011年12月
		吕卫军(女)	2007年1月至2011年12月
		田志强	2010年3月至2011年12月
第十六届	主　任	陈跃新	2011年12月至2016年12月
	副主任	王　剑	2011年12月至2016年12月
		吕卫军(女)	2011年12月至2016年12月
		田志强	2011年12月至2016年12月
		纪必明	2011年12月至2016年12月
		李先林	2011年12月至2016年12月
		刘安武	2011年12月至2016年12月

续表9-18

届　次	职　务	姓　名	任职时间
第十七届	主　任	赵少莲(女)	2016年12月至2017年12月
		江　勇	2017年12月至2021年11月
	常务副主任	江　勇	2016年12月至2017年12月
	副主任	胡建铭	2016年12月至2020年6月
		周迪生	2016年12月至2021年3月
		蔡　璐	2016年12月至2021年11月
		丁珍桃(女)	2016年12月至2021年11月
		张　勰	2016年12月至2021年11月
		王国喜	2017年12月至2021年11月
		陈文明	2020年6月至2021年11月
		谢先春	2021年3月至2021年11月
第十八届	主　任	蔡寿益	2021年11月至
	副主任	丁珍桃(女)	2021年11月开始
		张　勰	2021年11月开始
		王国喜	2021年11月开始
		徐焱明	2021年11月开始
		陈启明	2021年11月开始
		缪建华	2021年11月开始

六、人大特色工作

（一）2004年制发《蕲春县人民代表大会常务委员会人事任免暂行办法》，落实干部任前法律知识培训考试、任职资格调查、拟任职发言、颁发任命书、向宪法宣誓等制度。

（二）2011年成立规范性文件备案审查工作委员会，备案审查工作入选《全市人大工作机制创新典型案例》。

（三）持续推动“党建+一流机关创建”，2011年至2022年，县人大常委会机关老干党支部先后4次被省委、市委组织部，省委、市委老干部工作局评为“先进老干党支部”“离退休干部先进集体”。

（四）从2017年至2022年，乡镇人大办公经费、县乡两级代表活动经费按标准纳入县财政预算，《省人大工作通报》连续3年专文推介该县每年围绕一个主题开展的“代表活动”。

（五）2018年建立蕲春县人大常委会司法在线监督和财政预算在线监督两个平台，引入第三方对法律实施情况和效果开展评估，增强监督工作的刚性、力度和实效。

（六）2019年牵头组织县农村危房改造补短板工程作战专班，推动开展农村房屋安全“大体检”，做法在全省推介。

第九节　武穴市人民代表大会

一、武穴市概况

区域简介。武穴市位于长江中下游北岸，大别山南麓，地扼吴头楚尾，是鄂、皖、赣毗连地段的“三省七县通衢”。武穴市前身为广济县，古称“佛国”，取“广施佛法、普济众生”之意。1987年撤广济县建武穴市，全市版图面积1246平方公里，下辖8个镇、4个街道、336个村（社区），耕地面积77万亩，总人口82.34万人。

人大概况。广济县（今武穴市）于1949年4月全境解放，成立县人民民主政府，至1954年广济县第一届人民代表大会召开之前，由各界人民代表会议代行人民代表大会职权，5年时间共计召开8届11次人民代表会议，历次会议共接受代表议案2468件，讨论通过人民代表守则，讨论土地改革和土地分配，开展抗美援朝、镇压反革命运动，听取人民政府和人民法院工作报告，研究农业生产、农业税收、爱国公粮、财政收支决算等问题，讨论通过消灭血吸虫病规划、农业生产规划方案等，并作出相应的决议。1981年1月17日，广济县第八届人民代表大会第一次会议选举县人大常务委员会，作为地方国家权力机关的常设机关，谱写人民代表大会制度在广济实践的崭新篇章。1987年撤广济县建武穴市，1988年选举武穴市人大常委会。历届武穴市（广济县）人大常委会接续奋斗、继往开来，按照党中央关于人大工作的要求，围绕武穴市（广济县）委贯彻落实党中央大政方针的决策部署，结合武穴市（广济县）实际，创造性地做好监督、决定、任免、代表和自身建设等工作，更好助力经济社会发展和改革攻坚任务。

武穴市(广济县)人大常委会先后荣获“湖北省先进人大工作集体”“湖北省人大宣传工作先进单位”“黄冈市人大工作先进单位”等荣誉称号109项。

机构设置。武穴市人民代表大会设3个专门委员会,分别是法制委员会、财政经济委员会、社会建设委员会。

2022年,武穴市人大常委会有组成人员35名,其中主任1名、副主任6名、委员28名。设2个办事机构,分别为办公室和研究室,办公室下设信息中心;设7个工作委员会,分别为法制、财政经济、预算、教育科学文化卫生与民族宗教侨务外事、城乡建设与环境资源保护、农业与农村、代表选举联络人事任免工作委员会。

二、武穴市(广济县)历届人民代表大会

(一)广济县

第一届人民代表大会。本届人大代表277名,任期从1954年8月至1957年1月,召开人民代表大会会议2次,听取审议工作报告4个,做出决议、决定3个,收到代表议案111件。选举省第一届人民代表大会代表5名。

第二届人民代表大会。本届人大代表311名,任期从1957年1月至1958年5月,召开人民代表大会会议2次,听取审议工作报告5个,做出决议、决定4个,收到代表议案411件。

第三届人民代表大会。本届人大代表291名,任期从1958年5月至1962年2月,召开人民代表大会会议1次,听取审议工作报告4个,做出决议、决定4个,收到代表议案151件。选举省第二届人民代表大会代表5名。

第四届人民代表大会。本届人大代表299名,任期从1962年2月至1963年9月,召开人民代表大会会议1次,听取审议工作报告3个,做出决议、决定3个,收到代表议案105件。

第五届人民代表大会。本届人大代表319名,任期从1963年9月至1968年9月,召开人民代表大会会议2次,听取审议工作报告6个,做出决议、决定6个,收到代表议案173件。选举省第三届人民代表大会代表7名。

第六届人民代表大会。任期从1968年9月至1978年12月。第一次会议于1968年9月20日召开,是以庆祝革命委员会成立大会代替的,有1万余名群众参加。会议主要内容是宣布县革命委员会组成人员名单(主任1名、副主任8名,常委19名,委员47名)。召开县第七届人民代表大会会议时,经请示上级同意,将这次“万

人大会"列为县第六届人民代表大会会议。

第七届人民代表大会。本届人大代表711名，任期从1978年12月至1981年1月，召开人民代表大会会议3次，听取审议工作报告10个，做出决议、决定8个，收到代表议案292件。选举省第五届人民代表大会代表6名。

第八届人民代表大会。本届人大代表259名，任期从1981年1月至1984年12月，召开人民代表大会会议2次，听取审议工作报告68个，做出决议、决定14个，收到代表议案103件、建议1021件。选举省第六届人民代表大会代表8名。

第九届人民代表大会。本届人大代表267名，任期从1984年12月至1988年1月，召开人民代表大会会议2次，听取审议工作报告61个，做出决议、决定12个，收到代表议案112件、建议1068件。

(二)武穴市

第一届人民代表大会。本届人大代表235名，任期从1988年1月至1991年1月，召开人民代表大会会议3次，听取审议工作报告39个，做出决议、决定5个，收到代表议案8件，代表建议417件。

第二届人民代表大会。本届人大代表291名，任期从1991年1月至1994年1月，召开人民代表大会会议3次，听取审议工作报告45个，做出决议、决定3个，收到代表议案5件，代表建议343件。选举省第八届人民代表大会代表9名。

第三届人民代表大会。本届人大代表296名，任期从1994年1月至1999年1月，召开人民代表大会会议6次，听取审议工作报告97个，做出决议、决定35个，收到大会议案4件，代表建议365件。选举黄冈市第一届人民代表大会代表51名。

第四届人民代表大会。本届人大代表265名，任期从1999年1月至2004年1月，召开人民代表大会会议5次，听取审议工作报告102个，做出决议、决定22个，收到大会议案1件，代表建议354件。选举黄冈市第二届人民代表大会代表54名。

第五届人民代表大会。本届人大代表265名，任期从2004年1月至2007年1月，召开人民代表大会会议3次，听取审议工作报告66个，做出决议、决定23个，收到大会议案42件，代表建议387件。

第六届人民代表大会。本届人大代表264名，任期从2007年1月至2011年12月，召开人民代表大会会议5次，听取审议工作报告71个，做出决议、决定26个，收到大会议案3件，代表建议690件，选举黄冈市第三届人民代表大会代表54名。

第七届人民代表大会。本届人大代表266名，任期从2011年12月至2016年12月，召开人民代表大会会议5次，听取审议工作报告132个，做出决议、决定22个，收到大会议案4件，代表建议519件，选举黄冈市第四届人民代表大会代表58名。

第八届人民代表大会。本届人大代表266名，任期从2016年12月至2021年11月，召开人民代表大会会议5次，听取审议工作报告199个，做出决议、决定17个，收到大会议案2件，代表建议575件，选举黄冈市第五届人民代表大会代表55名。

第九届人民代表大会。本届人大代表304名，从2021年11月起，截至2022年3月，召开人民代表大会会议1次，听取审议工作报告23个，选举黄冈市第六届人民代表大会代表56名。

三、武穴市（广济县）历届人大常委会

（一）广济县

第八届人大常委会。本届人大常委会组成人员19名，召开人大常委会会议26次，开展视察、执法检查、专题调研61次，任免国家机关工作人员227人次。

第九届人大常委会。本届人大常委会组成人员16名，召开人大常委会会议24次，开展视察、执法检查、专题调研44次，任免国家机关工作人员208人次。

（二）武穴市

第一届人大常委会。本届人大常委会组成人员16名，召开人大常委会会议19次，开展视察检查29次，开展专题调研44次，任命国家机关工作人员84人次，免职27人次，因犯错误撤销职务1人。

第二届人大常委会。本届人大常委会组成人员20名，召开人大常委会会议21次，开展执法检查、调查和视察53次，任免国家机关工作人员165人次。

第三届人大常委会。本届人大常委会组成人员20名，召开人大常委会会议38次，开展视察活动11次，执法检查25次，任免国家机关工作人员333人次。

第四届人大常委会。本届人大常委会组成人员29名，召开人大常委会会议33次，开展视察、调查、执法检查36次，任免国家机关工作人员287人次、撤销职务2人、接受辞职13人。

第五届人大常委会。本届人大常委会组成人员25名，召开人大常委会会议22次，开展视察、调查、执法检查21次，任免国家机关工作人员151人次、撤销职务4人、接受辞职6人，罢免职务1人。

第六届人大常委会。本届人大常委会组成人员27名，召开人大常委会会议36次，开展视察、调查、执法检查125次，任免国家机关工作人员155人次。

第七届人大常委会。本届人大常委会组成人员27名，召开人大常委会会议40

次，开展视察、调查、执法检查156次，任免国家机关工作人员326人次。

第八届人大常委会。本届人大常委会组成人员35名，召开人大常委会会议43次，开展视察、调查、执法检查118次，任免国家机关工作人员418人次。

第九届人大常委会。本届人大常委会组成人员35名，截至2022年3月，召开人大常委会会议6次，开展视察、调查、执法检查35次，任免国家机关工作人员39人次。

四、武穴市（广济县）历届人大代表

表9-19 广济县历届人大代表结构一览表

届次	总数	妇女		工人农民		干部		知识分子		少数民族		非中共人士	
		人数	占比（%）	人数	占比（%）	人数	占比（%）	人数	占比（%）	人数	占比（%）	人数	占比（%）
一	277	—	—	—	—	—	—	—	—	—	—	—	—
二	311	—	—	—	—	—	—	—	—	—	—	—	—
三	291	—	—	—	—	—	—	—	—	—	—	—	—
四	299	—	—	—	—	—	—	—	—	—	—	—	—
五	319	—	—	—	—	—	—	—	—	—	—	—	—
六	—	—	—	—	—	—	—	—	—	—	—	—	—
七	711	—	—	—	—	—	—	—	—	—	—	—	—
八	259	—	—	139	53.7	93	35.9	21	8.1	—	—	—	—
九	267	54	20.2	—	—	69	25.8	—	—	—	—	132	49.4

表9-20 武穴市历届人大代表结构一览表

届次	总数	妇女		工人农民		干部		知识分子		少数民族		非中共人士	
		人数	占比（%）	人数	占比（%）	人数	占比（%）	人数	占比（%）	人数	占比（%）	人数	占比（%）
一	235	54	23.0	119	50.6	64	27.2	38	16.2	—	—	102	43.4
二	291	66	22.7	176	60.5	87	29.9	21	7.2	—	—	78	26.8

续表9-20

届次	总数	妇女		工人农民		干部		知识分子		少数民族		非中共人士	
		人数	占比(%)	人数	占比(%)	人数	占比(%)	人数	占比(%)	人数	占比(%)	人数	占比(%)
三	296	73	24.7	165	55.7	98	33.1	29	9.8	—	—	84	28.4
四	264	60	22.7	129	48.9	91	34.5	23	8.7	1	0.4	49	18.6
五	265	60	22.6	124	46.8	96	36.2	22	8.3	—	—	69	26.0
六	264	60	22.7	129	48.9	91	34.5	23	8.7	1	0.4	49	18.6
七	266	71	26.7	133	50.0	95	35.7	20	7.5	—	—	61	22.9
八	266	79	29.7	128	48.1	87	32.7	34	12.8	—	—	80	30.1
九	304	91	29.9	131	43.1	125	41.1	34	11.2	—	—	89	29.3

五、武穴市(广济县)历届人大常委会主任、副主任

表9-21　广济县历届人大常委会主任、副主任一览表

届　次	职　务	姓　名	任职时间
第八届	主　任	赵文志	1981年1月至1983年3月
		董全阳	1983年3月至1984年12月
	副主任	杨士奎	1981年1月至1984年12月
		李思玉	1981年1月至1984年12月
		黄　镜	1981年1月至1984年12月
		李连波	1982年4月至1984年12月
		刘翰泉	1983年3月至1984年12月
		董文德	1984年4月至1984年12月
第九届	主　任	余　良	1984年12月至1988年1月
	副主任	董文德	1984年12月至1988年1月
		梅振鄂	1984年12月至1988年1月
		蔡志遗	1984年12月至1988年1月
		黄　镜	1984年12月至1988年1月

表9-22 武穴市历届人大常委会主任、副主任一览表

届次	职务	姓名	任职时间
第一届	主任	余良	1988年1月至1991年1月
	副主任	梅振鄂	1988年1月至1991年1月
		蔡志遗	1988年1月至1991年1月
		程青云	1988年1月至1991年1月
		张佑龙	1988年1月至1991年1月
		马冠勋	1988年1月至1991年1月
第二届	主任	梅振鄂	1991年1月至1994年1月
	副主任	罗汉鼎	1991年1月至1994年1月
		蔡志遗	1991年1月至1994年1月
		张佑龙	1991年1月至1994年1月
		马冠勋	1991年1月至1994年1月
		向才贵	1991年1月至1994年1月
		熊国政	1991年1月至1994年1月
		余祖安	1993年3月至1994年1月
第三届	主任	夏灿明	1994年1月至1999年1月
	副主任	陈中华	1994年1月至1999年1月
		余祖安	1994年1月至1999年1月
		李汉银	1994年1月至1999年1月
		陈爱国(女)	1994年1月至1999年1月
		徐神记	1994年1月至1999年1月
		王陵筑	1994年1月至1999年1月
		吴福民	1996年11月至1999年1月

续表9-22

届　次	职　务	姓　名	任职时间
第四届	主　任	周光鹏	1999年1月至2004年1月
	副主任	余祖安	1999年1月至2002年1月
		李汉银	1999年1月至2002年1月
		李云英(女)	1999年1月至2004年1月
		雷少华	1999年1月至2004年1月
		张在全	1999年1月至2004年1月
		陈水金	2022年1月至2004年1月
		向永新	2022年1月至2004年1月
第五届	主　任	陈楚珍	2004年1月至2007年1月
	副主任	张　斌	2004年1月至2007年1月(主持日常工作)
		雷少华	2004年1月至2007年1月
		喻卫国	2004年1月至2007年1月
		张在全	2004年1月至2007年1月
		宋怀远	2004年1月至2007年1月
		胡启江	2004年1月至2007年1月
第六届	主　任	张社教	2007年1月至2011年12月
	副主任	潘积华	2007年1月至2008年11月(主持日常工作)
		吴昌发	2009年3月至2011年12月(主持日常工作)
		吴昌发	2007年1月至2009年3月
		雷少华	2007年1月至2011年12月
		宋怀远	2007年1月至2011年12月
		胡启江	2007年1月至2011年12月
		郭春桢(女)	2007年1月至2011年12月
		张仲华	2009年3月至2011年12月

续表9-22

届　次	职　务	姓　名	任职时间
第七届	主　任	郑勇平	2011年12月至2016年12月
	副主任	王　斌	2011年12月至2016年12月
		田文艺	2011年12月至2016年12月
		张仲华	2011年12月至2016年12月
		吕巨斌	2011年12月至2016年12月
		柳思青	2011年12月至2016年12月
		郭银花(女)	2011年12月至2016年12月
第八届	主　任	郝胜勇	2016年12月至2017年12月
		郑勇平	2017年12月至2021年11月
	常务副主任	郑勇平	2016年12月至2017年12月(主持日常工作)
	副主任	王　斌	2016年12月至2019年6月
		田文艺	2016年12月至2021年11月
		郭银花(女)	2016年12月至2021年1月
		张中秀	2016年12月至2021年11月
		吴晓亮	2016年12月至2021年11月
		毛永超	2020年5月至2021年11月
		周耀华	2017年12月至2021年11月
		李治先	2021年1月至2021年11月
第九届	主　任	蔡　军(女)	2021年11月开始
	副主任	张国平	2021年11月开始
		汤林超	2021年11月开始
		徐　忠	2021年11月开始
		李治先	2021年11月开始
		陶玉平	2021年11月开始
		虞凤仪(女)	2021年11月开始

六、人大特色工作

(一)监督矿山综合治理。2008年底,市人大常委会广泛征求社会各界的意见,将治理田镇地区的粉尘污染列入2009年的监督议题,并作为今后一段时间的监督工作重点。2011年,市人大常委会由监督田镇地区粉尘污染治理工作,扩展到监督全市矿产资源保护开发利用工作。9月28日,市第六届人大常委会第三十四次会议听取审议市人民政府《关于矿产资源保护开发利用情况的报告》,作出《关于规范矿产资源保护开发利用的决议》。通过整顿、重组等措施,全市矿山企业由2008年前的112个缩减到2022年的19个,矿山分布"小、散、乱"的局面得到有效改善。2012年,针对矿山开采混乱、资源浪费严重等问题,听取市人民政府《关于规范矿产资源保护开发利用的决议》落实情况的报告,作出《关于设立笠儿垴矿产资源保护区的决定》。市人民政府和相关部门认真落实决定,采取得力措施,彻底关停保护区内4家矿山企业,使该区域内的优质资源得到永续保护。

(二)监督城区化工企业搬迁。2011年9月28日,市第六届人大常委会第三十四次会议,作出《关于搬迁城区医药化工企业的决议》,要求市政府用3至5年时间,将城区9家医药化工企业全部搬迁到园区,解决城区污染问题。广济药业股份有限公司投资30亿元入驻火车站工业园,建设生物产业园。建设面积万亩的马口化工产业园,作为医药化工产业发展的重要平台,美天、融锦等8家化工企业相继入园。

(三)强化任后监督。2002年至2006年,市人大常委会先后对15名市人民政府组成人员进行述职评议、10个工作部门进行工作评议。2007年至2022年间,市人大常委会连续16年开展政府部门工作评议,引入市统计局作为第三方参与评议调查,确保评查调查结果客观公正。被评议部门变压力为动力,主动查找工作中的不足,实行边评边改,各项工作均走在湖北省、黄冈市前列。注重在评议过程中帮助被评议部门协调解决一至两件难事,化解他们工作中的困局,使被评议部门主动接受人民的评议,从内心深处增强接受人大监督的自觉性,达到促进工作的目的。开展员额法官、员额检察官履职评议,采取轮流全覆盖方式进行,重点评议德、能、勤、绩、廉和办案质量等情况。通过履职评议,员额法官、员额检察官的履职意识和履职能力明显增强,办案质量明显提高,市人民法院和市人民检察院队伍素质明显提升。

(四)坚持人大代表联系群众制度的理论与实践创新。由于有的人大代表对新时期群众工作不了解、不熟悉,缺乏联系群众的办法、途径和能力,无法了解人民群众最直接最现实的利益问题；闭会期间有的人大代表参加活动不经常，联系选民不能实现常态化、制度化。针对以上问题，2018年，市人大常委会创新“一二三”工作法，为推进基层社会治理能力和治理体系现代化贡献代表力量。按照“六有”的要求，就近就地、便于活动开展的原则，分别在移民安置区、产业发展地、群众家门口创建人大代表联络站86个，搭建好的舞台让代表“唱出好戏”。全市各级人大代表全部进站履职。每月9日、19日安排人大代表在联络站接待选民，人大代表个人信息及联系方式、全年接待计划全部上墙公开，让群众的揪心事、操心事、烦心事有地可说，有人大代表帮解。不断完善人大代表建议收集和办理两个闭环，形成人大代表建议意见收集的“坐下来接访+走出去寻访、常态化分散征集+定期化集中整理、现场答复+事后反馈”和人大代表建议办理的“提交、研办、交办、督办、反馈、评价、结果运用”两个360度闭环机制，做到群众意见收集无死角、人大代表建议办理无真空，让群众说的事事事有回应、人大代表提的事件件有落实。推行“每名人大常委会组成人员联系市人大代表；市人大代表固定联系村民小组长、乡贤能人、老党员、老干部、村民代表等选民中心户；每个选民中心户就近联系一片选民；引领带动群众“创新创业创和谐”的“三联三创”活动，实现人大代表深入基层联系群众全覆盖，倾听群众呼声零距离，反映社情民意全天候。2021年4月底，黄冈市人大代表工作暨“代表行动”座谈会在武穴召开，武穴市作人大代表联络站建设经验交流发言。《人民代表报》二版头条推介武穴市经验，人大代表联系群众工作被推选为全省人大系统改革创新项目。

（五）推动生态文明建设。市人大常委会把助力污染防治攻坚战作为人大履职的重要内容。持续开展大气、水、土壤、固体废物污染环境防治法律法规执法检查，坚持用法治的力量守护好蓝天、碧水、净土。2016年至2020年，针对城区黑臭水体治理，连续5年开展专题视察，持续跟踪督办，推动城区水生态环境持续向好。针对中央、省环保督察反馈问题整改和“雷霆行动”推进情况进行跟踪监督，推动非法采矿采砂、矿山生态修复等问题有效解决。针对群众关注的环境质量状况，坚持每年听取市政府上一年度环境状况和环境保护目标任务完成情况报告，开展《黄冈市饮用水水源地保护条例》等地方性法规执法检查，及时交办并督促问题整改，有力推动该市生态文明建设迈上新台阶。

（六）强化议案建议办理。规范人大代表建议提出和督办机制，在市人民代表大会会议召开前，引导人大代表围绕党委“想做”、政府“难做”、群众“盼做”的事项精准选题，开展调研并形成报告，确保建议提质降量。将人大代表建议办理情况作为增强人大代表履职动力的“晴雨表”来抓，建立考方案、考进度、考结果“三考”承办单位的督办工作机制。一考方案。建议交办后，市人大常委会有关办事机构根据建议办理的时间节点要求，督办各承办单位是否建立“三定、五有、五制”制度。是否征求人大代表和社会各界人士的意见，是否掌握提议人大代表的真实意图，都纳入督办的内容。二考进度。每年年中，市人大常委会组织视察组，对建议办理情况采取“普遍听、重点看、当面问、集中评”的方式进行视察，了解办理进展情况。对承办单位的办理落实工作进行无记名投票测评，票决情况向社会公开，实现答复建议由“文来文往”向“人来人往”的转变。为缓解建议办理资金难题，市人大常委会与市政府会商，每年安排500万元的人大代表建议办理资金，确保一些群众反映强烈“急难愁盼”问题能够得到快速解决。三考结果。每年年末，按照市人大常委会主任分工和分片联系的制度，对对口联系的部门承办人大代表建议情况结总账，考核结果纳入单位年度综合目标考核内容。市委决定，凡是对人大代表建议办理结果有不满意票的，其办理部门综合目标考核不能被评为先进单位，部门“一把手”公务员考核不能被评为优秀等次。近几年来，人大代表建议答复率、满意率100%，办结率都在80%以上，有力推动人大代表建议办理由“答复型”向“落实型”转变。

第十节　黄梅县人民代表大会

一、黄梅县概况

区域简介。黄梅县因境内有黄梅山、黄梅水、山多梅树而得名，位于鄂、赣、皖三省接合部，版图面积1707.8平方公里，总人口102.71万人。2022年，辖16个乡镇、490个村(社区)。

区位独特的“鄂东门户”。黄梅是湖北的东大门、长江湖北段出口、全省防汛“打句号”的地方。京九、合九铁路交会，沪蓉、福银高速公路穿境而过，两座长江大桥与九江相连，安九高铁、黄黄高铁黄梅段已建成通车，通江入海、承东启西、连南接北的交通枢纽地位将进一步彰显。

人文厚重的“千年古邑”。公元前164年始置县寻阳，公元598年更名为黄梅，2018年被确认为中国地名文化遗产“千年古县”。该县是黄梅戏发源地、佛教禅宗发源地、红十五军诞生地和龙感湖国家级自然保护区所在地，是全国闻名的武术之乡、楹联之乡、诗词之乡和民间文化艺术之乡，拥有“黄梅戏”“佛教禅宗祖师传说”“黄梅挑花”“岳家拳”多张国家非遗文化名片。崇文重教风气浓厚，教育质量位居全省全市前列。

物产丰富的“鱼米之乡”。全县常用耕地83.19万亩、山林54万亩、水面36万亩，是全国商品粮、优质棉生产基地县和全省水产重点县。黄梅青虾、禅茶、鱼面、挑花、荷叶茶、堆花酒被认定为国家地理标志产品。境内矿产资源丰富，已探明矿藏资源有20多种，其中石膏储量5.873亿吨，开发前景巨大。

正在崛起的“希望新城”。全面承接省委、市委区域布局，深耕“城区引领、两带驱动、多点发力”区域布局，着力打造产业高地、魅力门户、重要链接、温馨家园，县域经济发展持续向好向快。2021年完成地区生产总值275.97亿元，增速13.2%；全口径财政收入53.9亿元，同比增长38.4%；规模以上工业增加值同比增长12%，固定资产投资增长29.3%，全社会消费品零售总额增长23.7%。纺织服装、农副产品加工、建筑建材家居、新能源新材料、文旅康养等5大主导产业全面起势。该县先后获评为全国农村创业创新典型县、全省投资和项目建设贡献单位。

人大概况。自1954年7月27日召开县第一届人民代表大会第一次会议至2022年3月，共有17届县人民代表大会。1979年12月成立黄梅县第七届人大常委会，至2022年3月，已经历11届县人大常委会。

机构设置。2022年，县人民代表大会设有法制委员会、财政经济委员、社会建设委员会。县人大常委会有办公室，研究室，教科文卫工作委员会、代表工作委员会、城建环保工作委员会、农村工作委员会、预算工作委员会、法制工作委员会、财政经济工作委员会。

二、黄梅县历届人民代表大会

第一届人民代表大会。本届人大代表321名，任期从1954年7月至1957年3月，召开人民代表大会会议2次，会议做出开展生产自救和加强企业工作等3个决议；将县人民政府改名为县人民委员会，首次选举县人民委员会委员，县长、副县长和人民法院院长，从此，将原来的任命制改为选举制。选举省第一届人民代表大会代表6名。

第二届人民代表大会。本届人大代表323名，1957年3月3日至6日召开县人民代表大会会议。

第三届人民代表大会。本届人大代表322名，任期从1958年5月至1962年2月。选举省第二届人民代表大会代表6名。

第四届人民代表大会。本届人大代表326名，1962年2月13日至16日召开县人民代表大会会议。

第五届人民代表大会。本届人大代表328名，县第五届人民代表大会第一次会议于1963年9月26日至29日召开。从"文化大革命"开始的1966年6月到1979年年底，县人大工作几乎停顿。"文化大革命"初期至1967年1月，仍由县五届人大选出的县第五届人民委员会主持工作。

第六届人民代表大会。到1968年2月，成立"黄梅县革命委员会"，县第六届人民委员会，县六届人民代表大会有名无实。在长达10年多的时间里，县人民代表大会没有开过会议。

第七届人民代表大会。本届人大代表322名，任期从1979年12月至1984年12月，召开人民代表大会会议4次，选举县人大常委会。

第八届人民代表大会。本届人大代表321名，任期从1984年12月至1988年1月，召开人民代表大会会议4次。

第九届人民代表大会。本届人大代表321名，任期从1988年1月至1991年1月，召开人民代表大会会议3次。

第十届人民代表大会。本届人大代表328名，任期从1991年1月至1994年1月，召开人民代表大会会议3次。

第十一届人民代表大会。本届人大代表329名，任期从1994年1月至1999年1月，召开人民代表大会会议6次，听取审议工作报告29个。选举市第一届人民代表大会代表62名。

第十二届人民代表大会。本届人大代表312名，任期从1999年1月至2004年1月，召开人民代表大会会议5次，听取审议工作报告29个，选举市第二届人民代表大会代表62名。

第十三届人民代表大会。本届人大代表305名，任期从2004年1月至2006年12月，召开3次人民代表大会，听取审议工作报告18个。

第十四届人民代表大会。本届人大代表315名，任期从2006年12月至2011年12月，召开人民代表大会会议5次，听取和审查工作报告30个。选举市第三届人民代表大会代表66名。

第十五届人民代表大会。本届人大代表312名，任期从2011年12月至2016年12月，召开人民代表大会会议5次，听取和审查工作报告30个。选举市第四届人民代表大会代表66名。

第十六届人民代表大会。本届人大代表311名，任期从2016年12月至2021年11月，召开人民代表大会会议5次，听取和审查工作报告30个，做出设立监察委员会、法制委员会、财政经济委员会的决定，通过法制委员会、财政经济委员会组成人员名单的决定。选举市第五届人民代表大会代表64名。

第十七届人民代表大会。本届人大代表335名，任期从2021年11月起，截至2022年3月，听取和审查工作报告6个。选举市第六届人民代表大会代表66名。

三、黄梅县历届人大常委会

第七届人大常委会。本届人大常委会组成人员21名，召开人大常委会会议31次，听取审议工作报告127个，做出决议、决定14个，开展执法检查和调查、视察16次，任免国家机关工作人员121人次。

第八届人大常委会。本届人大常委会组成人员20名，召开人大常委会会议32次，听取审议工作报告134个，做出决议、决定18个，开展执法检查和调查、视察19次，任免国家机关工作人员133人次。

第九届人大常委会。本届人大常委会组成人员21名，召开人大常委会会议19次，听取审议工作报告97个，做出决议、决定13个，开展执法检查和调查、视察18次，任免国家机关工作人员131人次。

第十届人大常委会。本届人大常委会组成人员21名，召开人大常委会会议18次，听取审议工作报告101个，做出决议、决定15个，开展执法检查和调查、视察11次，任免国家机关工作人员132人次。

第十一届人大常委会。本届人大常委会组成人员34名，召开人大常委会会议30次，听取审议工作报告122个，做出决议、决定19个，开展执法检查和调查、视察20次，任免国家机关工作人员91人次。

第十二届人大常委会。本届人大常委会组成人员32名，召开人大常委会会议33次，听取审议工作报告122个，做出决议、决定21个，开展执法检查和调查、视察21次，任免国家机关工作人员355人次。

第十三届人大常委会。本届人大常委会组成人员33名，召开人大常委会会议22次，听取审议工作报告73个，做出决议、决定14个，开展执法检查和调查、视察9次，任免国家机关工作人员115人次。

第十四届人大常委会。本届人大常委会组成人员32名，召开人大常委会会议33次，听取审议工作报告113个，做出决议、决定19个，开展执法检查和调查、视察

29次，任免国家机关工作人员221人次。

第十五届人大常委会。本届人大常委会组成人员36名，召开人大常委会会议30次，听取审议工作报告76个，做出决议、决定24个，开展执法检查和调查、视察34次，任免国家机关工作人员194人次。

第十六届人大常委会。本届人大常委会组成人员41名，召开人大常委会会议36次，听取审议工作报告85个，做出决议、决定22个，开展执法检查和调查、视察46次，任免国家机关工作人员249人次。

第十七届人大常委会。本届人大常委会组成人员40名，从2021年11月起，截至2022年3月，召开人大常委会会议5次。听取审议工作报告13个，做出决议、决定3个，开展执法检查和调查、视察4次，任免国家机关工作人员87人次。

四、黄梅县历届人大代表

表9-23　黄梅县历届人大代表结构一览表

届次	总数	妇女		工人农民		干部		知识分子		少数民族		非中共人士	
		人数	占比(%)	人数	占比(%)	人数	占比(%)	人数	占比(%)	人数	占比(%)	人数	占比(%)
一	321	30	9.3	213	66.4	198	61.7	—	—	—	—	50	15.6
二	323	32	9.9	221	68.4	195	60.4	—	—	1	0.3	58	18.0
三	322	35	10.9	243	75.5	196	60.9	—	—	2	0.6	56	17.4
四	326	40	12.3	237	72.7	200	61.3	—	—	2	0.6	58	17.8
五	328	50	15.2	252	76.8	202	61.6	—	—	2	0.6	60	18.3
六	—	—	—	—	—	—	—	—	—	—	—	—	—
七	322	48	14.9	249	77.3	199	61.8	—	—	3	0.9	48	14.9
八	321	39	12.1	249	77.6	193	60.1	—	—	2	0.6	56	17.4
九	321	40	12.5	241	75.1	192	59.8	—	—	1	0.3	58	18.1
十	328	45	13.7	246	75.0	198	60.4	—	—	2	0.6	12	3.7
十一	329	50	15.2	127	38.6	171	52.0	—	—	1	0.3	12	3.6
十二	312	43	13.8	115	36.9	160	51.3	—	—	1	0.3	10	3.2
十三	305	46	15.1	128	42.0	156	51.1	—	—	1	0.3	12	3.9
十四	315	49	15.6	71	22.5	129	41.0	—	—	1	0.3	34	10.8
十五	312	51	16.3	66	21.2	121	38.8	—	—	1	0.3	36	11.5
十六	311	52	16.7	64	20.6	115	37.0	—	—	1	0.3	38	12.2
十七	335	72	21.5	102	30.4	147	43.9	—	—	2	0.6	58	17.3

五、黄梅县历届人大常委会主任、副主任

表9–24　黄梅县历届人大常委会主任、副主任一览表

届　次	职　务	姓　名	任职时间
第七届	主　任	王世民	1979年12月至1981年12月
		汪春琦	1981年12月至1984年2月
		余昭华	1984年2月至1984年12月
	副主任	汪春琦	1979年12月至1981年12月
		刘银府	1979年12月至1984年12月
		王天修	1979年12月至1984年2月
		张国英	1979年12月至1981年2月
		张清乐	1979年12月至1984年2月
		张行柏	1979年12月至1984年12月
		赵育民	1981年12月至1984年12月
		吴县生	1981年12月至1984年12月
		张耀波	1981年12月至1984年12月
		金兆麟	1984年2月至1984年12月
		袁焱生	1984年2月至1984年12月
		李寿太	1984年2月至1984年12月
		程淦荣	1984年2月至1984年12月
		何振兴	1984年2月至1984年12月
第八届	主　任	余昭华	1984年12月至1988年1月
	副主任	吴县生	1984年12月至1988年1月
		金兆麟	1984年12月至1988年1月
		李寿泰	1984年12月至1988年1月
		程淦荣	1984年12月至1988年1月
		何振兴	1984年12月至1988年1月
		程和国	1984年12月至1988年1月
		张行柏	1984年12月至1988年1月

续表9-24

届　次	职　务	姓　名	任职时间
第九届	主　任	余昭华	1988年1月至1991年1月
	副主任	吴县生	1988年1月至1991年1月
		李寿泰	1988年1月至1991年1月
		袁焱生	1988年1月至1991年1月
		程淦荣	1988年1月至1991年1月
		何振兴	1988年1月至1991年1月
		程和国	1988年1月至1991年1月
		刘文芳	1988年1月至1991年1月
		石学玲(女)	1988年1月至1991年1月
第十届	主　任	徐华荣	1991年1月至1994年1月
	副主任	刘文芳	1991年1月至1994年1月 (主持日常工作)
		袁焱生	1991年1月至1994年1月
		程淦荣	1991年1月至1994年1月
		程和国	1991年1月至1994年1月
		丁保洲	1991年1月至1994年1月
		黄序雪	1991年1月至1994年1月
第十一届	主　任	吴宜友	1994年1月至1999年1月
	副主任	洪清江	1994年1月至1999年1月
		刘文芳	1994年1月至1998年2月
		周顺之	1994年1月至1998年2月
		黄序雪	1994年1月至1999年1月
		熊金才	1994年1月至1998年2月
		余仲南	1994年1月至1999年1月
		潘连安	1996年11月至1999年1月

续表9–24

届　次	职　务	姓　名	任职时间
第十二届	主　任	陈圣斌	1999年1月至2003年4月
		夏德明	2003年4月至2004年1月
	常务副主任	许振球	2003年4月至2004年1月
	副主任	潘连安	1999年1月至2003年4月
		洪细牛	1999年1月至2004年1月
		吴长林	1999年1月至2004年1月
		黄东风(女)	1999年1月至2004年1月
		汪竹松	2003年4月至2004年1月
		周国联	2003年4月至2004年1月
第十三届	主　任	黄奏球	2004年1月至2006年12月
	常务副主任	许振球	2004年1月至2006年12月
	副主任	张建政	2004年1月至2006年12月
		吴长林	2004年1月至2006年12月
		黄东风(女)	2004年1月至2006年12月
		汪竹松	2004年1月至2006年12月
		周国联	2004年1月至2006年12月
第十四届	主　任	吴海涛	2006年12月至2010年8月
		未配备	2010年9月至2011年2月
		余建堂	2011年3月至2011年12月
	常务副主任	柳　萍(女)	2006年12月至2010年1月
		雷云龙	2010年1月至2011年12月
	副主任	张建政	2006年12月至2011年12月
		汪竹松	2006年12月至2011年1月
		湛力山	2006年12月至2011年12月
		陈学明	2006年12月至2011年12月
		梅新潮	2006年12月至2009年8月
		蔡　茂	2010年1月至2011年12月

续表9-24

届　次	职　务	姓　名	任职时间
第十五届	主　任	雷云龙	2011年12月至2016年12月
	副主任	湛力山	2011年12月至2016年12月
		蔡　茂	2011年12月至2016年12月
		欧阳新亚	2011年12月至2016年12月
		赵树华	2011年12月至2016年12月
		程　鹏	2011年12月至2016年12月
		吴爱华(女)	2011年12月至2016年12月
		费军广	2013年1月至2016年12月
第十六届	主　任	马艳舟	2016年12月至2019年2月
		向　博	2019年2月至2021年8月
	副主任	王先国	2016年12月至2018年6月 (主持日常工作)
		熊宝林	2016年12月至2021年1月
		欧阳新亚	2016年12月至2021年11月 (2021年8月至2021年11月代理主任)
		程　鹏	2016年12月至2021年11月
		吴爱华(女)	2016年12月至2021年11月
		吴黄专	2016年12月至2021年11月
		宛华志	2017年12月至2021年11月
		吴定文	2021年3月至2021年11月
第十七届	主　任	欧阳水平	2021年11月开始
	副主任	潘泽锋	2021年11月开始
		费军广	2021年11月开始
		李　�	2021年11月开始
		黄朝晖	2021年11月开始
		郭昆鹏	2021年11月开始
		段丽芬(女)	2021年11月开始

六、人大特色工作

（一）持续开展代表行动。2017年至2022年，县人大常委会按照省市人大常委会统一安排，结合黄梅实际，坚持规定动作不变样、自选动作有特色，积极开展“聚力脱贫攻坚、人大代表行动”“聚力双胜利、人大代表行动”“优化营商环境、人大代表在行动”。活动中注重根据无职代表特点，灵活变通、创造条件，通过“双联活动”主动对接、密切联系、积极服务，使无职代表自觉参与“代表行动”。历年来该县5级人大代表参加走访活动，参与率98%。涉及全县490个行政村，走访贫困户2万余户，针对征集走访意见，坚持分级负责、分层交办、实事求是、量力而行的原则，按照代表提、政府办、群众评机制，实行一对一交办、全过程跟踪，提高意见建议办结率、满意率，取得较好的社会效果。

（二）基层阵地规范化建设。县乡村各级人大代表“家站点”是代表学习交流的平台、联系群众的桥梁、履职尽责的场所、展示风采的窗口。2022年，县人大常委会立足实际条件，将机关一栋废弃的旧楼进行维修改造，建设县级代表之家。筹集资金200余万元，建起会议室、阅览室、活动室。全县16个乡镇，117个代表联络小组都完成“家站点”规范化建设。不断完善“家站点”软硬件设施，健全管理制度，配备工作人员加强管理，组织开展学习交流、接待选民和述职评议等各类活动，注重发挥好基层“家站点”“宣传党的路线方针政策的窗口、联系服务群众的平台、传递社情民意的桥梁、代表依法履职的载体、学习交流的园地、促进基层社会治理的阵地”的作用。

（三）充分发挥代表作用。2020年，突发新冠肺炎疫情，县人大常委会第一时间向全县各级人大代表发出倡议，动员代表在疫情防控中贡献人大力量。广大基层代表和人大工作者克服困难、不怕危险、冲锋在前，在危难中树立人大形象，展现代表风采。在2016年和2019年防汛抗灾过程中，人大代表踊跃捐款捐物、筹集资金慰问防汛一线干部群众，全县各级人大代表都积极投身到防汛抗灾一线，一大批人大代表在防汛抗灾中表现突出，受到市委、县委的表彰，人大代表的先进性得到充分体现。

（四）善用重大事项决定权。依法有序开展重大事项决定工作，确保人民当家作主落到实处。2020年，根据县委安排，县人大常委会首次行使“荣誉市民决定权”，作出授予山东援梅医疗队46位医护人员“黄梅县荣誉市民”的决定。2022年，针对黄梅县“非标车”管理职责不明，导致“非标车”在城乡快速蔓延，严重扰乱道路交通秩序和城市客运市场秩序，给人民群众生命财产安全带来重大隐患，县人大常委会及时作出《关于加强对“未经国家机动车产品主管部门许可生产的机动车型”车辆管理工作的决议》，要求明确“非标车”管理的责任和监督主体。

第十一节　黄冈县、黄州市人民代表大会

一、黄州市（黄冈县）概况

区域简介。黄冈县（黄州市）位于长江中游北岸、大别山南麓，黄冈地区西南部，与麻城市、罗田县、浠水县、新洲县相邻，与鄂州市隔江相望，面积1199.38平方千米，县下辖10个镇8个乡（黄州镇、团风镇、方高坪镇、淋山河镇、回龙山镇、马曹庙镇、上巴河镇、总路咀镇、堵城镇、路口镇、王家坊乡、磙子河乡、但店乡、溢流河乡、贾庙乡、杜皮乡、王家店乡、陶店乡，其中黄州镇1983年8月至1987年2月划归鄂州市）。1991年成立黄州市，撤销黄州镇，分设赤壁街道、东湖街道、禹王街道，但店乡改为但店镇，其他乡镇区域和名称不变，设市前县人口63.82万人。1996年5月成立黄冈市，撤销黄州市，分设为黄州区、团风县，设区前黄州市人口69.27万人。

人大概况。1954年7月21日，县第一届人民代表大会在方高坪召开，第一届至第七届均未设立人大常务委员会，在闭会期间，其工作由县人民政府负责。从第八届人民代表大会开始，选举县人大常务委员会，作为县人民代表大会的常设机构。1991年1月24日，由黄冈县改为黄州市，黄冈县人民代表大会常务委员会名称改为黄州市人民代表大会常务委员会。1996年5月，撤销黄州市，分设黄州区和团风县。区县分设后，原黄州市人大常务委员会随区划调整自行消失。

二、黄州市（黄冈县）历届人民代表大会

（一）黄冈县

第一届人民代表大会。本届人大代表349名，任期从1954年7月至1957年1月，召开人民代表大会会议4次。选举省第一届人大代表6名。

第二届人民代表大会。本届人大代表320名，任期从1957年1月至1958年5月，召开人民代表大会会议1次。

第三届人民代表大会。本届人大代表319名，任期从1958年5月至1962年2

月，召开人民代表大会会议1次。选举省第二届人大代表6名。

第四届人民代表大会。本届人大代表327名，任期从1962年2月至1963年6月，召开人民代表大会会议1次。

第五届人民代表大会。本届人大代表368名，任期从1963年6月至1966年5月，召开2次人民代表大会。选举省第三届人大代表8名。

第六届人民代表大会。选出人大代表366名，因"文化大革命"开始，第六届人民代表大会因而未能召开，中断12年。1968年8月31日，"黄冈县革命委员会"成立。根据上级指示，在计算县人民代表大会届次时，将县革命委员会成立作为黄冈县第六届人民代表大会。

第七届人民代表大会。本届人大代表258名，任期从1978年12月至1980年12月，召开人民代表大会会议1次。

第八届人民代表大会。本届人大代表262名，任期从1980年12月至1984年12月，召开人民代表大会会议5次。选举省第六届人大代表10名。

第九届人民代表大会。本届人大代表262名，任期从1984年12月至1988年1月，召开人民代表大会会议4次。

第十届人民代表大会。本届人大代表253名，任期从1988年1月至1991年1月，召开人民代表大会会议3次。选举省第七届人大代表10名。

(二)黄州市

第一届人民代表大会。本届人大代表287名，任期从1991年1月至1994年1月，召开人民代表大会会议3次。选举省第八届人大代表9名。

第二届人民代表大会。本届人大代表290名，任期从1994年1月至1996年5月，召开人民代表大会会议2次。

三、黄州市(黄冈县)历届人大常委会

(一)黄冈县

第八届人大常委会。本届人大常委会组成人员15名，召开人大常委会会议27次。

第九届人大常委会。本届人大常委会组成人员17名，召开人大常委会会议20次。

第十届人大常委会。本届人大常委会组成人员19名，召开人大常委会会议22次。

黄冈县第八届至第十届人大常委会，先后做出《关于保护农村专业户合法权益的决议》《关于发展林业绿化黄冈的决定》《关于撤销黄冈县设立黄州市有关事项的决定》等决议、决定，交办督办代表议案14件、建议719件，开展任免国家机关工作人员和监督工作。

(二)黄州市

第一届人大常委会。本届人大常委会组成人员17名，召开人大常委会会议19次。

第二届人大常委会。本届人大常委会组成人员20名，召开人大常委会会议8次。

黄州市第一届、第二届人大常委会先后做出《关于加快山区经济发展的决议》《关于加快黄州城市建设加强城市管理的决议》等决议、决定，全面开展法律监督和工作监督，交办督办代表议案5件、建议795件，任免国家机关工作人员401人次。

四、黄州市(黄冈县)历届人大代表

表9-25　黄冈县历届人大代表结构一览表

届次	总数	妇女		工人农民		干部		知识分子		非中共人士	
		人数	占比(%)	人数	占比(%)	人数	占比(%)	人数	占比(%)	人数	占比(%)
一	349	48	13.8	248	71.1	20	5.7	10	2.9	231	66.2
二	320	73	22.8	191	59.7	68	21.3	42	13.1	192	60.0
三	319	70	21.9	172	53.9	82	25.7	40	12.5	132	41.4
四	327	69	21.1	175	53.5	69	21.1	50	15.3	80	24.5
五	368	63	17.1	174	47.3	129	35.1	42	11.4	108	29.3
六	366	81	22.1	189	51.6	101	27.6	43	11.7	140	38.3
七	258	53	20.5	154	59.7	65	25.2	23	8.9	82	31.8
八	262	62	23.7	170	64.9	62	23.7	27	10.3	138	52.7
九	262	61	23.3	134	51.1	59	22.5	22	8.4	136	51.9
十	253	57	22.5	115	45.5	81	32.0	61	24.1	75	29.6

表9-26　黄州市历届人大代表结构一览表

届次	总数	妇女		工人农民		干部		知识分子		非中共人士	
		人数	占比(%)	人数	占比(%)	人数	占比(%)	人数	占比(%)	人数	占比(%)
一	287	71	24.7	107	37.3	77	26.8	46	16.0	91	31.7
二	290	37	12.8	136	46.9	93	32.1	60	20.7	77	26.6

五、黄州市(黄冈县)历届人大常委会主任、副主任

表9-27　黄冈县历届人大常委会主任、副主任一览表

届　次	职　务	姓　名	任职时间
第八届	主　任	林伯平	1980年12月至1982年12月
		邱国柱	1982年12月至1984年12月
	副主任	周开明	1980年12月至1984年12月
		王碧婵(女)	1980年12月至1984年12月
		张　荣	1980年12月至1982年12月
		林克楠	1980年12月至1984年12月
		沈天禄	1982年12月至1984年12月
		孙楚瑞	1984年1月至1984年12月
		张必盛	1984年1-月至1984年12月
第九届	主　任	邱国柱	1984年12月至1988年1月
	副主任	周开明	1984年12月至1988年1月
		孙楚瑞	1984年12月至1988年1月
		王碧婵(女)	1984年12月至1988年1月
		林克楠	1984年12月至1988年1月
		夏华岳	1984年12月至1988年1月
		陈仲长	1984年12月至1988年1月
		林旭如	1986年5月至1988年1月
		吴克翥	1986年5月至1988年1月

续表9-27

届　次	职　务	姓　名	任职时间
第十届	主　任	丁文南	1988年1月至1991年2月
	副主任	孙楚瑞	1988年1月至1991年2月
		吴克翥	1988年1月至1991年2月
		陈仲长	1988年1月至1991年2月
		李天然	1988年1月至1991年2月
		尤康发	1988年1月至1991年2月
		冯　静	1988年1月至1991年2月
		何国光	1988年1月至1991年2月
		刘文斌	1988年1月至1991年2月

表9-28　黄州市历届人大常委会主任、副主任一览表

届　次	职　务	姓　名	任职时间
第一届	主　任	丁文南	1991年2月至1994年1月
	副主任	吴克翥	1991年2月至1994年1月
		尤康发	1991年2月至1994年1月
		江旭东	1991年2月至1994年1月
		胡钜银	1991年2月至1994年1月
		冯　静	1991年2月至1994年1月
		杜国民	1991年2月至1994年1月
		朱自干	1992年4月至1994年1月
第二届	主　任	高作火	1994年1月至1996年5月
	常务副主任	熊传衔	1994年1月至1996年5月
	副主任	林树柏	1994年1月至1996年5月
		谢源卿	1994年1月至1996年5月
		魏垣立	1994年1月至1996年5月
		朱自干	1994年1月至1996年5月
		高桃花(女)	1994年1月至1996年5月
		王国南	1994年1月至1996年5月

专　记

一、首次三审批准《黄冈市革命遗址遗迹保护条例》

黄冈是以大别山为中心的鄂豫皖革命根据地核心区，是中国革命的重要策源地，人民军队的重要发源地，中国革命走向胜利的重要转折地，治党治国治军人才的重要培育地。

在黄冈这块鲜血染红的土地上，党领导人民进行艰苦卓绝的斗争，创造出丰厚的革命文化和老区精神，留下星罗棋布的革命遗址遗迹。

经第三次全国不可移动文物普查调查认定，黄冈境内革命文物遗存792处。其中，国保单位3处（含国保子目37处），省保单位39处，市保单位43处，县保单位370处。黄冈的革命遗址遗迹，是近现代中国革命历史的重要实物见证，是激发爱国热情、振奋民族精神的重要载体，具有特殊的历史价值、政治价值、艺术价值、社会价值和红色旅游经济价值，对于推动黄冈经济社会高质量发展具有重要战略意义。因过去一段时间对红色资源价值认识不到位，加上保护资金投入不足、机制不全、保护措施有限、开发利用不够等多方面原因，部分革命遗址遗迹年久失修，损毁严重，甚至消失，敲响了黄冈革命遗址遗迹保护的警钟。红色文化遗产保护迫在眉睫，立法保护势在必行。

根据湖北省人大常委会决定，黄冈市自2016年1月起开始行使地方立法权。当年，市人大常委会就将革命遗址遗迹资源保护列入立法调研计划。

2017年初，经市委同意，《黄冈市革命遗址遗迹保护条例》作为重要立法项目，列入市人大常委会立法工作计划。

2月15日，市人大常委会会同市政府召开立法项目启动会，标志着保护革命遗址遗迹正式进入立法程序。经过深入调研、广泛征求各方意见建议、组织专家论证和多次修改完善，按照“二审三通过”的立法程序分步推进。

4月25日，市第五届人大常委会第二次会议对条例草案进行一审。

7月5日，市第五届人大常委会第四次会议对条例进行二审。

8月25日，市第五届人大常委会第五次会议第三次全体会议审议并表决通过了条例。经湖北省第十二届人民代表大会常务委员会第三十次会议于9月29日批准公布，自2018年2月1日起施行。

《黄冈市革命遗址遗迹保护条例》共五章二十九条。第一章为“总则”，共八条；每二章为“调查认定”，共三条；第三章为“保护管理”，共十二条；第四章为“法律责任”，共四条；第五章为“附则”，共两条。主要内容体现在4个方面：

(一)条例的调整对象。根据黄冈市革命遗址遗迹中尚未核准公布为文物保护单位的占比较高的现状，条例的调整对象除了国家级、省级和市、县级文物保护单位外，也包括了尚未核准公布为文物保护单位的革命遗址遗迹。

(二)明确政府及部门责任。条例明确了市县两级政府的组织领导责任，同时对有关部门的责任、基层的协助责任作了明确的规定。

(三)制度设计。据国家最新规定及现实需求，条例分别增设“文物保护员”“革命遗址遗迹管护责任人”等制度。

(四)抢救性保护。为有效地化解因突发紧急情况威胁到革命遗址遗迹安全的难题，条例专门设计抢救性保护条款，要求市、县两级政府安排专项资金保障革命遗址遗迹的抢救性保护。

二、四次否决市政府专项工作报告

在市第二届、三届、五届人大任期内，市人大常委会依法行使监督权，除否决两个部门工作评议报告外，还否决了市政府四个专项工作报告。

(一)2005年否决市政府关于扶贫工作情况的报告

2005年5月，市人大常委会组织调查组，对全市扶贫工作进行深入调查。调查结果表明，黄冈市扶贫工作存在的主要问题是，一些地方领导对新阶段扶贫工作的长期性、艰巨性和必要性缺乏足够认识，机制创新和工作落实不够；一些地方在重点村选择、扶贫项目确定、资金使用管理等方面不规范，存在违纪违规现象；有些地方对整村推进工作要求不高，重基础设施建设轻扶贫产业开发，后续管理不到位，效果不够明显；人民群众对扶贫工作问题的信访件不少。

2005年5月25日，市第二届人大常委会第二十五次会议听取和审议市政府《关于全市扶贫工作情况的报告》。市人大常委会组成人员在审议中认为,市政府在扶贫方面做了大量工作,但黄冈市扶贫工作依然存在不少问题。市政府的这个报告与人大常委会调查的实际情况出入较大,尤其是报告对扶贫工作存在的问题反映不够,原因分析不透,整改措施力度不大。在5月25日的人大常委会第二次会议集体表决中,该报告未获得通过。

市人大常委会否决专项工作报告,引起市政府的高度重视,5月28日,副市长刘树生批示:请市政府督查室和扶贫办公室对问题进行梳理,形成整改意见。随后,市政府召开常务会议,听取市第二届人大常委会第二十五次会议审议意见和交办任务的专题汇报。研究并出台了《关于进一步加强扶贫开发和老区建设工作的意见》,要求各县市区再上认识,再加措施,不断提高全市各级干部做好扶贫开发工作的自觉性,着力解决扶贫工作的薄弱环节。同时,还出台了《关于进一步加强扶贫项目资金管理的实施细则》,完善扶贫项目资金管理的约束机制,提高扶贫项目资金的使用效益。

2005年9月26日,市第二届人大常委会第二十七次会议,听取和审议市政府副市长刘树生《关于全市扶贫开发工作情况的再次报告》。市人大常委会组成人员认为,市第二届人大常委会第二十五次会议否决《关于全市扶贫工作情况的报告》后,市政府认真研究,统一部署,采取了切实可行的整改措施,在扶贫开发和老区建设方面做了大量工作,取得初步成效,会议表决通过这个报告。会议要求,市政府要把扶贫工作纳入全市经济社会"十一五"规划,突出扶贫重点,加大落实力度;要强化扶贫项目资金的管理和监督,提高扶贫项目资金使用效益;要改变扶贫工作方式,探索建立科学的扶贫开发长效机制,完善扶贫工作考核奖惩办法,巩固和发展扶贫成果。

(二)2008年否决市政府关于全市旅游规划和重点景区建设情况的报告

2008年7月28日,市三届人大常委会举行第十一次会议,听取和审议市政府《关于全市旅游规划和重点景区项目建设情况的报告》。

此前,市人大常委会调查组对全市旅游规划和重点景区建设情况进行调查,向人大常委会会议印发了调查报告。调查组认为,黄冈市旅游规划和重点景区建设存在的主要问题是:一些县市和景区旅游规划编制相对滞后,而且起点不高,适用性不强。全市旅游总体规划随着形势发展变化,也急需修编;旅游基础设施建设严重滞后，景区道路、游客中心、停车场、宾馆以及供水、供电、电信、安全等配套设施落后，不能满足旅游业发展的需求；景区建设处于低档次、低水平开发，旅游招商引资力度不大，过亿元以上的大项目较少，严重影响了景区的规模扩张和可持续发展；旅游发展环境不优，少数景区乱搭乱建、乱开乱挖现象严重。景区管理主体不明，责权利不清，互相掣肘，没有形成统一高效时管理机制；高素质的旅游专业人才严重匮乏，导游员业务整体水平不高，难以适应旅游业发展的需要。

市人大常委会组成人员在审议中认为，市政府在实施旅游法规方面做了许多工作，但仍存在不少问题。在7月28日的票决中，赞成票未超过常委会组成人员的半数，未获通过。

市长刘雪荣当即召集分管副市长、市政府秘书长和市旅游局负责人，专题研究整改工作。8月6日，刘雪荣市长带领有关部门负责人深入麻城、罗田、英山实地考察了大别山红色旅游公路的部分路段。随后召开专题会议，研究部署做好大别山红色旅游公路建设的前期工作，责成发改委、交通局、旅游局等部门积极争取上级项目支持。8月8日，在市政府第二十八次常务会议上，刘雪荣要求市政府及其部门必须本着对人民负责的精神，兢兢业业抓好工作落实。必须严格执行组织法、监督法的规定，依照有关规定程序向人大报告工作，自觉接受人大的法律监督和工作监督，高度重视人大代表建议、批评与意见的办理工作，狠抓各项工作落实。8月中下旬，市政府分管副市长带领市旅游局等有关负责人，向田承忠副省长专题汇报大别山红色旅游圈规划建设情况，积极争取省政府支持，并请求省政府在黄冈市召开大别山旅游开发现场会。9月18日，市政府召开专题会议，研究部署旅游规划和项目建设、景区整治、旅游配套基础设施建设及旅游交通指示牌设立等工作。会后，市政府组织督办专班深入重点县市、重点景区进行检查督办，对督办中发现的问题进行通报。

2008年11月27日，市第三届人大常委会第十三次会议，听取和审议市政府副市长《关于全市旅游规划和重点景区建设情况的再次报告》。会议认为，第一次报告未获通过后，引起市政府的高度重视，积极推动全市旅游规划编制工作，加强旅游基础设施和重点景区项目建设，加大旅游市场环境整治力度，取得了初步成效。会议票决通过这个报告，并向市政府提出审议意见，要求市政府做好做优并切实执行旅游规划，坚持按照景区标准高起点抓建设，精心做好旅游品牌文化包装和宣传推介，提高旅游行业整体素质，还要求市政府于2009年5月底向市人大常委会报告办理结果。5月中旬，市人大常委会组成2个视察组，对市区和7个县市的15个旅游重点景区项目进行视察，并提出了视察报告。

（三）2011年否决市政府《关于调整黄冈市区中小学校布局优化教育资源配置工作情况的报告》

2011年2月15日，在市第三届人民代表大会第六次会议第三次大会上，将段悦兰等13名代表提出的《关于调整黄冈市区中小学布局优化教育资源配置的议案》列为本次会议的议案，并做出决议：(1)市政府要将此议案的办理工作列入重要议事日程，提出具体可行的工作方案，报市人大常委会备案予以实施。(2)市政府要把此议案的办理作为实施科教兴市战略、提高市区龙头地位、提升城市竞争力的重要工作来抓。加强领导、科学规划、理顺体制，改善服务，充分满足人民群众的教育需求，实现市区教育优质、均衡、可持续发展。(3)市政府要在适当时候向市人大常委会报告议案的办理情况。市人大常委会应对议案的办理工作加强检查，督促落实。

2011年7月25日，市第三届人大常委会举行第三十次会议，听取和审议市政府《关于调整黄冈市区中小学布局优化教育资源配置工作情况的报告》。市人大常委会组成人员认为，多年来，黄冈市区中小学布局不合理、管理体制不顺、学校之间差距明显、办学条件落后的问题十分突出，直接导致了老城区交通拥堵、安全隐患突出，严重影响市区基础教育的均衡发展，人民群众和人大代表对此反映强烈。年初，市第三届人民代表大会第六次会议通过了此议案，并作出决议向市政府进行了交办。近半年来，市政府及有关部门对议案办理工作是重视的，也取得了一些成效。但是，对议案办理的思想认识不统一，办理进度不够理想。市人大常委会在票决中，此报告未获得通过。

2011年7月26日，市政府分管副市长迅速召开领导小组和办公室人员会议，认真反思前段工作，分析问题原因，研究整改措施。副市长熊长江先后四次主持领导小组推进会，每次会议都邀请市人大代表参加，面对面地听取整改建议。

2011年9月2日，市长刘雪荣亲自主持督办会，提出年底必须实现三个目标：一是确定布局总体规划，包括分项可行方案；二是取得实质性进展，有看得见、摸得着的工程在实施；三是议案办理工作一定要让人民群众和人大代表满意。

随后，市政府在领导小组基础上，调整充实组成人员，组建综合协调组、规划建设组、人事编制组、监督检查组等5个专班，建立起“政府统筹、部门协作、学校配合、社会参与”的运转工作机制，制定《关于黄冈市区中小学布局调整和建设工作实施方案》《黄冈市区中小学布局规划一览表》和调整规划方案等，进一步细化目标任务、实施步骤、保障措施和责任分工，制定了工作推进的路线图和进度表，确定了年度目标和近期工作任务，明确了挂点领导、责任单位及落实时间。

2011年11月21日，市第三届人大常委会第三十三次会议，听取和审议市政府《关于调整黄冈市区中小学布局优化教育资源配置工作整改情况的报告》。会议认为，自今年7月25日市第三届人大常委会第三十三次会议未通过市政府的专项工作报告以后，市政府及其教育行政主管部门高度重视，加强领导，强力推进，加快工作进展，取得了初步成效。会议同意这个报告，并就调整黄冈市区中小学布局，优化教育资源配置工作提出审议意见：(1)完善规划编制内容，尽快出台规划方案；(2)大力组织方案实施，强化推进布局调整；(3)切实保护教育资源，优化布局调整环境；(4)加强工作检查督促，力争在“十二五”时期大见成效。

（四）2018年否决市政府《关于全市基层医疗卫生服务体系建设情况的报告》

2018年4月25日，市第五届人大常委会第十二次会议，听取和审议市政府《关于全市基层医疗卫生服务体系建设情况的报告》。市人大常委会组成人员肯定近年来黄冈市推进基层医疗卫生服务体系建设取得的成效，同时特别指出当前黄冈市基层医疗卫生服务体系还不健全、服务能力还不足、服务质量还不优、人才队伍建设滞后、供给还不平衡等突出问题，常委会在票决中未通过此报告。

市政府领导高度重视，第一时间听取情况汇报，并专题研究部署，要求围绕市人大常委会审议中委员们提出的六个方面11条建议意见，列出了13条工作任务，逐项分解落实，明确责任人和完成时限，扎实推进各项整改工作。其间，市政府领导多次督办，听取整改进展情况。一是制定整改工作方案，并在全系统召开会议进行安排部署。二是下发《关于进一步加强基层医疗卫生服务体系建设的实施意见》，为深入推进基层医疗卫生综合改革提供政策支撑。三是制定“一村一名大学生村医”定向委托培养实施方案，开展了全科医生招聘面试工作。四是加强全行业综合监管。在全行业开展“转作风、优服务、提能力、促民生”和“九不准”的行风整治。五是建立和完善基本公共卫生服务工作机制，推进家庭医生签约服务进社区、进机关、进工厂、进学校。六是筹备召开全市卫生与健康大会和中医药发展大会，全面推进全市基层医疗卫生服务体系的改革与发展。

2018年6月26日，市第五届人大常委会第十三次会议，再次听取市政府《关于全市基层医疗卫生服务体系建设情况的报告》。会议认为，市第五届人大常委会第十二次会议以后，市政府及有关部门专门召开会议，认真研究市人大常委会组成人员在审议中提出的意见建设，行动迅速，整改工作扎实，成效比较明显，对此给予充分肯定。同时，提出审议意见，即切实加强基层医疗卫生机构建设，力争3至5年时间落实“一村一名大学生村医”的目标，逐步满足人民群众医疗健康需求；推动县域优质医疗资源下沉到乡村两级，形成“基层首诊、双向转诊、急慢分诊、上下联动”的分级诊疗模式；积极推进社会办医政策落实，推动社会资本办医政策和全市民办医疗机构合法权益保护等政策早日落地见效。

三、加强全口径预算决算审查监督

审查和批准市级政府预算、决算和监督预算执行，是宪法和法律赋予人大及其常委会的一项最重要、最实际的职权，也是人大及其常委会实施对“一府两院”监督工作的重中之重。

2007年1月，市第三届人民代表大会第一次会议批准成立了预算委员会。自此之后，市级财政预算、政府性基金预算、国有资产经营预算、社会保险基金预算和地主性政府债务一并相继纳入市人大及其常委会的监督之中。通过15年的探索实践，市人大及其常委会在加强全口径预算上实现由程序性监督向实质性监督、事后监督向事前事中监督、静态监督向动静态结合监督、现场实时监督向远程监督的转变，监督的质效不断提高，彰显出地方人大的新作为。

2012年1月，市编委根据市人大设立预算委员会的工作成效，又分别批复10个县市区人大常委会设立预算工作委员会，其主要职责是：协助市县人大及其常委会审查财政预决算和预算调整方案，开展预决算审查监督工作。对口联系市县财政局、国税局、地税局、审计局、国资委、人民银行等单位。从市到县市区人大，把预决算审查监督职能从财经委单列出，形成“一条边”的预算委或预算工委，并做到机构、人员、经费“三落实”。为人大及其常委会依法对财政预算审查监督职能提供可靠保障。这是全省市州人大工作的首创之举。

2013年7月，根据人少事多的实际，市人大常委会主任会议研究决定，成立预算审查监督咨询专家库，从大专院校、市县审计机关聘请8名专家库成员，较好地解决了人大预算委对本级财政预算监督人力不足、专业性不强、审查不到位的问题。

2007年5月，市第三届人大常委会第三次会议通过《关于市级预算审查监督暂行规定》。这个规定进一步把法律要求具体化、使预算初审、预算执行、决算审批等环节规范运行和便于操作，保障这项工作开展既有法可依，又有章可循。比如政府的全部收入和支出都应当纳入预算。规定第四、九条提出，市财政部门在批复当年市直部门预算的同时，应当启动下年度市直部门预算编制工作；各部门(单位)所有收入要全面、完整地在部门预算中反映，细化项目支出用途和内容，重大项目必须经过论证和评审；逐步将政府性债务纳入预算管理，规范政府债务举借、使用和偿还行为等。又比如在监督执行方面，该规定第十三、十四条强调，调减市级预算安排的农业、教育、科技等重要项目支出预算的，须经市人大常委会审查和批准；预算调整方案经批准后，市财政部门再办理预算调整的具体事项；预算调整方案没有获通过的，市政府应当重新编制，再提请市人大常委会审批；未经批准不得调整预算和安排支出；擅自作出预算调整决定的，市人大常委会责令政府改变或者撤销其决定，对负有直接责任的主管人员和直接责任人员追究行政责任；对属于防汛救灾、处理突发事件等方面的应急开支，由市财政部门报市政府同意后先办理拨款手续，同时，报市人大预算委备案，在市级预算调整时，再提请市人大常委会审批；市级预算调整后，若仍有政策性、预算性因素引起超收或增支的，市财政部门应当及时报市人大预算委备案，预算年度结束时，由市政府向市人大常委会会议或市人代会会议报告有关情况等。由于这些规定的制定着眼于解决实际工作中出现的新情况、新问题，体现规范化和共同参与的特征，对于促进预算法律法规的贯彻落实，克服预算管理的随意性，发挥了积极作用。

在预算委履职运转上，制定《黄冈市人大预算委员会工作规则》《黄冈市人大预算委员会关于加强同市直对口部门工作联系办法》和《黄冈市本级预决算审查监督咨询专家库管理办法》。工作规则对委员会机构设置、人员组成、职责范围、会议制度、工作内容、行文办法都做了详细的规定，严格了运行程序，既避免工作随意性，有利于减少失误，又规范自身行为，确保监督者自身过硬。联系办法明文要求，预算委与市直对口部门建立会议互邀、信息互通、资料互阅、工作互动的良性关系，还将有关法律法规和文件、常委会、专委会、对口联系部门的简介、简历及人大系统预算(工)委联系电话编印成《工作手册》，为委员和对口联系部门知情知政，有效开展工作提供了强有力的保证。管理办法则对专家库成员应当具备的条件、产生和确定的方式、参与工作及享有的权利和义务等都一一明确。

在审计查出问题的整改上，出台《黄冈市人大常委会关于对审计查出问题整改监督的决定》。审计监督是推进依法行政的重要手段，是加强对权力运行的制约和监督、把权力关进制度“笼子”里面的重要制度保证，为了从源头上防范“前审后犯、边审边犯”和“审计报告年年听，年年是些老问题”，2012年，在吸纳广东深圳、安徽六安和本省一些地方人大常委会关于审计整改的现行意见、规定、决定、暂行办法的基础上，结合本市实际出台该决定。决定中，不仅明确市政府分管副市长、审计机关、相关部门和司法机关主要负责人为整改报告人，还确定报告的时间和主要内容；同时还明确，市人大常委会对报告中有关重大问题的整改和处理情况进行检查或调查，并向常委会组成人员通报。必要时，邀请市人大代表参加检查或组织特定问题调查。对审计查出问题整改不到位的部门和单位，对主要负责人进行询问或质询。2013年3月下旬，市第四届人大常委会第九次会议听取了2012年审计整改情况的报告，被审计的15个市直部门和延伸审计的10个所属单位，共建立完善了管理制度11项，制定整改措施18条，促进增收节支8372万元，其中上缴财政163万元，归还挤占挪用资金8209万元。通过审计整改，规范财务管理，严肃财经法纪，使中央八项规定、省委“六条意见”和市委“八简两风”真正落到实处。

在依法进行常态化监督上，着力把好“三道关”。首先是预算初审关。(1)明确初审的时间，市级人代会往往是在年度预算运行后才召开，因此，市人大常委会对初审时间提前到预算年度前，使财政部门可以在人代会批准预算以前，暂时执行经人大常委会初审的预算草案，弥补年初预算拨款无依据的时间空当，保持预算的时效性。(2)规范预算审查材料。要求财政部门报送人大审查的预算资料要翔实、完整，即包括市级总预算报告和预算草案，市直部门预算编制说明、预算简表和预算文本、基本支出及项目支出表、项目申报依据等。(3)确定预算审查程序。第一步由市人大预算委听取财政部门关于上年度预算执行情况和本年度预算草案编制总体思路的汇报，向财政部门提出编制预算草案的具体要求及建议；第二步财政部门预算初步方案编制完成后，提交人大预算委，预算委和市本级预算审查监督咨询专家库成员对初步方案进行审查；第三步人大常委会听取政府上年度预算执行情况和本年度预算初步方案的汇报，结合人大预算委的初审报告对预算初步方案进行审查，提出具体的修改意见；第四步财政部门根据市人大常委会提出的修改意见对初步方案进行修改，再将修改后的财政总预算草案、部门预算草案及相关资料提交人代会，提请大会审查和批准。第二关是预算执行关。充分利用财政收支简报和国、地税收入快报、季度经济形势分析会、专项资金报告等形式，全面掌握预算执行情况的第一手资料。开通一条人大预算委与财政专用光纤数据传输通道，通过该通道，将预算执行包括指标、国库集中支付、财政总账、国库动态监控、核算、非税收入管理、政府采购、单位账户管理等全部纳入人大监督视野，还可供常委会组成人员、人大代表对财政预算信息进行实时查询。查询包括全市汇总查询和单位明细查询。通过汇总查询,可以及时了解市直各预算单位的预算指标信息、对应计划信息和详细的支付信息。通过单位明细查询,可以查询到预算数、计划数、申请数、支付数。该通道数据传输内容包括全市财政收支执行总体情况分析、各县市区财政收入分税种及财政支出分项目完成的情况等。开通该通道后,对市直各预算单位每一笔财政资金支出情况等进行实时查询和动态监控。比如,是否按市人大审批的指标实行全额上网管理,有无预算外的“口子”;指标是否明细、清晰;总计划与每个单位明细是否一致;是否按进度进入支付环节;是否按指标来源和资金性质,确定支付形式;支付结果是否进入预算执行明细表;预算与决算是否一致等情况都一目了然。同时,支持、审计机关依法开展财政同级审计工作。每年要和审计机关一道制定审计方案,并要求审计机关将预算执行审计列为审计工作重点。在预算执行审计中,他们还主动深入部分市直单位了解进展情况,督促审计机关认真对审计执行结果进行分析,查找预算编制和资金使用中存在的问题和不足,并从体制机制上提出对策建议。每年审计结束后,督促审计部门及时向人大常委会主任会议原汁原味地报告审计结果,提请常委会专题听取和审议审计工作报告,并作出决议或决定。第三关是决算审查关。公共预算是一定时期内财政收支的计划,是对经济发展、财政收入和支出的预测,既然是计划和预测,就难免会因客观环境的变化以及其他因素的影响而发生变化,需要进行调整和变更。通过采取听取汇报、查阅账目、实地查看、集中会审等方式,从政府全口径预算编制、执行到部门决算,预算管理等各个环节实施全程监督,并坚持在每次常委会前,深入市直部门、包括项目施工现场调查研究,核实每一笔数字,并及时向常委会报告。近两年先后调查开展政府全口径预决算审查监督工作情况,市本级政府性债务情况,城市建设项目及资金筹措、管理使用情况,市级与县市合办企业的税收征缴及征管体制情况,社保基金征收、管理及使用情况等大型调研。每年市人大常委会至少要两次听取和审议预算调整报告,由于情况明、底数清、数据实、把关严,无论是预算调整报告,还是决算报告都获顺利通过。

在监督的范围和重点上,由市级财政预算、政府性基金预算向国有资产经营预算、社会保险基金预算和地方性政府债务管理全口径全覆盖监督。根据中央和省委、市委文件精神,2019年3月,市人大常委会先后出台《关于建立市级预算审查前听取人大代表和社会各界意见建议机制的意见》《关于人大预算审查监督重点向支出预算和政策拓展意见的实施方案》和《关于人大加强国有资产监督工作的实施方案》等。2018年、2019年、2020年、2021年,市政府分别向人大常委会专题报告国有资产管理情况的综合报告、企业国有资产管理和行政性国有资产管理情况,并作出审议意见。半年之后,又向市人大常委会报告审议意见处理情况,并进行满意度测评。与此同时,根据全国和省人大常委会的意见和通知要求,结合黄冈实际制定《关于加强市人大对政府债务审查监督的工作方案》,在预算编制、预算调整、决算中体现政府债务内容,进一步加强人大对政府债务的预算审查和限额监督管理。

四、组织开展专题询问

专题询问是《中华人民共和国各级人民代表大会常务委员会监督法》赋予人大及其常委会的一项重要职权,是完善监督工作方式方法、加大监督力度、解决实际问题的重要举措。市第三届、四届、五届人大常委会任期内,进行了4次专题询问。

(一)首次专题询问黄冈市中心城区城市水域保护工作情况

根据监督法和湖北省实施办法的规定,按照黄冈市委批转的《黄冈市人大常委会2012年工作要点》的安排,市人大常委会主任会议决定2012年召开的市四届人大常委会第四次会议上,就黄冈市中心城区水域保护情况开展专题询问。

黄冈湖泊众多,水资源丰富,水域面积占城区总面积的47%。围绕水做水文章,用好水、开发水、建设水、保护水,是建设生态园林城市的必经之路。

市人大常委会此次开展专题询问监督活动,主要围绕黄冈市中心城区水域(包括遗爱湖、白潭湖、青砖湖、蔡家潭、黄婆汊等24个湖泊和长河、巴河、长江岸线等水域)的保护治理及规划情况、被侵占或污染情况及其原因、已经和准备采取的保护措施及工作目标等内容进行。

2012年5月3日,市人大常委会主任会议决定市人大常委会首次专题聚焦询问黄冈中心城区水域保护情况。

5月10日,市人大常委会副主任王楚平根据主任会议安排,带领专题询问工作专班赴荆州进行考察调研,学习荆州人大开展专题询问做法。

5月15日上午,市人大常委会组织召开专题询问第一次协调会议,通报市人大常委会专题询问工作安排,征求市人民政府办公室,黄州区人大常委会、区人民政府,黄冈开发区管委会、黄冈城东新区建设指挥部,市环保局、市水利局、市水产局、市园林局、市城乡规划局、市住建委、市林业局、市农业局、市国土局、市城管局、市经信委、市发改委、市财政局负责人意见，各部门单位表示，认真接受人大监督，充分做好人大专题询问监督的相关准备工作。

5月15日下午，市人大常委会召开主任会议，研究通过市人大常委会开展城区水域保护专题询问监督活动工作方案。方案对开展专题询问的总体要求和目的、时间和内容、询问主体和对象、方法和步骤、专班职责分工进行了明确，同时印发政府及相关单位，并抄报市委办。

6月5日，为问出民声，问出民意，广泛听取群众意见，动员广大群众参与，同时加强人大法律监督、群众监督、舆论监督的有机结合，市人大常委会召开专题询问宣传协调会议，征求宣传部门和新闻媒体意见，通过宣传工作方案，并确定对专题询问会议进行现场直播，促进人大监督工作公开化公正化。

6月10日，市人大常委会主任会议专题会议研究部署专题询问视察调研工作，要求按照专题询问工作方案的要求，深入基层，深入群众，广泛听取群众意见，实地了解真实情况，掌握第一手资料，为常委会会议专题询问提供参考。

6月中下旬，市人大常委会主任会议成员分头带领四个视察组开展专题询问视察调研，实地踏勘长江岸线和长河、巴河以及遗爱湖、青砖湖、白潭湖、黄婆汊、蔡家潭等湖泊水域规划建设、开发保护、污染防治情况，并座谈听取政府相关部门负责人、企业业主、居民和渔民的意见建议，视察组还分别到湖泊和江河的排污口进行实地察看污染情况。各视察组就视察调研情况形成书面材料。

6月28日，市人大常委会主任会议听取专题询问视察组关于城区水域保护视察调研情况汇报，并进行充分讨论。会议认为，通过深入开展视察调研，掌握了黄冈城区中心水域保护工作的大量情况。市人大常委会对将询问的问题按照现状及规划类、责任主体类、饮用水水源类、保护措施类四大类的18个问题分发给常委会成员再次进行调研。为确保专题询问工作真实性准确性严肃性，进行实地查看和走访座谈，听取群众意见、查阅相关数据资料。

6月29日，市人大常委会召开专题询问工作专班工作会议，讨论专题询问监督工作需重点关注的问题。要求抓住水域保护的重点问题和关键环节，以设问和追问的形式进行询问，注重针对性，问出民声民意民心，问出监督效果。

7月11日，市人大常委会召开专题询问工作专班工作会议，研究确定专题询问重点问题、询问人员、应询人员。要求对询问的问题进行梳理，询问主体和询问对象两方在必要时需分头进行再次调研再核实，把握准确性真实性。

7月25日至27日，第三届人大常委会举行第四次会议。听取和审议市人民政府关于黄冈市中心城区水域保护工作情况的报告。

7月26日，市人大常委会以联组会议的形式召开专题询问会。问答双方相对而坐，17位人大常委会委员分别从城区水域的现状、饮用水水质、城市蓝线管理、备用水源、污水处理、水产养殖等20个老百姓最关心的问题进行询问，市政府、市水利局、市环保局、市住建委、市水产局等有关部门，黄州区政府和城东新区建设指挥部的负责同志对这些问题一一作了应询。针对应询情况，部分委员进行了追问，现场气氛热烈。整个询问全程实况直播，并要求各县市区人大常委会组织人大代表进行收看。同时，市人大常委会还邀请各县市区人大常委会负责人、部分人大代表和水域地居民和农民代表旁听询问会。

7月27日，市第三届人大常委会举行第四次会议第二次全体会议，对市政府及相关部门负责人应询情况进行满意度测评，并作出了关于加强黄冈中心城区水域保护工作的决议。分管副市长黄祥国现场代表市政府作表态发言，表示市政府要专题研究，从长计议，做好规划，立足当下、闻过则改，强化责任、确保实效，建立制度、长期监管，确保城区水域得到有效保护、开发和利用。市人大常委会要求市政府及相关部门，一诺千金，取信于民。对落实市人大常委会决议不力的，将跟踪问效。

（二）再次专题询问黄冈市中心城区水域保护工作情况

为推进黄冈创建国家园林城市和省级环保模范城市，把黄冈建成“人水和谐、生态宜居”的区域性中心城市，2013年2月21日，市第四届人大常委会主任会议决定再次开展市城区中心水域保护工作情况的专题询问。

成立工作专班。为取得再次专题询问监督工作实效，原工作专班机构组成不变，组建再次专题询问领导小组，龙福清任组长，主任会议组成人员为成员。下设专题询问综合协调组和4个专题询问视察调查组。

召开协调会议。2月下旬，专题询问综合协调组通报专题询问初步安排，征求市人民政府及有关部门对专题询问工作方案（草案）的意见和活动的建议，并商议开展专题调研、准备汇报材料、参加专题询问会及应询要求等具体事宜。

通过工作方案。在充分征求有关方面意见的基础上，完善专题询问工作方案。经主任会议讨论，提请3月27日市第四届人大常委会第九次会议通过后，印发市人民政府及相关单位和部门。

开展视察调查。视察调查组通过实地察看、召开专题座谈会，全面了解市人大常委会中心城区水域保护专题询问会议后水域保护治理情况。5月20日完成视察调查,向主任会议汇报、提出拟询问的重点问题及说明理由。

确定重点问题。调查结束后,主任会议听取各视察调查组情况汇报,及征求意见情况报告,确定专题询问重点问题,确定询问人、明确应询对象。各视察调查组按照主任会议的要求,做好询问人与应询对象的提问与作答的沟通交流协调、回访调查及核实等相关后续工作。

公开征求意见。6月中旬综合协调组负责征求社会意见。一是协助新闻媒体在黄冈日报、黄冈电视台、黄冈电台、黄冈新闻网等新闻媒介广泛、公开征求社会各方面对询问工作的意见和建议。二是开通热线电话公开征求意见建议。

召开专题询问会。11月27日至29日,市第四届人大常委会举行第十五次会议,听取市人民政府关于中心城区水域保护治理工作情况的报告,并进行分组审议。召开专题询问会议,市人民政府及相关部门负责人接受询问。市人民政府负责人作表态性发言、应询人就重点问题作表态发言。市人大常委会领导讲话。

市人民政府各部门和各县市区人大常委会负责人列席会议,人大代表、市民等列席会议。

进行应询测评。在11月29日市第四届人大常委会第十五次会议上,对应询部门主要负责人的回答情况,以票决的方式进行满意度测评。

作出审议意见。市人大常委会根据分组会议审议情况和专题询问会议情况,作出审议意见,由办公室交市人民政府办理。

加强跟踪督办。市人民政府在6个月内向人大常委会报告决议和审议意见执行情况,受询部门及时反馈整改情况。市人大常委会运用视察、检查和调查等监督形式,对审议意见办理落实情况和重点问题办理落实情况进行跟踪监督问效。

(三)专题询问全市精准扶贫脱贫工作情况

精准扶贫精准脱贫,是党中央、省委、市委中心工作的大事要事。市第五届人大常委会主任会议成员不仅挂点帮助扶贫工作,而且依法履职,监督精准扶贫脱贫工作整体推进。市第五届人大任期内,对精准扶贫脱贫工作开展了专题询问。

2月23日,市人大常委会党组书记、常务副主任罗刚主持主任会议,决定以专题询问方式督促市政府及其相关部门不断形成合力,强化任务落实,解决突出问题,确保如期实现脱贫攻坚目标,并确定主任会议成员带队到县市区调研的分组和时间。

3月21日，主任会议听取四个调研组开展精准扶贫脱贫情况的汇报，既肯定成绩，又研究当前存在的问题。如问题有脱贫攻坚基础虽牢，扶贫工作的“四率”却不高，“五个一批”政策落实不力，贫困户内生发展动力不足，对贫困地区重视不够等。

4月13日，主任会议讨论对精准扶贫脱贫情况开展专题询问的工作方案草案，询问重点与原则。

4月18日，市人大常委会组织市政府及相关部门召开专题询问工作协调会议，就开展专题询问的相关工作进行部署动员。

4月24日，主任会议集中讨论精准扶贫脱贫工作专题询问问题清单。要求提问要提准，要提实，要开门见山、简洁明了。

4月26日，市第五届人大常委会采取联组的方式对精准扶贫脱贫工作开展专题询问。市人大常委会部分组成人员和有关专委会委员分别向市政府及相关部门提出了14个问题。大家认为，这次询问问出了深度，问出了水平，问出了要害；答出了态度，答出了承诺，答出了形象，取得了传导压力、落实责任、加油鼓劲的效果。市人大常委会还对精准扶贫脱贫工作专题询问作出审议意见，交市政府及有关部门在30日内拿出办理方案，6个月以内以书面形式报告办理工作情况。市人大常委会对办理情况开展满意度测评并向社会公布。

（四）专题询问优化营商环境工作情况

一个地区的持续发展，短期靠项目，中期靠政策，长期靠环境。市第五届人大常委会围绕“打造市场化、法治化、国际化营商环境，构建亲清政商关系”这一主题，开展优化营商环境工作情况的专题询问。

2020年10月，面对疫后重振和高质量发展的繁重任务，市人大常委会党组书记、主任张社教组织主任会议成员带队到黄冈所辖县、市、区和黄冈市区开展营商环境的专题调研。

10月22日至23日，市第五届人大常委会举行第三十一次会议。传达学习习近平总书记9月17日在基层人大代表座谈会上的重要讲话精神，听取和审议市政府关于全市营商环境工作情况的报告，市人大常委会作出《关于优化营商环境、激发市场活力的决定》。

2021年3月以来，市政府及相关部门认真落实市人大常委会决定，开展“清文件，优化制度供给”专项行动，“地毯式”清理与优化营商环境不一致的政府规章和行政规范性文件，33件文件被废止，35件文件宣布失败，25件文件限期予以修改，在一定程度上缓解了市场主体和人民群众反映强烈的“文件打架、百姓害怕”的诸多问题。

4月，市人大常委会启动“聚焦优化营商环境代表在行动”的主题活动。组织9个专业代表小组采取进企业、进项目、进农村、进社区等形式，对全市融资环境、政策落实、政府诚信等方面问题提出问题与建议，市人大常委会成立调研组，针对重点难点堵点问题，下力解决困扰企业的疑难杂症。

7月6日，市人大常委会主任会议决定对优化营商环境进行专题询问。会上讨论确定由主任会议成员牵头，从8月初开始组成政务环境、市场主体、惠企政策、司法环境、金融环境和市场环境等6个专题调研组，到县市和市直4个园区及有关企业开展调研，并要求在调研中，围绕进一步健全和完善市区一体发展机制，积极探索服务民营经济发展的方式方法，重在发现问题和研究解决问题的可行方法，形成高质量的调研报告，为专题询问打牢基础。另一方面，通过市人大网站、微信公众号等途径，广泛征集人民群众、市场主体和人大代表的意见。

8月31日，市人大常委会副主任王万福组织召开专题会议，进行动员部署。“一府两院”及相关部门主要负责人出席会议并就应询问题进行沟通。

10月15日，市人大常委会主任会议听取优化营商环境6个专题调研组的情况汇报，就专题询问的重点和询答双方的准备工作做出安排。

10月27日，市第五届人大常委会第四十次会议举行联组会议，对全市优化营商环境开展专题询问。询问中，市人大常委会组织人员和部分人大代表，围绕各个行业、各个领域的企业在市场准入、生产经营过程中涉及的政务环境、市场环境、法治环境等12个方面的突出问题进行专题询问。应询人直面问题，实事求是，诚恳作答。问答严肃认真，达成清醒共识。市人大常委会党组书记、主任张社教要求，专题询问，始于“问”，不止于“答”，更重要是有“果”，关键在于“政”，在于“干”。要认真梳理意见建议，抓好突出问题整改，持续进行跟踪问效。专题询问后，市人大常委会办公室将专题询问问题清单等，一并交由“一府两院”及有关部门处理。并要求各单位在规定时间向市人大常委会报告整改工作情况，切实做到有询问、有整改、有督办、有成效，集中精力做好补短、补软、补漏、补缺工作，全面持续优化营商环境。

五、人大代表行动

人大代表是联系人民群众的桥梁和纽带，是人大工作的主体。“代表行动”就是为代表依法履职搭建平台，引导代表在经济社会高质量发展中当主力、唱主角。自2017年至2021年分别以“聚力脱贫攻坚”“聚力双胜利”“聚焦优化营商环境”为主题，连续集中开展“代表行动”。全市1.2万名全国、省、市、县、乡五级人大代表积极参与行动，有效地发挥人大代表对全市经济社会发展的助推作用。“代表行动”活动已经成为人大工作品牌，得到省人大常委会的充分肯定和人民群众的赞誉。

（一）2017年全市人大代表行动

自省人大常委会组织开展“聚力脱贫攻坚、人大代表在行动”活动（以下简称“代表行动”）以来，全市各级人大及人大代表按照省、市人大常委会的统一部署，在各级党委的领导和政府的大力支持下，迅速行动，找准依法履职的切入点和着力点，开展有效监督。“代表行动”实现领导参加活动全覆盖、代表参加小组活动全覆盖、督导工作全覆盖、代表意见建议办理全覆盖、保障机制全覆盖。黄冈的做法和经验得到省人大常委会的充分肯定和高度评价，红安县人大常委会于7月28日在全省“代表行动”工作电视电话会议主会场作经验交流，市人大常委会于10月13日在全省“代表行动”意见建议交办工作经验交流会上介绍经验。

各县市区人大常委会积极争取各地党委对“代表行动”活动全过程的重视和支持，有7个县市由县市委书记亲自担任活动领导小组组长，4个县市区由人大常委会党组书记、常务副主任担任活动领导小组组长。市、县、乡三级人大自觉把“代表行动”活动作为围绕中心、服务大局、依法履职的有力抓手，建立联席会议制度，组建工作专班，制定实施方案，狠抓规模培训，形成主要领导亲自抓、分管领导负责抓、专班人员具体抓的工作格局。各级人大代表中的领导干部带头示范、身体力行，积极参加小组活动，起到示范带头作用。同时，市县两级人大常委会分别成立督导组，对代表小组开展活动实行督导全覆盖。

各县市区准确把握“地缘相近、混合编组、适度规模、便于活动”的原则，按照15人左右的分组标准，将全市1.2万余名五级人大代表划分为832个分组。每个代表小组推选熟悉情况、政治强、有能力、敢担当、热心代表工作的代表担任小组长和副组长。黄州、团风等地结合实际，把小组建在企业和基地，注重发挥市场主体代表的带动作用。麻城115个代表小组组长均由乡镇领导班子成员担任。武穴严格按照“一个主题,六块牌匾”的模式统一规范活动办公室建设。黄梅政府预算130万元用于乡镇人大规范化建设。各乡镇人大主席团充分利用所在办公场所建设“代表之家”,利用村委会办公场所建设“代表小组活动室”,坚持试点示范、典型带动,探索代表小组活动方式方法。罗田在凤山、匡河、三里畈等乡镇人大开展办点示范,邀请其他代表小组组长现场观摩,同步学习,增强实战经验。

全市各级人大坚持“监督为主、有限目标”的原则,以代表小组集体活动为主要监督方式,按照“两集中一分散一接待一交办”的步骤,普遍开展2次代表小组集中活动,共入户走访贫困户14580户,收集群众意见建议8563余件,按照“不搞逢提必交办”原则,经过层层筛选、归纳,形成代表建议4823条,其中交县乡人大办理4804件、交市人大办理12件、上报省人大处理7件。对于代表建议,按照分级负责、分类交办的原则,全部进行了交办督办,截至2017年年底,已办结4741件,占98.3%。针对代表提出金融扶贫“贷款难”,市、县两级政府研究风险分担和政府贴息问题,破解了贷款难题,调动了银行积极性,扶贫贷款额度由年初计划的20亿元扩大到30亿元。针对光伏产业扶贫中存在的“想建设缺指标、建成后难并网、并网后难结算”问题,代表联合提出建议,引起省人大、省政府的高度重视,一个月之内解决了问题,黄冈市已建成的940个光伏项目全部并网发电,接入率达到100%,惠及779个村、35206户贫困户。

为使“代表行动”活动深入持续有效地开展,市人大常委会党组根据有关法律法规和省人大常委会的要求,结合黄冈市实际,制定了工作服务、活动保障、意见建议交办反馈等六项工作机制,并提请市委以黄办文〔2017〕20号文件转发。各县市区都结合实际,创新举措,红安建立了考核机制,将活动痕迹管理作为对各乡镇人大主席团综合实绩考核和代表履职尽责考核的重要依据;麻城、浠水建立了活动信息报送工作机制,开展多渠道、多途径的宣传;罗田建立代表建议督办机制,采取“三看两评”的方式开展督导。特别是各地在经费保障方面都做得比较好,除县乡两级代表专项活动经费得到落实之外,各地还就代表小组建设按照每个小组3000元至8000元等不同的标准进行了补助。

市人大常委会坚持正确舆论导向,积极借助黄冈电视台、黄冈新闻网、云上黄冈、黄冈日报及市人大常委会网站、微信公众号等平台进行多方面、全方位、立体化宣传,特别是湖北人大网活动专栏发布县市信息动态700余条,其中黄冈市用稿数量超过150篇,占用稿总量的20%以上。《思路一变天地宽——“聚力脱贫攻坚、人大代表在行动”的黄冈经验》《“七抓七有”聚合力》等10多篇经验文章分别在省人大常委会《工作通报》和《楚天主人》上发表。各县、市、区都注重精心策划，多措并举，形成舆论宣传有声有色的良好氛围，如罗田、浠水等地在电视台开辟活动专题专栏。黄州、英山、浠水、蕲春等地分别编印了《监督专报》《人大工作通报》《活动简报》《人大工作督查》。

（二）2018年全市人大代表行动

市人大常委会认真贯彻落实，省人大常委会“两覆盖、两不变、一加强”的总体要求，全面聚焦活动主题，以钉钉子精神和“绣花功夫”狠抓“代表行动”意见建议办理“回头看”工作，得到省人大常委会领导的充分肯定。在罗田举办了全省“代表行动”现场推进会，红安、武穴、英山等地的做法和经验在全省推介。一年来，全市833个代表小组全部组织开展两次活动，活动开展率达100%，代表参与率达96.1%。重点对2017年度488件代表建议办理情况进行了回头看，督促办结413件，办结率为84.6%；2018年收集1508件意见建议，督促办结1324件，办结率为87.8%。

各县、市、区结合实际，因地制宜制定“回头看”的具体实施方案，明确工作思路，武穴开展“六看六问”：看市场主体是否有实力，问帮扶带动能否真持续；看政策实施是否全覆盖，问政策兑现能否真到位；看宣传教育是否有针对性，问内生动力是否真激发；看帮扶作风是否接地气，问帮扶措施是否真管用；看意见建议是否办理好，问基层群众是否真满意；看代表履职是否尽责任，问代表主体作用是否真发挥。罗田开展“四查四看四结合”；麻城开展“两看两问三结合”；蕲春开展“五看三查”等，都保证“回头看”的针对性和实效性。以“代表问效”为抓手，采取听取审议报告、专班跟踪督办、民主测评、专题视察、代表约见、专题询问等多种形式督促相关问题整改落实。比如，针对人大代表普遍反映的产业扶贫和健康扶贫的问题，市人大常委会听取和审议市政府关于产业扶贫和健康扶贫情况的报告，要求进一步完善产业扶贫“五位一体”运行机制，全面加强贫困地区预防保健工作，推动健康扶贫重点工作落地见效。针对省人大常委会电视电话会专题片曝光的英山崇山铺村饮水源污染事件，市人大常委会高度重视，在省人大常委会指导组的指导下，派出督查专班跟踪督办，英山县人大常委会自觉把推动整改责任扛在肩上，紧盯不放，英山县政府在整治养鸡场排污达标排放的同时，还举一反三，要求水利局加强与村对接，迅速解决好当地群众饮水问题。武穴市还对在健康、医疗、教育等扶贫政策落实等方面发现的问题一一列出问题清单，分送各村“两委”、镇处党委、市镇（处）

扶贫办公室，属于干部作风问题的，移交纪委监委问责督办；

属政策未落实问题的，督促相关部门全面兑现；属客观限制性问题的，形成代表建议分级交办，督促整改。

针对“回头看”，明确两次代表小组活动的主题，精心设计好活动方案，激发好代表在闭会期间的履职热情，把“主体是代表、工作靠代表、水平看代表、潜力在代表”的要求落到实处。不断探索创新，发挥代表小组作用、完善联席会议制度、搞好工作结合，形成问题搜集、督促检查、推动问题解决的工作机制。市人大常委会主任会议成员领衔对市级层面办理的12件代表建议进行督办调研，而且对每一个建议都要做到“见代表、到现场、听意见”。针对红安今年验收，罗田、英山、团风今年出列，非贫困县的贫困村，非贫困村的贫困户要脱贫等实际情况，常委会因地制宜、精准督导，力戒形式主义、官僚主义，使这项活动不流于形式，达到群众满意、助推打赢脱贫攻坚战的目的。罗田平湖乡对每件代表建议的办理都要求过“三关”，即先让群众说、再在小组议、最后由全体代表评，办理成效好与坏，最终由代表说了算。通过这个办法，切实推动解决一批产业扶持、医疗救助、教育助学、易地搬迁、公共基础设施建设等问题，使群众的满意度和获得感得到进一步增强。

（三）2019年全市代表行动

2019年，全市831个代表小组全部开展活动，活动开展率为100%，代表参与率为97.65%；共走访联系贫困户281054户，占应走访联系贫困户的96.22%；收集到意见建议1513件，其中涉及“两不愁三保障”方面的意见建议420件。

市人大常委会始终把坚持和依靠党的领导作为开展活动最大的政治优势和组织优势。凡是活动中的重大问题和重要工作都积极向市委请示汇报。市委高度重视“代表行动”工作，第一时间听取市人大常委会党组关于省人大常委会“代表行动”工作会议精神和贯彻实施意见的汇报。市委书记、市人大常委会主任刘雪荣批示这项工作要走在全省前列，并第一时间带头参加所在代表小组活动。红安县委、浠水县委批转印发“代表行动”活动方案；其他各县市区党委书记都对“代表行动”工作作出了专门批示。活动启动以来，全市831个代表小组临时党支部加强对活动的领导。全市各级党政主要领导都以身作则、率先垂范，起到很好的示范引领作用。

为确保2019年“代表行动”活动主题不偏、动作不少、环节不漏，市人大常委会从一开始就注重夯实基层基础，扣好首粒扣子。常委会党组第一时间研究制定活动方案，召开全市工作动员会，印发脱贫攻坚材料汇编，进一步统一思想，明确指出2019年的代表活动是省委交给人大的刚性任务、硬性要求，必须紧扣已脱贫人口的“回头看”，看是否脱真贫、真脱贫，扶贫政策是否落实，脱贫成效是否可持续，巡视问题整改是否落地。特别是省人大恩施现场推进会后，市人大常委会迅速召开党组会议传达学习，研究贯彻落实意见。7月30日，召开全市“代表行动”推进会，提出“做深做实，争创一流”的目标。各县市区和乡镇人大把学习培训作为代表素质提升的第一课和主渠道，各级人大代表熟读熟知习近平总书记关于扶贫工作的重要论述和“代表行动”的各项要求，做到“应知应会”。

把全面聚焦已脱贫人员“回头看”工作贯穿活动始终。一是走访联系选民。县乡人大代表以代表小组为单位，深入各自选区，认真对标对表“两不愁三保障”“四不摘”，结合中央脱贫攻坚专项巡视反馈意见以及历次“代表行动”中发现的问题，通过集中接待选民、入户走访贫困户和电话联系外出贫困户等方式，深入了解脱贫人口的真实情况和真实诉求，如实填写脱贫人口“回头看”调查情况表，并以代表小组名义向乡镇人大主席团作出走访联系情况的报告。二是开展专题调研。县、市、区人大常委会结合各地实际，紧扣“两不愁三保障”和巩固脱贫成果问题，分专题认真安排部署专项调研活动。如团风县围绕发展村级经济进行专题调研；麻城市找准当前脱贫出列工作中“市委想要做的”“政府能够做的”“群众期盼做的”热点难点问题进行专题调研；英山县围绕“四好农村路”、厕所革命、环境治理、乡村振兴等开展调研，并就黄沙治理进行专题询问；蕲春县先后就全县城乡义务教育、扶贫医疗保障等进行专题调研。三是组织交叉视察。8月下旬，组织60余名市人大代表，分别由常委会主任会议成员带队，赴10个县市区开展交叉视察。一方面，充分感受到各地脱贫攻坚的巨大成果；另一方面，发现“两不愁三保障”方面存在的一些问题。

各县、市、区人大常委会聚焦2015年以来脱贫人口“回头看”这个主题，坚持统筹推进与因地制宜相结合，既抓好“规定动作”不走样，又从实际出发，创新活动载体，确保活动实效。黄州区推出“人大代表见面日”活动，明确“月访季议年评”方式，落实“五宣五听五述”要求，将代表联系群众活动经常化、固定化。罗田县推出“123456”工作方法，形成多方参与，齐心协力，聚力脱贫的良好态势。黄梅县紧扣活动谋划、组织实施、督办推进三大关键环节，抓重点、破难点、切要点。武穴市以“三到三查”活动为载体，到企业基地查产业带动性，到有关部门查政策兜底性，到贫困家庭查脱贫真实性。市人大常委会党组专题研究并印发《关于开好2019年度乡镇人民代表大会第二次会议的通知》，明确要求把听取审议乡镇人民政府关于脱贫攻坚情况的报告和乡镇人大主席团关于“代表行动”工作情况的报告作为会议的必选议题。将人大代表中的乡镇党委书记(或乡镇长)作为交叉视察的中坚力量。乡镇党政主职身处脱贫攻坚一线,对政策熟悉、情况明了,更善于发现问题、分析根源。在市人大常委会组织的交叉视察中,经市委批准,从每个县市区的人大代表中抽调2—3名乡镇党委书记(或乡镇长)参加交叉视察,侧重于现场察看和走访联系贫困户。他们紧扣扶贫政策的落地落实,通过听介绍、问情况、看资料记录,一针见血地指出问题,提出可操作性的意见建议,较好地发挥高质量交叉视察的中坚作用。

2019年活动开展以来,市人大先后共召开5次常委会党组会研究“代表行动”工作。改过去的专委会分片督导为现在的常委会主任会议成员督导的模式,督导对象延伸到乡镇人大主席团和代表小组,重在发现、指出和督促解决问题,还定期对县市区活动进展情况进行通报。5月底,对各地传达学习省市会议精神和动员部署情况进行了通报;6月中旬,对各地的代表参训率、小组活动开展率、走访贫困户覆盖率等情况进行通报,既树立典型、激励先进,又传导压力、鞭策后进,全市形成“比学赶超”的态势。

(四)2020年全市人大代表行动

省人大代表行动工作部署后,市人大常委会党组迅速召开专题党组会,传达省人大关于开展代表行动活动精神。8月7日,讨论通过印发《黄冈市人大常委会“聚力双胜利、代表在行动”活动方案》,同时报请市委同意召开全市深化“代表行动”电视电话会议进行安排部署。其中,罗田县严格按照省人大常委会提出的“罗田县‘代表行动’要先行先试,树典型、出经验、做示范”工作要求,于4月28日率先启动2020年度“代表行动”活动,并围绕“三聚焦三带头三确保”工作思路,在5月中旬组织全县五级人大代表开展第一次活动。截至年底,全市831个代表小组已全部开展了活动,参加“代表行动”各级人大代表11431人,组织代表进企业1796个、进社区253个、进乡村1512个、进选举单位334个、进代表之家276个、进学校118所、进乡村卫生院219个,访企业负责人、访基层干部、访工人农民、访选民代表、访专业技术人员等21407人,走访农户18662户。一大批教育、医疗卫生、企业复工复产等方面的问题得到解决,为当地疫情防控和经济社会发展双胜利贡献了人大力量。10月9日,省人大召开“代表行动”调研交流视频会,黄冈市作交流发言。

依靠党的领导,确保“代表行动”有力开展。各县(市、区)人大常委会在电视电话动员会后第一时间专门就“代表行动”工作在县(市、区)委常委会上作专题汇报,各县(市、区)党委书记都对“代表行动”工作做出专门批示。活动启动以来,全市831个代表小组临时党支部加强对活动的领导。全市各级党政主要领导都以身作则、率先垂范,起到了很好的示范引领作用。

注重学习培训,夯实“代表行动”工作基础。为确保2020年“代表行动”活动主题不偏、动作不少、环节不漏,市人大常委会收集相关政策精神,编印代表行动学习资料汇编,全市共向五级人大代表发放资料汇编12000余本。各县市区和乡镇人大把学习培训作为代表素质提升的第一课,各代表小组将学习培训作为开展代表活动的第一议程。各级人大代表熟读熟知习近平总书记相关重要论述和各项法律法规政策,做到“应知应会”。浠水县召开各乡镇人大主席、副主席专题学习培训会议,对活动的重点内容、组织形式、注意事项、方式方法进行专题辅导,开展交流讨论。

创新方式方法,推动“代表行动”纵深发展。市人大常委会明确2020年的“双联”工作要结合“代表行动”进行,围绕聚力“三战”(经济发展战,民生保卫战,社会稳定战)、争当“五员”(争当政策精神的宣传员,争当政策落实的监督员,争当社情民意的调查员,争当岗位履职的战斗员,争当为民解难的服务员),围绕“五进五访”来开展活动。浠水县在市人大“双联”办法的基础上,结合实际,提出每一位县人大常委会组成人员、乡镇人大主席团成员、副科级以上职务代表联系一个4—6名人大代表组成的代表小组,并保持经常性联系;每个代表小组联系2—3个选民小组的“双联”机制,使活动做到“两个全覆盖”(人大代表联系全覆盖、代表小组联系选区全覆盖),拓展“两个方式”(代表上下联系方式、代表开展活动方式),拓宽活动渠道。麻城市继续以开展“接待选民日”活动为载体,把“代表行动”与联系选民活动结合起来,通过在选区内分散走访和在代表小组活动室定点接访的方式,组织市乡人大代表,深入基层一线,扎实开展“五进五访”活动,找准当前全市疫情防控及经济社会发展工作中存在的突出问题。武穴市将“三联三创”(市人大常委会组成人员联系代表、代表联系选民中心户、选民中心户联系选民,创新、创业、创和谐)活动贯穿于代表行动全过程。畅通社情民意反映和表达渠道,打通代表联系群众“最后一公里”。团风县继续巩固深化“将代表小组建在基地上”人大工作品牌,通过“人大代表产业基地”带动贫困户就业,收集产业基地发展及带动贫困户脱贫中存在的问题和意见建议,督促有关部门采取有针对性的措施及时加以解决。黄州区在活动组织方式上,将“代表行动”与黄州区持续开展并已形成黄州特色品牌的“代表见面日”活动结合进行,做到“四个统一”(统一活动主题、统一活动对象、统一活动时间、统一活动组织）。黄梅县着力破解无职人大代表参加“代表行动”的难点和瓶颈，根据无职代表特点，创造条件，通过主动对接、密切联系、积极服务，使无职代表自觉参与“代表行动”。

立足解决问题，提高“代表行动”活动实效。始终坚持问题导向，确保代表行动活动不流于形式。坚持发现问题、研究问题、解决问题。把能不能推动疫情防控和经济社会发展双胜利作为检验代表行动效果的标准。9月上旬，市人大常委会主任会议成员分成六个调研组到所有县市区进行地方性法规实施情况和代表行动开展情况督导调研，坚持去一线发现问题、解决问题，并召开主任会议听取各组调研情况报告。活动中，代表小组共收集初步意见建议2483条，交办乡镇人大主席团2005条，已经办结1997条。其中需省级层面办理的建议2件、市级层面办理的建议4件，均及时向省人大转办，向市政府交办。向市政府交办的4件建议已全部办理完毕，并向提出建议的代表小组答复，各代表小组对建议办理情况均评价满意。蕲春县将“代表行动”中的问题建议清单报告县委，综合运用多种监督方式，听取审议县政府专项工作，开展代表建议办理满意度测评，推动“代表行动”成果落地落实。

（五）2021年全市人大代表行动

根据省人大常委会通知精神，市人大常委会2021年开展“代表行动”以“聚焦优化营商环境”为主题，紧盯“5321”目标任务（5即是助力打造政策最优、成本最低、服务最好、办事最快、群众满意度最高的营商环境；3即是坚持问题导向、目标导向、结果导向；2即是以群众视角和市场主体视角，发现解决影响营商环境和制约市场主体的“痛点、难点、堵点”问题；1即是以“高效办成一件事”作为突破口和着力点），围绕组织人大代表参与法规清理、促进构建高质高效政务服务体系、督促企业减税降费政策落地、助推依法行政和公正司法等工作开展活动。

报经市委审批，市人大常委会于2021年4月27日印发《黄冈市人大常委会办公室关于聚焦优化营商环境开展代表行动的通知》。4月29日在武穴市召开全市代表工作暨“代表行动”座谈会，对2021年全市“代表行动”活动进行动员部署。

突出开展“六个一”活动。市人大常委会聚焦主题，密切结合职能职责和年度工作要点，明确开展“六个一”活动：一是开展集中走访活动。组织代表进园区、企业、项目、基地，广泛了解营商环境的问题；二是推动法规清理。各级人大对照党中央重大决策部署和省委、市委关于优化营商环境工作要求，提出相关现行地方性法规立改废释的意见建议，督促政府及相关职能部门对相关规章、规范性文件进行清理;三是组织视察调研。对《黄冈市人大常委会关于优化营商环境激发市场活力的决定》(以下简称《决定》)贯彻实施情况进行调研;四是听取审议报告。常委会听取市政府对《决定》贯彻实施情况的报告。五是开展专题询问。组织代表对《决定》贯彻实施情况开展专题询问;六是督办重点问题。对前期活动开展反馈的突出问题整改情况进行重点督办。

突出代表联络站平台建设。为更好为"代表行动"活动开展提供平台,进一步巩固和完善人大代表同人民群众保持密切联系的制度,市人大常委会起草制定《黄冈市人大常委会关于加强全市人大代表联络站建设的意见》,明确提出"全覆盖、制度化、常活动、强作用"的总要求,锚定"一年打基础、两年上台阶、三年见成效"的目标,逐步将代表联络站建设成为宣传党的路线方针政策的窗口、联系服务群众的平台、传递社情民意的桥梁、代表依法履职的载体、学习交流的园地、促进基层社会治理的阵地。

突出专业代表小组建设。针对2021年"代表行动"活动开展专业性强的特点和优化营商环境重点任务在城区的实际,市人大常委会坚持上下联动、分级负责、条块结合,按照行业相同、专业相近的原则,依托专委会从市区全国、省、市人大代表中挑选部分代表组建9个城区专业代表小组,按照集中—分散—集中的方式进行,组织代表进园区、进企业、进项目、进机关,广泛征集在优化营商环境激发市场活力方面存在的问题和意见建议。市级领导干部代表都相应列入专业代表小组。

各县(市、区)开展"代表行动"继续坚持以各级人大代表为主体,以县乡人大为主阵地,以代表小组为主要活动形式,继续将"代表行动"与落实"双联"(市人大常委会组成人员联系市人大代表和市人大代表联系人民群众)机制结合起来,"线上"和"线下"工作结合起来,紧扣"找准问题、提出建议、督促办理"三个环节,真正让"代表行动"出实效。

六、网络直播和邀请市民参加旁听人大会议

2004年10月10日,市第二届人大常委会第二十次会议期间,首次运用网上直播的形式,通过因特网滚动向世界全程公开常委会所有议程和内容,引起各方关注。至10月18日,网友点击本次直播达7000余次,在全国地级市人大常委会中尚属首次。

参加这次人大常委会会议旁听的市民洪成国在会议上的发言引起网友们共

鸣。他说:“我们村9个组的污染可以说是南北夹击。目前,化工污染越来越严重,不能再新建扩建新的污染项目。”连日来,网友点击率逐日上升,并纷纷在网上留言评论。有的网友说:“看到老洪的发言,感到污染的确严重,呼请市政府尽快解决!”还有的说:“直播有利于发挥市民互动,及时听取老百姓意见,便于人大审议政府工作报告时,提出更有针对性的建议。”

会议表决通过此报告的审议意见亦在网络上公布:市政府应对治理市区化工污染工作引起高度重视,列入重要议事日程,采取切实措施解决污染的问题,并在一个月内向市人大常委会提出整治污染的情况报告。

市政府在一个星期后召开市长办公会议,专题研究治理市区两个化工厂的治污方案和措施,并组成以市政府办公室督查室为主的督查专班,分阶段开展现场督查。

2009年11月30日至12月1日,市第三届人大常委会第二十次会议参通过网络视频向千家万户直播会议过程。

本次网线视频直播由市人大常委会研究室、黄冈师范学院新闻与传播学院及媒体传播实验教学示范中心举办,中国电信黄冈分公司、黄冈元素文化传播有限公司协办。

本次会议先后听取和审议市人民政府关于全市新农村建设、黄冈城区控制性详规编制和贯彻实施中小企业促进法情况等专项报告,通过有关人事任免事项。常委会全体会议与分组审议会议除邀请了部分县、市、区人大常委会负责人、市人大代表列席和公民旁听外,还在官方网站、黄冈人大网、中国黄冈网进行网上同步视频直播。根据流量计算,约有1.5万人进行了在线访问。

为了便于网民及时了解会议议题和常委会组成人员关注的问题,在会议审议期间,直播组织方邀请了有关专家学者对报告和审议发言进行点评。对于网民的留言,会议闭会后接着举行新闻发布会,开展网民互动,及时反馈和回应。市人大财经委主任委员付本台、市人大农村委主任委员魏国华、市人大城环委主任委员方银旺和市新农村建设办公室主任黎胜国、市规划局局长张际伟、市经贸委副主任欧文志,回答网民在收看直播过程中提出的有关问题,并进行现场直播,在市民中激起热烈反响。通过视频直播,普通网民第一次跟随网络“走进”人大会场,真切了解到权力机关履职行权的方式,看到人大常委会组成人员为黄冈发展所做的思考和努力。

在网络视频直播过程中,不少网民通过留言板发表评论,对会议审议问题如此强烈表示惊讶,有人热烈称赞这种直播的价值不容小视。不少网民热情洋溢地留言说“人大常委会实行网上直播是民主法治建设的标志”“网上直播人大常委会,这是黄冈民主政治建设进程中的一个重要里程碑”。

实践证明，人大常委会直播会议过程是人大依法行使职权、提高工作实效的一种创新，有利于增强人大工作的公开性和透明度，有利于主动接受人民监督，还有利于推进地方民主法治进程。

七、以“四评”推进“四个机关”建设

习近平总书记在人大工作会议上要求各级人大及其常委会要加强自身建设，使其成为“自觉坚持中国共产党领导的政治机关、保证人民当家作主的国家权力机关、全面担负宪法法律赋予的各项职责的工作机关、始终同人民群众保持密切联系的代表机关”。自2020年开始，黄冈市人大常委会党组书记、主任张社教多次召开会议，围绕建设“四个机关”的定位要求，积极探索和建立“干部评星、质效评估，工作评特、考核评优”的“四评”工作机制，以激发干部的积极性、主动性和创造性，更好地服务人大及其常委会依法有效行使职权。

干部评星，提高党员干部战斗力。市人大常委会机关以党支部为单位推选党员之星、文明之星、学习之星，以委室推选履职之星、服务之星。2021年，对评星工作进行优化，精简了每月评选的数量，由过去的每月评选党员之星、文明之星、学习之星、履职之星、服务之星等“五星”各1名和文明委室1个，精简为每月评选党员之星、履职之星各1名，每季度评选文明委室1个。每月每个党支部推选一名同志参评党员之星，侧重党性修养；每月每个委室推选一名同志参评履职之星，侧重履职尽责；每季度从9个专委会、1个工作委员会和3个工作机构中评选一个文明委室，侧重整个委室的整体战斗力。对当选的“每月一星”，将在机关公告栏和电子显示屏进行通报表扬，同时公布在“黄冈人大网”，并作为年度考核评优评先的重要依据（获评“每月一星”的个人和委室每次加1分）。

质效评估，提升依法履职执行力。针对少数委室在审议议题过程中走形式、走过场、务虚功等现象，市人大常委会机关扭住会议议题工作质量这个牛鼻子开展质效评估。制定《黄冈市人大常委会会议议题工作质量评估办法（试行）》，每两个月开展一次评估，一般在常委会会议结束后的一个星期内召开主任会议对本次常委会会议议题质量进行评估，首先由议题牵头委室自评，其次办公室初评，最后由主任会议组成人员、机关党组成员和专委会主任投票评，按照好、较好两个等次做出定性评价。评估的重点是工作创新性、反馈意见针对性、审议意见指导性等方面，

评估结果现场公布，并印发下一次常委会会议，旨在倒逼和推动议题相关委室积极做实会前调研、会中审议、会后跟踪三个环节，确保常委会会议更加高质高效。

工作评特，提高人大工作创新力。市人大常委会策划组织委室特色(亮点)工作评选。改过去的半年总结大会为特色(亮点)工作评选活动。每半年，7个专委会、3个工作委员会和2个办事机构各自推荐两项特色亮点工作，由主任会议成员、机关领导班子成员、专(工)委主要负责人进行两轮投票评选。评比的重点是实绩实效：这个项目有什么创新和突破？取得了哪些具体成果？对经济社会有什么推动作用？是否解决了群众关心关注的问题？旨在鼓励专(工)委创新求特，务实求效。

考核评优，提高班子向心力。针对人大常委会机关干部来源广泛，年龄偏大、工作积极性减退的现象，市人大常委会组织开展年度工作评优，旨在激励机关上下对标先进争创一流，与干部职工岗位日责任考核结合起来。每年年终进行评选。考核实行百分制，即平时考核得分(每月一星、每月一单、每月一查，权重为50%)+实绩评价得分(实绩评价由三部分组成，分别是常委会党组书记、主任的评价、常委会其他领导班子成员的评价、各委室主要负责人的评价，权重为40%)+民主测评得分(设定“优秀”“称职”“基本称职”“不称职”四项评价意见，分别按照1、0.8、0.6、0.4的系数加权计分，权重为10%)+加减分。考核得分前10位的干部，其年度考核等次直接评定为优秀等次；考核得分后3位的干部，有相关领导进行提醒谈话或约谈。

市人大常委会建立“四评”工作领导小组，由市人大常委会党组成员。秘书长任组长，下设办公室负责评选表彰的组织、协调、调度等工作事宜。机关党组将“四评”工作列入每月必研究事项之一，各支部和委室先踊跃进行内部推荐，再按程序开展投票推选，并将评选结果在网络上公示，充分体现评选工作的公开、公平、公正。每次评选完成后，及时在机关广泛征求意见建议，分析存在的问题，总结经验做法，不断改进评选工作，提升机关干部对评选结果的认可度。

两年来，通过“四评”工作，评出了市人大常委会机关干部的精气神。工作质效不断提高，机关作风日益转变，工作机制得到完善，人大工作全面推进。市人大常委会先后4次在全省人大会议上做经验交流，先后2次被省人大常委会工作通报推介做法和经验。2021年年底，黄冈市人大常委会“以‘四评’扎实推进‘四个机关’建设”被省人大常委会评选为全省人大系统“十大创新工作”。《人民日报》《新华每日电讯》《中国人大》《湖北日报》等多家媒体推广经验。市人大常委会机关党建工作在全市获奖，老干部工作获评全省“先进示范党支部”，人大常委会机关被评为全国节约型机关。

附 录

一、文件选录

一、黄冈地委关于作好基层普选工作的指示

各县委：

全区粮食统销工作已基本结束，普选工作即将在以生产为中心的工作任务下，紧密结合进行。地委要求，普选工作分两批进行，于二月底结束。因此，除各县总结好普选试点工作经验外，地委特作如下指示：

（一）首先，必须明确“以生产为中心进行普选”这一原则。普选必须是服务于生产，有利于生产，成为推动生产的动力。因而在做法上，必须统一领导，统一安排，统一使用力量，从生产入手，归结到生产。在普选工作中，一切有关选举的宣传、调查登记、选民小组会议等活动，都需利用生产空隙去进行，尽可能做到白天生产，夜晚进行普选工作，不误农业生产。特别是一批进行的乡，活动较多，兴修小型水利又是紧迫任务，在一个乡应很好安排生产工作与选举工作和其他工作活动的时间。同时，要结合普选，解决某些有关妨碍生产的遗留问题（如山林、水利纠纷干群关系及管制问题等），但也不可能要求把所有遗留问题都解决好。各县可抓住春节文娱活动的有利环节，组织各种宣传队伍，在贯彻宣传总路线的教育下，动员开展爱国增产运动，结合宣传普选工作，着重提出“参加选举是人民的光荣权利”，“选好代表，选好干部，选好互助合作，领导开展爱国增产运动”，“搞好选举，巩固专政，团结生产，支援国家工业建设”，以便在群众思想上打下正确认识普选的基础。

（二）其次，通过普选，要在充分发扬民主的基础上，达到团结生产、教育干部、改进作风以及加强人民政府与人民群众的联系和进一步巩固人民民主专政的目的。因此，必须首先做好对乡、村干部的教育工作，说明选举意义，是为了更好地密切干群关系，团结生产，便于今后顺利进行农业建设。说明政府既要保护群众的选

举权利，也要保护干部，消除怕“换班”及怕“受处分”的思想顾虑以及由此引起的松气退坡情绪，以便能充分依靠他们推动选举工作。其次，必须教育全面认识干部，爱护干部，除其严重的个别违法乱纪份子和阶级异己分子外，应同干部团结一起，帮助干部克服缺点，搞好生产，完成五四年农村经济十项建设的光荣任务。第三，区干部必须掌握“发扬民主，改善作风，加强团结，搞好生产的”政策，防止以“三反”精神来整顿干部。对于少数干部中的某些强迫命令作风，则应通过检查生产和执行生产政策为中心内容，适当地在干部中开展自我批评，进行教育，使之能主动向群众检讨，表示态度，坚决改正，取得群众拥护，以实际行动争取当选。但必须切实注意防止扯到生活枝节问题，以免纠缠不清。干部检讨时，应采取以小组为单位，群众对谁有意见，即由谁主动向群众检讨；那个小组有意见，就到那个小组去检讨，避免人人检讨，个个过关。这样，既可改进干群关系，又能从实际上解决问题，使群众树立当家作主的思想，使乡村干部不伤元气。

（三）必须具体交代政策，划清政策界限，这是做好普选工作的关键。主要是分清敌我界限，既不能听任一个公民被错误地剥夺了庄严的选举权利，也不能听任一个反革命分子或未经改变成分的地主阶级分子非法窃取庄严的选举权利。按照选举法规定，主要明确除了地主阶级分子、被管制的反革命分子以及判处徒刑被夺公权的分子没有选举权利以外，一般都有选举权利。必须把为从事活动的反革命分子家属和未居于地主家庭支配地位的人区别出来；对有怀疑的阶级成分，不要专门进行“纠正错划阶级”；对有关政治问题，一般应以过去历次社会改革运动为基础，不宜再收集材料，追求历史，另作结论，以致形成斗争；对农村中的被管制分子，特别是未经法院判决而由乡村主动管制的被管制分子，应严格审查甄别和清理，区别出那些是需要继续管制的，那些是改造较好可以缩短期限或取消管制但尚不给以政治权利的，那些是改造较好可以取消管制并给予政治权利，那些是管制错了而应恢复其政治权利的，防止管制面过宽，打击过多。但如果查出有漏网的反革命分子，应报县批准，必须加以管制，并剥夺其政治权利。同时，对乡村干部严重的违法乱纪不可救药份子和隐藏的阶级异己分子及反革命分子和其他阶级有不服情形的，如在乡选举委员会处理不了时，应允许人民群众向区所设立的人民法庭申诉。普选工作开展后，区人民法庭跟随普选进展巡回工作，以保证受理人民群众的申诉、检举与揭发事实，保证人民群众的选举权利，镇压反革命分子的破坏活动。

（四）在步骤上，大体分如下几步：

（1）召开代表会或乡干扩大会，以动员生产为主，成立选举委员会（党支部委员以及乡主要干部参加以利领导),划分选区。会上除大力动员生产外,还应讲明普选意义与政策,总结与肯定过去的工作成绩,表明依靠,消除干部怕“换班”及怕“受处分”的思想顾虑,鼓舞工作情绪。选举委员会成立后,即根据各乡自然条件、人口多少适当划分选区,一般以十至十五个选区为宜。今后各乡应统以选区为基层单位,取消村、闾、组等不同名称的基层组织。同时,选举委员会并应制订工作计划,统一领导生产与普选。

(2)广泛深入开展宣传动员,交代政策,进行人口调查与选民登记工作。宣传工作必须结合生产,利用生产空隙进行。方式上可采取小组会、座谈会、不定形式的漫谈会、个别宣传、大字报、黑板报、广播筒等,并应组成各种宣传力量投入宣传,要求达到既简单又热闹。在宣传内容上,作到“做什么、讲什么、结合实际”,具体交代政策,不能光讲大道理,主要抓住三点:1.贯彻选举的意义与人民群众切实关系,使选民认识到选举权利的庄严性与光荣,从而积极地参加选举;2.划清政策界限,认识哪些人有选举权与被选举权,哪些人没有这些权利。同时,并说明人口调查与选民登记工作的意义,使群众关心这些工作。人口调查自报年龄即行,尤其是对于“十八岁”更不必过分强调;3.使选民懂得应选什么人当代表,选好能领导生产的好干部,把普选口号普及深入,必须做到家喻户晓,同时也只有做好上述工作,才能调动群众,正确地选出候选人,踊跃参加选举。选民登记可实行流动登记,以便利群众,不误生产。

(3)根据选区,酝酿提出与确定代表候选人,召开选举大会。此一阶段的主要关键是如何保证百分之九十五以上的好干部当选,因而首先除必须树立干部当代表光荣的思想外,还必须对干部进行充分教育,帮助干部自觉的检查缺点,做好群众政治工作,干部要积极领导生产,争取团结群众;同时应肯定干部成绩,对选民进行“看干部要全面,不能光看缺点”的教育。达到互相团结与谅解。在这种思想基础上,即由选举委员会领导物色和群众意见相结合提出候选人名单,经过选区酝酿、通过,正式确定公布。

以选区为单位,召开选举大会,必须争取百分之八十五以上的选民参加,因此,必须充分做好准备工作,会场要布置庄严、简单、热闹;同时,可提出“选好代表,搞好生产”,以及其他适当口号,调动选民参加选举;另外,对家庭门户以及生产队必须很好安排。选举方式可以举手代投票的方法进行,不必采用投豆方式。

(4)召开全乡人民代表大会,选代表主任、乡人民政府委员以及正、副乡长并产生其他委员会和县人民代表。在人民代表大会主席团选出以后,选举委员会即告结束,代表大会即由主席团主持进行。主要议程为:1.上届人民政府的工作报告和讨论;2.选举乡人民政府,新的乡人民政府选出后,应即讨论处理事先由人民群众中所收集的提案,并制定一九五四年的生产建设计划,具体领导群众,大力开展生产运动。

最后,各县应研究好全县普选工作进度计划,一个乡一般十天左右时间,最多不超过半个月,时间宜短不宜长。并训练好担任基层选举委员会的主席和指导基层选举工作的县、区干部和技术工作人员,以利选举工作的顺利进行。

以上指示,望即研究贯彻执行,并将各县试点工作及时总结报来。

地　　委

一九五四年元月三十日

二、中共黄冈市委关于进一步加强人大工作的意见(黄发〔2005〕17号)

为了进一步加强和改善党对人大工作的领导,更好地发挥人大代表的作用,加强人大制度建设,不断提高人大工作水平,促进黄冈市物质文明、政治文明和精神文明协调发展,根据中央、省委有关精神,结合黄冈市实际,特提出如下意见。

(一)坚持和完善人民代表大会制度,进一步提高对人大及其常委会性质、地位、作用的认识

1.充分认识坚持和完善人民代表大会制度的重要意义。人民代表大会制度是我国的根本政治制度。坚持和完善人民代表大会制度,是实现人民当家作主的根本途径,是发展社会主义民主、健全社会主义法制、建设社会主义政治文明、构建社会主义和谐社会的重要内容,是完善党的领导方式和执政方式、提高党的执政能力的必然要求,是全党全社会的共同责任。各级党委都要充分认识坚持和完善人民代表大会制度的重要意义,认真贯彻中央和省委文件精神,牢牢把握坚持正确的政治方向、坚持民主集中制、坚持走群众路线三项原则,紧紧抓住进一步发挥人大代表作用和加强人大常委会制度建设两个重点,推动人大工作再上新台阶。

2.加强对人民代表大会制度的学习和宣传。各级党委要把宣传人民代表大会制度和人大工作纳入宣传工作的总体安排,加大宣传力度,丰富宣传内容,活跃宣传方式,提高宣传质量。党委机关报刊、广播、电视等新闻媒体要坚持正确的舆论导向,加强和改进对人大工作和有关重大活动的宣传报道,加大对闭会期间人大工作和代表活动的宣传力度,为人大工作创造良好的舆论氛围。通过宣传,进一步提高全社会对新的历史时期人大及其常委会所处地位和作用的认识。组织人事部门、党校、行政学院既要把人民代表大会制度的基本知识列入干部学习、培训的重要内容。要加强对人民代表大会制度和人大工作的理论研究，用理论创新的成果指导人大工作实践。

3.提高人大代表素质，增强代表履职能力。各级党委和人大常委会要切实加强对人大代表选举工作的领导。在推荐人大代表候选人时，要注重代表的政治素质和执行职务的能力，优化人大代表的年龄、知识和专业结构，保证非党代表、妇女代表和基层代表的比例，注意避免领导干部代表所占比例过高的现象。要加强对人大代表履行职责必备知识的培训，尤其是要加强换届后的培训工作，增强代表的责任意识，提高代表的政治、法律、道德、业务素质和依法执行代表职务的能力。各级人大常委会要规范人大代表履职行为，代表依法执行代表职务要与个人职业活动严格区别开来，代表在执行代表职务的活动中不得接受企事业组织，社会团体和个人的出资赞助，代表个人不得干预具体案件的审理执行。要逐步建立代表在任期内回选区向选民述职制度，不断优化代表的履职意识。要逐步推行代表辞职制度，担任领导职务的党员代表离开原选区或原选举单位，或者不再担任原职务，但仍在本行政区域的，根据工作需要可辞去代表职务，代表因健康或其他原因不能正常执行代表职务的应辞去代表职务。

4.组织好代表闭会期间的活动，保障人大代表的知情权。加强人大代表闭会期间活动的组织、协调、服务，进一步明确代表在闭会期间活动的内容和原则，有针对性地组织好代表小组活动，切实改进和加强代表的视察和专题调研工作，组织代表重点围绕行政执法监督，针对法律法规实施中存在的问题提出建议、批评和意见，增强代表活动的实效。加强对代表小组活动的指导，按照以集体活动为主和便于组织的原则，建立代表小组活动的有关制度，规范代表小组的活动方式。代表小组活动每年不少于两次。每年至少组织一次代表专题调研活动。每次人民代表大会召开前围绕经济、社会发展情况和政府所承诺的事项的落实情况组织一次视察，以利于代表提出议案和建议，为参加代表大会审议议案和工作报告作准备。坚持和完善列席人大常委会会议制度、人大常委会组成人员联系代表制度，邀请代表参加常委会执法检查、列席专门(工作)委员会会议和参加专门委员会的有关活动，不断扩大代表对常委会活动的参与。人大常委会办事机构应及时向代表通报常委会会议，常委会重要工作安排和重要活动情况；定期向代表寄送常委会公报等刊物。政府、法院、检察院应以听证会、议政会、汇报会的形式向本级人大代表汇报工作情况。政府在作出涉及全局性利益调整的决策前应广泛征求人大代表的意见。司法机关在审理有重大影响的案件时可以邀请代表旁听。政府及其有关部门、法院、检察院应向人大代表寄送国民经济和社会发展及有关法院、检察院工作资料。

5.提高代表议案质量,加强代表议案及建议、批评和意见办理工作。积极引导人大代表围绕改革发展稳定的大局,围绕经济建设、政治建设、文化建设和社会建设中的重大问题和人民群众普遍关心的问题,在深入调查研究的基础上,提出议案及建议、批评和意见。对代表在人民代表大会期间提出的建议、批评和意见,常委会有关办事机构要进行综合分析,拟定承办意见,会同有关国家机关组织好交办工作。各专门(工作)委员会、常委会办事机构还要特别注意做好代表闭会期间议案的收集、组织和办理工作。要把代表在闭会期间提出的议案及建议、批评和意见视同代表在会议期间提出的议案及建议、批评和意见一样办理。专门(工作)委员会在组织对议案的调研、论证和审议时,应邀请领衔代表参加;提请审议议案时,应邀请提出议案的代表参加。办理代表议案及建议、批评和意见,要在解决实际问题上下功夫,不能仅限于书面答复,对能解决的问题,应尽快解决并给予明确的答复;对一时解决不了的,应向代表说明情况,明确办理时限,在妥善解决后及时答复;对确实不能解决的问题,应详细说明原因。要加强交办后的督办工作,督促承办单位建立健全办理代表议案及建议、批评和意见的责任制,严格办理程序,提高办理效率和质量,并及时反馈办理结果。要建立分类督办与重点督办相结合的督办机制,一方面对交办的代表议案及建议、批评和意见进行分类,由有关专门委员会督办,同时选取部分代表议案及建议、批评、意见进行重点督办。每年在第三季度组织人大代表会同有关国家机关对办理情况进行集中督办视察。对办理不力、代表对办理结果不满意的,要通报批评,责成重新办理。

6.保障人大代表的合法权益,为代表依法履职创造条件。依法保障代表履职活动的时间和应享受的各项待遇。代表依法参加代表活动,其所在单位应提供必要的便利,报销差旅费;无固定工资收入的代表执行代表职务,根据实际情况可从代表活动经费中给予适当补助;代表的培训经费和活动经费,各地要列入本级财政预算,并随着经济的发展适当有所增加,具体标准由各级财政部门商同级人大工作机关确定。要依法维护代表的各项权利,尤其要保障代表的言论免责权和人身特别保护权,严肃查处妨碍代表依法行使职权、侵犯代表合法权益的行为。纪委在对党员人大代表采取“双规”措施前应向同级人大常委会党组通报情况,司法机关在对人大代表采取强制措施前应依法提请人大常委会许可。要落实人大代表职务写入其任职履历的规定。建立健全激励机制,每届评选一次优秀人大代表和先进人大工作者。

(二)加强人大及其常委会制度建设,充分发挥地方国家权力机关的作用

7.完善人大及其常委会的会议制度,提高议事质量和效率。坚持民主集中制,严格按照法定程序开好人民代表大会会议,人大常委会会议。适时制定《黄冈市人民代表大会议事规则》,规范市人民代表大会的会议程序。政府及有关部门、法院、检察院要依法和按照人大会议有关规定及时报送会议材料,有关负责同志要按规定到会,认真听取审议意见,并回答询问。对“一府两院”工作报告可以实行审议报告和审议意见的表决制度,工作报告未获通过的,按照有关作告或按规定作相应处理。坚持公民旁听人大常委会会议制度,逐步建立公民旁听人民代表大会会议制度。

8.健全监督制度,改进监督工作。各级人大及其常委会要按照围绕中心、突出重点、讲求实效的思路,把握工作大局,把改革发展稳定中的重大问题和关系人民群众切身利益的热点、难点问题作为监督的重点,积极改进和加强监督工作。要着重加强行政执法监督,督促政府及其行政执法部门严格依法办事,纠正各种违法和行政不作为、乱作为的行为,促进依法行政、公正执法。要加强对计划、预算、重大公共建设项目,专项资金管理、政府执行机构设置和人员编制、城市建设和管理、资源开发和环境保护等情况的监督;督促政府和司法机关依法处理审计报告中反映的违反财经法律法规的突出问题。要加强执法检查工作,改进执法检查方法,突出检查重点,每年检查两至三部法律法规的贯彻实施情况。有关办事机构和专门(工作)委员会要加强对执法检查中发现的重大违法案件的整改督办。对重大案件人大常委会可依法组织特定问题调查委员会进行调查。加强司法监督,对人民群众反映的司法案件,人大有关专门委员会或常委会有关工作机构应及时转交法院、检察院,并督促依法妥善处理。坚持在司法机关推行执法责任制、冤案错案追究制和评议考核制,促进司法公正。规范和加强人大信访工作,坚持和完善主任会议成员定期接待人大代表和人民群众来信来访制度,常委会信访工作机构要认真受理人民群众的中诉和意见,并跟踪督促有关方面及时解决。加强对“一府两院”规范性文件的备案审查工作,“一府两院”出台的规范性文件应及时报送人大有关专门(工作)委员会或常委会有关办事机构备案审查。

9.规范人大及其常委会决定重大事项制度,提高依法决策的能力。各级人大常委会在制定年度工作要点时,各有关方面要在充分调查、论证的基础上,主动及时地报送需要人大常委会讨论决定的重大事项和建议。要规范党委、人大、政府决定重大事项的内容和程序，凡依法应由人大及其常委会讨论决定的重大事项，政府在提交党委讨论前，应先征求人大常委会的意见。要认真执行市人大常委会讨论决定重大事项实施办法，对计划、预算的部分变更、城市总体规划及重大变更等事项，应依法提请人大常委会讨论并决定；预算执行、审计工作、重点建设项目实施、重大改革措施、重大自然灾害和事故的处理。与人民群众生活密切相关的公共服务价格的调整等事项，应向人大常委会报告，由人大常委会讨论提出意见和建议，必要时可以作出决定；涉及政府机构的改革方案和重大调整，应及时向人大常委会报告。各级人大及其常委会要提高依法决策的能力，善于把党的主张和人民群众的愿望经过法定程序转化为国家意志，使作出的决议、决定符合实际，符合人民群众的根本利益。

10.规范严格遵守人大任免干部的法律制度和程序，加强任后监督。各级党委要认真贯彻法律、法规和中央、省委的有关规定，把党管干部原则与人大及其常委会依法选举、任免干部统一起来。需要由人民代表大会或人大常委会选举、任命、决定任命的地方国家机关工作人员人选，应事先向人民代表大会临时党组织或人大常委会党组和人大常委会组成人员、人大代表中的党员介绍推荐人选的情况和推荐理由。人大及其常委会要自觉坚持党的领导，严格依法办事，保证党委的意图顺利实现。党委要尊重人大及其常委会依法进行的选举和表决结果，严格控制选任制领导干部在法定任期内的职务变动，对确需要调整的要按照法定程序办理。要进一步规范和深化评议工作，扩大评议的民主程度，加强评议后的督促整改，评议工作应与党委、政府考核评比工作实现信息共享，其结果应作为党委考核和任用干部的重要依据之一。

（三）加强人大常委会及其机关建设，为依法行使职权提供保障

11.规范不断提高常委会组成人员的履职能力。要根据人大的性质和工作特点，强化各级人大其常委会组成人员的年龄结构、知识结构和专业结构，逐步提高专职人员的比例，注重选拔年龄较轻、综合素质好，具有专业知识和发展潜力的同志进入人大常委会，专职从事人大工作，以保证人大工作的稳定性和连续性。人大及其常委会组成人员要认真履行法定职责，集中精力从事人大工作，不得具体承担与法定职责不相符的行政和司法事务。不驻会的人大常委会委员，其所在单位应为其履行职责提供必要的便利，给予时间和物质保障。

12.切实加强人大专门委员会建设。进一步健全专门委员会会议制度和议事规则，完善与“一府两院”对口部门的工作联系制度，充分发挥专门委员会的监督作用。要加强专门委员会组织建设。根据工作需要,可设立人大常委会预算工作委员会,与人大财经(工作)委员会合署办公。各专委会组成人员配备应与所承担的任务相适应,一般不应少于5人(含兼职人员)。可以安排常委会组成人员兼任专门委员会负责人,也可以安排人大常委会机关工作人员担任专门委员会的负责人。

13.健全完善人大常委会机关工作机构。根据中央、省委文件精神和本地工作需要,市人大常委会可以设立上级人大代表联络机构,为联系上级人大代表提供服务。县级人大常委会的工作机构在编制限额内一般应按照一室五委设立。市县两级人大常委会要进一步加强信访机构建设,认真做好信访工作。

14.支持人大加强队伍建设。党委要按照干部队伍建设的总体规划,做好人大常委会机关干部的配备、选拔、培养交流和使用工作,要扩大人大常委会机关干部的任职交流,有计划地选派人大常委会机关年轻干部到基层挂职锻炼。

15.逐步改善人大工作的物质条件。各级党委、政府要切实解决人大常委会在办公经费、办公设施、工作用车等方面存在的困难。人民代表大会、人大常委会的会议经费,人大常委会、人大各专门委员会及其工作机构的执法检查、视察、调研等活动经费,应列入本级财政预算。要逐步解决市县人大常委会机关老干部多、经费困难的问题。

16.高度重视乡镇人民代表大会建设。各级党委要加强对乡镇人大工作的领导,帮助乡镇人大改善办公条件,保障工作经费,依法开好代表大会和主席团会议。要配备好乡镇人大主席。党委副书记担任人大主席的,主要精力应从事人大工作,同时应配备专职或兼职工作人员。要充分发挥乡镇人大代表贴近群众的优势,以督促解决好人民群众反映的问题为重点,组织好代表闭会期间的活动。

(四)切实加强和改善党对人大工作的领导,确保人大工作正确的政治方向

17.强化党委总揽全局、协调各方的领导核心作用。要加强和改进党对人大工作的领导,支持人大依法履职,协调好人大与其他国家机关之间的关系。“一府两院”要自觉接受人大的监督,及时协调解决人大及其常委会行使职权中遇到的困难和问题,使人大与“一府两院”在党委的领导下,既独立负责、各司其职,又互相支持、协调一致地开展工作。人大常委会在研究工作计划、确定工作思路、提出工作重点时,要围绕党委工作中心,服从服务党委工作大局,自觉把人大工作与党委工作一致起来。要从人大职能出发,通过视察、检查、调查以及代表工作等渠道,了解社情民意,为党委实现科学决策、民主决策、依法决策服务。

18.健全党委领导人大工作的制度。各级党委要把发挥党委的核心作用与支持和保证人大依法履行职能统一起来，按照人大的职权范围和工作方式，向本级人大常委会党组提出任务和要求，并加强督促检查。各级人大常委会的年度工作要点由人大常委会党组报送同级党委批转。各级党委每届任期内召开一次人大工作会议，对人大工作作出部署，每年至少听取一次人大常委会党组的工作汇报，专题研究人大工作中的重大问题，及时批复人大常委会党组的请示，解决人大工作中遇到的困难和问题。必要时，以党委文件形式转发人大常委会党组的工作报告。党委书记兼任同级人大常委会主任的，要用足够的精力，切实依法履行人大常委会主任的职责，在本级法定的人大及其常委会会议和上级召开的有关会议时间相冲突时，一般情况下应出席本级法定的人大及其常委会会议。主持日常工作的党员副主任应列席党委常委会议，并可担任人大常委会党组书记。党委作出重要决策和重大工作部署，涉及人大职权范围内的，要及时向人大常委会党组通报，认真听取并注意吸纳人大提出的意见和建议。党委、政府召开的全局性工作会议，应通知同级人大常委会领导、有关人大常委会委员和常委会有关专门委员会、工作委员会负责人参加。对人大及其常委会作出的决议决定，各级党组织和全体党员要模范地遵守和执行。

19.充分发挥人大常委会党组的作用。各级人大常委会党组要在同级党委领导下，认真履行职责，在人大常委会工作中发挥领导核心作用。各级党委及其组织部门提名推荐人大代表候选人和人大常委会组成人员人选时，要征求人大常委会党组的意见。要健全向党委请示和报告工作制度。人大常委会工作中的重要事项和重大问题，人大常委会党组要事先向党委报告，按照党委指示和要求开展工作。要及时传达党委的重要决策和重大工作部署，使人大常委会组成人员了解党委的工作意图和工作目标。在人大常委会开展法律监督、工作监督和人事任免等工作中，人大常委会党组要带头贯彻党的路线方针政策，落实党委的决策意图。人大常委会组成人员的中共党员，将党组织临时关系转到人大常委会机关，组成临时党支部，受人大常委会党组领导。

20.各级党委、人大、政府、法院、检察院和有关部门应根据本意见，研究制定贯彻执行的措施或相关配套办法，认真落实意见中的各项要求。各级党委要对本意见的落实情况进行督促检查，切实加强和改善对人大工作的领导，提高人大工作水平。

三、中共黄冈市委关于加强和改进人大工作的决定(黄发〔2010〕4号)

为深入贯彻落实党的十七大和十七届四中全会精神,切实加强和改进党对人大工作的领导,充分发挥人大及其常委会在推动科学发展、构建和谐黄冈中的重要作用,根据《中共湖北省委关于进一步加强和改进人大工作的决定》(鄂发〔2009〕28号)要求,结合黄冈市实际,现就加强和改进人大工作作出如下决定。

(一)进一步加强党对人大工作的领导

1.深刻认识坚持和完善人民代表大会制度的重要意义。人民代表大会制度是符合我国国情、体现我国社会主义国家性质、能够保证人民当家作主的根本政治制度,是我们党在国家政权中充分发扬民主、贯彻群众路线的最好实现形式,集中体现了中国特色社会主义民主政治的特色和优势。各级党委和国家机关要从深入贯彻落实科学发展观、坚定不移地发展社会主义民主政治、加强党的执政能力建设的高度,进一步提高对人民代表大会性质、地位、作用的认识,切实增强政治责任感和历史使命感,更好地坚持和完善人民代表大会制度。

2.牢牢把握人大工作的根本和核心。人大工作坚持正确的政治方向,最根本的就是坚持党的领导、人民当家作主、依法治国的有机统一,核心是坚持党的领导。做好人大工作,必须把党的领导贯穿于人大依法履职的全过程,落实到人大工作的各个方面。

3.健全完善党委领导人大工作的制度。各级党委要坚持和完善定期听取专题汇报、通报重要情况、答复问题请示等制度,每年至少听取一次人大常委会党组工作汇报并研究人大工作,每届内至少召开一次人大工作会议,研究解决人大工作中的重大问题。人大常委会主任或主持工作的副主任应列席党委常委会会议。要明确党委副书记联系人大工作。党委、政府召开全局性会议以及换届时党委组织部门组织领导干部民主推荐和测评等,应安排人大专门委员会、常委会工作机构主要负责人参加。

4.加强人大与"一府两院"工作的协调。各级党委要充分发挥"总揽全局、协调各方"的领导核心作用,支持人大依法行使职权。"一府两院"要自觉接受人大监督,依法向人大及其常委会报告工作,配合人大的执法检查、听取和审议专项工作报告等工作。对人大及其常委会作出的决议、决定和审议意见,要认真贯彻落实,按时向人大常委会报告。人大及其常委会的决议、决定和审议意见的办理落实应列入政府常务会议议题。建立人大常委会与"一府两院"工作联系制度。人大常委会依法对本行政区域内不属于本级人民政府直接管理的国家行政机关以及具有社会管理职能的其他组织和企业事业单位，遵守和执行法律法规情况实施监督。支持人大常委会开展人民满意单位和优秀公仆的评选活动。

5.充分发挥人大常委会党组的领导核心作用。各级党委要善于通过人大常委会党组实施对人大工作的领导，保证党的路线方针政策以及重大决策和部署在人大工作中贯彻落实。各级人大常委会党组要自觉接受党委领导，对于人民代表大会及其常委会会议的召开、人大常委会的年度工作要点以及开展监督、决定重大事项、人事任免等工作中的重大问题，要报请同级党委原则同意后再按法定程序办理。

6.加强对人民代表大会制度的学习宣传。各级党委(党组)要把人民代表大会制度理论作为中心组学习的重要内容。各级党校、行政学院要把人民代表大会制度理论和人大工作基本知识作为党政领导干部和公务员培训的课程。党委宣传部门要将人民代表大会制度和人大工作的宣传纳入宣传计划，新闻媒体要开设人大工作宣传栏目，及时全面准确报道人大及其常委会的重要工作和重大活动。人民代表大会会议、人大常委会会议、人大常委会主任会议决定向社会公布的内容，要依法按时按要求刊播。

(二)积极支持和保证人大及其常委会依法行使职权

7.支持和保证人大及其常委会依法行使监督权。各级党委要按照监督法及省实施办法的要求，支持人大及其常委会加大监督力度，增强监督实效，协调解决监督过程中遇到的重大问题，保证宪法和法律法规在黄冈市得到全面正确地贯彻实施。各级人大常委会要通过开展执法检查、规范性文件备案审查以及公检法机关办案质量检查、协助上级人大立法调研等活动，加强对“一府两院”及其组成部门的法律监督，尤其要加大对公共财政支出、部门预算、专项资金使用、审计问题整改以及民生保障和公正司法等方面的监督力度。各级党委要支持人大常委会进一步完善监督方式，必要时运用询问、质询、特定问题调查、撤销不适当决定等法定监督手段，探索专项工作评议和审计问题整改情况跟踪检查的操作方法，提高监督实效。支持人大常委会依法受理群众来信来访，搞好督查督办，督促有关机关和部门切实解决信访突出问题，促进“一府两院”依法行政和公正司法。

8.支持和保证人大及其常委会依法行使重大事项决定权。党委关于地方国家事务的重要主张，凡属于人大及其常委会职权范围、需要全体人民共同遵循的，由党委向人大及其常委会提出建议或由“一府两院”依法提请人大及其常委会审议，使之经过法定程序成为国家意志。“一府两院”对应由人大及其常委会讨论决定的重大事项,要主动提请人大及其常委会审议决定。各级人大常委会要围绕本行政区的中心工作,抓住全局性、根本性、长远性的重大问题以及事关人民群众切身利益的重要问题,发挥密切联系群众的优势,广泛集中民意,不断推进决策的科学化、民主化、规范化。要健全人大常委会行使重大事项决定权的具体实施办法,增强针对性和可操作性。

9.支持和保证人大及其常委会依法行使选举任免权。各级党委要加强对选举任免工作的领导,正确处理党管干部原则与人大依法选举任免的关系,实现党内工作程序与人大法定工作程序的有机结合。要认真对待和研究处理人大代表或人大常委会组成人员对拟选举、任免人选提出的意见要尊重和支持人大代表联名推荐候选人的民主权利,尊重和维护人民代表大会选举和常委会表决的结果。选举和国家任命的国家机关工作人员在任期内,因特殊原因确需调整的,应严格依照法定程序进行。不断完善拟任命人员任前法律知识考试、供职发言等制度,依法加强对选举、任命干部的监督。人大常委会对"一府两院"工作的评议意见应作为党委考核干部的重要内容和推荐使用干部的重要依据。

10.支持和保证人大及其常委会开好法定会议。各级人大及其常委会要健全和改进会议制度与议事规则,完善议事程序,充分发扬民主,严格依法办事,不断提高会议审议决定质量。人大代表和人大常委会组成人员要增强履职意识,提高履职能力,按时出席会议,认真审议报告,积极提出议案和建议。"一府两院"应依法向同级人大及其常委会报告工作,并派负责人列席会议,认真听取意见,回答询问和质询。坚持和完善公民旁听、视频直播等制度,扩大公民有序的政治参与和人大议事公开化程度。

(三)充分发挥各级人大代表的主体作用

11.注重提高人大代表的整体素质。各级党委在提名推荐本级和上级人大代表人选时,要充分听取人大常委会党组的意见,党委组织部门要会同人大常委会党组做好人大代表的提名推荐工作。坚持广泛性、代表性和先进性的统一,优化代表的年龄、知识和专业结构,适当提高来自基层人大代表的比例。各级人大常委会要加强代表培训工作,换届后两年内基本完成对本级代表的培训。各级人大代表要依法执行代表职务,积极参加代表活动,担任领导职务的代表要带头履行代表职责。代表离开原选区或原选举单位,或者工作变动,但仍在本行政区域的,应提交辞去代表职务的报告。组织开展先进代表小组和优秀人大代表评选活动。探索建立代表向选民述职和代表辞职制度。

12. 为代表依法履行职责提供服务和保障。各级人大常委会和“一府两院”要及时向代表通报工作情况，为代表知情知政、行使职权提供方便。坚持和完善邀请代表列席人大常委会会议和参与执法检查、集中视察、调查研究、工作评议等制度。各级人民政府要根据实际工作需要，把代表活动经费列入本级财政预算，并随着地方财政收入的增长而增加，确保代表活动经费及时足额到位。代表依法参加法定会议、代表活动，其所在单位应当给予时间、工资、津贴、资金和其他福利待遇等各项保障。适当提高农民、工人中人大代表参加人大会议和代表活动的误工补助。代表依法参加法定会议和代表活动，其所在单位必须给予时间、交通和通信、工资和其他福利待遇等各项保障，并按正常出勤对待。对妨碍、阻挠代表履行职责或侵犯代表权益的行为，要依法严肃查处。

13. 提高人大代表议案和建议、批评、意见办理的质量。各级人大常委会要健全代表议案、建议、批评和意见办理的具体规定，建立交办和督办工作的正常机制。各承办单位要坚持领导领办重点建议制度，规范办理程序，明确办理时限，提高办理质量，切实提高办结率和代表满意率。坚持重点督办、实地视察、集中回访、当面答复、常委会审议、人代会公示等方式，加大代表议案建议的督办和落实力度。组织开展优秀议案建议评选表彰活动。设立政府办理代表议案建议的专项预备金，并列入财政预算。要将代表议案建议办理情况纳入“一府两院”及其部门的目标管理责任制进行检查考核。

（四）切实加强各级人大及其常委会的自身建设

14. 加强思想作风建设。各级人大及其常委会要坚持以邓小平理论和“三个代表”重要思想为指导，全面落实科学发展观，牢固树立党的观念、大局观念、民主法治观念、群众观念，进一步增强责任感和使命感。加强宪法、法律和人大业务知识的学习，保持奋发有为的精神状态，进一步改进工作作风，创新方式方法，不断提高依法行权的能力和质效。

15. 加强组织制度建设。优化人大常委会组成人员的年龄、知识和专业结构，适当提高中青年同志和专职委员的比例。在推荐人大常委会和专（工）委组成人选时，要注意听取人大常委会党组的意见。要科学设置人大及其常委会的内设机构，加强预算审查、规范性文件备案审查和信访工作机构建设。要根据工作需要，切实解决当前部分县级人大常委会机构和编制不适应工作需要的问题。要完善各级人大及其常委会行使各项法定职权的具体工作制度，促进人大工作制度化、规范化、程序化。

16.重视人大机关干部队伍建设。各级党委要把人大常委会机关干部的配备、培养、选拔、任用与交流纳入党的干部队伍建设总体规划和年度工作计划。切实加大人大常委会机关与党委、政府和其他机关团体以及县市区之间的干部交流力度，每届要有一定数量的干部对外交流，并形成制度，长期坚持，增强人大机关干部队伍的活力。

17.改善人大常委会机关工作条件。确保各级人民代表大会会议、常委会会议、主任会议等法定会议经费，保证人大常委会机关各项正常开支和专(工)委工作经费，适当增加执法检查、视察调研、选举任免、计划预算审查、规范性文件备案审查、工作评议、代表培训、跟踪督办、人大制度宣传以及对外交往等专项经费，并依法列入本级财政预算高度重视人大常委会机关老干部工作，搞好老干部服务，增加老干部工作经费。加强人大常委会机关基础设施和信息化建设，配备会议电子表决系统，改善办公条件和议事环境。

18.加强各级人大常委会之间的联系和对外交往。市人大常委会要加强对各县市区人大常委会和乡镇人大的工作指导与联系，通过召开专题会议和上下联动执法检查等形式，提高全市人大整体工作水平。积极支持人大常委会加强与兄弟县市区人大常委会的联系和交流。

19.重视做好乡镇人大工作。各县市区党委要研究加强和改进乡镇人大工作的措施。根据省委的规定，乡镇人大主席团主席由党委书记兼任，换届时调整到位，同时，各乡镇要配备一名专职工作人员。发挥乡镇人大在闭会期间作用。每年依法至少召开一次乡镇人民代表大会。乡镇人大主席团活动经费，要按规定列入财政预算。积极探索街道、开发区开展人大工作的办法和途径。

各级党委应根据本决定，研究制定具体落实意见。

四、中共黄冈市委关于进一步加强新形势下人大工作的意见(黄发〔2013〕15号)

为了深入贯彻落实党的十八大和十八届三中全会精神，进一步把省委《关于进一步加强和改进人大工作的决定》(鄂发〔2009〕28号)精神落到实处，充分发挥市县乡地方国家权力机关职能，大力促进黄冈“双强双兴”战略实施和经济社会健康持续发展，现就进一步加强新形势下人大工作提出如下意见。

(一)深刻认识人民代表大会制度的重要性

人民代表大会制度是我国的根本政治制度。坚持和完善人民代表大会制度，推动人民代表大会制度与时俱进、做好新形势下人大工作、是提高党的执政能力、保障人民当家作主。实施依法治国基本方略的根本途径,是发展社会主义民主、健全社会主义法治,建设社会主义政治文明的重要内容,是贯彻落实科学发展观、全面建成小康社会的必然要求。全市各级党委、国家机关和人民团体要充分认识人民代表大会制度性质,地位和作用。不断增强坚持和完善人民代表大会制度的自觉性和坚定性,更加注重改进党的领导方式和执政方式、善于使党的主张通过法定程序成为国家意志,保证党领导人民有效治理国家,为黄冈科学发展、跨越发展作出新的贡献。

(二)健全和完善党委领导人大工作的制度

人大工作是党的全部工作重要组成部分。各级党委要根据人大的:法定职责和工作特点,把人大工作纳入总体布局、摆上重要议事日程,每年至少听取一次人大常委会党组工作汇报并专题研究人大工作,每届内至少召开一次人大工作会议,研究解决人大工作中遇到的困难和问题,人大专门委员会、人大常委会工作机构主要负责人参加涉及全局性的工作会议、重大活动以及换届时党委组织部门组织的领导干部民主测评和推荐会议。

各级人大常委会党组是同级党委的派出机构,受同级党委领导,对同级党委负责。党委在作出重大决策和部署时。应征询人大常委会党组织的意见、对人大常委会党组请示的问题,党委要及时研究答复。人大常委会党组要自觉接受党委领导,贯彻党委意图,落实党委决策,对人民代表大会及常委会会议的召开、年度工作要点的提出以及开展监督、决定重大事项、人事任免等工作中的重大问题,要报请同级党委原则同意后按法定程序决定和实施。

(三)切实解决好人大工作中的重点问题

1.关于支持人大依法行权问题。各级党委要加强对人民代表大会会议和人大常委会会议的领导,支持和保证人大及其常委会按照议事规则和工作程序办事,"一府两院"领导人员和相关部门主要负责人要依法严格按规定列席会议并报告工作,听取意见,回答询问。要支持人大常委会依法深化对国民经济和社会发展规划、全口径预决算、政府投资重大建设项目以及民生方面重点问题的监督,不断推进司法机关完善内部审判监督机制和法律监督机制,认真做好规范性文件备案审查工作。要支持人大及其常委会依法讨论决定有关重大事项,凡属人大及其常委会职权范围的重大事项,要适时提出建议依法由人大及其常委会讨论决定。"一府两院"需提请人大及其常委会表决的重大事项和议案,必须依法按规定时间向人大常委会主任会议报告。各级党委要切实加强对选举任免工作的领导，把党管干部原则与人大依法选举任免结合起来，支持和保证人大及其常委会依法行使选举权和任免权，要认真对待和研究处理人大代表或人大常委会组成人员对拟选举、任免人选的意见。选举和任命的国家机关工作人员在法定任期内应保持相对稳定，因特殊原因确需调整的应严格依照法定程序办理。人大及其常委会选举、任命的干部涉及违法违纪时。纪检监察机关、党委组织部门和司法机关应及时与人大常委会加强沟通协调，严格依照法定程序办理。“一府两院”要自觉接受人大监督，依法向人大及其常委会报告工作，配合人大的执法检查、视察调研、听取和审议专项工作报告等工作。对人大及其常委会的重要决议、决定以审议意见的办理，要依法列入政府有关会议进行研究，并书面向人大常委会报告办理结果。人大常委会对“一府两院”的专项评议意见和工作满意度测评情况作为党委考核干部的重要内容和推荐使用干部的重要依据。

2.关于加强乡镇人大工作问题。由乡镇党委书记兼任乡镇人大主席的各乡镇要在总编制内配备不少于1名人大工作人员、协助人大主席做好人大工作，每年要依法召开乡镇人民代表大会，讨论决定重大事项、乡镇政府领导人的任免必须召开乡镇人民代表大会决定。要切实解决好乡镇人大办公、代表活动场所、专门工作经费应按规定列入财政预算。

3.关于代表议案建议落实问题。各级人大代表提出议案建议和批评意见，是人大代表为人民代言、履职行权的重要方式，各级人大常委会要完善人大代表议案和建议批评意见办理的具体规定，建立交办、督办和考评工作机制。规范办理程序，强化办理措施，提高办理质量，切实提高办结率和代表见面率、满意率，要将人大代表的议案、建议批评意见办理情况纳入“一府两院”及其工作部门的目标管理责任制进行检查和考核。

4.关于代表执行职务保障问题。各级党委提名推荐人大代表人选时，要充分听取人大常委会党组的意见。换届时党委组织部门要会同人大常委会党组做好代表人选推荐工作，拟提名的代表应根据履职情况决定是否继续提名。连任的代表应当占代表总数一定比例。要进一步积极实施代表履职登记、代表向选民述职、持证视察，完善代表辞职、罢免和规范代表退出制度。各级人大常委会和“一府两院”要及时为人大代表提供有关资料和信息，为代表知情知政、行使职权提供方便。坚持和完善邀请人大代表列席人大常委会会议和参与执法检查、视察调研、工作评议、询问质询等制度。加强和规范代表在大会闭会期间的活动。要坚持人大常委会委员联系代表、代表联系选民，并探索以代表小组活动为基础、“代表之家”为基地、代表履职和发挥作用为基准，不断完善代表联系群众制度。人大代表所在单位要对其依法履行职责给予时间、经费、工作条件等方面保障。各级政府要依法将代表活动经费纳入同级财政预算，市、县(市、区)、乡镇人大代表每人每年分别不少于2000元、1500元、600元，并随着财政收入的增长逐年有所增加。

(四)进一步加强人大常委会组织和机关建设

要按照党的十八大要求，不断优化人大常委会组成人员的年龄、知识和专业结构，逐步提高人大常委会专职委员的比例，能连任两届的逐步提高。对县市区人大“一委一人”不合法的问题，可通过人大常委会依法决定兼职委员等办法解决。各级党委要关心人大机关干部的成长和进步，继续把人大干部的培养、选拔、使用纳入干部干伍队伍建设的总体规划，统筹安排，加大干部交流力度，各级编制机构要按强法律规定和省委文件要求，依法规范设置好人大常委会机关内设机构。要确保各级人民代表大会、常委会会议、主任会议等法定会议经费，保障人大常委会机关各项正常开支知专(工)委工作经费以及法定其他专项经费的需要，并依法列入本级财政预算。要努力创造条件积极解决县以上代表大会电子表决系统，大力改善办公条件和议事环境。县市区副县级以上老干部在县市区人大常委会机关离职休养占有很大比例，各级党委和政府要按政策落实好他们的政治经济待遇，各级人大常委会要一如既往地照顾好他们的生活，定期组织他们参加政治学习和党组织活动。

各县市区各有关部门(单位)应根据本意见结合实际制定贯彻措施并认真落实。

五、中共黄冈市委关于进一步加强人大工作和建设的决定(黄发〔2015〕10号)

为全面贯彻落实党的十八大和十八届三中、四中、五中全会精神，深入贯彻落实习近平总书记系列重要讲话精神，按照《中共湖北省委关于加强人大工作和建设的决定》(鄂发〔2015〕16号)要求，进一步加强全市各级党委对人大工作的领导，切实加强全市各级人大工作和建设，充分发挥各级人大及其常委会的职能作用，作出如下决定。

(一)进一步明确和坚定人大工作正确的政治方向，加强和完善党对人大工作的领导

1.准确把握推动人民代表大会制度与时俱进的基本原则和根本要求。人民代表大会制度是中国特色社会主义制度的重要组成部分，是坚持党的领导、人民当家作主、依法治国有机统一的根本制度安排，是支撑我国国家治理体系和治理能力的根本政治制度。坚持、完善和发展人民代表大会制度，做好地方人大工作，必须坚持高举中国特色社会主义思想伟大旗帜，坚定中国特色社会主义道路自信、理论自信、制度自信、文化自信；必须坚持党的领导，自觉把党的领导贯穿于人大及其常委会依法履职的全过程和人大工作的各方面；必须坚持人民主体地位，把实现好、维护好、发展好最广大人民根本利益作为人大工作的出发点和落脚点；必须坚持依法治国，保证宪法、法律法规和上级人大及其常委会决议决定在本行政区域内得到遵守和执行；必须坚持民主集中制，健全"一府两院"由人大产生、对人大负责、受人大监督的制度；必须坚持从本地实际出发，按照总结、继承、完善、提高的原则，不断健全人大工作机制，使地方人大工作更好地体现时代性、把握规律性、富于创造性、增强实效性，更加符合宪法精神、反映人民意志、得到人民拥护。

2.加强和完善党委对人大工作的领导。各级党委要充分发挥领导核心作用，高度重视发挥人民代表大会制度的优势，不断完善党委领导人大工作的制度和方式，坚持把人大工作纳入党委工作总体部署、把人大立法与监督和重大事项决定工作纳入党委决策及其落实体系、把人大选举任免工作和人大干部队伍建设纳入党委干部管理工作体系、把人大工作改革创新纳入党委领导的全面深化改革的重要内容、把人大新闻宣传工作纳入党委宣传工作总体部署、把人大与"一府两院"协调一致开展工作纳入党委"协调各方"的重要方面，实现科学执政、民主执政、依法执政。

健全和完善党委研究人大工作制度，每届党委至少召开一次人大工作会议，每年至少听取一次人大工作专题汇报，研究解决人大工作中的重大事项和重要问题。人大常委会主任或主持工作的副主任列席同级党委常委会议。党委召开全局性会议、组织重大活动、推荐干部，按有关规定安排同级人大专门委员会、常委会工作机构和办事机构主要负责人参加。

要把宪法、人民代表大会制度和民主法治建设理论列入党委（党组）中心组学习的重要内容，列入党校、行政学院、社会主义学院干部培训的必修课程。推进人民代表大会制度理论创新和实践创新，支持各级人大常委会成立地方人大工作研究会。各级党委宣传部门要把人民代表大会制度、人大工作和代表履职的新闻宣传列入党委宣传部门的重要职责，努力构建党委统一领导、宣传部门统筹协调、各级人大联动协作、新闻媒体共同参与的大宣传格局。要加强组织协调和宣传策划，各新闻媒体要充分利用自身优势，增设专题栏目，创新宣传方式，提高宣传质效，发挥舆论导向作用，增强全社会民主法治意识，营造支持人大工作和代表履职活动的良好环境。

3.充分发挥人大常委会党组的作用。各级党委要善于通过人大常委会党组实施对人大工作的领导，保证党的理论路线方针政策和党委的决策在人大工作中得到贯彻实施。各级人大常委会党组要严格遵守党章，严格按照《中国共产党党组工作条例(试行)》开展工作，自觉接受同级党委的集中统一领导，围绕中心、服务大局，认真依法履职尽责，充分发挥在人大常委会工作中的核心领导作用。健全和完善重大事项报告制度，人大常委会召开重要会议、作出重要决议决定、开展重要监督活动以及立法和监督工作中的重大问题，要事前及时向党委请示报告后再进入法定程序。各级人大常委会党组要及时传达党委重要会议和文件精神，使人大常委会组成人员和机关中的党员了解党委的重要工作部署，增强党的观念和大局观念。充分发挥人大常委会机关党组作用，加强人大常委会机关的各项建设。要发挥人大常委会机关基层党组织的战斗堡垒作用和人大常委会组成人员、人大代表中的中共党员的先锋模范作用，确保党委的主张和意图得到实现。

(二)进一步支持和保证人大及其常委会依法行使职权

4.支持和保证人大及其常委会依法行使立法权。要建立健全党委领导、人大主导、政府协同、各方配合、公众参与的立法工作体制。加强对立法工作的领导，完善党委在立法工作中重大问题的决策程序，适时提出立法建议，对立法规划、立法计划、法规草案等提出指导意见。支持市人大及其常委会在地方立法中发挥主导作用，健全立法机构，协调解决立法工作中的困难和问题。发挥立法引领推动和规范保障作用，坚持实现立法和改革决策相衔接，加强城乡建设与管理、环境保护和历史文化保护等事项的立法。扩大公民有序参与，积极开展立法协商，广泛凝聚社会共识，提高立法质量。

5.支持和保证人大及其常委会依法行使监督权。各级党委要高度重视发挥人大监督在地方治理、监督体系和全面从严治党中的重要作用，支持人大及其常委会依法行使监督权。各级人大及其常委会要坚持依法监督，敢于担当，做到敢于监督、善于监督、监督到位。紧紧围绕经济社会发展、全面深化改革、全面推进法治黄冈建设大局以及事关人民群众切身利益、社会普遍关注的重大问题，加强对法律法规实施情况的监督，加强对“一府两院”依法行政、公正司法的监督，加强对政府全口径预算决算的审查监督和对国有资产的监督。改进审计查出的突出问题整改情况向人大常委会报告机制，推进审计整改工作制度化、长效化。监督和支持“两院”

司法体制改革工作，完善人大司法监督与检察机关法律监督相衔接机制，促进公正司法，提升司法公信力。进一步加强规范性文件备案审查工作，改进和规范人大信访工作。进一步加强和改进监督工作，健全和完善监督机制，综合运用听取和审议专项工作报告、计划预算审查批准、执法检查、规范性文件备案审查、询问和质询、特定问题调查等监督方式开展监督，积极回应社会关切。支持人大常委会依法开展工作评议、满意度测评和第三方评估，评议意见和测评结果报送同级党委，向"一府两院"和党委组织部门、有关主管部门通报。工作评议意见和满意度测评情况作为党委考核干部的重要内容和推荐使用干部的重要依据。"一府两院"要自觉接受人大及其常委会的法律监督和工作监督，认真贯彻落实人大及其常委会的决议、决定和研究处理审议意见，并按规定时限向常委会会议或主任会议报告执行和研究处理情况，积极改进工作。

6.支持和保证人大及其常委会依法行使重大事项决定权。各级党委要善于科学决策、民主决策、依法决策，适时将关于地方重大事务的决策和主张作为建议，向人民代表大会临时党委或人大常委会党组提出，或由"一府两院"依法提请人大及其常委会讨论、决定。各级人大及其常委会要健全行使重大事项决定权机制，规范讨论、决定重大事项的范围和程序，制定讨论、决定重大事项年度工作计划，围绕本行政区域关系改革发展稳定的重大问题，听取和审议"一府两院"工作报告，适时作出决议、决定。凡属人大及其常委会讨论、决定的重大事项，"一府两院"在年初报送议题建议，按程序提请人大及其常委会讨论、决定。各级人民政府重大改革举措、重大建设项目、重大民生工程、城市建设总体规划制定和调整等重大决策出台前要向本级人大或人大常委会报告。

7.支持和保证人大及其常委会依法行使选举权和任免权。各级党委要坚持党管干部原则与人大依法行使选举权任免权相统一。向人大及其常委会推荐任免人选，应按照有关规定和法定程序办理。加强对选举工作的领导，明确选举工作责任，依法落实差额选举和联名提名候选人制度，严肃查处选举工作中的违法违纪行为，确保选举工作风清气正。完善征求意见和情况通报制度，党委推荐国家机关组成人员人选时，应当及时向人大常委会党组通报党委人事安排和被推荐人选的基本情况，听取意见建议。认真对待和研究处理人大代表、人大常委会组成人员对有关人选提出的意见建议，维护人大及其常委会依法选举和表决的结果。人大及其常委会要坚持党的领导，充分发扬民主，严格依法办事，确保党委人事意图和人事安排顺利实现。健全人大常委会任免工作机制，实行任前法律知识考试、主任会议审议、拟任职发言、人大常委会会议审议表决、颁发任命书、向宪法宣誓以及任后监督等制度，增强任命人员的公仆意识、法治意识和责任意识。

(三)进一步支持和保证人大及其常委会开好法定会议

8.加强对会议的领导。集体行使职权、会议决定问题是人大及其常委会履行职责的法定形式。各级党委和人民代表大会会议临时党委、人大常委会党组要加强对会议的组织领导，“一府两院”积极协同做好会议的筹备工作。健全各级人大及其常委会议事规则，促进会议运行规范化、程序化、制度化。人大及其常委会召开法定会议期间，各级党委和“一府两院”要避免因安排其他会议造成人大常委会组成人员和“一府两院”列席人员缺席会议。

9.加强会风建设。支持各级人大及其常委会、乡镇人大主席团加强会风建设，严肃会纪，严格人大代表和列席人员请假、考核和通报制度。人大代表和常委会、专门(工作)委员会组成人员、主席团成员要坚持执行人大职务优先原则，认真履行职责，严格议事规则和会议纪律，集中精力开好会议，进一步提高审议质量。“一府两院”及其部门主要负责人应按规定到会，报告工作，听取意见，回答询问。

10.依法召开会议。依法合理安排会议次数和会期，市、县两级人民代表大会会议每年至少举行1次，人大常委会会议每两个月至少举行1次，必要时可以增加。乡镇人民代表大会会议一般每年举行2次。没有选举事项时，市、县两级人大会议不少于3天、乡镇人大会议不少于1天；有选举事项时，会期适当增加。完善新闻发布、代表列席、公民旁听、会议直播等制度，扩大公民有序参与。加强人大及其常委会会议场所和电子表决系统建设，不断提高人大及其常委会议事决策的公开化程度。

(四)进一步支持和保证各级人大代表依法履行职务

11.提高代表素质和履职能力。各级党委要把代表选举作为党管干部、党管人才的重要工作内容，依法行使好人大代表候选人的提名推荐权，严格推荐前资格审查，把好代表的政治关、素质关、结构关。坚持人大代表广泛性、代表性和先进性的统一，不断优化代表的年龄、知识和专业结构，优化代表构成比例，切实提高基层代表特别是一线工人、农民、专业技术人员代表比例，适当降低党政领导干部代表比例，保证少数民族、妇女、党外人士代表占适当比例。推荐、提名代表候选人，要充分听取同级人大常委会党组的意见。人大常委会党组和乡镇人大主席团应根据代表的政治素质和履职情况，向同级党委提出代表连任的建议人选。加强代表培训工作，每名代表任期内参加培训不少于2次。健全和完善人大代表退出机制，对不履职、不称职的代表劝其辞职或依法予以罢免，对职务代表因工作岗位调整的建议辞去代表职务。

12.保障各级人大代表依法履职。积极为代表执行职务创造条件，支持各级人大代表依法参加人民代表大会会议期间的工作和闭会期间的活动。人大常委会和乡镇人大主席团要围绕中心工作，组织开展形式多样的代表小组主题实践活动，服务代表依法履职，提高代表活动实效。依照代表法有关规定和人大职务优先原则，人大代表应自觉参加人大及其常委会、专门委员会组织开展的视察、执法检查、专题调研等监督活动和重要会议。加强代表履职考核，每名代表每届任期内参加视察、执法检查或专题调研不少于5次，领衔或联名提出议案或提出建议、批评、意见不少于5件。合理调整和确定代表开展集中视察、专题调研等活动的经费标准，并及时足额到位。逐步建立代表履职补助制度，对无固定收入的代表执行代表职务，根据实际情况由本级财政给予适当补贴。代表所在单位要依法支持代表参加人大组织的活动，为代表优先执行代表职务提供必要的时间和物质保障。要充分尊重代表的民主权利，对妨碍、阻挠代表履职或侵犯代表权益的行为，要依法严肃查处。

13.提高人大代表议案建议办理实效。各级党委和国家机关要强化代表议案建议办理工作的职责。各级人大常委会要加强对人大代表提出议案建议的指导和服务，提高代表议案建议的质量。承办单位要加强同代表的联系和沟通，改进工作，解决问题，及时给予答复。加强代表议案建议督办工作，完善由承办单位主要负责人牵头办理责任制和办理情况年度目标考核制，建立健全重点建议领办督办、代表参加督办、工作机构跟踪督办的机制，建立对代表建议办理结果实行满意度测评和第三方评估的机制，切实提高建议办理的问题解决率和代表满意率。人大及其常委会、乡镇人大主席团要积极推行人大代表议案建议的内容及办理情况向社会公开。

14.密切同人大代表和人民群众的联系。各级党委和国家机关要经常听取代表意见，不断改进自身工作。建立完善领导干部联系人大代表制度，探索领导干部到基层调研走访人大代表制度，依法开展人大代表就人民群众反映的突出问题约见有关国家机关负责人活动。人大常委会要建立健全常委会组成人员联系本级人大代表的工作机制，经常开展基层调研，走访联系人大代表，听取代表的意见建议，邀请代表列席会议和参加有关活动。政府研究出台重大工程项目或者涉及民生的重大举措前，必须广泛听取人大代表的意见和建议。建立人大代表联系群众制度，推动各级人大代表通过代表履职网络平台、代表之家、参加主题活动、在群众中相对固定联系人等多种途径，密切与人民群众的联系；健全人大代表述职制度，组织各级人大代表定期向原选区选民或选举单位报告履职情况，推进人大代表联系群众制度化、经常化。建立代表履职档案，记录代表履职情况，并逐步向社会公开。

（五）进一步加强各级人大及其常委会的自身建设

15.加强思想作风和能力建设。各级人大及其常委会要巩固和扩大党的群众路线教育实践活动成果，认真践行“三严三实”要求，严守政治纪律和政治规矩，牢固树立政治观念、法治观念、大局观念和宗旨观念，进一步增强做好人大工作的责任感、使命感，始终保持奋发有为的精神状态。加强宪法和法律法规的学习，增进人大制度理论和人大工作基本知识，加强调查研究，不断提高履职能力。完善工作制度和运行机制，加大法定会议和各项活动经费保障力度，提高机关运行质效。建立健全各级人大常委会、专门（工作）委员会专家顾问制度；推进信息化建设，支持人大常委会和乡镇人大主席团建立门户网站。加强工作联系和工作指导，密切各级人大之间的联系交流，推进人大工作全面开展。

16.加强干部队伍建设。各级党委要把人大干部队伍的培养、选拔和任用纳入干部队伍建设总体规划，选派政治坚定、经验丰富、具备专业知识的干部担任人大常委会主任、副主任或乡镇人大主席、副主席。加强人大常委会领导班子建设，依法增加县级人大常委会组成人员名额，进一步优化常委会、专门（工作）委员会组成人员年龄结构和知识结构，各级人大常委会领导班子应有年龄较轻、能够连任两届的干部。人大常委会专职委员比例要达到60%以上，换届时应有三分之一左右的组成人员能够连任，新提名人选应能任满一届。党外代表、妇女代表在人大常委会、人大专门委员会组成人员中应当占有适当比例。注重选配熟悉人大工作的同志担任人大常委会、专门（工作）委员会组成人员，专门（工作）委员会主任委员（主任）可由原任党政部门领导职务的同志担任，也可从人大常委会机关领导干部中产生，专职副主任委员（副主任）原则上从人大常委会机关产生。有计划地安排人大常委会机关选拔同党政部门、司法部门干部之间的合理交流。

17.加强县级人大组织机构建设。县级人大依法设置法制、财经等专门委员会；人大常委会设立3个左右工作委员会，各专门（工作）委员会至少配备2名工作人员；健全人大常委会办事机构，为加强人大研究工作及规范性文件备案审查工作应设置研究与法规工作室。县级人大常委会在街道设立人大联络组，负责联系辖区内人大代表，组织代表开展活动，根据授权开展监督、选举及其他工作，并向常委会报告工作。

18.加强乡镇人大建设。各级党委要大力加强乡镇人大建设,完善人大组织制度、工作制度、议事程序,支持乡镇人大依法履行职权和开展闭会期间活动。乡镇人大设专职主席1人、副主席1人,负责做好主席团的日常工作。在乡镇党政综合办公室加挂人大常委会办公室牌子,明确1—2名人员协助乡镇人大主席开展工作。乡镇人大法定会议、重大活动、人大代表活动和培训等所需经费,列入本级财政预算,实行专款专用。

全市各级党委、人大、政府及其相关部门、"两院"要认真贯彻落实本决定,并结合本地本部门实际研究制定具体实施办法。县级以上党委督查部门要会同本级人大常委会办公室对贯彻落实情况适时开展督查,确保本决定的落实。

六、中共黄冈市委转发《中共黄冈市人大常委会党组关于推进乡镇人大规范化建设的意见》的通知(黄发〔2016〕10号)

各县(市、区)党委,龙感湖管理区党委,黄冈高新区党工委,军分区党委,市委各部委,市级国家机关各委办局党组(党委),各人民团体党组(党支部):

《中共黄冈市人大常委会党组关于推进乡镇人大规范化建设的意见》已经市委同意,现转发给你们,请结合实际抓好贯彻落实。

中共黄冈市委

2016年8月12日

中共黄冈市人大常委会党组关于推进乡镇人大规范化建设的意见

为全面贯彻党的十八大和十八届三中、四中、五中全会精神,深入学习贯彻习近平总书记系列重要讲话精神,按照宪法、地方组织法等法律法规规定,现就推进全市乡镇人大规范化建设提出如下意见。

一、充分认识加强基层民主政治建设的重要意义

乡镇人民代表大会是基层国家权力机关,是我国地方国家政权的重要基础,是实现基层民主的有效形式。加强乡镇人大建设,对于巩固党的执政基础,坚持人民主体地位,充分发挥基层国家权力机关作用,健全基层国家政权体制,夯实推进国家治理体系和治理能力现代化的基础,维护基层社会稳定,具有十分重要的意义。

二、切实加强乡镇党委对人大工作的领导

坚持党的领导是做好人大工作的根本保证。乡镇党委要坚持把人大工作纳入乡镇党委工作总体布局,每届党委至少召开一次人大工作会议,每年至少两次听取

人大工作汇报，及时研究、解决人大工作中的困难和问题。要按照工作规范化、管理制度化、活动常态化、办公现代化的要求，支持和保证乡镇人大依法履职、开展工作，确保有人做事、有场所办公、有活动计划、有制度管事、有经费保障。各县(市、区)党委要将人大工作纳入乡镇党委工作目标考核内容，对人大工作考核排名在末位、工作被动的乡镇党委主要负责人，进行谈话提醒，连续两次提醒的，要通报批评。

三、依法明确乡镇人民代表大会和乡镇人大主席团工作职责

乡镇人民代表大会的主要职责有：保证宪法、法律、行政法规和上级人民代表大会及其常务委员会决议的遵守和执行；在职权范围内通过和发布决议；根据国家计划，决定本行政区域内的经济、文化事业和公共事业的建设计划；听取和审查乡镇人民政府工作报告；审查批准本行政区域内的财政预算和预算执行情况报告；选举乡镇人大主席团、主席、副主席和乡镇长、副乡镇长；撤销乡镇政府不适当的决定和命令；有权罢免乡镇政府的组成人员；法律规定的其他职责。

乡镇人大主席团一般配备7—9人，主席团成员一般应从乡镇党委书记(人大主席)、组织委员、人大副主席、部分代表小组组长和部分人大代表中依法选举产生。

乡镇人大主席团的主要职责有：主持本级人民代表大会会议，行使会议期间法律规定的职权。在本级人民代表大会闭会期间，乡镇人大主席团主要负责检查宪法、法律、法规以及上级人民代表大会及其常务委员会和本级人民代表大会决议在本行政区域内的执行情况；检查督促本级人民政府组织实施本级人民代表大会决定的事项，并向代表通报本级人民政府组织实施的情况；检查本级人民代表大会批准的财政预算的执行情况；对本行政区域内涉及公共利益的重大问题，向本级人民政府提出意见和建议，或者提请本级人民代表大会审议；主持本级人民代表大会代表的补选；筹备、召集本级人民代表大会下次会议。

四、认真开好乡镇人民代表大会和乡镇人大主席团会议

(一)开好乡镇人民代表大会会议

1.关于会议召开的次数和会期。一般每年举行2次，每次不少于1天，如遇重大事项决定、选举等重大议题，可适当延长会期或增开会议。

2.关于会议召开的时间。第一次例会一般应在每年三月底之前召开，第二次例会一般应在每年八月底之前召开。

3.关于会议的议程。第一次例会一般包括：听取和审查本级人民政府工作报告；审查和批准本行政区域财政预算和预算执行情况的报告；听取和审查乡镇人大

主席团工作报告；听取和审查乡镇人民政府实事工程项目（政府性投资重大项目）实施情况报告，票决政府实事工程；听取和审查代表议案和建议、批评、意见办理情况报告；选举等。第二次例会一般包括：听取和审查本级人民政府半年工作报告；听取和审查乡镇人大主席团半年工作报告；听取和审查乡镇人民政府实事工程项目（政府性投资重大项目）实施进展情况报告；选举等。增开会议议程由乡镇人大主席团依法确定。

4.关于会议的组织工作。会前召开主席团会议，审议通过会议召开时间、会议议程草案和日程草案，提出各项名单草案、审议代表资格审查报告、确定列席人员名单等，并至少提前三天将开会日期和建议会议议程书面通知代表。严格会议程序，依法召开预备会议、主席团会议和全体会议，保证代表审议时间，提高审议发言质量。充分发扬民主，严格依法办事，保障代表依法行使各项职权。加强督促检查，推动会议通过的各项报告和决议决定落实落地。会议决议决定和选举结果，要依法公开，会议材料、选举结果、决议决定要在会议结束后十日内报县（市、区）人大常委会备案。

（二）开好乡镇人大主席团会议

1.关于会议召开的次数和会期。每三个月至少举行一次会议，必要时可临时举行会议，会期一般不少于半天。

2.关于会议召开的时间。每次举行会议的日期，由人大主席或专职副主席决定。

3.关于会议的议程。会议议程草案由人大主席、副主席会同主席团有关成员拟定，提请主席团全体组成人员通过。会议的议程和议题，应提前报告主席团成员和需要列席会议的有关人员。

4.关于会议的组织工作。根据会议内容，乡镇相关领导和有关部门负责人应列席会议，听取意见；每次会议应邀请部分乡镇人大代表列席会议，一届内每名代表至少列席一次主席团会议。会议一般由主席或其委托的副主席主持召开。对重大问题的决定，必须表决，表决的方式采取举手或无记名投票方式。表决时，必须以主席团全体组成人员过半数通过，方可有效。

五、依法讨论和决定重大事项

乡镇党委要增强依法执政观念，善于把重大决策部署通过人大法定程序转化为国家意志。乡镇政府在区域发展规划变更、城乡建设规划调整、大额财政资金使用和政府重大资产处置、重点建设项目计划、大宗土地和农村集体资源配置、重大公共设施建设、重大民生工程实施等重大决策出台前,必须向本级人民代表大会或人大主席团报告。着眼服务发展大局、保障社会民生,实行政府实事工程(政府性投资重大项目)代表票决制。加强对政府实事工程实施情况的跟踪检查,确保实事工程按计划实施;适时听取政府实事工程建设情况的报告,并由代表对工程建设情况进行评议。

六、依法履行监督职能

乡镇人大要依据宪法和法律法规规定,围绕本级党委中心工作、政府重点工作、人民群众普遍关注的热点难点问题、重要法律法规实施、上级人民代表大会及其常务委员会和本级人民代表大会决议决定的执行情况等,加大监督力度,注重监督实效。在乡镇人民代表大会审议议案、报告时,代表可以提出询问,乡镇人民政府负责人应当到会听取意见,回答询问。乡镇人民代表大会举行会议时,代表10人以上联名可以书面提出对本级政府的质询案,乡镇政府应就有关情况及时予以答复。在乡镇人民代表大会闭会期间,主席团组织代表开展执法检查、视察、专题调研和工作评议等活动,及时反馈代表的意见建议,并抓好跟踪督办,督促乡镇政府依法行政、改进工作。乡镇人大要积极配合县(市、区)人大常委会开展监督,做好县(市、区)人大常委会监督议题收集、组织实施、审议意见跟踪督办等工作。

七、依法做好人事任免和代表选举工作

严格按照地方组织法、选举法、代表法等有关规定,做好乡镇人大、政府负责人和乡镇人大代表的选举工作。要充分发挥党委主导作用,严格组织把关,切实担负领导责任,改进代表提名推荐工作,充分听取人大的意见,优化代表年龄、知识、性别和专业结构,把政治素质高、能力强、有一定社会影响力的人士推荐提名为人大代表候选人。要在同级党委的领导下,充分发扬民主,严格依法办事,认真完成选举任务,确保选举结果人民满意。遇有乡镇人大主席、副主席或乡镇长、副乡镇长个别人事需要辞职、补选等事项,要依法适时召开乡镇人民代表大会会议。乡镇人大主席团应根据政治素质和履职情况,向同级党委提出连任代表的建议人选,连任代表一般要占代表总数的三分之一以上,保持人大工作的连续性。

八、依法保障人大代表执行职务

坚持以代表小组活动为基本形式,开展形式多样的履职活动,每名代表每届任期内参加代表视察、执法检查或专题调研不少于5次,领衔或联名提出议案或提出建议、批评、意见不少于5件。乡镇人大要加强对人大代表提出议案建议的指导和服务,提高代表议案建议的质量,承办单位要加强同代表的联系和沟通,改进工作,解决问题，及时给予答复。加强代表议案建议督办工作，完善由承办单位主要负责人牵头办理责任制和办理情况年度目标考核制，建立健全重点建议领办督办、代表参加督办、工作机构跟踪督办的工作机制，公开代表意见建议提出情况和办理情况，切实提高建议办理的问题解决率和代表满意率。完善代表履职登记建档制度，建立健全代表履职激励、约束和退出机制。进一步健全和完善代表学习培训机制，加强对乡镇人大代表和人大干部的培训。各县（市、区）人大常委会要将乡镇人大主席团成员培训列入计划，每位乡镇人大代表一届内至少参加两次培训。

九、切实健全联系代表和代表联系群众制度

乡镇党委、人大、政府及司法部门要加强同代表的联系，建立领导干部联系代表制度，及时听取代表的意见建议。代表依法提出约见有关国家机关负责人的，乡镇人大主席团组织相关部门主要负责人接受人大代表的约见，回答人大代表的询问。全面推进乡镇"人大代表之家"和"人大代表联络站"规范化建设，使"人大代表之家"和"人大代表联络站"活动制度化、经常化、具体化。通过"人大代表之家"和"人大代表联络站"，定期组织人大代表听取选民意见，广泛收集人民群众反映强烈、带有广泛性和代表性的问题，并及时向上反映，推动问题解决，真正发挥"人大代表之家"和"人大代表联络站"在闭会期间的作用。逐步实行人大代表向选区选民或选举单位述职制度，接受选民监督，密切人大代表与人民群众的联系。

十、切实加强乡镇人大工作保障

（一）加强队伍建设。乡镇人大主席由乡镇党委书记担任，配备1名专职副主席。乡镇人大专职副主席按乡镇正科职干部配备，不与乡镇党政领导班子成员交叉任职，列席乡镇党委会议，并提名为县（市、区）人大代表候选人。明确1—2名工作人员协助其开展人大主席团工作。

（二）加强联系指导。各县（市、区）人大常委会要切实加强对乡镇人大工作的联系指导，常委会主任、副主任每人至少联系1—2个乡镇，指导开展人大工作；每年定期召开乡镇人大工作会议，专题研究乡镇人大工作，组织业务培训，邀请乡镇人大专职副主席列席人大常委会会议、参加重要活动；建立完善乡镇人大工作目标管理考核制度，进一步增强乡镇人大工作刚性约束；乡镇人大主席团每年年初要向县（市、区）人大常委会报备年度工作计划，自觉接受县（市、区）人大常委会的业务指导和法律监督。

（三）加强经费保障。切实解决乡镇人大在办公条件、工作经费和信息化建设方面存在的困难和问题，将每名乡镇人大代表每年的活动经费、乡镇人大法定会议经费、人大代表培训经费、误工补贴经费等列入县(市、区)财政预算,专款专用。适当提高农民代表参加代表活动的误工补贴标准,及时足额拨付。

(四)加强考核检查。县(市、区)人大常委会要按照乡镇人大主席团报备的年度工作计划进行检查督办,对履行职责不到位的专职副主席,要提出通报批评,并向同级党委报告,对连续两次被通报批评的,要进行约谈。各县(市、区)党委将对人大常委会党组指导乡镇人大工作纳入履职尽责考核内容。

(五)加强自身建设。要建立完善乡镇人大主席团议事规则、乡镇人大主席团联系代表制度、人大代表接待选民制度、人大代表向选民述职等各项制度,严格按照制度开展工作。要加强信息化建设,搭建网络平台,建立代表履职活动电子档案。乡镇人大干部要坚定人民代表大会制度自信,深入学习党的理论方针政策、宪法法律法规和人大工作知识,不断提高自身素质和履职能力,以饱满的热情投入人大工作,以严实的作风赢得人民信任。

二、地方性法规

一、黄冈市人民代表大会及其常务委员会立法条例

(2016年1月22日黄冈市第四届人民代表大会第六次会议通过,2016年3月30日湖北省第十二届人民代表大会常务委员会第二十一次会议批准)

目　　录

第一章 总 则

第一条 为了规范市人民代表大会及其常务委员会立法活动，完善立法程序，提高立法质量，发挥立法的引领和推动作用，全面推进依法治市，根据《中华人民共和国地方各级人民代表大会和地方各级人民政府组织法》《中华人民共和国立法法》和《湖北省人民代表大会及其常务委员会立法条例》的有关规定，结合本市实际，制定本条例。

第二条 市人民代表大会及其常务委员会制定、修改、废止和解释地方性法规以及相关立法活动，适用本条例。

第三条 市人民代表大会及其常务委员会根据本市的具体情况和实际需要，在不同宪法、法律、行政法规和湖北省地方性法规相抵触的前提下，对城乡建设与管理、环境保护、历史文化保护等方面的事项制定地方性法规。法律对设区的市制定地方性法规的事项另有规定的，从其规定。

制定地方性法规，坚持有特色、可操作，突出务实管用。对上位法已经明确规定的内容，一般不作重复性规定。

第四条 规定本市特别重大事项的地方性法规，应当由市人民代表大会制定，其他地方性法规由市人民代表大会常务委员会（以下简称常务委员会）制定。

在市人民代表大会闭会期间，常务委员会可以对市人民代表大会制定的地方性法规进行部分补充和修改，但不得同该法规的基本原则相抵触。补充和修改情况应当向市人民代表大会报告。

第五条 市人民代表大会及其常务委员会应当恪守以民为本、立法为民理念，推进科学立法、民主立法，加强立法工作组织协调，发挥在立法工作中的主导作用，注重提高立法质量。

第二章 立法准备

第一节 立法规划和立法计划

第六条 常务委员会应当编制年度立法计划，根据需要编制本届任期内的立法规划。

编制立法规划和立法计划，应当征求省人民代表大会常务委员会的意见，并报省人民代表大会常务委员会备案。

第七条 常务委员会编制立法规划和立法计划，应当分别征求县市区人大常委会、各级人民政府及其有关部门、人民法院、人民检察院以及有关人民团体、社会组织的立法建议，并向社会公开征集立法建议。

国家机关、政党、团体、组织以及公民可以向常务委员会提出制定地方性法规的建议和意见。

立法建议应当采用书面形式,并附有立法依据和主要内容等。

第八条 常务委员会法制工作机构根据市人民代表大会专门委员会(以下简称专门委员会)、市人民政府法制工作机构以及有关方面的立法建议,统一研究、协调论证,提出立法规划草案和立法计划草案,提请常务委员会主任会议审议通过。

第九条 专门委员会、市人民政府及其有关部门、有关人民团体、社会组织应当认真组织实施立法规划和立法计划。法规案未能按时提请审议的,提案人应当向主任会议报告并说明情况。

立法规划和立法计划在执行过程中需要作适当调整的,由常务委员会法制工作机构根据专门委员会和有关方面的建议,提出方案,报主任会议审定。

第二节 法规草案的起草

第十条 向市人民代表大会或者常务委员会提出法规案,由提案人组织起草法规草案。

有关专门委员会、常务委员会法制工作机构以及有关方面应当提前参与法规草案起草工作,了解情况,提出意见。综合性、全局性、基础性的重要法规草案,可以由有关专门委员会或者常务委员会法制工作机构组织起草;专业性较强的法规草案,可以吸收相关领域的专家参与起草工作,或者委托有关专家、教学科研单位、社会组织起草。

第十一条 起草法规草案,应当深入调查研究,广泛征求相关方面意见。法规案提出时,提案人应当向常务委员会报告征求意见情况。

法规草案的起草单位应当向有关专门委员会和常务委员会法制工作机构报告起草工作进展情况。

第三章 立法程序

第一节 市人民代表大会立法程序

第十二条 市人民代表大会主席团可以向市人民代表大会提出法规案,由市人民代表大会会议审议。

常务委员会、市人民政府、专门委员会可以向市人民代表大会提出法规案,由主席团决定列入会议议程,或者先交有关专门委员会审议、提出报告,再由主席团决定列入会议议程。

市人民代表大会代表十人以上联名,可以向市人民代表大会提出法规案,由主席团决定是否列入会议议程，或者先交有关专门委员会审议，提出是否列入会议议程的意见，再决定是否列入会议议程。

专门委员会审议法规案时，可以邀请提案人列席会议，发表意见。

第十三条 拟提请市人民代表大会审议的法规案，在市人民代表大会闭会期间，可以先向常务委员会提出，经常务委员会会议依照本条例第三章第二节规定的有关程序审议后，决定提请市人民代表大会审议，由常务委员会或者提案人向大会全体会议作说明。

第十四条 常务委员会决定提请市人民代表大会会议审议的法规案，应当在会议举行的十五日前将法规草案发给代表。

第十五条 列入市人民代表大会会议议程的法规案，大会全体会议听取常务委员会或者提案人的说明后，由各代表团进行审议。

各代表团审议法规案时，提案人应当派人听取意见，回答询问。

各代表团审议法规案时，根据代表团的要求，有关机关、团体或者组织应当派人介绍情况。

第十六条 列入市人民代表大会会议议程的法规案，由有关专门委员会进行审议，向主席团提出审议意见，并印发会议。

第十七条 列入市人民代表大会会议议程的法规案，由法制委员会根据各代表团和有关专门委员会的审议意见，对法规案进行统一审议，向主席团提出审议结果的报告和法规草案修改稿，对重要的不同意见应当在审议结果报告中予以说明，经主席团审议通过后，印发会议。

第十八条 列入市人民代表大会会议议程的法规案，必要时，主席团常务主席可以召开各代表团团长或者代表团推选的代表的会议，就法规案中的重大问题听取意见，进行讨论，并将讨论的情况和意见向主席团报告。

第十九条 列入市人民代表大会会议议程的法规案，在交付表决前，提案人要求撤回的，应当提出书面报告，说明理由，经主席团同意，并向大会报告，对该法规案的审议即行终止。

第二十条 法规案在审议中有重大问题需要进一步研究的，经主席团提出，由大会全体会议决定，可以授权常务委员会根据代表的意见进一步审议，作出决定，并将决定情况向市人民代表大会下次会议报告；也可以授权常务委员会根据代表的意见进一步审议，提出修改方案，提请市人民代表大会下次会议审议决定。

第二十一条 法规草案修改稿经各代表团审议，由法制委员会根据各代表团的审议意见进行修改，提出法规草案表决稿，由主席团提请大会全体会议表决，由全体代表的过半数通过。

第二十二条 市人民代表大会通过的地方性法规，应当自通过之日起十五日内，由常务委员会报请省人民代表大会常务委员会批准；经批准后，由常务委员会发布公告予以公布。

第二节 市人民代表大会常务委员会立法程序

第二十三条 主任会议可以向常务委员会提出法规案，由常务委员会会议审议。

市人民政府、专门委员会可以向常务委员会提出法规案，由主任会议决定列入常务委员会会议议程，或者先交有关专门委员会审议、提出报告，再决定列入常务委员会会议议程。如果主任会议认为法规案有重大问题需要进一步研究，可以建议提案人修改完善后再向常务委员会提出。

市人民政府或者专门委员会提请常务委员会审议的法规案，应当分别经市人民政府常务会议或者专门委员会全体会议通过后，以书面形式提出。

第二十四条 常务委员会组成人员五人以上联名，可以向常务委员会提出法规案，由主任会议决定是否列入常务委员会会议议程，或者先交有关专门委员会审议、提出是否列入会议议程的意见，再决定是否列入常务委员会会议议程。不列入常务委员会会议议程的，应当向常务委员会会议报告，并向提案人说明。

第二十五条 拟提请常务委员会会议审议的法规草案，应当在常务委员会会议举行的十五日前报送常务委员会，常务委员会法制工作机构应当及时送交有关专门委员会。未能提前十五日报送的，一般不列入本次常务委员会会议议程。

列入常务委员会会议议程的法规案，应当在会议举行的七日前将法规草案以及说明等相关材料发给常务委员会组成人员。

第二十六条 列入常务委员会会议议程的法规案，一般应当经两次常务委员会会议审议后再交付下次常务委员会会议表决。

常务委员会会议第一次审议法规案，在全体会议上听取提案人的说明，由分组会议进行审议。

常务委员会会议第二次审议法规案，在全体会议上听取法制委员会关于法规草案审议结果的报告，由分组会议再次审议。

调整事项较为单一或者部分修改的法规案，各方面意见比较一致的，经主任会议决定，可以经一次或者两次常务委员会会议审议即交付表决。

第二十七条 常务委员会审议法规案时，提案人应当派人听取意见，回答询问。根据分组会议的要求，有关机关、团体或者组织应当派人介绍情况。

第二十八条 常务委员会审议法规案时，主任会议根据需要，可以决定对法规草案中的主要问题召开联组会议或者全体会议进行审议。

联组会议或者全体会议由各组推选的代表发表意见；常务委员会其他组成人员可以发表意见；列席会议的人员，经主持人同意，也可以发表意见。

第二十九条 列入常务委员会会议议程的法规案，由有关专门委员会进行审议，提出审议意见，报告主任会议，并印发常务委员会会议。

有关专门委员会审议法规案时，可以邀请其他专门委员会的成员列席会议，发表意见。

专门委员会审议法规案时，应当召开全体会议审议，根据需要，可以要求有关机关、团体或者组织派负责人说明情况。

第三十条 列入常务委员会会议议程的法规案，由法制委员会根据常务委员会组成人员、有关专门委员会的审议意见和各方面提出的意见，对法规案进行统一审议，提出审议结果的报告和法规草案修改稿，对重要的不同意见应当在报告中予以说明。对有关专门委员会的重要审议意见没有采纳的，应当向有关专门委员会反馈。

法制委员会审议法规案时，应当邀请有关专门委员会的成员列席会议，发表意见。

第三十一条 专门委员会之间对法规草案的重要问题意见不一致时，应当向主任会议报告。

第三十二条 列入常务委员会会议议程的法规案，法制委员会、有关专门委员会和常务委员会法制工作机构应当深入开展调查研究，广泛听取各方面的意见。听取意见可以采取座谈会、论证会、听证会等多种形式。

法规案中有关问题专业性较强，需要进行可行性评价的，应当召开论证会，听取有关专家、部门和市人民代表大会代表等方面的意见。论证情况应当向常务委员会报告。

法规案有关问题存在重大意见分歧或者涉及利益关系重大调整，需要进行听证的，应当召开听证会，听取有关基层和群体代表、部门、人民团体、专家、市人民代表大会代表和社会有关方面的意见。听证情况应当向常务委员会报告。

第三十三条 列入常务委员会会议议程的法规案，常务委员会法制工作机构应当在常务委员会会议后将法规草案及其说明等向社会公布，征求意见。向社会公布征求意见的时间一般不少于三十日。

常务委员会法制工作机构应当将法规草案发送下级人民代表大会常务委员会、相关领域的市人民代表大会代表以及有关部门、团体、组织和专家征求意见。

常务委员会工作机构应当收集整理分组审议的意见和各方面提出的意见以及其他有关资料，分送法制委员会和有关专门委员会，并根据需要，印发常务委员会会议。

第三十四条 常务委员会会议审议法规案，应当邀请有关的市人民代表大会代表列席会议，听取意见；可以组织公民旁听和新闻媒体报道。

专门委员会和常务委员会法制工作机构进行立法调研，应当邀请有关的市人民代表大会代表参加。

第三十五条 列入常务委员会会议议程的法规案，在交付表决前，提案人要求撤回的，应当提出书面报告，说明理由，经主任会议同意，并向常务委员会报告，对该法规案的审议即行终止。

第三十六条 法规案经常务委员会会议第二次审议后，仍有重大问题需要进一步研究的，经主任会议同意，可以暂不付表决，交法制委员会和有关专门委员会进一步审议，并根据审议情况，决定是否提请常务委员会会议第三次审议。

第三十七条 列入常务委员会会议议程的法规案，因各方面对制定该法规的必要性、可行性等重大问题存在较大意见分歧，搁置审议满两年的，或者因暂不付表决经过两年没有再次列入常务委员会会议议程的，由主任会议向常务委员会报告，该法规案终止审议。

第三十八条 拟提请常务委员会会议表决的法规案，常务委员会法制工作机构可以组织对法规草案中主要制度规范的可行性、法规出台时机、法规实施的社会效果和可能出现的问题等进行评估。评估情况由法制委员会在修改情况的说明中予以说明。

第三十九条 拟提请常务委员会会议表决的法规案，常务委员会工作机构应当将法规草案提前报送省人民代表大会常务委员会有关工作机构征求意见。

第四十条 法规草案修改稿经常务委员会会议审议，拟提请常务委员会会议表决的，由法制委员会根据常务委员会组成人员的审议意见进行修改，提出法规草案表决稿，由主任会议提请常务委员会全体会议表决，由常务委员会全体组成人员的过半数通过。

表决前，由法制委员会向常务委员会全体会议作关于法规草案修改情况的说明。

第四十一条 法规草案表决稿交付常务委员会会议表决前，主任会议根据常务委员会会议审议的情况，可以决定将意见分歧较大的重要条款提请常务委员会会议单独表决；根据单独表决的情况，可以将法规草案表决稿交付表决，或者暂不付表决，交法制委员会和有关专门委员会进一步审议。

第四十二条 常务委员会通过的地方性法规，应当自通过之日起十五日内，由常务委员会报请省人民代表大会常务委员会批准；经批准后，由常务委员会发布公告予以公布。

第四章 法规解释

第四十三条 市人民代表大会及其常务委员会通过的地方性法规由常务委员会解释。

常务委员会的法规解释同法规具有同等效力。

第四十四条 市人民政府、市中级人民法院、市人民检察院、专门委员会以及下级人民代表大会常务委员会可以向常务委员会提出法规解释要求。

第四十五条 常务委员会法制工作机构研究拟订法规解释草案，由主任会议决定列入常务委员会会议议程。

法规解释草案经常务委员会会议审议，由法制委员会根据常务委员会组成人员的审议意见，提出法规解释草案表决稿。

第四十六条 法规解释草案表决稿由常务委员会全体组成人员的过半数通过。常务委员会的法规解释作出后，应当自公布之日起三十日内报省人民代表大会常务委员会备案。法规解释的公布适用本条例第五章有关规定。

第五章 其他规定

第四十七条 提出法规案，应当同时提出法规草案文本及其说明，并提供必要的参阅资料。修改法规的，还应当提交修改前后的对照文本。法规草案的说明应当包括制定该法规的必要性、可行性、起草过程和主要内容以及对重大分歧问题的协调处理情况。

第四十八条 向市人民代表大会及其常务委员会提出的法规案，在列入会议议程前，提案人有权撤回，但应当以书面形式提出。

第四十九条 交付市人民代表大会及其常务委员会全体会议表决未获得通过的法规案，提案人可以按照规定程序就同一事项重新提出议案，由主席团、主任会议决定是否列入会议议程。其中，未获得市人民代表大会通过的法规案，应当提请市人民代表大会审议决定。

第五十条　常务委员会报请省人民代表大会常务委员会批准地方性法规，应当提供法规文本、法规说明和必要的参阅资料。

地方性法规经批准后，常务委员会发布地方性法规的公告应当载明该地方性法规的制定机关、批准机关和通过、批准、施行的日期。

对涉及公民、法人和其他组织权利义务以及其他重要事项的法规，从公布到施行的日期，一般不得少于六十日。

地方性法规经批准后，常务委员会工作机构应当及时将常务委员会公告和法规文本在常务委员会公报、《黄冈日报》等媒体上刊登。在常务委员会公报上刊登的法规文本为标准文本。

第五十一条　法规的修改和废止程序，适用本条例第三章的有关规定。

法规部分条文被修改的，应当公布新的法规文本。

第五十二条　法规明确要求有关机关对专门事项作出配套规定的，有关机关应当自法规施行之日起一年内作出规定。法规另有规定的，从其规定。

有关机关未能在期限内作出配套规定的，应当向常务委员会报告。

第五十三条　有关专门委员会、常务委员会工作机构应当组织对有关法规或者法规中有关规定进行立法后评估。评估情况应当向常务委员会报告。

第五十四条　制定和修改后的法规实施满一定期限的，法规实施机关应当向常务委员会报告法规实施情况。

第五十五条　市人民代表大会及其常务委员会制定的地方性法规应当自公布之日起十五日内由常务委员会报省人民代表大会常务委员会备案。

第五十六条　常务委员会法制工作机构可以对市人民代表大会及其常务委员会制定的地方性法规具体应用的询问予以答复，并报常务委员会备案。

第六章　附　则

第五十七条　本条例自公布之日起施行。

二、黄冈市革命遗址遗迹保护条例

（2017年8月25日黄冈市第五届人民代表大会常务委员会第五次会议通过　2017年9月29日湖北省第十二届人民代表大会常务委员会第三十次会议批准）

目　录

第一章　总　则

第一条　为加强革命遗址遗迹保护，传承和弘扬革命文化，根据《中华人民共和国文物保护法》《湖北省实施〈中华人民共和国文物保护法〉办法》等法律法规的规定，结合本市实际，制定本条例。

第二条　本市行政区域内的革命遗址遗迹保护活动，适用本条例。

第三条　本条例所称革命遗址遗迹是指近代民主革命以来，在争取民族独立、实现民族复兴进程中产生的重要历史活动的遗址、遗迹和纪念设施，主要包括：

（一）重要机构旧址；

（二）重要人物故居、旧居、活动地；

（三）重要事件和重大战斗遗址、遗迹；

（四）具有重要影响的烈士事迹发生地或者烈士纪念设施；

（五）中华人民共和国成立后兴建的有关纪念设施。

第四条　革命遗址遗迹保护应当遵循分级保护、属地管理、抢救第一、合理利用的原则，保持历史真实性和风貌完整性。

第五条　市、县（市、区）人民政府应当加强革命遗址遗迹保护工作的组织领导，落实管理机构和人员，明确工作职责；建立革命遗址遗迹保护联席会议制度，将革命遗址遗迹保护事业纳入国民经济和社会发展规划，所需经费纳入本级财政预算。

文物主管部门负责指导、协调和监督本行政区域内革命遗址遗迹保护管理工作。

民政主管部门负责本行政区域内烈士纪念设施类革命遗址遗迹的保护管理工作。

发展改革、公安、财政、国土资源、住房和城乡建设、城乡规划、旅游、城市管理、消防等部门，按照各自职责做好革命遗址遗迹保护相关管理工作。

第六条　乡镇人民政府、街道办事处在县（市、区）文物主管部门和民政部门的指导下，协助开展本辖区革命遗址遗迹的保护管理工作。

村（居）民委员会协助有关部门做好本辖区内革命遗址遗迹保护的相关工作。

第七条　对革命遗址遗迹保护作出突出贡献的单位和个人，市、县（市、区）人民政府应当给予奖励。

第八条　革命遗址遗迹所在地的人民政府应当在保证革命遗址遗迹安全的前提下，合理利用革命遗址遗迹资源，加强对革命遗址遗迹内涵和历史价值的研究和展示，充分发挥其纪念、教育、传承等公共文化服务和社会教育功能。

各级人民政府及有关部门应当加强革命遗址遗迹保护法律法规和政策的宣传教育，新闻媒体应当加强革命遗址遗迹保护的公益宣传。

第二章　调查认定

第九条　市、县（市、区）人民政府应当成立革命遗址遗迹专家委员会，负责本行政区域内革命遗址遗迹的调查、审核与论证。

革命遗址遗迹应当由专家委员会提出书面认定意见，由文物主管部门研究出具认定报告后，由同级人民政府向社会公告。

第十条　市、县（市、区）人民政府应当每五年对革命遗址遗迹进行一次普查，建立革命遗址遗迹数据库，编制革命遗址遗迹保护名录并向社会公布。

第十一条　对列入革命遗址遗迹保护名录的，由市、县（市、区）人民政府根据其历史价值内涵和现状，依法认定为市、县级文物保护单位或者申报更高级别的文物保护单位。

第三章　保护管理

第十二条　实行革命遗址遗迹保护终身责任追究制，市、县（市、区）人民政府主要负责人对本行政区域内的革命遗址遗迹保护工作负总责，分管负责人负直接责任。

第十三条　对已经列入保护名录的革命遗址遗迹，市、县（市、区）人民政府应当划定保护范围、设置保护标志并予以公示，建立记录档案并根据实际情况分别确定专门机构或者专人负责日常管理，并建立文物保护员制度。

第十四条　市、县（市、区）人民政府应当对革命遗址遗迹日常修缮、安全巡查、文物保护员聘用等经费予以保障。

革命遗址遗迹发生重大安全紧急情况的，市、县（市、区）人民政府应当及时安排专项资金，进行抢救性保护。

第十五条　市、县（市、区）人民政府制定城乡规划，应当根据革命遗址遗迹保护的需要，由城乡规划主管部门会同文物主管部门制定本行政区域内革命遗址遗迹保护措施，并纳入规划。

第十六条 对已经列入保护名录的革命遗址遗迹，禁止下列行为：

(一)在革命遗址遗迹上粘贴或者刻画、涂污；

(二)在革命遗址遗迹上设置非保护用的广告标牌；

(三)转让、抵押非国有革命遗址遗迹或者改变其用途未依法备案；

(四)未经批准改变国有革命遗址遗迹用途；

(五)擅自改建、迁移、拆除革命遗址遗迹；

(六)法律法规规定的其他情形。

第十七条 在革命遗址遗迹保护范围内禁止下列行为：

(一)堆放易燃、易爆、腐蚀性等危险品；

(二)未经批准进行爆破、钻探、挖掘等作业；

(三)未经批准建设与革命遗址遗迹保护无关的建筑物、构筑物；

(四)其他对革命遗址遗迹可能造成破坏性影响的活动。

第十八条 在革命遗址遗迹的建设控制地带内进行建设工程，其设计方案应当根据文物保护单位的级别，经相应文物主管部门同意后，报城乡建设规划部门批准方可实施。

第十九条 在建设或经营活动中发现疑似革命遗址遗迹的，应当保护现场并立即报告当地人民政府或者文物主管部门。接到报告的单位应当在二十四小时内赶赴现场处理。

革命遗址遗迹中发现的文物，任何单位或者个人不得哄抢、私分、藏匿。

第二十条 革命遗址遗迹的日常管理维护，按照下列规定确定管护责任人：

(一)革命遗址遗迹所依存的建筑物、构筑物为国有的，其法定代表人或者使用人为管护责任人；

(二)革命遗址遗迹所依存的建筑物、构筑物为集体所有的，其所在地村(居)民委员会或者使用人为管护责任人；

(三)革命遗址遗迹所依存的建筑物、构筑物为共有的，其共有人或者使用人为管护责任人；

(四)革命遗址遗迹所依存的建筑物、构筑物为个人所有的，其所有人或者使用人为管护责任人；

(五)革命遗址遗迹所有人或者使用人不明确的，由所在地县(市、区)人民政府指定管护责任人。

第二十一条 革命遗址遗迹管护责任人应当履行下列责任：

（一）学习宣传文物保护法律法规；

（二）开展日常巡查；

（三）落实防火、防盗、防破坏等安全措施，发现安全险情时，应当立即采取抢救措施并向有关部门报告；

（四）保持革命遗址遗迹原状，不得损毁或者擅自改建、拆除其所依存的建筑物、构筑物及其他设施；

（五）发现破坏革命遗址遗迹行为的，及时报告；

（六）进行日常保养与维护，承担日常修缮或者配合相关部门开展维修工作。管护责任人不具备修缮能力的，由县级以上人民政府依法给予资助。

第二十二条　革命遗址遗迹修缮工程方案应当根据文物保护单位的级别，报经相应文物主管部门审批。具体修缮工作由取得文物保护工程资质的单位承担。

第二十三条　鼓励社会力量采用出资、捐资、捐赠、认领等方式，参与革命遗址遗迹的保护工作。

公民、法人和其他组织出资修缮革命遗址遗迹的，依法享受国家相关优惠政策。

第四章　法律责任

第二十四条　市、县（市、区）人民政府及有关单位及其工作人员违反本条例规定，在革命遗址遗迹保护管理工作中滥用职权、玩忽职守、徇私舞弊，造成革命遗址遗迹损毁的，对负有责任的主管人员和其他直接责任人员依法给予行政处分；构成犯罪的，依法追究刑事责任。

第二十五条　违反本条例第十六条规定的，按下列规定处理：

（一）违反第一项的，由公安机关处警告或者二百元以下罚款；情节较重的，处二百元以上五百元以下罚款；

（二）违反第二项的，由城管部门责令限期改正或者自行拆除，并处一千元以上二万元以下的罚款；

（三）违反第三项的，由文物主管部门责令改正；

（四）违反第四项的，由文物主管部门责令改正，没收违法所得，违法所得一万元以上的，并处违法所得二倍以上五倍以下的罚款；违法所得不足一万元的，并处五千元以上二万元以下的罚款；

（五）违反第五项的，由文物主管部门责令改正，造成严重后果的，处五万元以上五十万元以下的罚款；情节严重的，由原发证机关依法吊销资质证书。

第二十六条 违反本条例第十七条规定的，按下列规定处理：

（一）违反第一项的，由公安机关依据《中华人民共和国治安管理处罚法》的相关规定予以处罚；

（二）违反第二项、第三项的，由文物主管部门责令限期改正，造成严重后果的，处五万元以上五十万元以下的罚款；情节严重的，由原发证机关依法吊销资质证书。

第二十七条 违反本条例，法律、法规已有规定的，从其规定。

第五章 附 则

第二十八条 关于革命遗址遗迹保护的有关具体事项，由市人民政府作出具体规定。

第二十九条 本条例自2018年2月1日起施行。

三、人大工作部分研究成果目录

（1997年1月至2022年1月）

一、书籍类

（一）《县乡人大工作研究》

编　　著：武穴市人大常委会

出 版 社：中国民主法制出版社

出版时间：1994年10月

（二）《向人民汇报——黄冈市五级人大代表先进事迹访谈录》

主　　编：王楚平

出 版 社：湖北长江出版集团湖北人民出版社

出版时间：2013年1月

（三）《走近顾秀莲》

编　　著：包玉兰

出 版 社：人民出版社

出版时间：2009年8月

（四）《激流风帆从农家女到副省长》

编　　著：包玉兰

出 版 社:人民出版社

出版时间:2012年5月

(五)《求是践行录》

编　　著:王楚平

出 版 社:中国文史出版社

出版时间:2011年11月

(六)《守望乡愁》

编　　著:王楚平

出 版 社:华夏文艺出版社

出版时间:2018年5月

(七)《脊梁》

编　　著:何汉斌、梅守福

出 版 社:湖北长江出版集团长江文艺出版社

出版时间:2008年1月

(八)《追随民主的脚步》

编　　著:杨仕英

出 版 社:长江出版传媒湖北人民出版社

出版时间:2014年8月

(九)《迹印》

编　　著:程建明

出 版 社:北京燕山出版社

出版时间:2018年12月

二、论文类

(一)《城镇化的呼唤》,作者王楚平,原载《黄冈日报》2010年3月13日,收入"中国重要报纸全文数据库",被评为全国社会科学优秀论文一等奖。

(二)《为遵循城市发展规律而呼——城市定位论纲》,作者王楚平,原载《黄冈日报》2010年12月14日,收入"中国重要报纸全文数据库",被中国区域经济发展研究院评为优秀论文特别奖。

(三)《黄冈"十二五"规划十说》,作者王楚平,原载《黄冈日报》2010年11月3日,收入"中国重要报纸全文数据库",被中国西部发展研究院评为优秀论文一等奖。

(四)《人大工作的根本在以人为本》,作者王楚平,原载《楚天主人》2009年第10期,收入"中国期刊全文数据库",被《科学咨询》杂志社评为一等奖。

(五)《加强地方人大执法检查的探索》,作者刘文芳,原载《全国人大工作通讯》1994年第10期,1996年被评为湖北地方人大工作研究优秀成果奖。

三、好新闻类(湖北省历届宣传人民代表大会制度好新闻黄冈获奖作品)

(一)罗田县查处一起阻碍人大代表视察案件

作者:黄人宣

《黄冈日报》　1997年2月21日

获奖等次:三等奖

(二)"百日执行大会战"在武穴

作者:甘纪雄　张春友

《黄冈日报》　1997年12月5日

获奖等次:三等奖

(三)两位全国人大代表的爱心情结

作者:白　巍　胡佑明

黄冈有线电视台　1998年4月11日

获奖等次:三等奖

(四)法官执法违法　人大监督查处

作者:金国政　刘　刚

黄冈有线电视台　1999年8月24日

获奖等次:三等奖

(五)记者编辑:请加强法律知识的学习

作者:罗人宣

《楚天主人》　2000年第10期

获奖等次:三等奖

(六)麻城,公仆须过评议关

作者:郑楚瑶　周　到

《楚天主人》　2002年第2期

获奖等次:三等奖

(七)职责履行如何,选民公开评说,罗田县人大代表向选民述职

作者:方胜中　　周　邵

《湖北日报》　　2002年7月10日

获奖等次:三等奖

(八)创新理念破解“决定”难题——黄冈市人大常委会决定重大事项纪实

作者:陈出新　　黄新国　　江晓明

《楚天主人》　　2004年第1期

获奖等次:三等奖

(九)黄冈市首次网上直播人大常委会会议

作者:黄新国

《湖北日报》　　2004年10月20日

获奖等次:三等奖

(十)当面提、当面答——浠水县人大代表约见政府“官员”

作者:陈绪之　　司又清

《楚天主人》　　2005年第7期

获奖等次:三等奖

(十一)代表小组在行动——罗田人大代表履职观察

作者:赵良英　　卢志雄　　林永迪

《湖北日报》　　2008年6月9日

获奖等次:二等奖

(十二)湖北黄冈首次网络视频直播人大常委会会议

作者:黄新国

人民网　　2009年12月2日

获奖等次:一等奖

(十三)防止“踢皮球”　合理“投篮球”——武穴市人大“集中会审”破解信访难题

作者:王红光　　夏松池　　张春友　　郭占军

《黄冈日报》　　2009年11月10日

获奖等次:二等奖

(十四)英山县百丈河村农民王金初:请讲普通话

作者:程　评　　许应锋

荆楚网、省政府门户网

获奖等次:三等奖

(十五)审计报告的新变化

作者:王红光　　夏松池　　张春友　　郭占军

《湖北日报》　　2010年9月8日

获奖等次:三等奖

(十六)民有所盼　我有所办

作者:熊清海

《楚天主人》　　2011年第12期

获奖等次:三等奖

(十七)创新评议形式　增强监督实效

作者:黄新国

湖北人大网　　2011年11月1日

获奖等次:三等奖

(十八)“两型”蝶变之路

作者:张春友

《人民代表报》　2012年9月8日

获奖等次:三等奖

(十九)民有所呼　我有所应

作者:张春友

《楚天主人》　2013年第12期

获奖等次:二等奖

(二十)开全国市州人代会代表团询问政府工作先河——四届人大五次会议开展代表询问活动

作者:王露

《黄冈日报》　　2015年1月20日

获奖等次:三等奖

(二十一)绝不能让群众呼吸污浊空气——湖北省武穴市人大常委会监督粉尘污染治理纪事

作者:张春友

《人民代表报》　　2014年7月8日

获奖等次：三等奖

(二十二)《做好地方立法　服务黄冈发展》

作者：范学鳌

黄冈市政府门户网　　2016年2月29日

获奖等次：二等奖

(二十三)《让监督工作实起来——市人大常委会创新监督工作方式纪略》

作者：黄新国　　熊清海　　徐　锐

《黄冈日报》　2016年1月21日

获奖等次：三等奖

(二十四)《忠于使命铸忠诚——黄冈市各级人大代表抗洪救灾纪实》

作者：梅守福　　熊清海　　杨仕英　　徐　锐

《黄冈日报》　2016年8月3日

获奖等次：二等奖

(二十五)《以人民为大　开履职新风——黄州区"人大代表见面日"主题活动纪实》

作者：刘传寿　　刘富中　　雷生明

《鄂东晚报》2017年3月29日

获奖等次：三等奖

(二十六)《"问贫"，以人民的名义》

作者：明天娇　　项志奇

《黄冈日报》　2017年4月27日

获奖等次：二等奖

(二十七)《万家忧乐记心头——"人大代表见面日"的黄州样本》

作者：梅守福　　项志奇

湖北人大网　　2017年7月14日

获奖等次：三等奖

(二十八)《致富路上追梦人——记黄冈市人大代表江元元》

作者：张春友　　舒　丹　　郭占军

《黄冈日报》　2017年6月16日

获奖等次：三等奖

(二十九)《不信春风唤不回——武穴市人大常委会战"疫"纪实》

作者：张春友　　郝鸿臻

刊播登载:《楚天主人》杂志　2020年第2期

获奖等次:二等奖

(三十)《党委领航导向　人大履职有为——市委加强对人大工作全面领导纪实》

作者:梅守福　　徐　锐　　明天娇　　项志奇

刊播登载:《黄冈日报》　2020年1月4日

获奖等次:三等奖

(三十一)《齐心抗大“疫”——黄冈市各级人大及人大代表抗疫纪实》

作者:梅守福　　熊清海　　徐　锐　　明天娇　　项志奇

刊播登载:长江云客户端　　2020年3月4日

获奖等次:三等奖

后 记

2021年初，黄冈市人大常委会主要领导提出，酝酿编纂《黄冈市人民代表大会志》。6月，编辑部人员到位，首先制定了《编纂工作建议》《编纂工作实施方案》《行文通则》《编纂篇目和图片索引》等编修工作文件，随后开始进行资料收集和编纂篇目的征求意见工作。2022年4月，市第六届人大常委会主任会议正式确定编纂篇目等事项，并召开修志工作动员会。

两年来，市人大常委会党组和机关党组高度重视、关心、支持《黄冈市人民代表大会志》的编纂工作。市人大常委会党组书记、主任张社教担任本志编委会主任，亲自指导和推动编纂工作，还多次对志稿提出修改意见；市人大常委会党组副书记、副主任詹旺民，市人大常委会原秘书长方荣和现任秘书长黄智敏等负责督促实施工作；市人大常委会副秘书长江晓明和代表选举人事任免工作委员会副主任王立果承担了大量的具体协调工作。市人大常委会机关各委室及各县市区人大常委会给予了有力的支持。

修志是一项内容浩繁、时间跨度较长的系统工程，编纂工作团队依据“倒排工期，挂图作业，包干到人”的具体要求进行分工：王楚平负责篇目设计，撰写序言、凡例、概述、大事记、专记、后记，并对全书进行统稿；陈太其负责撰写第一章、第九章及附录部分文件搜集整理工作；史智鹏负责撰写第二章的第一、二、五、六节和第三章、第四章、第五章；程建明负责撰写第二章的第三节、第四节和第六章、第七章、第八章、附录部分及全书的文字校对工作；县市区人大常委会负责提供各自的文字初稿，史智鹏和汪小华负责修改工作。编纂工作人员本着对党、对人民、对历史负责的态度，坚持高标准、高质量、高效率的工作原则，发扬钉子精神和工匠精神，加班加点，通力合作，广征博采，查阅各种历史文献资料达3000万字，认真甄别，严谨考证，精心推敲，数易其稿，分别形成志书的初稿、修改稿、征求意见稿和一审、二审稿后，再三审定稿。

在本志编纂过程中，市人大常委会主任会议全体成员先后审阅志书编纂篇目和志稿。曾在市人大常委会工作过的老领导、老同志分别审阅各自的人物简介。

金鹤年、王建明、王仲群、傅本台、方银旺、黄新国、江晓明、徐锐、江海松、姜彬、刘刚、项志奇、王立果等先后参加了志书编纂篇目和志稿征求意见座谈会。省地方志编纂委员会原副主任司令堂,市地方志办公室原主任、编审王浩洪,副编审余彦文,市史志中心颜宏启、江明、张进,市社科联主席丁建怀等分别参加了志书评审会。中共湖北省委党史办公室提出了审读意见,湖北省人大常委会代表选举人事任免工作委员会、市委办公室和市人民政府、市监察委员会、市人民法院、市人民检察院、市委组织部、市委老干局、市档案局(馆)、各县市区人大常委会及方志出版社、红色记忆图书经营有限公司等单位给予积极配合和大力支持。可以说,《黄冈市人民代表大会志》是集体智慧的结晶。在此,谨向所有关心支持《黄冈市人民代表大会志》编纂工作的各位领导、各界人士和有关单位一并表示诚挚的谢意!

由于本志编纂是黄冈修志史上时间最短、任务最重、要求最高的一项工作,加之经验不足,水平有限,难免有不妥和疏漏之处,敬请各位同仁和广大读者批评指正。

《黄冈市人民代表大会志》编纂委员会

2022年12月